Hana Sodeyfi und Stefan Michael Newerkla
Tschechisch
Faszination der Vielfalt

Hana Sodeyfi und Stefan Michael Newerkla

TSCHECHISCH
Faszination der Vielfalt

Lehrbuch
für Anfänger und Fortgeschrittene
2., überarbeitete Auflage

mit Zeichnungen von
Marie Gruscher-Mertl

2004
Harrassowitz Verlag · Wiesbaden
in Kommission

Abbildungen auf dem Umschlag und CD:
Universitätscampus Wien im Jahr 2000
Die Zahlen auf der CD 1775-2000 verweisen auf die lange Tradition
des Tschechischunterrichts an der Universität Wien.

Die Herausgabe dieses Buches wurde finanziell unterstützt von:

Bibliografische Information Der Deutschen Bibliothek:
Die Deutsche Bibliothek verzeichnet diese Publikation in der Deutschen
Nationalbibliographie; detaillierte bibliografische Daten sind im Internet über
http://dnb.ddb.de abrufbar.

Bibliographie information published by Die Deutsche Bibliothek:
Die Deutsche Bibliothek lists this publication in the Deutsche
Nationalbibliographie; detailed bibliographic data is available in the
internet at http://dnb.ddb.de.

Satz: Agentura NP, v.o.s., Brněnská 612, 686 03 Staré Město, CZ
Druck und Verarbeitung: Grafisches Zentrum HTU GmbH
Gußhausstraße 27-29, 1040 Wien, Tel. 58801-48154
Printed in Austria

www.harrassowitz.de/verlag

ISBN 3-447-05084-5

Inhaltsverzeichnis

Vorwort

Tschechisch – die Sprache eines Nachbarlandes

Vor Ihnen liegt ein Lehrbuch, das den Untertitel „Faszination der Vielfalt" trägt. Es entstand in Wien, das bereits auf eine mehr als 225 Jahre während Tradition auf dem Gebiet der Bohemistik zurückblicken kann, als Kooperationsprojekt des Instituts für Slawistik der Universität Wien und des Instituts für Germanistik der Masaryk-Universität Brno (Brünn) im Rahmen der Aktion Österreich – Tschechien. Der Inhalt des Lehrbuchs ergab sich aus der langjährigen Unterrichtspraxis der Autoren, griff jedoch auch direkte Anregungen von Studierenden, Absolventinnen und Absolventen deutscher wie tschechischer Muttersprache auf.

Das Lehrbuch ist für all jene vorgesehen, die sich nicht auf eine bestimmte Lernmethode eingeschworen haben, sondern die offen und bereit sind, den für sie geeignetsten Weg zur Sprache zu suchen und auf interessante kommunikative Art und Weise Tschechisch zu erlernen, gleichzeitig aber auch ein bestimmtes Maß an wissenschaftlichem Hintergrund (das Warum) bei ihrem Zugang zu dieser zwar komplizierten, aber an emotionalen Ausdrucksmöglichkeiten reichen und melodiösen flektiven Sprache nicht missen wollen. Unter dem Motto *multum, non multa* präsentiert das Lehrbuch die wichtigsten sprachlichen Erscheinungen des Tschechischen ohne sich dabei in Nebensächlichkeiten zu verlieren. Es empfiehlt sich somit als ein bereits von vielen erfolgreich erprobtes Instrument zur Vermittlung einer soliden Sprechkompetenz ebenso wie als geeignetes Hilfsmittel zum Erlernen und Erkennen der grammatikalischen Strukturen und verschiedenen Sprachstile des Tschechischen. Darüber hinaus wird auch die translatorische Kompetenz durch zahlreiche Über-setzungsübungen besonders gefördert.

Mit Ausnahme der Einführung bestehen die einzelnen Lektionen jeweils aus einem einleitenden Text unterschiedlicher Provenienz (verschiedene Textsorten: literarische Textformen, Briefe, wissenschaftliche und publizistische Aufsätze, ... – dienen anfangs als Leseübung) und seiner deutschen Übersetzung (am Ende jeder Lektion), Dialogen verschiedenster Ausrichtung (von der Rezeption von Texten über das Erfassen von neuen grammatikalischen Kategorien bis zur eigenen Wiedergabe von Sachverhalten) und interaktiven, abwechslungsreichen Übungen mit Erklärungen auf Deutsch: Übungen zur Förderung der Aussprache und der Kommunikation auf alltagssprachlichem, aber auch auf gehobenem Niveau (etwa anhand anregender statistischer Umfragen), Übungen zur Festigung grammatikalischer Strukturen und nicht zuletzt Schreibtraining.

In jeder Lektion findet sich ein speziell für die Bedürfnisse von Deutschsprechenden gestaltetes Verzeichnis des verwendeten Wortschatzes unter besonderer Berücksichtigung des Verbs, steter Kennzeichnung des Geschlechts und zusätzlicher Anführung bestimmter Kollokationen kontrastiv zum Deutschen. All dies dient einer verstärkten Transparenz beim Erlernen der oft nicht ganz einfachen Redemittel des Tschechischen.

Die dem Lehrbuch beiliegende und mit Muttersprachlern unterschiedlicher Generationen aufgenommene CD beinhaltet neben Erklärungen der Aussprachegrundlagen auch verschiedene Texte. Diese stehen entweder am Ende jeder geraden Lektion abgedruckt oder dienen als bloße Hörtexte im Zusammenhang mit den ungeraden Lektionen all jenen, die ihr Rezeptionsverständnis zusätzlich schulen wollen.

Viel Neugierde und Freude beim Spracherwerb wünschen Ihnen

Hana Sodeyfi und Stefan Michael Newerkla

Unser aufrichtiger Dank GEBÜHRT ...

- den Studierenden sowie den Absolventinnen und Absolventen der Bohemistik an der Universität Wien;
- unseren Wiener Kolleginnen und Kollegen vom Institut für Slawistik;
- befreundeten Wissenschaftlerinnen und Wissenschaftlern aus Tschechien;
- in ganz besonderer Weise den Rezensentinnen und Rezensenten des Lehrbuches: Frau PaedDr. Dr. Naděžda Salmhoferová-Matějková (Linz/Wien/České Budějovice), Frau Mgr. Miriam Rojovská (Brno) und Herrn PhDr. Zdeněk Mareček (Brno), gleichzeitig Projektpartner an der Masarykuniversität Brünn;
- für zahlreiche wertvolle Hinweise dem wissenschaflichen Beirat: Frau Mag. Marie Gruscher-Mertl (Schwechat), Frau PhDr. Stanislava Kloferová, CSc. (Brno/Wien), Frau Mag. Lenka Newerkla (Wien), Frau Oriane Ruttinger (Linz) und Herrn Univ. Prof. Dr. Josef Vintr (Wien).

Sie alle trugen maßgeblich zum Gelingen des Lehrbuchs bei.

Abkürzungen – Zkratky:

Adj.	Adjektiv, Eigenschaftswort
Adv.	Adverb, Umstandswort
Akk.	Akkusativ, 4. Fall
Akt.	Aktiv
ats.	alltagssprachlicher Stil der Standardsprache
b., bel.	belebt
bspr.	buchsprachlich
bzw.	beziehungsweise
Dat.	Dativ, 3. Fall
Dekl.	Deklination, Beugung der Nomina
Dempron.	Demonstrativpronomen, hinweisendes Fürwort
d. h.	das heißt
Dimin.	Diminutiv, Deminutiv, Verkleinerungsform
etw.	etwas
expr.	expressiv, ausdrucksstark
F., Fem.	Femininum, weibliches Substantiv
Forts.	Fortsetzung
Fut.	Futur, Zukunft
geh.	gehoben
Gen.	Genetiv, Genitiv, 2. Fall
gtsch.	Gemeintschechisch, -böhmisch (urspr. zentralböhmischer Interdialekt)
idkl.	indeklinabel, nicht beugbar
Imp.	Imperativ, Befehlsform
Ind.	Indikativ, Wirklichkeitsform
Inf.	Infinitiv, Nennform
Instr.	Instrumental, 7. Fall
Int.	Interjektion, Ausrufwort
Interrogativpron.	Interrogativpronomen, fragendes Fürwort
ipf.	imperfektiv, unvollendet
jmdm.	jemandem
jmdn.	jemanden
Konj.	Konjunktion, Bindewort
Konjug.	Konjugation, Beugung des Verbs
Lok.	Lokal(is), Lokativ, 6. Fall → Präp.
M., Mask.	Maskulinum, männliches Substantiv
N., Neutr.	Neutrum, sächliches Substantiv
nom.	nominal
Nom.	Nominativ, 1. Fall
Num.	Numerale, Zahlwort
Part.	Partizip, Mittelwort

Partik.	Partikel, Modifikator
Pass.	Passiv
pf.	perfektiv, vollendet
Pl., Plur.	Plural, Mehrzahl
poet.	poetisch
PPA	Partizip Präteritum Aktiv
PPP	Partizip Präteritum Passiv
Präp.	Präpositiv, 6. Fall
Präpos.	Präposition, Vorwort
Präs.	Präsens, Gegenwart
Prät.	Präteritum, Vergangenheit
Pron.	Pronomen, Fürwort
Reflexivpron.	Reflexivpronomen, rückbezügliches Fürwort
reg.	regional
Relativpron.	Relativpronomen, bezügliches Fürwort
resp.	respektive, beziehungsweise
s.	siehe
Sg., Sing.	Singular, Einzahl
sl.	Slangausdruck, Fachjargon
s. o.	siehe oben
subst. Adj.	substantiviertes Adjektiv
tlw.	teilweise
Transgr.	Transgressiv
u., ubel., unbel.	unbelebt
u. a.	unter anderem, unter anderen; und andere(s)
u. Ä.	und Ähnliche(s)
ugs.	umgangssprachlich
unpers.	unpersönlich
unr.	unregelmäßig
urspr.	ursprünglich
vgl.	vergleiche
Vok.	Vokativ, 5. Fall
vorw.	vorwiegend
V. d. Bew.	Verb der Bewegung
z. B.	zum Beispiel

Die Deklinationstypen der Substantiva

Vzory pro skloňování podstatných jmen

Maskulina

unbelebt – neživotná		belebt – životná			
1 (hart)	**2 (weich)**	**3 (hart)**	**4 (weich)**	**5**	**6**
HRAD	**STROJ**	**PÁN**	**MUŽ**	**PŘEDSEDA**	**SOUDCE**
Burg	Maschine	Herr	**Mann**	Vorsitzender	**Richter**

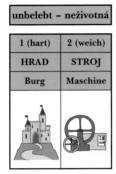 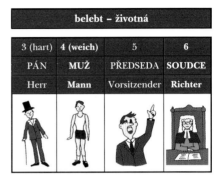

Singular (unbelebt / belebt)

	Singular			Singular			
Nom.	hrad	stroj	Nom.	pán**)	muž	předseda	soudce
Gen.	hradu, lesa	stroje	Gen.	pána	muže	předsedy	soudce
Dat.	hradu	stroji	Dat.	pánovi, pánu	mužovi, muži	předsedovi	soudci, soudcovi
Akk.	hrad	stroj	Akk.	pána	muže	předsedu	soudce
Vok.	hrade! kalichu!	stroji!	Vok.	pane! hochu!	muži! otče!	předsedo!	soudce!
Präp. (o)	hradě, zámku	stroji	Präp. (o)	pánovi, pánu	mužovi, muži	předsedovi	soudci, soudcovi
Instr.	hradem	strojem	Instr.	pánem	mužem	předsedou	soudcem

Plural (unbelebt / belebt)

	Plural			Plural			
Nom.	hrady	stroje	Nom.	páni, pánové, občané	muži, mužové, obyvatelé	předsedové, husité	soudci, soudcové
Gen.	hradů	strojů	Gen.	pánů	mužů	předsedů	soudců
Dat.	hradům	strojům	Dat.	pánům	mužům	předsedům	soudcům
Akk.	hrady	stroje	Akk.	pány	muže	předsedy	soudce
Vok.	hrady!	stroje!	Vok.	páni! pánové! občané!	muži! mužové! obyvatelé!	předsedové! husité!	soudci! soudcové!
Präp. (o)	hradech, zámcích*)	strojích	Präp. (o)	pánech, hoších	mužích	předsedech, sluzích	soudcích
Instr.	hrady	stroji	Instr.	pány	muži	předsedy	soudci

*) Bei Diminutiva auf -ček → -kách bzw. -cích, z. B. balíček → balíčkách, balíčcích.

**) In Kombination mit Namen, Titeln, Berufsbezeichnungen wird im Singular der Stammvokal gekürzt: pan Bílý, zdravím pana profesora, s panem ministrem, ...

Feminina

	1 (hart)	2 (weich)	3 (weich)	4 (weich)		1 (hart)	2 (weich)	3 (weich)	4 (weich)
Singular	ŽENA	RŮŽE	PÍSEŇ	KOST	**Plural**	ŽENA	RŮŽE	PÍSEŇ	KOST
	Frau	Rose	Lied	Knochen		Frau	Rose	Lied	Knochen

	Singular					Plural			
Nom.	žena	růže	píseň	kost	Nom.	ženy	růže	písně	kosti
Gen.	ženy	růže	písně	kosti	Gen.	žen	růží, ulic	písní	kostí
Dat.	ženě	růži	písni	kosti	Dat.	ženám	růžím	písním	kostem
Akk.	ženu	růži	píseň	kost	Akk.	ženy	růže	písně	kosti
Vok.	ženo!	růže!	písni!	kosti!	Vok.	ženy!	růže!	písně!	kosti!
Präp. (o)	ženě	růži	písni	kosti	Präp. (o)	ženách	růžích	písních	kostech
Instr.	ženou	růží	písní	kostí	Instr.	ženami	růžemi	písněmi	kostmi

Neutra

	1 (hart)	2 (weich)	3 (lang)	4 (weich)		1 (hart)	2 (weich)	3 (lang)	4 (weich)
Singular	MĚSTO	MOŘE	STAVENÍ	KUŘE	**Plural**	MĚSTO	MOŘE	STAVENÍ	KUŘE
	Stadt	Meer	Gebäude	Kücken		Stadt	Meer	Gebäude	Kücken

Nom.	město	moře	stavení	kuře	Nom.	města	moře	stavení	kuřata
Gen.	města	moře	stavení	kuřete	Gen.	měst, jablek	moří, hřišť	stavení	kuřat
Dat.	městu	moři	stavení	kuřeti	Dat.	městům	mořím	stavením	kuřatům
Akk.	město	moře	stavení	kuře	Akk.	města	moře	stavení	kuřata
Vok.	město!	moře!	stavení!	kuře!	Vok.	města!	moře!	stavení!	kuřata!
Präp. (o)	městě, městu	moři	stavení	kuřeti	Präp. (o)	městech*)	mořích	staveních	kuřatech
Instr.	městem	mořem	stavením	kuřetem	Instr.	městy	moři	staveními	kuřaty

*) *Bei Substantiven auf* -ho, -cho, -go, -ko → -ách, z. B. o městečkách.

Die Deklinationsmuster der Adjektiva

Vzory pro skloňování přídavných jmen

	1 (hart)					2 (weich)			
	MLADÝ					JARNÍ			
	jung					Frühlings-			
	MASKULINUM		FEMI-NINUM	NEU-TRUM		MASKULINUM		FEMI-NINUM	NEU-TRUM
	unbelebt	belebt				unbelebt	belebt		
	Singular					Singular			
Nom.	mladý	mladý	mladá	mladé	Nom.	jarní	jarní	jarní	jarní
Gen.	mladého	mladého	mladé	mladého	Gen.	jarního	jarního	jarní	jarního
Dat.	mladému	mladému	mladé	mladému	Dat.	jarnímu	jarnímu	jarní	jarnímu
Akk.	mladý	mladého	mladou	mladé	Akk.	jarní	jarního	jarní	jarní
Vok.	mladý!	mladý!	mladá!	mladé!	Vok.	jarní!	jarní!	jarní!	jarní!
Präp. (o)	mladém	mladém	mladé	mladém	Präp. (o)	jarním	jarním	jarní	jarním
Instr.	mladým	mladým	mladou	mladým	Instr.	jarním	jarním	jarní	jarním
	Plural					Plural			
Nom.	mladé	mladí	mladé	mladá	Nom.	jarní			
Gen.	mladých				Gen.	jarních			
Dat.	mladým				Dat.	jarním			
Akk.	mladé			mladá	Akk.	jarní			
Vok.	mladé!	mladí!	mladé!	mladá!	Vok.	jarní!			
Präp. (o)	mladých				Präp. (o)	jarních			
Instr.	mladými				Instr.	jarními			

Endungen der Verbformen

Koncovky tvarů slovesných

Modus: Indikativ — Tempus: Präsens (Futur)

Num.	Pers.	a) s. Konjugationsmuster I., II.	b) s. Konjugationsmuster III.	c) s. Konjugationsmuster IV.	d) s. Konjugationsmuster V.
Sg.	1.	-u	-i	-ím	-ám
	2.	-eš	-eš	-íš	-áš
	3.	-e	-e	-í	-á
Pl.	1.	-eme	-eme	-íme	-áme
	2.	-ete	-ete	-íte	-áte
	3.	-ou	-í	-í/-ejí	-ají

Konjugationsmuster der Verben
Časování sloves podle vzorů

Die tschechischen Verben werden nach dem Präsensstamm (= 3. Pers. Präs. Sg. bei imperfektiven bzw. 3. Pers. Futur Sg. bei perfektiven Verben) in fünf Klassen eingeteilt:

I. -e:

I.1	nese	ipf.
Inf.:	nést	tragen
Präs.:	nesu	nesou
Imp.:	nes!	
Futur:	ponesu	
PPA:	nesl	
PPP:	nesen	

I.1a	přinese	pf.
Inf.:	přinést	bringen
Präs.:	–	
Futur:	přinesu	přinesou
Imp.:	přines!	
PPA:	přinesl	
PPP:	přinesen	

I.2	bere	ipf.
Inf.:	brát	nehmen
Präs.:	beru	berou
Imp.:	ber!	
Futur:	budu brát	
PPA:	bral	
PPP:	brán	

I.2a	vybere	pf.
Inf.:	vybrat	auswählen
Präs.:	–	
Futur:	vyberu	vyberou
Imp.:	vyber!	
PPA:	vybral	
PPP:	vybrán	

I.3	maže	ipf.
Inf.:	mazat	streichen
Präs.:	mažu/maži	mažou/maží
Imp.:	maž!	
Futur:	budu mazat	
PPA:	mazal	
PPP:	mazán	

I.3a	ukáže	pf.
Inf.:	ukázat	zeigen
Präs.:	–	
Futur:	ukážu/ukáži	ukážou/ukáží
Imp.:	ukaž!	
PPA:	ukázal	
PPP:	ukázán	

I.4	peče	ipf.
Inf.:	péci/péct	backen
Präs.:	peču	pečou
Imp.:	peč!	
Futur:	budu péci/péct	
PPA:	pekl	
PPP:	pečen	

I.4a	ukáže	pf.
Inf.:	upéci/upéct	backen
Präs.:	–	
Futur:	upeču	upečou
Imp.:	upeč!	
PPA:	upekl	
PPP:	upečen	

I.5	umře	pf. (ipf.)
Inf.:	umřít (třít)	sterben (reiben)
Präs.:	– (třu)	– (třou)
Futur:	umřu	umřou
Imp.:	umři! umřete!	
PPA:	umřel	
PPP:	– (třen)	

II. -ne:

II.1	tiskne	ipf.		II.1a	rozhodne	pf.
Inf.:	tisknout	*drucken/drücken*		Inf.:	rozhodnout	*entscheiden*
Präs.:	tisknu	tisknou		Präs.:	–	
Imp.:	tiskni! tiskněte!			Futur:	rozhodnu	rozhodnou
Futur:	budu tisknout			Imp.:	rozhodni! rozhodněte!	
PPA:	tiskl/tisknul			PPA:	rozhodl	
PPP:	tištěn/tisknut	*gedruckt/gedrückt*		PPP:	rozhodnut	

II.2	mine	pf.
Inf.:	minout	*ver-, vorbeigehen*
Präs.:	–	
Futur:	minu	minou
Imp.:	miň!	
PPA:	minul	
PPP:	minut	

II.3	začne	pf.
Inf.:	začít	*beginnen*
Präs.:	–	
Futur:	začnu	začnou
Imp.:	začni! začněte!	
PPA:	začal	
PPP:	začat	

III. -je:

III.1:	kryje	ipf.		III.1a:	pokryje	pf.
Inf.:	krýt	*decken*		Inf.:	pokrýt	*bedecken*
Präs.:	kryji/kryju*⁾	kryjí/kryjou*⁾		Präs.:	–	
Imp.:	kryj!			Futur:	pokryji/-kryju*⁾	pokryjí/-kryjou*⁾
Futur:	budu krýt			Imp.:	pokryj!	
PPA:	kryl			PPA:	pokryl	
PPP:	kryt			PPP:	pokryt	

III.2:	kupuje	ipf.		III.2a:	zopakuje	pf.
Inf.:	kupovat	*kaufen*		Inf.:	zopakovat	*wiederholen*
Präs.:	kupuji/-puju*⁾	kupují/-pujou*⁾		Präs.:	–	
Imp.:	kupuj!			Futur:	zopakuji/-kuju*⁾	zopakují/-kujou*⁾
Futur:	budu kupovat			Imp.:	zopakuj!	
PPA:	kupoval			PPA:	zopakoval	
PPP:	kupován			PPP:	zopakován	

*) *In der 1. Pers. Sg. sind alltagssprachlich auch die Formen auf -ju möglich; analog dazu sind alltagssprachlich in der 3. Pers. Pl. die Formen auf -jou erlaubt, auch wenn sie auf Böhmen beschränkt und weniger häufig sind.*

IV. -í:

IV.1	prosí	ipf.
Inf.:	prosit	bitten
Präs.:	prosím	prosí
Imp.:	pros!	
Futur:	budu prosit	
PPA:	prosil	
PPP:	prošen	

IV.1a	vrátí	pf.
Inf.:	vrátit	zurückgeben
Präs.:	–	
Futur:	vrátím	vrátí
Imp.:	vrať!	
PPA:	vrátil	
PPP:	vrácen	

IV.2	trpí	ipf.
Inf.:	trpět	leiden
Präs.:	trpím	trpí
Imp.:	trp!	
Futur:	budu trpět	
PPA:	trpěl	
PPP:	trpěn	

IV.2a	dodrží	pf.
Inf.:	dodržet	einhalten
Präs.:	–	
Futur:	dodržím	dodrží
Imp.:	dodrž!	
PPA:	dodržel	
PPP:	dodržen	

IV.3	sází	ipf.
Inf.:	sázet	pflanzen
Präs.:	sázím	sázejí/sází
Imp.:	sázej!	
Futur:	budu sázet	
PPA:	sázel	
PPP:	sázen	

IV.3a	nakrájí	pf.
Inf.:	nakrájet	auf-, einschneiden
Präs.:	–	
Futur:	nakrájím	nakrájejí/nakrájí
Imp.:	nakrájej!	
PPA:	nakrájel	
PPP:	nakrájen	

V. -á:

V.	dělá	ipf.
Inf.:	dělat	tun, machen
Präs.:	dělám	dělají
Imp.:	dělej!	
Futur:	budu dělat	
PPA:	dělal	
PPP:	dělán	

V.a	udělá	pf.
Inf.:	udělat	tun, machen
Präs.:	–	
Futur:	udělám	udělají
Imp.:	udělej!	
PPA:	udělal	
PPP:	udělán	

Anmerkung:
Die mit dem Zusatz *a* gekennzeichneten Nebenmuster führen wir – im Unterschied zu den tschechischen Grammatiken – zur Verdeutlichung der Kategorie des Aspekts zusätzlich an.
In den einzelnen Tabellen sind im Präs. der ipf. Verba bzw. Futur der pf. Verba die Formen für die 1. Pers. Sg. und 3. Pers. Pl., beim Futur der ipf. Verba nur die 1. Pers. Sg. angeführt. Das PPA und das PPP werden in den Formen für Mask. Sg. angeben. Im Imp. steht die Form der 2. Pers. Pl. nur dann, wenn der Imp. Sg. auf einen Vokal auslautet und somit die Bildung etwas schwieriger ist.

Einführung

a   A   wie in dt. *Hans*: z. B. *Jan*

á   Á   Längenzeichen (čárka, Akut) auf dem *a* bedeutet doppelte Vokalquantität: z. B. *plán* = *Plan*

b   B   stimmhaft, Lippen und Stimmbänder beteiligt: z. B. *berla*; im Gegensatz zu stimmlosem, unbehauchtem *p*: z. B. *perla*

c   C   wie dt. *z* ausgesprochen: z. B. *licence* = *Lizenz, cukr* = *Zucker*

č   Č   wie dt. *tsch*: z. B. *Česká republika* = *Tschechische Republik, Tschechien*

d   D   stimmhaft: z. B. *den*; im Gegensatz zu stimmlosem *t*: z. B. *ten*

ď *)   Ď   palatalisiert (verschmolzen mit einem j); als Laut auch in der Kombination von d mit i = *di* sowie d mit ě = *dě* (in diesem Fall ist d palatalisiert)

e   E   stets offen wie in *fett*, NIE geschlossen wie in *sehen*, NIE reduziert

é   É   Längenzeichen (čárka, Akut) auf dem *e* bedeutet doppelte Vokalquantität: z. B. *krásné*, immer offen

ě   Ě   kommt nur in Kombination mit Konsonanten vor; signalisiert die erweichte, palatale Aussprache eines vorangehenden *d, t, n*; in den Silben *bě, pě, vě, fě* wird die Weichheit als [j] realisiert: [bje, pje, vje, fje]; in der Silbe *mě* als [ň]: [mňe]

f   F   stimmlos wie in dt. *Franz*

g   G   stimmhaft wie in dt. *Golem*; im Gegensatz zu stimmlosem, unbehauchtem *k*: z. B. *kolem*

h   H   stimmhafter als dt. *h*, IMMER artikuliert: z. B. *hrát, hrad* – *h* deutlich hörbar

ch   CH   stimmlos wie in dt. *Hecht*: z. B. *blecha*

i   I   signalisiert die erweichte, palatale Aussprache eines vorangehenden *d, t, n*

í   Í   Längenzeichen (čárka, Akut) auf dem *i* bedeutet doppelte Vokalquantität: z. B. *mít*

j   J   wie in dt. *Josef*

k   K   stimmlos, unbehaucht: z. B. *kakao*

l   L   kann wie ein Vokal Silbe bilden: z. B. *vlk*

m   M   wie in dt. *Mama*

n   N   wie in dt. *Nonne*

ň   Ň   palatalisiert (verschmolzen mit einem j); als Laut auch in der Kombination von n mit i = *ni* sowie n mit ě = *ně* (in diesem Fall n palatalisiert)

o   O   wie in dt. *Otto*, immer offen

ó   Ó   Längenzeichen (čárka, Akut) auf dem *o* bedeutet doppelte Vokalquantität: z. B. *móda*, immer offen

p   P   stimmlos, unbehaucht, Bildung nur mit Lippen: z. B. *perla* X *berla*

q   Q   nur in Fremdwörtern

r	R	Zungenspitzen-r; kann wie ein Vokal Silbe bilden: z. B. *krk*
ř	Ř	stimmhaft wie in *řeka* (= *Fluss*), stimmlos wie in *keř* (= *Strauch*); man setzt entweder ein *ž* (*žurnál* = *Journal*) oder ein *š* (wie dt. *sch* in *Schule*) an und lässt **GLEICHZEITIG** die Zungenspitze wie beim *r* vibrieren
s	S	stimmlos wie in dt. *lassen*; im Gegensatz zu stimmhaftem *z*
š	Š	stimmlos wie dt. *sch* in *Schule*: z. B. *šál*; im Gegensatz zu stimmhaftem *ž*
t	T	stimmlos, unbehaucht: z. B. *tam*; im Gegensatz zu stimmhaftem *d*
ť *)	Ť	palatalisiert (verschmolzen mit einem j); als Laut auch in der Kombination von t mit i = **ti** sowie t mit ě = **tě** (in diesem Fall ist t palatalisiert)
u	U	wie in dt. *und*
ú,ů	Ú	Längenzeichen (čárka = Akut am Wortanfang bzw. kroužek = Ringerl in Wortmitte und Endsilben) auf dem u bedeutet doppelte Vokalquantität: z. B. *úkol, stůl, domů*
v	V	stimmhaft wie dt. *w* in *Wasser*: z. B. *Havel, Ivan*
w	W	nur in Fremdwörtern wie dt. *w*
x	X	nur in Fremdwörtern, als [ks] artikuliert
y	y	wird wie i ausgesprochen
ý	Ý	wird wie langes í ausgesprochen
z	Z	stimmhaft wie in *Plaza-Hotel*; im Gegensatz zu stimmlosem *s*
ž	Ž	stimmhaft wie in *žurnál* (= *Journal*); im Gegensatz zu stimmlosem *š*

*) in der Schreibschrift mit Häkchen: ď, ť

Übersicht:
a,b,c,č,d,ď,e,f,g,h,ch,i,j,k,l,m,n,ň,o,p,q,r,ř,s,š,t,ť,u,v,w,x,y,z,ž
q, w und *x* kommen nur in Fremdwörtern vor

Diphthong **ou**: unreduziertes, kurzes o+u: z. B. *Broukal, Kohout, Klouček*
Diphthong **eu**: nicht wie dt. Diphthong eu, sondern e+u [eu]: z. B. *muzeum, euro*

Im Tschechischen wird in der Regel die **erste Silbe** eines Wortes betont (unabhängig von der Vokalquantität) = Initialakzent. In den Verbindungen von einsilbiger Präposition und Nomen liegt der Akzent auf der Präposition:
Dobrý den! Máme nový úkol. Na shledanou.
Das Schreiben der diakritischen Zeichen ´ ˇ ° ist unerlässlich!

Achtung auf Bedeutungsunterschiede:

z. B. *car* = Zar, *cár* = Fetzen; *rádi* = gerne, *radí* = sie beraten; *tvar* = Form, *tvář* = Antlitz.

Diakritische Zeichen wurden bereits von Jan Hus im 15. Jahrhundert eingeführt. Er verwendete aber noch anstatt des Häkchens = Hatscheks (háček) einen Punkt über dem Buchstaben.

Allgemein zum Tschechischen:

Das Tschechische wird traditionell unter die westslawischen Sprachen eingeordnet und heute von ca. 10,5 Millionen Einwohnern der tschechischen Länder Böhmen, Mähren und Mährisch-Schlesien gesprochen. Dazu kommen noch Angehörige der tschechischen Minderheit in der Slowakei, Kroatien, Österreich (ca. 20 000), den USA, Kanada, Argentinien u. a.

Das Tschechische ist eine flektierende Sprache. Gegenüber dem Deutschen gibt es um drei Fälle mehr: den Vokativ (z. B. *ahoj teto!* = hallo Tante!; vgl. lat. *ave Stephane!*) bei direkter Anrede sowie den Präpositiv und den Instrumental zum Ausdruck von Umstandsbestimmungen.

Das Tschechische kennt zwar nur drei Zeiten (Futur, Präsens, Präteritum), doch findet sich bei den tschechischen Verben die grammatikalische Kategorie des Aspekts (= vid). Von einem Lexem, dem im Deutschen ein Verb entspricht, gibt es im Tschechischen (wie in allen slawischen Sprachen) in der Regel jeweils zwei Formen, die es ermöglichen, eine Handlung als Ereignis (vollendete Aspektformen) oder als Vorgang (unvollendete Aspektformen) zu erfassen.

Im Gegensatz zum Deutschen ist die Bildung von Komposita im Tschechischen nicht so verbreitet. Deutschen Komposita stehen somit oft tschechische Zwei-Wort-Benennungen (Adjektiv + Substantiv) gegenüber: z. B. Frühjahrsmüdigkeit = *jarní únava*.

Häufiger als im Deutschen sind im Tschechischen emotionell markierte Deminutiva, die gewöhnlich in zwei Ableitungsstufen gebildet werden, wobei nur die erste den deutschen Suffixen *-chen* und *-lein* entspricht: z. B. *les – lesík – lesíček*.

„Melodie der Konsonanten"

Strč prst skrz krk! (= Steck den Finger durch den Hals!)

Im Tschechischen gibt es jedoch nicht die im Deutschen gängige Kombination *pf*. Wichtig ist, nicht die Artikulationsgewohnheiten des Deutschen auf das Tschechische zu übertragen (z. B. in der Ausprache der stimmhaften kontra stimmlosen Konsonanten *b* und *p* wie in *bota* X *pot*), auch wenn die Buchstaben auf den ersten Blick größtenteils dem deutschen Alphabet entsprechen.

ř-Ausspracheübung:
Tři tisíce tři sta třicet tři stříbrných křepeliček přeletělo přes tři tisíce tři sta třicet tři stříbrných střech. (= 3333 silberne Wachteln flogen über 3333 silberne Dächer.)

Im Tschechischen werden **kurze** und **lange Vokale** (mit doppelter Vokalquantität) unterschieden:

Kurzvokale:

a	tak	bratr	ano
e	ne	sestra	pero
i/y	zima	čin	jazyk
o	co	slovo	okno
u	ruka	venku	jedu

Langvokale:

á	mám	sál	pomáhat
é	léto	jméno	nové
í/ý	prší	bílý	dobrý
ó	móda	tón	gól
ú/ů	úkol	dům	stůl

Beachten Sie den Unterschied:

stimmhaft:	b	d	ď	g	h	v	z	ž
stimmlos:	p	t	ť	k	ch	f	s	š

b	bílý	nebo	bota	p	pero	pes	lampa
d	dobrý	mladý	jedou	t	tráva	teta	matka
ď	dílo	rodiče	dělám	ť	tělo	stěna	tiše
g	gymnázium	guma	telegram	k	kolo	jablko	jako
h	hora	dlouhý	hlava	ch	chudý	chyba	ucho
v	hlava	voda	vidím	f	film	fotograf	fakt
z	zákon	zelený	zima	s	maso	sobota	nesu
ž	žena	život	růže	š	široký	šampón	šedý

Die übrigen tschechischen Konsonanten beteiligen sich nicht an dieser Korrelation. Der Konsonant *ř* kommt sowohl in einer stimmhaften (*řeka*) als auch einer stimmlosen (*keř*) Stellungsvariante vor.
Im Tschechischen tritt wie im Deutschen Auslautverhärtung auf, d. h. im Auslaut werden alle stimmhaften Konsonanten stimmlos.

Zur Rechtschreibung von i / í und y / ý:

Die palatalen Konsonanten **ž, š, č, ř, ď, ť, ň** (= jene mit Häkchen) + **c** und **j** gelten als orthografisch weich. Nach ihnen folgt bei tschechischen Wörtern in der Regel ein **i / í**:

ž	život	žízeň	ř	tři	křída
š	široký	prší	c	chci	cíl
č	oči	číslo	j	jiný	stojí

Nach den orthografisch harten Konsonanten **h, ch, k, r, d, t, n** folgt bei tschechischen Wörtern in der Regel ein **y / ý**:

h	pohyb	dlouhý	k	taky	velký
ch	chyba	suchý	r	ryba	modrý

Nach den Konsonanten **d, t, n** folgt **y / ý**, wenn ein orthografisch harter Konsonant **d, t, n** gekennzeichnet werden soll:

d	zahrady	mladý	t	boty	týden	n	noviny	silný

bzw. **i / í**, wenn die Erweichung des vorangehenden Konsonanten, also ein palataler Konsonant **ď, ť, ň** gekennzeichnet werden soll:

ď	divadlo	dítě	ť	tisíc	ticho	ň	kniha	peníze

Deutlicher Ausspracheunterschied bei

dy, dý	kontra	di [d'i], dí [d'i:]
ty, tý	kontra	ti [t'i], tí [t'i:]
ny, ný	kontra	ni [n'i], ní [n'i:]
de	kontra	dě [d'e]
te	kontra	tě [t'e]
ne	kontra	ně [n'e]

jde, dělat, telefon, tělo, neděle, někdo

Nach den mittleren, ambivalenten Konsonanten **b, f, l, m, p, s, v, z** können in tschechischen Wörtern sowohl **i, í** als auch **y, ý** stehen:

b	byt	obilí	p	pytel	papír
f	fyzika	fík	s	syn	nosím
l	malý	hlína	v	vysoký	nevím
m	myslím	míra	z	jazyk	zima

Co je to?

To je bývalá Vídeňská univerzita. Čeština se zde začala vyučovat v roce 1775. *(Zahlen in Deutsch)*

To je Komenského škola ve Vídni (Sebastianplatz 3, Vídeň 3).

To je slabikář z roku 1926.

To je Český Prátr ve Vídni 10.

To je Volksgarten, Grillparzerův pomník, kde se sešel Franz Kafka s Milenou Jesenskou při své návštěvě Vídně.

To je dům, ve kterém bydlel T. G. Masaryk.

V těchto místech zemřela v roce 1841 slavná „Babička" Boženy Němcové (Wiedner Hauptstraße 72, Vídeň 4).

To je české knihkupectví ve Vídni (Lindengasse 5, Vídeň 7).

To je dům (vlevo) v 1. vídeňském obvodu, Elisabethstraße 11. Zde bydlel Franz Werfel.

Rozhovor

A: Dobrý den!
B: Dobrý večer!
A: Máte ještě smažený sýr?
B: Ne, nemáme.
A: A řízek?
B: Nemáme.
A: Jaký salát máte?
B: Máme míchaný, hlávkový, šopský, okurkový a bramborový.
A: Jogurt máte také?
B: Ano, bílý a ovocný.
A: Vlastně nemám hlad.
B: Na shledanou.

Wird das Gespräch in der Du- oder Sie-Form geführt?

Máš čas?
Nemám.

Vzpomínka na profesora Šuberta

Profesor Šubert: Jaký je rozdíl mezi veliký a velký?
– Ticho.
Profesor Šubert: No přece i.

Takhle vypadala slavná kniha ORBIS sensualium PICTUS: „Svět v obrazech"
od J. A. Komenského, která vyšla 1756 i v Rakousku.

1) Ergänzen Sie die Zahlen aus der vorhergehenden Abbildung:

.... střep   .... poklice (poklička)   .... hrnčíř

.... pec   .... džbán   .... hlína

2) Finden Sie die Maskulina unbelebt aus den Inseraten heraus:

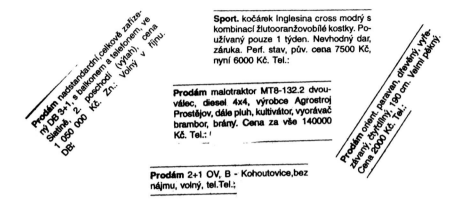

Prodám DB 3+1, s balkonem, ve Sletiné, 2. poschodí (výtah), nadstandardní, celkové zařízení s telefonem. Cena 1 050 000 Kč. Zn.: Volný v říjnu. DB:

Sport. kočárek Inglesina cross modrý s kombinací žlutooranžovobílé kostky. Používaný pouze 1 týden. Nevhodný dar, záruka. Perf. stav, pův. cena 7500 Kč, nyní 6000 Kč. Tel.:

Prodám malotraktor MT8-132.2 dvouválec, diesel 4x4, výrobce Agrostroj Prostějov, dále pluh, kultivátor, vyorávač brambor, brány. Cena za vše 140000 Kč. Tel.: '

Prodám orient. závěsný, čtyřdílný paravan, dřevěný, vyřezávaný, čtyřdílný. 190 cm. Velmi pěkný. Cena 2000 Kč. Tel.:

Prodám 2+1 OV, B - Kohoutovice,bez nájmu, volný, tel.Tel.;

3) Stellen Sie Ihren Nachbarn/Ihre Nachbarin vor (Feststellung):

Kdo je to?
To je Petr. To je Jana ... .

4) Stellen Sie sich vor, Sie betrachten ein Fotoalbum. Bilden Sie Aussagesätze und verwandeln Sie diese in den Plural:

Beispiel: To jsem já. → *To jsme my.*
To jsi ty. To je ona. To je on.

Verneinen Sie:
To jsi ty. To je ona. To je on. To jsou oni. To jste vy. To jsme my.

5) Verneinen Sie (Beschreibung):

Kabát je nový. Dům je velký. Film je zajímavý. Byt je malý. Úkol je dlouhý.
Hotel je nový. Bankomat je starý.

6. a) Verneinen Sie und stellen Sie fest:

Beispiel: To není nový kabát.

Sešit je modrý. Text je krátký. Problém je velký. Papír je zelený. Oběd je dobrý. Software je starý.

b) Setzen Sie in den Plural:

Beispiel: Kompromis je důležitý. → Kompromisy jsou důležité.

Víkend je dlouhý. Katalog je červený. Autobus je fialový.

7) Beachten Sie den Unterschied zwischen der Feststellung und der Beschreibung und verwenden Sie in Ihrer Übersetzung das Demonstrativpronomen:

Beispiel: Das ist ein langes Wochenende. Das Wochenende ist lang. →
To je dlouhý víkend. Ten víkend je dlouhý. Plural: To jsou dlouhé víkendy.
Ty víkendy jsou dlouhé.

Das ist eine kleine Wohnung. <u>Die</u> Wohnung ist klein.	*Plural:*
To je ~~malý~~ malý byt. Ten byt je malý.	To jsou male byty. Ty byty jsou male.

Das ist ein kleines Haus. <u>Das</u> Haus ist klein.	*Plural:*

Das ist ein rotes Papier. <u>Das</u> Papier ist rot.	*Plural:*

8) Bestimmen Sie das Genus:

text, kompromis, cirkus, film, muzikál, diktát, katalog, telefon, balkon

9) Was bedeuten die folgenden Fragen?

Jaký má byt? Jaký má být?

10) Fragen und Anworten:

Jaké vlasy má Alena?	Dlouhé.
	Má dlouhé, tmavé vlasy.
	Alena má dlouhé, tmavé vlasy.
Je to dobrý nápad?	Ne.
	Ne, není.
	Ne, to není dobrý nápad.

MASKULINA, UNBELEBT (NOMINATIV, AKKUSATIV)

HOTEL JE NOVÝ.	HOTELY JSOU NOVÉ.
JAKÝ MÁŠ NÁPAD?	JAKÉ MÁ VLASY?
MÁM DOBRÝ NÁPAD.	MÁ DLOUHÉ VLASY.
MÁME DOBRÉ NÁPADY.	

ten nápad (diese/die Idee) ty nápady (diese/die Ideen)
Vorsicht bei Substantiven des Typs *dům, stůl, ...* → Ablaut → *domy, stoly*

ZÁJMENA – PRONOMEN
SLOVESA „BÝT" A „MÍT" – DIE VERBEN „SEIN" UND „HABEN"

Personalpronomen		Demonstrativ pronomen	Infinitiv Präsens Aktiv			
			být (sein)		mít (haben)	
Sg. 1.	já		jsem	nejsem	mám	nemám
2.	ty		jsi	nejsi	máš	nemáš
3.	on	ten				
	ona	ta	je	není	má	nemá
	ono	to				
Pl. 1.	my		jsme	nejsme	máme	nemáme
2.	vy		jste	nejste	máte	nemáte
3.	oni[b.]/ony[u.]	ti[b.]/ty[u.]				
	ony	ty	jsou	nejsou	mají	nemají
	ona	ta				

Betrachten Sie die diakritischen Zeichen bei „mít". Welche Unregelmäßigkeit fällt Ihnen auf?

Slovíčka – Vokabel:

Nur beim Maskulinum wird die Kategorie belebt /b./ und unbelebt /u./ unterschieden. Als belebt gelten Lebewesen („wo Blut fließt") + einige Ausnahmen, z. B. Teddybär.

být; *ipf., unr.*	sein
mít (+ *Akk.*); *ipf., V, unr.*	haben, sollen
autobus, -u, *Mask. 1, u.*	Omnibus, Bus
bankomat, -u, *Mask. 1, u.*	Bankomat
byt, -u, *Mask. 1, u.*	**die** Wohnung
čas, -u, *Mask. 1, u.*	**die** Zeit
dar, -u, *Mask. 1, u.*	**das** Geschenk
den, dne, *Mask. unr.*	Tag
(*Sg.: Dat., Präp.* dni/dnu (ve dne);	
Pl.: Nom., Akk., Vok. dni/dny,	
Gen. dní/dnů, *Dat.* dnům,	
Präp. dnech, *Instr.* dny)	
dopis, -u, *Mask. 1, u.*	Brief
dům, domu, *Mask. 1, u.*	**das** Haus
džbán, -u, *Mask. 1, u.*	Krug
hlad, -u, *Mask. 1, u.*	Hunger
hlína, -y, *Fem. 1*	Erde, **der** Ton
hrnčíř, -e, *Mask. 4, b.*	Töpfer
jogurt, -u, *Mask. 1, u.*	**das** Jogurt
kabát, -u, *Mask. 1, u.*	Mantel
kočárek, -rku, *Mask. 1, u.*	Kinderwagen
med, -u, *Mask. 1, u.*	Honig
nájem, -jmu, *Mask. 1, u.*	**die** Miete
nápad, -u, *Mask. 1, u.*	Einfall, **die** Idee
oběd, -a, *Mask. 1, u.*	**das** Mittagessen
papír, -u, *Mask. 1, u.*	**das** Papier
pec, -e, *Fem. 3*	**der** Backofen
podnájem, -jmu, *Mask. 1, u.*	**die** Untermiete
poklice, -e, *Fem. 2*	**der** Topfdeckel
pozdrav, -u, *Mask. 1, u.*	Gruß
problém, -u, *Mask. 1, u.*	**das** Problem
rozdíl, -u, *Mask. 1, u.*	Unterschied
rozhovor, -u, *Mask. 1, u.*	**das** Gespräch
řízek, -zku, *Mask. 1, u.*	**das** Schnitzel
salát, -u, *Mask. 1, u.*	Salat
sešit, -u, *Mask. 1, u.*	**das** Heft

na shledanou	auf Wiedersehen
software, -ru, *Mask. 1, u.*	**die** Software
stav, -u, *Mask. 1, u.*	Zustand
strom, -u, *Mask. 1, u.*	Baum
střep, -u, *Mask. 1, u.*	Scherben
stůl, stolu, *Mask. 1, u.*	Tisch
svátek, -tku, *Mask. 1, u.*	Namenstag, Feiertag
svetr, -u, *Mask. 1, u.*	Sweater, Pullover, **die** Strickweste
sýr, -a, *Mask. 1, u.*	Käse
ticho, -a, *Neutr. 1*	**die** Stille, **die** Ruhe
úkol, -u, *Mask. 1, u.*	**die** Aufgabe
večer, -a, *Mask. 1, u.*	Abend
víkend, -u, *Mask. 1, u.*	**das** Wochenende
vlas, -u, *Mask. 1, u.*	**das** Haar
výtah, -u, *Mask. 1, u.*	Aufzug
vzduch, -u, *Mask. 1, u.*	**die** Luft
bílý, *1*	weiß
bramborový, *1*	Erdäpfel-
černý, *1*	schwarz
DB (= družstevní byt)	Genossenschaftswohnung
dlouhý, *1*	lang
dobrý, *1*	gut
dřevěný, *1*	hölzern, aus Holz
hlávkový, *1*	Kopf- (bezogen auf Salat)
krátký, *1*	kurz
malý, *1*	klein
míchaný, *1*	gemischt
nový, *1*	neu
okurkový, *1*	Gurken-
OV (= osobní vlastnictví)	Privateigentum
ovocný, *1*	Obst-, Früchte-, Frucht-
pěkný, *1*	schön
plavý, *1*	blond (Haare)
slušný, *1*	anständig
smažený, *1*	gebacken
světlý, *1*	hell
šopský, *1*	(bei Salat) gemischt, mit Schafkäse
špatný, *1*	schlecht
teplý, *1*	warm
tmavý, *1*	dunkel
velký, *1*	groß
volný, *1*	frei
zajímavý, *1*	interessant

a, *Konj.*	und
co, *Interrogativpron.*	was
jaký, *Interrogativpron.*	was für ein, wie
kdo, *Interrogativpron.*	wer
ten, ta, to, *Dempron.*	dieser/der, diese/die, dieses/das
tenhle, tahle, tohle, *Dempron.* → *ats.*	dieser, diese, dieses
ještě, *Adv.*	noch
také, *Adv.*	auch
taky, *Adv.* → *ats.*	auch
velmi, *Adv.*	sehr
vlastně, *Adv.*	eigentlich
mezi (+ *Akk., Instr., Präp.*)	zwischen
ano, *Part.*	ja
ne, *Part.*	nein
no, *Part.* → *ats.*	jo (im Sinne von ja), na
přece, *Part.*	doch

Phonetikübung:

tedy	jdi	ty	ti	červený	červení
rady	rádi	lety	letí	jiný	jiní
mladý	mladí	platy	platí	zelený	zelení
zář	tvář	miř	měř	talíř	šiř

Barvy – Farben:

	červená		zelená
	modrá		hnědá
	žlutá		růžová
	fialová		oranžová
	bílá		černá
	šedá, šedivá		tyrkysová

Was ist das?

Das ist die ehemalige Wiener Universität. Tschechisch begann man hier im Jahr 1775 zu unterrichten. Das ist die Komenský-/Comenius-Schule in Wien. Das ist eine Lesefibel aus dem Jahr 1926. Das ist der Böhmische Prater in Wien 10. Das ist der Volksgarten, das Grillparzerdenkmal, wo sich Franz Kafka mit Milena Jesenská bei seinem Wienbesuch traf. Das ist ein Haus, in dem T. G. Masaryk wohnte. An diesem Ort starb im Jahr 1841 die berühmte Babička (Hauptprotagonistin des Romans „Großmutter") von Božena Němcová. (Wiedner Hauptstraße 72, 1040 Wien). Das ist die tschechische Buchhandlung in Wien. Das ist ein Haus (links) im 1. Wiener Gemeindebezirk, Elisabethstraße 11. Hier wohnte Franz Werfel.
So sah das berühmte Buch ORBIS sensualium PICTUS von J. A. Komenský (Comenius) aus, das 1756 auch in Österreich erschien.

2. Lektion

Čeština se začala vyučovat v Rakousku v roce 1746 na Tereziánu ve Vídni. První učitel češtiny se jmenoval Jan Václav Pól a učil česky také Josefa II. Dále se čeština učila od roku 1752 na Tereziánské vojenské akademii ve Vídeňském Novém Městě a od roku 1755 na Šlechtické vojenské akademii ve Vídni na Laimgrube. Vídeňská univerzita zahájila výuku češtiny roku 1775, skoro o 20 let dříve než Karlova univerzita v Praze. Prvními učiteli češtiny na univerzitě ve Vídni byli Josef Valentin Zlobický a Jan Nepomuk Norbert Hromádko. Zlobický učil češtinu nejen na univerzitě, ale i v rodinách hrabat Palffyho a Trauttmansdorffa, byl učitelem i mladého knížete Karla Schwarzenberga. Kromě toho přednášel českou literaturu ve svém vlastním bytě v Bäckerstraße a u hraběte Lažanského. Hromádko měl hospodářství v St. Veitu u Hietzingu, a proto jezdil na univerzitu na koni. Při přednáškách prý mluvil nejen o české gramatice, ale i o kuchařském umění své ženy. I mimo univerzitu byl Hromádko aktivní, vydával první české vídeňské noviny a založil také první rakouský pojišťovací ústav.

🟡 Rozhovor v restauraci

A: Jakou pizzu máte?
B: Sýrovou, žampionovou a se šunkou – šunkovou.
A: A kávu máte?
B: Ne, nemáme.
A: Co máte k pití?
B: Máme kolu, fantu, mattonku, sodovku, poděbradku slazenou i neslazenou.
A: Co je to mattonka*) a poděbradka?
B: Co? No, minerálka. Perlivá a neperlivá.
A: Minerální voda? Ne, díky. A máte zmrzlinu?
B: Ano, čokoládovou, vanilkovou, jahodovou, citronovou a oříškovou.
A: Prosím jen čokoládovou, dva kopečky.

*) *mattonka = Mattoniho kyselka = minerální voda*

🙂 **1) Ändern Sie in ein Femininum:**

Beispiel: Nejsem malý. → Nejsem malá.

Nejsem malý. Jsi hodný. Je velký. Jsi známý? Jaký jste? Jste společenský, energický, emotivní?

↳ weiblich bleibt auch so

2) Welches Adjektiv gehört zu welchem Substantiv?

dobrý	kontrola
čokoládová	maminka
malý	barva
hnědá	profesor
hodný	zmrzlina
známý	den
milá	strom
pasová	případ

3) Übersetzen Sie unter Beachtung der Höflichkeitsform im Tschechischen:

deutsch → 3. Pers. Pl.   česky → **2**. Pers. Pl.

Kannten Sie (Sg., Mask.) einen ähnlichen Fall?   *znal jste*

Kannten Sie (Sg., Fem.) einen ähnlichen Fall?   *znala jste*

Kannten Sie (Pl., Mask.) einen ähnlichen Fall?   *znali jste*

Kannten Sie (Pl., Mask. + Fem.) einen ähnlichen Fall?   *znali jste (Frauen)*

Kannten Sie (Pl., Fem.) einen ähnlichen Fall?   *znaly jste*

Kanntet ihr einen ähnlichen Fall?   *znali jste*

Kannten sie (3. Pers. Pl., Mask. + Fem.) einen ähnlichen Fall?   *znali*

Kanntest du (Mask.) einen ähnlichen Fall?   *znal jsi*

4) Übersetzen Sie und beachten Sie die Enklitika: *Ja jsem tam byla.*

Ich suchte die Mutter. _____   Ich war dort. *byla j dem tam*

Die Mutter suchte ich. *maminku dem hledala*   Dort war ich. *tam j dem byle*

Ich suchte ein Buch. *Ja jsem hledala knihu* Ich kannte den Film. _____

Wo suchte ich ein Buch? _____   Was kannte ich? _____

29

Hattest du ein Wörterbuch?_____

Was für ein Wörterbuch hattest du?_____

Warst du hier oder warst du dort? _____

5) Verwenden Sie die Höflichkeitsform im Präsens und Präteritum (alle Varianten):

Jak se (mít)? → *Jak se máte? Jak jste se měl? Jak jste se měla? Jak jste se měli? Jak jste se měly?*
Co (dělat)? Co (hledat)?

6) Setzen Sie in die Schriftsprache:

Tahle čokoláda je dobrá. → *Ta čokoláda je dobrá.*
Tahle kniha je známá.   Tuhle modrou mikinu jsem neviděla.
Tahleta jahodová zmrzlina není sladká.   Tahle babička je stará.

7) Ändern Sie die Verbformen nach folgendem Muster:

Byls tam? → *Byl jsi tam?*
Udělals to rád? Viděls to tam? Otevřels? Zavolals maminku? Hledals igelitku?   gerne

8) Fragen und Anworten:

Jaké máš boty?
Hnědé, ...

Co jsi hledal?
Kočku.

Jakou barvu má tabule? Zelenou nebo bílou?
Bílou a zelenou.

Jakou barvu má čaj?

Jakou zmrzlinu máš ráda?
Čokoládovou? Jahodovou? Vanilkovou? Citronovou? Oříškovou?

9) Sousedka/soused – Beschreiben Sie ihre/seine Lieblingsfarbe, ihr/sein Lieblingseis, ...

Petr má rád červenou barvu. Nemá rád tmavé barvy. Má rád vanilkovou zmrzlinu. Nemá rád perník.

FEMININA – ŽENA (NOMINATIV, AKKUSATIV)

TO JE MLADÁ ŽENA.   TO JSOU NOVÉ KNIHY.
ŠŤASTNOU CESTU!   ZNÁM ZAJÍMAVÉ KNIHY.
JAKOU KNIHU HLEDÁŠ?   JAKÉ KNIHY HLEDÁTE?   NOVÉ.

SLOVESA – VERBEN

Präsens: Infinitiv:	dělat
1. Pers. Sg., Präs.:	dělám
2. Pers. Sg., Präs.:	děláš
3. Pers. Sg., Präs.:	dělá
1. Pers. Pl., Präs.:	děláme
2. Pers. Pl., Präs.:	děláte
3. Pers. Pl., Präs.:	dělají

Futur: Infinitiv:	udělat
1. Pers. Sg., Futur:	udělám
2. Pers. Sg., Futur:	uděláš
3. Pers. Sg., Futur:	udělá
1. Pers. Pl., Futur:	uděláme
2. Pers. Pl., Futur:	uděláte
3. Pers. Pl., Futur:	udělají

Part. Prät. Akt. (PPA)/l-Partizip:

dělal	(3. Pers., Mask., Sg.)
dělala	(3. Pers., Fem., Sg.)
dělalo	(3. Pers., Neutr., Sg.)
dělali	(3. Pers., Mask., b., Pl.)
dělaly	(3. Pers., Mask., u., Pl.)
dělaly	(3. Pers., Fem., Pl.)
dělala	(3. Pers., Neutr., Pl.)

Präteritum:

	Mask. b.	Fem.
1. Pers. Sg., Prät.:	dělal jsem	dělala jsem
2. Pers. Sg., Prät.:	dělal jsi	dělala jsi
3. Pers. Sg., Prät.:	dělal	dělala
1. Pers. Pl., Prät.:	dělali jsme	dělaly jsme
2. Pers. Pl., Prät.:	dělali jste	dělaly jste
3. Pers. Pl., Prät.:	dělali	dělaly

Part. Prät. Akt. (PPA)/l-Partizip:

udělal	(3. Pers., Mask., Sg.)
udělala	(3. Pers., Fem., Sg.)
udělalo	(3. Pers., Neutr., Sg.)
udělali	(3. Pers., Mask., b., Pl.)
udělaly	(3. Pers., Mask., u., Pl.)
udělaly	(3. Pers., Fem., Pl.)
udělala	(3. Pers., Neutr., Pl.)

Präteritum:

	Mask. b.	Fem.
1. Pers. Sg., Prät.:	udělal jsem	udělala jsem
2. Pers. Sg., Prät.:	udělal jsi	udělala jsi
3. Pers. Sg., Prät.:	udělal	udělala
1. Pers. Pl., Prät.:	udělali jsme	udělaly jsme
2. Pers. Pl., Prät.:	udělali jste	udělaly jste
3. Pers. Pl., Prät.:	udělali	udělaly

Regelmäßige Bildung des PPA vom Infinitiv: *dělat* → *-t* wegdenken → *děla;* statt *-t, -l* anhängen → *dělal.* Vorsicht bei diakritischen Zeichen: *znát* → PPA *znal.* (Kürzung!)

Infinitiv:	být	mít	vítat	volat	otevírat
Präsens:	jsem	mám	vítám	volám	otevírám
PPA:	byl	měl	vítal	volal	otevíral

Infinitiv:	přivítat	zavolat
Futur:	přivítám	zavolám
PPA:	přivítal	zavolal

Infinitiv:	znát	Infinitiv:	hledat
Präsens:	znám	Präsens:	hledám
PPA:	znal	PPA:	hledal

Futur: Infinitiv:	otevřít
1. Pers. Sg., Futur:	otevřu
2. Pers. Sg., Futur:	otevřeš
3. Pers. Sg., Futur:	otevře
1. Pers. Pl., Futur:	otevřeme
2. Pers. Pl., Futur:	otevřete
3. Pers. Pl., Futur:	otevřou

Präteritum:	Mask. b.	Fem.
1. Pers. Sg., Prät.:	otevřel jsem	otevřela jsem
2. Pers. Sg., Prät.:	otevřel jsi	otevřela jsi
3. Pers. Sg., Prät.:	otevřel	otevřela
1. Pers. Pl., Prät.:	otevřeli jsme	otevřely jsme
2. Pers. Pl., Prät.:	otevřeli jste	otevřely jste
3. Pers. Pl., Prät.:	otevřeli	otevřely

Höflichkeitsform:

Beim Siezen einer Person wird im Tschechischen im Gegensatz zum Deutschen die 2. Person Plural verwendet, z. B.: *Voláte učitelku?* (Rufen Sie die Lehrerin? – gleichzeitig bedeutet der Satz auch: Ruft ihr die Lehrerin?) Im Präteritum steht als Hilfsform die 2. Person Plural von *být* (sein), das jeweilige PPA jedoch im Singular, z. B. *Znal jste ...?* (Kannten Sie ...?), *Hledal jste ...?* (Suchten Sie ...?). (Im Präteritum ist die Höflichkeitsform daher eindeutig: *Znal jste ...* = Sie kannten ... gegenüber *Znali jste ...* = Ihr kanntet ...).
Auch das Adjektiv bleibt beim Siezen von Einzelpersonen im Singular: *Jste hodný.* (Sie sind lieb).

Stellung der Enklitika:

(Worte, die nach der ersten betonten Einheit im Wortschatten stehen müssen)

a) *jsem, jsi, jsme, jste* (nur bei zusammengesetzten Zeiten);
b) Formen zur Bildung des Konditionals *bych, bys, by, bychom, byste, by;*
c) *si, se;*
d) unbetonte Personalpronomen wie *mi, ti, tě, ho, mu,* ... .

Enklitika gehören im Satz immer an die zweite Stelle, d. h. hinter den ersten Satzteil (erste Betonungseinheit).

<u>Das</u> haben wir gesucht.   <u>To</u> jsme hledali.

<u>Dort</u> suchtest du diesen Baum?   <u>Tam</u> jsi hledal ten strom?

<u>Diese nette Studentin</u> kannten wir nicht.   <u>Tu milou studentku</u> jsme neznali.

<u>Was für ein Buch</u> suchtest Du?   <u>Jakou knihu</u> jsi hledal?

(Ähnlich im Deutschen: Was für ein Buch *hast* Du gesucht?)

Verneint wird das PPA, nicht das Enklitikon:

<u>Dieses neue Problem</u> kannte ich nicht.   <u>Ten nový problém</u> jsem neznala.

Stehen die Formen des Zeitworts *být* (sein) alleine, d. h. finden sie als Vollverben Verwendung, sind sie keine Enklitika und somit gelten diese Regeln nicht, z. B. *Jsem nová studentka. Jsi unavený?*

Kommen mehrere Enklitika vor, ist folgende Rangfolge zu beachten: Hilfsformen von *být* vor Pronomen, z. B. *Tam jsem se to učil.*

Ausnahmen: a, ale, avšak, i - **zählen nicht als Satzteil!**

           Beispiele: *Byl jsem doma a učil jsem se.*

                      Byl jsem doma, ale učil jsem se.

     Aber: Učil jsem se nebo jsem se díval na televizi.

 Slovíčka – Vokabel:

být; *ipf., unr., Präs.:* jsem, jsi, je, jsme,   sein
    jste, jsou, *Imp. Sg.:* buď, *PPA:* byl

dělat (+ *Akk.*); *ipf., V, PPA:* dělal   machen, tun
    udělat (+ *Akk.*); *pf., Va, PPA:* udělal
    udělals (= udělal jsi) → *reg.*   du machtest/hast gemacht

dívat se (*na* + *Akk.*); *ipf., V, PPA:* díval se,   (an)schauen, etw. betrachten,
    podívat se; *pf., Va, PPA:* podíval se   schauen auf, blicken, auf

hledat (+ *Akk.*); *ipf., V, PPA:* hledal   suchen

mít (+ *Akk.*); *ipf., V, PPA:* měl   haben, sollen

ot(e)vírat (+ *Akk.*); *ipf., V, PPA:* ot(e)víral   öffnen, aufmachen
    otevřít (+ *Akk.*); *pf., I 4, PPA:* otevřel

učit se (+ *Akk.*); *ipf., IV 1, PPA:* učil se   lernen
    naučit se; *pf., IV 1a, PPA:* naučil se

vidět (+ *Akk.*); *ipf., IV 2, PPA:* viděl   sehen
    uvidět; *pf., IV 2a, PPA:* uviděl

vítat (+ *Akk.*); *ipf., V, PPA:* vítal	willkommen heißen, begrüßen
přivítat; *pf., Va, PPA:* přivítal	
volat (+ *Akk.*); *ipf., V, PPA:* volal	rufen
zavolat; *pf., Va, PPA:* zavolal	
znát (+ *Akk.*); *ipf., V, PPA:* znal	kennen
bota, -y, *Fem. 1*	der Schuh
cesta, -y, *Fem. 1*	Reise, der Weg
čaj, -e, *Mask. 2, u.*	Tee
čokoláda, -y, *Fem. 1*	Schokolade
dík, -u, *Mask. 1, u.*	Dank
díky	danke
film, -u, *Mask. 1, u.*	Film
igelitka, -y, *Fem. 1* → *ats.*	Plastiktasche, **das** Plastiksackerl
igelitová taška, *Fem. 1*	Plastiktasche, **das** Plastiksackerl
karta, -y, *Fem. 1*	Karte
káva, -y, *Fem. 1*	der Kaffee
kniha, -y, *Fem. 1*	das Buch
kočka, -y, *Fem. 1*	Katze
kopeček, -čku, *Mask. 1, u.*	kleiner Hügel;
	die Kugel, Gupf beim Eis
láska, -y, *Fem. 1*	Liebe
maminka, -y, *Fem. 1* → *expr.*	Mutti, Mami
mikina, -y, *Fem. 1*	das Sweatshirt
minerálka, -y, *Fem. 1*	das Mineralwasser
němčina, -y, *Fem. 1*	das Deutsche
perník, -u, *Mask. 1, u.*	Lebkuchen
pizza, -y, *Fem. 1*	Pizza
pití, -í, *Neutr. 3*	das Trinken; Getränke, Spirituosen
pravda, -y, *Fem. 1*	Wahrheit
profesor, -a, *Mask. 3, b.*	Professor
případ, -u, *Mask. 1, u.*	Fall
republika, -y, *Fem. 1*	Republik
Česká republika	Tschechische Republik, Tschechien
slovník, -u, *Mask. 1, u.*	**das** Wörterbuch
sodovka, -y, *Fem. 1*	**das** Sodawasser
soused, -a, *Mask. 3, b.*	Nachbar
sousedka, -y, *Fem. 1*	Nachbarin
šunka, -y, *Fem. 1*	der Schinken
tabule, -e, *Fem. 2*	Tafel
televize, -e, *Fem. 2*	das Fernsehen
tužka, -y, *Fem. 1*	der Bleistift
učitelka, -y, *Fem. 1*	Lehrerin

voda, -y, *Fem. 1*	**das** Wasser
zmrzlina, -y, *Fem. 1*	**das** Speiseeis
žena, -y, *Fem. 1*	Frau
citronový, *1*	Zitronen-
český, *1*	tschechisch
čokoládový, *1*	Schokolade-
emotivní, *2*	emotional, gefühlsmäßig
energický, *1*	energisch
hodný, *1*	gut, brav, nett
jahodový, *1*	Erdbeer-
milý, *1*	lieb, nett
minerální, *2*	Mineral-
oblíbený, *1*	beliebt
oříškový, *1*	Haselnuss-
perlivý, *1*	prickelnd
podobný, *1*	ähnlich
rád, ráda, rádo, *Adj. nom.*	froh, gern
sladký, *1*	süß
slazený, *1*	gesüßt
společenský, *1*	gesellschaftlich
sýrový, *1*	Käse-
šťastný, *1*	glücklich
šuňkový, *1*	Schinken-
vanilkový, *1*	Vanille-
známý, *1*	bekannt
žampionový, *1*	Champignon-
tenhleten, tahleta, tohleto,	dieser da, diese da, dieses da
Dempron. → *ats.*	
dva, dvě, dvě, *Num.*	zwei
doma, *Adv.*	zu Hause
tam, *Adv.*	dort
zde, *Adv.*	hier
s / se (+ *Instr.*), *Präpos.*	mit
ale, *Konj.*	aber
avšak, *Konj.*	aber
i, *Konj.*	und auch
nebo, *Konj.*	oder

Různé pozdravy – Verschiedene Grußformeln:

Dobré ráno! / Dobré jitro!	Guten Morgen!
Dobrý den!	Guten Tag! Grüß Gott!
Dobrý večer!	Guten Abend!
Dobrou noc!	Gute Nacht!
Ahoj! Nazdar!	Grüß dich! Tschüss! Servus!
Na shledanou!	Auf Wiedersehen!
Čau!	Tschau! Baba!
Sbohem! (eher weniger gebräuchlich)	Adieu! Pfiat Gott!

Jak se máš? Jak se ti daří? Jak se ti vede?	Wie geht es dir?
Jak se máte? Jak se vám daří / vede?	Wie geht es Ihnen? Wie ist Ihr Befinden?
☺ Děkuji, dobře. Výborně.	Danke, gut. Ausgezeichnet.
☺ Jde to. Ujde to.	Es geht so.
☹ Špatně. Ani se neptej!	Schlecht. Frage lieber nicht!
Všechno v pohodě?	Alles bestens?
Mám pravdu?	Habe ich Recht?

Wiederholen Sie nun nochmals folgende Phonetikübung:

tedy	jdi	ty	ti	červený	červení
rady	rádi	lety	letí	jiný	jiní
mladý	mladí	platy	platí	zelený	zelení
zář	tvář	miř	měř	talíř	šiř

💿 Druhá lekce

A: Dobré ráno, Tomáši!
T: Ahoj Aleno! Jsi hodná a milá, že jsi přišla. Jak se máš?
A: Děkuji, dobře.
T: Mám uvařit čaj?
A: Ne, děkuji. Co děláš?
T: Psal jsem úlohu.
A: To máš, Tomáši, tak malý stůl?
T: Ano, je malý, ale je pěkný a nový.
A: Jakou úlohu jsi psal?
T: Měl jsem zajímavou úlohu z němčiny.
A: Tak ahoj, nazdar.
T: Ahoj a na shledanou.

přišla jsi (přijít); *pf., unr.*	du kamst (kommen)
uvařit; *pf., IV 1a*	kochen
psal jsem (psát); *ipf., unr.*	ich schrieb (schreiben)
němčina, -y, **Fem. 1**	**das** Deutsche
úloha, -y, *Fem. 1*	Aufgabe
zajímavý, *1*	interessant

Die Anfänge des institutionalisierten Tschechischunterrichts in Österreich

In Österreich begann man mit dem Tschechischunterricht im Jahr 1746 im Wiener Theresianum. Der erste Tschechischlehrer hieß Johann Wenzel Pohl und lehrte das Tschechische auch Josef II. Weiters wurde Tschechisch ab dem Jahr 1752 an der Theresianischen Militärakademie in Wiener Neustadt unterrichtet, und ab dem Jahr 1755 an der Adeligen Militärakademie auf der Laimgrube in Wien. Die Wiener Universität nahm den Tschechischunterricht 1775 auf, fast 20 Jahre früher als die Karlsuniversität in Prag. Die ersten Tschechischlehrer an der Wiener Universität waren Josef Valentin Zlobický und Jan Nepomuk Norbert Hromádko. Zlobický unterrichtete Tschechisch nicht nur an der Universität, sondern auch in den Familien der Grafen Palffy und Trauttmansdorff, er war auch Lehrer des jungen Fürsten Karl Schwarzenberg. Außerdem trug er tschechische Literatur in seiner eigenen Wohnung in der Bäckerstraße vor und beim Grafen Lažanský. Hromádko führte eine Wirtschaft in St. Veit bei Hietzing und kam daher zur Universität geritten. In seinen Vorlesungen sprach er angeblich nicht nur über die tschechische Grammatik, sondern auch über die Kochkunst seiner Frau. Auch außerhalb der Universität war Hromádko aktiv, er gab die erste tschechische Zeitung Wiens heraus und gründete auch das erste österreichische Versicherungsinstitut.

3. Lektion

Možnosti pobytu pro studenty v České republice

Pro zahraniční studenty existuje v České republice celá řada možností, jak se učit česky. Kromě nabídky různých univerzit a soukromých jazykových škol zejména v Praze, Brně a Olomouci se velké oblibě těší výhodné třítýdenní letní kurzy, které jsou organizovány ÖAD (Österreichischer Austauschdienst) ve spolupráci s českými univerzitami. Účastní se jich rakouští i čeští studenti, kteří se chtějí naučit jazyk sousední země či se v něm zdokonalit.

V posledních letech se konaly kurzy pro studenty nehumanitních oborů v Zahrádkách u České Lípy, pro studenty humanitních oborů v Kravsku u Znojma a pro studenty ekonomických oborů v Poděbradech. Společné pro tyto kurzy je, že účastníci nejen rozšíří své jazykové znalosti, nýbrž bydlí na místním zámku, poznají kulinářské speciality, mají možnost účastnit se širokého kulturního programu a seznámí se s celou řadou zajímavých lidí.

Schreiben Sie die Adjektive nach dem Muster „mladý" heraus.

Kdo je to?

Božena Němcová
je spisovatelka.

Karel Čapek
je spisovatel.

Karel Hynek Mácha
je básník.

Inzeráty

1) Finden Sie die belebten Maskulina heraus und bestimmen Sie Nominativ und Akkusativ:

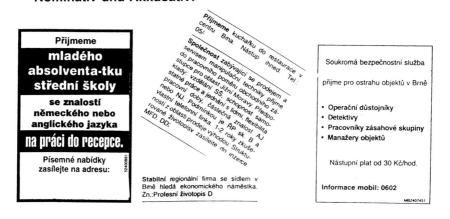

Přijmeme
mladého
absolventa-tku
střední školy
se znalostí
německého nebo
anglického jazyka
na práci do recepce.
Písemné nabídky zasílejte na adresu:

Soukromá bezpečnostní služba

přijme pro ostrahu objektů v Brně

• Operační důstojníky
• Detektivy
• Pracovníky zásahové skupiny
• Manažery objektů

Nástupní plat od 30 Kč/hod.

Informace mobil: 0602

MB2407451

Stabilní regionální firma se sídlem v Brně hledá ekonomického náměstka. Zn.:Profesní životopis D

Nejlepší přítel člověka na tři

POZOR ZLÝ PES!   POZOR NA PSY!   POZOR NÁLADOVÝ PES!

BACHA NERVÓZNÍ PSI!   POZOR BLBEJ PES!

bacha = aus der Gaunersprache für *pozor*
blbej = gtsch. für *blbý*

---

2) Unterscheiden Sie zwischen Maskulina im Nominativ Pl. belebt (k → c, ch → š, h → z, r → ř) und unbelebt und bilden Sie die entsprechenden Endungen:

Beispiel: boxer → boxeři:

alkoholik	→ alkoholi_	cent	→ cen_	manažer	→ manaže_	taxík	→ taxí_
biochemik	→ biochemi_	inženýr	→ inžený_	šok	→ šo_	autor	→ auto_
flegmatik	→ flegmati_	bojler	→ bojle_	večer	→ veče_	Bulhar	→ Bulha_
kontejner	→ kontejne_	kluk	→ klu_	ministr	→ minist_	revizor	→ revizo_
mechanik	→ mechani_	mítink	→ mítin_	cukr	→ cuk_	kráter	→ kráte_
profesor	→ profeso_	investor	→ investo_	hoch	→ ho_	lustr	→ lust_
provokatér	→ provokaté_	semafor	→ semafo_	reflektor	→ reflekto_	metr	→ met_

ř = ři

3) Ändern Sie die Zeit:

Seděla studentka? Ano, seděla. Leželi psi? Ne, neleželi. Co dělala babička?
Co dělal student?

4) Negieren Sie:

Žák se učil. Syn uklízel. Studentka se vracela. Bratři hledali byt. Dana znala
ten nový film.

5) Bilden Sie den Plural:

Host očekává důležitou zprávu. Autor hledal text. To není nový soused.
To neuklízí mistr.
Jsi student? Jsi profesorka? Mám ráda tu knihu. Vítám ministra. To byl
známý Čech.

[handwritten: Hosté očekávaj' důležité zprávy. Autoři hledali texty. nejsou noví sousedé. To neuklízí mistři. Máme rády ty knihy. Vítáme ministry. To byli známí Češi.]

6) Setzen Sie in den Plural:

To je známý autor. _____ známí autoři. _____

Kde je ten velký kluk? _____ ti velcí kluci, _____

To není ten starý pán. _____ To nejsou ti staří páni. _____

To byl ten milý hoch. _____ byli ti milé hoši. _____

Nevidím toho milého hocha. _____ Nevidíme ti milé hochy. _____

Viděl jsi toho velkého kluka? _____ velké kluky _____

Toho autora neznám. _____ autory _____

7) Ändern Sie:

Beispiel: To je ten černý pes. → Viděl jsem toho černého psa.
To je ten nový soused. To je ta nová sousedka. To je ten milý pán. To je
ten chytrý kluk.

[handwritten: a) ti noví sousedé, b) ty nové sousedy; a) jsou ti milí páni, b) ty milé pány; a) jsou ti chytří kluci, b) ty chytré kluky]

8) Ändern Sie:

Beispiel: To jsou ti dobří dělníci. → Viděl jsem ty dobré dělníky.
To jsou ti velcí lvi. To jsou ti šedí holubi. To jsou ti noví sousedé. To jsou
ti milí hosté.

9) Ändern Sie die Nominalkonstruktion:

Beispiel: Je hotov. → Je hotový.
Je šťastna. Je připraven. Jsme šťastni. Jsem připravena. Je šťasten. Jsem hotova. Jste unaveni? Jsme spokojeni. Nejsem nemocen.

10) Beachten Sie die Alternationen im Nom. Pl. Mask. belebt:

Alternationen im Nominativ Pl.: k → c, ch → š, h → z, r → ř

Beispiel: Gerhard je velký. Eva je velká.
Dědeček je moudrý. Babička je moudrá.
Petr je Čech. Jana je Češka.
Ten student je vysoký. Ta studentka je vysoká.
Lev je drahý. Tygr je také drahý.

Gerhard a Eva jsou velcí.
Dědeček a babička jsou moudří.
Petr a Jana jsou Češi.
Ti studenti jsou vysocí.
Lvi a tygři jsou draží.

11) Ergänzen Sie i/y bzw. í/ý:

weil unbelebt

Dívky tam nebyly. Případy byly známé. Slovníky byly těžké.
Bedřich a Kristián hledali známý hrad. Kde ležely ty dopisy?
Byli tam také lvi?
Vařili sestry a bratři? Vařili jen kuchaři? Viděl jsi tam lvy? *(feminin)*
Malí chlapci se učili uklízet. Ty studentky to neviděly.
Leželi tam psi? Viděl jsi ty psy?

Frage nur an Fem.: Naučil__ jste se to?

Frage nur an Mask.: Naučil__ jste se to?

12) Ergänzen Sie „rád" oder „ráda" – je nach Geschlecht:

Beispiel: Vrátím se. → Vrátím se ráda.
Zdravím tu studentku. Vítám studenty. Učíme se slovíčka. Vařil jsem. Otevřel jsem okno.

2. Stelle

13) Negieren Sie:

Beispiel: Volal jsi studentku? Ano, volal. → Ne, nevolal.
Měl jsi úlohu? Ano, měl. Přivítal jsi tu studentku? Ano, přivítal. Zavolal jsi hosta? Ano, zavolal. Otevřel jsi tu knihu? Ano, otevřel. Hledal jsi slovník? Ano, hledal.

14) Ersetzen Sie die Pronomina auf -hle und -to nach folgendem Muster:

Tohle je otec a matka. → *To je otec a matka.* *Tamto je zahrada.* → *Tam je zahrada.* *Tenhleten autor je známý.* → *Ten autor je známý.*
Tohle je bratr a sestra. Tohle jsou bratři. Tohle jsou sestry. Tohle je univerzita. Tohle je Zuzana. Tohle je pan Malý.
Tamto je zahrada. Tamto nebyly hory. Tamto není lev.
Tohleto je obálka. Tohleto není film. Tohleto byl stůl.
Tamhleto je strom. Tamhleto není dopis. Tamhleto je soused.
Tohohle pána jsem tam viděl.

15) Übersetzen Sie und setzen Sie in den Singular:

Jací jste? Jací jsme? Viděli jste, jací jsme. To jsou mladí Pražané.
Mladí, kvalifikovaní, vzdělaní.

16) Fragen und Anworten:

- Nennen Sie jemanden aus der Verwandtschaft.
  Koho máš rád? Mám rád tetu. Koho máš ráda? Mám ráda bratra.
- Jakou barvu mají Češi nejraději? *(Auflösung nach der Phonetikübung)*
- Stellen Sie sich vor, Sie empfehlen Ihrer Tochter/Ihrem Sohn einen Beruf.
  Welchen? Siehe auch Inserate oben.
  Dcera chce (will) být profesorkou/profesorka.
  Syn chce (will) být instalatérem/instalatér.

profesor	učitel	umělec	ministr	dělník	doktor
profesorka	učitelka	umělkyně	ministryně	dělnice	doktorka
malíř	prodavač	redaktor			
malířka	prodavačka	redaktorka			

- Sie sind bei einer Party. Was machen die einzelnen Personen?
  Student zdraví kamarádku, ...

☺ **MASKULINA, BELEBT *) – PÁN (NOMINATIV, AKKUSATIV)**

jung/gearbeit [handwritten]

> To je ten nový žák. Ti chytří kamarádi tam byli.
> Jaký pes tam sedí? Jací jsou ti malí hoši?
> *Schüler [handwritten]* *hoch = ein Jung [handwritten]*
>
> NEZNÁM TOHO NOVÉHO ŽÁKA. ZNÁM TY CHYTRÉ KAMARÁDY.
>
> JAKÉHO PSA HLEDÁŠ? JAKÉ HOCHY JSI VIDĚL?

*) Das Tschechische verfügt im Gegensatz zum Deutschen über die Kategorie der Belebtheit.

Ausnahmen im Nominativ Pl. belebter Maskulina:
Maskulina auf -an und -el bilden den Plural mit -é, z. B.:
občan → občané; Rakušan → Rakušané; podnikatel → podnikatelé,
učitel → učitelé, Vgl. auch host → hosté, soused → sousedé.

SLOVESA – VERBEN

Präsens: Infinitiv:	prosit	Präteritum:	Mask. b.	Fem.
1. Pers. Sg., Präs.:	prosím	1. Pers. Sg., Prät.:	prosil jsem	prosila jsem
2. Pers. Sg., Präs.:	prosíš	2. Pers. Sg., Prät.:	prosil jsi	prosila jsi
3. Pers. Sg., Präs.:	prosí	3. Pers. Sg., Prät.:	prosil	prosila
1. Pers. Pl., Präs.:	prosíme	1. Pers. Pl., Prät.:	prosili jsme	prosily jsme
2. Pers. Pl., Präs.:	prosíte	2. Pers. Pl., Prät.:	prosili jste	prosily jste
3. Pers. Pl., Präs.:	prosí	3. Pers. Pl., Prät.:	prosili	prosily

Infinitiv:	vidět	slyšet	zdravit	učit se	vracet se[*]
Präsens:	vidím	slyším	zdravím	učím se	vracím se
PPA:	viděl	slyšel	zdravil	učil se	vracel se

Infinitiv:	ležet	sedět	vařit	čistit	uklízet
Präsens:	ležím	sedím	vařím	čistím	uklízím
PPA:	ležel	seděl	vařil	čistil	uklízel

*) Konjugation: siehe auch 4. Lektion

TVARY JMENNÉ – NOMINALKONSTRUKTIONEN

Diese prädikativ gebrauchten Adjektivformen werden mit dem Subjekt in
Geschlecht und Zahl übereingestimmt (Kongruenz). Sie können bloß von
einigen Adjektiven des Deklinationstyps *mladý* gebildet werden:
bosý → bos (barfüßig)   schopný → schopen (fähig)
hotový → hotov (fertig)   připravený → připraven (vorbereitet)
zdravý → zdráv (gesund)   unavený → unaven (müde)

Das Adjektiv *rád* (froh) existiert im heutigen Tschechisch nur noch in
seinen Nominalformen. Es kann also lediglich prädikativ und nie attributiv
auftreten.

	Mask. belebt	Mask. unbelebt	Femininum	Neutrum
Singular	unaven	unaven	unavena	unaveno
Plural	unaveni	unaveny	unaveny	unavena

Lexeme mit der Endung -ek im Nom. Sg.: Bei den Maskulina belebt (z. B. tatínek*) kommt es in
allen übrigen Kasus zur E-Tilgung (tatínka, tatínkovi, tatínka usw.). Bei den Maskulina unbelebt
(domek = kleineres Haus) kommt es außer im Nominativ und Akkusativ Sg. auch zur E-Tilgung.*

Slovíčka – Vokabel:

čistit (+ *Akk.*); *ipf.,* IV 1, *Imp.:* čisti/čisť, čistěte/čisťte	putzen, reinigen
vyčistit (+ *Akk.*); *pf.,* IV 1a, *Imp.:* vyčisti/vyčisť, vyčistěte/vyčisťte	
ležet; *ipf.,* IV 2	liegen
očekávat (+ *Akk.*); *ipf.,* V	erwarten
prosit (*Akk. o + Akk.*); *ipf.,* IV 1	bitten jmdn. um etw.
poprosit (*Akk. o + Akk.*); *pf.,* IV 1a	
sedět; *ipf.,* IV 2	sitzen
slyšet (+ *Akk.*); *ipf.,* IV 2	hören
uslyšet (+ *Akk.*); *pf.,* IV 2a	
spát; *ipf., unr., Präs.:* spím, ..., spí, *Imp.:* spi, spěte, *PPA:* spal	schlafen
uklízet (+ *Akk.*); *ipf.,* IV 2	aufräumen
uklidit (+ *Akk.*); *pf.,* IV 1a	
vařit (+ *Akk.*); *ipf.,* IV 1	kochen
uvařit (+ *Akk.*); *pf.,* IV 1a	
vracet se; *ipf.,* IV 2	zurückkehren
vrátit se; *pf.,* IV 1a, *Imp. Sg.:* vrať se	
zdravit (+ *Akk.*); *ipf.,* IV 1	(be)grüßen
pozdravit (+ *Akk.*); *pf.,* IV 1a	
absolvent, -a, *Mask. 3, b.*	Absolvent
alkoholik, -a, *Mask. 3, b.*	Alkoholiker
automechanik, -a, *Mask. 3, b.*	Automechaniker
autor, -a, *Mask. 3, b.*	Autor
básník, -a, *Mask. 3, b.*	Dichter
biochemik, -a, *Mask. 3, b.*	Biochemiker
bojler, -u, *Mask. 1, u.*	Boiler
boxer, -a, *Mask. 3, b.*	Boxer
Bulhar, -a, *Mask. 3, b.*	Bulgare
cent, -u, *Mask. 1, u.*	Cent
cukr, -u, *Mask. 1, u.*	Zucker
Čech, -a, *Mask. 3, b.*	Tscheche
Češka, -y, *Fem. 1*	Tschechin
člověk, -a, *Mask. 3, b.*	Mensch
(*Pl. unr.: Nom.* lidé, *Gen.* lidí, *Dat.* lidem, *Akk.* lidi, *Präp.* lidech, *Instr.* lidmi)	Menschen, Leute
dělnice, -e, *Fem. 2*	Arbeiterin
dělník, -a, *Mask. 3, b.*	Arbeiter
detektiv, -a, *Mask. 3, b.*	Detektiv
dívka, -y, *Fem. 1*	**das** Mädchen

44

doktor, -a, *Mask. 3, b.*	Doktor
doktorka, -y, *Fem. 1*	Doktorin
důstojník, -a, *Mask. 3, b.*	Offizier
flegmatik, -a, *Mask. 3, b.*	Phlegmatiker
hoch, -a, *Mask. 3, b.*	Knabe
holub, -a, *Mask. 3, b.*	**die** Taube
hora, -y, *Fem. 1*	**der** Berg
host, -a, *Mask. 3, b.*	Gast
hrad, -u, *Mask. 1, u.*	**die** Burg
chlapec, -pce, *Mask. 4, b.*	Junge
investor, -a, *Mask. 3, b.*	Investor
inženýr, -a, *Mask. 3, b.*	Ingenieur
kamarád, -a, *Mask. 3, b.*	Freund
kamarádka, -y, *Fem. 1*	Freundin
kluk, -a, *Mask. 3, b.*	Bursch, Bub
konstruktér, -a, *Mask. 3, b.*	Konstrukteur
kontejner, -u, *Mask. 1, u.*	Container
kráter, -u, *Mask. 1, u.*	Krater
kuchař, -e, *Mask. 4, b.*	Koch
kuchařka, -y, *Fem. 1*	Köchin; **das** Kochbuch
lev, lva, *Mask. 3, b.*	Löwe
lustr, -u, *Mask. 1, u.*	Luster, Lüster
malíř, -e, *Mask. 4, b.*	Maler
malířka, -y, *Fem. 1*	Malerin
manažer, -a, *Mask. 3, b.*	Manager
metr, -u, *Mask. 1, u.*	Meter
ministr, -a, *Mask. 3, b.*	Minister
ministryně, -ě, *Fem. 2*	Ministerin
mistr, -a, *Mask. 3, b.*	Meister
mítink, -u, *Mask. 1, u.*	**das** Meeting
motor, -u, *Mask. 1, u.*	Motor
nabídka, -y, *Fem. 1*	**das** Angebot
náměstek, -tka, *Mask. 3, b.*	Stellvertreter
obálka, -y, *Fem. 1*	**das** Kuvert
občan, -a, *Mask. 3, b.*	Bürger
okno, -a, *Neutr. 1*	Fenster
pes, psa, *Mask. 3, b.*	Hund
podnikatel, -e, *Mask. 4, b.*	Unternehmer
pozor, -u, *Mask. 1, u.*	**die** Achtung, Vorsicht
práce, -e, *Fem. 2*	Arbeit
pracovník, -a, *Mask. 3, b.*	Arbeiter
pracovnice, -e, *Fem. 2*	Arbeiterin
Pražan, -a, *Mask. 3, b.*	Prager

prodavač, -e, *Mask. 4, b.*	Verkäufer
prodavačka, -y, *Fem. 1*	Verkäuferin
profesorka, -y, *Fem. 1*	Professorin
provokatér, -a, *Mask. 3, b.*	Provokateur
přítel, -e, *Mask. 4, b.,*	Freund
(*Pl. unr.: Nom.* přátelé, *Gen.* přátel,	
Dat. přátelům, *Akk.* přátele,	
Präp. přátelích, *Instr.* přáteli)	
redaktor, -a, *Mask. 3, b.*	Redakteur
redaktorka, -y, *Fem. 1*	Redakteurin
reflektor, -u, *Mask. 1, u.*	Scheinwerfer
revizor, -a, *Mask. 3, b.*	Revisor, Kontrolleur
semafor, -u, **Mask. 1, u.**	**die** Ampel
skladník, -a, *Mask. 3, b.*	Magazineur, Lagerist
spisovatel, -e, *Mask. 4, b.*	Schriftsteller
spisovatelka, -y, *Fem. 1*	Schriftstellerin
stolař, -e, *Mask. 4, b.*	Tischler
strojař, -e, *Mask. 4, b.*	Maschinenbauer
student, -a, *Mask. 3, b.*	Student
studentka, -y, *Fem. 1*	Studentin
šok, -u, *Mask. 1, u.*	Schock
taxík, -u, **Mask. 1, u.** → *ats.*	**das** Taxi
text, -u, *Mask. 1, u.*	Text
truhlář, -e, *Mask. 4, b.*	Tischler
tygr, -a, *Mask. 3, b.*	Tiger
učitel, -e, *Mask. 4, b.*	Lehrer
úloha, -y, *Fem. 1*	Aufgabe
umělec, -lce, *Mask. 4, b.*	Künstler
umělkyně, -ě, *Fem. 2*	Künstlerin
univerzita, -y, *Fem. 1*	Universität
vedoucí, -ího, *subst. Adj.*	Leiter
zahrada, -y, **Fem. 1**	**der** Garten
zájemce, -e, *Mask. 6, b.*	Interessent
zaměstnání, -í, **Neutr. 3**	**die** Beschäftigung, **die** Anstellung
zástupce, -e, *Mask. 6, b.*	Vertreter, Stellvertreter
zpráva, -y, *Fem. 1*	Nachricht, **der** Bericht
žák, -a, *Mask. 3, b.*	Schüler
blbý, *1*	blöd, dumm
bosý, *1*	barfuß, barfüßig
drahý, *1*	teuer
důležitý, *1*	wichtig
hotový, *1*	fertig
chytrý, *1*	klug, gescheit

kvalifikovaný, *1*		qualifiziert		
mladý, *1*		jung		
moudrý, *1*		weise		
náladový, *1*		launenhaft, launisch		
nejlepší, *2* (*Superlativ zu* dobrý, *1*)		der, die, das beste		
nemocný, *1*		krank		
nervózní, *2*		nervös		
pracovní, *2*		Werk-		
připravený, *1*		bereit, vorbereitet, parat		
spokojený, *1*		zufrieden		
starý, *1*		alt		
šikovný, *1*		geschickt		
těžký, *1*		schwer, schwierig		
unavený, *1*		müde		
vysoký, *1*		hoch		
vzdělaný, *1*		gebildet		
zlý, *1*		böse		
kdo, *Interrogativpron.*		wer		
který, která, které, *Relativpron.*		welcher, welche, welches		
tamhleten, -ta, -to, *Dempron.*		der dort, die dort, das dort		
tamten, tamta, tamto, *Dempron.*		der dort, die dort, das dort		
tři, *Num.*		drei		
domů, *Adv.*		nach Hause		
nejraději, *Adv.* (*Superlativ*)		am liebsten		
pozdě, *Adv.*		(zu) spät		

Rodina – Die Familie:

wie žena dekliniert

otec	=	Vater	matka	=	Mutter
syn	=	Sohn	dcera	=	Tochter
dědeček	=	Großvater	babička	=	Großmutter
bratr	=	Bruder	sestra	=	Schwester
strýc	=	Onkel	teta	=	Tante
bratranec	=	Cousin	sestřenice	=	Cousine
synovec	=	Neffe	neteř	=	Nichte
švagr	=	Schwager	švagrová	=	Schwägerin
tchán	=	Schwiegervater	tchyně	=	Schwiegermutter
zeť	=	Schwiegersohn	snacha	=	Schwiegertochter
vnuk	=	Enkel	vnučka	=	Enkelin
vdovec	=	Witwer	vdova	=	Witwe
příbuzný	=	Verwandter	manžel	=	Ehegatte
příbuzná	=	Verwandte	manželka	=	Ehegattin
příbuzní	=	Verwandte	manželé	=	Eheleute

sourozenec	=	bratr nebo sestra		
sourozenci *(Pl.)*	=	bratr a sestra	=	Geschwister
otec + matka	=	rodiče	=	Eltern
maminka	=	Mutti, Mama, Mami		
tatínek	=	Vati, Papa, Papi		

Vídeňská rodina českého původu
Wiener Familie tschechischer Herkunft
(první, druhá a třetí generace)
(erste, zweite und dritte Generation)

Sonntäglicher Ausflug, Donauwiese, 1932, Mädchen mit der Masche: Frau Erika Zilk
Nedělní výlet, Dunajská louka, 1932, holčička s mašlí: paní Erika Zilková

Phonetikübung (Adj., Nom. Sg. und Pl. Mask. belebt):

šedý	šedí	šokovaný	šokovaní	orientovaný	orientovaní
hnědý	hnědí	rafinovaný	rafinovaní	exaltovaný	exaltovaní
tvrdý	tvrdí	tolerovaný	tolerovaní	inkriminovaný	inkriminovaní
zlatý	zlatí	kritizovaný	kritizovaní	exponovaný	exponovaní
tlustý	tlustí	organizovaný	organizovaní	testovaný	testovaní
čistý	čistí	talentovaný	talentovaní	ignorovaný	ignorovaní

Řešení: V roce 1995 měli Češi nejraději modrou barvu.

Aufenthaltsmöglichkeiten für Studenten in der Tschechischen Republik
Für Studenten aus dem Ausland gibt es in der Tschechischen Republik eine ganze Reihe von Möglichkeiten, Tschechisch zu lernen. Abgesehen vom Angebot verschiedener Universitäten und privater Sprachschulen insbesondere in Prag, Brünn und Olmütz, erfreuen sich günstige dreiwöchige Sommerkurse großer Beliebtheit, die vom ÖAD (Österreichischer Austauschdienst) in Zusammenarbeit mit tschechischen Universitäten organisiert werden. Es nehmen daran österreichische und tschechische Studenten teil, die die Sprache des Nachbarlandes erlernen oder sich darin vervollkommnen wollen. In den letzten Jahren fanden Kurse für Studenten mit nicht geisteswissenschaftlichen Fächern in Zahrádky bei Česká Lípa (Neugarten bei Böhmisch Leipa), für Studenten geisteswissenschaftlicher Fächer in Kravsko bei Znojmo (Znaim) und für Studenten aus dem Wirtschaftsbereich in Poděbrady statt. Gemeinsam haben diese Kurse nicht nur, dass die Teilnehmer ihre Sprachkenntnisse erweitern. Sie wohnen auch im örtlichen Schloss, lernen die jeweiligen kulinarischen Spezialitäten kennen und haben die Möglichkeit, an einem breit gefächerten kulturellen Programm teilzunehmen und eine ganze Reihe interessanter Menschen kennen zu lernen.

4. Lektion

Známá města v Čechách – Praha

Zeptáme-li se Pražana, kdy by doporučil návštěvu Prahy, zda na jaře, v létě, na podzim či v zimě, tak nám možná sdělí, že nejvhodnější bude asi jaro, kdy všechno kvete, kdy se můžeme procházet v okolí Pražského hradu, v historických zahradách, jež byly teprve nedávno zpřístupněny. Nebo si vyjet lanovou dráhou na Petřín, vystoupit hned na první zastávce (Nebozízek) a prohlédnout si Pražský hrad z tohoto zorného úhlu, pohlédnout dolů na město, na Vltavu. Pak se zamyslí a řekne, že si přece není jist, zda je to to správné roční období, jestli by nebylo lépe přijet na podzim, kdy ve Stromovce padá listí, kdy jsou mlhy, projít se brzy ráno nebo v noci po světoznámém Karlově mostě, opředeném – jako tolik míst v Praze – pověstmi, které nám dávají nahlédnout do mystických tajů tohoto starobylého města. A co tak postát si v zimě na Staroměstském náměstí jako mnoho Pražanů, kteří se vracejí domů z cest, nechat se zase přivítat orlojem, pohledět na Týnský chrám s jeho dvěma věžemi a hádat, která je vyšší, jestli Adam, nebo Eva. A nakonec řekne: Nebo cestovat v létě jako císařovna Marie Terezie například z Vídně přes romantické, středověké městečko Telč u Jihlavy, přenocovat tam a objevit Prahu ráno, projít se podél Vltavy a navštívit alespoň několik architektonických a kulturních památek, které stověžatá Praha skrývá. A dodá, že je to vlastně jedno, kdy.

Rozhovor

Vrchní: Co si dáte k pití?
Host: K pití? Pivo. Máte i nealkoholické?
Vrchní: Ne, máme jen světlé a tmavé pivo.
Host: Plzeňské?
Vrchní: Ano. Máme i víno, červené, bílé, a becherovku.
Host: Jsem řidič, prosím tonik.
Vrchní: Co si přejete k jídlu? Svíčkovou a knedlík nebo rýži, dary moře s hranolky, ryby, vepřovou s knedlíkem a zelím, ovocné knedlíky jahodové, borůvkové, meruňkové, švestkové – , povidlové tašky? Prosím, tady je jídelní lístek.
Host: Povidlové taštičky a hned platit, prosím. Moment, vidím, že máte palačinky. Tvarohové palačinky, prosím.

1) Ergänzen Sie ano/ne:

Co si objednal host? Svíčkovou? ..... Objednal si alkoholický nápoj? .....

Rozhovor

Silvie:	Jak se jmenuješ?
Jiří:	Jmenuji se Jiří.
Silvie:	Jsi se jménem spokojen?
Jiří:	No jasně, Jiří je nejkrásnější jméno na světě.
	A jak se jmenuješ ty?
Silvie:	Jmenuji se Silvie.
Jiří:	To je také krásné jméno.

To zelené jablko tam nebylo.

2. a) Setzen Sie in den Singular:

To byla nová telefonní čísla. → To bylo nové telefonní číslo.
Ta zelená jablka tam nebyla. Kde ležela ta pera? To nebyla cizí slova. Jaká
pera tam ležela? Byla to česká slova? Jaká máte přání?
Hledaly pera. Přáli si ta bílá trička. Neumyli ta okna.

Přála si to bílé tričko.

b) Setzen Sie in den Plural:

Toto jídlo bylo dobré. → Tato jídla byla dobrá.
Auto nebylo velké. Okno je hezké. Jméno je dlouhé. Toto město bylo
důležité.

c) Setzen Sie in den entsprechenden Kasus:

Objednal jsem si (káva). → Objednal jsem si kávu.
Objednal jsem si (minerálka), (nealkoholické pivo), (čaj), (víno), (salát),
(dobré jídlo), (malinová šťáva).
ou u

3) Setzen Sie in die Vergangenheit:

To není drahé. → To nebylo drahé.
To je laciné. To není hezké. To je krásné. To není levné. To je důležité.
To není modré. To je těžké. To není dobré. To je zajímavé.

4) Beantworten Sie:

Máš ještě nějakou tužku? Ne, nemám žádnou.
Máš ještě nějaký papír? Máš ještě nějaké peníze? Máš ještě nějaké jablko?
Máš nějaký problém?

5) Fügen Sie ein und beachten Sie die Enklitika:

Ich lernte.   Dort lernte ich.

učila jsem se	Tam jsem se učila.

6) Ergänzen Sie im Präteritum:

Nikdo tam _____ . → Nikdo tam nebyl.

Nic tam _____ .   Nikde to _____ .

Nikdy tam _____ .   Žádný pes to _____ .

7. a) Ergänzen Sie eine Form von „zurückkehren/-geben":

Vrátila se Sabina ? Ne, ještě ne.

Bratr _se vrátil_ nemocný.

Matyáš _vrátil_ Kristiánovi červené pero.

Vrátila Klára knihu? Ano, _vrátila_ .

Hosté _se vrátili_ šťastni.

Isabela _vrátila_ Alexandře zrcátko. Spiegel

b) Ergänzen Sie eine Form von „waschen":

Myje Ingrid okno? Ne, to nebyla Ingrid, okno _umyla_

Petra. Claudia _myje si_ ráda vlasy. Martin _si myje_ nohy.

Marta _se myje_ každý den. Zuzana _si myje_ každý den

obličej. Bedřich ne _myje_ auto. Gesicht

c) Ergänzen Sie eine Form von „spielen":

Martin _si hraje_ s kamarádkou.

Kde _si hrála_ malá Kristýna?

Ulrike ne _hraje_ hokej.

Pavel ne _hraje_ na harmoniku.

Na co _hraje_ Markéta?

Malý Michal _si hraje_ rád.

8) Beantworten Sie:

Host očekával důležitou zprávu. Očekával host dopis? Ne, host očekával důležitou zprávu.

Studentka vrátila knihu.   Vrátila studentka lístek? _____

Bernard se učí. Petr se neučí.   Kdo se neučí? _____

Ilse má ráda babičku. Jana má ráda tetu.   Koho má ráda Jana? _____

Michal slyšel holuba.   Slyšel Michal psa? _____

9. a) Stellen Sie die angeführten Personen nach folgendem Muster vor:

mladý inženýr → To jsou mladí inženýři.

mladý absolvent	šikovný konstruktér
dobrý manažer	zkušený mistr
dobrý právník	zkušený zedník
mladý programátor	servisní technik

b) Sie suchen nach oben genannten Personen:

mladý inženýr → Hledáme mladé inženýry.

10) Ändern Sie nach folgendem Muster:

Tohle je důležité slovo. → Toto je důležité slovo.

Tohle nebylo nové okno.   Tohle jméno je slavné.

Tahle studentka to nevidí.   Tenhle student se vrátil.

Tohle pero je nové.   Tohleto je důležité.

[handwritten: To byla nová dcera.]

11) Übersetzen Sie:

	Sg.:	Pl.:
Das ist eine schöne Stadt.	To je pěkné město	To jsou pěkná města
Das war ein wichtiges tschechisches Wort.	To bylo důležité české slovo.	To byla důležitá česká slova.
Das war ein neues Fenster.	To bylo nové okno.	To byla nová okna.
Die Feder ist blau.	To pero je nové modré	Ta pera jsou modrá
Das ist ein berühmtes Theater.	To je známé divadlo	jsou známá divadla
Das war ein runder Spiegel.	bylo kulaté zrcadlo	byla kulatá zrcadla
Das ist kein neuer PKW.	není nové auto	nejsou nová auta
Das ist ein Euro.	To je euro	To jsou eura

12) Fragen und Anworten:

Jaká jména mají maminky nejraději? (1999)
Tereza, Kateřina, Michaela, Kristýna, Nikola, Lucie, Veronika, Aneta, Ivana, Dana, Alena.
Jan, Jakub, Tomáš, Martin, Michal, Dominik, Daniel, Lukáš.

Maminky se jmenují:	Jana, Lenka, Petra, Eva, Jaroslava, Věra, Hana
Otcové:	Petr, Jiří, Pavel
Babičky se jmenují:	Marie, Anna, Jana, Ludmila, Zdeňka
Dědečkové:	Josef, Jiří, Jan, František, Jaroslav, Václav

Jaké pohlaví má mít Váš potomek? (jedno dítě)
ženy: 56 % si přeje dceru
muži: 77 % si přeje syna   (svobodní)   To je jedno. (Das ist egal.)

13) Fragen und Anworten:

Jak se jmenuješ? Jmenuji se Zuzana Nováková. Jak se jmenuje maminka? Jmenuje se Marie. Jak se jmenuje teta? Jak se jmenuje strýc?

Co si přeješ? Přeji si psa.

14) Fragen und Anworten:

Které cizí jazyky dobře ovládáte?
Ovládám velmi dobře němčinu.

Alexander Humboldt (1769-1859) procestoval celý svět. Jmenoval tři nejkrásnější města: Benátky, Mexico City a Salcburk.
Co si myslíte vy, která města jsou nejkrásnější?

15) Ergänzen Sie unter Verwendung verschiedener Personen:

Myl ses? Umyl ses?

	+ SE (=Akk.)	+ SI (=Dat.)	–
umýt	Umyla jsem se.	Umyla jsem si ruce.	Umyla jsem nádobí.
mýt			
obléct, obléknout			
oblékat			
svléct, svléknout			
svlékat			
učesat			
česat			
představit			Představila mu Josefa.
představovat			Nepředstavoval mu Ivu.

!

☺

NEUTRA – MĚSTO (NOMINATIV, AKKUSATIV)

To bylo nové okno. Ta bílá okna byla nová.

Jaké je to auto? Jaká jsou ta malá auta?

NEVIDÍM TO NOVÉ OKNO. MÁME NOVÁ BÍLÁ OKNA.

JAKÉ PERO HLEDÁŠ? JAKÁ JÍDLA MÁŠ RÁD?

SLOVESA – VERBEN

Präsens: Infinitiv:	mýt se
1. Pers. Sg., Präs.:	myji*) se
2. Pers. Sg., Präs.:	myješ se
3. Pers. Sg., Präs.:	myje se
1. Pers. Pl., Präs.:	myjeme se
2. Pers. Pl., Präs.:	myjete se
3. Pers. Pl., Präs.:	myjí*) se

Präteritum:		Mask. b.	Fem.
1. Pers. Sg., Prät.:		myl jsem se	myla jsem se
2. Pers. Sg., Prät.:		myl ses	myla ses
3. Pers. Sg., Prät.:		myl se	myla se
1. Pers. Pl., Prät.:		myli jsme se	myly jsme se
2. Pers. Pl., Prät.:		myli jste se	myly jste se
3. Pers. Pl., Prät.:		myli se	myly se

Futur: Infinitiv:	umýt se		Präteritum:		Mask. b.	Fem.
1. Pers. Sg., Futur:	umyji*⁾ se		1. Pers. Sg., Prät.:		umyl jsem se	umyla jsem se
2. Pers. Sg., Futur:	umyješ se		2. Pers. Sg., Prät.:		umyl ses	umyla ses
3. Pers. Sg., Futur:	umyje se		3. Pers. Sg., Prät.:		umyl se	umyla se
1. Pers. Pl., Futur:	umyjeme se		1. Pers. Pl., Prät.:		umyli jsme se	umyly jsme se
2. Pers. Pl., Futur:	umyjete se		2. Pers. Pl., Prät.:		umyli jste se	umyly jste se
3. Pers. Pl., Futur:	umyjí*⁾ se		3. Pers. Pl., Prät.:		umyli se	umyly se

*) *Laut derzeit gültiger Rechtschreibung* (Pravidla českého pravopisu 1993) *sind in der 1. Pers. Sg. alltagssprachlich auch die Formen* myju se / umyju se *möglich; analog dazu sind alltagssprachlich in der 3. Pers. Pl. die Formen* myjou se / umyjou se *erlaubt, auch wenn sie auf Böhmen beschränkt und weniger häufig sind.*

Präsens: Infinitiv:	přát si		Präteritum:		Mask. b.	Fem.
1. Pers. Sg., Präs.:	přeji*⁾ si		1. Pers. Sg., Prät.:		přál jsem si	přála jsem si
2. Pers. Sg., Präs.:	přeješ si		2. Pers. Sg., Prät.:		přál sis	přála sis
3. Pers. Sg., Präs.:	přeje si		3. Pers. Sg., Prät.:		přál si	přála si
1. Pers. Pl., Präs.:	přejeme si		1. Pers. Pl., Prät.:		přáli jsme si	přály jsme si
2. Pers. Pl., Präs.:	přejete si		2. Pers. Pl., Prät.:		přáli jste si	přály jste si
3. Pers. Pl., Präs.:	přejí*⁾ si		3. Pers. Pl., Prät.:		přáli si	přály si

*) *Laut derzeit gültiger Rechtschreibung* (Pravidla českého pravopisu 1993) *ist in der 1. Pers. Sg. alltagssprachlich auch* přeju si *möglich; analog dazu ist ats. in der 3. Pers. Pl. die Form* přejou si *erlaubt, auch wenn sie auf Böhmen beschränkt und weniger häufig ist.*

Infinitiv:	pít	bít	hrát si
Präsens:	piji/piju	biji/biju	hraji si/hraju si
PPA:	pil	bil	hrál si

Infinitiv:	myslet/myslit
Präsens:	myslím
PPA:	myslel/myslil

Infinitiv:	objednávat
Präsens:	objednávám
PPA:	objednával

Infinitiv:	ovládnout
Futur:	ovládnu
PPA:	ovládl

Infinitiv:	objednat
Futur:	objednám
PPA:	objednal

Den Reflexivpronomen SE, SI muss besondere Beachtung geschenkt werden, da sie in vielerlei, im Deutschen unüblichen Kombinationen vorkommen können.

a) **Typ mýt se / umýt se** (sich waschen):
Umyla jsem se. Ich habe <u>mich</u> gewaschen. (Akkusativ)
Umyla jsem si ruce. Ich habe <u>mir</u> die Hände gewaschen. (Dativ)
Umyla jsem nádobí. Ich habe das Geschirr abgewaschen. (ohne Reflexivpronomen)
ähnlich: sich anziehen ↔ sich etwas anziehen
   obléct se (obleču se), obléknout se (obléknu se) / oblékat se
   obléct si (obleču si), obléknout si (obléknu si) svetr / oblékat si svetr
   sich ausziehen ↔ sich etwas ausziehen
   svléct se (svleču se), svléknout se (svléknu se) / svlékat se
   svléct si (svleču si), svléknout si (svléknu si) svetr / svlékat si svetr
   sich kämmen ↔ sich die Haare kämmen
   učesat se (učešu se, učesám se) / česat se (češu se, česám se)
   učesat si (učešu si, učesám si) vlasy / česat si (češu si, česám si) vlasy
   sich vorstellen ↔ sich etwas vorstellen
   představit se (představím se) / představovat se (představuji se)
   představit si (představím si) moře / představovat si (představuji si) moře

b) **Typ pohnout / pohybovat ↔ pohnout se / pohybovat se** (bewegen ↔ sich bewegen): (po)těšit ↔ těšit se ([er]freuen ↔ sich freuen)

c) **Typ vrátit se / vracet se** (zurückkehren) ↔ **vrátit / vracet** (zurückgeben) Achtung auf Bedeutungsunterschied!
ähnlich: (na)učit se ([er]lernen) ↔ (na)učit (lehren)
   jmenovat se (heißen) ↔ jmenovat (nennen)

d) **Reflexiva tantum** (Verben, die im Tschechischen immer reflexiv sind):
zeptat se / ptát se (fragen)
všimnout si / všímat si (bemerken)
stěžovat si (sich beschweren)

e) **Typ koupit (si) / kupovat (si)**:
Verben, bei denen das Reflexivpronomen ähnlich wie im Deutschen verwendet wird:
Koupím (si) auto. Ich werde (mir) ein Auto kaufen.
Kupuji (si) auto. Ich kaufe (mir) ein Auto.
ähnlich: objednat (si) / objednávat (si) pizzu ([sich] eine Pizza bestellen)

f) **Typ hrát ↔ hrát si** (spielen):
Hraji na klavír. Ich spiele Klavier.
Hrajeme basketbal. Wir spielen Basketball.
Anička si hraje. Anni spielt. (Vgl. österreichisch ugs. Anni spielt sich.)

g) **Verwendung als Impersonale**:
Tancovalo se. (Es wurde getanzt. Man tanzte.)
Mluvilo se o projektu. (Es wurde über das Projekt gesprochen. Man sprach über ... .)

h) **Reziprozität**:
Máme se rádi. (Wir mögen einander.)
Telefonujeme si často. (Wir rufen einander oft an.)

Die oben stehende Übersicht beinhaltet keine vollständige Aufzählung von Typen, sondern soll nur einen Einblick in die Komplexität der Problematik vermitteln.

ZÁJMENNÁ PŘÍSLOVCE A ZÁJMENA TÁZACÍ – PRONOMINALADVERBIEN UND INTERROGATIVPRONOMEN:

kde	wo	někde	irgendwo	nikde	nirgendwo
kam	wohin	někam	irgenwohin	nikam	nirgendwohin
kdy	wann	někdy	irgendwann	nikdy	niemals
kdo	wer	někdo	irgendjemand	nikdo	niemand
co	etwas	něco	irgendetwas	nic	nichts
jaký	was für ein	nějaký	irgendein	žádný	kein

ZÁPOR OBECNÝ – DOPPELTE VERNEINUNG:

Kommen im Satz die in der Spalte oben rechts genannten verneinten Pronomen bzw. Pronominaladverbien vor, muss im tschechischen Satz die doppelte Verneinung erfolgen. Auch im Wienerischen kann man ähnlich hören: „Ich hab' ka' Geld net g'habt.".
Máte něco k proclení? (Haben Sie etwas zum Verzollen?*)* – *Nemám nic.* (Ich habe nichts.)

Auch bei *ani* (nicht einmal) und *ani – ani* (weder – noch) steht die doppelte Verneinung:
Nemám ani tužku, ani pero. Ani bratra jsem neviděl.

🙂 Slovíčka – Vokabel:

bít (+ *Akk.*); *ipf., III 1,*   schlagen
   Präs.: biji/biju, bijí/bijou,
   Imp. Sg.: bij, *PPA:* bil, *PPP:* bit
zbít (+ *Akk.*); *pf. III 1a,*
   Futur: zbiji/zbiju, zbijí/zbijou,
   Imp. Sg.: zbij, *PPA:* zbil, *PPP:* zbit
cestovat; *ipf., III 2*   reisen
   procestovat (+ *Akk.*); *pf., III 2a*   bereisen
česat (+ *Akk.*); *ipf., I 3*   kämmen
   Präs.: češu/česám, češí/česají,
   Imp. Sg.: češ/česej

učesat (+ *Akk.*); *pf.*, *I 3a*
    Futur: učešu/učesám, učeší/učesají,
    Imp. Sg.: učeš/učesej

česat se (+ *Instr.*); *ipf.*, *I 3*   sich kämmen mit etw.
    učesat se (+ *Instr.*); *pf.*, *I 3a*

česat si vlasy; *ipf.*, *I 3*   sich die Haare kämmen
    učesat si vlasy; *pf.*, *I 3a*

dávat (*Dat.* + *Akk.*); *ipf.*, *V*   geben (jmdm. etw.)
    dát (*Dat.* + *Akk.*); *pf.*, *Va*

    dát si (+ *Akk.*)   sich etw. genehmigen,
                               sich etw. „geben" (ugs.)

hrát (+ *Akk.*); *ipf.*, *III 1*   ein Spiel spielen
    hrát fotbal   Fußball spielen

hrát (*na* + *Akk.*); *ipf.*, *III 1*   ein Instrument spielen
    hrát na klavír   Klavier spielen

hrát si (*s* + *Instr.*); *ipf.*, *III 1*   spielen, „sich spielen"

jmenovat se; *ipf.*, *III 2*   heißen

kupovat (si) (+ *Akk.*); *ipf.*, *III 2*   kaufen (sich, für sich)
    koupit (si) (+ *Akk.*); *pf.*, *IV 1a*

myslet / myslit (*na* + *Akk.*); *ipf.*, *IV 1*   denken an etw.

mýt (+ *Akk.*); *ipf.*, *III 1, Präs.:* myji/myju,   waschen
    myjí/myjou, *Imp. Sg.:* myj,
    PPA: myl, *PPP:* myt

    umýt (+ *Akk.*); *pf.*, *III 1a,*
    Futur: umyji/umyju,
    umyjí/umyjou,
    Imp. Sg.: umyj, *PPA:* umyl,
    PPP: umyt

mýt se (+ *Instr.*); *ipf.*, *III 1*   sich waschen mit etw.
    umýt se (+ *Instr.*); *pf.*, *III 1a*

mýt si (+ *Akk.*); *ipf.*, *III 1*   sich etw. waschen
    umýt si (+ *Akk.*); *pf.*, *III 1a*

objednávat (+ *Akk.*); *ipf.*, *V*   bestellen
    objednat (+ *Akk.*); *pf.*, *Va*

oblékat (+ *Akk.*); *ipf.*, *V*   anziehen
    obléci/obléct (+ *Akk.*); *pf.*, *I 5a,*
    Futur: obleču, oblečou, *Imp. Sg.:*
    obleč, *PPA:* oblekl, *PPP:* oblečen

    obléknout (+ *Akk.*); *pf.*, *II 1a,*
    Futur: obleču, oblečou, *Imp. Sg.:*
    obleč, *PPA:* oblék/nu/l, oblékla,
    PPP: obléknut

oblékat se; *ipf., V*	sich anziehen
obléct se; *pf., I 5a*	
obléknout se; *pf., II 1a*	
oblékat si (*+ Akk.*); *ipf., V*	sich etw. anziehen
obléct si (*+ Akk.*); *pf., I 5a*	
obléknout si (*+ Akk.*); *pf., II 1a*	
ovládat (*+ Akk.*); *ipf., V*	beherrschen
ovládnout (*+ Akk.*); *pf., II 1a*	
pít (*+ Akk.*); *ipf., III 1,*	trinken
Präs.: piji/piju, pijí/pijou,	
Imp. Sg.: pij, *PPA:* pil, *PPP:* pit	
vypít (*+ Akk.*); *pf., III 1a,*	austrinken
Futur: vypiji/vypiju,	
vypijí/vypijou, *Imp. Sg.:* vypij,	
PPA: vypil, *PPP:* vypit	
platit (*+ Akk.*); *ipf., IV 1*	zahlen, gelten
zaplatit (*+ Akk.*); *pf., IV 1a*	bezahlen
pohybovat (se); *ipf., III 2*	bewegen (sich)
pohybovat (*+ Instr.*); *ipf., III 2*	bewegen (etw.)
přát (*Dat.+ Akk.*); *ipf., III 1,*	wünschen (jmdm. etw.)
Präs.: přeji/přeju, přejí/přejou,	
Imp. Sg.: přej, *PPA:* přál, *PPP:* přán	
přát si (*+ Akk.*); *ipf., III 1*	sich wünschen
představovat se (*+ Dat.*); *ipf., III 2*	sich vorstellen
představit se (*+ Dat.*); *pf., IV 1a*	
představovat si (*+ Akk.*); *ipf., III 2*	sich etw. vorstellen
představit si (*+ Akk.*); *pf., IV 1a*	
představovat (*Dat.+ Akk.*); *ipf., III 2*	vorstellen (jmdm. etw./jmdn.)
představit (*Dat.+ Akk.*); *pf., IV 1a*	
ptát se (**Gen.** *na + Akk.*); *ipf., V, PPA:* ptal se	fragen jmdn. nach etw. /jmdn.
zeptat se (**Gen.** *na + Akk.*); *pf., Va*	
svlékat (*+ Akk.*); *ipf., V*	ausziehen
svléci/svléct (*+ Akk.*); *pf., I 5a,*	
Futur: svleču, svlečou, *Imp. Sg.:*	
svleč, *PPA:* svlekl, *PPP:* svlečen	
svléknout (*+ Akk.*); *pf., II 1a, Futur:*	
svleču, svlečou, *Imp. Sg.:* svleč,	
PPA: svlék/nu/l	
svlékla, *PPP:* svléknut	
svlékat se; *ipf., V*	sich ausziehen
svléct se; *pf., I 5a*	
svléknout se; *pf., II 1a*	
svlékat si (*+ Akk.*); *ipf., V*	sich etw. ausziehen

svléct si (+ *Akk.*); *pf.*, *I 5a*
svléknout si (+ *Akk.*); *pf.*, *II 1a*
těšit; *ipf.*, *IV 1*
těšit se (*na* + *Akk*); *ipf.*, *IV 1*
vracet (*Dat.*+ *Akk.*); *ipf.*, *IV 3*
vrátit (*Dat.*+ *Akk.*); *pf.*, *IV 1a,*
  Imp. Sg.: vrať, *PPP:* vrácen
všímat si (+ *Gen.*); *ipf.*, *V*
všimnout si (+ *Gen.*); *pf.*, *II 1a*
angličtina, -y, *Fem. 1*
auto, -a, *Neutr. 1*
čeština, -y, *Fem. 1*
číslo, -a, *Neutr. 1*
dar, -u, *Mask. 1, u.*
  dary moře *Pl.*
dítě, -ěte, *Neutr. 4, Pl. Fem.*
divadlo, -a, *Neutr. 1*
euro, -a, *Neutr. 1*
francouzština, -y, *Fem. 1*
harmonika, -y, *Fem. 1*
hokej, -e, *Mask. 2, u.*
hranolky, -ů, *Pl., Mask. 1, u.*
italština, -y, *Fem. 1*
jablko, -a, *Neutr. 1*
jazyk, -a, *Mask. 1, u.*
jídlo, -a, *Neutr. 1*
jméno, -a, *Neutr. 1*
knedlík, -u, *Mask. 1, u.*
lístek, -tku, *Mask. 1, u.*
maďarština, -y, *Fem. 1*
město, -a, *Neutr. 1*
metro, -a, *Neutr. 1*
moře, -e, *Neutr. 2*
nápoj, -e, *Mask. 2, u.*
noha, -y, *Fem. 1*
obličej, -e, *Mask. 2, u.*
palačinka, -y, *Fem. 1*
peníze, -ěz, *Mask. unr.*, *Pluraletantum*
  (*Dat.* -zům, *Präp.* -zích, *Instr.* -zi)
pero, -a, *Neutr. 1*
pivo, -a, *Neutr. 1*
  černé pivo

freuen
sich freuen (auf etw.)
zurückgeben jmdm. etw.

bemerken, aufmerksam werden
auf etw., registrieren
das Englische
Auto
das Tschechische
die Nummer, die Zahl
das Geschenk, die Gabe
Meeresfrüchte
Kind
Theater
der Euro
das Französische
Ziehharmonika
das Eishockey
Pommes frites
das Italienische
der Apfel
die Sprache, die Zunge
Essen, die Speise
der Name
Knödel
Zettel, das Blatt, die Karte
das Ungarische
die Stadt
die Metro, die U-Bahn
Meer
das Getränk
das Bein, der Fuß
das Gesicht
Palatschinke
das Geld

die Feder, die Füllfeder
Bier
dunkles Bier

řezané pivo	gemischtes Bier
točené pivo	Bier vom Fass
pohlaví, -í, *Neutr. 3*	Geschlecht
potomek, -mka, *Mask. 3, b.*	Nachkomme
právník, -a, *Mask. 3, b.*	Rechtsanwalt
procento, -a, *Neutr. 1*	Prozent
programátor, -a, *Mask. 3, b.*	Programmierer
ruština, -y, *Fem. 1*	**das** Russische
ryba, -y, *Fem. 1*	**der** Fisch
rýže, -e, *Fem. 2*	**der** Reis
řidič, -e, *Mask. 4, b.*	Fahrer
saldo, -a, *Neutr. 1*	**der** Saldo
slovenština, -y, *Fem. 1*	**das** Slowakische
slovinština, -y, *Fem. 1*	**das** Slowenische
slovo, -a, *Neutr. 1*	Wort
svět, -a, *Mask. 1, u.*	**die** Welt
svíčková, -é, *subst. Adj.*	**der** Lungen-, Lendenbraten
taška, -y, *Fem. 1*	Tasche
taštička, -y, *Fem. 1*	**das** Täschchen, kleine Tasche
technik, -a, *Mask. 3, b.*	Techniker
tonik, -u, *Mask. 1, u.*	**das** Tonic(water)
tričko, -a, *Neutr. 1*	T-Shirt, Leiberl
vepřová, -é, *subst. Adj.*	**der** Schweinsbraten
víno, -a, *Neutr. 1*	**der** Wein
vrchní, -ího, *subst. Adj.*	Ober
zedník, -a, *Mask. 3, b.*	Maurer
zelí, -í, *Neutr. 3*	Kraut
zrcadlo, -a, *Neutr. 1*	**der** Spiegel
zrcátko, -a, *Neutr. 1*	**der** Handspiegel, Spiegelchen
alkoholický, *1*	alkoholisch
borůvkový, *1*	Heidelbeer-
celý, *1*	ganz
cizí, *2*	fremd, ausländisch
dlouhý, *1*	lang
hezký, *1*	hübsch, schön
krásný, *1*	schön
kulatý, *1*	rund, rundlich
laciný, *1*	billig
levný, *1*	billig
malinový, *1*	Himbeer-
meruňkový, *1*	Marille-
nealkoholický, *1*	antialkoholisch, alkoholfrei

nejkrásnější, 2 (*Superlativ zu* krásný, *1*)	schönster, schönste, schönstes
nový, *1*	neu
plzeňský, *1*	Pilsner
povidlový, *1*	Powidl-
servisní, *2*	Service-
slavný, *1*	berühmt
svobodný, *1*	frei; ledig
švestkový, *1*	Zwetschken-, Pflaumen-
telefonní, *2*	Telefon-
tvarohový, *1*	Topfen- / Quark-
velký, *1*	groß
zkušený, *1*	erfahren
každý, *Pron.*	jeder
jeden, jedna, jedno, *Num.*	eins; einer, eine, eines
dobře, *Adv.*	gut
hned, *Adv.*	gleich, sofort
jak, *Adv.*	wie
jasně, *Adv.*	klar
jen, *Adv.*	nur
tady, *Adv.*	hier
bez (+ *Gen.*), *Präpos.*	ohne
k (+ *Dat.*), *Präpos.*	zu
ani, *Part., Konj.*	nicht einmal
ani – ani, *Konj.*	weder – noch

V restauraci – Im Restaurant:

Je tu volno?	Tady je obsazeno.
Ist hier frei?	Hier ist besetzt.
Jídelní lístek	Prosím vepřové se zelím a knedlíkem.
Speisekarte	Schweinsbraten, Kraut und Knödel, bitte.
Kolik knedlíků?	Čtyři knedlíky, prosím.
Wieviel Knödel?	Vier Knödel, bitte.
Pane vrchní, platit prosím.	Účet. Spropitné.
Herr Ober, bitte zahlen.	Rechnung. Trinkgeld.

Anmerkung:

Steht das Substantiv *pán* (Herr) alleine, d. h. ohne Titel, Vornamen oder Familiennamen, muss die Vokalquantität in allen Kasus mit Ausnahme des Vokativs (*pane!*) berücksichtigt werden (siehe Musterwort *pán*). In Verbindung mit Namen bzw. Titeln kommt es in allen Kasus zu einer

Kürzung: *pan prezident* (Herr Präsident, Nominativ), *pan profesor* (Herr Professor, Nominativ), *vidím pana Nováka* (ich sehe Herrn Novák, Akkusativ), ...

Čtvrtá lekce

Dcera:	Já mám hlad.
Matka:	Půjdeme do restaurace.
Dcera:	Do restaurace u divadla?
Matka:	Ano, dobře tam vaří.
Otec:	Máme štěstí, mají otevřeno.
Dcera:	Snad bude volno.
Vrchní:	Dobrý den, vítám vás. Budete obědvat?
Matka:	Dobrý den! Ano, rádi bychom se najedli.
Vrchní:	Tady je volný stůl u okna. Zde je jídelní lístek. Přejete si něco k pití?
Otec:	Ano, džus se sodou, jablečnou šťávu a jedno malé pivo. Po obědě dvakrát kávu a zákusek.
Vrchní:	Polévku si budete přát?
Otec:	Ano, třikrát polévku, jedenkrát dietní jídlo a dvakrát vepřovou, knedlík a zelí.
Vrchní:	Prosím.
Dcera:	Maminko, to jsou umělé květiny?
Matka:	Ano, umělé, ale pěkné.
Vrchní:	Tak prosím. Třikrát polévka, jeden džus, sodovka, jablečná šťáva a malé pivo. Dobrou chuť.
Všichni:	Děkujeme.
Matka:	Polévka je výborná a není drahá.
Otec:	Pamatuj si, že polévka je důležité a zdravé jídlo.
Dcera:	Já mám polévky ráda.
Vrchní:	Chutnalo vám?
Matka:	Ano, polévka byla moc dobrá.
Vrchní:	Snad vám bude chutnat i dál. Zde je dvakrát vepřová a jednou dieta. Dobrou chuť!
Všichni:	Díky.
Otec:	Vepřové maso je dobré, ale těžké. Musí se jíst malá porce.
Dcera:	Já mám dobrý oběd.
Matka:	Hezky se zde sedí, je tu příjemně a ticho.
Otec:	Chutná ti zákusek?
Dcera:	Ano, není moc sladký, chutná mi.
Otec:	Pane vrchní, platím.
Vrchní:	Prosím, zde je účet.
Matka:	Děkujeme vám a na shledanou.
Vrchní:	Na shledanou.

štěstí, -í, *Neutr. 3*	Glück
otevřeno	offen
rádi bychom se najedli (*Konditional*)	wir würden gern essen/hätten gern gegessen
šťáva, -y, **Fem.** *1*	**der** Saft
jablečný, *1*	Apfel-
zákusek, -sku, *Mask. 1, u.*	Nachtisch, **die** Nachspeise, **das** Dessert
umělý, *1*	künstlich
květina, -y, **Fem.** *1*	Blume
výborný, *1*	ausgezeichnet
pamatuj si (*Imperativ*)	merke dir!
zdravý, *1*	gesund
Chutnalo vám?	Hat es Ihnen geschmeckt?
snad, *Part.*	hoffentlicht, vielleicht
dál, *Adv.*	weiter
příjemně, *Adv.*	angenehm

Bekannte Städte in Böhmen – Prag

Wenn wir einen Prager fragen, wann er einen Besuch Prags empföhle, ob im Frühling, Sommer, Herbst oder Winter, so teilt er uns vielleicht mit, dass es wahrscheinlich im Frühling am günstigsten sein wird, wenn alles blüht, wenn wir in der Umgebung der Prager Burg spazieren gehen können – in den historischen Gärten, die erst seit kurzem zugänglich sind. Oder man kann mit der Seilbahn auf den Laurenziberg fahren, gleich bei der ersten Haltestelle (Nebozízek) aussteigen und die Prager Burg aus diesem Blickwinkel betrachten, – hinunterschauen auf die Stadt, zur Moldau. Dann denkt er nach und sagt, dass er sich doch nicht sicher ist, ob dies die richtige Jahreszeit sei, ob es nicht besser wäre im Herbst zu kommen, wenn im Stromovka das Laub fällt, wenn es Nebel gibt, ganz früh oder in der Nacht auf der weltberühmten sagenumwobenen Karlsbrücke zu flanieren, die uns, wie so viele Plätze in Prag, Einblick in die mystischen Geheimnisse dieser altehrwürdigen Stadt gewährt. Und wie wär's damit, im Winter auf dem Altstädter Ring stehen zu bleiben, wie so viele Prager, die, wenn sie von einer Reise zurückkehren, sich von der astronomischen Turmuhr begrüßen lassen, zur Teynkirche mit ihren beiden Türmen zu blicken und zu raten, welcher höher ist, ob Adam oder Eva. Und schließlich sagt er: Oder im Sommer wie die Kaiserin Maria Theresia zu reisen, z. B. von Wien aus über das romantische mittelalterliche Städtchen Telč bei Iglau, dort zu übernachten und Prag am Morgen zu entdecken, entlang der Moldau zu spazieren und zumindest einige der architektonischen und kulturellen Denkmäler zu besuchen, die das hunderttürmige Prag in sich birgt. Und fügt hinzu – eigentlich ist es egal, wann.

Lanová dráha na Petřín

Pramen – Quelle:
Dopravní podnik
hlavního města Prahy,
únor 2000

5. Lektion

Známá města v České republice – Brno

Když se obrátíte na Brňana s otázkou, co si máte prohlédnout v jeho rodném městě, tak se možná na vás podívá a řekne: „Jak vidím, tak asi studujete. Záleží na tom, co vás zajímá a kolik máte času.

Brno je známé veletržní město, ale vás budou jistě více zajímat památky v centru města, Petrov, Špilberk, Stará radnice, Moravská galerie, divadla. Pokud se nebojíte, můžete si zajít i do kapucínského kláštera a prohlédnout si mumie. Jestli vás zajímá moderní architektura, funkcionalismus, tak pro vás má Brno skvost. Je to vila Tugendhat. V třicátých letech si vilu nechala postavit mladá rodina. Vystavěl ji pro ni světoznámý architekt Ludwig Mies van der Rohe. Hned na počátku mu bylo řečeno, že peníze nehrají roli. Vila je postavena na svahu, nenápadná z ulice. Obývací pokoj je zepředu zcela prosklen, jako výkladní skříň, s nádherným výhledem na Brno, Petrov a jiné památky.

A máme tu výborné restaurace, nezapomeňte je vyzkoušet.

A víte co, třeba byste měli možnost prohlédnout si Moravský kras, Macochu nebo si zajet i do Lednice, projít se zámeckým parkem – zajímají vás zámky? V květnu nebo na podzim je park nejhezčí. Je proslulý i svou rozhlednou – minaretem. V Lednici, známé svou kulturně upravenou krajinou, má zahradnictví dlouholetou tradici již z dob mocnářství, v roce 1918 se po vzniku Československa tamější škola rozdělila a usídlila ve Vídni, v Schönbrunnu. V Čechách a na Moravě je hodně krásných hradů a zámků.“

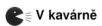

☕ V kavárně

Vrchní:	Prosím, máte přání?
Jiří:	Kávu s mlékem a sklenku vody.
Vrchní:	Jakou kávu, překapávanou nebo tureckou?
Jiří:	Tureckou.
Silvie:	Pro mě prosím espreso a perlivou minerálku, neslazenou.

Vrchní:	Takže jednou turka[*], jednou překapávanou kávu a jednu minerálku.
Jiří:	A sklenku vody. Jaké dezerty máte?
Vrchní:	Koláče, dorty a jablečný závin.
Jiří:	Dám si žemlovku.
Vrchní:	Žemlovku nemáme. Voda je chlórovaná.
Silvie:	Dva koláčky, prosím.
Jiří:	Tu vodu také.

*) ats. *turek = turecká káva*

🎧 Rozhovor

P: Měl jsi doma nějaké zvíře?
M: Ano měl a mám deset koček, dvě indické kachny a psa. A ty?
P: Měl jsem želvu, teď mám rybičky. Sousedka má andulku a soused měl dokonce dvě ovce. Mají velkou zahradu.
M: Tereza má doma morčatko, její bratr se stará o křečka. Zuzana měla krysu, králíka a kocoura.
P: Krysu a kocoura zároveň?
M: Ne, nejprve krysu a potom kocoura a králíčka.

🎧 Rozhovor

Marta:	Jaké je dnes počasí?
Klára:	Je zima, ale svítí slunce.
Marta:	Prší?
Klára:	Ne, neprší.
Marta:	A jaké bylo počasí včera?
Klára:	Nevím, včera jsem celý den ležela v posteli a spala. A co jsi dělala ty?
Marta:	Také jsem spala.

😊 1) Geben Sie eine verneinde Antwort:

Není to zelené? Ne, není.
Nebyl to autobus? Není to telefon? Nebyla to profesorka? Nebyl to soused?
Není to host?

2) Setzen Sie den Klammerausdruck in den Genitiv:

Zahrada je u (dům) _domu_. Pes seděl u toho (starý pán) _starého pána_

Viděli jsme Petra u (auto) _auta_. Čekal u (autobus) _autobusu_

Odešel bez (pes) _psa_. Přišla domů bez (kniha) _knihy_.

Děti si hrály u (strom) _stromu_. Čekáme na Martu u (hotel) _hotelu_

Stalo se to u (divadlo) _divadla_. Očekával tetu u (vlak) _vlaku (Zug)_

Studovali u (profesor) _profesora_ Vintra. Hledala kalhoty u (stůl) _stolu_.

Čteme bez (problémy) _problému_. Hosté sedí u (stoly) _stolů_.

Přijde do (kurz) _kurzu_? Knihy leží u (telefon) _telefonu_.

Sabina je u (bratr) _bratra_. Bunda neleží u (zrcadlo) _zrcadla_.

Hledala jsem Bedřicha u (soused) _souseda_. Zvonila u (dědeček) _dědečka_, nebyl doma.

3) Die Bezeichnungen von Restaurants werden im Tschechischen oft mit U + Gen. (= bei) angegeben, z. B. U Pelikána (= Zum Pelikan). Bilden Sie den Nominativ:

U Zlatého*) jelena. U Tří pštrosů. U Tří korunek. U Salvátora. U Kocoura. U Tří králů. U Bonaparta. U Svatého Jana. U Zlatého kola. U Zlatého stromu. U Města Vídně. U Červeného orla.

*) Laut derzeit gültiger Rechtschreibung werden in diesen und ähnlichen Zusammenstellungen die Präposition und das erste nachfolgende Wort großgeschrieben.

4) Ändern Sie nach folgendem Muster:

Význam tohohle slova je nejasný. → Význam tohoto slova je nejasný.
Tamhleto okno je otevřené. → Tamto okno je otevřené.
Tamhletoho psa se nebojím. Tamhletoho pána se lekl. Tohohle profesora se zeptám.

5) Übersetzen Sie:

Kdy, kde, co a jak?
Státní úředníci doporučují: Matky nemají znát adoptivní rodiče.
Staří pacienti nemají kam jít.
Vaše Magnificence ... .

Jací vlastně jsou rektoři vysokých škol?
A jací jsou dnešní studenti?
Jací jsme my dospělí?

6) Übersetzen Sie und beachten Sie die diakritischen Zeichen:

Udělám to sám. Uděláme to sami. Neudělám to sama. Neuděláme to samy.

7) Setzen Sie in den Plural:

Studentka čte noviny. → Studentky čtou noviny.
Žák četl knihu. Čteš dopis? Studentka čte nějaký text. Čtu ráda časopisy.
Dítě malovalo. Malé dítě si hrálo.

8) Stellen Sie jeweils eine Frage:

Michal pije kávu. Co dělá Michal?
Čtou novou knihu. Helga četla dopis. Jiří mluví česky. Marta navštěvovala
kurz. Studentky se učily. Bedřich kupuje černou bundu. Maminka vařila
ovocné knedlíky. Soused opravoval auto. Studentka opakovala otázku.

9) Übersetzen Sie:

Wo lagen die Briefe? Die Hunde waren alt. Ich lernte dort. Die Städte waren
schön. Ich wusch das Auto und kehrte zurück. Es ist wichtig, aber ich hörte
es nicht. Der Student war dort, ich kannte den Studenten jedoch nicht.

10) Geben Sie einen Kommentar zum Wetter ab:

Dnes je hezky. ...

11) Fragen und Antworten – Geben Sie auf Tschechisch eine Antwort?

Co myslíte? Které cizí jazyky ovládají občané České republiky dobře a které velmi dobře?
Které cizí jazyky ovládáte vy?

Mluvíš česky?	Ne, ale mluvím anglicky.

Co jste dnes dělal?
Co jste dělala včera?

Co děláš o dovolené?	O dovolené odpočívám, cestuji, zásadně nezavařuji.
Co jsi dělal ráno?	Ráno jsem snídal.

Co jsi dělala v poledne, odpoledne, večer?

Co jsi dělala včera? Včera jsem se neučila, četla jsem knihu.

Jakou marmeládu máš rád? Meruňkovou.

Koho rád navštěvuješ? Navštěvuji rád kamaráda.
Koho často navštěvuješ? Často navštěvuji tetu.

Co potřebuje soused? Soused potřebuje tužku.

Co si přejete? Jablka.

Co čteš rád? Noviny.

12) Ergänzen Sie ein oder mehrere Neutra:

Koupil jsem si _____ .

13) Ergänzen Sie, an wen Sie denken:

Myslím na babičku. Myslím na _bratra_____ .

Vzpomínám na bratra. Vzpomínám na _____ .

14) Fragen Sie nach den Namen der Verwandten:

Jak se jmenuje otec? Jmenuje se Anton.

15) Führen Sie einen Dialog, ähnlich jenen zu Beginn der Lektion.

16) Bilden Sie einige Sätze mit „od ... do":

Četla od rána do večera.

17) Beantworten Sie vergleichend:

Jak vypadá dědeček?

18) Übersetzen Sie:

Mluví jako kniha. Je šťastný jako blecha. Je silný jako lev. Mám hlad jako vlk. Je pilný jako mravenec. Je zdravý jako ryba.

Počasí a nálady:

Je horko. ☀ *heiß*   Prší. 🌧 *Regnet*   Je mi smutno. 🙁
Je teplo. *warm*   Sněží. ❄ *schneit*   Je mi špatně. *schlecht*
Je dusno. *schwül*   Je bouřka. ⛈ *Gewitter*   Není mi veselo. 🙂 *bid.*
Je chladno. *kühl*   Je mlha. *neblig*   Je mi dobře. 🙂 *mir bid.*
Je sychravo.   Je vítr. *Wind*   Je mi líto. *Es tut mir leid*
Je slunečno. ☀ *sonnig* Je mráz. ❄ *Frost*
Je vlhko. *nass*   Včera bylo hezky. ◀ *Gestern war schön*
Je zima. ❄ *kalt*   Dnes je venku pěkně. ☀ *Heute ist es draußen*
   Substantiv   *schön*

Das Verb „sein" steht ausnahmsweise mit dem Adverb (inkongruente Form!).

GENITIV, MASKULINA (hrad, pán) UND NEUTRA (město)

> TO JE BEZ PROBLÉMU.   JE U HOSTA.
> TO JE BEZ PROBLÉMŮ.   JE U SOUSEDŮ.
> U JAKÉHO AUTA ČEKÁ?   U JAKÝCH AUT?
> U TOHO ČERVENÉHO AUTA.   U TĚCH ČERVENÝCH AUT.

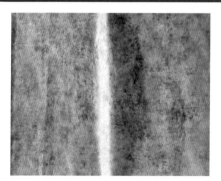

„Bez jména"

| Čí je to? | Wem gehört das? |

| U čeho? | Wobei / bei was? |

U zrcadla.   Beim Spiegel.
U koho je sousedka?   Bei wem ist die Nachbarin?
U bratra.   Beim Bruder.

DÍTĚ (im Sing. = Neutrum) ↔ DĚTI (im Plur. = Femininum)

Achtung auf Genuswechsel auch bei der Kongruenz:

| **To malé dítě je roztomilé.** | **Ty malé děti byly roztomilé.** |

Einige Adverbien:

spokojený	spokojeně	ospalý	ospale	český	česky
překvapený	překvapeně	opilý	opile	německý	německy
levný	levně	kyselý	kysele	anglický	anglicky

Beachten Sie, dass bei Vergleichen dem deutschen „wie" tschechisch „jako"
entspricht.
Sie sieht aus wie ich. Vypadá **jako** já.
Je jako bratr. Nejsem jako on. Nevypadala jako babička.

SLOVESA – VERBEN

Präsens: Infinitiv:	kupovat		Präteritum:	Mask. b.	Fem.
1. Pers. Sg., Präs.:	kupuji*⁾		1. Pers. Sg., Prät.:	kupoval jsem	kupovala jsem
2. Pers. Sg., Präs.:	kupuješ		2. Pers. Sg., Prät.:	kupoval jsi	kupovala jsi
3. Pers. Sg., Präs.:	kupuje		3. Pers. Sg., Prät.:	kupoval	kupovala
1. Pers. Pl., Präs.:	kupujeme		1. Pers. Pl., Prät.:	kupovali jsme	kupovaly jsme
2. Pers. Pl., Präs.:	kupujete		2. Pers. Pl., Prät.:	kupovali jste	kupovaly jste
3. Pers. Pl., Präs.:	kupují*⁾		3. Pers. Pl., Prät.:	kupovali	kupovaly

Präsens: Infinitiv:	koupit		Präteritum:	Mask. b.	Fem.
1. Pers. Sg., Futur:	koupím		1. Pers. Sg., Prät.:	koupil jsem	koupila jsem
2. Pers. Sg., Futur:	koupíš		2. Pers. Sg., Prät.:	koupil jsi	koupila jsi
3. Pers. Sg., Futur:	koupí		3. Pers. Sg., Prät.:	koupil	koupila
1. Pers. Pl., Futur:	koupíme		1. Pers. Pl., Prät.:	koupili jsme	koupily jsme
2. Pers. Pl., Futur:	koupíte		2. Pers. Pl., Prät.:	koupili jste	koupily jste
3. Pers. Pl., Futur:	koupí		3. Pers. Pl., Prät.:	koupili	koupily

*) *Laut derzeit gültiger Rechtschreibung* (Pravidla českého pravopisu 1993) *ist in der 1. Pers. Sg. alltagssprachlich auch die Form* kupuju *möglich; analog dazu ist alltagssprachlich in der 3. Pers. Pl. die Form* kupujou *erlaubt, auch wenn sie auf Böhmen beschränkt und weniger häufig ist.*

Präsens: Infinitiv:	číst		Präteritum:	Mask. b.	Fem.
1. Pers. Sg., Präs.:	čtu		1. Pers. Sg., Prät.:	četl jsem	četla jsem
2. Pers. Sg., Präs.:	čteš		2. Pers. Sg., Prät.:	četl jsi	četla jsi
3. Pers. Sg., Präs.:	čte		3. Pers. Sg., Prät.:	četl	četla
1. Pers. Pl., Präs.:	čteme		1. Pers. Pl., Prät.:	četli jsme	četly jsme
2. Pers. Pl., Präs.:	čtete		2. Pers. Pl., Prät.:	četli jste	četly jste
3. Pers. Pl., Präs.:	čtou		3. Pers. Pl., Prät.:	četli	četly

Infinitiv:	opravovat	potřebovat	navštěvovat	studovat
Präsens:	opravuji	potřebuji	navštěvuji	studuji
PPA:	opravoval	potřeboval	navštěvoval	studoval

Slovíčka – Vokabel:

bát se (+ **Gen.**); *ipf., unr.,*   sich fürchten vor jmdm./etw.
   Präs.: bojím se, bojí se
   Imp. Sg.: boj se, *PPA:* bál se
čekat (*na* + *Akk.*); *ipf., V*   warten auf jmdn./etw.
   počkat (*na* + *Akk.*); *pf., Va*
číst (+ *Akk.*); *ipf., unr., Präs.:* čtu, čtou,   lesen
   Imp.: čti, čtěte, *PPA:* četl, *PPP:* čten
   přečíst (+ *Akk.*); *pf., unr., Futur:* přečtu,
   přečtou, *Imp.:* přečti, přečtěte,
   PPA: přečetl, *PPP:* přečten
doporučovat (+ *Akk.*); *ipf., III 2*   empfehlen
   doporučit (+ *Akk.*); *pf., IV 1a*
lekat se (+ **Gen.**); *ipf., V*   erschrecken, sich schrecken
   leknout se (+ **Gen.**); *pf., II 1a*   vor jmdm./etw.
   Futur: leknu se, leknou se
   Imp. Sg.: lekni se, *PPA:* lekl se
malovat (+ *Akk.*); *ipf., III 2*   malen
   namalovat (+ *Akk.*); *pf., III 2a*
milovat (+ *Akk.*); *ipf., III 2*   lieben
navštěvovat (+ *Akk.*); *ipf., III 2*   besuchen
   navštívit (+ *Akk.*); *pf., IV 1a,*
   Imp. Sg.: navštiv
odcházet; *ipf., IV 3*   weggehen
   odejít; *pf., Futur:* odejdu, odejdou,
   Imp.: odejdi, odejděte,
   PPA: odešel, odešla
odpočívat; *ipf., V*   ausrasten, (sich) ausruhen
   odpoč(i)nout si; pf. II 1a/2,
   Präs.: -č/i/nu, -č/i/nou, *Imp. Sg.:*
   -čiň/-čni, *PPA:* -č/i/nul/čal (*ats.*),
   PPP: -činul/-čat (*ats.*)
opakovat (+ *Akk.*); *ipf., III 2*   wiederholen
   zopakovat (+ *Akk.*); *pf., III 2a*
opravovat (+ *Akk.*); *ipf., III 2*   reparieren, korrigieren
   opravit (+ *Akk.*); *pf., IV 1a*
potřebovat (+ *Akk.*); *ipf., III 2*   brauchen
přicházet; *ipf., IV 3*   kommen
   přijít; *pf., Futur:* přijdu, přijdou,
   Imp.: přijď (*verneint:* nechoď),
   PPA: přišel, přišla

snídat (+ *Akk.*); *ipf., V*	frühstücken
nasnídat se (+ *Gen.*); *pf., Va*	
posnídat (+ *Akk.*); *pf., Va*	
starat se (*o* + *Akk.*); *ipf., V*	sorgen für jmdn./etw., sich sorgen
postarat se (*o* + *Akk.*); *pf., Va*	um jmdn./etw.
studovat (+ *Akk.*); *ipf., III 2*	studieren
svítit; *ipf., IV 1, Imp. Sg.:* sviť	leuchten
telefonovat (*s* + *Instr.*); *ipf., III 2*	telefonieren mit jmdn.
vypadat; *ipf., V*	aussehen
vzpomínat (*na* + *Akk.*); *ipf., V*	sich erinnern an jmdn./etw.
vzpomenout (*na* + *Akk.*); *pf., II 1a*	
zavařovat (+ *Akk.*); *ipf., III 2*	einkochen
zavařit (+ *Akk.*); *pf., IV 1a*	
zvonit; *ipf., IV 1*	läuten
zazvonit; *pf., IV 1a*	
adopce, -e, *Fem. 2*	Adoption
andulka, -y, *Fem. 1*	**der** Wellensittich
blecha, -y, *Fem. 1*	**der** Floh
bunda, -y, *Fem. 1*	Jacke
časopis, -u, *Mask. 1, u.*	**die** Zeitschrift
čínština, -y, *Fem. 1*	**das** Chinesische
dezert, -u, *Mask. 1, u.*	**das** Dessert, Nachtisch
dort, -u, *Mask. 1, u.*	**die** Torte
dovolená, -é, *subst. Adj.*	**der** Urlaub
o dovolené / na dovolené	im Urlaub
chřipka, -y, *Fem. 1*	Grippe
jelen, -a, *Mask. 3, b.*	Hirsch
kachna, -y, *Fem. 1*	Ente
kalhoty, -, *Fem. 1, Pluraletantum*	die Hose
kocour, -a, *Mask. 3, b.*	Kater
koláč, -e, *Mask. 2, u.*	**die** Kolatsche, Kuchen
koláček, -čku, *Mask. 1, u.*	kleine Kolatsche
kolo, -a, *Neutr. 1*	Rad
korunka, -y, *Fem. 1*	**das** Krönchen
král, -e, *Mask. 4, b.*	König
králík, -a, *Mask. 3, b.*	**das** Kaninchen, **das** Karnickel
králíček, -čka, *Mask. 3, b.*	**das** Kaninchen, **das** Karnickel
krysa, -y, *Fem. 1*	Ratte
křeček, -čka, *Mask. 3, b.*	Hamster
kurz, -u, *Mask. 1, u.*	Kurs
marmeláda, -y, *Fem. 1*	Marmelade
mléko, -a, *Neutr. 1*	**die** Milch
morčátko, -a, *Neutr. 1*	Meerschweinchen

mravenec, -nce, *Mask. 4, b.*	**die** Ameise
noviny, -in, *Fem. 1, Pluraletantum*	Zeitung
orel, orla, *Mask. 3, b.*	Adler
otázka, -y, *Fem. 1*	Frage
ovce, -e, *Fem. 2*	**das** Schaf
pacient, -a, *Mask. 3, b.*	Patient
počasí, -í, *Neutr. 3*	Wetter
postel, -e, *Fem. 3*	**das** Bett
prázdniny, -in, *Fem. 1, Pluraletantum*	Ferien
pštros, -a, *Mask. 3, b.*	(Vogel-) Strauß
rektor, -a, *Mask. 3, b.*	Rektor
rybička, -y, *Fem. 1*	**das** Fischchen
sklenka, -y, *Fem. 1*	**das** Gläschen
slunce, -e, *Neutr. 2*	**die** Sonne
škola, -y, *Fem. 1*	Schule
telefon, -u, *Mask. 1, u.*	**das** Telefon
teploměr, -u, *Mask. 1, u.*	**das** Thermometer
úředník, -a, *Mask. 3, b.*	Beamter
vlak, -u, *Mask. 1, u.*	Zug
vlk, -a, *Mask. 3, b.*	Wolf
význam, -u, *Mask. 1, u.*	**die** Bedeutung
zajíc, -e, *Mask. 4, b.*	Hase
závin, -u, *Mask. 1, u.*	Strudel
zvíře, -ete, *Neutr. 4*	Tier
želva, -y, *Fem. 1*	Schildkröte
žemlovka, -y, *Fem. 1*	**der** Semmelschmarren, **der** Scheiterhaufen (Speise)
adoptivní, *2*	Adoptiv-
anglický, *1*	englisch
český, *1*	tschechisch
dnešní, *2*	heutig
dospělý, *1*	erwachsen
chlórovaný, *1*	chloriert
chřipkový, *1*	Grippe-
indický, *1*	indisch
jablečný, *1*	Apfel-
kyselý, *1*	sauer
německý, *1*	deutsch
opilý, *1*	betrunken
ospalý, *1*	verschlafen, schläfrig
otevřený, *1*	offen, geöffnet
pilný, *1*	fleißig, emsig
překvapený, *1*	überrascht

roztomilý, *1*	entzückend, reizend
silný, *1*	stark
státní, *2*	Staats-
svatý, *1*	heilig
turecký, *1*	türkisch
zdravý, *1*	gesund
zlatý, *1*	gold
čí, *Pron.*	wessen
sám, sama, samo, *Pron.*	alleine
deset, *Num.*	zehn
blíž, *Adv. (Komparativ zu* blízko*)*	näher
často, *Adv.*	oft
dokonce, *Adv.*	sogar
nejprve, *Adv.*	zuerst
teď, *Adv.*	jetzt
zároveň, *Adv.*	gleichzeitig
u (+ *Gen.*), *Präpos.*	bei
v (+ *Präp.*), *Präpos.*	in
jako, *Konj.*	wie, als
než, *Konj.*	als
že, *Konj.*	dass

		KDY ?	OD – DO
jaro (*Neutr.*)	Frühling	na jaře	jara
léto (*Neutr.*)	Sommer	v létě	léta
podzim (*Mask.*)	Herbst	na podzim	podzimu
zima (*Fem.*)	Winter	v zimě	zimy

		KDY ?	OD – DO
den (*Mask.*)	Tag	ve dne	dne
ráno (*Neutr.*)	Morgen	ráno	rána
dopoledne (*Neutr.*)	Vormittag	dopoledne	dopoledne
poledne (*Neutr.*)	Mittag	v poledne	poledne
odpoledne (*Neutr.*)	Nachmittag	odpoledne	odpoledne
večer (*Mask.*)	Abend	večer	večera
noc (*Fem.*)	Nacht	v noci	noci
půlnoc (*Fem.*)	Mitternacht	o půlnoci	půlnoci

vorgestern	předevčírem	předvčerejšek (*Mask.*)
gestern	včera	včerejšek (*Mask.*)
heute	dnes(ka)	dnešek (*Mask.*)
morgen	zítra	zítřek (*Mask.*)
übermorgen	pozítří	pozítřek (*Mask.*)
vorletztes Jahr	předloni	předminulý rok
voriges Jahr	(v)loni	minulý rok
heuer / dieses Jahr	letos	tento rok
nächstes Jahr		příští rok, napřesrok
übernächstes Jahr		přespříští rok

 chřipkové prázdniny

Bekannte Städte in der Tschechischen Republik – Brünn

Wenn Sie sich an einen Brünner mit der Frage wenden, was Sie in seiner Geburtsstadt besichtigen sollen, so schaut er Sie vielleicht an und sagt: „Wie ich sehe, so studieren Sie wahrscheinlich. Es kommt darauf an, was Sie interessiert und wie viel Zeit Sie haben.

Brünn ist eine bekannte Messestadt, aber Sie werden wahrscheinlich mehr die Sehenswürdigkeiten im Stadtzentrum interessieren, Petrov, Špilberk, das Alte Rathaus, die Mährische Galerie, die Theater. Falls Sie nicht Angst haben, können Sie auch in das Kapuzinerkloster gehen und Mumien anschauen. Wenn Sie moderne Architektur, der Funktionalismus interessiert, dann hat Brünn für Sie ein Juwel: die Villa Tugendhat. In den dreißiger Jahren ließ eine junge Familie die Villa errichten. Sie wurde für sie vom weltbekannten Architekten Ludwig Mies van der Rohe erbaut. Gleich zu Beginn sagte man ihm, dass Geld keine Rolle spiele. Die Villa ist auf einem Hang gebaut, unauffällig von der Straße. Die Vorderfront des Wohnzimmers ist völlig verglast, wie ein Schaufenster, mit einem wunderschönen Ausblick auf Brünn, Petrov und andere Sehenswürdigkeiten.

Und wir haben ausgezeichnete Restaurants hier, vergessen Sie nicht, sie auszuprobieren.

Und wissen Sie was, vielleicht haben Sie die Möglichkeit, den Mährischen Karst anzusehen, die Macocha -Schlucht, oder kurz nach Eisgrub zu fahren, im Schlosspark zu spazieren – sind Sie an Schlössern interessiert? Im Mai oder im Herbst ist der Park am schönsten. Er ist auch durch den Aussichtsturm, das Minarett, berühmt. In Eisgrub, durch seine Landschaftsgestaltung bekannt, hat der Gartenbau eine langjährige Tradition, bereits seit Monarchiezeiten. Im Jahr 1918 wurde nach der Entstehung der Tschechoslowakei die dortige Schule geteilt und ein Teil in Wien angesiedelt, in Schönbrunn. In Böhmen und Mähren gibt es viele schöne Schlösser und Burgen."

6. Lektion

Běžecký závod

Chlapeček s tatínkem sledují start nějakého běžeckého závodu a chlapeček se ptá: „Proč utíkají ti pánové?" A otec vysvětluje: „Protože první dostane pohár!" A chlapeček se – celkem logicky – ptá dál: „A proč běží ti ostatní?"

M. Horníček: Chvála pohybu (upraveno)

Běžecký závod v Africe

Američan, učitel tělocviku, se přihlásil do jedné africké rozvojové země na několikaměsíční pobyt. Hrdě připravil pro děti stejné věkové kategorie program. Nejdříve se děti měly účastnit závodu.
Jako první cenu určil pro vítěze bednu banánů. Druhá cena byla půl bedny banánů a třetí cena kilo banánů. Děti stály na startovací čáře připraveny, on dal znamení, aby děti vyrazily. Náhle se děti chytily za ruce a všechny vyběhly zároveň.

Dialog

Vídeňský motocyklista jede na výlet na Moravu. V příhraniční vesnici zastaví u hospody, dá se do řeči se sedlákem a ptá se ho, jak se má. Sedlák odpovídá: „No jak, nebe je modré, slunce svítí, brambory jsou zasety a panu prezidentovi se daří dobře."

🔊 Rozhovor:

Bedřich: Kouříte?
Michal: Ne, nikdy jsem nekouřil.
Bedřich: Já*) kouřím jen příležitostně.
Michal: A to kouříte cigarety nebo dýmku?
Bedřich: Dříve jsem kouřil pravidelně cigarety, pak jsem přestal kouřit,
teď občas kouřím i doutník.

*) Die Verwendung des Personalpronomens beim Verb (ähnlich wie im Deutschen) erfolgt in der tschechischen Standardsprache nur bei Betonung der Person, im Substandard hingegen häufig auch ohne modale Markierung.

🔊 Nachlazení

A: Jak se léčíte, když jste nachlazená?
B: Užívám aspirin a spím.
A: Pijete hodně čaje?
B: Nemám ráda bylinkový čaj, preferuji anglické čaje. Nejlepší je spát,
potit se a pít čaj s citronem a medem, když už to musí být.
A: Nechal jsem se letos očkovat proti chřipce, doufám, že vás nakazím
zdravím, vidím, že máte rýmu.

1) Ergänzen Sie im richtigen Fall:

Ptám se (matka). → *Ptám se matky.*
Ptali jsme se (teta).   Zeptám se (dědeček).
Zeptá se (bratr).   Zeptal se (sestra).
Ptají se (profesoři).   Ptá se (inženýři).
Zeptal ses (ta studentka)?   Ptala se (Helga).

2) Ergänzen Sie im richtigen Fall:

Češi si váží (dobré jídlo). → *Češi si váží dobrého jídla.*
Váží si (spokojená rodina a dobří kamarádi). Vážila si (ekologické iniciativy).
Vážil si (zdraví). Vážíme si (ten člověk). Vážili jsme si (ty studentky).

3) Ergänzen Sie im richtigen Fall:

Všiml si (ten kocour). → *Všiml si toho kocoura.*
Všimla si (červené auto).   Nevšimnou si (ta chyba).
Všiml sis (ten pán u stolu)?   Všimne si (ta úloha).
Všimli jsme si (ty nové obrazy). Všimneme si (to jméno).

4) Ergänzen Sie im richtigen Fall:

Bojím se (ten úkol). → *Bojím se toho úkolu.*

Nebojím se (kompromis). ~~kompromisu~~ Nebáli jsme se (bouřka). *studené bouřky*

Chlapeček se bál (ten pes). ~~toho~~ Bojí se (ten neočekávaný zájem). *toho neočekávaného zájmu*

Bála ses (špatné počasí)? ~~psa~~ Nebojíme se (ta zkouška). *špatného počasí* *té zkoušky*

Nemám strach z (ta úloha). *špatného počasí* *té úlohy*

5) Die Bezeichnungen von Restaurants werden tschechisch oft mit U + Gen. (= bei) angegeben, z. B. U Bílé vody (= Zum Weißen Wasser). Bilden Sie den Nominativ:

U Bílé boty. U Modré lišky. U Bílé botky. U Zlaté hvězdy. U Zlaté kotvy.

Bílá bota   modrá liška   Bílá botka   -   Zlatá hvězda

6) Geben Sie an, wo Sie regelmäßig hingehen (8 Angaben):

Chodím do kina.

7) Ändern Sie die Zeit:

Spíš nebo pracuješ? *Spal jsi nebo jsi pracoval?*

Zeptala ses Bernarda nebo se bojíš? *Zeptala se nebo se bála?*

Hrají si děti? *Hráli si děti?*

Sedíš nebo ležíš? *Seděl jsi nebo jsi ležel?*

Ty ženy mluví česky. *mluvily česky.*

Navštěvují kurz češtiny. *Navštěvovali*

Zaplatíte? *Zaplatil jste?*

Nerad se zbavoval toho dopisu. *zbavuje*

Nevšiml si těch obrazů. *nevšimne*

Ptal se té studentky, jak se jmenuje. *Ptal se ..., jak se jmenoval*

Lekl se toho neočekávaného zájmu. _____

Jezdíš nebo chodíš na univerzitu? _____

Martin otevře okno. *otevřel okno*

Studentky se vracejí z univerzity. *se vracely*

Nemá to chybu. *to chybu*

Všimneš si toho? _Všiml pistcho?_

Hledá lék nemocného bratra. _Hledal*_

Arznei (Medikamente

8) Verwandeln Sie ins Präsens:

Bratr psal dopis. _Bratr píše dopis_

Profesorky psaly text. _____

Matka četla knihu. _____

Četl jsem noviny. _____

Sestra nečetla nic. _____

Musel bratr ležet? _____

musel

9) Verneinen Sie:

Jaké má auto? Nemá auto. Oder betont: *Nemá žádné.*
Jaké knihy čte? Jaké pivo pije? Jakého psa má?

10) Übersetzen Sie:

repínavá povídka

Hast du den Herrn gefragt, wo die Universität ist? Der Autor dieser

parties spannenden Erzählung ist nicht bekannt. Ich schätze diesen Menschen
sehr. Der Name des Mannes war berühmt. Der Zug fuhr so schnell wie
ein Auto. Lernt er Deutsch? Sie fährt auf die (zur) Universität. _rychle_

11) Fragen und Antworten – Ergänzen Sie:

Mám chuť na kyselé jablko.
Mám chuť na _____ .

welche Geschmack

Jakou chuť má mít káva?
Káva má být _____ .

besuchen regelmäßig
Navštěvujeme pravidelně/každý čtvrtek/rádi Evu. _nž body, občas_
Navštěvujeme _____ .

Co si přeješ? Přeji si želvu.
Přeji si _____ .

12) Prezidenti Československé a České republiky byli:

První Československá republika
prof. PhDr. Tomáš Garrigue **Masaryk** (1918-1935)
prof. JUDr. PhDr. Edvard **Beneš** (1935-1938 abdikoval)
JUDr. Emil **Hácha** (1938-1939)

Nacistická okupace
prof. JUDr. PhDr. Edvard **Beneš** (1940-1945 prezident **v exilu**)
JUDr. Emil **Hácha** (1939-1945 prezident **protektorátu** Čechy a Morava)
ThDr. Jozef **Tiso** (1939-1945 prezident **Slovenské republiky**)

Obnovená Československá republika
prof. JUDr. PhDr. Edvard **Beneš** (1945-1948 abdikoval)

Komunistická diktatura
Klement **Gottwald** (1948-1953)
Antonín **Zápotocký** (1953-1957)
Antonín **Novotný** (1957-1968 abdikoval)
Ludvík **Svoboda**, armádní generál (1968-1975)
JUDr. Gustáv **Husák**, CSc. (1975-1989 abdikoval)

ČSFR
Václav **Havel**, dr. mult. h. c.
(1989-1992, do dubna 1990
ještě ČSSR)

Česká republika
Václav **Havel**, dr. mult. h. c.
(od roku 1993)

(Erklärungen zu den Titeln siehe
18. Lektion)

Kdo byl prvním prezidentem
Československé republiky?

Kdo byl prvním prezidentem
České republiky?

Který prezident je známý
jako TGM?

13) Lze číst budoucnost z karet, ze snu, z horoskopu? Jaký názor na to mají Rakušané a Rakušanky? Jaký názor mají Češi a Češky?

lze = man kann, nelze = man kann nicht (lze wird nur in der 3. Pers. Sg. verwendet!)

GENITIV, FEMININA (žena)

> JE U TÉ STUDENTKY. JE U TĚCH STUDENTEK.
> U KTERÉ UNIVERZITY ČEKÁ? U STARÉ UNIVERZITY.
> PŘIJEL Z HOR. U KTERÝCH KNIH LEŽÍ DOPIS? U NOVÝCH KNIH.

SLOVESA – VERBEN

Präsens: Infinitiv:	všímat si
1. Pers. Sg., Präs.:	všímám si
2. Pers. Sg., Präs.:	všímáš si
3. Pers. Sg., Präs.:	všímá si
1. Pers. Pl., Präs.:	všímáme si
2. Pers. Pl., Präs.:	všímáte si
3. Pers. Pl., Präs.:	všímají si

Präteritum:	Mask. b.	Fem.
1. Pers. Sg., Prät.:	všímal jsem si	všímala jsem si
2. Pers. Sg., Prät.:	všímal sis	všímala sis
3. Pers. Sg., Prät.:	všímal si	všímala si
1. Pers. Pl., Prät.:	všímali jsme si	všímaly jsme si
2. Pers. Pl., Prät.:	všímali jste si	všímaly jste si
3. Pers. Pl., Prät.:	všímali si	všímaly si

Futur: Infinitiv:	všimnout si
1. Pers. Sg., Futur:	všimnu si
2. Pers. Sg., Futur:	všimneš si
3. Pers. Sg., Futur:	všimne si
1. Pers. Pl., Futur:	všimneme si
2. Pers. Pl., Futur:	všimnete si
3. Pers. Pl., Futur:	všimnou si

Präteritum:	Mask. b.	Fem.
1. Pers. Sg., Prät.:	všiml jsem si	všimla jsem si
2. Pers. Sg., Prät.:	všiml sis	všimla sis
3. Pers. Sg., Prät.:	všiml si	všimla si
1. Pers. Pl., Prät.:	všimli jsme si	všimly jsme si
2. Pers. Pl., Prät.:	všimli jste si	všimly jste si
3. Pers. Pl., Prät.:	všimli si	všimly si

Präsens: Infinitiv:	ptát se
1. Pers. Sg., Präs.:	ptám se
2. Pers. Sg., Präs.:	ptáš se
3. Pers. Sg., Präs.:	ptá se
1. Pers. Pl., Präs.:	ptáme se
2. Pers. Pl., Präs.:	ptáte se
3. Pers. Pl., Präs.:	ptají se

Präteritum:	Mask. b.	Fem.
1. Pers. Sg., Prät.:	ptal jsem se	ptala jsem se
2. Pers. Sg., Prät.:	ptal ses	ptala ses
3. Pers. Sg., Prät.:	ptal se	ptala se
1. Pers. Pl., Prät.:	ptali jsme se	ptaly jsme se
2. Pers. Pl., Prät.:	ptali jste se	ptaly jste se
3. Pers. Pl., Prät.:	ptali se	ptaly se

Futur: Infinitiv:	zeptat se
1. Pers. Sg., Futur:	zeptám se
2. Pers. Sg., Futur:	zeptáš se
3. Pers. Sg., Futur:	zeptá se
1. Pers. Pl., Futur:	zeptáme se
2. Pers. Pl., Futur:	zeptáte se
3. Pers. Pl., Futur:	zeptají se

Präteritum:	Mask. b.	Fem.
1. Pers. Sg., Prät.:	zeptal jsem se	zeptala jsem se
2. Pers. Sg., Prät.:	zeptal ses	zeptala ses
3. Pers. Sg., Prät.:	zeptal se	zeptala se
1. Pers. Pl., Prät.:	zeptali jsme se	zeptaly jsme se
2. Pers. Pl., Prät.:	zeptali jste se	zeptaly jste se
3. Pers. Pl., Prät.:	zeptali se	zeptaly se

Versuchen Sie für die Anwendung von „na + Akk." Bereiche zu nennen, z. B. Institutionen: *Jdu na finanční úřad.*

Jdu do	muzea	**Jdu** na	oběd, snídani, večeři,
GEN.	divadla	**AKK.**	zmrzlinu, kávu, houby,
	galerie		diskotéku, film, poštu,
	kina		nádraží, autobus,
	školy		koncert, operu, balet,
	restaurace		univerzitu, zahradu, *(Garten)*
	obchodu *(Geschäft)*		stadion, hokej, fotbal,
	domu		koupaliště *(Schwimmbad)*, metro, soud, *(Gericht)*
	práce *(Arbeit)*		úřad, *(Amt)*
	banky	**Jedu** na	chatu, Moravu, *(Mähren)*
	hotelu		Slovensko, Šumavu,
			Ukrajinu, ostrov, *(Insel)*
			tábor, venkov

🙂 Slovíčka – Vokabel:

jít; *ipf.₁ – Verb der Bewegung*	gehen
Präs.: jdu, jdeš, …, jdou	
Imp.: jdi, jděte	
Futur: půjdu, …, půjdou	
PPA: šel, šla, šlo, .., šli	
chodit; *ipf.₂ – Verb d. Bew., IV 1*	regelmäßig gehen, besuchen
Imp.: choď, choďte	
jet (*+ Instr.*); *ipf.₁ – Verb d. Bew.*,	fahren mit etw.
Präs.: jedu, jedeš, …, jedou	
Imp.: jeď, jeďte	
Futur: pojedu, …, pojedou	
PPA: jel, jela, jelo	
jezdit (*+ Instr.*); *ipf.₂ – Verb d. Bew., IV 1*	regelmäßig fahren mit etw.
nést (*+ Akk.*); *ipf.₁ – Verb d. Bew., I 2*	tragen (mit Händen)
nosit (*+ Akk.*); *ipf.₂ – Verb d. Bew., IV 1*	tragen (Kleidung, regelmäßig)
doufat; *ipf., V*	hoffen
kouřit (*+ Akk.*); *ipf., IV 1, Imp. Sg.:* kuř	rauchen
léčit se (*+ Instr.*); *ipf., IV 1*	sich kurieren, sich heilen mit etw.
muset / musit (*+ Inf.*); *ipf., IV*	müssen
3. Pers. Pl.: mus/ej/í	
PPA: musel / musil	
nakazit (*Akk. + Instr.*); *pf., IV 1a*	anstecken mit (jmdn. mit etw.)

nechat (+ *Akk./+ Gen.*); *ipf.,* V — lassen

očkovat (*proti* + *Dat.*); *ipf., III 2* — impfen gegen etw.

potit se; *ipf., IV 1* — schwitzen

preferovat (+ *Akk.*); *ipf., III 2* — vorziehen, präferieren

přestávat (*s* + *Instr.*), (+ *Inf.*); *ipf.,* V — aufhören mit etw.

přestat (*s* + *Instr.*), (+ *Inf.*); *pf., II 2*

   Futur: přestanu, přestanou,

   Imp. Sg.: přestaň, *PPA:* přestal

užívat (+ *Akk./+ Gen.*); *ipf.,* V — benutzen, gebrauchen

užít (+ *Akk./+ Gen.*); *pf., III 1a, Futur:*

   užiji/užiju, užijí/užijou,

   Imp. Sg.: užij, *PPA:* užil, *PPP:* užit

vážit si (+ *Gen.*); *ipf., IV 1* — ehren, achten, schätzen

zbavovat se (+ *Gen.*); *ipf., III 2* — loswerden, sich entledigen

zbavit se (+ *Gen.*); *pf., IV 1a*

balet, -u, *Mask. 1, u.* — das Ballett

banka, -y, *Fem. 1* — Bank

budoucnost, -i, *Fem. 4* — Zukunft

cigareta, -y, *Fem. 1* — Zigarette

doutník, -u, *Mask. 1, u.* — die Zigarre

dýmka, -y, *Fem. 1* — Pfeife

fotbal, -u, *Mask. 1, u.* — Fußball

galerie, -e, *Fem. 2* — Galerie

hotel, -u, *Mask. 1, u.* — das Hotel

horoskop, -u, *Mask. 1, u.* — das Horoskop

hradba, -y, *Fem. 1* — der Wall, Schanze, Stadtmauer

hvězda, -y, *Fem. 1* — der Stern

chata, -y, *Fem. 1* — Hütte, das Wochenendhaus

chuť, -i, *Fem. 4 (Pl.: Dat.* -ím, *Präp.* -ích, — der Geschmack, der Gusto,

   Instr. -ěmi) — der Appetit

chyba, -y, *Fem. 1* — der Fehler

iniciativa, -y, *Fem. 1* — Initiative

kino, -a, *Neutr. 1* — Kino

koncert, -u, *Mask. 1, u.* — das Konzert

kotva, -y, *Fem. 1* — der Anker

koupaliště, -ě, *Neutr. 2* — Freibad

lék, -u, *Mask. 1, u.* — das Medikament, die Arznei

liška, -y, *Fem. 1* — der Fuchs

muzeum, muzea, *Neutr. 1* — Museum

   (*Pl.: Gen.* muzeí, *Präp.* muzeích,

   Instr. muzei)

nachlazení, -í, *Neutr. 3* — die Erkältung

nádraží, -í, *Neutr. 3* — der Bahnhof

názor, -u, *Mask. 1, u.*	**die** Ansicht, **die** Meinung
obraz, -u, *Mask. 1, u.*	**das** Bild
opera, -y, *Fem. 1*	Oper
ostrov, -a, *Mask. 1, u.*	**die** Insel
povídka, -y, *Fem. 1*	Geschichte, Erzählung
Rakušan, -a, *Mask. 3, b.*	Österreicher
Rakušanka, -y, *Fem. 1*	Österreicherin
rýma, -y, *Fem. 1*	**der** Schnupfen
sen, snu, *Mask. 1, u.*	Traum
snídaně, -ě, *Fem. 2*	**das** Frühstück
Slovensko, -a, *Neutr. 1*	**die** Slowakei
soud, -u, *Mask. 1, u.*	**das** Gericht
strach, -u, *Mask. 1, u.*	**die** Angst
Šumava, -y, *Fem. 1*	**der** Böhmerwald
úřad, -u, *Mask. 1, u.*	**das** Amt
venkov, -a, *Mask. 1, u.*	**das** Land, **die** Provinz
večeře, -e, *Fem. 2*	**das** Abendessen
zájem, -jmu, *Mask. 1, u.*	**das** Interesse
zdraví, -í, *Neutr. 3*	**die** Gesundheit
zkouška, -y, *Fem. 1*	Prüfung
bylinkový, *1*	Kräuter-
ekologický, *1*	ökologisch, umweltfreundlich
finanční, *2*	Finanz-, finanziell
nachlazený, *1*	verkühlt, erkältet
napínavý, *1*	spannend
neočekávaný, *1*	unerwartet
dříve, *Adv.*	früher
občas, *Adv.*	manchmal
pravidelně, *Adv.*	regelmäßig
příležitostně, *Adv.*	gelegentlich
rychle, *Adv.*	schnell
už, *Adv., Part.*	schon
proti (+ *Dat.*), *Präpos.*	gegen, gegenüber
když, *Konj.*	wenn

🔟 Šestá lekce

paní M.: Kdo je ten chlapec? To je Petr Dvořák?
Jana: Ano, ale kdo je ta mladá dívka?
Petr: Ahoj, Jano! Dobrý den, paní Máchová!
paní M.: Dobrý den, Petře! Těší mě, že tě vidím.
Jana: Ahoj, Petře!

Petr:	Rád bych vám představil kamarádku. Herečku Danu Šrámkovou.
	Začíná zkoušet u nás v divadle.
Jana:	Těší mě, Jana.
paní M.:	Moc mě těší, Máchová. Jak se vám líbí v divadle?
Dana:	Upřímně řeknu, že líbí. Ale do včerejšího večerního představení
	jsem musela ležet. Byla jsem nemocná, měla jsem malé zranění
	ze zkoušky, a dokonce i teplotu.
Jana:	To je nepříjemné.
Petr:	Dana už je zkušená herečka, je o ni zájem. Psalo se o ní i v
	divadelních novinách.
paní M.:	Je o vás zájem, to mě těší. Tak, ať vám to jde. Na shledanou.
Dana:	Děkuji, na shledanou. Ahoj, Jano.
Jana:	Ahoj. Ahoj, Petře.
Petr:	Ahoj. Na shledanou.

- Chtěl bych vám představit doktora Mráze.
- Těší mě, Jiránková.
- Těší mě, Mráz. Ta slečna, to je dcera? Těší mě, slečno.
- Jmenuji se Hana Jiránková.

herečka, -y, *Fem. 1*	Schauspielerin
začínat; *ipf., V*	beginnen
zkoušet; *ipf., IV*	prüfen
u nás	bei uns
líbit se; *ipf., IV*	gefallen
upřímně, *Adv.*	aufrichtig
představení, -í, *Neutr. 3*	Vorstellung (Theater)
zranění, -í, *Neutr. 3*	Verletzung
teplota, -y, *Fem 1*	Temperatur, Wärme, **das** Fieber

Wettlauf

Ein kleiner Bub beobachtet mit seinem Vater den Start eines Wettlaufes und der kleine Bub fragt: „Warum laufen die Männer weg?" Und der Vater erklärt: „Weil der Erste einen Pokal erhält!" Und der Bub fragt – eigentlich logisch – weiter: „Und warum laufen die anderen?"

Wettlauf in Afrika

Ein Amerikaner, Turnlehrer, hatte sich zu einem mehrmonatigen Aufenthalt in einem afrikanischen Entwicklungsland gemeldet. Stolz bereitete er für die Kinder der selben Alterskategorie ein Programm vor. Zuerst sollten die Kinder an einem Wettbewerb teilnehmen. Für den Sieger bestimmte er als ersten Preis eine Kiste Bananen. Der zweite Preis war eine halbe Kiste Bananen und der dritte Preis ein Kilo Bananen. Die Kinder standen startbereit an der Startlinie, er gab den Kindern das Zeichen zum Start. Da nahmen die Kinder einander an den Händen und liefen alle gleichzeitig los.

Dialog

Ein Wiener Motorradfahrer macht einen Ausflug nach Mähren. In einem Grenzdorf bleibt er bei einem Gasthaus stehen, beginnt ein Gespräch mit einem Bauern und fragt ihn, wie es ihm gehe. Der Bauer antwortet: „Na, wie schon, der Himmel ist blau, die Sonne scheint, die Erdäpfel sind angebaut und dem Herrn Präsidenten geht es gut."

7. Lektion

Perličky

Z roku 1989

Paní X: 25 let jste nebyl v Praze? Tak jaký máte dojem?
Pan Y: Mikropohled je hrozný, makropohled z Hradčan na Vltavu je velmi
krásný.

Na koupališti

Osmnáctiletý: Jé, vy znáte Petra! Ten, když tu byl, tak se do něho tady
zamilovalo nejmíň šest holek!
Paní: Hm.
Kamarád osmnáctiletého: Vole*), to je jeho máma.
Osmnáctiletý: Tak to pardon, šest snad ne, vždyť tu byli i jeho dva kamarádi,
asi čtyři, řekl bych.

*) *vole* → expr., Vok. zu *vůl* = Ochs(e), Hornochs(e), Trottel

V hospodě

Absolvent vídeňské slavistiky, který ovládá několik slovanských jazyků,
navštěvuje často sousední země a rád se pouští do řeči s lidmi. Jednou
zase navštívil vesnickou hospodu u Znojma, kde už ho znali. Sotva vešel,
zavolal ho nějaký strejc*) ke stolu. Jeho soused mu říká: „Co to děláš, vždyť
je to cizinec!" „Ne," strejc na to, „to je náš soused."

*) *strejc* → gtsch. = starší (venkovský) muž /älterer Mann (vom Lande)/

Rozhovor

Jiří:	Co vidíš na obrázku?
Silvie:	Na obrázku vidím podzim.
Jiří:	Líbí se ti obrázek? Je to kresba od Josefa Lady.
Silvie:	Nelíbí, preferuji moderní umění.
Jiří:	Ale Picasso prý řekl, že Lada je nejlepší český malíř.
Silvie:	Ani Picasso se mi nelíbí.
Jiří:	Co je ještě na obrázku?
Silvie:	Vidím ženu, nese dříví, muži nedělají nic.
Jiří:	To nejsou muži, to jsou chlapci, podívej, jeden kluk také nese dřevo. Pečou brambory.

Rozhovor

Pán:	Máte dnes dopoledne čas?
Paní:	Ne, nemám. Musím si jít koupit knihu.
Pán:	Jakou knihu?
Paní:	Českou.
Pán:	Jak se jmenuje?
Paní:	Jmenuje se Babička.
Pán:	Od koho je ta kniha?
Paní:	Knihu napsala Božena Němcová.
Pán:	Kdo je Božena Němcová?
Paní:	Božena Němcová je známá česká autorka.

1) Bilden Sie den Genitiv Sg. und Pl.:

kostel	*kostela, hostelů*	obchod	*u, ů*
svět	*světa, světy*	nůž	*nože, rožů*
krém	*krému, krému*	zákon	*a, ů*
holub	*holuba, halubů*	groš	*groše, ů*
jazyk	*jazyka, jazyky*	chlapec	*chlapce, chlapců*
diplom	*diplomu, diplomů*	dluh	*dluhu, dluhů*
Řím (nur Sg.)	*Říma*	Berlín (nur Sg.)	*Berlína*
hotel	*hotela, hotelů*	cigareta	*cigarety, cigaret*
chlebíček	*chlebíčku, chlebíč*	stůl	*stola, stolů*
oběd	*oběda, obědu*	Brno (nur Sg.)	*Brna*
Londýn (nur Sg.)	*Londýn, londýna*	bazén	*bazénu, bazénů*
pero	*pera, per*	pyramida	*pyramidy, pyramid*
potok	*potoka, potoků*	sestra	*sestry, seoter*
rybník	*rybníka, rybníků*	pán	*pana, panů*
rok	*roku, rků*	kamarád	*a, ů*
národ	*národa, ...*	dopis	*u, u*
mapa	*mapy, map*	život	*ža, u*
les	*lesa, lesu*	autobus	*u, u*
domov	*domova, domovů*	babička	*u, ek*

2) Acht tschechische Monatsnamen enden im Genitiv auf -a. Nennen Sie sie:

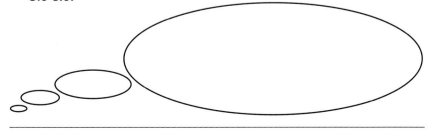

3) Ergänzen Sie zählbare bzw. unzählbare Begriffe:

Indefinite Numeralien	unzählbarer Begriff → Sg.	zählbarer Begriff → Pl.
málo *wenig*	sněhu	studentů
méně *noch weniger*	_____	_____
tolik *so viel*	_____	_____
dost *genug*	_____	_____
mnoho *viel*	_____	_____
více *mehr*	_____	_____
kolik *wieviel*	_____	_____
hodně *viel*	_____	_____

4) Ergänzen Sie indefinite Numeralien:

_____ práce

_____ námahy

_____ elánu

_____ času

_____ chleba

_____ šťávy

_____ vody

5) Ergänzen Sie indefinite Numeralien oder passende Zahlen:

_____ studentek

_____ koláčů

_____ léky

_____ teploměr

_____ lékaři

_____ zkoušek

_____ ryb

6) Setzen Sie in die richtige Form:

Mám málo (čas) _____. → Mám málo času.

Petr má hodně (dobří kamarádi) _____.

Potřebuji několik (nové knihy) _____.

Neměl jsem hodně (peníze) _____.

Přijelo mnoho (hosté) _____.

Pije málo (káva) _____.

Kolik (studentky) _____ koupilo ten kalendář?

7) Ergänzen Sie die Wochentage (Vorsicht beim Genus!):

Dnes je úterý. Včera bylo pondělí.

Dnes je pátek. Včera by_l_ _čtvrtek_.

Dnes je pondělí. Včera by_la_ _neděle_.

Včera byla středa. Dnes je _čtvrtek_.

Včera bylo pondělí. Dnes je _úterý_.

Včera byl pátek. Dnes je _sobota_.

8) Ergänzen Sie (beachten Sie „am + Wochentag" = „v + Akk."):

V pondělí jsem šla do kina.

V sobotu _jsem čtla knihu_.

V úterý _šla jsem na univerzitu_.

Ve středu _jsem vařila_.

V pátek _jsem šla na slavnost_.

V neděli _jsem spal_.

Ve čtvrtek _jsem pracovala_.

9) Beantworten Sie folgende Fragen:

wie viel

Kolik hodin spíte? Spím osm hodin.

Kolik hodin pracujete?

Kolik hodin nebo minut denně čtete?

Kolik hodin nebo minut se denně díváte na televizi?
Kolik oken je zde?
Kolik stojí chleba?

Které roční období máte rád a proč?
Který měsíc máte ráda a proč?

Víte, jak se jmenuje ten student?

Jste už unavena?
Jste už unaven?

10) Ersetzen Sie Formen von „cenit si" durch „vážit si":

Cení si spokojené rodiny a dobrých kamarádů. Cenil si zdraví. Ceníme si toho člověka.

11) Übersetzen Sie:

Blíží se vánoční prázdniny. Nákladní auta (kamiony) rozvážejí zboží. Za čtrnáct dní navštívím rodiče. Koupím dárky. Upeču cukroví. Napíšu několik blahopřání.

Radostné Vánoce a šťastný nový rok.

12) Ergänzen Sie Vornamen im entsprechenden Kasus:

Hodně pozdravů od Marty.

Od _____,   od _____,   od _____,

od _____ .

13) Kolik stála večeře? – Übersetzen und ergänzen Sie?

125. – 125 čeho? Korun, dolarů, marek, eur?
Kolik stojí chleba?
Za kolik korun jsi koupil ten časopis?

14) Pijete kávu? – Füllen Sie aus?

Přibližně polovina Čechů a Češek pije alespoň jednou (= jedenkrát) denně kávu.

Pijete kávu několikrát denně?   _____

Pijete kávu jedenkrát denně?   _____

Pijete kávu dvakrát denně?   _____

Pijete kávu třikrát denně?   _____

Pijete kávu příležitostně?   _____

Nepijete kávu vůbec?   _____

Doma lidé pijí většinou tureckou kávu, ale i překapávanou.

Co myslíte? Kolikrát týdně jedí obyvatelé České republiky maso?
Jíte maso? Jste vegetarián/vegetariánka?
(Antworten Sie für sich selbst oder eine andere Person).

15) Stellen Sie Ihrer Nachbarin/Ihrem Nachbarn folgende Frage:

Kolik dětí plánujete?

respondent	1 dítě	2 děti	3 děti	5 dětí
♂ ♀	_____	_____	_____	_____
bezdětní ♂	_____	_____	_____	_____
bezdětné ♀	_____	_____	_____	_____

16) Zählen Sie die Monatsnamen auf und beginnen Sie dabei mit dem letzten:

prosinec, listopad ...

17) Zählen Sie die Wochentage von hinten nach vorne auf:

neděle, sobota ...

18) Machen Sie mehrere Angaben mittels „von ... bis":

otevřeno od prosince do ledna, od čtvrtka do pátku, ...

19) Zählen Sie a) bis 20; b) von 20 abwärts: 20, 19 ...;
c) in Zweiersprüngen: 2, 4 ...; d) in Dreierschritten 3, 6 ... .

20) Geben Sie an, woher Sie sind:

Jsem z Rakouska. Jsem ze Štýrska. Jsem z Vídně. Jsem z Badenu. ...

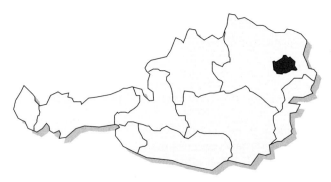

Vídeň, Dolní Rakousko, Horní Rakousko, Salcburk, Korutany, Štýrsko, Tyrolsko, Burgenland, Vorarlberg (alternativ werden auch verwendet: Dolní Rakousy, Horní Rakousy, Salcbursko/Solnohradsko, Tyroly, Burgenlandsko, Vorarlbersko)

21. a) Bilden Sie den Nominativ:

U Zlatého lva. U Čtyř stromů. U Zlatého hada. U Dvou zlatých medvědů. U Zlatého kola. U Vola. U Modré hvězdy. U Zelené žáby. U Tří zlatých lvů. U Věže. U Anděla. U Bílého lva. U Zlaté lilie. U Černého koníčka. U Zlatého melounu. U Černé růže. U Zeleného stromu.

b) Nennen Sie selbst einige Namen von Restaurants.

22) Ergänzen Sie:

Jdu pro bratra. Šel pro chleba. (Ich hole den Bruder. Er ging Brot holen.)

Jdu pro _pivo_. Jdeme pro pana _Nováka_. Jde pro _Maloho_.
Šla jsem pro _léky_. Šli jsme pro _rybu_. Šli pro _technika_.
Jdou pro _vodu_.

23) Fragen und Antworten:

Jdu nakupovat. Co potřebujeme? *Potřebujeme sůl, pepř, papriku, okurky, ...*

24) Co vidíte na obrázku?

Vidím dvě ženy. Kupují rybu, asi kapra. Je zima. Venku sněžilo. Je prosinec.
Koupily rybu?

95

25. a) Sagen Sie in Tschechisch, wie spät es ist:

Es ist (⏰). Es ist (⏰). Es ist (⏰). Es ist (⏰). Es ist (⏰).

Je ~ hodin. *půl ~*

b) Kolik je hodin?

Je jedna hodina. ⚪ Jsou tři hodiny. ⚪ Je šest hodin. ⚪

Je dvanáct hodin. ⚪ Je třináct hodin. ⚪ Je osmnáct hodin. ⚪

26) Nennen Sie fünf Obstsorten:

Jaké ovoce znáte?
Jaké ovoce máte rád? Jaké ovoce máte ráda?

**27) Beachten Sie die tschechische Genitivkonstruktion und
antworten Sie:**

Čeho se bojíš?	Wovor fürchtest Du dich?
Bojím se nepříjemného snu.	Ich fürchte mich vor einem unangenehmen Traum.
Nebojím se ničeho.	Ich fürchte mich vor nichts.

Čeho ses bál, když jsi byl malý? *Wovor hattest du den Angst als du (klein warst)*
Čeho ses bála? *Wovor hast du dich gefürchtet*
Bouřky? Nemoci? *Gewitter? Krankheit?*
Bojíš se něčeho? *Fürchtest du dich vor etwas?*
Zbavila ses už toho starého auta? *weggeben*
Čeho se musela zbavit?
Všiml sis té nové studentky? *Nevšímla / nevšímala Demona*
Všimla sis toho nového studenta?
Lituješ toho? *Bedauerst du es?*
Byla škoda toho starého auta? *War es Schade um das alte Aute*

**28) Ersetzen Sie das alltagssprachlich gebräuchliche unbestimmte
Zahlwort „moc" durch das neutrale „mnoho" oder „hodně":**

Je tam moc místa. → Je tam hodně místa.

Měli jsme moc otázek. Problémů je moc. Nemají moc peněz. Má moc
zboží. Měli jsme moc práce. Měla moc ovoce. Máme moc kamarádů.

29) Ergänzen Sie das Verb „sein" in entsprechender Form:

Zde jsou čtyři okna.

Tam _je_ pět stromů. U potoka _jsou_ dva chlapci. U kostela _je_ pět dívek.
To _je_ dvacet eur. To _je_ deset korun. To _sou_ ty tři nové studentky.

Setzen Sie die Übung auch in das Präteritum:

Zde byla čtyři okna.

30) Ersetzen Sie die angegebenen Zahlen jeweils durch die Zahl 5 und führen Sie die erforderlichen Änderungen der Satzkonstruktion durch:

Dvě dívky kupují knihu. Dvě dívky kupovaly knihu.
Čtyři kluci opravují chatu. Čtyři kluci opravovali chatu.
Leží tam jedno jablko. Leželo tam jedno jablko.

31) Ändern Sie die Zeit ab – Präteritum → Präsens / Futur:

Bylo kolem toho hodně starostí. → *Je kolem toho hodně starostí.*
Bydlelo tam málo lidí. Jezdilo tam málo aut. Bylo tam hodně knih. Pracovalo tam málo studentek. Bylo tam více cizích slov. Neměla jsem tolik času. Uvařily jsme trochu čaje. Koupili jsme trochu masa. Potřebovali jsme trochu ledu. Přinesli jsme několik knih. Bylo tam šest starých domů.

32) Beantworten Sie:

Který je dnes den?
Jaký je dnes den?

33) Übersetzen Sie:

Wie viele Studentinnen sind heute hier? Fünf Studenten haben einen Mantel, drei haben eine Jacke. Wie viele Studenten schlafen? Keiner. Wie viele Studentinnen trinken Kaffee, wie viele Studentinnen trinken Tee? Wie viele Fenster sind hier?
Brauchst du glattes oder griffiges Mehl?

---

34) Betrachten Sie eine tschechische Banknote (např. 5000 korun českých):

Wie würde man **5 tschechische Kronen** sagen?
Wie würde man **100 tschechische Kronen** sagen?
Wie würde man **3 tschechische Kronen** sagen?
Wie würde man **einige tschechische Kronen** sagen?

35) Fügen Sie ein unbestimmtes Zahlwort ein:

kamarádka, student, čaj, mléko, káva

 MASKULINA NEŽIVOTNÁ – UNBELEBT (hrad): GENITIV

> Die meisten unbelebten Maskulina (Paradigma hrad) enden im Gen. Sg.
> auf –u. Bei einigen Substantiven tritt hingegen die Endung –a auf:

- **bei Bezeichnungen für Tage und Monate**: dneška, zítřka, včerejška, čtvrtka (aber: pátku!); ledna, února, března, ... (außer: července, září, listopadu, prosince);
- **bei Appellativen, die einen (in sich geschlossenen) Raum bezeichnen**: světa, lesa, ostrova, domova, venkova, rybníka, potoka, dvora, mlýna, kouta, sklepa, komína, kostela, kláštera, hřbitova, ...;
- **bei einigen nicht kategorisierbaren Substantiven wie**: zákona, života, národa, večera, oběda, chleba, sýra, octa, jazyka, dobytka, ...;
- **bei einigen Endonymen, insbesondere auf -ov und -ín**: Pelhřimova, Kolína, ...;
- **bei einigen Exonymen**: Berlína, Londýna, Říma, Mnichova, ...

ČÍSLOVKY ZÁKLADNÍ – KARDINALZAHLEN

Im Allgemeinen werden die verschiedenen Numeralien mit dem Substantiv in Kasus, Numerus und Genus übereingestimmt. Sie spielen im Satz die Rolle eines Attributs. Das gezählte Substantiv steht dabei nach den Kardinalzahlen von 1 bis 4 wie im Deutschen im Nominativ: Singular bei 1 (*jeden obraz*), Plural bei 2, 3 und 4 (*tři obrazy*).

Von **einschließlich** 5 **aufwärts** wird nach einer Kardinalzahl im **Nominativ** und **Akkusativ** der gezählte Gegenstand im **Genitiv** ausgedrückt: *pět obrazů* (fünf Bilder), *šest mužů* (sechs Männer) usw. Bei einem als Attribut verwendeten Adjektiv kommt es nicht zur Kongruenz mit der Kardinalzahl, sondern mit dem gezählten Gegenstand: *Čekal plných pět let.* Steht eine Kardinalzahl ≥ 5 jedoch in einem **anderen** Kasus als dem Nominativ und Akkusativ, folgt der gezählte Gegenstand im **selben** Kasus wie die Kardinalzahl: *k pěti obrazům, k šesti mužům; o pěti obrazech, o šesti mužích.*

Bei der Übereinstimmung von Zahlwort und Prädikat ist zu beachten: Kardinalzahlen ab **einschließlich** 5 **aufwärts**, aber auch **unbestimmte Numeralien** ziehen immer ein Prädikat im **Neutrum Singular** nach sich: *viselo tam pět obrazů, přišlo šest mužů* (im Gegensatz zu: *visely tam tři obrazy, přišli tři muži*).

Die Deklination der Kardinalzahlen 5 bis 99 kennt nur folgende zwei Formen:

Nom. = Akk.: pět   *Gen. = Dat. = Präp. = Instr.:* pěti

1 - 20 (Nominativ, Akkusativ, Genitiv):

	Nom.	*Gen.*	*Akk.*	*Nom.*	*Gen.*	*Akk.*
Mask.:	jeden	jednoho	jeden/jednoho	dva	dvou	dva
Neutr.:	jedno	jednoho	jedno	dvě	dvou	dvě
Fem.:	jedna	jedné	jednu	dvě	dvou	dvě
M. + F. + N.:	tři	tří	tři	čtyři	čtyř	čtyři

Nom. / Akk.	*Gen. (Dat., Präp., Instr.)*	*Nom. / Akk.*	*Gen. (Dat., Präp., Instr.)*
pět	pěti	třináct	třinácti
šest	šesti	čtrnáct	čtrnácti
sedm	sedmi	patnáct	patnácti
osm	osmi	šestnáct	šestnácti
devět	devíti	sedmnáct	sedmnácti
deset	desíti / deseti	osmnáct	osmnácti
jedenáct	jedenácti	devatenáct	devatenácti
dvanáct	dvanácti	dvacet	dvacíti / dvaceti

Číslovky základní – Kardinalzahlen: Nominativ

Jsou tam dva malé rybníky.
Byly tam dva malé rybníky.
Je tam pět malých rybníků.
Bylo tam pět malých rybníků.
Kde je těch osm velkých tašek?
Kde bylo těch osm velkých tašek?

Jsou tam dva malí kluci.
Byli tam dva malí kluci.
Je tam pět malých kluků.
Bylo tam pět malých kluků.
Kde je těch pět malých kluků?
Kde bylo těch pět malých kluků?

Číslovky základní – Kardinalzahlen: Akkusativ

Znám dva veselé studenty.
Pozval jsem dva veselé studenty.
Kde mám těch osm velkých tašek?

Mám pět sladkých jablek.
Měl jsem pět sladkých jablek.

Číslovky základní – Kardinalzahlen: Genitiv

Bez těch dvou kamarádů to neudělám.
Bez těch šesti kamarádů to neudělám.
Bez těch dvou kamarádů jsem to neudělal.
Bez těch šesti kamarádů jsem to neudělal.

In Sätzen des Typs „wir sind 8", „sie waren 15" hat das Prädikat im Tschechischen ab inklusive der Zahl 5 die Form des Neutrums Singular, während das Personalpronomen im Genitiv steht: Je nás osm. Bylo jich patnáct.
(Vgl. bairisch-österreichisch: „Es worn eaner fuchzehn.")

ČÍSLOVKY NEURČITÉ – INDEFINITE NUMERALIEN

Sie bezeichnen eine unbestimmte Anzahl:

Nom., Akk.:	- kolik (wieviel)	- několik (ein paar)	- tolik (so viel)
Nom., Akk.:	- mnoho (viel)	- málo (wenig)	- dost (genug)
Nom., Akk.:	- hodně (viel)	- více (mehr)	- méně (weniger)

Unbestimmtes Zahlwort (mnoho, kolik, málo ...) im Nominativ oder Akkusativ vor dem Substantiv

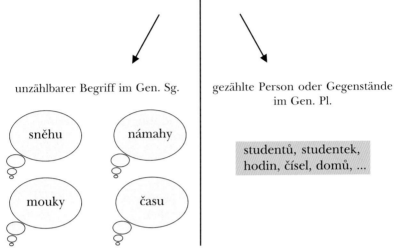

unzählbarer Begriff im Gen. Sg.

snĕhu námahy

mouky času

gezählte Person oder Gegenstände im Gen. Pl.

studentů, studentek, hodin, čísel, domů, ...

Jenes Verb, das sich als **Prädikat** auf ein **unbestimmtes Zahlwort** bezieht, steht im **Neutrum Singular**. Das als **Attribut** gebrauchte Adjektiv wird mit dem gezählten Begriff oder Gegenstand übereingestimmt: Bylo tam mnoho pěkných obrazů. Je tam hodně milých studentů.

Präpositionen mit dem Genitiv:

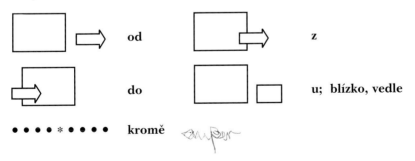

od	z
do	u; blízko, vedle

● ● ● ● * ● ● ● ● kromě

Nach něco / nic, mnoho / málo + Adj. steht die Adjektivform im Gen. Sg.:

etwas Schönes	etwas Gutes	nichts Grünes	nichts Süßes
něco pěkného	**něco dobrého**	**nic zeleného**	**nic sladkého**
viel Schönes	viel Gutes	wenig Grünes	wenig Süßes
mnoho pěkného	**mnoho dobrého**	**málo zeleného**	**málo sladkého**

Slovíčka – Vokabel:

blížit se (*k + Dat.*); *ipf., IV 1*　　　　　sich jmdm./etw. nähern
cenit si (*+ Gen.*); *ipf., IV 1*　　　　　　schätzen
dívat se na televizi; *ipf., V*　　　　　　　fernsehen
jít pro (*+ Akk.*)　　　　　　　　　　　　holen
líbit se (*+ Dat.*); *ipf., IV 1*　　　　　　gefallen
litovat; *ipf., III 2*
　(*+ Akk.*) *bezogen auf Personen*　　　　bemitleiden
　(*+ Gen.*) *bezogen auf Abstraktes bzw. Dinge*　Leid tun, etw. bedauern
péct (*+ Akk.*); *ipf., I 5*　　　　　　　　backen
　upéct (*+ Akk.*); *pf., I 5a*
plánovat (*+ Akk.*); *ipf., III 2*　　　　　planen
　naplánovat (*+ Akk.*); *pf., III 2a*
pracovat; *ipf., III 2*　　　　　　　　　　arbeiten
přinášet (*+ Akk.*); *ipf., IV 2*　　　　　bringen
　přinést (*+ Akk.*); *pf., I 2a*
psát (*+ Akk.*); *unr., ipf.*　　　　　　　schreiben
　Präs.: píšu/píši (*geh.*),
　píšou/píší (*geh.*),
　Imp. Sg.: piš, *PPA:* psal,
　PPP: psán
napsat (*+ Akk.*); *unr., pf.*
　Präs.: napíšu/napíši (*geh.*),
　napíšou/napíší (*geh.*),
　Imp. Sg.: napiš,
　PPA: napsal, *PPP:* napsán
rozvážet (*+ Akk.*); *ipf., IV 3*　　　　　beliefern
　rozvézt (*+ Akk.*); *pf.,*
　Futur: rozvezu, rozvezou,
　Imp. Sg.: rozvez, *PPA:* rozvezl,
　PPP: rozvezen
říkat; *ipf., V*　　　　　　　　　　　　　sagen
　říct; *pf., Futur:* řeknu, řeknou,
　Imp.: řekni, řekněte, *PPA:* řekl,
　PPP: řečen
sněžit; *ipf., IV 1*　　　　　　　　　　　schneien
stát; *ipf.*　　　　　　　　　　　　　　　stehen, kosten
　Präs.: stojím, stojí
　Imp. Sg.: stůj, *PPA:* stál, *PPP:* -
vědět (*+ Akk.*) (*o + Präp.*); *ipf.,*　　　wissen
　Präs.: vím, vědí, *Imp. Sg.:* věz,
　PPA: věděl, *PPP:* -

anděl, -a, *Mask. 3, b.*	Engel
bazén, -u, *Mask. 1, u.*	das Bassin, Wasserbecken
blahopřání, -í, *Neutr. 3*	der Glückwunsch, die Gratulation
bouřka, -y, *Fem. 1*	das Gewitter
brambora, -y, *Fem. 1*	die Kartoffel, der Erdapfel
brambor, -u, *Mask. 1, u.*	die Kartoffelpflanze, die Kartoffel
cukroví, -í, *Neutr. 3*	die (Weihnachts-) Bäckerei, Kuchen
číslo, -a, *Neutr. 1*	die Nummer, Zahl
dar, -u, *Mask. 1, u.*	das Geschenk (groß)
dárek, -rku, *Mask. 1, u.*	das Geschenk (mittelgroß)
dáreček, -čku, *Mask. 1, u.*	das Geschenk (klein)
diplom, -u, *Mask. 1, u.*	das Diplom
dluh, -u, *Mask. 1, u.*	die Schuld (Bringschuld)
dobytek, -tka, *Mask. 1, u.*	das Vieh
dolar, -u, *Mask. 1, u.*	Dollar
domov, -a, *Mask. 1, u.*	die Heimat, das Heim
dříví, -í, *Neutr. 3*	Holz
dvůr, dvora, *Mask. 1, u.*	Hof
džus, -u, *Mask. 1, u.*	Saft, Juice
elán, -u, *Mask. 1, u.*	Elan
energie, -e, *Fem. 2*	Energie
had, -a, *Mask. 3, b.*	die Schlange
hodina, -y, *Fem. 1*	Stunde
hodinky, -nek, *Fem. 1, Pluraletantum*	Armbanduhr
hodiny, -in, *Fem. 1, Pluraletantum*	Uhr
hřbitov, -a, *Mask. 1, u.*	Friedhof
chléb / chleba (*ats.*), -a, *Mask. 1, u.*	das Brot
chlebíček, -čka/-čku, *Mask. 1, u.*	das Brötchen
kalendář, -e, *Mask. 2, u.*	Kalender
kamion / kamión, -u, *Mask. 1, u.*	Lastkraftwagen
kapr, -a, *Mask. 3, b.*	Karpfen
klášter, -a, *Mask. 1, u.*	das Kloster
komín, -a, *Mask. 1, u.*	Rauchfang
koníček, -čka, *Mask. 3, b.*	das Pferdchen; das Steckenpferd, Hobby
koruna, -y, *Fem. 1*	Krone
kostel, -a, *Mask. 1, u.*	die Kirche
kout, -a, *Mask. 1, u.*	die Ecke (innen)
krém, -u, *Mask. 1, u.*	die Kreme, Creme
kresba, -y, *Fem. 1*	Zeichnung
led, -u, *Mask. 1, u.*	das Eis (gefrorenes Wasser, kein Speiseeis)
lékař, -e, *Mask. 4, b.*	Arzt

les, -a, *Mask. 1, u.*	Wald
lilie, -e, *Fem. 2*	Lilie
mapa, -y, *Fem. 1*	Karte, **der** Plan
marka, -y, *Fem. 1*	Mark
maso, -a, *Neutr. 1*	Fleisch
medvěd, -a, *Mask. 3, b.*	Bär
meloun, -u, **Mask.** *1, u.*	**die** Melone
mlýn, -a, **Mask.** *1, u.*	**die** Mühle
mouka, -y, *Fem. 1*	**das** Mehl
námaha, -y, *Fem. 1*	Anstrengung
národ, -a, **Mask.** *1, u.*	**das** Volk
nemoc, -i, *Fem. 4*	Krankheit
nůž, nože, **Mask.** *2, u.*	**das** Messer
obchod, -u, **Mask.** *1, u.*	**das** Geschäft
obrázek, -zku, **Mask.** *1, u.*	**das** Bild
obyvatel, -e, *Mask. 4, b.*	Einwohner
ocet, octa, *Mask. 1, u.*	Essig
okurka, -y, *Fem. 1*	Gurke
ostrov, -a, **Mask.** *1, u.*	**die** Insel
ovoce, -e, *Neutr. 2*	Obst
paprika, -y, **Fem.** *1*	**der** Paprika, die Paprika
pepř, -e, *Mask. 2, u.*	Pfeffer
plášť, -ě, *Mask. 2, u.*	Mantel
polovina, -y, *Fem. 1*	Hälfte
potok, -a, *Mask. 1, u.*	Bach
pyramida, -y, *Fem. 1*	Pyramide
růže, -e, *Fem. 2*	Rose
rybník, -a, *Mask. 1, u.*	Teich
sklep, -a, *Mask. 1, u.*	Keller
sníh, sněhu, *Mask. 1, u.*	Schnee
starost, -i, *Fem. 4*	Sorge
škoda, -y, **Fem.** *1*	**der** Schaden
šťáva, -y, **Fem.** *1*	**der** Saft
tábor, -a, **Mask.** *1, u.*	**das** Lager
uhlí, -í, **Neutr.** *3*	**die** Kohle
umění, -í, **Neutr.** *3*	**die** Kunst
Vánoce, -noc, *Fem., Pluraletantum*	Weihnachten
(*Dat.* -ům, *Präp.* -ích, *Instr.* -emi/-i)	
vegetarián, -a, *Mask. 3, b.*	Vegetarier
vegetariánka, -y, *Fem. 1*	Vegetarierin
venkov, -a, **Mask.** *1, u.*	**das** Land, **die** Provinz
věž, -e, *Fem. 3*	**der** Turm

vůl, vola, *Mask. 3, b.*	Ochse
zákon, -a, **Mask.** *1, u.*	**das** Gesetz
zboží, -í, **Neutr.** *3*	**die** Ware
žába, -y, **Fem.** *1*	**der** Frosch
život, -a, **Mask.** *1, u.*	**das** Leben
bezdětný, *1*	kinderlos
hladký, *1*	glatt
hrubý, *1*	grob, griffig (Mehl)
moderní, *2*	modern
nákladní, *2*	Last-, Güter-
překapávaný, *1*	destilliert, gefiltert
příjemný, *1*	angenehm
radostný, *1*	freudig, freudvoll, vergnüglich
vánoční, *2*	Weihnachts-, weihnachtlich
veselý, *1*	lustig, froh
když, *Konj.*	wenn, als
kolik, *Pron.; Num.*	wie viel
tolik, *Pron.; Num.*	so viel, so sehr, dermaßen
dvakrát, *Num.*	zweimal
jedenkrát, *Num.*	einmal
jednou, *Num.; Adv.*	einmal; einst
několik, *Num.*	einige, mehrere, ein paar, etliche
několikrát, *Num.*	mehrmals, etliche Mal, einige Mal
dost, *Adv.*	genug, ziemlich
denně, *Adv.*	täglich
hodně, *Adv.*	sehr, recht viel, allerhand
málo, *Adv.*	wenig, ein wenig
méně, *Adv.*	weniger, geringer, minder
mnoho, *Adv.*	viel
moc, *Adv.* → *ats.*	viel
přibližně, *Adv.*	etwa, ungefähr
škoda, *Adv.*	schade
trochu, *Adv.*	ein bisschen, ein wenig, etwas
týdně, *Adv.*	wöchentlich
venku, *Adv.*	draußen
většinou, *Adv.*	meistens
více, *Adv.*	mehr
zima, *Adv.*	kalt
blízko (+ *Gen.*), *Präpos.*	nahe an
do (+ *Gen.*), *Präpos.*	bis, nach, in
kolem (+ *Gen.*), *Präpos.*	um ... herum, an ... vorbei
kromě (+ *Gen.*), *Präpos.*	außer, ausgenommen

od (+ *Gen.*), *Präpos.*	von, von ... weg, seit
vedle (+ *Gen.*), *Präpos.*	neben
z (+ *Gen.*), *Präpos.*	aus, aus ... heraus, von
alespoň, *Part.*	wenigstens
aspoň, *Part.*	wenigstens
vůbec, *Part.*	überhaupt

Kalendář – Der Kalender

den (*Mask.*) - Tag	měsíc (*Mask.*) - Monat
2, 3, 4 dny / dni	2, 3, 4 měsíce
5 ... dnů / dní	5 ... měsíců

týden (*Mask.*) - Woche	rok (*Mask.*) - Jahr
2, 3, 4 týdny	2, 3, 4 roky
5 ... týdnů	5 ... roků / LET

hodina (*Fem.*) - Stunde	minuta (*Fem.*) - Minute
2, 3, 4 hodiny	2, 3, 4 minuty
5 ... hodin	5 ... minut

sekunda / vteřina (*Fem.*) - Sekunde
2, 3, 4 sekundy / vteřiny
5 ... sekund / vteřin

Dny		KDY?	OD - DO
pondělí (*Neutr.*)	Montag	v pondělí	pondělí
úterý (*Neutr.*)	Dienstag	v úterý	úterý
středa (*Fem.*)	Mittwoch	ve středu	středy
čtvrtek (*Mask.*)	Donnerstag	ve čtvrtek	čtvrtka
pátek (*Mask.*)	Freitag	v pátek	pátku
sobota (*Fem.*)	Samstag	v sobotu	soboty
neděle (*Fem.*)	Sonntag	v neděli	neděle

Měsíce		KDY?	OD - DO
leden (*Mask.*)	Jänner	v lednu	ledna
únor (*Mask.*)	Februar	v únoru	února
březen (*Mask.*)	März	v březnu	března
duben (*Mask.*)	April	v dubnu	dubna
květen (*Mask.*)	Mai	v květnu	května
červen (*Mask.*)	Juni	v červnu	června

červenec (*Mask.*)	Juli	v červenci	července
srpen (*Mask.*)	August	v srpnu	srpna
září (*Neutr.*)	September	v září	září
říjen (*Mask.*)	Oktober	v říjnu	října
listopad (*Mask.*)	November	v listopadu	listopadu
prosinec (*Mask.*)	Dezember	v prosinci	prosince

Který je dnes den? - Pátek.   zimní čas
Jaký je dnes den? - Dnes je pěkný den.   letní čas

Číslovky základní – Kardinalzahlen

0 - nula
1 - jeden (*Mask.*), jedna (*Fem.*), jedno (*Neutr.*)   11 - jedenáct
2 - dva (*Mask.*), dvě (*Fem. + Neutr.*)   12 - dvanáct
3 - tři   13 - třináct
4 - čtyři   14 - čtrnáct
5 - pět   15 - patnáct
6 - šest   16 - šestnáct
7 - sedm   17 - sedmnáct
8 - osm   18 - osmnáct
9 - devět   19 - devatenáct
10 - deset   20 - dvacet

Potraviny a jídla – Nahrungsmittel und Mahlzeiten

| chléb | maso | vejce | sýr | máslo |
| Brot | Fleisch | Ei | Käse | Butter |

| zelenina | ovoce | marmeláda | brambory | knedlíky |
| Gemüse | Obst | Marmelade | Kartoffeln | Knödel |

| rýže | kaše | omáčka | krém | |
| Reis | Brei / Püree | Soße | Kreme | |

| snídaně | oběd | večeře | svačina | občerstvení |
| Frühstück | Mittagessen | Abendessen | Jause | Erfrischung |

| předkrm | polévka | hlavní jídlo | dezert | |
| Vorspeise | Suppe | Hauptspeise | Dessert | |

Nádobí – Geschirr

příbor	lžíce	lžička	nůž	vidlička
Besteck	Löffel	Teelöffel	Messer	Gabel

talíř	šálek	sklenice	ubrus	ubrousek
Teller	Tasse	Glas	Tischtuch	Serviette

Pečivo – Gebäck

chléb / chleba (ats.)	rohlík	houska, žemle	(obložený) chlebíček
Brot	Kipferl	Semmel	(belegtes) Brötchen

Maso – Fleisch

vepřové	hovězí	telecí	kuřecí
Schweinefleisch	Rindfleisch	Kalbfleisch	Hühnerfleisch

pečené	dušené	vařené	smažené
gebraten	gedünstet	gekocht	gebraten, (in einer Pfanne) geröstet, gebacken

šunka	salám	párek
Schinken	Wurst	Frankfurter, Wiener Würstel

kuře	krůta	ryba
Huhn	Pute	Fisch

Koření – Gewürze

sůl	pepř	paprika	ocet	olej
Salz	Pfeffer	Paprika	Essig	Öl

Zelenina – Gemüse

salát	cibule	zelí	okurka	česnek
Salat	Zwiebel	Kraut	Gurke	Knoblauch

rajče (Nom. Pl. rajčata) / rajské jablko		mrkev	petržel	celer
Tomate, Paradeiser		Karotte	Petersilie	Sellerie

Ovoce – Obst

jablko	hruška	švestka	třešně	broskev
Apfel	Birne	Zwetschke	Kirsche	Pfirsich

meruňka	hrozny / víno	pomeranč	citron	banán
Marille	Weintrauben	Orange	Zitrone	Banane

Zum Schmunzeln

Aus dem Jahr 1989
Frau X: 25 Jahre waren Sie nicht in Prag? Und welchen Eindruck haben Sie?
Herr Y: Der Blick auf die kleinen Details ist schrecklich. Der große Blick vom Hradschin auf die Moldau ist sehr schön.

Im Bad
Achtzehnjähriger: Oh, Sie kennen Peter! Als der da war, haben sich in ihn hier mindestens sechs Mädchen verliebt!
Frau X: Ehm.
Freund des Achtzehnjährigen: Du Trottel, das ist seine Mutter.
Achtzehnjähriger: Also, Entschuldigung, sechs waren es vielleicht doch nicht, es waren ja auch zwei Freunde von ihm da, etwa vier, würde ich sagen.

Im Wirtshaus
Ein Absolvent der Wiener Slawistik, der einige slawische Sprachen beherrscht, besucht oft die Nachbarländer. Er lässt sich auch gern auf Gespräche ein. Einmal besuchte er ein Dorfwirtshaus bei Znaim, wo man ihn bereits kannte. Kaum trat er ein, rief ihn ein Stammgast zu seinem Tisch. Sein Nachbar sagt zu ihm: „Was tust du denn da, das ist doch ein Ausländer!" „Nein", erwidert der Stammgast, „das ist unser Nachbar".

8. Lektion

Podle knihy Povídání Jiřího Suchého:

Každý člověk má sedm závojů. První odkládá kdekoliv, kdykoliv, druhý jenom v zaměstnání, třetí před přáteli, čtvrtý v okruhu intimnějších přátel, pátý už jen v rodině, šestý před svou láskou a sedmý závoj před nikým.

Cizí jazyky z pohledu dítěte

Čtyřletá holčička pozoruje tlumočnici a říká: „Teto, ty mluvíš španělsky, viď?" Tlumočnice přikývne a holčička nevrle namítá: „A proč?"

Šestiletý chlapeček sedí s dospělými a poslouchá hudební program. Zpěvačka zpívá italsky. Chlapeček se obrací k tetě a šeptá jí do ucha: „Teto, já nic neslyším."

◗ Rozhovor

Jiří: Promiňte, víte, na které nástupiště přijede rychlík z Prahy?
Prodavačka: Nevím, ale tamhle je tabule „Příjezd".
               Máme krásné květiny, podívejte se!
Jiří: No dobře, tak jednu růži. Kolik stojí?
Prodavačka: Dvanáct korun. Tu červenou?
Jiří: Ano.

1) Antworten Sie in ähnlicher Weise:

A: <u>Umíš</u> italsky?
B: Ano, <u>umím.</u> Ale teď <u>nemohu</u> mluvit italsky, protože máme kurz češtiny.

- zpracovávat texty?
- píšu e-mail

- tancovat?
- bolí mě nohy

- jezdit na kole?
- nemám čas

- hrát šachy?
- ztratila jsem dámu

- lyžovat?
- nemám lyžařské brýle

- jíst příborem?
- nemám příbor

- hrát na housle?
- nevím, kde je smyčec

- žehlit?
- nemám chuť, telefonuju

- bruslit?
- nevím, kde jsou brusle

2) Ergänzen Sie die passenden Formen von „umět" oder „moci":

Ty ale _____ *pěkně lyžovat.* → *Ty ale umíš pěkně lyžovat.*

_____ zítra přijít?

_____ Tomáš dobře česky?

Alena _____ hrát na kytaru.

_____ jet do Brna, nemám čas.

Tento telefon _____ více, má záznamník i fax.

Ema Destinnová _____ krásně zpívat.

3) Ergänzen Sie die entsprechenden Formen von „umět" oder „moci":

To dítě ještě ne_umí_ chodit, je to miminko. Ne_může_ chodit, zlomil si nohu. Ne_umí_ mluvit česky, ale učí se. _umíš_ zpívat? _Umíš_ vařit? _Umíš_ hrát na kytaru? _Umíš_ hrát na klavír? _Umíš_ hrát fotbal? Ne_může_ jít do kina, zapomněl doma peníze. Ne_můžu_ zatelefonovat, nezapamatovala si telefonní číslo. Nikdy nic ne_umí_. _Můžu_ tam bydlet. Děti _umě_ běhat. _Může_ tam jít nebo ne? _Může_ vstát? Ne_může_ přijít, ještě spí. _Můžeš_ se na to podívat. _Můžeš_ se přestěhovat. Ten ptáček _umí_ létat.

4) Erklären Sie mittels Ordinalzahlen: Der Stern ist der dritte, der Pfeil ...

prapor   šipka   hvězdička

5) Ergänzen Sie die entsprechenden Ordinalzahlen:

To je Přemysl Otakar II. (_____). → To je Přemysl Otakar II. (*Druhý* .)

Ten dům je z VIII. (_osmého_) století.

Kolik stojí vstupenka do 6. (_šesté_) řady?

Kdo vstřelil 2. (_druhou_) branku?

1. (_První_) třetina zápasu skončila.

Krále Karla IV. (_čtvrtého_) nám připomínají názvy ulic a náměstí.

Královna Alžběta II. (_druhá_) má sídlo v Londýně.

Moje neteř chodí do 6. (_šesté_) třídy.

Dvě jízdenky 2. (_druhé_) třídy do Benátek, přes Vídeň.

Vlak z Břeclavi do Vídně jede z 1. (___první___) nástupiště?

Byla jsem tu 1. (___první___).

Ví to z 1. (___první___) ruky.

6) Stimmen die Rechnungen? Korrigieren Sie, falls nötig:

$5 + 5 = 11$ → *Pět plus pět není jedenáct, ale deset.*

$5 - 3 = 3$ $5 + 4 = 9$ $1 + 9 = 10$ $15 - 8 = 8$ $20 - 3 = 18$

7) Wie alt ist wer? Ergänzen Sie (Genitiv der Kardinalzahl verbunden mit -letý):

Chlapec je (9-jährig) _____. → *Chlapec je devítiletý.*

Chlapeček je _____ (2-jährig).

Neteř je _____ (6-jährig).

Synovec je _____ (8-jährig).

Děvče je _____ (15-jährig).

8) Übersetzen Sie:

- Kam jedete? Domů, do Brna?
- Ne, jedu do Bratislavy.
- Jezdím rád na univerzitu na kole.
- Já jezdím tramvají a metrem.
- Areál vídeňské univerzity je velký, musíš jít i velký kus cesty pěšky. Nebo máte k dispozici kola?
- Zatím ne, ale možná později.
- Mám přijít v osm hodin?
- Ne, v sedm hodin. Ten kluk neposlouchá. Zlobí.
- Mnoho lidí utrpělo zranění.
- Jedeš teď vlakem? Co jsi koupil na cestu?

Mám uvařit až ráno? Přijdou až za několik hodin. Udělám to až zítra.
Máme čas až do čtvrtka. Má to čas až do soboty. Budou tu dříve, než si
pomyslíš.

**9) Stellen Sie Ihrem Sitznachbarn / Ihrer Sitznachbarin eine
Rechenaufgabe:**

Kolik je 19 – 7 + 3 ?

10) Ergänzen Sie die passende Verbform im Präteritum:

Ty dvě kočky _____ *(sedět)* u stolu.

Těch osm tašek _____ *(ležet)* u pokladny.

Těch osmnáct vagonů _____ *(jet)* z Brna do Prahy.

Těch dvacet studentů _____ *(učit se)* na test.

Ti tři studenti _____ *(studovat)* slavistiku.

11) Erklären Sie:

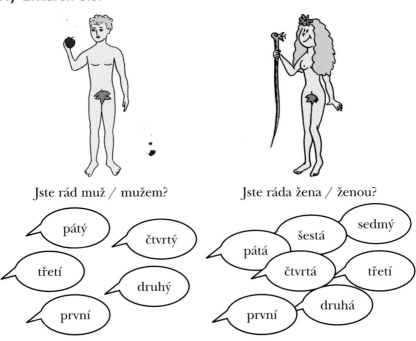

Jste rád muž / mužem?   Jste ráda žena / ženou?

pátý   čtvrtý   šestá   sedmý

třetí   pátá

třetí   čtvrtá   třetí

druhý

první   první   druhá

12) Ordnen Sie unter Anwendung von Ordinalzahlen:

Které předměty jste měla ráda / měl rád na základní škole? (první, druhý, třetí, čtvrtý, ...)

[handwritten: Sport] *[handwritten: Bio]* *[handwritten: Geschichte]*

tělocvik, matematika, přírodopis, německý jazyk, dějepis, chemie, anglický jazyk, fyzika
První byla matematika, druhý byl dějepis ... *[handwritten: „Vytvarka " Kunst]* *[handwritten: vytvarna vychova]*
[handwritten: Zemepis (Geographie)]
Které povolání je nejvíce populární? (první, druhý, třetí, čtvrtý, ...)

[handwritten: Musik hudebni vychova] *[handwritten: hudebka]*
[handwritten: politika]
[handwritten: obcanska vychova]
[handwritten: obcanka]

První jsou: ... *oder* Na prvním místě jsou: ...
Druzí jsou: ... *oder* Na druhém místě jsou: ...
lékaři, vědci, učitelé, inženýři, policisté, vojáci, letci, řidiči, ...

13) Antworten Sie mit einer Ordinalzahl: *[handwritten]*

Které okno jsi otevřel?   Do kterého patra jedete?
Slyšela jsi první část koncertu?   Viděl tam deset psacích stolů. Který koupil?

14) Kolik peněz vydává Váš kamarád?

☐ Tolik, kolik má.   ☐ Méně, než má.   ☐ Více, než má.

115

15) Schreiben Sie die weichen Adjektive heraus:

Máte cestovní pas?

Kolik pracovních dnů má týden?

Prodala psací stroj za 100 korun.

Kolik dopisních známek potřebujete?

Školní prázdniny začínají v únoru.

~~Febru~~ *Februar*

Hledali jsme autobusové nádraží.

Včera jsme neměli domácí úlohu.

Kdo je první? Kdo je poslední?

Obsah těch dvou románů neznám.

Máš ráda jarní polévku?

Frühlingssuppe

16) Ergänzen Sie ein passendes tschechisches Zeitwort unter Beachtung des Aspekts:

Začala jsem _____ v osm hodin.

Začneme _____ zítra.

Začínáme _____ .

Začal jsem *kurs turečt...* ve středu.

Začnou *hrát TV* _____ večer.

Kdy začneš _____ ?

17) Übersetzen Sie und vergessen Sie nicht, dass nach „začít/začínat" immer der ipf. Aspekt folgt:

Sie begannen das Mittagessen zu kochen. → *Začali vařit oběd.*
Er beginnt zu singen. Wir werden zu bügeln beginnen. Sie beginnt Gitarre zu spielen. Er begann zu telefonieren.

18) Beantworten Sie folgende Fragen:

Kam jste včera šli? Do divadla? Ne, do divadla ne, šli jsme do kina.

Odkud to máš? Od bratra?

Na koho čekáš? Na kamaráda?

Kam jdeš? Domů?

Kam jsi to dal? Na stůl?

Kam jsi to dala? Do ledničky?

Z čeho piješ? Ze šálku?

Odkud jsou ty knihy? Z knihovny?

Kam jdete? Do kina?

19) Beantworten Sie folgende Fragen:

Kdy musíš vstát?
Kdy musím vystupovat?
Kdy odjíždí vlak?
Má Karel doma psací stůl?

Je to jednogenerační dům?
Kolik oken má ten rodinný dům?
Musím přestupovat? *du abrat (zweimal)*
Jakou má stůl barvu?

20) Beschreiben Sie die Wetterlage!

21) Bilden Sie den Singular:

Co chcete? → Co chceš?
Chtějí rychle vystoupit. Chceme se vrátit. Chtěli se schovat. Nechtějí přijít
pozdě. *chci ona chtěl i nechce spát*

22) Ergänzen Sie:

Karel bydlí blízko _____.

Hlavní město Rakouska je _____.

Hlavní město České republiky je _____.

23) Antworten Sie:

Co hrají v divadle?
Kdy hrají něco od Shakespeara?
Kdy hrají operu od Smetany?
Posloucháte pravidelně rádio? Odkdy dokdy?
Díváte se na televizi denně? Kdy se díváte na televizi?
Máte ráda hudbu? Posloucháte hudbu často?
Mám přijít v osm hodin?

24) Übersetzen Sie:

Hier sind 5 Fenster. Es leben dort 20 Einwohner. Es waren zwei *byly*
Studentinnen dort. Ich kenne die zwei Studenten. Es dauerte 15 Minuten. *weil Frauen trvá*
Sie haben 4 Kinder. Am Freitag bekommt das Kind immer 2 Euro. Sie
waren 10 Tage dort. Das ist ziemlich lang. Es fehlten 15 Studentinnen. Er *chybělo*
hörte Musik. Es war die Moldau von Smetana. Die Kinder liefen von der
Schule nach Hause. Wohin versteckte er das Buch? Er geht immer um 8

Kam schoval tu knihu?

Přichází

Uhr weg. Sie kommt immer um 9 Uhr. Es ist normal, dass Kinder schlimm
sind. Wie viele Schulen hat diese Bezirksstadt? Besuchtest Du eine
Mittelschule? Sie hat moderne Schuhe. Sie lebt gerne.
Žít ráda

25) Ersetzen Sie die unterstrichenen Verben durch passende Formen von „umět":

Nedovede to odmítnout. → *Neumí to odmítnout.*
Nedokážeme si to představit. → *Neumíme si to představit.*
Nedokážu to objednat.   Nedovedeme to.
Dovede to opravit.   Nikdo nedokázal vysvětlit, co se stalo.

26) Číslovky základní – Kardinalzahlen: sčítání a odčítání – Addition und Subtraktion

Kolik je jedna plus jedna?   Jedna plus jedna jsou _____ .

Kolik je jedna plus dvě?   Jedna plus dvě jsou _____ .

Kolik je dvě plus dvě?   Dvě plus dvě jsou _____ .

Kolik je jedna plus čtyři?   Jedna plus čtyři je _____ .

Kolik je dvě plus čtyři?   Dvě plus čtyři je _____ .

Kolik je čtyři plus tři?   Čtyři plus tři je _____ .

Kolik je tři a pět?   Tři a pět je _____ .

Kolik je pět a čtyři?   Pět a čtyři je _____ .

Kolik je dvě minus jedna?   Dvě minus jedna je _____ .

Kolik je tři minus dvě?   Tři minus dvě je _____ .

Kolik je čtyři minus tři?   Čtyři minus tři je _____ .

Kolik je pět minus čtyři?   Pět minus čtyři je _____ .

Kolik je čtyři minus dvě?   Čtyři minus dvě jsou _____ .

Kolik je šest minus tři?   Šest minus tři jsou _____ .

Kolik je osm bez čtyř?   Osm bez čtyř jsou _____ .

Kolik je šest bez jedné?   Šest bez jedné je _____ .

Kolik je osm bez dvou?   Osm bez dvou je _____ .

Kolik je deset bez tří?   Deset bez tří je _____ .

Kolik je dvanáct bez čtyř?   Dvanáct bez čtyř je _____ .

Kolik **je** čtrnáct bez pěti?   Čtrnáct bez pěti **je** _____ .

Kolik **je** šestnáct bez šesti?   Šestnáct bez šesti **je** _____ .

27) Bilden Sie mit dem jeweiligen Verb ähnliche tschechische Sätze (o + Akk.):

Bojím se o sestru.
Ich fürchte um die Schwester.

Starám se o babičku.
Ich kümmere mich um die Großmutter.

Pečuje o nemocného bratra.
Er pflegt den kranken Bruder.

Žádám o nový dokument.
Ich ersuche um ein neues Dokument.

Prosím o telefonní seznam.
Ich bitte um das Telefonbuch.

Jde o to, jestli přijde.
Es geht darum, ob er kommt.

Jedná se o to, jestli přijede.
Es handelt sich darum, ob er kommt.

Zajímám se o nový model auta.
Ich interessiere mich für das neue PKW-Modell.

Mám zájem o tu práci.
Ich interessiere mich für die Arbeit. /Ich bin an der Arbeit interessiert.

PŘÍDAVNÁ JMÉNA (MĚKKÁ) – ADJEKTIVA (WEICH)

Jemná **jarní** polévka

	Singular			Plural
	Mask.	Fem.	Neutr.	Mask. Fem. Neutr.
Nom.	jarní	jarní	jarní	jarní
Gen.	jarního	jarní	jarního	jarních
Akk.	jarní (u.)/jarního (b.)	jarní	jarní	jarní

Weiche Adjektiva kamen bereits am Ende der 5. und 7. Lektion vor. Oft handelt es sich dabei um Ableitungen von Zeitangaben *(polední, roční, noční, denní, pondělní, ...)*, Tiernamen *(psí, včelí, ptačí, ...;* auch einige Fleischsorten wie *telecí, hovězí, kuřecí, ...)*, Körperteilen *(ruční, nožní ...)*, Institutionen *(školní, tovární, státní, univerzitní, ...)* und Fremdwörtern *(elegantní, speciální, telefonní, kalendářní, ...)*. Weiters treten sie in tschechischen Zwei-Wort-Benennungen des Typs *psací stůl* (Schreibtisch), *spací pytel* (Schlafsack), *prací prášek* (Waschmittel), ... auf. Auch alle adjektivischen Komparativ- und Superlativformen sind weiche Adjektiva *(lepší, nejlepší)*.

8. lekce

ČÍSLOVKY ŘADOVÉ – ORDNUNGSZAHLEN

	Singular			Plural		
	Mask.	Fem.	Neutr.	Mask.	Fem.	Neutr.
Nom.	první	první	první	první		
Gen.	prvního	první	prvního	prvních		
Akk.	první (u.)/prvního (b.)	první	první	první		
Nom.	druhý	druhá	druhé	druhé (u.)/druzí (b.)	druhé	druhá
Gen.	druhého	druhé	druhého	druhých		
Akk.	druhý (u.)/druhého (b.)	druhou	druhé	druhé	druhé	druhá
Nom.	třetí	třetí	třetí	třetí		
Gen.	třetího	třetí	třetího	třetích		
Akk.	třetí (u.)/třetího (b.)	třetí	třetí	třetí		
Nom.	čtvrtý	čtvrtá	čtvrté	čtvrté (u.)/čtvrtí (b.)	čtvrté	čtvrtá
Gen.	čtvrtého	čtvrté	čtvrtého	čtvrtých		
Akk.	čtvrtý (u.)/čtvrtého (b.)	čtvrtou	čtvrté	čtvrté	čtvrté	čtvrtá
Nom.	pátý	pátá	páté	páté (u.)/pátí (b.)	páté	pátá

šestý, -á, -é	jedenáctý, -á, -é	šestnáctý, -á, -é
sedmý, -á, -é	dvanáctý, -á, -é	sedmnáctý, -á, -é
osmý, -á, -é	třináctý, -á, -é	osmnáctý, -á, -é
devátý, -á, -é	čtrnáctý, -á, -é	devatenáctý, -á, -é
desátý, -á, -é	patnáctý, -á, -é	dvacátý, -á, -é

Zur Verwendung von „až":

Přijdu až večer.	Ich komme erst am Abend.
Zůstanu až*) do konce programu.	Ich bleibe bis*) Programmende.
Zůstanu do konce programu.	Ich bleibe bis Programmende.
Počkám až*) do středy.	Ich werde bis*) Mittwoch warten.
Počkám do středy.	Ich werde bis Mittwoch warten.
Přišli všichni až na bratra.	Es kamen alle mit Ausnahme des Bruders.
	*) Zeitverlauf ist stärker betont.

moci/moct   umět

KÖNNEN

Möglichkeit, Erlaubnis   Fähigkeit, Kenntnis, Fertigkeit,
                                Erlerntes

Mohu lyžovat.   Umím lyžovat.
Ich habe die   Ich beherrsche es.
Möglichkeit dazu.

Slovíčka – Vokabel:

běžet *ipf.₁, V. d. Bew., IV 2*   laufen
    Imp. Sg.: běž, *Futur:* poběžím,
    PPA: běžel, *PPP:* -
běhat *ipf.₂, V. d. Bew., V, PPP:* -
bolet; *ipf., IV 2*   schmerzen, weh tun
bruslit; *ipf., IV 1*   Eis laufen
bydlet; *ipf., IV 2*   wohnen
dokázat (+ *Akk.*); *pf., I 3a*   beweisen; schaffen
dovést; *ipf., Präs.:* dovedu, dovedou, schaffen
    PPA: dovedl
chtít (+ *Akk.* od + *Gen.*); *ipf.*   wollen
    1. Pers. Sg. chci
    2. Pers. Sg. chceš
    3. Pers. Sg. chce
    1. Pers. Pl. chceme
    2. Pers. Pl. chcete
    3. Pers. Pl. chtějí
    Imp. Sg.: chtěj, *Futur:* budu chtít,
    PPA: chtěl
chybět; *ipf., IV 2*   fehlen

---

jednat; *ipf., V*	handeln, verhandeln
jednat se (*o + Akk.*); *ipf., V*	sich handeln um
jezdit na kole, *ipf.₂, V. d. Bew., IV*	Rad fahren
jíst (*+ Akk.*) *ipf.*	essen
Präs.: jím, jedí, *Imp. Sg.:* jez,	
Futur: budu jíst, *PPA:* jedl,	
PPP: jeden	
najíst se (*+ Gen.*) *pf.*	sich anessen
sníst (*+ Akk.*); *pf.*	essen, aufessen
Futur: sním, snědí, *Imp. Sg.:* sněz,	
PPA: snědl, *PPP:* sněden	
končit; *ipf., IV 1*	enden, beenden
skončit; *pf., IV 1a*	
letět *ipf.₁, V. d. Bew., IV 2*	fliegen
Imp. Sg.: leť, *Futur:* poletím,	
PPA: letěl, *PPP:* -	
létat *ipf.₂, V. d. Bew., V, PPP:* -	
lyžovat; *ipf., III 2*	Schi fahren
mít k dispozici; *ipf., V*	zur Verfügung haben
moci / moct; *ipf.*	können, von Natur aus vermögen
1. Pers. Sg. mohu / můžu (*ats.*)	
2. Pers. Sg. můžeš	
3. Pers. Sg. může	
1. Pers. Pl. můžeme	
2. Pers. Pl. můžete	
3. Pers. Pl. mohou / můžou (*ats.*)	
Imp. Sg.: -, *Futur:* budu moci / moct,	
PPA: mohl, *PPP:* -	
nastupovat; *ipf., III 2*	einsteigen
nastoupit; *pf., IV 1a*	
odjíždět; *ipf., IV 3*	abfahren
odjet; *pf.*	
Futur: odjedu, odjedou,	
Imp.: odjeď, *PPA:* odjel, *PPP:* -	
odmítat (*+ Akk.*); *ipf., V*	ablehnen
odmítnout; *pf., II 1a*	
pečovat (*o + Akk.*); *ipf., III 2*	sich sorgen um, Sorge tragen für
přestupovat; *ipf., III 2*	umsteigen
přestoupit; *pf., IV 1a*	
přijíždět; *ipf., IV 2*	ankommen, gefahren kommen
přijet; *pf.*	
Futur: přijedu, přijedou,	
Imp.: přijeď, *PPA:* přijel, *PPP:* -	

připomínat (*Dat.* /komu/ + *Akk.*); *ipf., III 2*	erinnern (jmdn. an etw.)
připomenout; *pf., II 1a*	
poslouchat; *ipf., V*	hören, horchen,
poslechnout; *pf., II 1a*	lauschen, vernehmen
prodávat; *ipf., V*	verkaufen
prodat; *pf., Va*	
schovávat (se); *ipf., V*	verstecken (sich)
schovat (se); *pf., Va*	
stávat se; *ipf., V*	geschehen
stát se; *pf., Futur: 3. Pers. Sg.* stane se, *Imp. Sg.:* staň se, *PPA:* stalo se	
stěhovat (se); *ipf., III 2*	übersiedeln; umziehen
přestěhovat (se); *pf., III 2a*	
střílet; *ipf., IV 2*	schießen
střelit; *pf., IV 1*	
tancovat; *ipf., III 2*	tanzen
trpět (+ *Instr.*); *ipf., IV 2*	leiden (an etw.), Schmerzen aushalten, dulden
trvat; *ipf., V*	dauern
umět; *ipf., IV 3*	können, beherrschen, vermögen (weil man es gelernt hat)
účastnit se (*Gen.*) / (*na* + *Präp.*); *ipf., IV 1* *Imp.:* účastni se, účastněte se	teilnehmen (an)
zúčastnit se; *pf., IV 1a*	
utrpět (zranění); *pf., IV 2a*	erleiden (eine Verletzung)
vstávat; *ipf., V*	aufstehen
vstát; *pf., Futur:* vstanu, vstanou, *Imp. Sg.:* vstaň, *PPA:* vstal, *PPP: -*	
vstřelit; *pf., IV 1*	hineinschießen
vydávat; *ipf., V*	herausgeben (Zeitung, Buch);
vydat; *pf., Va*	ausgeben (Geld)
vystupovat; *ipf., III 2*	aussteigen
vystoupit; *pf., IV 1a*	
vysvětlovat; *ipf., III 2*	erklären
vysvětlit; *pf., IV 1a*	
začínat; *ipf., V*	beginnen, anfangen
(+ *Akk.*) / (+ *Inf.* **nur ipf.** *Verben*) / (+ *Instr.*) / (*s* + *Instr.*)	
začít; *pf., II 3a*	
zapamatovat si; *pf., III 2*	sich etwas merken
zapomínat (+ *Akk.*) / (na + *Akk.*); *ipf., V*	vergessen
zapomenout; *pf., II 2a,*	

Imp. Sg.: zapomeň, *PPA:* zapomněl	
zlobit (+ *Akk.*); *ipf + pf., IV 1*	ärgern, schlimm sein
zlomit (+ *Akk.*); *pf., IV 1*	brechen
zlomit si (+ *Akk.*); *pf., IV 1*	sich etw. brechen
zpívat; *ipf., V*	singen
zazpívat; *pf., Va*	
zpracovávat; *ipf., Va*	verarbeiten
zpracovat; *pf., III 2a*	
ztrácet (+ *Akk.*); *ipf., IV 2*	verlieren
ztratit; *pf., IV 1a*	
zůstávat; *ipf., V*	bleiben
zůstat; *pf., Futur:* zůstanu, zůstanou,	
Imp. Sg.: zůstaň, *PPA:* zůstal, *PPP:* -	
žádat (+ *Akk.* /koho/ o + *Akk.*); *ipf., V*	bitten, ersuchen
požádat; *pf., Va*	
žehlit; *ipf., IV 1*	bügeln
vyžehlit; *pf., IV 1a*	
areál, -u, *Mask. 1, u.*	**das** Areal
branka, -y, *Fem. 1*	**das** kleine Gartentor; **das** Tor (im Sport)
brusle, -e, *Fem. 2*	**der** Eislaufschuh
brýle, -í, *Fem. 2, Pluraletantum*	Brille
část, -i, *Fem. 4*	**der** Teil
dějepis, -u, *Mask. 1, u.*	**die** Geschichte; Geschichtsschreibung
děvče, -ete, *Neutr. 4*	Mädchen
dokument, -u, *Mask. 1, u.*	**das** Dokument
dospělý, -ého, *Mask. b., subst. Adj.*	Erwachsener
dveře, -í, *Fem. 2, Pluraletantum,* (*Instr.:* dveřmi)	Tür
e-mail, -u, *Mask. 1, u.*	**die** E-Mail
fax, -u, *Mask. 1, u.*	**das** Fax
fyzika, -y, *Fem. 1*	Physik
housle, -í, *Fem. 2 Pluraletantum*	Geige
hudba, -y, *Fem. 1*	Musik
hvězdička, -y, *Fem. 1*	**das** Sternchen
chemie, -e, *Fem. 2*	Chemie
chlapeček, -čka, *Mask. 3, b.*	kleiner Bub, **das** Bübchen, Büblein
jízdenka, -y, *Fem. 1*	Fahrkarte
knihovna, -y, *Fem. 1*	Bibliothek
kolej, -e, *Fem. 3*	**das** Gleis; **das** Studenten(wohn)heim
královna, -y, *Fem. 1*	Königin

kus, -u, *Mask. 1, u.*	das Stück
lednička, -y, *Fem. 1*	der Eis-, Kühlschrank
lehátko, -a, *Neutr. 1*	der Liegestuhl; Ruhebett, Liege (im Liegewagen)
letec, -tce, *Mask. 4, b.*	Pilot, Flieger
lůžko, -a, *Neutr. 1*	Bett (im Schlafwagen), Lager, Schlafstelle
matematika, -y, *Fem. 1*	Mathematik
miminko, -a, *Neutr. 1*	Baby
místenka, -y, *Fem. 1*	Platzkarte
náměstí, -í, *Neutr. 3*	der Platz (einer Stadt, ...)
nástupiště, -ě, *Neutr. 2*	der Bahnsteig, Perron
název, -zvu, *Mask. 1, u.*	Titel
obsah, -u, *Mask. 1, u.*	Inhalt
pas, -u, *Mask. 1, u.*	Pass
patro, -a, *Neutr. 1*	Stockwerk
pokladna, -y, *Fem. 1*	Kassa
policista, -y, *Mask. 5, b.*	Polizist
povolání, -í, *Neutr. 3*	der Beruf
prapor, -u, *Mask. 1, u.*	die Fahne, Standarte, das Banner
prášek, -šku, *Mask. 1, u.*	das Pulver
předmět, -u, *Mask. 1, u.*	Gegenstand
příbor, -u, *Mask. 1, u.*	das Essbesteck
přírodopis, -u, *Mask. 1, u.*	die Naturgeschichte
ptáček, -čka, *Mask. 3, b.*	das Vögelchen, Vöglein
pytel, -tle, *Mask. 2, u.*	Sack, Beutel
román, -u, *Mask. 1, u.*	Roman
ruka, -y, *Fem. 1*	Hand
řada, -y, *Fem. 1*	Reihe
řád, -u, *Mask. 1, u.*	die Ordnung
seznam, -u, *Mask. 1, u.*	das Verzeichnis
telefonní seznam	das Telefonbuch
sídlo, -a, *Neutr. 1*	der Sitz, Wohnsitz, die Residenz
sklenice, -e, *Fem. 2*	das Glas
sleva, -y, *Fem. 1*	der Nachlass, Preisreduzierung
smyčec, -čce, *Mask. 2, u.*	Geigenbogen, Violinbogen
století, -í, *Neutr. 3*	Jahrhundert
stránka, -y, *Fem. 1*	Seite
stroj, -e, *Mask. 2, u.*	die Maschine
šachy, -ů, *Mask. 1, Pluraletantum*	das Schachspiel
šálek, -lku, *Mask. 1, u.*	die Schale, Tasse
šipka, -y, *Fem. 1*	der Pfeil

tělocvik, -u, *Mask. 1, u.*	das Turnen; Leibesübungen (als Fach)
tramvaj, -e, *Fem. 3*	Straßenbahn
třetina, -y, **Fem.** *1*	das Drittel
třída, -y, *Fem. 1*	Klasse
ulice, -e, *Fem. 2*	Straße
univerzita, -y, *Fem. 1*	Universität
úschovna, -y, *Fem. 1*	Aufbewahrungsstelle
vědec, -dce, *Mask. 4, b.*	Wissenschafter
vchod, -u, *Mask. 1, u.*	Eingang
Vltava, -y, *Fem. 1*	Moldau
voják, -a, *Mask. 3, b.*	Soldat
vstupenka, -y, *Fem. 1*	Eintrittskarte
východ, -u, *Mask. 1, u.*	Ausgang; Osten, Aufgang
zápas, -u, *Mask. 1, u.*	Wettkampf
zavazadlo, -a, *Neutr. 1*	Gepäck
záznamník, -u, *Mask. 1, u.*	Anrufbeantworter
známka, -y, *Fem. 1*	Marke, Briefmarke
zpoždění, -í, **Neutr.** *3*	die Verspätung
zranění, -í, **Neutr.** *3*	die Verletzung
autobusový, *1*	Autobus-
cestovní, *2*	Reise-
domácí, *2*	Haus-
dopisní, *2*	Brief-
dvouletý, *1*	zweijährig; biennal
elegantní, *2*	elegant
hlavní, *2*	Haupt-
hovězí, *2*	Rind-
internetový, *1*	Internet-
jednogenerační, *2*	Einfamilien-, eine Generation betreffend
jemný, *1*	zart, fein, mild
jízdní, *2*	Fahr-
kalendářní, *2*	Kalender-
krajský, *1*	Kreis-, Bezirks- (einem *okres* übergeordnet)
kuřecí, *2*	Hühner-
lepší, *2* (*Komparativ zu* dobrý)	besser
normální, *2*	normal
nožní, *2*	Fuß-
okresní, *2*	Bezirks-
pětiletý, *1*	fünfjährig, Fünfjahres-
populární, *2*	populär, beliebt

poslední, *2*	letzte
prací, *2*	Wasch-
pracovní, *2*	Arbeits-
přestupní, *2*	Umsteig(e)-
psací, *2*	Schreib-
psí, *2*	Hunde-
ptačí, *2*	Vogel-
rodinný, *1*	Familien-, familiär
ruční, *2*	Hand-, manual
spací, *2*	Schlaf-
speciální, *2*	speziell, Spezial-
šestiletý, *1*	sechsjährig
školní, *2*	Schul-, schulisch
střední, *2*	Mittel-, mittlere
telecí, *2*	Kalb-
telefonní, *2*	Telefon-, telefonisch
tovární, *2*	Fabriks-, Werk-
univerzitní, *2*	Universitäts-, universitär
včelí, *2*	Bienen-
vídeňský, *1*	Wiener-
základní, *2*	Grund-, Basis-, grundlegend
zavřený, *1*	geschlossen
zpáteční, *2*	Rück-, Rückfahr-
všichni, *Pron.*	alle
oba, *Num.*	beide
dokdy, *Adv.*	bis wann
italsky, *Adv.*	italienisch
kam, *Adv.*	wohin
kdy, *Adv.*	wann
možná, *Adv.*	vielleicht, möglicherweise
odkdy, *Adv.*	seit wann, von wann an
odkud, *Adv.*	von wo, woher
pěšky, *Adv.*	zu Fuß
později, *Adv.*	später
vždy, *Adv.*	immer
zatím ne, *Adv.*	bislang nicht, bisher nicht
zítra, *Adv.*	morgen
za (+ *Akk.*), *Präpos.*	um (z. B. 100 Kč)
než, *Konj.*	als
protože, *Konj.*	weil
až, *Part.*	bis, erst, wenn (bei Zukunftsbezug)

Na nádraží – Auf dem Bahnhof

Byl jsem na nádraží.
Ich war am Bahnhof.

Vlak přijel na hlavní nádraží.
Der Zug kam auf dem Hauptbahnhof an.

Kde je prosím východ?
Wo ist bitte der Ausgang?

Má vlak z Brna zpoždění?
Hat der Zug aus Brünn Verspätung?

Vystoupila už teta Šárka z vlaku?
Ist Tante Šárka schon ausgestiegen?

Byla jsi také v restauračním voze?
Warst du auch im Speisewagen?

Kam jede ten vlak?
Wohin fährt dieser Zug?

Kdy odjíždí?
Wann fährt er ab?

Musíme přestupovat?
Müssen wir umsteigen?

Rezervovali jste si místenky / lůžka / lehátka?
Habt ihr Platzkarten / Betten im Schlafwagen /
Liegen im Liegewagen reserviert?

EC 72 Smetana z Vídně
přijíždí na první nástupiště, kolej druhou.
Der EC 72 Smetana aus Wien
kommt auf Bahnsteig 1, Gleis 2 an.

Je nádraží daleko?
Ist der Bahnhof weit entfernt?

Tamhle přichází Marie.
Dort kommt Maria.

Vlevo u hlavního vchodu.
Links beim Haupteingang.

Na které nástupiště přijel vlak z Berlína?
Auf welchem Bahnsteig kam der Zug
aus Berlin an?

Ano, stojí tam vedle toho pána, který právě
nastupuje.
Ja, sie steht dort neben diesem Herrn, der
gerade einsteigt.

Zeptej se průvodčího, kde je úschovna
zavazadel!
Frage den Schaffner, wo die
Gepäckaufbewahrung ist!

Jede do Prahy.
Er fährt nach Prag.

Z kterého nástupiště? / Z které koleje?
Von welchem Bahnsteig / Gleis?

Máte i zpáteční jízdenku?
Habt ihr auch eine Rückfahrkarte?

Jízdní řád najdeme též na internetových
stránkách ČD (Českých drah).
Den Fahrplan finden wir auch auf den
Internetseiten der Tschechischen Bahn.

EC 73 Smetana do Vídně
odjíždí z třetího nástupiště, první koleje.
Der EC 73 Smetana nach Wien
fährt von Bahnsteig 3, Gleis 1 ab.

Ukončete nástup do osobního vlaku 40862 do Břeclavi na nástupišti 5.
Vlak je připraven k odjezdu.
Beenden Sie den Einstieg in den Personenzug 40862 nach Břeclav auf Bahnsteig 5.
Der Zug ist bereit zur Abfahrt.

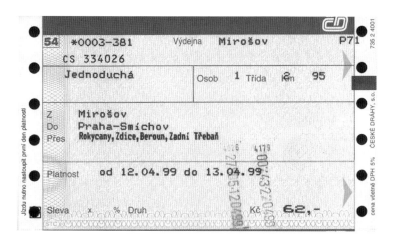

A: Je daleko na nádraží?
B: Ne, je to tři stanice autobusem číslo třináct.
A: Rychle, autobus už jede.
B: Ano, ale to je číslo devatenáct.
A: Ach tak, ten tam nejede?
B: Ne, nejede.
A: A kam jede?
B: K divadlu, ne k nádraží. Á, už jede náš autobus.
A: To je dobře.

B: A jsme tu.
A: Tak to je hlavní nádraží? To je krása. Jak je staré?
B: Nevím.
A: To je škoda. Moc zajímavé. Kam jede ten vlak?
B: Do Rakouska, do Vídně.
A: Náš vlak jede asi za dvě hodiny, to můžeme jít na hodinu do restaurace.
B: Ano, mám už také hlad.
A: Jaká restaurace je tu blízko?
B: Hned tady U Nádraží.
A: Vaří tam dobře?
B: Dobře a chutně.
A: Tak jdeme.
B: Prosím.

A: Na kterém nástupišti je náš vlak?
B: Na pátém nástupišti a odjíždí za patnáct minut. Vchod je tamhle vpravo vedle úschovny zavazadel.
A: Máme i zpáteční jízdenky?
B: Ano, na úterý. A koupil jsem i dvě místenky, když nemusíme přestupovat. Ale musíme rychle nastoupit, jde už pan průvodčí.

Nach dem Buch *Geplauder* von Jiří Suchý
Jeder Mensch hat sieben Schleier. Den ersten legt er überall ab, jederzeit. Den zweiten nur in der Arbeit, den dritten vor den Freunden, den vierten im Kreise intimerer Freunde. Den fünften nur noch in der Familie, den sechsten vor der großen Liebe, und den siebenten vor niemandem.

Fremdsprachen aus der Sicht eines Kindes
Ein vierjähriges Mädchen beobachtet eine Dolmetscherin und sagt: „Tante, du sprichst spanisch, gelt?" Die Dolmetscherin nickt und das Mädchen wendet unwirsch ein: „Und warum?"
Ein sechsjähriger Bub sitzt bei Erwachsenen und hört einem Musikprogramm zu. Die Sängerin singt italienisch. Der Bub wendet sich zur Tante und flüstert ihr ins Ohr: „Tante, ich höre nichts."

Monolog nešťastné klavíristky

Nu, jak už sděleno, byl to včera krušný den. Navíc mi učitelka zadala Beethovena, Sonátu g moll, opus 2,1. Řeknu vám, že ty ženské jako učitelky mají sklony ke stálému disciplinování a hnaly by člověka až na Nanga Parbat. Iron Woman! Maraton, sto kilometrů jet na kole, deset kilometrů plavat, vše za sebou. Kdo to vydrží, dostane výše uvedený titul. Navrhovala bych titul: Golden Girl of Steel. Přistihuji se při tom, jak pořád rovnám nohy pod stolem. Příležitostně mlátím všemi deseti prsty do stolu (kvůli svalům). Zdá se vám to už patologické? Jako já se musí cítit veverky v běhacích kolech.

I pocítila jsem trpkost a vjel do mne vztek a truc. A ledový psí čumák byl proti tomu termofor! Požadovala po mně hrozné úlohy, jako: Přenes tady tento kopec do zítřka na druhou stranu řeky v zobáčku, já si tam na to počkám! Když to dokážeš, nebudu se divit, vždyť na tom nic není. Legionáři se v tomto dobrovolném bojovém výcviku vyskytují jen z omylu nebo kvůli masochistickému zaměření. Najdou se ovšem i takoví, kteří mají v úmyslu své pozdější nasazení na Moravském poli. Nemohou se dočkat, až bude očividné, že je cvičí mistryně kung-fu.

Váš James Cook H.,
připraven objevit nové ostrovy.

Kolik metafor obsahuje text?

🗩 Rozhovor

Silvie: Kam jdeš?
Jiří: Jdu na univerzitu, do knihovny. Však víš, píšu diplomovou práci, potřebuji několik barevných kopií. Máme tam kvalitní kopírku, vytiskne 30 kopií za minutu.
Silvie: Já jdu navštívit Klárku. Zatelefonuješ mi večer?

| Jiří: | Ano, když nikoho nezastihnu, zanechám ti vzkaz na záznamníku. Ty se máš, jdeš ke Kláře na návštěvu. Klára má e-mail, že? Mám ti tam napsat? |
| Silvie: | Ne, budu tam jen hodinu. Ale můžeš mi poslat SMS, půjčila jsem si mobil. |

Zájemce:	Četl jsem inzerát ze dne 29. ledna 2000. Zajímám se o první uvedený model pračky AB 2500.
Prodavač:	Chcete pračku objednat? Pošlete mi objednávku faxem nebo e-mailem.
Zájemce:	Telefonicky ji objednat nemohu? Můžete si zapsat číslo mého mobilního telefonu.
Prodavač:	Ne, telefonicky to není možné.

Schreiben Sie in eigenen Worten den Inhalt auf.

1) Stimmen die Angaben?

Úřady mají otevřeno každý den od 9.00 do 20.00 hodin.
Ne, nemají. Pro veřejnost mají otevřeno pouze v pondělí a ve středu od 8.00 do 17.00 hodin.
Banky mají otevřeno v sobotu a v neděli.
Pošta má otevřeno od 12.00 do 13.30 hodin.
Banky mají otevřeno do 16.00 nebo 18.00 hodin.

2) Übersetzen Sie:

Leželo tam 8 milionů svazků. Dluh činil 316 milionů. Dluh činí 316 milionů korun. Časopis má 32 stránky. Žalobkyně pronesla během přelíčení 37.000 slov, obhájce 33.000.

3) Bilden Sie Sätze mit „umím", „dovedu" oder „dokážu":

Nedokážu to říct. ...

4) Ergänzen Sie andere Ordinalzahlen:

Jela do čtvrtého patra.   *Jel do osmého poschodí.*

Jela do _____ patra. Jela do _____ poschodí.

5) Übersetzen Sie:

Pohřbu se zúčastnili čtyři králové, jedenatřicet prezidentů, sedm princů, dvaadvacet ministerských předsedů a sedmačtyřicet ministrů zahraničních věcí z celkem 125 zemí světa.

insgesamt

6) Ändern Sie die Zeit- und andere Zahlenangaben ab:

Navštěvuji už půl roku kurz češtiny. → *Navštěvuji už tři měsíce kurz češtiny.*
Učím se česky už sedm měsíců. Spal jsem dnes osm hodin. Čekal jsem na Petru dvacet minut. Máš šestikorunovou známku? Potřebuji pět tisíc eur. Spí do devíti hodin. Pracuje od třinácti do osmnácti hodin. Řekl, že pracoval až do rána. Pracuje tam dvě stě zaměstnanců. Čekal jsem na Bedřicha u univerzity ve dvě hodiny. Bylo tam dvacet chlapců a patnáct dívek. Obchodní dům má pět pater. Druhé opěradlo je červené. Autobus přijel v půl deváté. Bylo půl jedné. Sedí u třetí kolegyně. Stalo se to prvního července tisíc devět set osmdesát šest. Návštěvníci viděli jen první část filmu. Druhá část koncertu byla dlouhá. Přejete si prosím? Máte ještě vstupenky na sobotu večer? Ano, máme. Dvě vstupenky do desáté řady, doprostřed. Kolik stojí prosím? Sto korun. Máte drobné? Ne, mám jenom tisícovku. Která tramvaj jede směrem na Hradčany? Pětadvacítka.

7) Fügen Sie die entsprechende Form von „nějaký" hinzu:

Máš peníze?	→ Hast du irgendein Geld?	_____
Máš drobné?	→ Hast du irgendein Kleingeld?	_____
Četla jsi noviny?	→ Hast du irgendeine Zeitung gelesen?	_____
Viděl jsi tam příbuzné?	→ Hast du dort irgendwelche Verwandte gesehen?	_____
Bydlí tam lidé?	→ Wohnen dort irgendwelche Menschen?	_____
Našel jsi tam chybu?	→ Hast du dort irgendeinen Fehler gefunden?	_____
Mají tam počítač?	→ Gibt es dort irgendeinen Computer?	_____
Dali tam jídlo?	→ Gaben sie irgendein Essen dorthin?	_____
Nechal tam auto?	→ Hat er irgendein Auto dort gelassen?	_____
Máš slovník?	→ Hast du irgendein Wörterbuch?	_____
Máte dotaz?	→ Haben Sie irgendeine Frage?	_____

8) Übersetzen Sie:

Hast du nicht ein anderes Buch?	→ *Nemáš jinou knihu?*
Hast du nicht irgendein anderes Buch?	→ *Nemáš nějakou jinou knihu?*
Kennst du nicht eine andere Studentin?	Kennst du nicht irgendeine andere Studentin?
Andere Gäste waren nicht hier?	Irgendwelche andere Gäste waren nicht hier?
Eine andere Frage hatten Sie nicht?	Irgendeine andere Frage hatten Sie nicht?

9) Beantworten Sie unter Verwendung des ats. „tenhle, tahle, tohle":

Který kluk to udělal? Tenhle.

Které auto to bylo?

Kteří studenti tam byli?

Které květiny jsi koupil?

Která slova neznali?

10) Kolik je hodin?

7:35 → Je sedm třicet pět.
23:59, 11:18, 9:19, 21:59, 16:25, 24:00, 10:20, 12:03, 14:07, 10:05, 15:38, 13:16, 20:20, 9:50, 19:30

11) Schreiben Sie folgende Zahlen aus:

157 → sto padesát sedm
242, 378, 4 672, 12, 25, 857, 545, 489, 100, 28, 17, 844, 82, 357, 901, 3 211, 567

12) Wir gehen einkaufen:

Jedno kilo pomerančů.	Prosím půl kila hrušek.	Dvě kila jablek.
Pět kilo švestek.	Tři kila meruněk.	Šest kilogramů mandarinek.

13) Setzen Sie in den Singular:

Ty chyby nebyly nutné.

Ti psi nebyli velcí.

Ta auta nejsou moderní.

Ti chlapci jsou jiní.

Ty kurzy nejsou nutné.

Ti lidé nebyli staří.

14) Beachten Sie die Stellung des Enklitikons und übersetzen Sie:

Děti, které neslyší, se učí mluvit i ukazovat.

15) Übersetzen Sie und ersetzen Sie danach das Substantiv durch andere:

Bylo to divadlo. Bylo staré. Bylo to staré divadlo.

16) Anketa – Umfrage → Ergänzen Sie die Substantive im richtigen Kasus und schreiben Sie die Zahlen aus:

Ptáme se podnikatelů a podnikatelek: Jste spokojen, jste spokojena?
Je vaše životní situace lepší/horší než v roce 1989? Nebo je stejná?

Ptáme se (studenti, studentky) → studentů, studentek.
Student: Jsem spokojen. Životní situace je lepší než v roce 1989.

Ptáme se (zaměstnanci), zaměstnankyň _____.

Ptáme se (muži a ženy v domácnosti) _____.

Ptáme se (zemědělci) _____.

Ptáme se (důchodci), důchodkyň _____.

Ptáme se (nezaměstnaní) _____?

17) Setzen Sie in ähnlicher Weise fort:

15 podnikatelů odpovědělo: „Je lepší".

18) Führen Sie in Ihrer Klasse eine Umfrage (průzkum) durch. Wählen Sie ein Thema aus und präsentieren Sie das Ergebnis:

Jaké hodnoty jsou pro vás důležité?

☐ zdraví   ☐ rodina   ☐ láska   ☐ přátelství   ☐ spravedlnost
☐ legrace   ☐ volný čas   ☐ peníze   ☐ kariéra   ☐ moc

Čeho se bojíte?

☐ války   ☐ ekologických katastrof   ☐ nezaměstnanosti   ☐ kriminality
☐ samoty   ☐ nemoci   ☐ rozvodu rodičů   ☐ nevím

Moje generace je:

☐ ctižádostivá   ☐ realistická   ☐ zasněná   ☐ cool

☐ politická   ☐ super   ☐ ....   ☐ nevím

Mým idolem jsou:

☐ sportovci   ☐ ekologické iniciativy   ☐ herci   ☐ popové hvězdy

☐ modelky   ☐ náboženští vůdci   ☐ politici   ☐ není nikdo

_____ procent si myslí, že nejdůležitější hodnota je: _____.

19) Fragen und Antworten:

Kde bydlíte?
Bydlím: (PSČ) _____ *(bydliště)* _____ *(ulice a číslo domu)* _____.
Jaké máte telefonní číslo? Jaká je předvolba do Rakouska? Jaké předčíslí
má Česká republika? Do kterého patra jedete?

20) Stellen Sie Fragen und antworten Sie:

Kdy vstáváš? Vstávám v sedm hodin.
Kolik je hodin?   Kdy máš zítra první přednášku?
Kdy odcházíš na univerzitu?   V kolik hodin snídáte?
Kdy jsi šel včera spát?   V kolik hodin obědváte?
V kolik hodin jsi šla do kina?   V kolik hodin večeříte?

21) Antworten Sie und schreiben Sie dabei die Zahlenangaben aus:

Kdy ses narodil? Narodil jsem se třetího května tisíc devět set sedmdesát devět.
Kolikátého je dnes?   Kolikátého bylo včera?
Kdy jste se narodil?   Kdy jste se narodila?
Kdy máš narozeniny?   Kdy máš jmeniny (svátek)?
V kolik hodin jste dnes vstal?   V kolik hodin jste dnes vstávala?

22) Wann haben Ihre Freunde Geburtstag?

Šestého září má narozeniny Michal.

_____ má narozeniny Kristián.

_____ má narozeniny Zuzana.

_____ má narozeniny Tereza.

23) Übersetzen Sie:

Am 6. Juli 1415 wurde Jan Hus in Konstanz (= v Kostnici) verbrannt.
[*Übersetzen Sie:* ... verbrannten sie Jan Hus ...].
1658 gab Comenius (= Jan Amos Komenský) in Nürnberg (v Norimberku)
das Buch „Orbis sensualium pictus" (= Svět v obrazech) heraus. 1670 starb
er in Amsterdam (v Amsterodamu). Sein Grab ist in Naarden (v Naardenu)
bei Amsterdam.

Mauzoleum J. A. Komenského v Nardenu

24) Übersetzen Sie:

Die Übung war sehr leicht. Den Namen des Bezirkes, wo er wohnt, kenne
ich nicht. Der Zollbeamte fragt, was dort ist. Der Bus stand beim Bahnhof.
Wie viele Bücher hast du zu Hause? Er fürchtet nichts und niemanden.
Wir wohnen bei guten Freunden. Kennen Sie die Bedeutung des Wortes?
Ist der Zug schon angekommen? Hat er Verspätung? Wie viele Herren
kamen? Wie viel kosteten die fünf Bücher? Sie fahren auf Urlaub? Ja, aber
ich habe vergessen umzusteigen. Sie bekam von der Tante 1000 Euro.
Das Haus kostet 3 Mio. Kronen. Ab Jänner bin ich wieder in Wien. Das
Jahr hat 365 Tage oder 52 Wochen. Am 18. Dezember fahren wir nach
Mähren. Den Brief schickten wir am 12. Oktober ab. Bis Ende Februar
können wir die Ausstellung besuchen.

Kolikátého je dnes?
Dnes je 3. (**třetího**) 11. (**listopadu**) 2012 (dva tisíce dvanáct).
Dnes je 3. 11. 2012 (**třetího jedenáctý** dva tisíce dvanáct).

Kolikátého bylo včera?
Včera bylo 2. (**druhého**) 12. (**prosince**) 2012 (dva tisíce dvanáct).
Včera bylo 2. 12. 2012 (**druhého dvanáctý** dva tisíce dvanáct).

ČÍSLOVKY ZÁKLADNÍ (pokračování) – KARDINALZAHLEN (Fortsetzung)

20	dvacet			25	dvacet pět	= pětadvacet
21	dvacet jeden/jedna/jedno	=	jedenadvacet	26	dvacet šest	= šestadvacet
22	dvacet dva/dvě	=	dvaadvacet	27	dvacet sedm	= sedmadvacet
23	dvacet tři	=	třiadvacet	28	dvacet osm	= osmadvacet
24	dvacet čtyři	=	čtyřiadvacet	29	dvacet devět	= devětadvacet

30	třicet	200	dvě stě	1000	tisíc
40	čtyřicet	300	tři sta	2000	dva tisíce
50	padesát	400	čtyři sta	3000, 4000	tři tisíce, čtyři tisíce
60	šedesát	500	pět set	5000, 6000, ...	pět tisíc, šest tisíc, ...
70	sedmdesát	600	šest set	100 000	sto tisíc
80	osmdesát	700	sedm set	1 000 000	milion
90	devadesát	800	osm set	1 000 000 000	miliarda
100	sto	900	devět set	1 000 000 000 000	bilion

Anmerkung: Im Bankwesen, insbesondere beim Ausfüllen von Schecks, werden die Kardinalzahlen zusammengeschrieben.

Steht die Zahlenangabe nicht im Nominativ bzw. Akkusativ, folgt der an das Verb gebundene Fall. Hiezu siehe folgende Deklinationstabellen der Kardinalzahlen:

	Mask.	Fem.	Neutr.	M.	F.	N.			
Nom.	jeden	jedna	jedno	dva*⁾	dvě	dvě	tři	čtyři	pět
Gen.	jednoho	jedné	jednoho	dvou			tří	čtyř	pěti
Dat.	jednomu	jedné	jednomu	dvěma			třem	čtyřem	pěti
Akk.	jeden/jednoho	jednu	jedno	dva	dvě	dvě	tři	čtyři	pět
Präp.	jednom	jedné	jednom	dvou			třech	čtyřech	pěti
Instr.	jedním	jednou	jedním	dvěma			třemi	čtyřmi	pěti

*) oba (= beide) folgt demselben Muster: Gen. + Präp. = obou, Dat. + Instr. = oběma.

Auch die Deklination der Zahlen über fünf erfolgt nach obigem Muster. Hier ist zu beachten, dass bei getrennt geschriebenen Kardinalzahlen jede einzeln dekliniert wird. Mit Ausnahme der Zahlen 1-4 sind dabei alle anderen nach der Deklination von *pět* abzuwandeln: z. B. *dvacet jeden, dvaceti jednoho, dvaceti jednomu, ...*; *třicet jedna, třiceti jedné, třiceti jedné, ...*; *čtyřicet dva, čtyřiceti dvou, čtyřiceti dvěma, ...* . Achtung bei *devíti, desíti* (oder *deseti*).

Die Kardinalzahl *sto* (100) wird wie das Substantiv *město* dekliniert:

Nom.	jedno sto	dvě stě	tři sta	čtyři sta	pět set
Gen.	jednoho sta	dvou set	tří set	čtyř set	pěti set
Dat.	jednomu stu	dvěma stům	třem stům	čtyřem stům	pěti stům
Akk.	jedno sto	dvě stě	tři sta	čtyři sta	pět set
Präp.	jednom stě/stu	dvou stech	třech stech	čtyřech stech	pěti stech
Instr.	jedním stem	dvěma sty	třemi sty	čtyřmi sty	pěti sty

Die Zahl *tisíc* (1000) wird wie das Substantiv *stroj* dekliniert: *tisíc, tisíce, tisíci, tisíc, tisíci, tisícem*; *dva tisíce, dvou tisíc* (Gen. Plural ohne Endung!), *dvěma tisícům*, ...; *tři tisíce*; *čtyři tisíce*; *pět tisíc*; ... . Bei den Zahlen **milion** und **bilion** erfolgt die Deklination nach dem Musterwort **hrad**, bei **miliarda** nach dem Musterwort **žena**.

Deklinationsbeispiele (Nom., Gen.):

dvacet jedna / jedenadvacet poštovních známek   dvacet jedna poštovní známka (bspr.)
jedenadvaceti poštovních známek   dvaceti jedné poštovní známky

dvacet dva / dvaadvacet nových studentů   dvacet dva noví studenti (bspr.)
    dvaceti dvou / dvaadvaceti nových studentů

dvacet tři / třiadvacet pracovních hodin   dvacet tři pracovní hodiny (bspr.)
    dvaceti tří / třiadvaceti pracovních hodin

dvacet čtyři / čtyřiadvacet cizích slov   dvacet čtyři cizí slova (bspr.)
    dvaceti čtyř / čtyřiadvaceti cizích slov

    dvacet pět / pětadvacet červených jablek
    dvaceti pěti / pětadvaceti červených jablek

    dvacet šest / šestadvacet českých knih
    dvaceti šesti / šestadvaceti českých knih

    dvacet sedm / sedmadvacet jízdních kol
    dvaceti sedmi / sedmadvaceti jízdních kol

ČÍSLOVKY ŘADOVÉ (pokračování) – ORDINALZAHLEN (Fortsetzung)

21. dvacátý, -á, -é první	=	jedenadvacátý, -á, -é	
22. dvacátý, -á, -é druhý, -á, -é	=	dvaadvacátý, -á, -é	
23. dvacátý, -á, -é třetí	=	třiadvacátý, -á, -é	
24. dvacátý, -á, -é čtvrtý, -á, -é	=	čtyřiadvacátý, -á, -é	
25. dvacátý, -á, -é pátý, -á, -é	=	pětadvacátý, -á, -é	

30. třicátý, -á, -é	**100.** stý, -á, -é
40. čtyřicátý, -á, -é	**200.** dvoustý, -á, -é
50. padesátý, -á, -é	**300.** třístý, -á, -é
60. šedesátý, -á, -é	**400.** čtyřstý, -á, -é
70. sedmdesátý, -á, -é	**500.** pětistý, -á, -é
80. osmdesátý, -á, -é	**1000.** tisící
90. devadesátý, -á, -é	**1 000 000.** miliontý, -á, -é

Kolik je hodin?

Kolik je hodin?   *V kolik hodin?* (v + Akk.)

Je jedna hodina.   V jednu hodinu.

Jsou dvě / tři / čtyři hodiny.   Ve dvě / tři / čtyři hodiny.

Je pět / šest / sedm / osm hodin.   V pět / šest / sedm / osm hodin.

Je devět / deset / jedenáct /   V devět / deset / jedenáct /
dvanáct hodin.   dvanáct hodin.

čtvrt na + Akk.	půl + Gen. der Ordinalzahl	tři čtvrtě na + Akk.
Je čtvrt na jednu.	Je půl jedné.	Je tři čtvrtě na jednu.
dvě.	druhé.	dvě.
tři.	třetí.	tři.
čtyři.	čtvrté.	čtyři.
pět.	páté.	pět.
šest.	šesté.	šest.
sedm.	sedmé.	sedm.
osm.	osmé.	osm.
devět.	deváté.	devět.
deset.	desáté.	deset.
jedenáct.	jedenácté.	jedenáct.
dvanáct.	dvanácté.	dvanáct.

Je za pět minut pět. Je za pět minut půl páté. Je za pět minut čtvrt na pět.
Es ist in 5 Min. 5 Uhr. Es ist in 5 Min. ½ 5 Uhr. Es ist in 5 Min. ¼ 5 Uhr.

Je za deset minut deset. Je za deset minut tři čtvrtě na deset.
Es ist in 10 Min. 10 Uhr. Es ist in 10 Min. ¾ 10 Uhr.

Je dvanáct hodin a pět minut. Je za devět minut šest. Je půlnoc.
Es ist 12:05 Uhr. Es ist in 9 Min. 6 Uhr. Es ist Mitternacht.

Staroměstské náměstí, orloj
Altstädter Ring, Astronomische Uhr

Zur Verwendung von „než"

Je to horší, než jsem myslel. Es ist ärger, als ich dachte.
Je to lepší, než jsem myslel. Es ist besser, als gedacht.
Program byl lepší než minule. Das Programm war besser als zuletzt.
Dodělám to, než přijde. Ich mache es fertig, bevor / ehe er kommt.

Přejeme Vám pevné
zdraví, mnoho úspěchů
a hodně štěstí.

 Slovíčka – Vokabel:

činit; *ipf., IV 1*	bewirken, wirken
učinit; *pf., IV 1a*	
dodělávat (+ *Akk.*); *ipf., V*	fertig machen, zu Ende bringen
dodělat (+ *Akk.*); *pf., Va*	
dostávat (+ *Akk.*); *ipf., V*	erhalten, bekommen
dostat (+ *Akk.*); *pf., II 3*	
Futur: dostanu, dostanou	
jít na procházku	spazieren gehen
mluvit; *ipf., IV 1*	reden, sprechen
nacházet (+ *Akk.*); *ipf., IV 3*	finden
najít (+ *Akk.*); *pf., Futur:* najdu,	
najdou, *Imp.:* najdi, najděte,	
PPA: našel, *PPP: -*	
obědvat (+ *Akk.*); *ipf., V*	zu Mittag essen
naobědvat se (+ *Gen.*); *pf., Va*	
poobědvat (+ *Akk.*); *pf., Va*	
narodit se; *pf., IV 1a*	geboren werden
odesílat (+ *Akk.*); *ipf., V*	abschicken, absenden
odeslat (+ *Akk.*); *pf., Futur:* odešlu,	
odešlou, *Imp.:* odešli, odešlete,	
PPA: odeslal, *PPP:* odeslán	
odpovídat; *ipf., V*	antworten
odpovědět; *pf., Futur:* odpovím,	
odpovědí, *Imp.:* odpověz,	
PPA: odpověděl	

---

posílat (+ *Akk.*); *ipf., V*	schicken, senden
poslat (+ *Akk.*); *pf., Futur:* pošlu, pošlou, *Imp.:* pošli, pošlete, *PPA:* poslal, *PPP:* poslán	
pronášet; *ipf., IV 3*	vortragen
pronést; *pf., I 2a*	
půjčovat si; *ipf., III 2*	sich borgen, sich ausleihen
půjčit si; *pf., IV 1a*	
říkat; *ipf., V*	sagen
říct; *pf., Futur:* řeknu, řeknou, *Imp.:* řekni, řekněte, *PPA:* řekl, *PPP:* řečen	
tisknout (+ *Akk.*); *ipf., II 1*	drucken
vytisknout (+ *Akk.*); *pf., II 1a*	
ukazovat (*na* + *Akk.*); *ipf., III 2*	zeigen
ukázat; *pf., I 3a*	
umírat; *ipf., V*	sterben
umřít; *pf., I 5a*	
upalovat; *ipf., III 2*	verbrennen (am Scheiterhaufen)
upálit; *pf., IV 1a*	
večeřet (+ *Akk.*); *ipf., IV 2*	zu Abend essen
navečeřet se (+ *Gen.*); *pf., IV 2a*	
povečeřet (+ *Akk.*); *pf., IV 2a*	
zajímat se (*o* + *Akk.*); *ipf., V*	sich interessieren, Interesse zeigen an/für
zanechávat; *ipf., V*	belassen
zanechat; *pf., Va*	
zapisovat (+ *Akk.*); *ipf., III 2*	einschreiben
zapsat (+ *Akk.*); *pf.,* *Futur:* zapíšu/zapíši (*geh.*), zapíšou/-píší (*geh.*), *Imp. Sg.:* zapiš, *PPA:* zapsal, *PPP:* zapsán	
zastihnout; *pf., II 1a*	erreichen (telefonisch), erwischen, ertappen
anketa, -y, *Fem. 1*	Umfrage, Enquete, Untersuchung, Erhebung
bydliště, -ě, *Neutr. 2*	**der** Wohnort, -sitz
celník, -a, *Mask. 3, b.*	Zollbeamter, Zöllner
cvičení, -í, *Neutr. 3*	**die** Übung
domácnost, -i, *Fem. 4*	**der** Haushalt
dotaz, -u, *Mask. 1, u.*	**die** Frage, Anfrage
drobné, -ých, *Mask., Pluraletantum*	**das** Kleingeld
důchodce, -e, *Mask. 6, b.*	Pensionist, Rentner, Rentier

důchodkyně, -ě, *Fem. 2*	Pensionistin, Rentnerin
generace, -e, *Fem. 2*	Generation
herec, -rce, *Mask. 4, b.*	Schauspieler
hodnota, -y, **Fem.** *1*	**der** Wert
hrob, -u, **Mask.** *1, u.*	**das** Grab
hruška, -y, *Fem. 1*	Birne
idol, -u, **Mask.** *1, u.*	**das** Idol
inzerát, -u, **Mask.** *1, u.*	**das** Inserat
jmeniny, -in, **Fem.** *1, Pluraletantum*	**der** Namenstag
kariéra, -y, *Fem. 1*	Karriere
katastrofa, -y, *Fem. 1*	Katastrophe
kolegyně, -ě, *Fem. 2*	Kollegin
konec, -nce, **Mask.** *2, u.*	**das** Ende
kopie, -e, *Fem. 2*	Kopie
kopírka, -y, **Fem.** *1*	**das** Kopiergerät
kriminalita, -y, *Fem. 1*	Kriminalität
květina, -y, *Fem. 1*	Blume
legrace, -e, **Fem.** *2*	**der** Spaß
mandarinka, -y, *Fem. 1*	Mandarine
meruňka, -y, *Fem. 1*	Marille
ministr, -a, *Mask. 3. b.*	Minister
ministr zahraničních věcí	Außenminister
mobil, -u, **Mask.** *1, u.*	**das** Handy, Mobiltelefon
moc, -i, *Fem. 4*	Macht
model, -u, **Mask.** *1, u.*	**das** Modell
modelka, -y, **Fem.** *1*	**das** Model
Morava, -y, **Fem.** *1*	Mähren
narozeniny, -in, **Fem.** *1, Pluraletantum*	**der** Geburtstag
návštěva, -y, **Fem.** *1*	**der** Besuch
návštěvník, -a, *Mask. 3, b.*	Besucher
nezaměstnanost, -i, *Fem. 4*	Arbeitslosigkeit
nezaměstnaný, -ého, *Mask. b., subst. Adj.*	Arbeitsloser
obhájce, -e, *Mask. 6, b.*	Verteidiger
objednávka, -y, *Fem. 1*	Bestellung
obvod, -u, *Mask. 1, u.*	Bezirk (v. a. in Städten wie z. B. Prag)
opěradlo, -a, **Neutr.** *1*	**die** Lehne
počítač, -e, *Mask. 2, u.*	Computer, Rechner
podnikatelka, -y, *Fem. 1*	Unternehmerin
politik, -a, *Mask. 3, b.*	Politiker
pomeranč, -e, **Mask.** *2, u.*	**die** Orange
poschodí, -í, *Neutr. 3*	Stockwerk
pošta, -y, *Fem. 1*	Post
pračka, -y, *Fem. 1*	Waschmaschine

prezident, -a, *Mask. 3, b.*	Präsident
princ, -e, *Mask. 4, b.*	Prinz
procházka, -y, **Fem.** *1*	**der** Spaziergang, Wanderung
průzkum, -u, **Mask.** *1, u.*	**die** Umfrage, Erhebung, Untersuchung
přátelství, -í, **Neutr.** *3*	**die** Freundschaft
předčíslí, -í, **Neutr.** *3*	**die** Vorwahl
přednáška, -y, **Fem.** *1*	Vorlesung
předseda, -y, *Mask. 5, b.*	Vorsitzende
ministerský předseda	Premier, Ministerpräsident
předvolba, -y, *Fem. 1*	Vorwahl
přelíčení, -í, **Neutr.** *3*	**die** Gerichtsverhandlung
příbuzný, -ého, *Mask. b., subst. Adj.*	Verwandter
PSČ (= poštovní směrovací číslo)	PLZ (= Postleitzahl)
rozvod, -u, **Mask.** *1, u.*	**die** Scheidung
samota, -y, *Fem. 1*	Einsamkeit
situace, -e, *Fem. 2*	Situation
sportovec, -vce, *Mask. 4, b.*	Sportler
spravedlnost, -i, *Fem. 4*	Gerechtigkeit
svazek, -zku, *Mask. 1, u.*	Band; Bund
štěstí, -í, *Neutr. 3*	Glück
tisícovka, -y, **Fem.** *1*	**der** Tausender
umění, -í, **Neutr.** *3*	**die** Kunst
úřad, -u, **Mask.** *1, u.*	**das** Amt
úspěch, -u, *Mask. 1, u.*	Erfolg
válka, -y, **Fem.** *1*	**der** Krieg
věc, -i, *Fem. 4*	Sache, Ding
veřejnost, -i, *Fem. 4*	Öffentlichkeit
vstupenka, -y, *Fem. 1*	Eintrittskarte
vůdce, -e, *Mask. 6, b.*	Führer
výstava, -y, *Fem. 1*	Ausstellung
vzkaz, -u, **Mask.** *1, u.*	**die** Nachricht
zaměstnanec, -nce, *Mask. 4, b.*	Angestellter
zaměstnankyně, -ě, *Fem. 2*	Angestellte
země, -ě, *Fem. 2*	Erde
zemědělec, -lce, *Mask. 4, b.*	Landwirt
známka, -y, *Fem. 1*	Marke
žalobkyně, -ě, *Fem. 2*	Klägerin
žena v domácnosti, -y, *Fem. 1*	Hausfrau
barevný, *1*	bunt
ctižádostivý, *1*	ehrgeizig
diplomový, *1*	Diplom-

horší, 2 (*Komperativ zu* špatný, *1*)	schlechter
jiný, *1*	anderer
kolikátý, *1*	wievielter
kvalitní, *2*	Qualitäts-, qualitativ
mobilní, *2*	Mobil-, mobil
možný, *1*	möglich
nejdůležitější, *2* (*Superlativ zu* důležitý, *1*)	wichtigst
nezaměstnaný, *1*	arbeitslos
nutný, *1*	notwendig
obchodní, *2*	Handels-, Geschäfts-, Kauf-
obecní, *2*	Gemeinde-
Obecní dům (v Praze)	Repräsentationshaus (in Prag)
pevný, *1*	fest
politický, *1*	politisch
popový, *1*	Pop-
první, *2*	erster
přenosný, *1*	tragbar
přenosný telefon	Schnurlostelefon
příbuzný, *1*	verwandt
realistický, *1*	realistisch
stejný, *1*	gleich
šestikorunový, *1*	6-Kronen-
uvedený, *1*	angeführt
zahraniční, *2*	Auslands-, ausländisch
zasněný, *1*	verträumt
životní, *2*	Lebens-
celkem, *Adv.*	gesamt
doprostřed, *Adv.*	in die Mitte
minule, *Adv.*	vergangenes Mal, letztes Mal
pouze, *Adv.*	nur, lediglich
telefonicky, *Adv.*	telefonisch
půl	halb
během (+ *Gen.*), *Präpos.*	während
k (+ *Dat.*), *Präpos.*	zu, zur, zum
od - do	von - bis
pro (+ *Akk.*), *Präpos.*	für
směrem na (+ *Akk.*),	in Richtung
s. do (+ *Gen.*), s. k (+ *Dat.*), *Präpos.*	
za (minutu) (+ *Akk.*), *Präpos.*	in (zeitlich: z. B. in einer Minute)
však, *Konj.*	jedoch

Nákup – Der Einkauf

Kolik stojí ty kožené rukavice?	Stojí 105 korun.
Wie viel kosten diese Lederhandschuhe?	Sie kosten 105 Kronen.

papírové peníze	mince	koruna	haléř	Nemáte drobné?
Papiergeld	Münze	Krone	Heller	Haben Sie kein Kleingeld?

Kolik stála ta kniha?	Koupil jste si také něco v cukrárně?
Wie viel hat dieses Buch gekostet?	Haben Sie sich auch etwas in der Konditorei gekauft?

Kde prodávají křišťálové / broušené sklo?	kvalita skla
Wo wird Kristall- / geschliffenes Glas verkauft?	Glasqualität

hodnota knihy	cena výrobku
Wert des Buches	Preis des Produkts

Ten popelník je levný.	Ta váza je drahá.
Dieser Aschenbecher ist billig.	Diese Vase ist teuer.

Bestimmen Sie in obigem Text das jeweilige Paradigma der Substantiva:
Beispiel: nákup → Paradigma hrad.

Monolog einer unglücklichen Pianistin

Also, wie schon mitgeteilt, das war gestern ein harter Tag. Obendrein gab mir die Lehrerin Beethoven auf, die G-Moll-Sonate, Opus 2,1. Ich sage euch, diese Frauenzimmer als Lehrerinnen haben den Hang zum ständigen Disziplinieren und würden unsereinen bis auf den Nanga Parbat hinaufjagen. Iron Woman! Einen Marathonlauf, 100 km Radfahren, 10 km Schwimmen, alles hintereinander. Wer das aushält, erhält den oben erwähnten Titel. Ich würde folgenden Titel vorschlagen: Golden Girl of Steel. Ich ertappe mich dabei, wie ich dauernd unter dem Tisch meine Beine gerade auszurichten trachte. Gelegentlich trommle ich mit allen zehn Fingern auf den Tisch (wegen der Muskeln). Erscheint euch das bereits pathologisch? So wie ich, müssen sich die Eichkätzchen in diesen Laufrädern fühlen. Da überkam mich Bitterkeit und ich wurde wütend und trotzig. Und eine eiskalte Hundeschnauze war dagegen ein Thermophor. Sie hatte von mir schreckliche Aufgaben verlangt wie: Nimm diesen Berghügel und trage ihn mit dem Schnäbelchen bis morgen auf die andere Seite des Flusses, ich werde dort darauf warten! Wenn du es schaffst, wird es mich nicht wundern, es ist ja nichts dabei. Legionäre befinden sich in dieser freiwilligen Kampfausbildung nur irrtümlich oder aus masochistischen Beweggründen. Man findet natürlich auch solche, die die Absicht haben, später auf dem Marchfeld eingesetzt zu werden. Sie können es nicht erwarten, dass es offenkundig wird, dass sie von einer Kung-Fu-Meisterin ausgebildet worden sind.

Ihr James Cook H., bereit neue Inseln zu entdecken.

Jak jsem si kupoval nové auto

Jednoho dne jsem se rozhodl prodat své staré auto a koupit si nové. Svůj vůz jsem prodal známému za pět set eur. Nevěděl jsem ale, jaké auto si koupit. Šel jsem se tedy zeptat svého kamaráda. Poradil mi bavoráka[1])*). Vysvětlil jsem mu, že nemám tolik peněz. Doporučil mi, abych šel do autobazaru a prohlédl si tam ojetiny[2]), že to bývají levná auta. V autobazaru bylo mnoho lidí a všichni hledali laciný vůz. Zeptal jsem se prodavače, jestli by náhodou neměl auto za šest set eur. Ukázal mi červeného nissana*). Vypadal podobně jako moje staré auto, ale měl jinou barvu. Líbil se mi, tak jsem za něj zaplatil šest set eur. Měl jsem velkou radost. Jel jsem domů svým novým vozem a vzpomněl jsem si, že musím ještě něco nakoupit. Přemýšlel jsem, kde zaparkovat, abych nedostal botičku[3]). Právě jsem jel po rychlostní komunikaci, když jsem musel náhle u křižovatky p r u d c e z a b r z d i t. Najednou jsem si všiml p r ů k a z k y, která ležela mezi sedadly. Byl to můj starý řidičák[4]), který jsem ztratil před mnoha lety, a přání „Dobře dojeďte!". Najednou jsem situaci pochopil. Prodavač mi prodal můj starý vůz.

[1]) BMW, *sl.* [2]) ojetý vůz, *sl.* [3]) montáž zámků na kola aut, *sl.* [4]) řidičský průkaz, *sl.*
*) Was fällt Ihnen an diesen Formen auf?

◗ Rozhovor

Jiří: Ahoj, Silvie, jak se máš?
Silvie: Ahoj, špatně, necítím se dobře.
Jiří: Máš horečku? Mám přinést teploměr?
Silvie: Myslím, že mám trochu teplotu, asi to bude chřipka.
Jiří: Máš bolesti? Zatelefonujeme lékaři, ano?
Silvie: Nejdříve zjistíme, jestli mám horečku.
Jiří: Vidíš, máš zvýšenou teplotu, 37,5 °C (stupňů Celsia).

Silvie: To není tak zlé, možná, že jsem jen nachlazená, počkáme trochu, vezmu si aspirin. Zatím nemám ani rýmu, ani nekašlu. Jiné zdravotní potíže také nemám.

Jiří: Uvařím ti čaj, musíš hodně pít. Jestli se to zhorší, tak přece jen zatelefonuji lékaři. Bojím se o tebe.

1) Ergänzen und begründen Sie:

Mir tut der Magen weh. Bolí mě žaludek, protože jsem snědla hodně zmrzliny.
Mir tut der Kopf weh.
Mir tut das Bein weh.
Mir tut das Auge weh.
Mir tut das Ohr weh.
Mir tut der Bauch weh.
Mir tut der Zahn weh.
Mir tut der Rücken weh.

Ordnen Sie nun den vorangegangenen Sätzen Personen zu:

Co bolí Bedřicha? Bedřicha bolí zub.
Bedřich, dědeček, Petr, pan Wagner, Karel, Marie, maminka

2) Setzen Sie in den Singular:

Nejsme zdraví. Je nám (mi) špatně. Chceme jít do lékárny pro léky. Potřebujeme od lékaře recept. Dávkování: máme brát tři tabletky denně během jídla.

3) Co odpověděl lékař? Welche Antwort gab der Arzt?

On: Byl jsem u lékaře. Ona: Co říkal?
On: Že mám zdravé srdce. Že mám nemocné srdce. Že mám dobré srdce.

4) Bilden Sie je drei Sätze mit „už" (schon, bereits) und „ještě ne" (noch nicht):

Film už skončil.   *Program ještě neskončil.*
Už koupil chleba.   *Zeleninu ještě nekoupil.*
Už je 10 hodin.   *Ještě není 10 hodin.*

_____   _____

_____   _____

_____   _____

5) Ergänzen Sie:

Dala jídlo na (Tisch) _____. → *Dala jídlo na stůl.*

Vzal slovníky s sebou na (Universität) _____. Rodiče vzali

děti do (Theater) _____. Vezmu dopisy na (Post)

_____. Dáme knihy do (Bibliothek) _____.

Dal hodinky na (Schreibtisch) _____.

6) Ergänzen Sie ein Substantivum in der passenden Form:

19 _____ → *19 studentů*

16 _Buchen (knih)_,   36 _kol_____,   80 _____,

18 _jablek_____,   2 _chlapců_____,   25 _____,

3 _měste_____,   7 _hodin_____.

7) Beachten Sie die unterschiedliche Verwendung von „minulý" und „poslední". Ändern Sie in den ersten Beispielsätzen Maskulinum in Femininum, in der 2. Reihe ändern Sie die Zeit ins Präteritum:

Minulý rok přijel na návštěvu. Minulý týden jsem si koupil slovník. Minulý měsíc jsem se připravoval na zkoušku.

To je poslední vlak. To je naše poslední šance. Je osmá, není poslední.

8) Übersetzen Sie:

Letzte Woche sah ich einen interessanten Film. Vorigen Mittwoch untersuchte der Arzt den Kranken und sagte, dass er Grippe hätte. Letzten Monat fuhr er in die benachbarte Stadt. Wer ist der Letzte und wer ist der Erste?

9) Übersetzen Sie und stellen Sie Fragen zum Text:

Viděl jsem Josefa v úterý u zastávky metra. Čekal tam od půl třetí do tří.
Rychlík přijel na kolej první.
Umíme rozeslat 100 balíčků za hodinu.
Umíme roztřídit 1000 adres podle objednávek z krajů nebo okresů.
Prababička umřela v roce 1893. Pradědeček umřel v roce 1918.
Viděla jsem to červené autíčko u mnoha chlapců.

10) Bilden Sie den Satz ohne das Verb „probieren":

Zkouší to sníst vidličkou a nožem. → *Sní to vidličkou a nožem.*
Zkusil upéct bábovku. Zkoušela otevřít okno. Zkusíme zavřít dveře. Zkoušel opravit auto.

11) Setzen Sie die Übung ins Präsens:

Matka četla dopis. → *Matka čte dopis.* *Matka psala dopis.* → *Matka píše dopis.*
Sestra nečetla knihu. Studenti četli knihu. Četl jsem rád romány a biografie.
Četl ty dopisy? Sestra nepsala seminární práci. Studenti psali domácí úlohu.
Psal jsem rád slohové práce. Napsal jsi ty dopisy?

12) Ergänzen Sie den Satz:

Doufám, že _____. → *Doufám, že Petra strýčka pozná.*

Doufám, že _____. Doufala jsem, že _____.

Doufali jsme, že _____. Doufal jsem, že _____.

Doufáme, že _____.

13) Beschreiben Sie eine Person:

Jaké má vlasy? Jakou má postavu? Jaké má oči? Jaké má ruce? Jaké má nohy? Jaké má čelo? Jaké má uši? Jaké má zuby?

Perličky: Kristýna má bílé zuby. Wolfgang má červené tváře. Izabela má pevné kosti. Petr má lidskou postavu.

14) Verwenden Sie statt des unterstrichenen ein anderes unbestimmtes Zahlwort:

Viděla, že tam stojí několik studentek. → *Viděla, že tam stojí hodně studentek.*
Mám dost peněz. Přivítal jen několik hostů. Byl to zajímavý program, přišlo více novinářů než minule. Koupila méně litrů benzinu než já.

15) Antworten Sie und bilden Sie weitere Sätze mit dem unbestimmten Zahlwort „kolik":

Kolik osob tam jede? Kolik studentů a studentek se zúčastnilo? Kolik mouky potřebuješ? Kolik párů ponožek koupíme? Kolik vagonů má vlak? Kolik litrů tekutin vypijete denně? V kolik hodin snídáš? V kolik hodin obědváš? V kolik hodin večeříš?

16) Ergänzen Sie:

Rodiče toho chlapce byli (jung) _____. Chyběli ([passende Zahl])

_____ účastníci. Slyšela jsem, že má volné jen ([passende Zahl])

_____ večery.

17) Ändern Sie auf 5 gezählte Gegenstände:

Dva balíčky cigaret, prosím.   Čtyři bedny pomerančů, prosím.
Krabičku zápalek, prosím.   Dva litry mléka, prosím.
Tři rohlíky, prosím.

18) Wann verwenden Sie folgende Wendung?

Dobrou chuť! Na zdraví! Pardon. S dovolením. Není zač.

19) Beschreiben Sie Ihr Morgenprogramm und beantworten Sie:

V 7 hodin ... . V 7.30 ... . V 8 hodin ... .
Co rád / ráda snídáte? Máte raději rohlíky nebo chleba?

20) Ersetzen Sie das Verb „sein" durch das Verb „bleiben":

Profesor tam byl do devíti hodin. → *Profesor tam zůstal do devíti hodin.*
Dnes večer jsme doma.   Jsi ve čtvrtek v Praze?
Byla jsem v knihovně celé odpoledne.   Bratr je nemocný, a proto je doma.

21) Ergänzen Sie:

Beru si na výlet _____.   Peru vždy jedenkrát týdně _____.

Pereš často _____?   Bereš si na univerzitu s sebou _____?

Pračka nepere _____.   Nebere _____ do kina.

Bral jsi dnes _____?   Pral jsi dnes _____?

22) Máte drobné? Haben Sie Kleingeld?

Stojí to 9,20 (devět dvacet). Máte dvacet haléřů?
Stojí to 15,60.   Stojí to 8,30.
Stojí to 29,80.   Stojí to 60,50.

23) Kdy máš narozeniny?

22. května. 14. listopadu.

24) Setzen Sie in den richtigen Kasus:

Přejeme Vám mnoho (úspěch) _____. → *Přejeme Vám mnoho úspěchů / úspěchu.*

Vzal s sebou více (peníze) _____ než já. Spotřeboval málo (plyn) _____. Zapomněl koupit hodně (chléb) _____.

Koupil několik (metr) _____ látky. Dal si do hrnku několik (kostka) _____ cukru. Bylo tam méně (uhlí) _____, než očekával.

Koupil více (tuna) _____ písku, než potřeboval. Do vody skočilo několik (chlapec) _____. U mnoha (prodavačka) _____ objednal zboží. Rostlo tam méně (květina) _____ než doma. Potřebuji trochu (sůl) _____. Potřebuje hodně (pepř)_____.

25) Beantworten Sie:

Kolu, prosím. Jakou? Malou? Velkou? Střední? Kávu si také přejete? Kolik kostek cukru?

Kolik minut jsi čekal na vlak? Zmeškal jsi vlak? Dvě jízdenky na tramvaj, prosím. Jaké? Přestupní? Nepřestupní?

Jak se dostanu do centra?

Co si oblékneš zítra? Co si oblékáš v zimě? Co si oblekla Petra? Oblékneš si zítra svetr nebo mikinu? Co si oblečeš na recepci? Co si oblečete, když půjdete do divadla? Co si oblečeš na úklid? Co si oblečeš do kina?

Kolik prstů má člověk? (Počítáme i prsty u nohou.)

26) Beantworten Sie?

Co vezmete s sebou na dovolenou?
Vezmu s sebou plavky. ...
Co s sebou berete na chatu?

27) Tafelspiele:

Schreiben Sie ein Rechenbeispiel an die Tafel, lassen Sie es ausrechnen! Zeichnen Sie an die Tafel, was Sie üblicherweise einkaufen, und lassen Sie Ihre Kommilitonen dabei tschechisch mitraten!

28) Beantworten Sie:

Jak často navštěvujete divadlo/kino?

☐ jedenkrát a vícekrát za čtrnáct dní   ☐ 1x měsíčně
☐ 1x až dvakrát za čtvrt roku   ☐ 1x až 2x za půl roku
☐ 1x až 2x za rok   ☐ méně často   ☐ vůbec ne

29) Beantworten Sie:

Jaký typ muže má šanci získat lásku ženy?
☐ rodinný typ   ☐ kavalír   ☐ kamarád do deště
☐ bohatý milenec   ☐ pohádkový princ

Jaký typ ženy má šanci získat lásku muže?
☐ výborná kuchařka   ☐ superžena   ☐ svůdná krasavice
☐ podnikatelka   ☐ žena, preferující klasický typ rodiny
☐ partnerka   ☐ žena, která umí skloubit mateřství a kariéru

30) Ergänzen Sie das Verb im Präteritum und begründen Sie Ihre Wahl des Aspekts:

Když (kommen) domů, všimla si, že někdo umyl okna. → Když přišla domů, všimla si, že někdo umyl okna.

(Schreiben) _____ test, známky ještě neznáme. Ráno se rychle

(waschen) _____ a odešel bez snídaně. Petra vstala, (bestreichen)

_____ si chleba máslem a marmeládou a vypila dva šálky kávy.

Z knihovny (bringen) _____ osm knih. (Geben) _____

Petrovi adresu. (Warten) _____ na Moniku. Teta (kommen)

_____ vlakem. Strýc (kommen) _____ letadlem.

(Kaufen) _____ pět kilo rýže. Ráda (kaufen) _____

ovoce. (Sich merken) _____ , jak se jmenoval. (Lernen)

_____ text rychle. Za oběd jsme už (zahlen) _____.

Něco jsem studentům (bringen) _____. (Studieren)

_____ češtinu dva roky. (Öffnen) _____ okna. Chlapec

(mitnehmen) _____ jídlo s sebou. (Weggehen) _____

v sedm hodin. (Teilnehmen) _____ programu? (Bekommen)

_____ to od sestry. Dítě (springen) _____ z okna v přízemí. Děti si hrály, (springen) _____ 10 minut, a přesto nebyly unavené. Jak dlouho (reparieren) _____ auto? (Tragen) _____ rád džínsy. Dítě vždy (schlafen) _____ od jedné do tří.

31) Ändern Sie den Aspekt:

Nepamatovala jsem si, jak se jmenuje. → *Nezapamatovala jsem si, jak se jmenuje.*
Dělal tu zkoušku? Učili jsme se hodně. Volal bratra. Zval k sobě příbuzné.
Ptal se studentky, kolik je hodin. Čekal na Bedřicha rád. Nerad půjčoval
kamarádovi auto. Kupoval tři metry látky. Objednával devět balíků papíru.
Dostával noviny. Děláme to rádi.

32) Übersetzen Sie:

Das kleine Mädchen kann sich noch nicht anziehen. Er starb am 25. März
1987. Hast du Geld genug? Sie sind sehr neugierig. Ein neues Patentschloss
kostet 40 Euro. Wo lagen die sechs Hefte? Es fehlten fünf Äpfel. Ich merke
mir nicht, wie sie heißt. Wir brauchen dringend 100 kg Sand. Brauchen
Sie Kohle oder Holz?

33) Ordnen Sie die Deminutivformen der Größe nach (z. B. vůz > vozík > vozíček):

stromeček	strom	stromek
rybka	rybička	ryba
dům	domeček	domek
žabička	žabka	žába
stůl	stolek	stoleček
kůň	koníček	koník
myšička	myška	myš
kočička	kočka	
květina	květinka	
židlička	židle	
auto	autíčko	
obraz	obrázek	

155

VID – DER ASPEKT

Im allgemeinen Sprachgebrauch wird der Begriff Aspekt als subjektive Auffassung des verbalen Sachverhaltes verstanden. In der Regel gibt es daher im Tschechischen – wie auch in den anderen slawischen Sprachen – jeweils nicht ein, sondern zwei tschechische Verben für eine Tätigkeit (z. B. machen: *dělat, udělat*; vorbereiten: *připravovat, připravit*). Jedes Verb hat einen Aspekt: entweder ist es **perfektiv** (vollendet) oder **imperfektiv** (unvollendet). Dieser muss bei jedem Verb mitgelernt werden, da dies von zentraler Bedeutung für die Anwendung und das Verständnis des Verbalsystems ist. Die Unterscheidung zwischen perfektivem und imperfektivem Aspekt ist unverzichtbar.

Der **imperfektive Aspekt** stellt Vorgänge in ihrem Verlauf (d. h. etwas befindet sich im Gang) und/oder ihrer Wiederholung dar: *Pořad pro vás od rána připravovala redaktorka Černá. Oběd připravuje tatínek.* Er wird auch bei der Darstellung von Gewohnheiten oder allgemeinen Feststellungen verwendet: *Nerada žehlí.*

Der **perfektive Aspekt** weist auf ein kompaktes Ereignis, dessen Abgeschlossenheit oder das Ergebnis des Geschehens hin. Eine Handlung hat komplett stattgefunden: *Tento pořad pro vás připravila redaktorka Černá.* Perfektive Verben können im Gegensatz zu den imperfektiven die **aktuelle Gegenwart NICHT** ausdrücken.

Die Bildung der Aspektpaare der Verba erfolgt mittels Präfigierung (*dělat* ipf., *udělat* pf.; *psát* ipf., *napsat* pf.), Suffigierung (*připravovat* ipf., *připravit* pf.), durch Änderungen im Wortstamm (*vracet* ipf., *vrátit* pf.) oder durch Suppletion (*brát* ipf., *vzít* pf.).

Opravoval jsem auto hodinu.	Ich war dabei das Auto eine Stunde zu reparieren. (Es bleibt dahingestellt mit welchem Ergebnis.)
Opravil jsem auto.	Ich reparierte das Auto. (Ergebnis vorhanden, das Auto ist repariert.)
Navštěvoval jsem babičku často.	Ich pflegte die Oma oft zu besuchen. (Ich war wiederholt dort.)
Včera jsem navštívila babičku.	Gestern besuchte ich die Oma. (Ich war einmal dort.)
Už jsi psal Františkovi?	Warst du schon dabei, dem Franz zu schreiben? (Handlung an sich. Kooperativ.)
Už jsi napsal Františkovi?	Hast du dem Franz bereits geschrieben? (Ist der Brief fertig? Streng.)

Für die Beschreibung einer Handlung in der Vergangenheit oder Zukunft verwenden tschechische Sprecher je nach Kommunikationsziel eine der beiden Aspektformen.

Im **aktuellen Präsens** kann hingegen die Zeitangabe immer nur durch ein **Imperfektivum** erfolgen: *Teď pracuji, nemám čas.* (Jetzt arbeite ich, ich habe keine Zeit.)

Die **Perfektiva** drücken in der **Präsensform** bereits **Zukunft** aus: *Navštívím tě.* = Ich werde dich besuchen. Das **imperfektive** Gegenstück dazu wäre: *Budu tě často navštěvovat.* = Ich werde dich oft besuchen.

Vorsicht bei der Bildung des Imperativs (siehe 19. Lektion).

Infinitivy slovesných dvojic – Infinitive von Zeitwortpaaren:

| *Ipf. Verben:* | zkoušet | vracet | kupovat | skákat | brát |
| *Pf. Verben:* | zkusit | vrátit | koupit | skočit | vzít |

SLOVESA I. SLOVESNÉ TŘÍDY – VERBEN DER I. VERBKLASSE

Die tschechischen Verben werden nach dem Präsensstamm in fünf Verbklassen eingeteilt. Der Präsensstamm entspricht der 3. Person Sg. des Indikativ Präsens (bei den pf. Verben der 3. Pers. Futur Sg.). Zur ersten Verbklasse gehören Verben, die im Präsensstamm auf ein -e auslauten, wobei vor dem -e kein -n- oder -j- stehen darf.

Vzory – Muster:

Infinitiv	brát	nést	mazat	péct / péci	Infinitiv	umřít
1. Pers. Sg., Präs.:	beru	nesu	mažu	peču	1. Pers. Sg., Futur:	umřu
2. Pers. Sg., Präs.:	bereš	neseš	mažeš	pečeš	2. Pers. Sg., Futur:	umřeš
3. Pers. Sg., Präs.:	bere	nese	maže	peče	3. Pers. Sg., Futur:	umře
...	...	...	...	...	...	...
3. Pers. Pl., Präs.:	berou	nesou	mažou	pečou	3. Pers. Pl., Futur:	umřou
Part. Prät. Akt.:	bral	nesl	mazal	pekl	Part. Prät. Akt.:	umřel

Weitere wichtige Verben der 1. Verbklasse:

Infinitiv	prát	růst	psát	Infinitiv	zavřít	obléc-t / -i
1. Pers. Sg., Präs.:	peru	rostu	píš-u / -i	1. Pers. Sg., Futur:	zavřu	obleču
2. Pers. Sg., Präs.:	pereš	rosteš	píšeš	2. Pers. Sg., Futur:	zavřeš	oblečeš
3. Pers. Sg., Präs.:	pere	roste	píše	3. Pers. Sg., Futur:	zavře	obleče
...	...	...	...	...	...	...
3. Pers. Pl., Präs.:	perou	rostou	píš-ou / -í	3. Pers. Pl., Futur:	zavřou	oblečou
Part. Prät. Akt.:	pral	rostl	psal	Part. Prät. Akt.:	zavřel	oblekl

Einige Mengenangaben

jeden metr, balík + *Genitiv*
jedna tuna, bedna + *Genitiv*
jedno kilo + *Genitiv*

dva, tři, čtyři metry, balíky + *Genitiv*
dvě, tři, čtyři tuny, bedny + *Genitiv*
dvě, tři, čtyři kila + *Genitiv*

pět metrů látky
devět metrů papíru
čtrnáct párů punčoch
devatenáct tun uhlí
patnáct vagonů cihel

jedenačtyřicet litrů octa
dvaapadesát hektarů lesa
třiaosmdesát beden kávy
sto sudů piva
sedmadevadesát metrů krychlových plynu

😊 Slovíčka – Vokabel:

brát; *ipf., I 1*   nehmen
  vzít; *pf., Futur:* vezmu, vezmou
    Imp.: vezmi, vezměte, *PPA:* vzal,
    PPP: vzat
dostávat se; *ipf., V*   gelangen
  dostat se; *pf., Futur:* dostanu,
    dostanou, *Imp. Sg.:* dostaň,
    PPA: dostal
mazat; *ipf., I 3*   bestreichen
  namazat; *pf., I 3a*
počítat; *ipf., V*   zählen, rechnen
  spočítat; *pf., Va*
poznávat; *ipf., V*   erkennen, kennen lernen
  poznat; *pf., Va*
prát; *ipf., I 1*   waschen (Wäsche)
  vyprat; *pf., I 1a*
přilétat; *ipf., V*   mit dem Flugzeug kommen,
  přiletět; *pf., IV 2a*   herfliegen
připravovat; *ipf., III 2*   vorbereiten, zubereiten
  připravit; *pf., IV 1a*
půjčovat (+ *Dat.* + *Akk.*); *ipf., III 2*   borgen
  půjčit; *pf., IV 1a*
rozesílat; *ipf., V*   ausschicken, verschicken
  rozeslat; *pf., Futur:* rozešlu, rozešlou,
    Imp: rozešli, rozešlete,
    PPA: rozeslal, *PPP:* rozeslán
roztřídit; *pf., IV 1a*   sortieren
růst; *ipf., Präs.:* rostu, rostou,   wachsen

Imp. Sg.: rosť, *Futur:* porostu /
budu růst, *PPA:* rostl, *PPP:* -

skákat; *ipf., Präs.:* skáču, skáčou,   hüpfen, springen
   Imp. Sg.: skákej, *PPA:* skákal, *PPP:* -
  skočit; *pf., IV 1a*

skloubit; *pf., IV 1a*   zusammenfügen, vereinen
spotřebovávat; *ipf., V*   verbrauchen
  spotřebovat; *ipf., III 2a*

třídit; *ipf., IV 1*   trennen, sortieren
vyšetřovat; *ipf., III 2*   untersuchen
  vyšetřit; *pf., IV 1a*

zapíjet; *ipf., IV 2*   nachtrinken
  zapít; *pf., III 1a*

zavírat; *ipf., V*   schließen
  zavřít; *pf., I 4*

získávat; *ipf., V*   gewinnen
  získat; *pf., Va*

zkoušet; *ipf., IV 3*   probieren
  zkusit; *pf., IV 1a*

zmeškat; *pf., Va*   verpassen
zvát; *ipf., Präs:* zvu, zvou, *Imp.:* zvi,   einladen
  zvěte / zvete, *PPA:* zval, *PPP:* zván
  pozvat; *pf., Futur:* pozvu, pozvou,
    Imp.: pozvi, pozvěte / pozvete,
    PPA: pozval, *PPP:* pozván

bábovka, -y, *Fem. 1*   **der** Gugelhupf, Napf-,
        Königskuchen
balíček, -čku, *Mask. 1, u.*   **das** Paket, Packerl
bedna, -y, *Fem. 1*   Kiste
benzin, -u, *Mask. 1, u.*   **das** Benzin
biografie, -e, *Fem. 2*   Biografie
centrum, -ra, *Neutr. 1 (Gen. Pl.:* center)   Zentrum
čtvrt, -i/-ě, *Fem. (Pl.: Dat.* -ím, *Präp.* -ích,   **das** Viertel
    Instr. -ěmi)
dávkování, -í, *Neutr. 3*   **die** Dosierung
déšť, deště, *Mask. 2, u.*   Regen
dovolení, -í, *Neutr. 3*   **die** Erlaubnis
džín(s)y, -ů, *Mask. 1, u., Pluraletantum*   **die** Jeans
haléř, -e, *Mask. 2, u.*   Heller
holčička, -y, *Fem. 1*   **das** Mädchen
hrnek, -nku, *Mask. 1, u.*   **das** Heferl
kola, -y, *Fem. 1* → *ats.*   **das** Cola, die Cola (ugs.)
kostka, -y, *Fem. 1*   **der** Würfel

krabička, -y, *Fem. 1*	Schachtel
krasavice, -e, *Fem. 2*	Schönheit (schöne Frau)
kuchařka, -y, *Fem. 1*	Köchin; **das** Kochbuch
kůň, koně, **Mask.** *4, b.*	**das** Pferd
(*Pl.: Nom./Akk.* koně, *Gen.* koňů/-ní,	
Dat. koňům/-ním,	
Instr. koni/koňmi)	
látka, -y, *Fem. 1*	**der** Stoff
lékárna, -y, *Fem. 1*	Apotheke
letadlo, -a, *Neutr. 1*	Flugzeug
litr, -u, *Mask. 1, u.*	Liter
máslo, -a, *Neutr. 1*	**die** Butter
mateřství, -í, *Neutr. 3*	**die** Mutterschaft
milenec, -nce, *Mask. 4, b.*	Liebhaber
myš, -i, *Fem. 4*	Maus
návštěva, -y, *Fem. 1*	**der** Besuch
novinář, -e, *Mask. 4, b.*	Journalist
osoba, -y, *Fem. 1*	Person
osvědčení, -í, *Neutr. 3*	**die** Bescheinigung
osvědčení o technickém průkazu	Zulassungsschein
pár, -u, *Mask. 1, u.*	**das** Paar
perlička, -y, *Fem. 1*	eine kleine Perle; Stilblüte
písek, -sku, *Mask. 1, u.*	Sand
plavky, -vek, *Fem. 1, Pluraletantum*	**der** Badeanzug; die Badehose
plyn, -u, *Mask. 1, u.*	**das** Gas
ponožka, -y, *Fem. 1*	**der** Socken
pořad, -u, *Mask. 1, u.*	**die** Sendung (Radio-, Fernseh-)
program, -u, *Mask. 1, u.*	**das** Programm
průkaz, -u, *Mask. 1, u.*	Ausweis
technický průkaz (= techničák → *sl.*)	Zulassungsschein
přízemí, -í, *Neutr. 3*	Erdgeschoss
recepce, -e, *Fem. 2*	Rezeption
recept, -u, *Mask. 1, u.*	**das** Rezept
rohlík, -u, *Mask. 1, u.*	**das** Kipferl, Hörnchen
rychlík, -u, *Mask. 1, u.*	Schnellzug
strýček, -čka, *Mask. 3, b.*	lieber Onkel, Onkelchen
sůl, soli, *Fem. 4*	**das** Salz
šance, -e, *Fem. 2*	Chance
tabletka, -y, *Fem. 1*	Tablette
tekutina, -y, *Fem. 1*	Flüssigkeit
účastník, -a, *Mask. 3, b.*	Teilnehmer
úklid, -u, *Mask. 1, u.*	**das** Aufräumen
vagon, -u, *Mask. 1, u.*	Waggon

vidlička, -y, *Fem. 1*	Gabel
výlet, -u, *Mask. 1, u.*	Ausflug
zámek, -mku, **Mask.** *1, u.*	**das** Schloss
zápalka, -y, **Fem.** *1*	**das** Streichholz, Zündholz
zastávka, -y, *Fem. 1*	Haltestelle
zelenina, -y, **Fem.** *1*	**das** Gemüse
zmrzlina, -y, **Fem.** *1*	**das** (Speise-)Eis
známka, -y, *Fem. 1*	Note; Marke
židle, -e, **Fem.** *2*	**der** Sessel, Stuhl
bohatý, *1*	reich
klasický, *1*	klassisch
minulý, *1*	vergangen
patentní, *2*	Patent-
pohádkový, *1*	Märchen-
prostřední, *2*	mittlere, Mittel-
přestupní, *2*	Umsteig-
seminární, *2*	Seminar-
slohový, *1*	Stil-
slohová práce	Aufatz
sousední, *2*	Nachbar-, benachbart
svůdný, *1*	verführerisch
široký, *1*	breit
technický, *1*	technisch
výborný, *1*	ausgezeichnet
zvědavý, *1*	neugierig
vícekrát, *Num.*	mehrmals
nutně, *Adv.*	notwendig
přesto, *Konj.*	trotzdem

Lidské tělo – Der menschliche Körper

tělo	lidský	postava	páteř	hrudník	zadek
Körper	menschlich	Gestalt	Rückgrat	Brustkorb	Hinterteil
ruce	ruka	nohy	noha	prst	dlaň
Hände	Hand	Füße	Fuß, Bein	Finger/Zehe	Handfläche
palec	palec (u nohy)	ukazovák	prostředník	prsteník	malík
Daumen	große Zehe	Zeigefinger	Mittelfinger	Ringfinger	kleiner Finger
hlava	krk	záda	břicho	prsa	bok
Kopf	Hals	Rücken	Bauch	Brust	Hüfte
obličej	oči	oko	uši	ucho	nos
Gesicht	Augen	Auge	Ohren	Ohr	Nase

vlasy	čelo	tvář	ústa	zub	jazyk
Haare	Stirn	Wange	Mund	Zahn	Zunge

kůže	maso	sval	kost	kloub	krev
Haut	Fleisch	Muskel	Knochen	Gelenk	Blut

pěst	loket	rameno	koleno	kotník	pata
Faust	Ellbogen	Schulter	Knie	Knöchel	Ferse

srdce	plíce	žaludek	střevo	ledvina	játra
Herz	Lunge	Magen	Darm	Niere	Leber

čistit si zuby	fénovat si vlasy	stříhat / pilovat si nehty
Zähne putzen	Haare föhnen	Nägel schneiden / feilen

Nemoci – Krankheiten

chřipka	angína	rýma	kašel	horečka	rakovina
Grippe	Angina	Schnupfen	Husten	Fieber	Krebs

zánět slepého střeva	zánět středního ucha	zápal plic
Blinddarmentzündung	Mittelohrentzündung	Lungenentzündung

Desátá lekce

Člověk, když se narodí, má jeden pár očí, uší, rukou a nohou a jednu hlavu. Některý člověk má světlou kůži, jiný žlutou nebo tmavou až černou. Lidé jsou různí. Někteří lidé mají vysoké čelo, úzký obličej, dlouhý krk, malá ústa, bílé zuby a široká ramena. Jiní zase dlouhé prsty na rukou, krátké nohy, kulatá záda a špatné zuby. Někdo má velkou pěst a širokou dlaň, ale malé břicho.

Wie ich einen neuen PKW kaufte
Eines Tages entschied ich mich, mein altes Auto zu verkaufen und ein neues zu kaufen. Meinen Wagen verkaufte ich einem Bekannten für 500 Euro. Ich wusste aber nicht, was für ein Auto ich mir kaufen sollte. Ich ging also zu meinem Freund, um ihn zu fragen. Er riet mir einen BMW. Ich erklärte ihm, dass ich nicht so viel Geld hätte. Er empfahl mir, zu einem Gebrauchtwagenhändler zu gehen und mir dort Gebrauchtwagen anzuschauen, diese seien billig. Beim Gebrauchtwagenhändler waren viele Leute und alle suchten einen billigen Wagen. Ich fragte den Verkäufer, ob er nicht zufällig ein Auto um 600 Euro hätte. Er zeigte mir einen roten Nissan. Dieser sah ähnlich aus wie mein altes Auto, hatte aber eine andere Farbe. Er gefiel mir, so zahlte ich dafür 600 Euro. Ich war sehr froh. Ich fuhr mit meinem neuen Auto nach Hause und erinnerte mich, dass ich noch etwas einkaufen musste. Ich überlegte, wo ich parken sollte, um nicht eine Radsperre zu erhalten. Ich fuhr gerade auf einer Schnellstraße, als ich plötzlich bei einer Ampel scharf bremsen musste. Da bemerkte ich auf einmal einen Ausweis, der zwischen den Sitzen lag. Es war mein alter Führerschein, den ich vor vielen Jahren verloren hatte, mit dem Wunsch „Gute Fahrt!". Da verstand ich die Lage plötzlich. Der Verkäufer hatte mir meinen alten Wagen verkauft.

Kam povedeme ve Vídni návštěvu z České republiky

Tradičně začínáme ve středu města, v centru. Navštívíme Štěpánský chrám, vystoupíme na věž. Po 343 schodech jsme sice unaveni, ale krásný rozhled na město stojí za námahu. Potom se projdeme po Příkopech, mohli bychom se občerstvit v cukrárně, jejíž majitel je českého původu, nebo ochutnat známou zmrzlinu, která má podobnou genealogii. Jsme pořád ještě na Příkopech – Grabenu, prohlížíme si morový sloup s českým lvem a kousek dále naproti kostelu svatého Petra ukazujeme hostům dům, ve kterém bydlel T. G. Masaryk, první prezident Československa. Odtud není daleko k hotelu Post a dále do Drachengasse 3, kde stále ještě společně s jinými českými spolky sídlí Akademický spolek, založený 1868, jehož předsedou byl i TGM.
Vídeňský hrad, s jehož výstavbou bylo započato již za vlády Přemysla Otakara II., je pro návštěvníka z České republiky překvapením: nenachází se na vyvýšeném místě. Hostům se líbí v hradní klenotnici. Podél čtyřkilometrové, reprezentační Okružní třídy – Ringstraße je soustředěno mnoho pamětihodností. Jsme právě na Schwarzenberském náměstí u stejnojmenné kavárny, vpravo fontána, za ní Schwarzenberský palác s hotelem, a přemýšlíme o večerním programu: Hradní divadlo, Státní opera nebo procházka Prátrem spojená s návštěvou české restaurace? Nebo raději vídeňské?
A svezeme se na Obřím kole? Stihneme si ještě prohlédnout Hundertwasserův (Stowasserův) dům? Pro rodinu s dětmi je jistě zajímavá romantická procházka Českým Prátrem v 10. obvodu. Multikulturní charakter Vídně nám zprostředkuje vídeňská tržnice Naschmarkt.
Oblíbený je také pohled z Kahlenbergu na Vídeň. Cestou zpět se můžeme stavit v Grinzingu, v 19. vídeňském obvodu (nebo okresu, jak říkají vídeňští Češi), a zasednout v typické vídeňské zahradní restauraci „pod věchýtkem“. Hosté si mohou objednat mladé víno nebo burčák, ale i minerálku a hroznovou šťávu, poslechnout si tu či onu vídeňskou písničku. A rozhodně by měli ochutnat světoznámou výbornou vídeňskou alpskou vodu, kterou si mohou napustit z každého kohoutku.

Suchen Sie im Einleitungstext die Präpositionen mit Genitiv, Dativ und Akkusativ heraus!

Pramen – Quelle: Diplomarbeit Frau Erika Zilk

 Vánoční prázdniny

Silvie: Jak ses měl o prázdninách?
Jiří: Dobře. Už se těším na příští. Kdy zase budou prázdniny?
Silvie: Vždyť právě byly vánoční prázdniny.
Jiří: A co ty, co jsi dělala o prázdninách?
Silvie: Byla jsem u babičky. Umí péct výborné cukroví. Podívej, přišla Marta!
Jiří: Ahoj Marto, jak se máš?
Marta: Ahoj, ujde to. Právě jsem se bavila s Otou. Ptal se mě, jaká mám předsevzetí do nového roku.
Jiří: A jaká máš?
Marta: Žádná, protože je neplním. A víš, co řekl Ota?
Jiří: Že je to chyba.
Marta: Ptal se, proč vůbec oslavuji silvestra.

 1) Übersetzen Sie:

Přísloví: Mluviti*⁾ stříbro, mlčeti*⁾ zlato.
*) veraltete Infinitivformen auf i

Co řeknu komu?   Kdy to řeknu?   Řeknu-li to vůbec.

2) Verwenden Sie die indeterminierte Form:

Dítě nejde do školy. → Dítě nechodí do školy.
Neseme dopisy na poštu. To letadlo neletí do Prahy. Alexandr vede hosty do divadla. Alexandra veze tetu do parku. Manžel vezl manželku do práce. Vedl psa ven. O prázdninách jdu do lesa. Jdeme tam celkem rádi. Vede syna do školky. Pes táhne tašku k Evě. Nesu domů jídlo. Jede dobře.

3) Sie wollen einigen Personen etwas schenken. Bilden Sie 5 Sätze mit dem Dativ:

_____ koupím čokoládu. → _Alexandrovi koupím čokoládu._

4) Ergänzen Sie verschiedene Präsensformen des Verbs „wollen":

Kdy _____ _přijít?_ → _Kdy chceš přijít?_

_____ jít na procházku. _____ přijít včas domů. _____ být včas doma. _____ bydlet u Petra? _____ jít do kina, ale nevím, který film je zajímavý.

Ergänzen Sie verschiedene Formen des Präteritums:

Kdy _____ _přijít?_ → _Kdy jsi chtěla přijít?_

5) Setzen Sie ins Präsens:

Ptáci letěli na sever.   Vozil jsem tam bratra autem.
Šli jsme pěšky.   Ta dálnice vedla do Prahy.
Vedla delegaci.   Kdo vodil děti do školy?
Nosili knihy do knihovny.

6) Im Tschechischen gibt es viele von Vornamen abgeleitete Deminutivformen und Hypokoristika. Wie ist die neutrale Form folgender Vornamen?

Mireček, Janička, Honzík, Cyrílek, Pavlík, Péťa, Ivánek, Mařenka, Davídek, Anička, Alenka

7) Beantworten Sie:

Co dostal Mireček k Vánocům? Dostal autíčko.
Co dostala Janička k Vánocům? _____ .

8) Které české město chcete navštívit?

9) Beantworten Sie:

V kolik hodin začíná koncert? Nevím, zapomněla jsem, v kolik hodin začíná.
Jak se jmenuje ta paní? Kam šly děti?   Kdy odjíždí vlak?
Kolik stála snídaně?   Který balíček je pro Eriku? Kdy přijde návštěva?

10) Fragen Sie:

Komu důvěřujete? Anna důvěřuje mamince.

Komu myslíte, že důvěřují občané v České republice?

☐ manželovi/manželce   ☐ partnerovi/partnerce
☐ sami sobě   ☐ spolupracovníkům
☐ učitelům   ☐ sousedům
☐ starostům/primátorům   ☐ nadřízeným
☐ novinářům   ☐ výzkumníkům veřejného mínění
☐ televizním nebo rozhlasovým redaktorům

11) Betrachten Sie das Zimmer und fragen Sie nach einem Gegenstand bzw. wohin ein Gegenstand platziert werden soll!

Kde je ....? Kam mám dát .....?

12. a) Beantworten Sie:

Kdo sedí vpředu?   Vpředu sedí Petr.

Kdo sedí vlevo?   _____

Kdo sedí vpravo?   _____

Kdo sedí naproti tomu pánovi?   _____

Kdo sedí vzadu?   _____

b) Ändern und beantworten Sie:

Kdo si sedl dopředu?   Dopředu si sedla Marta.

Kdo si sedl doleva?   _____

Kdo si sedl doprava?   _____

Kdo si sedl naproti té paní?   _____

Kdo si sedl dozadu?   _____

13) Ergänzen Sie:

Dal (dem Bruder) _____ *k narozeninám 50 eur.* → *Dal bratrovi k narozeninám 50 eur.*

Přeji si (zum Geburtstag) _____ deštník. Klobouk patří (der Mutter) _____. Pomáháme (den Eltern) _____ rádi. Telefonuji (der Schwester) _____ ráda. Píšu (dem Freund) _____ často e-maily, doporučil mi adresu www.bohemica.com. Hrajeme fotbal (gegen Sparta) _____. Bydlí (gegenüber der Schule) _____. Vyhýbá se (dem Hund) _____. Nerozumím tomu (Fremdwort) _____. Dala (dem Studenten) _____ šest knih. Ukázal (der Tante) _____ obraz. Věnovala (den Studentinnen) _____ mnoho času. To nepatří (zu dem Essen) _____. Běžel (zu den Mädchen) _____. Co daroval (den Brüdern) _____ ? Divili se tomu? Gratuloval (den Nachbarn) _____. Napsali (den Professorinnen) _____ pozdrav z dovolené.

---

14) Übersetzen Sie den Satz und stellen Sie tschechisch Fragen dazu:

Er brachte den Eltern jeden Tag die Zeitung.

15) Übersetzen und beantworten Sie:

Pasová a celní kontrola. Máte něco k proclení? Nemáte nic?

16) Überlegen Sie, ob ein determiniertes oder indeterminiertes Verb anzuwenden ist und ergänzen Sie:

Je nervózní, očekává zprávu, (er läuft) _____ *sem a tam.* →
Je nervózní, očekává zprávu, běhá sem a tam.

Slyšela jsem, že to dítě (geht) _____ rádo do školy. (Fahren Sie

gewöhnlich) _____ na univerzitu autobusem nebo chodíte pěšky?

(Ich fahre gewöhnlich) _____ tramvají. (Wir fahren) _____

na Slovensko. (Er bringt) _____ mamince pravidelně květiny. (Sie

trägt) _____ ty modré šaty ráda. Každý den (führt sie) _____

dceru do školky. Vlaky tam (fahren) _____ často. Každou sobotu

(gehen wir) _____ do kurzu.

17) Übersetzen Sie:

Ich gehe nach Hause. Fahren Sie zur Universität mit dem Auto (= autem)?
Ich bin zu Hause. Sie pflegten in die Arbeit zu Fuß zu gehen. Der Lehrer
gab den Gästen die Hand. Er lief zu den Mädchen. Die Kinder waren den
Müttern ähnlich. Was wollten sie der Mutter schenken? Er hat dem neuen
Nachbarn geholfen, das Auto zu reparieren. Was brachten die Eltern der
Schwester vom Urlaub? Der Herr setzte sich und fragte nicht, ob der
Platz frei wäre. Ich wohne gegenüber dem Park. Ich wundere mich über
diese Worte.

18) Übersetzen Sie:

Miss ČR se loni stala sedmnáctiletá studentka. Osm lidí se rozloučilo a
odešlo, dva kamarádi tu ještě zůstali. Přišlo více nebo méně lidí? Těšíme
se domů. Často vodí psa na procházku. Koně táhnou vůz. Je pro zvýšení

platů učitelům. Pojišťovna dluží lékárníkům 316 milionů korun. Pomoc, Petrovi teče z nosu krev! O koho se staráte? Jak dlouhý má být program? Kdy má být konec? Nosil rodičům každý den noviny. Chci jet jinam na dovolenou. Je venku ještě zima? Sestra ráda jezdí na koni.

19) Ergänzen Sie die entsprechenden Formen von „jít" oder „jet":

Chceš _____ do kavárny nebo na zmrzlinu?

Můžeme _____ do Prátru.

_____ tam vlakem nebo metrem.

Zítra _____ do Schönbrunnu. Blízko je velvyslanectví České republiky.

_____ také na Kahlenberg.

Musíme _____ i do Uměleckohistorického muzea.

20) Setzen Sie in den richtigen Kasus entsprechend der angeführten Präposition:

Šli přes (most) _____. → *Šli přes most.*

Běželi kolem (zahrada) _____. Hodil míč do (zahrada) _____.

Stál u (pomník) _____ a plakal. Šli jsme k (sestra) _____ na

návštěvu. Byli jste u (babička) _____? Na (ta návštěva) _____ si

nevzpomínám. Pes si lehl pod (postel) _____. Narazil do (auto)

_____. Zapomněl na (to) _____. Všechno spadlo na (zem)

_____. Přinesl to z (obchod) _____. Posadil hosty ke (stůl)

_____. Nesla dopis na (pošta) _____. Dal peníze do (kapsa)

_____. Vede dítě do (škola) _____. Přijedou za (týden)

_____. Vzpomene si na (to) _____ jednou za (uherský rok)

_____. Směje se od (ráno) _____ do (večer) _____. Čekala

na (Petr) _____ od (dvě) _____ do (tři) _____. Za (hodina)

_____ se vrátím. Zaplatil za (to) _____ pět set korun. Spadl z

(okno) _____. Dostal to od (bratr) _____. Rád chodím do (kino)

_____. Od (kdo) _____ je ten dopis? Nemá nic k (jídlo)

_____, proto má hlad. Rodiče jsou odpovědní za (děti) _____.

Smála se bez (příčina) _____. Začala (Ota) _____ bít jen tak bez

(důvod) _____. Kvůli (špatné počasí) _____ zůstaneme doma.

Přišla jsem kvůli (Zuzana) _____. Zaplatil za (oběd) _____ jen

padesát korun. Zaplatila za (ta látka) _____ sedm set korun. Za (to

staré auto) _____ nezaplatil nic. Nemá zájem o (romány) _____.

O (co) _____ se děti zajímaly? O (to) _____, kdy zase pojedeme k

babičce na dovolenou. Ta silnice vede k (řeka) _____. Byl odpovědný

za (nepořádek) _____.

21) Verfassen Sie ähnliche Dialoge:

A: Kde se uvidíme?
B: Na nádraží.
A: Kde na nádraží? Sejdeme se uvnitř nebo venku?
B: Uvnitř, blízko hlavního vchodu, u lva.

A: Prý je zde blízko několik hotelů. Máme jet doleva nebo doprava?
B: Doleva, potom první ulice zase doleva, druhá doprava, pak rovně
   nahoru a uvidíte náměstí a hodně poutačů, jeden hotel vedle druhého,
   to nemůžete přehlédnout.

A: Máte volný dvoulůžkový pokoj?
C: Máme.
A: Kolik stojí?
C: Stojí 1800 korun.
A: Má hotel vlastní garáž? Kde mohu zaparkovat?

C: Garáž nemáme, ale parkoviště je blízko. Chcete si prohlédnout pokoj?
A: Ne, děkuji, je tu hluk, kolem hotelu jezdí tramvaje, chceme se ubytovat jinde.

22) Formen Sie aus der Ortsangabe auf die Frage „wohin?" eine Ortsangabe auf die Frage „wo?":

Šla někam nahoru. → *Je někde nahoře.*

Šel dovnitř.	Je _____.
Šli jsme ven.	Jsme _____.
Dal to někam dolů.	Je to _____.
Dával to tam.	Je to _____.
Dal to doprostřed.	Je to _____.
Dal to jinam.	Je to _____.

23) Übersetzen Sie unter Beachtung der doppelten Verneinung im Tschechischen:

(Er fürchtet) _____ *někoho.* → *Bojí se někoho.* Aber:

(Sie borgte) _____ *to nikomu.* → *Nepůjčila to nikomu.*

(Wir sahen) _____ nic.

(Es ist) _____ to k něčemu dobré.

(Es ist) _____ to k ničemu dobré.

(Haben Sie) _____ nějaký nápad?

(Er hat) _____ z toho žádnou radost.

(Ich bekam) _____ žádnou zprávu.

(Er will) _____ vidět žádné kamarády.

(Ihr wollt) _____ koupit nějaké knihy.

(Sie fanden) _____ tam žádná letadla.

(Sie macht) _____ zkoušku z angličtiny.

(Sie hat) _____ vůbec žádný čas.

(Sie merkten sich) _____ žádnou z těch osob.

Doma (ich sah) ____ nikoho _____ .

Nikomu to (sie sagten) _____ .

(Wir wollen) _____ nikoho jmenovat.

O té továrně nic (sie wussten) _____ .

Chceme říct, že nic _____ (sie machten).

24) Fragen und Antworten:

Co ráda nosíš? Nosím ráda bundu, ...
Co rád nosíš do divadla?
Co ráda nosíš doma?

25) Které stavby jsou nejpůsobivější na světě?

☐ Eiffelova věž ☐ Čínská zeď
☐ Socha svobody ☐ egyptské pyramidy
☐ vykopávky v Pompejích ☐ Alhambra
☐ Lotosový chrám v Dillí ☐ Chrám Matky Boží v Paříži
☐ Koloseum v Římě

Studentkám se líbí: Studentům se líbí:
Obyvatelům České republiky se líbí: Rakušanům se líbí:

26) Mögen Sie Veränderungen?

Jakému chování dáváte přednost?
☐ Práce u různých firem. ☐ Být věrná / věrný jedné firmě.
☐ Pracovat v zahraničí. ☐ Uplatnit se doma.
☐ Stěhovat se podle potřeby. ☐ Žít na jednom místě.

27) Setzen Sie analog fort:

Angličanka → *Angličance, moucha* → *mouše, Praha* → *Praze, sádra* → *sádře*

ředitelka	ubytovna
profesorka	noclehárna
aktovka	ochrana
pacientka	bedna
babička	cukrárna
automechanička	brambora
banka	důvěra
kostka	postava
kabelka	barva
síla	klávesa
jízdenka	otrava
krabička	bitva
kuchařka	námaha
otázka	kniha
peněženka	obloha
halenka	Evropa
herečka	lípa
pračka	dieta
modlitba	cesta
burza	krása
chyba	kravata
Čína	bota
škola	hrůza
malina	dobrota
trasa	hala
polovina	příroda

28) Lösen Sie folgendes Rätsel und stellen Sie ähnliche Kreuzworträtsel her:

Křížovka: [1] reichen, geben   [2] haben   [3] Auge   [*] tajenka

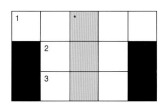

3. PÁD – 3. FALL: KOMU? ČEMU?

Dativ, harte Deklination:

Maskulina unbelebt:	Nerozumím tomu novému úkolu. Jakému?
	Nerozumím těm novým úkolům. Jakým?
Maskulina belebt:	Pomáhám novému sousedovi/panu doktoru Šípkovi.
	Kterému? Pomáhám novým sousedům. Kterým?
Neutra:	Nerozumím tomu novému, cizímu slovu. Jakému?
	Nerozumím těm novým, cizím slovům. Jakým?

Dativ, harte Deklination:
Feminina:

Pomáhal té mladé ženě.	Pomáhal těm mladým ženám.
Které ženě?	Kterým ženám?

Beachten Sie dabei folgende Alternationen der Feminina im Dativ und Präpositiv:

-ka → ce, -ch → -še, -ha/-ga → -ze, -ra → -ře
-ba → -bě, -da → -dě, -fa → -fě, -ma → -mě, -na → -ně, -pa → -pě, -ta → -tě, -va → -vě

Keine Alternationen nach: -la, -sa, -za: *cihla - cihle, husa - huse, bříza - bříze*

Verben mit Dativrektion im Tschechischen:

Infinitiv:	smát se	divit se	rozumět	vyhýbat se	líbit se
1. Pers. Sg., Präs.:	směji se	divím se	rozumím	vyhýbám se	líbím se
Part. Prät. Akt.:	smál se	divil se	rozuměl	vyhýbal se	líbil se

Infinitiv:	pomáhat	darovat	patřit	podobat se	telefonovat
1. Pers. Sg., Präs.:	pomáhám	daruji	patřím	podobám se	telefonuji
Part. Prät. Akt.:	pomáhal	daroval	patřil	podobal se	telefonoval

Präpositionen mit dem Dativ: k   proti   naproti   kvůli   díky

SLOVESA POHYBU – VERBEN DER BEWEGUNG

Innerhalb dieser Gruppe von Verben gibt es einige Verben, die keine Aspektpaare im herkömmlichen Sinne, sondern jeweils zwei imperfektive Verben mit einer Grundbedeutung ausbilden (ipf.$_1$ / ipf.$_2$). Diese unterscheiden sich dadurch, dass entweder eine zielgerichtete (einmalige) oder eine nicht zielgerichtete (wiederholte) Fortbewegung ausgedrückt wird. Erstere heißen mit dem Fachausdruck *determinierte* Verben, letztere *indeterminierte* Verben.

Infinitive der wichtigsten neun Verben der Bewegung			
Ipf.$_1$ determiniert:	Ipf.$_2$ indeterminiert:	Ipf.$_1$ determiniert:	Ipf.$_2$ indeterminiert:
① jít	chodit	⑤ letět	létat
② jet	jezdit	⑥ vézt	vozit
③ běžet	běhat	⑦ vést	vodit
④ hnát	honit	⑧ nést	nosit
		⑨ táhnout	tahat

Konjugation der indeterminierten Verben:

Infinitiv:	chodit	jezdit	honit
1. Pers. Sg., Präs.:	chodím	jedím	honím
2. Pers. Sg., Präs.:	chodíš	jezdíš	honíš
3. Pers. Sg., Präs.:	chodí	jezdí	honí
...	...	...	...
3. Pers. Pl., Präs.:	chodí	jezdí	honí
Part. Prät. Akt.:	chodil	jezdil	honil

Infinitiv:	vodit	vozit	nosit	běhat	létat	tahat
1. Pers. Sg., Präs.:	vodím	vozím	nosím	běhám	létám	tahám
Part. Prät. Akt.:	vodil	vozil	nosil	běhal	létal	tahal

Konjugation der determinierten Verben:

Infinitiv:	jít	jet	hnát
1. Pers. Sg., Präs.:	jdu	jedu	ženu
2. Pers. Sg., Präs.:	jdeš	jedeš	ženeš
3. Pers. Sg., Präs.:	jde	jede	žene
...	...	...	...
3. Pers. Pl., Präs.:	jdou	jedou	ženou
Part. Prät. Akt.:	šel, šla, šlo	jel, jela, jelo	hnal, hnala, hnalo
	šli/šly, šly, šla	jeli/jely, jely, jela	hnali/y, hnaly, hnala

Infinitiv:	vést	vézt	nést	běžet	letět	táhnout
1. Pers. Sg., Präs.:	vedu	vezu	nesu	běžím	letím	táhnu
Part. Prät. Akt.:	vedl	vezl	nesl	běžel	letěl	táhl

Das Futur der einfachen **determinierten** Verben wird mit Hilfe des Präfixes *po-* (*pů-* NUR BEI *jít!*) gebildet:

Infinitiv:	jít	jet	hnát	nést
1. Pers. Sg., Futur:	půjdu	pojedu	poženu	ponesu
2. Pers. Sg., Futur:	půjdeš	pojedeš	poženeš	poneseš
...	...	...	...	...

Infinitiv:	vést	vézt	běžet	letět	táhnout
1. Pers. Sg., Futur:	povedu	povezu	poběžím	poletím	potáhnu
2. Pers. Sg., Futur:	povedeš	povezeš	poběžíš	poletíš	potáhneš
...	...	...	...	...	...

Pády – Die Kasus

Nominativ:	*kdo*	*co*	wer, was
Genitiv:	*koho*	*čeho*	wessen
Dativ:	*komu*	*čemu*	wem
Akkusativ:	*koho*	*co*	wen, was
Vokativ:	Anredekasus		
Präpositiv:	*(o) kom*	*(o) čem*	vom wem / wovon, über wen / was
Instrumental:	*kým*	*čím*	durch wen / was, mit wem / womit

Slovíčka – Vokabel:

běhat; *ipf.₂, V. d. Bew., V, PPP:* -	laufen, rennen
běžet; *ipf.₁, V. d. Bew., IV 2, Imp. Sg.:* běž,	laufen, rennen
Futur: poběžím, *PPP:* -	
darovat; *ipf. + pf., III 2*	schenken
divit se (+ *Dat.*); *ipf., IV 1*	sich wundern
dlužit; *ipf., IV 1*	schulden
dojít (*pro + Akk.*); *pf.*	abholen
Futur: dojdu, dojdou,	
Imp.: dojdi, dojděte, *PPA:* došel,	
PPP: -	
dojít (*ohne Präp.*); *pf.*	eintreffen; zur Neige gehen
důvěřovat; *ipf., III 2*	vertrauen
gratulovat; *ipf., III 2*	gratulieren
házet; *ipf., IV 3*	werfen
hodit; *pf., IV 1a*	
hnát; *ipf.₁, V. d. Bew., Präs.:* ženu, ženou,	hetzen, jagen, treiben
Imp. Sg.: žeň, *Futur:* poženu /	
budu hnát, *PPA:* hnal, *PPP:* hnán	
honit; *ipf.₂, V. d. Bew., IV 1*	hetzen, jagen, treiben
chodit; *ipf.₂, V. d. Bew., IV 1, Imp.*	gehen
Sg.: choď, *PPP:* -	
jet; *ipf.₁, V. d. Bew., Präs.:* jedu, jedou,	fahren
Imp. Sg.: jeď, *Futur:* pojedu,	
PPA: jel, *PPP:* -	
jezdit; *ipf.₂, V. d. Bew., IV 1, Imp. Sg.:* jezdi,	fahren
PPP: -	
jezdit na koni	reiten
jít; *ipf.₁, V. d. Bew., Präs.:* jdu, jdou,	gehen
Imp.: jdi, jděte *Futur:* půjdu,	
půjdou, *PPA:* šel, *PPP:* -	

jmenovat; *ipf.*, *III 2*	nennen, benennen
pojmenovat; *pf.*, *III 2a*	
lehat si; *ipf.*, *V*	sich legen
lehnout si; *pf.*, *II.1a*	
létat; *ipf.₂*, *V. d. Bew.*, *V*	fliegen
letět; *ipf.₁*, *V. d. Bew.*, *Präs.:* letím, letí,	fliegen
Imp. Sg.: leť, *Futur:* poletím,	
PPA: letěl, *PPP:* -	
loučit se (*s + Instr.*); *ipf.*, *IV 1*	sich verabschieden
rozloučit se; *pf.*, *IV 1a*	
mlčet; *ipf.*, *IV 2*	schweigen
narážet (*Akk.*, *na + Akk.*, *do + Akk.*); *ipf.*, *IV 3*	anstoßen, stoßen, prallen
narazit; *pf.*, *IV 1a*	
nést; *ipf.₁*, *V. d. Bew.*, *I 2*	tragen
nosit; *ipf.₂*, *V. d. Bew.*, *IV 1*	tragen
parkovat; *ipf.*, *III 2*	parken
zaparkovat; *pf.*, *III 2a*	
patřit; *ipf.*, *IV 1*	gehören
plakat; *ipf.*, *Präs.:* pláču, pláčou, *Imp.*	weinen
Sg.: plač / plakej, *PPA:* plakal	
podávat; *ipf.*, *V*	übergeben, überreichen
podat; *pf.*, *Va*	
pokládat (*Akk.* za + *Akk.*); *ipf.*, *V*	hinlegen; (dafür)halten
položit; *pf.*, *IV 1a*	
pokračovat (*v + Präp.*); *ipf.*, *III 2*	fortsetzen, fortschreiten
považovat; *ipf.*, *III 2*	dafürhalten
přehlížet; *ipf.*, *IV 3*	übersehen
přehlédnout; *pf.*, *II 1a*	
pomáhat; *ipf.*, *V*	helfen
pomoci / pomoct; *pf.*, *Futur:*	
pomohu / pomůžu, *Imp. Sg.:* pomoz,	
PPA: pomohl,	
PPP: pomoženo (*Neutr.*)	
posazovat; *ipf.*, *III 2*	setzen
posadit; *pf.*, *IV 1a*	
prohlížet si; *ipf.*, *IV 3*	besichtigen, sich genau anschauen
prohlédnout si; *pf.*, *Futur:* prohlédnu,	
prohlédnou, *Imp.:* prohlédni, pro-	
hlédněte, *PPA:* prohlédl, *PPP:* pro-	
hlédnut	
rozumět (+ ***Dat.***); *ipf.*, *IV 3*	verstehen
sedat si; *ipf.*, *V*	sich setzen

sednout si; *pf., II 1a*

scházet se; *ipf., IV 3*   sich treffen

sejít se; *pf., Futur:* sejdu se, sejdou se,
   Imp.: sejdi se, sejděte se,
   PPA: sešel se, *PPP:* -

smát se; *ipf., Präs.:* směji se, smějí se,   lachen, verlachen
   Imp. Sg.: směj se, *PPA:* smál se,
   PPP: -

zasmát se; *pf., Futur:* zasměji se,
   zasmějí se, *Imp. Sg.:* zasměj se,
   PPA: zasmál se, *PPP:* -

spadnout; *pf, II.2, PPA:* spadl   herunterfallen, hinabstürzen

stávat se; *ipf., V*   werden; geschehen
   stát se; *pf., Futur:* stanu se, stanou se,
   Imp. Sg.: staň se, *PPA:* stal se

táhnout *ipf.₁, V. d. Bew., Präs.:* táhnu,   ziehen
   táhnou, *Imp.:* táhni, táhněte,
   Futur: potáhnu / budu táhnout,
   PPA: táhl, *PPP:* tažen

tahat *ipf.₂, V. d. Bew., V*   ziehen

téci / téct; *ipf., I 2, Futur:* poteče /
   bude téci / téct, *Imp. Sg.:* teč,   fließen
   PPA: tekl

ubytovat se; *pf., III 2a*   sich einquartieren,
                        Unterkunft beziehen

uplatňovat se; *ipf., III 2*   sich nützlich machen,
   uplatnit se; *pf., IV 1a*   sich betätigen, sich
                        geltend machen

věnovat; (*ipf.* selten) *pf., III 2a*   widmen

věřit; *ipf., IV 1*   glauben

vést *ipf.₁, V. d. Bew., Präs.:* vedu, vedou,   führen
   Imp. Sg.: veď, *Futur:* povedu /
   budu vést, *PPA:* vedl, *PPP:* veden

vodit *ipf.₂, V. d. Bew., IV 1*   führen

vézt *ipf.₁, V. d. Bew., Präs.:* vezu, vezou,   etw. führen, jmdn. fahren,
   Imp. Sg.: vez, *Futur:* povezu /   jmdn./etw. transportieren,
   budu vézt, *PPA:* vezl, *PPP:* vezen   befördern

vozit *ipf.₂, V. d. Bew., IV 1, Imp. Sg.:* voz,   etw. führen, jmdn. fahren,
   PPP: vožen   jmdn./etw. transportieren, befördern

vyhýbat se (+ *Dat.*); *ipf., V*   ausweichen, meiden
   vyhnout se; *pf., Futur:* vyhnu se,
   vyhnou se, *Imp.:* vyhni se,
   vyhněte se, *PPA:* vyhnul se, *PPP:* -

žít; *ipf., III 1*   leben

aktovka, -y, *Fem. 1*	Aktentasche
Angličanka, -y, *Fem. 1*	Engländerin
automechanička, -y, *Fem. 1*	Automechanikerin
bitva, -y, *Fem. 1*	Schlacht
blázen, -zna, *Mask. 3, b.*	Narr, Tor
bříza, -y, *Fem. 1*	Birke
burza, -y, *Fem. 1*	Börse
cihla, -y, *Fem. 1*	**der** Ziegel
cíl, -e, **Mask. 2, u.**	**das** Ziel
cukrárna, -y, *Fem. 1*	Konditorei
Čína, -y, **Fem. 1**	China
dálnice, -e, *Fem. 2*	Autobahn
delegace, -e, *Fem. 2*	Delegation
deštník, -u, *Mask. 1, u.*	Regenschirm
dieta, -y, *Fem. 1*	Diät
Dillí, *Neutr., indekl.*	New Delhi
dobrota, -y, *Fem. 1*	Güte, Gutherzigkeit
důsledek, -dku, **Mask. 1, u.**	**die** Folgerung, **die** Konsequenz
důvěra, -y, **Fem. 1**	**das** Vertrauen
důvod, -u, *Mask. 1, u.*	Grund, Anlass
Evropa, -y, **Fem. 1**	Europa
firma, -y, *Fem. 1*	Firma
garáž, -e, *Fem. 3*	Garage
hala, -y, *Fem. 1*	Halle
halenka, -y, *Fem. 1*	Bluse
herečka, -y, *Fem. 1*	Schauspielerin
hluk, -u, *Mask. 1, u.*	Lärm
hrůza, -y, **Fem. 1**	**der** Schrecken
husa, -y, *Fem. 1*	Gans
chování, -í, *Neutr. 3*	Betragen, Verhalten
chrám, -u, *Mask. 1, u.*	Dom, Kathedrale
kabelka, -y, *Fem. 1*	Handtasche
kapsa, -y, *Fem. 1*	Tasche (auf Kleidungsstück)
kavárna, -y, *Fem. 1*	**das** Kaffeehaus
klávesa, -y, *Fem. 1*	Taste
klobouk, -u, *Mask. 1, u.*	Hut
kontrola, -y, *Fem. 1*	Kontrolle
krása, -y, *Fem. 1*	Schönheit
kravata, -y, *Fem. 1*	Krawatte
křížovka, -y, **Fem. 1**	**das** Kreuzworträtsel
láhev/lahev, -hve, *Fem. 3*	Flasche
lípa, -y, *Fem. 1*	Linde
malina, -y, *Fem. 1*	Himbeere

míč, -e, *Mask. 2, u.*	Ball
mínění, -í, **Neutr.** *3*	die Meinung
veřejné mínění	die öffentliche Meinung
miss, *Fem., indekl.*	Miss
místo, -a, **Neutr.** *1*	der Platz
modlitba, -y, **Fem.** *1*	das Gebet
most, -u, **Mask.** *1, u.*	die Brücke
moucha, -y, *Fem. 1*	Fliege
nehoda, -y, **Fem.** *1*	der Unfall
nepořádek, -dku, **Mask.** *1, u.*	die Unordnung
noclehárna, -y, *Fem. 1*	Herberge, Nachtasyl
obloha, -y, **Fem.** *1*	der Himmel, das Himmelszelt
ochrana, -y, **Fem.** *1*	der Schutz
otrava, -y, *Fem. 1*	Vergiftung
pacientka, -y, *Fem. 1*	Patientin
park, -u, *Mask. 1, u.*	Park
parkoviště, -ě, **Neutr.** *2*	der Parkplatz
Paříž, -e, **Fem.** *3*	Paris
peněženka, -y, *Fem. 1*	Geldbörse
plat, -u, **Mask.** *1, u.*	das Gehalt
pojišťovna, -y, *Fem. 1*	Versicherung(sanstalt)
pokoj, -e, **Mask.** *2, u.*	das Zimmer; die Ruhe
pomník, -u, **Mask.** *1, u.*	das Denkmal
pomoc, -i, *Fem. 4*	Hilfe
Pompeje, -í, *Fem. 2, Pluraletantum*	Pompeji
pořádek, -dku, **Mask.** *1, u.*	die Ordnung
potřeba, -y, **Fem.** *1*	der Bedarf, das Bedürfnis
poutač, -e, **Mask.** *2, u.*	die Werbefläche, Plakatwand, Reklametafel
pozice, -e, *Fem. 2*	Stellung, Position
primátor, -a, *Mask. 3, b.*	Bürgermeister (einer Großstadt, wie Prag, Pressburg, ...)
proclení, -í, *Neutr. 3*	Verzollen
přednost, -i, **Fem.** *4*	der Vorrang, der Vorzug
příčina, -y, *Fem. 1*	Ursache
příroda, -y, *Fem. 1*	Natur
přísloví, -í, *Neutr. 3*	Sprichwort
pták, -a, *Mask. 3, b.*	Vogel
radost, -i, *Fem. 4*	Freude
ředitelka, -y, *Fem. 1*	Direktorin
řeka, -y, **Fem.** *1*	der Fluss
sádra, -y, **Fem.** *1*	der Gips
síla, -y, *Fem. 1*	Kraft

silnice, -e, *Fem. 2*	Straße, Landstraße, Chaussee
Slovensko, -a, **Neutr.** *1*	**die** Slowakei
na Slovensko	in die Slowakei
socha, -y, *Fem. 1*	Statue
spolupracovník, -a, *Mask. 3, b.*	Mitarbeiter
starosta, -y, *Mask. 5, b.*	Bürgermeister
stavba, -y, **Fem.** *1*	**der** Bau
strava, -y, *Fem. 1*	Nahrung
stříbro, -a, *Neutr. 1*	Silber
svoboda, -y, *Fem. 1*	Freiheit
šaty, -ů, **Mask.** *1, Pluraletantum*	**das** Kleid
škola, -y, *Fem. 1*	Schule
školka, -y, **Fem.** *1 → ats.*	**der** Kindergarten
tajenka, -y, **Fem.** *1*	**das** Lösungswort
továrna, -y, *Fem. 1*	Fabrik
ubytovna, -y, *Fem. 1*	Herberge, Unterkunft
událost, -i, **Fem.** *4*	**das** Ereignis, Vorfall
velvyslanectví, -í, **Neutr.** *3*	**die** Botschaft
vůz, vozu, *Mask. 1, u.*	Wagen
vykopávka, -y, *Fem. 1*	Ausgrabung
výzkumník, -a, *Mask. 3, b.*	Forscher, wissenschaftlicher Mitarbeiter
vznik, -u, **Mask.** *1, u.*	**die** Entstehung
zahraničí, -í, *Neutr. 3*	Ausland
zázrak, -u, **Mask.** *1, u.*	**das** Wunder
zeď, zdi, *Fem. 4*	Mauer
zem, -ě, *Fem. 3*	Erde
zlato, -a, *Neutr. 1*	Gold
změna, -y, *Fem. 1*	Änderung, Veränderung
zvýšení, -í, **Neutr.** *3*	**die** Erhöhung, **die** Steigerung
boží, *2*	Gottes-
celní, *2*	Zoll-
čínský, *1*	chinesisch
dvoulůžkový, *1*	Zweibett-
egyptský, *1*	ägyptisch
lotosový, *1*	Lotus-
nadřízený, *1*	vorgesetzt, übergeordnet
nejpůsobivější, *2*	höchst wirksam, effektvoll
(*Superlativ* zu působivý, *1*)	
odpovědný (*za + Akk.*), *1*	verantwortlich
pasový, *1*	Pass-
rozhlasový, *1*	Rundfunk-
různý, *1*	verschieden

televizní, *2*	Fernseh-
uherský, *1*	ungarisch
jednou za uherský rok	alle heiligen Zeiten, sehr selten
uměleckohistorický, *1*	kunsthistorisch
věrný, *1*	treu
veřejný, *1*	öffentlich
vlastní, *2*	eigen
žádný, *1*	kein
náhle, *Adv.*	plötzlich
pak, *Adv.*	dann, danach
prý, *Part.*	angeblich
rovně, *Adv.*	gerade, geradeaus, aufrecht
včas, *Adv.*	rechtzeitig
zase, *Adv.*	wieder
díky (+ *Dat.*), *Präpos.*	dank
kvůli (+ *Dat.*), *Präpos.*	wegen
naproti (+ *Dat.*), *Präpos.*	gegenüber
následkem (+ *Gen.*), *Präpos.*	infolge
podle (+ *Gen.*), *Präpos.*	gemäß
přes (+ *Akk.*), *Präpos.*	über
vzhledem (*k* + *Dat.*), *Präpos.*	hinsichtlich, in Betracht
-li, *Konj.*	wenn, falls
proto, *Konj.*	deshalb, deswegen

Světové strany – Himmelsrichtungen

sever	jih	východ	západ
Nord(en)	Süd(en)	Ost(en)	West(en)

Auf die Frage wo – kde ?

zde/tady	tam / tamhle	jinde	uvnitř	venku	
hier/da	dort	anderswo	drinnen	draußen	
v(e)předu	vzadu	nahoře	dole	vlevo	vpravo
vorne	hinten	oben	unten	links	rechts
uprostřed	naproti (tomu domu)		daleko	blízko	
in der Mitte	gegenüber		weit	nah	
doma	vedle	všude	nikde	někde	
zu Hause	daneben	überall	nirgendwo	irgendwo	

Auf die Frage wohin – kam ?

sem	tam/tamhle	jinam	dovnitř	ven	
hierher	dorthin	anderswohin	hinein	hinaus	
dopředu	dozadu	nahoru	dolů	doleva	doprava
nach vorne	nach hinten	nach oben	nach unten	nach links	nach rechts
doprostřed	naproti		daleko	blízko	
in die Mitte	gegenüber		weit	nah	
domů	vedle		nikam	někam	
nach Hause	daneben		nirgendwohin	irgendwohin	

Wohin wir in Wien einen Besuch aus Tschechien führen
Traditionell beginnen wir in der Stadtmitte, im Zentrum. Wir besuchen den Stephansdom, besteigen den Turm. Nach 343 Stufen sind wir zwar müde, aber die schöne Aussicht auf die Stadt ist der Mühe wert. Dann machen wir einen Spaziergang auf dem Graben, wir könnten uns in einer Konditorei stärken, deren Inhaber tschechischer Herkunft ist, oder ein bekanntes Eis mit ähnlicher Genealogie kosten. Wir sind noch immer am Graben, betrachten die Pestsäule mit dem böhmischen Löwen und ein Stück weiter, gegenüber der St. Peterskirche zeigen wir den Gästen das Haus, in dem T. G. Masaryk, der erste Präsident der Tschechoslowakei, wohnte. Von da ist es nicht weit zum Hotel Post und weiter zur Drachengasse 3, wo immer noch, gemeinsam mit anderen tschechischen Vereinen, der im Jahr 1868 gegründete Akademische Verein seinen Sitz hat, dessen Obmann auch T. G. Masaryk gewesen war. Die Wiener Burg, mit deren Aufbau bereits zur Regierungszeit von Přemysl Otakar II. begonnen wurde, ist für den Besucher aus der Tschechischen Republik eine Überraschung, denn sie befindet sich nicht auf einer erhöhten Stelle.
Den Gästen gefällt es in der Schatzkammer der Hofburg. Entlang der vier Kilometer langen Prunkstraße, der Ringstraße, sind viele Sehenswürdigkeiten konzentriert. Wir befinden uns gerade am Schwarzenbergplatz, beim gleichnamigen Kaffeehaus, rechts der Springbrunnen, dahinter das Palais Schwarzenberg mit Hotel, und denken über ein Abendprogramm nach, Burgtheater, Staatsoper oder ein Spaziergang durch den Wurstelprater mit dem Besuch eines tschechischen oder lieber eines Wiener Restaurants? Und machen wir eine Fahrt mit dem Riesenrad? Schaffen wir es, uns noch das Hundertwasser- (Stowasser-) Haus anzuschauen?
Für eine Familie mit Kindern ist sicherlich ein romantischer Spaziergang durch den Böhmischen Prater im 10. Bezirk interessant. Den multikulturellen Charakter Wiens vermittelt uns der Wiener Naschmarkt.
Beliebt ist auch der Blick auf Wien vom Kahlenberg. Auf dem Rückweg können wir in Grinzing, im 19. Wiener Stadtsprengel (oder Bezirk, wie die Wiener sagen) Halt machen und bei einem typisch Wiener Heurigen („ausgesteckt") Platz nehmen. Die Gäste können einen Heurigen oder einen Sturm bestellen, aber auch Mineralwasser, Traubensaft und sich das eine oder andere Wiener Lied anhören. Und auf alle Fälle sollten sie das weltberühmte, ausgezeichnete Wiener Wasser aus den Alpen kosten, dessen sie sich aus jedem Wasserhahn bedienen können.

---

12. Lektion

O které české město jde?

Bylo založeno v dobách vlády Karla IV. Vypráví se, že panstvo jednou vyrazilo na hon do hlubokých lesů. Jeden z loveckých psů pronásledoval zvěř, zatoulal se a dlouho se nevracel. Lovci se vydali psa hledat, a když ho konečně našli, viděli, že trčí v horkém bahně. Král Karel IV. se o této příhodě doslechl, a protože znal léčivý účinek horkých tekoucích pramenů ze svých cest po Evropě, nechal pramen zužitkovat. Kromě Karla IV. navštívilo a dodnes navštěvuje toto město mnoho hlav  států, v minulosti to byli např. car Petr Veliký, císařovna Marie Terezie, ale také spisovatelé jako Johann Wolfgang Goethe, hudební skladatelé – Ludwig van Beethoven, Johannes Brahms a známé osobnosti, mimo jiné Heinrich Schliemann. Město je známé i svým porcelánem. V současné době se zde už mnoho let koná známý filmový festival. Název města připomíná jméno císaře a krále, jenž město založil.

Rozhovor v Praze

Jiří: Jak se prosím dostanu do Zlaté uličky?

Neznámá: Musíte jít rovně. Potom doleva a ještě jednou doleva. Je to blízko baziliky svatého Jiří.

Silvie: Zlatá ulička je daleko, nechci tam jít. Navrhuji jít na vyhlídku. Podíváme se na Prahu shora a pak půjdeme do nějaké restaurace, najíme se a potom pojedeme do nějakého džezového klubu.

Jiří: Proč? Je to blízko baziliky svatého Jiří.

Silvie: Jsem unavená, museli jsme jít dlouho do kopce. Vrátíme se sem zítra. Stejně nevíme, kudy musíme jít.

Jiří: Mám pro tebe hádanku. Hádej, je to známá hádanka, možná, že ji znáš: Jede sedlák a má s sebou vlka, kozu a kedlubnu. Stojí před řekou a musí se přeplavit na druhou stranu. Vzít s sebou může jen jeden z těch tří objektů. Jak situaci vyřeší?

a) Jak pokračuje rozhovor?
b) V které části Prahy je právě Silvie a Jiří?
c) Proč dal Jiří Silvii tuto hádanku?
d) Uhodne Silvie hádanku? (Lösung am Ende der Lektion.)

Sie befinden sich im Areal der Prager Burg und wollen zu einer bestimmten Sehenswürdigkeit. Fragen Sie nach dem Weg:

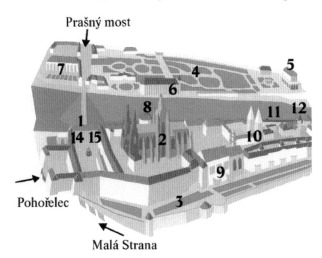

1	Španělský sál, Rudolfova galerie	9 Starý královský palác
2	Katedrála sv. Víta	10 Bazilika a klášter sv. Jiří
3	Jižní zahrady	11 Zlatá ulička
4	Královská zahrada	12 Nejvyšší purkrabství
5	Královský letohrádek	13 Lobkovický palác
6	Míčovna	14 Obrazárna Pražského hradu
7	Jízdárna	15 Císařská konírna
8	Prašná věž – Mihulka	

🗨 Rozhovor

A: Už zase prší. Kde je autobusová zastávka?
B: Když prší, tak autobusem nechci jet, pojedeme taxíkem.
A: Kde teď chceš hledat taxíky? Nemáme telefonní číslo. Pojedeme metrem. Kde je prosím metro?
C: Vidíte vpředu ten strom? U toho stromu je červené auto. Nahoře u toho auta vpravo je metro.

Wer spricht mit wem?

A: Kdy pojedeme domů?
A: Chci domů.
A: Tak chci ven.
A: Proč nemohu jít ven?
A: Chci jít jenom do zahrady.

B: V 11 hodin.
B: To teď nejde.
B: Musíš tu zůstat.
B: Neznáš to tady.
B: Dobře, ale musíš zůstat blízko domu, vpředu.

1) Ergänzen Sie im richtigen Fall:

Sedl si na tu _____ (židle).

Prosím o šálek _____ (čaj).

Zajímá se o _____ (poezie).

Byli jsme náhle u _____ (cíl).

Poslali mnoho _____ (věci).

Chci vidět _____ (moře).

Nabídli Petrovi hotely různých _____ (kategorie).

Odešel z té _____ (místnost).

Došlo k důležité _____ (událost).

Profesor napsal slovo na _____ (tabule).

Přinesli čaj do _____ (pokoj).

Máte něco proti _____ (kašel)?

Počkám u _____(recepce).

2) Setzen Sie die Sätze vom Präsens ins Futurum:

Kdo bydlí naproti?

Bydlíš naproti?

Jaké je počasí?

Ptáci tam nelétají.

Děti si hrají.

Lidé o tom nevědí.

Balí kufry.

Je to blízko lesa.

To je pan doktor Veselý.

Jsi hodný?

Jste šťastní?

Jaká je přednáška?

Má rád děti.

Kdo bude bydlet naproti?

_____

_____

_____

_____

_____

_____

_____

_____

_____

_____

_____

_____

Cesta není dlouhá.   _____

Nepracuje doma.   _____

Máme návštěvu z České republiky.   _____

Hledáme hotel.   _____

Děláme to tak.   _____

Kdy je strojírenský veletrh?   _____

Máte doma kamna nebo ústřední topení?   _____

3) Übersetzen Sie:

Wer wird gegenüber wohnen?   *Kdo bude bydlet naproti?*

Wir werden liegen und schlafen.   _____

Ihr werdet beim Tisch sitzen und essen.   _____

Eva wird Medizin studieren.   _____

Wir werden beim Theater warten.   _____

Er wird die Wohnung vorbereiten.   _____

Ihr werdet nicht hinten sitzen,
ihr werdet vorne sitzen.   _____

Er wird nicht auf die Universität gehen,
er will zu Hause bleiben.   _____

Das Hotel ist groß, er wird dort wohnen. _____

Was ist das? Das wird die Türe sein.   _____

Was wird das werden? Wird das ein
Garten sein?   _____

Du wirst nicht hier wohnen, du wirst bei
der Tante wohnen.   _____

Ich werde nicht hier sein.   _____

Der Bahnhof wird nicht nah sein.   _____

Die Bücher werden nicht dort sein.   _____

Der Onkel wird nicht hier sein.   _____

Wir werden nicht zu Hause sein,
wir werden nach Prag fahren.   _____

Sie wird nicht da sein, sie wird
noch schlafen.   _____

Das dort werden Berge sein.   _____

Ich werde die heutige Zeitung suchen,
wir wollen ins Kino gehen.   _____

4) Bilden Sie einige Sätze im Futur. Verwenden Sie dabei den imperfektiven Aspekt und verschiedene Personen:

Příklad: Budeme se dívat z okna.

5) Begründen Sie die Verwendung des perfektiven oder imperfektiven Aspekts:

Zítra připravím večeři.   Zítra budu připravovat večeři.
Připravíme se na zkoušku.   Budeme se připravovat na zkoušku.
Maminka pošle peníze doporučeně.   Maminka bude posílat peníze doporučeně.
Vyhrajeme.   Budeme vyhrávat.
Sníme oběd.   Budeme jíst oběd.

6. a) Ergänzen Sie im richtigen Fall:

Co si přeješ k _____ (dvacáté první/jedenadvacáté narozeniny)? →
Co si přeješ k dvacátým prvním narozeninám? Oder: ... k jedenadvacátým narozeninám?

Co sis přála k _____ (dvanácté narozeniny)?

Co sis přál k _____ (dvacáté druhé/dvaadvacáté narozeniny)?

Co si přeješ k _____ (dvacáté sedmé/sedmadvacáté narozeniny)?

Co jste si přála k _____ (sedmnácté narozeniny)?

Co jste si přál k _____ (třicáté narozeniny)?

Co si budeš přát k _____ (padesáté narozeniny)?

Co si budete přát k _____ (šedesáté páté/pětašedesáté narozeniny)?

b) Nun antworten Sie:

K dvanáctým narozeninám jsem si přála psa a kočku.

---

7) Ergänzen und beachten Sie die Pluraliatantum:

Zapomněl _____ (die Armbanduhr). → Zapomněl hodinky.

Barbora si koupila _____ (neues Abendkleid).

Snídani bez _____ (Zeitung) si nedovedu představit.

Ke _____ (Hose) nosí ráda mikinu.

Těšíme se na _____(Ferien).

Nepotřebuje mnoho _____ (Geld).

Ztratila _____ (Sonnenbrille).

Židle je u _____ (Türe).

Už hodinu hledám _____ (Schere).

8) Ergänzen Sie:

Dal zboží (nach hinten) _____ .
→ Dal zboží dozadu.

Šel (nach Hause) _____ pro noviny.

Běžela (hinaus) _____.

Přivedli starostu (hinein) _____.

Autobus jel (nach links)_____.

Přivezla kočárek (nach oben) _____.

Přivezl to (hierher) _____ z továrny.

Nejel (nirgendwohin) _____ na výlet.

Letadla letěla (nach rechts) _____.

Banka je (unten) _____.

Husy a kachny jsou (irgendwo) _____ na pastvě.

Musíte jít (nach unten) _____ a uvidíte banku.

Hnala husy a kachny (irgendwohin) _____ na pastvu.

Dal učebnici (nach hinten) _____ do skříně.

Zboží je _____ (hinten).
→ Zboží je vzadu.

Noviny jsou (zu Hause) _____.

Je (draußen) _____.

Starosta je (drinnen) _____.

Autobus je (links) _____.

Kočárek je (oben)_____.

Je to (hier) _____ .

Není (nirgendwo) _____ na výletě.

Letadla ještě vidíme tam (rechts) _____.

Učebnice je (hinten) _____ ve skříni.

9. a) Übersetzen Sie das Zeitwort unter Berücksichtigung der jeweiligen tschechischen Satzkonstruktion:

(Es kamen) tři dívky. → Přišly tři dívky.
(Es wohnten) tam čtyři noví studenti.
(Es studierten) tam osmnáct studentek.
(Sie aßen ... auf) dvě housky.
(Sie gewann) dvě vstupenky.
Mnoho žen (besuchten) ples.
Veletrhu (nahmen teil) víc než 5000 vystavovatelů.
(Er wünschte) těm třem hostům veselé Velikonoce.
(Sie wünschte) Marii k patnáctým narozeninám vše nejlepší.

b) Ändern Sie in den vorherigen Sätzen die jeweilige Zahl auf sechs:

Přišly tři dívky. → Přišlo šest dívek.

c) Ändern Sie in den folgenden Sätzen die jeweilige Zahl auf zwei:

Daroval to devíti chlapcům. → Daroval to dvěma chlapcům.
Patří to těm třem studentkám.   Ptal se těch pěti mistrů.
Je to matka osmi dětí.   Hledala tam devět slov.

10) Fragen und Antworten:

a) Eine Person fragt den Nachbarn nach der Telefonnummer, die zweite antwortet, die dritte schreibt die Nummer an die Tafel.

b) Fragen Sie nach dem Datum und dem Wochentag:

Kolikátého bylo včera?   *Který den je dnes?*
Včera bylo dvanáctého srpna dva tisíce pět.   Dnes je středa.

Kolikátého je dnes?   *Který den byl včera?*
Kolikátého bude zítra?   *Který den bude zítra?*

11) Übung zu den Kardinalzahlen – Setzen Sie in den Dativ:

Dal to 1 pán   → *jednomu pánovi.*

        3 autoři   _____

        14 chlapců   _____

        15 dívek   _____

        21 cestujících   _____

        94 osob   _____

        632 členů   _____

        965 nemocných   _____

        2 automechanici   _____

        7 studentek   _____

        33 farmářů   _____

        5 pasáků   _____

        77 mistrů   _____

K   2 sochy   _____

        3 míče   _____

        5 kravat   _____

        16 deštníků   _____

        8 textů   _____

        4 stoly   _____

12) Übersetzen Sie unter Beachtung der verschiedenen Fälle:

Ptal se _____ *(44 Studenten).* → *Ptal se čtyřiačtyřiceti studentů.*

Nerozumím těm _____ (8 Buben).

Pro _____ (20 Gäste) upeču koláče.

Gratulovala _____ (6 Absolventen).

Dal _____ (7 Hunde) sedm kostí.

Šla jsem k těm _____ (20 Herren) a zeptala jsem se, kolik je hodin.

Došlo k _____ (50 Unfälle).

13) Schreiben Sie die Ordinalzahl aus:

9. dveře jsou špinavé. Dal 2. studentce ruku. 3. žena té otázce nerozuměla.

14) Übung zu den Ordinalzahlen – Setzen Sie in den Dativ:

Postavil to k   *2. stůl*   → *druhému stolu.*

        3. lampa   _____

        8. žehlička _____

        4. lednička _____

        9. pračka   _____

      16. okno   _____

        5. deštník   _____

15) Setzen Sie ins Futur:

Nešli jsme do divadla.   *Nepůjdeme do divadla.*

Pes táhl vozík.   _____

Vezla jsem tam bratra.   _____

Jeli pro matku do Brna autem.   _____

Takové metody nevedly k ničemu. _____

Ptáci letěli na jih.   _____

Tramvaje jezdily tudy.   *Tramvaje budou jezdit tudy.*

Děti běhaly od okna ke dveřím.   _____

Z Vídně tam létala letadla.   _____

Nosili knihy nahoru.   _____

Kdo vodil děti do školky?   _____

Vozili jsme to výtahem.   _____

Kočka honila myš.   _____

16) Bilden Sie je einen Satz mit „vést/vodit" und mit „vézt/vozit".

17) Schätzen Sie:

Kolik procent studentů češtiny nejí maso?	Kolik procent studentek češtiny nejí maso?

_____ % jí maso denně   _____ % jí maso dvakrát týdně

_____ % jí maso jednou týdně   _____ % nejí nikdy maso

18) Beantworten Sie:

Jak často se díváte na televizi?   Máte oblíbený pořad?
Na co se díváte pravidelně?   Díváte se rád/ráda na televizi?
Jak často navštěvujete divadlo?   Jak často chodíte do kina?

Wählen Sie eine Gruppe aus und beschreiben Sie, wie diese ihre Freizeit verbringt:
Příklad: Maturanti navštěvují divadla více než vysokoškoláci.

Vzdělání v Čechách: základní (15%)
    vyučen/-a (23%)
    maturita (40%)
    vysoká škola (19%)

19) Stellen Sie ähnliche Fragen:

Běželi jste rychle do zahrady. → Kam jste běželi? Jak jste běželi? Co jste dělali?
Studující Slovanského ústavu jeli do Prahy na exkurzi.

20) Zählen Sie einander unter Verwendung der Ordinalzahlen ab:

Jsem první, jsem druhá, ...

21) Fragen Sie, wer was bestellte:

Co sis objednal? Objednal jsem si kávu.
Co jste si objednala?

22) Suchen Sie sich eine Situation aus und führen Sie einen Dialog:

a) Sie sitzen mit einem Gast im Kaffeehaus und erklären ihm die Umgebung, rufen den Kellner, bestellen etwas zu essen, bezahlen.
b) Es kommt ein Freund / eine Freundin zu Besuch, Sie erkundigen sich, was er / sie in Wien sehen möchte. Empfehlen Sie Sehenswürdigkeiten.
c) Sie können sich ihrem Gast nicht widmen, erklären ihm, wie er nach Hause kommt, mit welchen Verkehrsmitteln, wo er umsteigen muss usw.

23) Übersetzen Sie:

Bude mít méně práce, když to udělá hned. Znáš nějaký zábavný film? Neznám žádný. Kdy jsi včera usnul? Nevím. Chci vědět, jací jsou. Neuměli ani číst, ani psát. Vidíš kamarády? Ne, nevidím nikoho. Jak se jmenuje hlavní město Íránu? Nevím, zapomněl jsem to. Blíží se jaro. Viděl jsi ty krásné sněženky? Ne, neviděl jsem nic. Rostou už i fialky? Ne, nerostou. Šli přes most. Viděli kočku běžet domů. Mimo sousedů to nikdo neviděl. Kdy přijdeš? V pět hodin. Žene se bouřka. Co spadlo na zem? Dva talíře. Odkdy dokdy platí jízdenka? Platí čtyřiadvacet hodin. Národní divadlo je známá budova u Vltavy. Ženu husy k potoku. Bojíme se, že to přežene.

24) Bilden Sie den Nominativ Plural:

Nach dem Nebenparadigma **ulice** (Nominativ Plural **ulice**, Genitiv Plural **ulic**) wird eine Reihe von tschechischen Ortsnamen dekliniert, die Pluraliatantum sind:

u Prachatic (Genitiv Plural, = bei Prachatice) → *Nominativ Plural: Prachatice*
u Popic, u Hranic, u Bohunic, u Konic, z Hnanic, z Pardubic, z Přímětic, z Kuchařovic, z Milovic, ze Strakonic, z Průhonic, z Velenic

25) Übersetzen Sie:

Kamaráda bolí zub. Nevíme který. Asi stolička vpravo nahoře. Kolik stojí bílá plomba? Kolik stojí korunka? Děkuji, rozmyslíme si, co dělat.

PLURALIATANTUM

Maskulina:	Feminina:	Neutra:
šaty	prázdniny	vrata
šachy	narozeniny	kamna
peníze	padesátiny	ústa
Hradčany	noviny	záda
Karlovy Vary	dějiny	játra
tepláky	nůžky	
	kalhoty	
	bikiny, plavky	
	hodinky, hodiny	
	housle	
	sáňky	
	brýle	
	lázně	
	dveře	
	Vánoce, Velikonoce	
	Čechy	

SKLOŇOVÁNÍ MĚKKÝCH VZORŮ
DIE DEKLINATION WEICHER MUSTERWÖRTER –

			Maskulina			
	Sg.	belebt	Pl.	Sg.	unbelebt	Pl.
Nom.	muž		muži / mužové obyvatelé	stroj		stroje
Gen.	muže		mužů	stroje		strojů
Dat.	mužovi / muži		mužům	stroji		strojům
Akk.	muže		muže	stroj		stroje

Ähnlich deklinieren:

otec, posluchač, hospodář,   měsíc, pokoj, čaj, boj, klíč,
lékař, vítěz, ...   plášť, déšť, kašel, cíl, ...

	Sg.	Feminina	Pl.	Sg.	Neutra	Pl.
Nom.	růže		růže	moře		moře
Gen.	růže		růží, ulic	moře		moří
Dat.	růži		růžím	moři		mořím
Akk.	růži		růže	moře		moře

Ähnlich deklinieren:

práce, bouře, židle,   slunce, srdce, pole, ...
... wie ulice auch ložnice,
plíce, rukavice, silnice, vesnice, ...;
Pluraliatantum: dveře, housle,
Vánoce, Velikonoce, ...

Ergänzung zum Genitiv Plural:

Vorsicht bei der Bildung des Genitivs Plural von *obyvatelé* (hier tritt häufig Nullendung auf): Žije tam 10 milionů **obyvatel**.
Nullendung im Genitiv Plural auch bei *Vánoce* und *Velikonoce*: **Vánoc, Velikonoc**.
Vorsicht bei der Bildung des Genitivs Plural von Wörtern, die auf -iště ausgehen:
hřiště → **hřišť**; desgleichen bei: *smetiště, letiště*, ...
Das Suffix -iště weist dabei auf den Ort eines Geschehens hin: *parkoviště* = Parkplatz, *stanoviště taxíků* = Taxistandplatz.

ČÍSLOVKY – ZAHLWÖRTER

Die Deklination der Kardinalzahlen wurde bereits in der 9. Lektion ausführlich erklärt. Zum besseren Verständnis der Übungen dieser Lektion heben wir jedoch die Formen des Dativs noch einmal gesondert hervor: **jednomu** (m.), **jedné** (f.), **jednomu** (n.); **dvěma** (2), **třem** (3), **čtyřem** (4), **pěti** (5), ... , **jednomu stu** (100), **dvěma stům** (200), **třem stům** (300), **čtyřem stům** (400), **pěti stům** (500), ... **tisíci** (1000), **dvěma tisícům** (2000), ...
Bei zusammengesetzten Zahlen können wir alle deklinieren, meist bleiben jedoch die Hunderter und Tausender undekliniert: **sto devíti** (109), **dvě stě deseti** (210), **tři sta jedenácti** (311), ...
Die Deklination der Ordinalzahlen wurde ebenfalls in der 9. Lektion bereits besprochen. Ordinalzahlen werden wie Adjektiva dekliniert, deswegen führen wir hier die Dativformen nicht mehr gesondert an.

Präpositionen mit dem Akkusativ: mimo   pro   přes

ANMERKUNG ZUR BILDUNG DES FUTURS:

Das Futur wird bei den imperfektiven Verben mit den entsprechenden Futurformen des Verbs „být" und dem Infinitiv des jeweiligen imperfektiven Verbs gebildet.

	1. Person	2. Person	3. Person
Singular:	(ne)budu	(ne)budeš	(ne)bude
Plural:	(ne)budeme	(ne)budete	(ne)budou

Beispiele: *budu zkoušet, budeš vracet, bude spravovat, budeme skákat, budete brát, ...* Die Formen *budu, budeš, bude, ...* sind keine Enklitika: *Dlouho se budou rozhodovat. Koupím to, protože mě to bude zajímat.*

Vorsicht bei Übertragung folgender Konstruktionen ins Tschechische:
Ich **werde** dort **sein**. = **Budu** tam.
Er **wird** jetzt beim Arzt **sein**. = **Bude** teď u lékaře.
Bei doppelter Verneinung: **Nebude** dělat **nic**.

Die perfektiven Verben können im Gegensatz zu den imperfektiven Verben das aktuelle Präsens **nicht** ausdrücken. Ihre „Präsensform" hat stets Futurbedeutung: z. B. *zkusím, koupíš, spraví, skočíme, vezmete, ...*
In der Erzählform wie z. B. bei Witzen wird in der Regel der perfektive Aspekt verwendet:
Přijde pacient k lékaři. „Tak jak dopadla diagnóza, pane doktore?" Lékař: „Máte na vybranou Parkinsonovu nebo Alzheimerovu chorobu, kterou nemoc si vyberete?" „Raději Alzheimerovu. Když v restauraci zapomenu zaplatit, není to tak zlé, vylít nápoj je horší."

ᵃᵇc 😊 Slovíčka – Vokabel:

balit; *ipf., IV 1*	packen
zabalit; *pf., IV 1a*	
dopadat; *ipf., V*	ausfallen (in bestimmter Weise
dopadnout; *pf., II 1a*	ausgehen)
hnát se (bouřka); *ipf., V. d. Bew., Präs.:*	aufziehen (Gewitter)
žene se, *Imp. Sg.:* žeň se, *PPA:* hnal se	
nabízet; *ipf., IV 3*	anbieten
nabídnout; *pf., II 1a*	
platit; *ipf., IV 1*	gelten
přehánět; *ipf., IV 3*	übertreiben
přehnat; *pf., Präs.:* přeženu, přeženou,	
Imp. Sg.: přežeň, *PPA:* přehnal,	
PPP: přehnán	
přivádět; *ipf., IV 3*	bringen, irgendwohin begleiten
přivést; *pf., Futur:* přivedu, přivedou,	(zu Fuß)
Imp. Sg.: přiveď, *PPA:* přivedl,	
PPP: přiveden	
přivážet; *ipf., IV 3*	bringen (fahrend)
přivézt; *pf., I 2a*	
rozhodovat (+ *Akk.*); *ipf., III 2*	entscheiden, ein Urteil fällen,
(*o + Präp.*)	bestimmen (über jmdn./etw.)

rozhodnout; *pf., II 1a*	
rozhodovat se; *ipf., III 2*	sich entscheiden, seine Wahl treffen
(*pro + Akk.*)	(für jmdn./etw.)
(*k + Dat.*)	
rozhodnout se; *pf., II 1a*	
rozmyslet si; *pf., IV 2*	sich überlegen, bedenken, erwägen
stavět; *ipf., IV 3, Imp. Sg.:* stav, stavěj	stellen, aufstellen, bauen
postavit; *pf., IV 1*	
usínat; *ipf., V*	einschlafen
usnout; *pf., II 2*	
vybírat (si); *ipf., V*	(aus)wählen, (sich) aussuchen
vybrat (si); *pf., I 1a*	
vyhrávat (+ *Akk.*); *ipf., V*	gewinnen, als Sieger, Gewinner
(*v + Präp.*) (*nad + Instr.*)	beenden
vyhrát; *pf., III 1a*	
vylévat / vylívat; *ipf., V*	ausgießen, ausschütten
vylít; *pf., III 2a*	
bikiny, -in, **Fem.** *1, Pluraletantum*	**der** Bikini
boj, -e, *Mask. 2, u.*	Kampf
bouře, -e, **Fem.** *2*	**der** Sturm, **das** Gewitter
budova, -y, **Fem.** *1*	**das** Gebäude
cena, -y, **Fem.** *1*	**der** Preis
cestující, -ího, *Mask.* / -í, **Fem.**	Reisende(r)
Čechy, Čech, **Fem.** *1, Pluraletantum*	Böhmen
číšník, -a, *Mask. 3, b.*	Kellner
člen, -a, **Mask.** *3, b.*	**das** Mitglied
daň, daně, **Fem.** *3*	Steuer
deka, -y, **Fem.** *1*	Decke
diagnóza, -y, **Fem.** *1*	Diagnose
dějiny, -in, **Fem.** *1, Pluraletantum*	Geschichte
DPH = daň z přidané hodnoty	MwSt. = Mehrwertsteuer
exkurze, -e, **Fem.** *2*	Exkursion
farmář, -e, *Mask. 4, b.*	Bauer, Farmer
fialka, -y, **Fem.** *1*	**das** Veilchen
hospodář, -e, *Mask. 4, b.*	Ökonom, Wirtschafter, Landwirt, (Haus)wirt
houska, -y, **Fem.** *1*	Semmel
hřiště, -ě, **Neutr.** *2*	**der** Spielplatz, das Spielfeld
choroba, -y, **Fem.** *1*	Krankheit
játra, jater, **Neutr.** *1, Pluraletantum*	**die** Leber
kamna, kamen, **Neutr.** *1, Pluraletantum*	**der** Ofen
Karlovy Vary, Karlových Varů / Var,	Karlsbad
Mask. 1, Pluraletantum	

kašel, -šle, *Mask. 2, u.*	Husten
kategorie, -e, *Fem. 2*	Kategorie
Kč = koruna česká	tschechische Krone = CZK
klíč, -e, *Mask. 2, u.*	Schlüssel
korunka, -y, *Fem. 1*	Zahnkrone
kost, -i, *Fem. 4*	**der** Knochen
kufr, -u, *Mask. 1, u.*	Koffer
kuchyně, -ě, *Fem. 2*	Küche
kuchyň, -ně, *Fem. 3*	Küche
lázně, -í, *Fem. 2, Pluraletantum*	**der** Kurort
lékařství, -í, *Neutr. 3*	**die** Medizin
letiště, -ě, *Neutr. 2*	**der** Flughafen
ložnice, -e, *Fem. 2*	**das** Schlafzimmer
maturant, -a, *Mask. 3, b.*	Maturant
maturita, -y, *Fem. 1*	Matura
metoda, -y, *Fem. 1*	Methode
měsíc, -e, *Mask. 2, u.*	Monat, Mond
místnost, -i, *Fem. 4*	**der** Raum, **das** Zimmer
nůžky, -žek, *Fem. 1, Pluraletantum*	Schere
okolí, -í, *Neutr. 3*	**die** Umgebung
pasák, -a, *Mask. 3, b.*	Hirte; Zuhälter
pastva, -y, *Fem. 1*	Weide
plátce, -e, *Mask. 6, b.*	Zahler
ples, -u, *Mask. 1, u.*	Ball (Tanz)
plíce, -e, *Fem. 2 (Gen. Pl.:* plic)	Lunge
plomba, -y, *Fem. 1*	Plombe
poezie, -e, *Fem. 2*	Poesie
pole, -e, *Neutr. 2*	Feld
posluchač, -e, *Mask. 4, b.*	(Zu)hörer
prostředek, -dku, *Mask. 1, u.*	**die** Mitte; **das** Mittel
příplatek, -tku, *Mask. 1, u.*	Zuschlag
restaurace, -e, *Fem. 2*	**das** Restaurant
rukavice, -e, *Fem. 2*	**der** Handschuh
sáňky, -něk, *Fem. 1, Pluraletantum*	**der** Schlitten, Rodel
sedadlo, -a, *Neutr. 1*	**der** Sitz
skříň, -ě, *Fem. 3*	**der** Schrank, **der** Kasten
služba, -y, *Fem. 1*	**der** Dienst, Dienstleistung
smetiště, -ě, *Neutr. 2*	**der** Müllhaufen, -ablagerungsplatz
sněženka, -y, *Fem. 1*	**das** Schneeglöckchen
sporák, -u, *Mask. 1, u.*	Küchenherd
srdce, -e, *Neutr. 2*	Herz
stanoviště, -ě, *Neutr. 2*	**der** Standort
stolička, -y, *Fem. 1*	**der** Stockzahn; Schemel

studující, -ího, *Mask.* / -í, *Fem.*	Studierende(r)
šatna, -y, *Fem. 1*	Garderobe
talíř, -e, *Mask., 2, u.*	Teller
tepláky, -ů, **Mask.** *1, Pluraletantum*	**die** Trainingshose
topení, -í, **Neutr.** *3*	**die** Heizung
učebnice, -e, **Fem.** *2*	**das** Lehrbuch
ústa, úst, *Neutr. 1, Pluraletantum*	**der** Mund
ústav, -u, **Mask.** *1, u.*	**das** Institut
ústřižek, -žku, *Mask. 1, u.*	Abschnitt
veletrh, -u, **Mask.** *1, u.*	**die** Messe
Velikonoce, *Fem. Pluraletantum*	Ostern
(Gen. Velikonoc, *Dat.* Velikonocům,	
Präp. Velikonocích,	
Instr. Velikonocemi / Velikonoci)	
vesnice, -e, **Fem.** *2*	**das** Dorf
vítěz, -e, *Mask. 4, b.*	Sieger
vozík, -u, *Mask. 1, u.*	kleiner Wagen, Wägelchen
vrata, vrat, *Neutr. 1, Pluraletantum*	Tor
vstupné, -ého, *subst. Adj.*	Eintrittsgeld
vybraná, *nur in:* na vybranou,	(Aus)wahl
(ne)mít na vybranou	(k)eine Wahl haben
vysokoškolák, -a, *Mask. 3, b.*	Student, Hochschüler,
	Hochschulabsolvent
vystavovatel, -e, *Mask. 4, b.*	Aussteller
vzdělání, -í, **Neutr.** *3*	**die** (Aus)bildung
záda, zad, **Neutr.** *1, Pluraletantum*	**der** Rücken
zatáčka, -y, *Fem. 1*	Kurve
zub, -u, *Mask. 1, u.*	Zahn
činoherní, *2*	Schauspiel-
dopravní, *2*	Verkehrs-
kontrolní, *2*	Kontroll-
národní, *2*	National-
plný, *1*	voll
přidaný, *1*	dazugegeben
slovanský, *1*	slawisch
sluneční, *2*	Sonnen-
snížený, *1*	erniedrigt, herabgesetzt,
	vermindert, reduziert
strojírenský, *1*	Maschinen(bau)-
ústřední, *2*	Zentral-
večerní, *2*	Abend-
vyučený, *1*	gelernt
zábavný, *1*	unterhaltend, Unterhaltungs-

zlý, *1*			schlimm, böse	
vše, *Pron.*			alles	
blízko, *Adv.*			nah	
dlouho, *Adv.*			lange	
doporučeně, *Adv.*			eingeschrieben	
raději / radši (*Komparativ*), *Adv.*			lieber	
tak, *Adv.*			so	
tu, *Adv.*			hier, da	
tudy, *Adv.*			hier durch, da durch, da	
včera, *Adv.*			gestern	
mimo (+ *Akk.*), *Präpos.*			außer(halb)	

Byt – Die Wohnung

byt	dům	stěna / zeď	podlaha	strop
Wohnung	Haus	Wand / Mauer	Fußboden	Decke
dveře	okno	kuchyně	obývací pokoj	ložnice
Türe	Fenster	Küche	Wohnzimmer	Schlafzimmer
dětský pokoj	předsíň	záchod	koupelna	sprcha
Kinderzimmer	Vorzimmer	WC, Abort	Bad	Dusche
vana	umývadlo	kamna	ústřední topení	židle
Badewanne	Waschbecken	Ofen	Zentralheizung	Sessel
stůl	skříň	rádio	televize	zrcadlo
Tisch	Schrank	Rundfunkgerät	Fernsehgerät	Spiegel
obraz	světlo	lampa	koberec	deštník
Bild	Licht	Lampe	Teppich	Regenschirm
žehlička	pračka	lednička	mraznička	myčka na nádobí
Bügeleisen	Waschmaschine	Kühlschrank	Tiefkühlschrank	Geschirrspüler
postel	polštář	deka	prostěradlo	budík
Bett	Polster	Decke	Leintuch	Wecker
mýt (se)	mýdlo	šampon	ručník	utřít (se)
(sich) waschen	Seife	Shampoo	Handtuch	(sich) abtrocknen
kartáček na zuby	zubní pasta	dentální nit	ústní voda	vyčistit si zuby
Zahnbürste	Zahnpaste	Zahnseide	Mundwasser	sich die Zähne putzen

Schreiben Sie mögliche Räume eines Hauses an die Tafel.

Betrachten Sie den Wohnungsplan und bestimmen Sie, wo das Vorzimmer, Schlafzimmer, Wohnzimmer, Küche, Arbeitszimmer, Kinderzimmer, das Bad, der Abstellraum, der Balkon und die Garage sein sollen.

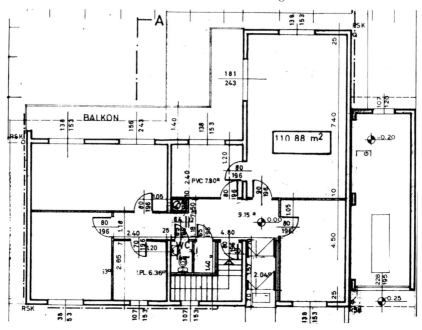

Konversation – Beschreiben Sie Ihre Wohnung. Ihr Gegenüber stellt dazu Fragen:

Kolik má byt pokojů?   Kolik má čtverečních metrů?
Kde je pračka?   Je v koupelně sprcha nebo vana?
Má šatnu?   ...

🔲 Dvanáctá lekce

A: Jaký máte byt, velký nebo malý?
B: My máme malý rodinný dům.
A: A máte v předsíni koberec?
B: Ano, protože z předsíně vedou dveře do obývacího pokoje, druhé do ložnice a třetí do mého dětského pokoje.
A: A čím topíte?
B: Máme ústřední topení v celém domě.

A: Jak máte zařízenou kuchyň?
B: Jednoduše. Skříňky na nádobí, vedle jídelní stůl, čtyři židle a nad stolem visí lampa. U zdi je myčka na nádobí a pračka, protože koupelna je malá. Tam je jen umývadlo s mýdlem, sprchový kout, zrcadlo a skříňka na zubní kartáčky, pastu a ručníky.
A: Vy nemáte ledničku?
B: Ano, úplně bych zapomněla. Máme i malou mrazničku.

Um welche böhmische Stadt handelt es sich?

Sie wurde zur Regierungszeit Karls IV. gegründet. Man erzählt, dass die Herrschaften einmal in den tiefen Wäldern auf Jagd gingen. Einer der Jagdhunde verfolgte ein Wild, verlief sich und kehrte lange nicht zurück. Die Jäger machten sich auf den Weg, den Hund zu suchen und als sie ihn endlich fanden, sahen sie, dass er im heißen Schlamm steckte. Als dieser Vorfall König Karl IV. zu Ohren kam, ließ er die Quelle nutzen, denn er kannte die heilende Wirkung des heißen Quellwassers von seinen Reisen durch Europa.

Außer Karl IV. besuchten und besuchen diese Stadt bis heute viele Staatsoberhäupter, in der Vergangenheit waren dies z. B. Zar Peter der Große, Kaiserin Maria Theresia, aber ebenso Schriftsteller wie Johann Wolfgang Goethe, Komponisten – Ludwig van Beethoven, Johannes Brahms und bekannte Persönlichkeiten, u. a. Heinrich Schliemann. Die Stadt ist auch durch ihr Porzellan bekannt. Gegenwärtig findet hier schon seit vielen Jahren ein bekanntes Filmfestival statt. Die Bezeichnung der Stadt erinnert an den Namen des Kaisers und Königs, der die Stadt gegründet hatte.

Řešení:

Název města: Karlovy Vary

Rozhovor v Praze: Vezme kozu a přepraví ji na druhou stranu. Vrátí se pro kedlubnu a přepraví ji také na druhou stranu. Opět s sebou vezme kozu zpátky, vyloží ji na břehu a místo ní s ní opět vloží kedlubnu ke kedlubně. Nakonec se vrátí pro kozu. sebou vezme vlka, kterého dopraví ke kedlubně. Nakonec se vrátí pro kozu.

13. Lektion

Maminčina dlouhá věta

„Nezlob se, tatínku, ale já také chodím do práce a kromě toho peru, žehlím, zašívám, vařím, myju nádobí, utírám prach, vysávám koberce, vodím Petříka do školky, chodím na nákupy a na rodičovská sdružení, zavařuji ovoce, zalévám květiny, sama si promazávám šicí stroj, čistím boty, nosím kabáty do čistírny a z čistírny, píšu babičce, platím sdružené inkaso, ani nemám čas zajít ke kadeřníkovi, abych se ti líbila, a tak si myslím, že by sis mohl vzít na starost aspoň to vyprávění pohádek, co říkáš?"

Z knihy Zdeňka Svěráka
Tatínku, ta se ti povedla

⊱ Rozhovor

Jiří: Píšu seminární práci o postavení žen v České republice.

Silvie: To je rozsáhlé téma. Už máš koncept?

Jiří: Ne, přemýšlím a hledám materiál.

Silvie: Pokud se budeš touto tematikou zabývat i z historického hlediska, mohl bys uvést i J. A. Komenského (1592-1670). Ten už měl před 400 lety představu o tom, že ženy budou začleněny do společnosti, do pracovního procesu, a hezky o své ženě hovořil, řekl prý, že je to „skvost, který je mi po Bohu nejmilejší". Mohla bych ti poradit literaturu.

Jiří: Nemám v úmyslu zacházet tak daleko do historie.

Silvie: Tak bys alespoň mohl uvést prvního prezidenta Československa T. G. Masaryka. Víš, co například řekl: „Jen je nechte, až v tom budou pracovat tolik set let jako muži, pak teprve smíte posoudit, co dokážou a co ne."

Jiří: Myslím, že se spíše soustředím na současnost a na budoucnost.

Silvie: Jak myslíš.

Kdo je to?

Máme jich v životě několik. Někdy čtyři nebo i pět, někdy méně. Myslíme na ně, když se stane něco legračního, něco dramatického. Vypravujeme jim, co se děje, co se stalo, co máme v úmyslu udělat, radíme se s nimi, sbíráme pro ně vtipy. Když je dlouho nevidíme, je nám po nich smutno.

 1) Ersetzen Sie die Substantiva in Klammern durch ein Personalpronomen und bestimmen Sie den Fall:

Přinesl (sovu) __ domů a posadil (sovu) __ na skříň. → Přinesl ji (4) domů a posadil ji (4) na skříň.

Byl jednou jeden sedlák a ten si koupil na jarmarce sovu. Přinesl (sovu) ____ ( ) domů a posadil (sovu) ____ ( ) na skříň. Sova kouká na sedláka a sedlák na (sovu) ____ ( ). Sedlák přistoupil k (sově) ____ ( ) a přenesl (sovu) ____ ( ) na pec. Sova z (pece) ____ ( ) kouká na sedláka a sedlák na (sovu) ____ ( ). Sedlák (sovu) ____ ( ) vzal a posadil (sovu) ____ ( ) na postel. Sova kouká po sedlákovi a sedlák po (sově) ____ ( ). Že se (sovy) ____ ( ) sedlák nebojí! Tu šel opět sedlák k (sově) ____ ( ), vzal (sovu) ____ ( ) a posadil (sovu) ____ ( ) na židli. Sova se na (židli) ____ ( ) pohodlně usadila. Chytil (sovu) ____ ( ) sedlák a posadil (sovu) ____ ( ) na okno. Sova udělala frrr – a sedlák zůstal bez (sovy) ____ ( ).

Podle lidové pohádky.

2) Wie ist es richtig?

Vidíš ... ?	mně	mě
Jdu k	ní	ni
Píše ... dopis.	mně	mi
Zlobíš se na ... ?	mně	mě
Rozumíš ... ?	nám	nás
Zdravím	tebe	tě

Půjčil ... peníze.	mně	mi
Přišel ke	mně	mě
... znám.	ho	jeho
Koupil ... dárek.	ji	jí
Slyšíte ... ?	mně	mě
Je to pro ... ?	ji	ni
Co máš proti ... ?	mně	mě
Mám ... ráda.	jeho	ho
Jdeš k ... ?	mu	němu
Navštívíte ... ?	mě	mně
Bolí ... zuby.	ho	mu
Přesvědčil	jí	ji
Zapomněl na	ji	ni
... to neříkal.	mně	mi
Pozoruje	vás	vám

3) Ersetzen Sie die Namen durch das entsprechende Personalpronomen:

Dal tu knihu Gabriele. Dal ... tu knihu. → *Dal jí tu knihu.*

Kromě Ondřeje to nikdo neviděl.
Kromě ..... to nikdo neviděl.

Nevěřili Otovi.
Nevěřili ..... .

Bydlí u přítelkyně.
Bydlí u ..... .

Bydlel blízko Petra.
Bydlel blízko ..... .

Už jsi napsala Janě?
Už jsi ..... napsala?

Už jsi napsal Kristýně?
Už jsi ..... napsal?

Už jste naložili materiál?
Už jste ..... naložili?

Koupil Markétě dárek.
Koupil ..... dárek.

Čekal na Kryštofa u divadla.
Čekal na ..... u divadla.

Je Petr rodičům podobný?
Nevím, neviděl jsem ..... .

Auto stojí u vesnice.　　　　　　Šli jsme kolem zahrady.
Auto stojí u ..... .　　　　　　　Šli jsme kolem ..... .

Pes se schoval pod stůl.　　　　　Waltera jsem nedávno viděl.
Pes se schoval pod ..... .　　　　..... jsem nedávno viděl.

Vzpomínala na rodinu.　　　　　　Máš slovník?
Vzpomínala na ..... .　　　　　　Máš ..... ?

Viděl jsi ty knihy?　　　　　　　Představíš mě té slečně?
Viděl jsi ..... ?　　　　　　　　Představíš mě ..... ?

Odkud znáš Ingrid?　　　　　　　Jiří daroval Kateřině květiny.
Odkud ..... znáš?　　　　　　　　Jiří ..... daroval květiny.

4) Setzen Sie das Personalpronomen in den Plural:

Co proti mně máte? → *Co proti nám máte?*
Co tě bolí? Co je ti? Ukážu jí několik látek. Nevěděl, že se jedná o něho.
Mají tam deset lamp, ale ani jedna se mi nelíbí. Jestli chceš, pojď (komm)
se mnou. Jak se ti líbil koncert? Ptám se tě už podruhé. Zeptala jsem se ho.
Neodpověděl mi. Ke mně přijede sestra. Nevšímal si jí. Nerozuměl mu.
Líbí se ti střecha toho domu?

5) Setzen Sie das Personalpronomen in den Singular:

Přinesl nám dopis. → *Přinesl mi dopis.*
Skoro jsem si jich nevšimla. Kolik je jim let? Kolik je vám let? To jsou oni.
Učitel nám to vypravoval. Dnes k nim nepřijde. Tu knihu jim půjčil lékař.
Přinesl vám dopis. Běhá kolem nich. Sedli si k nim. Šli jsme k nim. Poznal
jsem je. Ta televize je pro nás. Všude kolem nich pracují lidé. Sedla jsem si
před ně. Čekal na nás. Koupila ty květiny pro ně. Zapomněl na ně. Lidé
vám rozumějí. Vítáme vás.

6) Setzen Sie das Personalpronomen in den entsprechenden Kasus:

Sabina se ____ (on) nebojí. → *Sabina se ho nebojí.*
Skoro jsem si ____ (ona) nevšimla. Kolik je ____ (vy) let? Kolik je ____
(ona) let? Bylo ____ (oni) tam mnoho. To je ____ (on). Učitel ____ (oni) to
vypravoval. Dnes k ____ (my) nepřijde. Tu knihu ___ (on) půjčil lékař.

Přinesl ____ (on) dopis. Běhá kolem ____ (ona, Sg.). Sedli si k ____ (on).
Šli jsme k ____ (ona, Sg.). Poznal jsem ____ (oni). Televize je pro ____
(oni). Všude kolem ____ (on) pracují lidé. Sedla jsem si před ____ (oni).
Čekal na ____ (já). Když jsem od ____ (oni) odcházel, viděl jsem kamaráda.
Koupila ty květiny pro ____ (on). Zapomněl na ____ (oni). Okolo ____
(oni) šlo třicet žen. U ____ (my) je teplo. Udělám to pro ____ (ty). Jak se
jmenuje ____ (on)? Vrátil se k ____ (my). Připravil to pro ____ (vy). Bydlí
ještě u ____ (vy)? Jel kolem ____ (my), ale my jsme ____ (on) neviděli.
Díval se na ____ (já). Dal ____ (ona, Sg.) to. Půjčil ____ (oni) ten časopis.
Nedívali se na ____ (on), ale na ____ (ona, Sg.). Šel pro tu fotografii, ale
vrátil se bez ____ (ona, Sg.). Potkávám ____ (on) na rohu. Babička jí, kočka
se na ____ (ona, Sg.) dívá. Ztratil mnoho krve, a následkem toho ____ (on)
museli odvézt do nemocnice.

7) Setzen Sie das tschechische Personalpronomen im entsprechenden Kasus ein:

Koupil tu hru pro ___ (er)? → Koupil tu hru pro něho?

Nesmáli jsme se ____ (er). Mysleli jsme na ____ (sie, Sg.). Přijde k ____
(wir), budeme spolu oslavovat narozeniny. Co budete oslavovat u ____
(ihr)? Gratulovala ____ (er) k promoci. Půjdeme teď k ____ (sie, Pl.). Nešel
tam bez ____ (sie, Sg.). Bratranec pojede s ____ (er). Dal ____ (sie, Pl.)
peníze. Zeptal ses ____ (sie, Pl.), jestli chtějí jít na procházku? Ten návrh
se ____ (ich) nelíbí. Viděl jsem ____ (sie, Pl.) včera u kina. Bude se ____
(er) u ____ (wir) líbit. Nikdo o ____ (sie, Pl.) nic neví. Neviděl ____ (du).
Navštívila jsem ____ (sie, Pl.). Viděl jsem ____ (er) večer u univerzity. Schází
se s ____ (sie, Sg.) vždy ve čtvrtek. Viděl ____ (ich) také? Stál jsem u ____
(sie, Sg.). Znáš toho pána, který stojí tam u ____ (er)? Kdo ti to o ____
(wir) vypravoval? Jak to s ____ (sie, Sg.) dopadlo? Přinesl ____ (ich) šálek
čaje. Je kočka u ____ (du)? Dělá ____ (ich) starosti. Přeji ____ (ihr) všechno
nejlepší. Vyfotografoval mě s ____ (sie, Pl.). Přeji ____ (du) pěkné prázdniny.

Šla se ____ (ich) koupit kytici. Slíbil __ (ich), že ____ (ich) napíše. Dlouho už jsem o ____ (er) neslyšel, maturoval myslím v červnu. Zvedl papír, který ležel u ____ (er). Co padlo na zem? Talíř, který ležel tam u ____ (sie, Pl.). Dal ____ (du) knihu? Práce ____ (sie, Sg.) bavila. Viděla jsem ____ (sie, Pl.) u lékaře. Zapomněla jsem u ____ (sie, Pl.) dárek. Nepodal ____ (ich) ruku. Tiskl ____ (sie, Sg.) ruku tak silně, že ____ (sie, Sg.) to bolelo. Bratranec pojede s ____ (er). Postavil se za ____ (er). Stál za ____ (er). Čeká na ____ (sie, Pl.) u kavárny. Najednou jsem si všiml, že s ____ (sie, Pl.) někam utekl. Šel tam se ____ (ich). O ____ (du) už jsem dlouho nic neslyšela. Zvu tě k ____ (wir). Nechtěla promarnit čas, tak s ____ (sie, Sg.) rychle připravila oběd. Seděla s rodiči vpředu, ostatní stáli za ____ (sie, Pl.). Přesvědčil jsem ____ (sie, Pl.), že budu bydlet s ____ (sie, Pl.).

8) Übersetzen Sie und achten Sie dabei auf das Reflexivpronomen:

Nemám u sebe cigarety. _____

Kdo bude mít u sebe vstupenky? _____

Kdo měl u sebe jízdenky? _____

Děláš to pro sebe. _____

Pozval ji k sobě domů. _____

Co si vezmu na sebe? _____

Kdo má u sebe drobné? _____

Neměli jsme u sebe dost peněz. _____

9) Ergänzen Sie das Reflexivpronomen:

Jeho stav se zhoršil, ale nechej si to pro ___ (dich). → *Jeho stav se zhoršil, ale nechej si to pro sebe.*

Neměla u ___ (sich) peníze. Měli u ___ (sich) objednávky. Kdo má u ___ (sich) lístky do kina? Petra měla u ___ (sich) texty těch nových cvičení.

10) Übersetzen Sie unter Beachtung des Reflexivpronomens:

Ich habe den Pass bei mir.   Sie ließ ihn für sich arbeiten.
Sie glaubte an sich.   Du spottest deiner selbst.

11) Ergänzen Sie:

Dostal jsi balíček? Dostal jsi ____? → Dostal jsi ho?
Dostala jsi ty věci? Dostala jsi ____?   Dostal jsi dopis? Dostal jsi ____?
Dostal jsi ty noviny? Dostal jsi ____?   Dostala jsi dárek? Dostala jsi ____?

Hledám peníze. Najdu ti ____. → Najdu ti je.
Hledám tužku. Najdu ti ___ .   Hledáš šaty? Najdu ti ___ .
Hledám knihu. Najdu ti ___ .   Hledáte brýle? Najdu vám ___ .
Hledáme gumu. Najdu vám ___ .   Hledám klíče. Najdu ti ___ .
Hledáte dopis? Najdu vám ___ .   Hledám hodinky. Najdu ti ___.
Hledáme noviny. Najdu vám ___.   Hledám chybu. Najdu ti ___ .

12) Beginnen Sie die Sätze mit dem Personalpronomen und ändern Sie die Satzstellung dementsprechend ab:

Nic nám neslíbil. → Uns versprach er nichts. → Nám nic neslíbil.
Bratranec pojede s ním. → Mit ihm wird der Cousin fahren. → S ním pojede bratranec.
Slyšela jsi ho? Představení se mi nelíbilo. Nevidím tě teď. Začal mu psát dopis. Dali mu pokoj. Báli se jí a utekli. Nikdo se jich nebál. Bratranec pojede s ním. Viděla jsem tě včera u opery. Nikdo mě neviděl. Navštívila jsem tě. Gratulovali jsme mu k promoci. Budeme u nás oslavovat. Budete u vás oslavovat? Sedla si k němu. Práce ji bavila. Bude se jim u nás líbit. Blahopřál jí k narozeninám. Půjdu k nim ráda. Přála nám krásné prázdniny. Mám vám otevřít?

13) Ergänzen Sie die Ordinalzahlen:

Dal klíče do 2. ____ kapsy. → Dal klíče do druhé kapsy.

5. _____ okno je otevřené. 3. _____ ženě nikdo nerozuměl. Dal 2.

_____ studentce ruku a zeptal se jí, jak se jmenuje. 7. _____ dveře

jsou špinavé. 4. _____ brýle chceme koupit.

14) Ergänzen Sie die Kardinalzahlen:

Tatínek má zaplatit 3000 _____ korun. → Tatínek má zaplatit tři tisíce korun.

33 _____ hostům se líbilo ve Vídni. Ptal se těch 44

_____ studentů, kam pojedou. Veletrhu se účastnilo 5000

_____ vystavovatelů.

15) Antworten Sie verneinend und ändern Sie das Geschlecht des Personalpronomens:

Koupil tu hru pro něho? Ne, koupil ji pro ni.

Dala ty peníze jemu?	Půjde tam bez něho?
Ten papírek leží u něj?	Na koho čeká? Čeká na něj?
Ta cesta vede k němu?	Nevšímá si ho?
Nebojí se ho?	Dala ty věci k němu?
Čekal na něho?	Znáš toho pána, který stojí tam u něho?
Miluje ho?	Zatelefonovali mu pozdě?
Nikdo se mu nediví?	Pomáháš mu ráda?
Mám k němu jít sama?	Minulý rok ho vůbec neviděl?

16) Ändern Sie die Sätze nach folgendem Muster ab:

Bylo to malé a krásné město. → Bylo to malé, ale krásné město.

Byla to malá a bohatá země.   Nebyla to velká a známá vesnice.
Byl to starý a slavný most.   Nebyla to dlouhá a široká řeka.

17) Ersetzen Sie das Substantivum durch eines der folgenden und passen Sie den Satz an:

Viděla jsi tam nějaké krabice? Jsou ty krabice stejné? Ne, jsou jiné.

stoly, barvy, obrazy, děvčata, studenti, lidé, auta, policisté, prodavačky

18) Projev k narozeninám – Schreiben Sie eine Ansprache anlässlich eines Geburtstags.

19) Rufen Sie eine Kollegin / einen Kollegen auf, ein Adjektiv zu wählen und in Verbindung mit den Musterwörtern „muž, stroj, růže, moře" zu deklinieren.

20) Wählen Sie aus den aktuellen Vokabeln 3 Wörter aus und bilden Sie damit einen Satz.

21) Stellen Sie Fragen und antworten Sie:

Chodil jste do tanečních? Už jste byla na plese?
Jaké byly prázdniny?

22) Übersetzen Sie, indem Sie den Beispielsatz abändern:

Ten kabát se mi líbil. Mně se kabát nelíbil.
Peter gefiel der Mantel. Anna gefiel die Antwort nicht.
Der Mantel gefiel dem Vater nicht. Die Antwort gefiel der Mutter.

23) Übersetzen Sie:

Der Sohn ging zum Vater zu Besuch. Der Vater hatte Husten. Wir hatten nichts gegen Husten zu Hause. Der Sohn rief den Arzt an. Der Arzt kam und setzte sich zum Tisch. Das Fenster war offen. Jemand spielte Geige. Ist es Lungenentzündung? Nein, aber der Arzt sagte, dass der Vater ans Meer fahren muss.

Wie viele Hörer und Hörerinnen besuchen den Tschechischkurs? Wie viele Ärzte gibt es in Wien? Erklärst du es mir? Wie heißt die Studentin, die bei der Türe steht? Er hatte viel Arbeit; er kam spät nach Hause. Sie hatte wenig Geld. Die Katze lag bei der Türe, wo sie jetzt ist, weiß ich nicht. Sie gab die Tasche zur Türe. Er parkte das Auto links bei der Landstraße. Zeigte er ihnen die Brücke? Ohne dich gehe ich nicht hin. Er brachte ein Geschenk für dich. Magst du süße Äpfel? Ich weiß nicht, welche die Mutter gewöhnlich kauft. Wie heißt die Hauptstadt Österreichs? Ich wartete auf sie beim Kaffeehaus. Letztes Jahr kamen irgendwelche Verwandte zu ihm. Wird der nächste Samstag der 28. sein? Ich verstehe diesen Satz nicht. Ich sah dich gestern bei der Universität. Hast du mich auch gesehen?

24) Bilden Sie zwei Gruppen: Welche Gruppe findet die jeweils andere Aspektform des Verbs schneller heraus?

blýskat se, dát, přijít, děkovat, dopadat, dostat, odcházet, obléct se, zeptat se, přinášet, sednout si, svlékat se, účastnit se, uklidit, vypít, začít, pozvat, projít se

25) Übersetzen Sie:

Jestli ještě nebudeš doma, půjdeme se asi projít.
Ruším vás? Ne, můžete u nás přenocovat.
Na našich silnicích došlo minulý týden k padesáti nehodám.
Chci vám představit paní Millerovou. Millerová, těší mě.
Pomůžeš mi, prosím tě, potřebuji novou webovou stránku.
Mám z tebe radost.

26) Co si přáli lidé v České republice koncem dvacátého století?

Bilden Sie Sätze nach dem Muster: *Třicet osm procent si přálo zdraví.*

Zdraví	38%	Změny ve společnosti	2%
Vlastní byt, dům	12%	Životního partnera	1%
Více peněz	5%	Mír	1%
Solidní práci	4%	Rodinné štěstí	1%
Cestu do zahraničí	4%	Jiná odpověď	17%
Klidnější život	3%	Bez odpovědi	9%
Auto	3%		

27) Fragen Sie Ihren Kollegen oder Ihre Kollegin nach dem Alter:

Kolik je ti let? Je mi devatenáct let.   *Kolik je vám let?* Je mi padesát roků.

28) Které myšlenky se vám líbí?

- Vážím si žen, které jsou samostatné. Ať už ve svém povolání, v domácnosti nebo v soukromí. Líbí se mi ženy, které umí něco, co já neumím. Je jedno, jestli se jedná o duševní nebo tělesnou schopnost. Například o hru na klavír nebo odbíjenou. (F.Z.)
- Pomáhám své ženě, i když nemáme domácí práce rozdělené napůl. Jsem emancipovaný, ale bohužel také trochu lenivý. Nakupuji, starám se často o syna a o jeho úkoly, myji nádobí atd. Co nemám vůbec rád, je žehlení a vaření. Mnoho žen reaguje nelogicky: chce emancipované muže, ale miluje patriarchy a posmívá se těm mužům, kteří myjí nádobí. Ale mně to nevadí, naštěstí mám dost sebedůvěry. Na univerzitě se mi líbí, je tu hodně inteligentních dívek a žen. Mám dojem, že je velmi málo mužů, kteří chtějí rovnoprávnost; a není ani málo žen, které ji nechtějí. (G.S.)
- Bez partnerství mezi ženou a mužem není možný vznik nové generace. Je to vlastně zázračná věc. Znamená to ale také vzdát se své nezávislosti a převzít odpovědnost. Věci, které se staly zvykem, nelze dělat, mohly

by partnerce vadit. Také není lehké přivyknout si stálé přítomnosti druhé osoby. Ale myslím, že cena není tak vysoká jako hodnota fungujícího partnerství. (C.K.)

- Žena = kuchyň, kostel, děti, postel.
- Žena má být doma, vařit, prát, uklízet a starat se o děti.
- Máme s manželkou stejná práva, ale jiné sféry vlivu.
- Přeji mužům ženy, které jsou ochotné spolupracovat, nepřeji jim jednostranné pomocnice. Ne vězeňkyně, ale partnerky v manželství. (F.K.)

!

 ZUR REIHENFOLGE DER ENKLITIKA IM TSCHECHISCHEN

Je mi po tobě smutno. Stýská se mi po tobě. Ich sehne mich nach dir.

Nechce se mi. Ich habe keine Lust.	*To je mi divné.* Das kommt mir sonderbar vor.

Dal **mi to.**
Er gab es mir.

Ukázal jsem **mu to.**
Ich zeigte es ihm.

Píšeme **jí to.**
Wir schreiben es ihr.

Bude **se jim** u nás líbit.
Es wird ihnen bei uns gefallen.

Sätze des Typs „Wir waren fünf." im Tschechischen:

Znáš knihu *Bylo nás pět* od Karla Poláčka? Přišlo jich jen osm. In Sätzen des Typs *wir sind 8, sie waren 15* hat das Prädikat im Tschechischen ab inklusive der Zahl 5 die Form des Neutrums Singular (Subjekt = Zahlwort), während das Personalpronomen im Genitiv steht: *Je nás osm. Bylo jich patnáct.* (Vgl. bairisch-österreichisch: *es worn eaner 15.*)

ZÁJMENA OSOBNÍ – PERSONALPRONOMEN

Nominativ	Genitiv			Dativ			Akkusativ			Präpositiv	Instrumental		
	A	B	C	A	B	C	A	B	C		A	B	C
já	mě = mne			mně	mi	mně	mě = mne			o mně	mnou		
ty	tebe	tě	tebe	tobě	ti	tobě	tebe	tě	tebe	o tobě	tebou		
my	nás			nám			nás			o nás	námi		
vy	vás			vám			vás			o vás	vámi		
–	sebe	se	sebe	sobě	si	sobě	sebe	se	sebe	o sobě	sebou		
on	jeho	jej ho	něj něho	jemu	mu	němu	jeho (nur bel.)	jej ho	něj něho –ň	o něm	jím		ním
ona	jí		ní	jí		ní	ji		ni	o ní	jí		ní
ono	jeho	ho jej	něho něj	jemu	mu	němu	je = ho jej		ně něj	o něm	jím		ním
oni, ony, ona	jich		nich	jim		nim	je		ně	o nich	jimi		nimi

A = betont   B = unbetont   C = nach Präposition

Beachten Sie:
Čekali jste na **ni** (např. matku). Ihr habt auf sie gewartet (z. B. auf die Mutter).
Čekali jste na **ní** (např. lodi Volga). Ihr habt auf ihr gewartet (z. B. auf dem Schiff Volga).

Bei den Präpositionen *s, z, v, k* erfolgt zwecks einfacherer Aussprache ein e-Einschub (*se, ze, ve, ke*) in der Regel dann, wenn das nach der Präposition folgende Wort mit demselben oder einem ähnlichen Konsonanten beginnt, ebenso dann, wenn das nachfolgende Wort mit drei bzw. teilweise auch zwei Konsonanten anlautet: z. B. *ve Vídni, se stříbrem, se mnou, ve dne.* (aber: *brát/vzít s sebou*).

Die alternative Form *mne* im Genitiv und Akkusativ wird als buchsprachlich klassifiziert. Die Formen *něj, jej* gelten im Genitiv Sg. als gehoben. Das *-ň* im Akkusativ von *on* kommt selten vor. Es wird lediglich in Verbindung mit einigen Präpositionen fast ausschließlich in geschriebenen Texten verwendet z. B. *naň* (auf ihn), *proň* (für ihn), *zaň* (anseiner statt). Die unbetonten Personalpronomen *tě, ti, mi, ho, mu* ... sind Enklitika; ihre Stellung im Satz ist stets zu beachten. Sie treten nie nach Präpositionen auf.

SLOVESA II. SLOVESNÉ TŘÍDY – VERBEN DER II. VERBKLASSE

Die Konjugation der regelmäßigen Verben wird nach dem Präsensstamm (= 3. Person Singular Indikativ Präsens bzw. bei perfektiven Verben 3. Person Singular Indikativ Futur) eingeteilt. In die zweite Klasse gehören Verben, die im Präsensstamm auf ein **-ne** auslauten. Nach der Gestalt des Präteritumstammes (= 3. Person Singular Indikativ Präteritum ohne -l) werden die Verben dieser Klasse auf drei Konjugationstypen aufgeteilt: *tiskne*, *mine* und *začne*.

Präsens: Infinitiv:	tisknout		Präteritum:		Mask. bel.	Femininum
1. Pers. Sg., Präs.:	tisknu		1. Pers. Sg., Prät.:		tiskl jsem	tiskla jsem
2. Pers. Sg., Präs.:	tiskneš		2. Pers. Sg., Prät.:		tiskl jsi	tiskla jsi
3. Pers. Sg., Präs.:	tiskne		3. Pers. Sg., Prät.:		tiskl	tiskla
1. Pers. Pl., Präs.:	tiskneme		1. Pers. Pl., Prät.:		tiskli jsme	tiskly jsme
2. Pers. Pl., Präs.:	tisknete		2. Pers. Pl., Prät.:		tiskli jste	tiskly jste
3. Pers. Pl., Präs.:	tisknou		3. Pers. Pl., Prät.:		tiskli	tiskly

Futur: Infinitiv:	minout		Präteritum:		Mask. bel.	Femininum
1. Pers. Sg., Futur:	minu		1. Pers. Sg., Prät.:		minul jsem	minula jsem
2. Pers. Sg., Futur:	mineš		2. Pers. Sg., Prät.:		minul jsi	minula jsi
3. Pers. Sg., Futur:	mine		3. Pers. Sg., Prät.:		minul	minula
1. Pers. Pl., Futur:	mineme		1. Pers. Pl., Prät.:		minuli jsme	minuly jsme
2. Pers. Pl., Futur:	minete		2. Pers. Pl., Prät.:		minuli jste	minuly jste
3. Pers. Pl., Futur:	minou		3. Pers. Pl., Prät.:		minuli	minuly

Futur: Infinitiv:	začít		Präteritum:		Mask. bel.	Fem.
1. Pers. Sg., Futur:	začnu		1. Pers. Sg., Prät.:		začal jsem	začala jsem
2. Pers. Sg., Futur:	začneš		2. Pers. Sg., Prät.:		začal jsi	začala jsi
3. Pers. Sg., Futur:	začne		3. Pers. Sg., Prät.:		začal	začala
1. Pers. Pl., Futur:	začneme		1. Pers. Pl., Prät.:		začali jsme	začaly jsme
2. Pers. Pl., Futur:	začnete		2. Pers. Pl., Prät.:		začali jste	začaly jste
3. Pers. Pl., Futur:	začnou		3. Pers. Pl., Prät.:		začali	začaly

Anmerkungen zur Bildung des Präteritums:

Verben des Konjugationstyps *tiskne* (tisknout) lauten im Präteritumstamm auf einen Konsonanten aus (z. B. *tisk-*). Das Präteritum heißt daher *tiskl*. Die Form *tisknul* wird im alltagsprachlichen Stil toleriert. Von der oben genannten Regel weichen z. B. ab: *nahnout se* (sich beugen) – *nahnul se*, *vyhnout se* (ausweichen) – *vyhnul se*, *usnout* (einschlafen) – *usnul*. Verben des Konjugationstyps *mine* (minout) lauten im Präteritumstamm auf ein -nu- mit einem vorangehenden Vokal aus: *mi-nu-*. Das Präteritum heißt daher *minul*. Verben des Konjugationstyps *začne* (začít) haben im Präteritumstamm meist ein -a-: *zača-*. Das PPA heißt daher *začal*.

Weitere Verben:

Imperfektiv:	sedat si	zvedat	klesat	padat	říkat	prohlížet
Perfektiv:	sednout si	zvednout	klesnout	padnout	říci	prohlédnout

216

Geldsorgen:

Nom. peníze	*Gen.* peněz	*Dat.* penězům
Akk. peníze	*Präp.* penězích	*Instr.* penězi

 Slovíčka – Vokabel:

bavit (*Akk.* /koho/ + *Instr.* /čím/); *ipf., IV 1,*   unterhalten, Spaß machen
    Imp. Sg.: bav, *PPP:* baven
bavit se (*s + Instr.*); *ipf., IV 1*   sich unterhalten (mit jmdm. / etw.)
    pobavit se; *pf., IV 1a*
blahopřát; *ipf., III 1*   gratulieren
    poblahopřát; *pf., III 1a*
blýskat se; *ipf., V, unpers., PPP: -*   blitzen
    blýsknout se; *pf., II 1a, unpers.,*
      Futur: blýskne se, *PPA:* blýsklo se
děkovat (*Dat. za + Akk.*); *ipf., III 2,*   danken
    poděkovat; *pf., III 2a*
docilovat (+ **Gen.**); *ipf., III 2*   erzielen (etw.)
    docílit; *pf., IV 1a, Imp. Sg.:* docil
fotografovat; *ipf., III 2*   fotografieren
    vyfotografovat; *pf., III 2a*
horšit se; *ipf., IV 1, Imp.:* horši se,   sich verschlechtern
    horšete se, *PPP: -*
    zhoršit se; *pf., IV 1a*
    zhoršovat se; *ipf., III 2, PPP: -*
chovat se; *ipf., V, PPP: -*   sich benehmen, sich verhalten
chytat; *ipf., V*   fangen
    chytit; *pf., IV 1a*
klesat; *ipf., V, PPP: -*   sinken
    klesnout; *pf., II 1a, PPP: -*
koukat; *ipf., V → ats.*   gucken, schauen
    kouknout; *pf., II 1a → ats.*
maturovat; *ipf. + pf., III 2*   maturieren

míjet (+ *Akk.*); *ipf., IV 3*   vorbeigehen, vorbeifahren,
minout; *pf., II 2*   verfehlen
mlsat; *ipf., V, PPP: -*   naschen
mýt nádobí; *ipf., III 1*   abwaschen
umýt nádobí; *pf., III 1a*
nahrazovat (*Dat. + Akk.*); *ipf., III 2*   ersetzen (jmdn. /etw.)
(*Akk. + Instr.*)   (jmdn./etw. durch jmdn./etw.)
nahradit; *pf., IV 1a*
nahýbat se; *ipf., V*   sich neigen, sich beugen
nahnout se; *pf., II 1a, PPA:* nahnul se
nakládat; *ipf., V*   laden, aufladen
naložit; *pf., IV 1a*
nechávat si; *ipf., V*   behalten
nechat si; *pf., Va*
odvážet; *ipf., IV 2*   fahren, (weg)führen, (fahrend)
odvézt; *pf., I 2a*   (weg)bringen
omlouvat se (*Dat. za + Akk.*); *ipf., V*   sich entschuldigen (bei jmdm.
omluvit se; *pf., IV 1a*   für etw.)
oslavovat; *ipf., III 2*   feiern
oslavit; *pf., IV 1a*
padat; *ipf., V*   fallen
padnout; *pf., II 1a, PPP: -*
posmívat se (+ **Dat.**); *ipf., V*   spotten (über jmdn.), jmdn.
    auslachen
postavit se; *pf., IV 1a*   sich (auf)stellen, aufstehen
potkávat (+ *Akk.*); *ipf., V*   begegnen (jmdm.), treffen (jmdn.)
potkat; *pf., Va*
pozorovat; *ipf., III 2*   beobachten (heimlich/
    aufmerksam/genau betrachten)
procházet se; *ipf., IV 3*   spazieren gehen
projít se; *pf., Futur:* projdu se,
projdou se, *Imp.:* projdi se,
projděte se, *PPA:* prošel se, *PPP: -*
prohlížet; *ipf., IV 3*   an-, durchschauen, betrachten,
prohlédnout; *pf., II 1a,*   untersuchen
PPA: prohlédl, *PPP:* prohlédnut
promarňovat; *ipf., III 2*   vergeuden
promarnit; *pf., IV 1a, Imp.:* promarni,
promarněte, *PPP:* promarněn
přenášet; *ipf., IV 2*   übertragen
přenést; *pf., I 2a, PPP:* přenesen
přenocovat; *pf., III 2a*   übernachten
přesvědčovat; *ipf., III 2*   überzeugen
přesvědčit; *pf., IV 1a*

převzít; *pf., Futur:* převezmu, převezmou, *Imp.:* převezmi, převezměte, *PPA:* převzal, *PPP:* převzat	übernehmen
přistupovat (*k + Dat.*); *ipf., III 2*	herantreten, auf jmdn.
přistoupit; *pf., IV 2a, Imp. Sg.:* přistup	zukommen
přivykat si (*na + Dat.*) *ipf., V* přivyknout si (*na + Dat.*) *pf., II 1a, PPA:* přivykl si	sich an jmdn./etw. gewöhnen
reagovat; *ipf., III 2*	reagieren
rušit; *ipf., IV 1, Imp. Sg.:* ruš, *PPP:* rušen vyrušit; *pf., IV 1a, PPP:* vyrušen vyrušovat; *ipf., III 2*	stören
slibovat; *ipf., III 2* slíbit; *pf., IV 1a*	versprechen
spolupracovat; *ipf., III 2*	mitarbeiten
stýskat se; *ipf., V, unpers.* (*Dat. /komu/ po + Präp.*)	sich sehnen nach jmdm./etw.
trénovat; *ipf., III 2*	trainieren
týkat se (*+ **Gen.**.*); *ipf., V*	betreffen
ubíhat; *ipf., V* uběhnout; *pf., II 1a*	vergehen (etw. geht dahin und wird Vergangenheit)
usazovat se; *ipf., III 2* usadit se; *pf., IV 1a*	sich setzen, sich niederlassen
utíkat (*Dat., před + Instr.*); *ipf., V* utéci/utéct; *pf., I 2a, Futur:* uteču, utečou, *Imp. Sg.:* uteč, *PPA:* utekl, *PPP:* -	weglaufen, fliehen, flüchten (jmdm., vor jmdm./etw.)
uvědomovat si; *ipf., III 2* uvědomit si; *pf., IV 1a*	sich bewusst werden
vadit (*+ Dat. /komu/*); *ipf., IV 1*	ausmachen, von Belang sein, stören
vypravovat; *ipf., III 2*	erzählen
vzdávat se; *ipf., V* vzdát se; *pf., Va*	sich ergeben, kapitulieren, aufgeben
vzít si na sebe; *pf., II 3*	anziehen
zasluhovat (si); *ipf., III 2* zasloužit (si); *pf., IV 1a, Imp. Sg.:* zasluž (si)	verdienen, etw. wert sein, beanspruchen dürfen
zastihnout; *pf., II 1a* (*selten:* zastihovat; *ipf., III 2*)	erreichen (u. a. telefonisch)
zlobit se (*na + Akk.*); *ipf., IV 1*	sich ärgern (über jmdn./etw.)
znamenat; *ipf., V*	bedeuten
zvedat; *ipf., V*	heben (nach oben, in die Höhe

zvednout; *pf., II 1a*	bewegen)
barva, -y, *Fem. 1*	Farbe
bratranec, -nce, *Mask. 4, b.*	Cousin
číslice, -e, *Fem. 2*	Ziffer
dárek, -rku, *Mask. 1, u.*	**das** Geschenk
dojem, -jmu, *Mask. 1, u.*	Eindruck
guma, -y, *Fem. 1*	**der** Radiergummi
hra, -y, *Fem. 1*	**das** Spiel
jarmark, -u, *Mask. 1, u.*	Jahrmarkt
klavír, -u, *Mask. 1, u.*	**das** Klavier
krabice, -e, *Fem. 2*	Schachtel
krev, krve, *Fem. 3*	**das** Blut
kytice, -e, *Fem. 2*	**der** Blumenstrauß
lampa, -y, *Fem. 1*	Lampe
manžel, -a, *Mask. 3, b.*	Ehemann
manželka, -y, *Fem. 1*	Ehefrau
manželství, -í, *Neutr. 3*	**die** Ehe
materiál, -u, *Mask. 1, u.*	**das** Material
matka, -y, *Fem. 1*	Mutter
mír, -u, *Mask. 1, u.*	Friede(n)
myšlenka, -y, *Fem. 1*	**der** Gedanke, die Idee
návrh, -u, *Mask. 1, u.*	Vorschlag, Antrag, Entwurf
nemocnice, -e, *Fem. 2*	**das** Krankenhaus
nezávislost, -i, *Fem. 4*	Unabhängigkeit
odbíjená, -é, *subst. Adj.*	**der** Volleyball
odpověď, -i, *Fem. 4*	Antwort
odpovědnost, -i, *Fem. 4*	Verantwortung
otec, otce, *Mask. 4, b.*	Vater
partner, -a, *Mask. 3, b.*	Partner
partnerka, -y, *Fem. 1*	Partnerin
partnerství, -í, *Neutr. 3*	**die** Partnerschaft
patriarcha, -y, *Mask. 5, b.*	Patriarch
pohádka, -y, *Fem. 1*	**das** Märchen
pomocnice, -e, *Fem. 2*	Helferin
posluchačka, -y, *Fem. 1*	Hörerin
právo, -a, *Neutr. 1*	Recht
projev, -u, *Mask. 1, u.*	**die** Ansprache
promoce, -e, *Fem. 2*	Sponsion, Promotion
představení, -í, *Neutr. 3*	**die** Vorstellung (Theater)
příklad, -u, *Mask. 1, u.*	**das** Beispiel
přítomnost, -i, *Fem. 4*	Gegenwart, Anwesenheit
roh, -u, *Mask. 1, u.*	**die** Ecke; **das** Horn
rovnoprávnost, -i, *Fem. 4*	Gleichberechtigung

sebedůvěra, -y, *Fem. 1*	**das** Selbstbewusstsein
sedlák, -a, *Mask. 3, b.*	Bauer
sféra, -y, *Fem. 1*	Sphäre
schopnost, -i, *Fem. 4*	Fähigkeit
slečna, -y, *Fem. 1*	**das** Fräulein
soukromí, -í, *Neutr. 3*	Privatleben
sova, -y, *Fem. 1*	Eule
společnost, -i, *Fem. 4*	Gesellschaft
střecha, -y, *Fem. 1*	**das** Dach
syn, -a, *Mask. 3, b.*	Sohn
taneční, -ích, *Fem. Pluraletantum*	**der** Tanzkurs
vaření, -í, *Neutr. 3*	Kochen
věta, -y, *Fem. 1*	**der** Satz
vězeňkyně, -ě, *Fem. 2*	weiblicher Häftling, Gefangene
vliv, -u, *Mask. 1, u.*	Einfluss
zájmeno, -a, *Neutr., 1*	Pronomen, Fürwort
zápal, -u, *Mask. 1, u.*	**die** Entzündung
závorka, -y, *Fem. 1*	Klammer
zvyk, -u, *Mask. 1, u.*	Usus, Brauch, **die** Gewohnheit
žehlení, -í, *Neutr. 3*	Bügeln
divný, *1*	seltsam, sonderbar, merkwürdig, eigentümlich
duševní, *2*	seelisch, geistig
emancipovaný, *1*	emanzipiert
fungující, *2*	funktionierend
inteligentní, *2*	intelligent
jednostranný, *1*	einseitig
klidnější, *2* (*Komparativ zu* klidný, *1*)	ruhiger
lehký, *1*	leicht
lenivý, *1*	faul, träge
lidový, *1*	Volks-
ochotný, *1*	bereit, bereitwillig, zuvorkommend
ostatní, *2*	übrig, sonstig
rozdělený, *1*	geteilt
samostatný, *1*	selbständig, unabhängig
solidní, *2*	solid
stálý, *1*	ständig
špinavý, *1*	schmutzig
tělesný, *1*	Körper-, Leibes-, körperlich
webový, *1*	Web-, das WWW betreffend
zázračný, *1*	wunderbar, wundersam
atd. = a tak dále	usw.
bohužel, *Adv.*	leider

logicky, *Adv.*	logisch
lze, *Adv.*	man kann, es ist möglich
najednou, *Adv.*	auf einmal, plötzlich, unvermittelt
např. = například, *Adv.*	zum Beispiel
nedávno, *Adv.*	unlängst, vor kurzem
nelze, *Adv.*	man kann nicht, es ist unmöglich
obvykle, *Adv.*	gewöhnlich
opět, *Adv.*	wieder
podruhé, *Adv.*	ein zweites Mal, ein andermal
pohodlně, *Adv.*	bequem
silně, *Adv.*	stark
skoro, *Adv.*	fast, beinahe
všude, *Adv.*	überall
koncem (+ *Gen.*), *Präpos.*	Ende (mit Zeitangabe)
místo (+ *Gen.*), *Präpos.*	statt, anstatt
okolo (+ *Gen.*), *Präpos.*	an ... vorbei, um ... herum
po (+ *Präp.*), *Präpos.*	nach (zeitlich)
ať, *Konj.*	sei es, es möge sein
i když, *Konj.*	wenn auch, obwohl
jestli, *Konj.*	wenn, ob

Krajina – Die Landschaft

krajina	město	hlavní město	vesnice	venkov
Landschaft	Stadt	Hauptstadt	Dorf	Land
svět	příroda	silnice	cesta	mapa
Welt	Natur	(Land)straße	Weg	Landkarte
oceán	moře	jezero	rybník	řeka
Ozean	Meer, die See	der See	Teich	Fluss
potok	vodopád	pramen	proud	vlna
Bach	Wasserfall	Quelle	Strom	Welle
břeh	most	ostrov	půda	pole
Ufer	Brücke	Insel	Boden	Feld
les	skála	hora	kopec	údolí
Wald	Felsen	Berg	Hügel	Tal

Muttis langer Satz

„Sei mir nicht böse, Vati, aber auch ich gehe zur Arbeit und außerdem wasche, bügle, stopfe und koche ich, wasche Geschirr ab, wische Staub, sauge Teppiche, bringe Klein-Peter zum Kindergarten, kaufe ein, besuche Elternabende, koche Obst ein, gieße Blumen, öle mir selbst die Nähmaschine, putze die Schuhe, trage die Mäntel zur Putzerei und hole sie aus der Putzerei, schreibe der Oma, zahle die Daueraufträge[*], habe nicht einmal die Zeit einen Sprung zum Friseur zu machen, um dir zu gefallen, und so denke ich mir, dass du zumindest das Märchenerzählen übernehmen könntest, was sagst du dazu?"

Aus dem Buch von Zdeněk Svěrák *Tatínku, ta se ti povedla* (Vati, die ist dir gelungen)

[*] Sammel-Daueraufträge

14. Lektion

Čeština v síti – psanost či mluvenost?

Od: CholaJelen <Alena.Koloušková@iol.cz>
Komu: Stefan Michael Newerkla <stefan.newerkla@univie.ac.at>
Odesláno: Stř, 17 led 2001 18:05:22 +0100
Věc: Zpráva z Divokého východu

Drazí Chola Jeleni!

Již měsíc nepřibyl do mé mailschránky ani drobeček, takže jste mi to za všechny ostatní savce nepsavce bohatě vynahradili. Jsem potěšena vaším nenapodobitelným humorem, který – jak vidno – odolává i kapitalistickému konkurenčnímu ovzduší. U nás ve Slezsku vše plyne zběsilým tempem kupředu a nejinak než světlu vstříc. Vloni jsem začala opět po letech poněkud intenzivněji týrat své zanedbané a stárnoucí tělo: aerobic 3x týdně, volejbal 2x týdně, plavání, tenis, ping-pong atd. Musím přiznat, že mi to po fyzické stránce velmi svědčí a důsledky jsou více než příjemné (když mi chlapci na diskotékách hádají těch třiadvacet, předu blahem).

V práci je téměř vše při starém – šéf si nadále k mé osobě dovoluje to, co by jej ani nenapadlo dovolit si k mému méně schopnému a pomalejšímu kolegovi, navíc o pět let mladšímu. Jo jo, ženství je vskutku často komplikující faktor. Nicméně musím přiznat, že mi je vycházeno vstříc (bodejť by taky ne, když sem docházím i v rámci svých nemocenských, příp. nemocí svého mazlíka Aničky). Jednou z velkých výhod mého zaměstnání je samozřejmě internet, díky němuž si můžeme takto vyměňovat informace – což je fakt bezva.

Často zavítám do Prahy, takže se někdy vídáme s holkama. Ivana Dvořáková má syna Honzu, manžela Honzu, a dokončuje s nimi barák za pár melounů. Zuzana má s Jirkou Aničku a brzy očekávají další přírůstek. Brňák má syna Matěje a žijí s Janou v Kostelci nad Černými lesy, kde jsme letos taky všichni byli. Na jejich zahradě se prohánějí dva psi, jedna kočka, jedna kobyla, stěhují se tam králíkárny (vysvětlím příště) a je tam malebně a jiskřivě.

Bis příště se moc těší

Chola Jelen von Kolouchov

1) Unterstreichen Sie im Einleitungstext die alltagssprachlichen und nicht standardsprachlichen Ausdrücke.

2) Rodinné vztahy:

Otec mého tatínka je můj _____. Matka mé maminky je moje _____.

Bratr mé maminky je můj _____. Sestra mého tatínka je moje _____.

Syn mé tety je můj _____. Dcera mého strýce je moje _____.

Jsem _____ své babičky. Má sestřenice je _____ mého otce.

Matka mé maminky je _____ mého otce. Babička mé maminky je má _____.

Švagrová mé matky je moje _____. Bratr mé maminky je _____ mého tatínka.

3) Ergänzen Sie die entsprechende Form des Possessivpronomens „můj":

To je manželka. → To je moje/má manželka.
To je syn. To je dcera. To je maminka. To je tatínek. To je auto. To je byt. To je dům. To je snídaně. To je židle. To je oběd. To je postel. To je minerálka. To je čaj. To je rohlík. To je loupáček. To je košile. To je sukně. To je kabát. To je psací stůl. To je pero. To je tužka. To je propiska*[)]. To je kniha. To jsou hodinky. To jsou květiny.

[)] kurz für propisovací tužka

U psacího stolu není židle. Dal květiny na stůl. Přijel až k autu a náhle zastavil. V bytě je pět velkých pokojů. Na židli ležely noviny. Kdo leží v posteli? Do čaje nalil mléko. Snědl rohlík. Píše propiskou. U hodinek jsou klíče. Dostali jsme to od rodičů.

4) Ergänzen Sie die entsprechende Form des Possessivpronomens „tvůj":

Kde je kabát? → Kde je tvůj kabát?
Kdo má slovník? Kdo má učebnici? Knihy jsou tamhle. Kdo přinesl židli? Zahrada není velká. Nerozuměla odpovědi. To jsou boty. To je modrá košile. To jsou kalhoty. Kde je auto? Kde mají stůl?

5) Setzen Sie das Possessivpronomen in den Plural:

Alfréd a Jakub jsou moje děti. → Alfréd a Jakub jsou naše děti.

225

To je můj pokoj.
To není moje auto.
To byla moje knihovna.
To nebyla moje postel.

To je moje učebnice.
To byl můj klavír.
To byla moje skříň.

6) Setzen Sie das Possessivpronomen in den Plural:

Tvůj slovník nemám. → *Váš slovník nemám.*
Dal mu tvoji židli. Tvůj domácí úkol jsem neviděla. Vážím si tvé práce.
Všimla jsem si tvého nového obrazu. Rozumím tvým návrhům. Půjčili jsme
si tvoje slovníky. Přinesla jsem něco pro tvoje děti. Bylo to v tvém pokoji?
Jsou děti u tvé kamarádky? Je to tvoje přání? Je to tvůj cíl? Je to tvůj
kamarád? Čekám na tvůj návrh. O tvém návrhu budu přemýšlet. Co studuje
tvůj bratr? Co studuje tvoje sestra? Znám tvoji sestru.

7) Deklinieren Sie:

moje žlutá růže, můj nový počítač, naše krásné město

8. a) Ergänzen Sie die entsprechende Form des Possessivpronomens „náš":

To je vlak. To je letadlo. To je babička. To je strýc. To je Petr. To je
zahrada. To je počítač. To je ložnice. To je koupelna. To je kočka. To je
předsíň. To jsou dveře. To jsou vrata.
Čeká u vlaku. Otevřel omylem dveře. Přijel k zahradě. V domě je 15 pokojů.
Seděli na lavičce. Kdo bydlí v domě? V knihovně je 3400 knih. Na stole
nejsou květiny. V předsíni svítí světlo. Pochválil třešně. Studuje v hlavním
městě. U sousedů je tma.

b) Ersetzen Sie die Formen „můj" durch jene von „náš":

V mé zahradě roste hodně květin. V mém okolí bydlí lidé různých
národností. Ten rohlík a máslo jsou moje. V mé minerálce není led.
U mého fotoaparátu leží dva filmy.

9) Ergänzen Sie die entsprechende Form des Possessivpronomens „můj", „tvůj" bzw. „její":

To je sestra. → *To je její sestra.*
To je bratr. To je kniha. To je auto. To jsou poznámky. To je počítač.

To je ložnice. To je koupelna. To je kočka. To jsou šaty. To jsou housle.
To je klavír. To je fotografie.

10) Ergänzen Sie die entsprechende Form des Possessivpronomens „její":

U zavazadla leží pes. Bez muže tam nechceme jet. Přijel k autu. Stál u
bytu. Na stole nejsou květiny. U sousedů je tma. V pokoji svítí světlo.
Máme rádi svíčkovou. Položil noty k houslím. V kapse šatů je důležitá
adresa. Odjeli s kamarádem. K šatům patří i ten černý pásek. Hledal boty.
Bez nápadů by se to nepovedlo. K názorům není co dodat. O obrazech
psali v novinách. Hledali album s fotografiemi. Přišel dopis od tety.

11) Stellen Sie fest:

To je moje jízdenka. → Ta jízdenka je moje.
To je moje vstupenka. To jsou tvoje peníze. To jsou moje drobné. To je
jeho bunda. To jsou její boty. To jsou jejich obědy. To je tvoje káva. To je
můj čaj. To je jeho fax. To je náš e-mail. To je váš hrneček.

12) Fragen Sie:

Je tohle minerálka? → Je tohle tvoje/tvá minerálka?

Je tohle e-mail?	Je tohle salát?
Je tohle večeře?	Jsou tohle hodinky?
Je tohle domácí úkol?	Je tohle práce?
Je tohle příprava?	Jsou tohle diskety?
Je tohle kocour?	Jsou tohle slovníky?
Je tohle dopis?	Jsou tohle noty?

13) Das Telefon läutet. Wer ist dran? – Ergänzen Sie:

Je to tvůj bratr nebo sestra? → Je to tvůj bratr nebo tvoje sestra?
Je to tvoje babička nebo dědeček?   Je to tvoje známá nebo sestřenice?

14) Antworten Sie unter Verwendung von Possessivpronomen:

Nebyl to ani můj bratr, ani moje sestra, byl to ... *nebo:* ... byla to ... .

15) Ersetzen Sie:

Ty peníze mi nepatří. → *To nejsou moje/mé peníze.*
Ten svetr mi nepatří. Ta snídaně mi nepatří. Ty noviny mi nepatří. Ten časopis mi nepatří. Ty cigarety mi nepatří. Ten zapalovač mi nepatří. Ty klíče mi nepatří.

16) Ergänzen Sie die entsprechende Form des Possessivpronomens:

Je mi líto, že (náš) _____ kamarádi nepřišli. → *Je mi líto, že naši kamarádi nepřišli.*
(Váš) _____ kamarádi nepřijeli. (Váš) _____ dcera chodí do české školy. Kde bydlí (tvůj) _____ sestra? (Jeho) _____ babička žije v Praze. To jsou (jejich) _____ zvyky? Jak se jmenuje (tvůj) _____ dcera? To je (můj) _____ kabát, ne (váš) _____. To je (náš) _____ velké štěstí. (Tvůj) _____ informace nebyla správná. (Její) _____ bratr letěl do Londýna. (Jeho) _____ auto bylo modré. Chceš si prohlédnout (můj) _____ webovou stránku nebo sbírku motýlů? Děkuji ti za (tvůj) _____ zprávu. Tohle byla (její) _____ odpověď. Dala jsem to (můj) _____ bratrovi. Tihle lidé budou (tvůj) _____ příbuzní. Tyhle (jejich) _____ údaje budou oficiální. Je to (náš) _____ přání. (Tvůj) _____ košile je mi malá. (Náš) _____ bratranci je špatně. (Váš) _____ babička bydlí ve Vídni? (Náš) _____ dcera chodí do školky. Jak se jmenuje (váš) _____ syn? Děkujeme za (váš) _____ dar. Bydlela jsem u (jeho) _____ příbuzných.

17) Setzen Sie das entsprechende Possessivpronomen ein:

Znal jste (ihr) _____ syna a (ihr) _____ dceru? → *Znal jste jejího syna a její dceru?*
(Dein) _____ nápad nebyl špatný.
(Sein) _____ auto stálo u nádraží.
V (sein) _____ obchodě bylo hodně lidí.
Někdo byl u (Ihr) _____ dveří.
Přišla (mein) _____ sestra.
(Dein) _____ sestru jsem neznal.
Kde byl (mein) _____ slovník?
Byl tolerantní jako (sein) _____ rodiče.
Přemýšleli jsme o (Ihr) _____ návrhu.

18) Passen Sie entsprechend an:

Zeptáme se (tvůj bratr). → *Zeptáme se tvého bratra.*
Zapamatuje si (tvoje jméno). Půjčím mu (tvoje mapa). Napíšu (náš ministr) dopis. (Váš kamarád) budu asi znát. Přinesou mi (její zavazadla). Uvidím na letišti (vaše kamarádky). Ty věci budou ležet u (moje taška). Kdy se vrátí (tvoje sestra) ze zájezdu? Zaparkuje u (jeho dům). V (náš pokoj) jsou tři okna. Přinese dopis od (tvoje babička). Budeš bydlet v (jejich pokoj). Dá kufr do (naše auto). Babička bude mít z (vaše květiny) radost. Marta bude sedět vedle (můj soused). Studenti nebudou rozumět (moje otázka). Bude na ni v (náš hotel) dlouho čekat. V (jeho životopis) o tom nic nenajdeš. Půjde hledat šanony do (vaše kancelář). Bude na (naše teta) čekat v Brně na autobusovém nádraží. Znáš (jeho obchod) na náměstí?

19) Ersetzen Sie den gekennzeichneten Ausdruck durch das passende Possessivpronomen:

To jsou Petrovy boty. → *To jsou jeho boty.*
To je Otův kabát. To je Ilonina taška. To nejsou Tomášovy hodinky. To je Janina peněženka. To jsou Jindřichovy tepláky. To není Zuzančin šátek. To není Ondřejův klobouk. To jsou Daniny peníze. To je Liduščina maminka. To je Mariin kapesník.

20) Ersetzen Sie „vlastní" durch die entsprechende Form von „svůj":

Má vlastní byt. → *Má svůj byt.*
Bojí se vlastní matky. Vysvětlila mu vlastní ideologii. Nezná vlastní sestru. Měl to ve vlastním bytě. U vlastních příbuzných si toho nevšiml. Půjčil jsem mu vlastní hodinky. Darovala mu vlastní prsten. Potvrdila to vlastním podpisem.

21) Überlegen Sie, wo die Formen von „svůj" verwendet werden können:

Hosté hledali v hotelu ? pokoj. To je ? kniha. Wolfgang sedí vedle ? bratra. Půjčila mu ? auto. Spali jsme v ? autě. Vzpomíná na ? učitele. Ukázal nám ? nový obraz. Přijel ? novým autem. Sedne si k ? synovi. Vypral si ? ponožky. Líbí se ti tahle ? práce? Má ráda ? rodinu. Vezmeš s sebou ? kytaru? Tu informaci mám od ? kamarádky.

22) Ergänzen Sie die richtige Form von „svůj":

Představil nám manželku. → *Představil nám svoji manželku.*
Bydlí u bratra v Praze. Jela za sestrou. Neviděl jsem kamaráda už týden.
Umyla a oblekla malého bratra. Vypil čaj. Zaměstnanci dostali od vedení
podniku peníze. Vzpomínám si na první školní den. Neodešli z domu.
Půjčil mi auto.

23) Bilden Sie den Präpositiv Sg. und Pl. von:

kuřák	grafolog	divoch	lak	žebrák
psycholog	návrh	sněhulák	hlupák	dobrodruh
mnich	kriminolog	blok	vrah	zázrak
gynekolog	lišák	pstruh	padák	vysokoškolák

24) Ergänzen Sie die richtige Endung:

V metr_ hořelo, nikomu se nic nestalo. → *V metru hořelo, nikomu se nic nestalo.*

Singular:

Naše teta čeká v divadl__. Jeho přednáška o ptactv__ v okolí Neziderského
jezera byla zajímavá. Moje sestřenice je na veletrh__ v Brně. Slyšela jsem
o jejím úspěch__. Jezdím na univerzitu na kol__. Bolí mě v krk__. Děti
byly v cirkus__. Stalo se to v květn__ nebo v červn__? Počkáme v našem
hotel__. Máte peníze v hotovost__? Nebydlí už ve měst__, bydlí na
venkov__. O jeho odjezd__ nic nevím. Ve kterém měst__ je ministerstvo
spravedlnosti? Věci nejsou na svém míst__. O tvém návrh__ budu
přemýšlet. Čí jsou děti v ústav__?

Plural:

Znáš pohádku o sedmi (kůzlátko) _____? Na vánočních (stromeček)
_____ bylo hodně ozdob. Co bylo v těch (balíček) _____?
Vyprávěl o (autíčko) _____, se kterými si rád hrál. Jaká prostěradla
jsou na (lehátko) _____? Výzkum je teprve v (začátek) _____.
Bolí ho v (záda) _____. Nosí dítě na (záda) _____. Zaplatila
mu to v (euro) _____.

25) Lassen Sie Ihr Gegenüber die Farbe des Fahrrads, des Autos, der Schuhe, der Socken Ihres Nachbarn / Ihrer Nachbarin erraten!

26) Übersetzen Sie:

Wirst du zu Fuß hingehen oder fährst du mit dem Auto?
Er trank so viel Tee, dass er nicht einschlafen konnte.

Er gab die Zeitung auf den Tisch.	Die Zeitung liegt auf dem Tisch.
Wessen Kleid ist das? Ihres?	Wie machst du das? Ich zeige es dir.
Seine Kinder besuchen uns.	Ich werde an dich denken.
Wem hast du mein Geld geborgt?	Das ist das Haus seiner Eltern.
Das ist das Zimmer meines Bruders.	Er lief mir entgegen und fiel hin.
Wen hast du eingeladen?	Seine Schwester oder ihn?
Wem hast du das gegeben?	Ihm oder ihr?

Wir wünschen Ihnen frohe Ostern.

27) Fragen und Antworten:

Hrajete rád kuličky? – Mögen Sie Murmelspiele?
Co byste si nikdy neoblekla? – Was würden Sie nie anziehen?
Jak najít svoji velkou lásku? Co je k tomu třeba?
Osud, vytrvalost, štěstí, odvážné činy, jiné?
Které tři věci nosíte vždy v kabelce nebo v kapse?

28) Ergänzen Sie den Präpositiv:

	Präp. Sg.	Präp. Pl.
vnoučátko	*o vnoučátku*	*o vnoučátkách*
sedátko	_____	_____
sluchátko	_____	_____
kukátko	_____	_____
zrcadlo	*v zrcadle*	*v zrcadlech*
letadlo	_____	_____
umývadlo	_____	_____
prádlo	_____	—
příbuzenstvo	*o příbuzenstvu*	—
veličenstvo	_____	—
měšťanstvo	_____	—
ptactvo	_____	—

vláček	ve vláčku	ve vláčcích / vláčkách
zobáček	_____	_____
vdoleček	_____	_____
blesk	*blesku*	*blescích*
zvyk	_____	_____
hoch	*hochovi*	*hoších*
ženich	_____	_____
mineralog	*mineralogovi*	*mineralozích*
gynekolog	_____	_____
obsah	*obsahu*	*obsazích*
výtah	_____	_____
lehátko	_____	_____
mrak	_____	_____
lidstvo	_____	—
věšáček	_____	_____
sklo	_____	_____
páreček	_____	_____
číslo	_____	_____
lůžko	_____	_____
monolog	_____	_____
koníček	_____	_____
taxík	_____	_____
domeček	_____	_____
slůvko	_____	_____
clo	_____	_____
baloňák (*ats.*)	_____	_____
mraveneček	_____	_____
sedadlo	_____	_____
dělnictvo	_____	—
lenoch	_____	_____

čertíček   ———————————   ———————————

křídlo   ———————————   ———————————

šatstvo   ———————————   –

šáteček   ———————————   ———————————

kůzlátko   ———————————   ———————————

loďstvo   ———————————   –

chlebíček   ———————————   ———————————

kuřátko   ———————————   ———————————

obecenstvo   ———————————   –

lízátko   ———————————   ———————————

hošíček   ———————————   ———————————

jídlo   ———————————   ———————————

zrcátko   ———————————   ———————————

kobereček   ———————————   ———————————

!

 ZÁJMENA PŘIVLASTŇOVACÍ – POSSESSIVPRONOMEN

Singular

	Maskulinum belebt unbel.	Femininum	Neutrum	Maskulinum belebt unbel.	Femininum	Neutrum
Nom.	můj	moje / má	moje / mé	náš	naše	naše
Gen.	mého	mojí / mé	mého	našeho	naší	našeho
Dat.	mému	mojí / mé	mému	našemu	naší	našemu
Akk.	mého můj	moji / mou	moje / mé	našeho náš	naši	naše
Präp.	mém	mojí / mé	mém	našem	naší	našem
Instr.	mým	mojí / mou	mým	naším	naší	naším

Plural

	Maskulinum belebt unbel.	Femininum	Neutrum	Maskulinum belebt unbel.	Femininum	Neutrum
Nom.	moji/mí moje/mé	moje / mé	moje / má	naši naše	naše	naše
Gen.	mých			našich		
Dat.	mým			našim		
Akk.	moje / mé	moje / mé	moje / má	naše		
Präp.	mých			našich		
Instr.	mými			našimi		

14. lekce

Ebenso: tvůj, tvá/tvoje, tvé/tvoje (dein)   váš, vaše, vaše (euer)
svůj, svá/svoje, své/svoje   Váš, Vaše, Vaše*) (Ihr)

*) *als Ausdruck der Höflichkeit oft großgeschrieben*

Jeho (sein) und **jejich** (ihr, Pl.) werden nicht dekliniert.
Její wird wie ein weiches Adjektiv (Paradigma *jarní*) dekliniert.

	Singular			**Plural**		
	Maskulinum belebt unbel.	Femininum	Neutrum	Maskulinum belebt unbel.	Femininum	Neutrum
Nom.		její			její	
Gen.	jejího	její	jejího		jejích	
Dat.	jejímu	její	jejímu		jejím	
Akk.	jejího její	její	její		její	
Präp.	jejím	její	jejím		jejích	
Instr.	jejím	její	jejím		jejími	

Anmerkung:

Zwischen den Formen des reflexiven Possessivpronomens **svůj** und dem Subjekt muss ein direkter, besitzanzeigender Bezug gegeben sein. Der durch das Possessivpronomen bezeichnete Besitzer muss gleichzeitig Subjekt des Satzes sein, z. B.: *Vidí svou dceru.* = Sie sieht ihre (eigene) Tochter. / Er sieht seine (eigene) Tochter.

Im Allgemeinen wird es verwendet, um Missverständnisse zu vermeiden: *Má jeho kabát.* Er hat seinen Mantel (z. B. des Bruders). Aber: *Má svůj kabát.* Er hat seinen (eigenen) Mantel.

Das reflexive Possessivpronomen **svůj** kann **im Nominativ nicht** verwendet werden, also nicht in Sätzen wie *Peter und seine Freunde sind zu Hause.*

Beachten Sie „jejích ↔ jejich":

Bez jejích kalhot jsem ji ještě neviděl. → *Bez jejich kalhot jsem je ještě neviděl.*

Beachten Sie weiters den Unterschied:

Die Akkusativform des Personalpronomens *on* wird nach einer Präposition abgeändert *(jeho → něho):* *Čekáte na něho marně.*
Beim Possessivpronomen *jeho* kommt es zu keiner Änderung: *Auta u jeho domu jsou poškozená.*

SKLOŇOVÁNÍ: LOKÁL – DEKLINATION: DER PRÄPOSITIV

Maskulina unbelebt (hart) – Singular: -u bzw. -e (-ě)
Die meisten unbelebten harten Maskulina haben im Präp. Sg. die Endung -u,
insbesondere Fremdwörter und unbelebte Maskulina auf -k, -g, -h, -ch, -r:
*v zámku, o veletrhu, o úspěchu, o zvyku, o požáru, ve stanu, při návratu, na jihu,
ve snu, ve vlaku, v kufru, ...* .
Bei einigen unbelebten Maskulina nach dem Musterwort „hrad" lautet
der Präp. Sg. aber auch auf -e / -ě aus: *na hradě* (auch *hradu*), *v domě*
(auch *domu*), *v obchodě* (auch *obchodu*), ... Die Endung -e / -ě bewirkt
im Präp. Sg. den Lautwechsel beim vorangehenden Konsonanten (k → c).
Den Präp. Sg. auf -e / -ě bilden die meisten Maskulina mit Genitiv auf -a,
jedoch nicht Monats- bzw. Tagnamen, *sýr, večer* und *sen*.
Viele unbelebte Maskulina haben im Präp. Sg. Dublettformen, z. B.
*na mostě / na mostu, v bytě / v bytu, v autobuse / v autobusu, na balkoně /
na balkonu, v potoce / v potoku, v jazyce / v jazyku, ...*
Achtung auf den Bedeutungsunterschied: *na západě / východě* X
při západu / východu slunce.

Maskulina belebt (hart) – Singular: -ovi bzw. -u
Die belebten harten Maskulina haben im Präp. Sg. die Endung -ovi oder
-u: z. B. *o druhovi / druhu, o dělníkovi / dělníku, o hochovi / hochu,
o bratrovi / bratru, o pánovi / pánu, o sousedovi / sousedu, o studentovi /
studentu, ...* .
Die kürzere Endung findet seltener Verwendung und dann nur bei allein
stehenden Maskulina. Bei einzeln gebrauchten Personennamen verwendet
man hingegen -ovi (*o Petrovi*), wobei in einer Reihe aufeinander folgender
Personennamen -ovi nur beim letzten Namen (*o Janu Miroslavu Novákovi,
o panu profesoru Josefu Vintrovi*) steht.
Im Präp. Sg. von *člověk* und *bůh* ist in der Schriftsprache nur die Endung
-u üblich: *o člověku, o bohu.* Achtung auf Unterschied: *o bohu* X *o Bohu,
věří v Boha.*

Neutra (hart) – Singular: -u bzw. -e (-ě)
Die meisten Neutra haben heute im Präp. Sg. die Endung -u. Dazu zählen
insbesondere alle Neutra auf -ko, -go, -ho, -cho, -ctvo, -stvo: *v ministerstvu,
městečku, ...* .
Bei einigen Neutra lautet die Endung des Präp. Sg. jedoch -e / -ě. Dazu
zählen alle Neutra auf -dlo, -lo sowie Einzelwörter: *v divadle, na kole,
v jídle, na okně, ve městě, ...* . Die Endung -e / -ě bewirkt im Präp. Sg. den
Lautwechsel beim vorangehenden Konsonanten (k → c, ch → š, r → ř).
Einige Neutra haben im Präp. Sg. Dublettformen, z. B. *na bříše / na břichu,
na jaře / o jaru ...* .

Maskulina (hart) – Plural: -ech bzw. -ích bzw. -ách

Die dominierende Endung bei harten Maskulina im Präp. Pl. ist die Endung -ech: *o domech, o hradech, o obchodech, o požárech, o stanech, o návratech, o bratrech, o pánech, o sousedech, o studentech, ...* .

Bei Maskulina auf -k, -g, -h, -ch zeichnet sich der Präp. Pl. durch die Endung -ích und die Erweichung des vorangehenden Konsonanten (k → c, g → z, h → z, ch → š) aus: *na veletrzích, o úspěších, o zvycích, o druzích, o dělnících, o hoších, o vlacích, o šilincích, o dialozích...*, außerdem *les: v lesích*.

Einige Maskulina haben im Präp. Pl. neben der Endung -ích auch die Endung -ách, wobei letztere als progressiv, erstere als gehoben gelten. Dublettformen haben Deminutiva auf -ček: *v balíčkách / balíčcích, na rybníčkách / rybníčcích, ...*, Einzelwörter mit dem Verkleinerungssuffix -ek: *na hříbkách / hříbcích, po kouskách / kouscích, ...* sowie Pluraliatantum auf -ky: *v dřevákách / dřevácích, v teplákách / teplácích, ...* .

Zur Semantik bei den Deminutivformen: *tatínek* (= Vati, emotional), *talířek* (= kleiner Teller, Tellerchen), *vodovodní kohoutek* (= Wasserhahn), *biskupský chlebíček* (= Früchtebrot; Fachausdruck).

Neutra (hart) – Plural: -ech bzw. -ách (bzw. selten -ích)

Die dominierende Endung bei diesen Neutra im Präp. Pl. ist die Endung -ech: *o ministerstvech, ve vedrech, o právech, ve městech, o divadlech, na kolech, o jídlech, na oknech, ...* .

Neutra auf -ko, -go, -ho, -cho enden im Präp. Pl. auf -ách: *na kolečkách, o městečkách, ...* .

Einige Neutra haben im Präp. Pl. neben der Endung -ách auch die Endung -ích, wobei diese seltener ist und die Erweichung des vorangehenden Konsonanten nach sich zieht. Dublettformen haben Neutra auf -isko: *na stanoviskách / stanoviscích, ...* sowie das Wort *jablko: v jablkách / jablcích, ...* .

Der Präp. Sg. und Pl. der Adjektiva (Maskulina und Neutra):

hart		weich	
Singular	Plural	Singular	Plural
velkém	velkých	podzimním	podzimních
starém	starých	domácím	domácích
loňském	loňských	vlastním	vlastních

Präpositionen mit dem Präpositiv:

o   po   při   v (auf die Frage wo?)   na (auf die Frage wo?)

Beachten Sie:

Fahren auf einspurigen Fahrzeugen: *jezdit na + Präp.*, z. B. *jezdím na kole, na motorce, na koloběžce, na mopedu, ...* . Dies gilt aber auch für: *jezdím na koni.*

Fahren mit zweispurigen Fahrzeugen: *jezdit + Instr.*, z. B. *jezdím autem, vlakem, ...* . Dies gilt aber auch für: *jezdím lanovkou, výtahem, vlekem.*

 Slovíčka – Vokabel:

dodávat; *ipf., V*	hinzufügen, beifügen; liefern
dodat; *pf., Va*	(= eine bestellte Ware bringen oder schicken)
hořet; *ipf., IV 2, PPP: -*	brennen
shořet; *pf., IV 2a, PPP: -*	verbrennen
nalévat; *ipf., V*	eingießen, einschütten
nalít; *pf., III 1a, Imp. Sg.:* nalij/nalej	
plavat; *ipf., Präs.:* plavu, plavou,	schwimmen
Imp. Sg.: plav, plavej, *PPP: -*	
pochvalovat; *ipf., III 2*	loben, belobigen
pochválit; *pf., IV 1a, Imp. Sg.:* pochval	
potvrzovat; *ipf., III 2*	bestätigen, bekräftigen, beglaubigen
potvrdit; *pf., IV 1a*	
povést se; *pf., Futur:* povede se,	gelingen, gut geraten, glücken
Imp. Sg.: poveď se, *PPA:* povedl se	
přemýšlet (*o + Präp.*); *ipf., IV 3*	nachdenken (über jmdn./etw.)
šít; *ipf., III 1*	nähen
ušít; *pf., III 1a*	
upadávat; *ipf., V, PPP: -*	(hin)fallen
upadnout; *pf., II 1a, PPP: -*	
zastavovat; *ipf., III 2*	anhalten, zum Stehen bringen
zastavit; *pf., IV 1a*	
adresa, -y, *Fem. 1*	Adresse
album, alba, *Neutr. 1*	Album
babička, -y, *Fem. 1*	Großmutter
baloňák, -u, *Mask. 1, u.* → *ats.*	Frühlingsmantel (aus Ballonseide)
blesk, -u, *Mask. 1, u.*	Blitz

blok, -u, *Mask. 1, u.*	Block
bratr, -a, *Mask. 3, b.*	Bruder
bůh (Bůh), boha, *Mask. 3, b (Vok. Sg.:* bože)	Gott
cirkus, -u, *Mask. 1, u.*	Zirkus
clo, -a, **Neutr.** *1*	**der** Zoll
čert, -a, *Mask. 3, b.*	Teufel; Krampus
dcera, -y, *Fem. 1 (Sg.: Dat., Präp.* dceři)	Tochter
dědeček, -čka, *Mask. 3, b.*	Großvater
dělnictvo, -a, **Neutr.** *1*	**die** Arbeiterschaft
disketa, -y, *Fem. 1*	Diskette
divoch, -a, *Mask. 3, b.*	Wilder
dobrodruh, -a, *Mask. 3, b.*	Abenteurer
druh, -u, **Mask.** *1, u.*	**die** Art, Gattung, Sorte
dřevák, -u, *Mask. 1, u.*	Holzschuh
fotoaparát, -u, *Mask. 1, u.*	Fotoapparat
fotografie, -e, *Fem. 2*	Fotografie, **das** Foto
grafolog, -a, *Mask. 3, b.*	Graphologe
gynekolog, -a, *Mask. 3, b.*	Gynäkologe
hlupák, -a, *Mask. 3, b.*	Dummkopf
hotovost, -i, **Fem.** *4*	**das** Bargeld
hrneček, -čku, *Mask. 1, u.*	**das** Häferl
hřib, -u, *Mask. 1, u.*	Pilz, Steinpilz, Herrenpilz
ideologie, -e, *Fem. 2*	Ideologie
informace, -e, *Fem. 2*	Information, Auskunft
jezero, -a, **Neutr.** *1*	**der** See
jih, -u, *Mask. 1, u.*	Süden
kancelář, -e, **Fem.** *3*	**das** Büro
kapesník, -u, **Mask.** *1, u.*	**das** Taschentuch
koloběžka, -y, **Fem.** *1*	**der** Roller
kopaná, -é, *subst. Adj.*	**der** Fußball
košile, -e, *Fem. 2*	**das** Hemd
koupelna, -y, **Fem.** *1*	**das** Badezimmer
kousek, -sku, **Mask.** *1, u.*	**das** Stück, Stückchen
kriminolog, -a, *Mask. 3, b.*	Kriminologe
krk, -u, *Mask. 1, u.*	Hals
křídlo, -a, **Neutr.** *1*	**der** Flügel
kukátko, -a, **Neutr.** *1*	**der** Theatergucker
kulička, -y, *Fem. 1*	Murmel, **das** Kügelchen
kuřák, -a, *Mask. 3, b.*	Raucher
kůzlátko, -a, *Neutr. 1*	Zicklein, Geißlein
kytara, -y, *Fem. 1*	Gitarre
lak, -u, *Mask. 1, u.*	Lack

lanovka, -y, *Fem. 1*	Seilbahn
lavička, -y, *Fem. 1*	(Sitz)bank
lenoch, -a, *Mask. 3, b.*	Faulenzer, Faulpelz
lidstvo, -a, *Neutr. 1*	die Menschheit
lišák, -a, *Mask. 3, b.*	Fuchs; Schelm
lízátko, -a, *Neutr. 1*	**der** Schlecker
loďstvo, -a, *Neutr. 1*	**die** Schiffsflotte
loupáček, -u, *Mask. 1, u.*	**das** Butterkipferl
měšťanstvo, -a, *Neutr. 1*	**die** Bürger(schaft), das Bürgertum
mineralog, -a, *Mask. 3, b.*	Mineraloge
ministerstvo, -a, *Neutr. 1*	Ministerium
ministerstvo spravedlnosti	Justizministerium
mnich, -a, *Mask. 3, b.*	Mönch
monolog, -u, *Mask. 1, u.*	Monolog
moped, -u, *Mask. 1, u.*	**das** Moped
motorka, -y, *Fem. 1*	**das** Motorrad
motýl, -a, *Mask. 3, b.*	Schmetterling
mrak, -u, *Mask. 1, u.*	**die** Wolke
národnost, -i, *Fem. 4*	Nationalität
návrat, -u, *Mask. 1, u.*	**die** Rückkehr
neteř, -e, *Fem. 3*	Nichte
nota, -y, *Fem. 1*	Note
obecenstvo, -a, *Neutr. 1*	Publikum
oblečení, -í, *Neutr. 3*	**die** Kleidung
odjezd, -u, *Mask. 1, u.*	**die** Abfahrt
ozdoba, -y, *Fem. 1*	Zierde, **der** Schmuck
padák, -u, *Mask. 1, u.*	Fallschirm
pásek, -sku, *Mask. 1, u.*	Gürtel
podnik, -u, *Mask. 1, u.*	Betrieb, **das** Unternehmen, **das** Werk
podpis, -u, *Mask. 1, u.*	**die** Unterschrift
poznámka, -y, *Fem. 1*	Bemerkung, Anmerkung, Notiz, Glosse
požár, -u, *Mask. 1, u.*	**das** Feuer, Brand
prádlo, -a, *Neutr. 1*	**die** Wäsche
propiska, -y, *Fem. 1,* → *ats. kurz für*	**der** Kuli (ugs.), **der** Kugelschreiber
propisovací tužka	
prostěradlo, -a, *Neutr. 1*	Leintuch
prsten, -u, *Mask. 1, u.*	Ring
přání, -í, *Neutr. 3*	**der** Wunsch
předsíň, -ě, *Fem. 3*	**das** Vorzimmer
příbuzenstvo, -a, *Neutr. 1*	**die** Verwandtschaft
příprava, -y, *Fem. 1*	Vorbereitung, Zubereitung

pstruh, -a, *Mask. 3, b.*	die Forelle
psycholog, -a, *Mask. 3, b.*	Psychologe
ptactvo, -a, *Neutr. 1*	die Vögel, Vogelwelt
rodiče, -ů, *Mask. 4, b.*	Eltern
sbírka, -y, *Fem. 1*	Sammlung
sedátko, -a, *Neutr. 1*	der Sitz
sestra, -y, *Fem. 1*	Schwester
sestřenice, -e, *Fem. 2*	Cousine
sever, -u, *Mask. 1, u.*	Norden
sklo, -a, *Neutr. 1*	Glas
sluchátko, -a, *Neutr. 1*	der (Kopf)hörer
snacha, -y, *Fem. 1*	Schwiegertochter
sněhulák, -a, *Mask. 3, b.*	Schneemann
stan, -u, *Mask. 1, u.*	das Zelt
stanovisko, -a, *Neutr. 1*	der Standpunkt, die Stellungnahme
strýc, -e, *Mask. 4, b.*	Onkel
sukně, -ě, *Fem. 2*	der Rock
světlo, -a, *Neutr. 1*	Licht
synovec, -vce, *Mask. 4, b.*	Neffe
šanon, -u, *Mask. 1, u.*	Ordner
šátek, -tku, *Mask. 1, u.*	das Tuch
šatstvo, -a, *Neutr. 1*	die Kleidung
švagr, -a, *Mask. 3, b.*	Schwager
švagrová, -é, *subst. Adj.*	Schwägerin
tatínek, -nka, *Mask. 3, b.*	Papa, Vati
teta, -y, *Fem. 1*	Tante
tchán, -a, *Mask. 3, b.*	Schwiegervater
tchyně, -ě, *Fem. 2*	Schwiegermutter
tma, -y, *Fem. 1*	Dunkelheit, Finsternis
třešně, -ě, *Fem. 2*	Kirsche
týden, -dne, *Mask. 2 (Dat. + Präp. Sg.:* -u / -i, *Nom. Pl.:* -y)	die Woche
údaj, -e, *Mask. 2, u.*	die Angabe, die Aussage
umývadlo, -a, *Neutr. 1*	Waschbecken
vedení, -í, *Neutr. 3*	die Leitung, die Führung
vedro, -a, *Neutr. 1*	die Hitze, die Schwüle
veličenstvo, -a, *Neutr. 1*	die Majestät
věšáček, -čku, *Mask. 1, u.*	Kleiderhaken
vlek, -u, *Mask. 1, u.*	Schlepplift; Anhänger
vnoučátko, -a, *Neutr. 1*	Enkelkind (im Kleinkindalter)
vnouče, -ete, *Neutr. 4*	Enkelkind
vnučka, -y, *Fem. 1*	Enkelin

vnuk, -a, *Mask. 3, b.*   Enkel
vrah, -a, *Mask. 3, b.*   Mörder
výsledek, -dku, **Mask.** *1, u.*   **das** Ergebnis, **das** Resultat, der Ausgang
výzkum, -u, **Mask.** *1, u.*   **die** Forschung, **die** Untersuchung
začátek, -tku, **Mask.** *1, u.*   Anfang, Beginn
zájezd, -u, **Mask.** *1, u.*   **die** Tournee, Busreise, Exkursion
západ, -u, *Mask. 1, u.*   Westen, Sonnenuntergang
zapalovač, -e, *Mask. 2, u.*   Zünder, **das** Feuerzeug
zeť, zetě, *Mask. 4, b.*   Schwiegersohn
žebrák, -a, *Mask. 3, b.*   Bettler, Bettelmann
ženich, -a, *Mask. 3, b.*   Bräutigam
životopis, -u, *Mask. 1, u.*   Lebenslauf, **die** Biographie
loňský, *1*   vorjährig
neziderský, *1*   Neusiedler
oficiální, *2*   offiziell
podzimní, *2*   Herbst-
poškozený, *1*   beschädigt, schadhaft, defekt, benachteiligt
správný, *1*   richtig, recht, korrekt, gerecht
tolerantní, *2*   tolerant
závislý (**na** + *Präp.*), *1*   abhängig (von jmdm./etw.)
naproti, *Adv.*   entgegen; gegenüber
teprve, *Adv.*   erst
třeba, *Adv.*   nötig, notwendig
asi, *Partikel*   etwa, ungefähr, zirka, wahrscheinlich

Oblečení – Die Kleidung

| kalhoty | sako | oblek | kabát | plášť | pláštěnka |
| Hose | Sakko | Anzug | Mantel | Übergangsmantel | Regenmantel |

| sukně | halenka / blůza | kostým (sukně a kabátek) | | šaty |
| Rock | Bluse | Kostüm (Rock und Kostümjacke) | | Kleid |

| bunda | svetr | košile | kravata | spodní prádlo |
| Jacke, Anorak | Pullover | Hemd | Krawatte | Unterwäsche |

| bota - boty | botky, botičky | lodičky | kozačky | gumáky |
| Schuh - Schuhe | Schühchen | Pumps | Stiefel | Gummistiefel |

čepice	klobouk	šátek	šála	pásek
Mütze	Hut	Tuch	Schal	Gürtel

taška	kabelka	peněženka	kapesník	hodinky
Tasche	Handtasche	Geldbörse	Taschentuch	Armbanduhr

obléknout se / obléct se
oblékat se
sich anziehen

svléknout se / svléct se
svlékat se
sich ausziehen

obléct si (+ *Akk.*)
oblékat si (+ *Akk.*)
sich etw. anziehen

svléct si (+ *Akk.*) / sundat si (+ *Akk.*)
svlékat si (+ *Akk.*) / sundávat si (+ *Akk.*)
sich etw. ausziehen

nosit (+ *Akk.*)
tragen

mít na sobě (+ *Akk.*)
angezogen haben

převléct se / převlékat se
sich umziehen

obout - obouvat boty
Schuhe anziehen

zout - zouvat boty
Schuhe ausziehen

ponožka
Socken

prát - vyprat
waschen

pračka
Waschmaschine

punčocháče
Strumpfhose

prášek na praní
Waschmittel

umývadlo
Waschbecken

žehlit - vyžehlit
bügeln

žehlička
Bügeleisen

ⓐ Čtrnáctá lekce

A: Sportuješ?

B: Ano, běhám, plavu a hraji kopanou.

A: A běháš i v zimě nebo když prší?

B: Klidně. Mám teplou bundu, svetr, čepici a šálu. Oblékám se vždy podle počasí.

A: A víš, že v našem městě je velká továrna, kde šijí různé obleky, šaty, pásky a další prádlo?

B: Ano, vím, ale nešijí oblečení pro sport.

Tschechisch im Netz – gesprochene oder geschriebene Sprache?

Von: CholaJelen <Alena.Kolouskova@iol.cz>
An: Stefan Michael Newerkla <stefan.newerkla@univie.ac.at>
Datum: Mi, 17 Jan 2001 18:05:22 +0100
Betreff: Nachricht aus dem Wilden Osten

Teure Holla Hirschen!*⁾ Schon einen Monat kam in meine Mailbox nicht einmal ein Krümelchen, somit habt ihr mich für alle anderen Säugetiere Nichtschreiber reichlich entschädigt. Ich bin erfreut über euren unnachahmlichen Humor, der – wie man sieht – auch der kapitalistischen, auf Konkurrenz ausgerichteten Atmosphäre widersteht.

Bei uns in Schlesien läuft alles in erschreckendem Tempo voran und keineswegs anders als dem Licht entgegen. Letztes Jahr begann ich nach Jahren wieder etwas intensiver meinen vernachlässigten und alternden Körper zu quälen: 3x wöchentlich Aerobic, 2x wöchentlich Volleyball, Schwimmen, Tennis, Ping-Pong usw. Ich muss gestehen, dass mir das physisch sehr bekommt, und die Auswirkungen sind mehr als angenehm (wenn mich die Kerle in den Diskotheken auf die 23 schätzen, schnurre ich vor Glückseligkeit).

In der Arbeit ist fast alles beim Alten – der Chef erlaubt sich noch immer meiner Person gegenüber das, was ihm gegenüber meinem weniger fähigen und langsameren, obendrein um fünf Jahre jüngeren Kollegen nicht einmal einfallen würde. Ja, ja, Weiblichkeit ist in der Tat oft ein komplizierender Faktor. Nichtsdestotrotz muss ich zugeben, dass mir entgegengekommen wird (fürwahr hat man auch allen Grund dazu, wenn ich auch im Rahmen meiner Krankenstände bzw. der Krankheiten meines geliebten Kindes Ännchen herkomme). Einer der großen Vorteile meiner Beschäftigung ist selbstverständlich das Internet, dank dessen wir auf diese Weise Informationen austauschen können – was wirklich toll ist.

Oft statte ich auch Prag einen Besuch ab, so dass ich manchmal die Mädchen sehe. Ivana Dvořáková hat einen Sohn Hans, einen Mann Hans und stellt gerade mit ihnen ein Haus um ein paar Melonen [sl. für „Millionen"] fertig. Susanne hat mit Jirka ein Annerl und bald erwarten sie weiteren Nachwuchs. Der Brünner hat einen Sohn Matthäus und gemeinsam mit Jana leben sie in Schwarzkosteletz, wo wir heuer auch alle waren. In ihrem Garten tummeln sich zwei Hunde, eine Katze, eine Stute, gerade werden dort die Hasenställe umgesiedelt (werde ich das nächste Mal erklären), und es ist dort malerisch und inspirierend.

Bis zum nächsten Mal freut sich sehr

Holla Hirsch⁾ *von Kolouchov*

*) in Anspielung an den Knížepán aus V. Čtvrteks Kinderbüchern *Rumcajs, Manka* und *Cipísek*

15. Lektion

Jan Werich – Když už člověk jednou je

... To je tak – já strašně nenávidím slovo barevný lidi, protože mně to připadá, že je to blbost. Jednou v Americe, když jsem tam byl, přišel takový mladý hoch od FBI a ptal se mě velmi slušně, jak to, že ke mně choděj do bytu barevný lidi. On tím myslel černochy. Já jsem říkal: Já nevím, vy jste taky barevnej? Von vylít a povídá: Ne, já jsem bílej. Já jsem povídal: No tak jste taky barevnej, protože, odkdy, prosím vás, bílá barva není barva? On tak na mě hloupě koukal a já mu povídám: Víte, já jsem barvoslepej, já nerozeznávám barvy. Je docela dobře možný, že ke mně přijde fialovej člověk a já myslím, že je růžovej.

Unterstreichen Sie im obigen Text alle nicht standardsprachlichen Ausdrücke und Formen.

🔊 Rozhovor

Jiří: Edito, byla jsi půl roku v České republice. Jací jsou Češi?

Edith: Nevidím velké rozdíly v mentalitě Čechů a Rakušanů z východní části Rakouska. Zdá se mi, že se Češi od ostatních Slovanů liší více než od nás Rakušanů. Nejsou otevření, vznětliví a také nemají nezkažený vztah k patosu. Češi, podobně jako Rakušané, rádi všechno relativizují, neberou věci, ani sebe, příliš vážně.

Jiří: Mluvila jsi s lidmi hodně? Co tě o tom přesvědčilo?

Edith: Soudím i podle literatury. V dílech českých autorů se často setkáváme s posměšným nebo absurdním tónem. Proto si myslím, že se Češi nedívají na život bezprostředně, nýbrž spíše skrze prizma svého intelektu, že všechno není tak jednoznačné.

Jiří: Byla jsi více v Čechách nebo na Moravě?

Edith: Byla jsem především v Praze. Nechci tím samozřejmě říci, že všichni Češi jsou existencialisté. Je to klišé, ve kterém může být zrnko pravdy. Mohu ale říct, že se v Čechách necítím jinak než v Rakousku, přesněji řečeno ve Vídni. Je tam stejná, trochu depresivní atmosféra, jako tady. Ale však mě znáš, zásadně si myslím, že všichni lidé jsou si příbuzní.

 1) Setzen Sie in den Präp. Sg., wo angegeben auch in den Präp. Pl.:

Mluvil o (jeho trpělivost). → Mluvil o jeho trpělivosti.

Mluvil o	Sg.
(jeho připravenost)	_____
(její zvědavost)	_____
(jejich zaměstnanost)	_____
(naše přítomnost)	_____
(vaše mírumilovnost)	_____
(tvoje budoucnost)	_____

	Sg.	Pl.
(nová záležitost)	_____	_____
(pěkná slavnost)	_____	_____
(velká radost)	_____	_____
(dobrá vlastnost)	_____	_____
(velká rychlost)	_____	_____
(neočekávaná starost)	_____	_____
(drahá nemovitost)	_____	_____
(televizní zajímavost)	_____	_____
(zajímavá možnost)	_____	_____

2) Bestimmen Sie die Deklinationsmuster der Substantive im Präpositiv:

Našel jsem na internetu jízdní řád ČD. Kde musíš přestupovat? V Brně?
V srpnu přijel bratr. Odjede v prosinci.
Narodila jsem se ve Vídni. Narodil jsem se v Benešově.
Natural prý stojí u většiny pump v Praze stejně. Kolik stojí u čerpacích stanic v Ostravě nafta?

3) Bilden Sie zu den Formen im Präpositiv (lokál) den Nominativ und anschließend insgesamt 10 Sätze unter Verwendung der Formen im Präpositiv:

v tomto týdnu → *tento týden* → *V tomto týdnu se naučím nová slovíčka.* ...

v republikách, ve filmech, v tramvajích, v počítači, v několika případech, v naší společné knihovně, v koncertním sále, v Německu, v ornitologii, v klidu, v dané situaci, v té věci, ve slovníku, v konverzaci, v noci, v hlubokém lese, v sedmém nebi, v ústavech, v obchodě, v takovém rozsahu, v tom případě, v okamžiku, v polovině ledna, v pořádku, v tom nakladatelství, v nějakém cizím státě, v hudební škole, v bundě, v kapse, v roce 1951, v domě, v nekonečném oceánu, v mé přítomnosti, v zobáčku, v poslední době, v e-mailech, v dobré náladě, v české škole, v plavkách, v normálních poměrech, v sousedních státech, v maškarních kostýmech, v obchodních záležitostech, v ohni, na zahradě, v knedlících, ve svém autě, ve Státní opeře, ve vlasti, v kuchyni, v internátě, po schodech, na hřišti, o úspěších, na trávnících

Achtung jedoch bei folgenden Zeitangaben *v* + *Akk.*:
v sobotu, v pět hodin, v jednu hodinu

4) Ersetzen Sie die unterschiedlichen Satzglieder:

Vzpomínám často na bratra. → *Myslím často na bratra.*
Vzpomínám na naši dovolenou na Kanárských ostrovech. Vzpomínali jsme na své spolužáky ze střední školy. Vzpomínali vždy na jeho rodinu.

Neznal jsem to. → *Nevěděl jsem o tom.*
Řecké bohy neznal. Neznali jsme to představení. Neznám ty dva případy. Neznáme tu biografii.

5) Auf die Frage WO? → v + Präp. bzw. na + Präp.:

posluchárna → **WO?** → *Jsem v posluchárně.*
třída, pokoj, Brno, Praha, Rakousko, Česká republika, Čechy, práce, park, kavárna, restaurace, banka

hřiště → **WO?** → *Nejsem na hřišti.*
zahrada, střecha, Slovensko, Morava, letiště, pole, ulice, Měsíc, univerzita, pošta, stůl, nádraží, radnice, přednáška

Auf die Frage WOHIN? → do + Gen. bzw. na + Akk.:

posluchárna, Vídeň → **WOHIN?** → *Půjdu do posluchárny. Pojedu do Vídně.*
třída, pokoj, práce, park, kavárna, restaurace, banka

hřiště → **WOHIN?** → *Nepůjdu na hřiště. Nepojedu ... Nepoletím ...*
zahrada, střecha, pole, ulice, Měsíc, univerzita, pošta, stůl, nádraží, radnice, Slovensko, Morava, letiště, přednáška, hokej

6) Ergänzen Sie die entsprechenden Endungen:

Mraky táhly na (západ) _____ .   Mraky jsou na (západ) _____ .

Dával to na (druhá strana) _____ .   Je to na (druhá strana) _____ .

Šla do (kavárna) _____ .   Pracuje v (ta kavárna) _____ už šest let.

Pták si sedl na (strom) _____ .   Pták sedí na (strom) _____ .

Sedli jsme si k (okno) _____ .   Sedíme u (okno) _____ .

Sednu si do (auto) _____ .   Sedím v (auto) _____ .

Dala jsem dopis do (schránka) _____ .   Dopis je ve (schránka) _____ .

Dala jsem židli ke (stůl) _____ .   Židle je u (stůl) _____ .

Dali jsme květiny do (váza) _____ .   Květiny jsou ve (váza) _____ .

7) Ergänzen Sie:

Nebyli ani na návštěv___, ani v kin___. Žito neroste na zahrad___, ale na pol___. V naší malé cukrárn___ mají dobrý oříškový dort. Píše knihu o češtin___. V té úlo___ nebylo hodně chyb. Někteří cestující nechávají ve vla___ zavazadla bez dozoru. Řekl, že Češi mají nejlepší pivo na svět___.

8) Beachten Sie die Konstruktion mit Akk. Ersetzen Sie die Substantive durch andere:

Žádal o povolení pobytu.   Podal žádost o povolení.
Prosil o rychlé vyřízení.   Jedná se o důležitý případ.

9) Ändern Sie die Possessivpronomen und die Substantive:

Tady má pokoj moje sestra. → *Tady má pokoj můj bratr.*
Tady bydlí moje teta.   Tady má obchod náš známý.
Tady pracuje jeho kamarád.   Tady je e-mail mé kamarádky.

10) Ändern Sie das Personalpronomen (nötigenfalls auch das Substantiv, auf das es verweist):

Sedí vedle mě. → *Sedí vedle tebe.*
Když ho vidím, zdravím ho. Nejde mu o peníze. Sedly si u nich v kuchyni ke stolu a čekaly. Naši obchodní partneři se dnes nehlásili a je mi bez nich dobře. Dal jsem mu ten dárek. Někteří z nich to potřebovali. Jak jí to říct? Zamiloval se do ní. Recepční s ním měl zlatou trpělivost. Trochu jsem s ním mluvil. Přeju jim to. Mluvili rychle, nerozuměli jsme jim. Rozumíme ti, nejsme proti tobě.

11) Verfassen Sie ähnliche Beschreibungen von Personen verschiedener Nationen:

Dirk je Němec. Je to německý student. Mluví německy, anglicky a francouzsky. Charles a Ann jsou Angličané. Jsou to manželé. Mluví jen anglicky. Bedřich Smetana byl Čech. Byl to český skladatel. Mluvil česky a německy. Deník si psal německy.

12) Na čem závisí úspěch? – Setzen Sie in den Präp.:

- na (dobré vlastnosti)   na (bohatí rodiče)   na (dobré vzdělání)
- na (společenské kontakty)   na (vzdělaní rodiče)   na (náboženské vyznání)
- na (politické názory)   na (talent)   na (píle)
- na (ambice)   na (pohlaví)   na (národnost)

Optimismus vede k úspěchu, ale je to smysl života?
Josef Čapek

13) Setzen Sie in den Singular (Alternation -ský ↔ -ští, -cký ↔ -čtí):

Jsme připravení, společenští, neegoističtí, analytičtí, expresivní, energičtí, moderní?
To jsou typičtí mladí Pražané. To jsou přátelští lidé. To jsou ruští vojáci.

14) Co přitahuje turisty ve Vídni? – Bilden Sie Sätze und kombinieren Sie:

Němec	... chtějí vidět hrobku císaře Františka Josefa a císařovny Alžběty.
Angličan	... navštěvují všechna muzea.
Japonec	... hledají hrob Ludvíka van Beethovena na Ústředním hřbitově.
Francouz	... se zajímají o nákupy v Korutanské ulici, kde se rádi procházejí.
Ital	... se ptají na cenu chrámu Svatého Štěpána.
Čech	... si oblíbili Grinzing a Sachrův dort.
Američan	... se líbí ve Španělské jízdárně trénink bílých lipicánů.
Rus	... chodí rádi do Státní opery.

Nejen mezi vídeňskými Čechy známá hospoda a restaurace ... a nejen hospoda a restaurace. Je to místo, kde se koná řada kulturních programů.

„Zur böhmischen Kuchl", Schlösselgasse 18, 1080 Wien

15) Erzählen Sie gemeinsam tschechisch einen Krimi. Jede/r bildet jeweils einen Satz.

16) Ergänzen Sie passend „se" oder „si":

Představil ... novému šéfovi. → Představil se novému šéfovi.

Představil ... krásný ostrov. Představil ... jeho kamarádce. Představujeme ... konec studia. Představili jsme ... navzájem. Představím ..., že sedím v kavárně a čtu noviny. Představoval ... imaginární postavu. Představovala ... mu už podruhé, nepamatoval si ji. Hledám zaměstnání, mám přijít v osm hodin a představit ...?

17) Ergänzen Sie jene Länder, die Sie noch gerne besuchen würden:

Pojedu do Francie, Španělska, ...
Poletíme do USA, ...

18) Kombinieren Sie Länderadjektive mit Substantiven:

švédští hokejisté, američtí sportovci, ...

19) Beschreiben Sie Ihren letzten Zahnarztbesuch:

Zubní lékař si umyl ruce. Oblekl si bílý plášť ...

20) Bilden Sie ähnliche Sätze:

Ztratila jsem někde klíče. → *Najdu ti je.*
peníze, slovník, míč, dopis, kniha, ...

Führen Sie in diesem Zusammenhang einen Dialog mit einem verlorenen Gegenstand.

21) Übersetzen Sie:

Die Frau kaufte fünf Meter Stoff. Er bemerkte das schwarze Auto nicht. Die Reise dauerte sechs Stunden. Ich suche die zwei tschechischen Bücher, welche gestern hier lagen. Am Konzert nahmen nur Frauen teil. Wir dachten an die Möglichkeit. Wir wünschen Ihnen viel Erfolg. Ich merke mir das nicht gut. Sie merken sich das genau. Sie kauften den zehn netten Studenten eine Torte. Wir gratulierten den zehn jungen Doktoren zur Promotion. Die Menschen lebten in alten Häusern. Er kaufte die Ware im Hypermarkt. Wie viele Studenten und Studentinnen sind hier?

22) Stellen Sie Fragen und antworten Sie:

Koho vidíš na fotografii?
Na fotografii vidím ...

Kde jsou ty brýle? Dal ti je už?
Líbí se ti?

Kde žije sestra?
Sestra žije v Portugalsku ...
Kde se nachází Portugalsko?
Na kterém kontinentě?
Na kterém poloostrově?

Umí portugalsky?
Ano, mluví portugalsky, ...
Hlavní město Portugalska je ...
Znáš západní, střední a východní
Evropu?

O kom mluvíš?
Mluvím o matce ...
O čem přemýšlíš?
Přemýšlím o české gramatice, ...

O čem mluvíš?
Mluvím o té úloze ...
O čem uvažuješ?
Uvažuji o ceně naturálu, ...

Kde jsou brambory? Na talíři.
Kde je sklenice?

Kdy otevírají na poště?
Kdy zavírají v bance?

Co víš o genetice, o počítačích, o lásce ...
Rozhodl už o té věci?
Rozhoduje o tom už dlouho?

Víš o tom něco? Nevím nic o ...
Co víte o Praze?
Kde leží?

Co se děje? Někdo je venku u dveří ...
Co se stalo? Mým přátelům se narodilo dítě ...

Jsem Rakušan. Jsem Rakušanka.
Jste Češka?

Co je dole na obrázcích?

23) Jaká hudba se vám líbí? Welche Musik gefällt Ihnen?

Podle některých statistik mělo koncem 20. století 26 % Čechů a Češek nejraději pop, asi čtvrtina obyvatel folk & country, 15 % respondentů bylo nerozhodných, asi 10 % dávalo přednost klasice, stejný počet upřednostňoval disco a rock, 4 % nemají rádi hudbu, techno a metal se líbí 2 % obyvatel.

24) Bilden Sie zwei Gruppen. Die Gruppen nennen je drei Hauptstädte und stellen die Frage nach dem Namen der Länder.

Ve kterém státě je hlavní město Ouagadougou [vagadugu]?

25) Sousední země České republiky jsou které?

26) Bilden Sie Sätze mit „na jaře", „v létě", „na podzim", „v zimě":

na jaře → Na jaře jezdím do Jindřichova Hradce k tetě.

27) Sie telefonieren. Beschreiben Sie, wo Sie sich gerade befinden.

Jsem ve Švýcarsku, blízko Curychu, u Curyšského jezera na semináři.

SKLOŇOVÁNÍ: LOKÁL – DEKLINATION: DER PRÄPOSITIV

Beachten Sie dabei folgende Alternationen der Feminina im Dativ und Präpositiv:

-ka → ce, -cha → -še, -ha/-ga → -ze, -ra → -ře

-ba → -bě, -da → -dě, -fa → -fě, -ma → -mě, -na → -ně, -pa → -pě, -ta → -tě, -va → -vě

Keine Alternationen nach: -la, -sa, -za: *cihla - cihle, husa - huse, bříza - bříze*

15. lekce

FEMINA HART (žena) sowie HARTE und WEICHE ADJEKTIVE
Jsem v nové posluchárně. Četl knihu o slavných ženách.
Přečetla si to na poslední stránce. Slyšela jsem to v poledních zprávách.
Není ve škole.

MASKULINA WEICH BELEBT (muž)
sowie HARTE und WEICHE ADJEKTIVE
Film byl o mladém, emotivním mužovi (muži).
Nemluvil o svých nových, obchodních přátelích.

MASKULINA WEICH UNBELEBT (stroj)
sowie HARTE und WEICHE ADJEKTIVE
Jsem ve velkém pokoji. V letních měsících jezdíme na chatu.
Přemýšlel o fulminantním hudebním vývoji toho umělce.
Nevěděl nic o nových klíčích.

NEUTRA WEICH (moře) sowie HARTE und WEICHE ADJEKTIVE
Je v sedmém nebi.
Personál na velkých mezinárodních letištích stávkuje.
Ostrov leží ve Středozemním moři.

FEMININA WEICH (růže) und KONSONANTISCH (píseň, kost)
sowie HARTE und WEICHE ADJEKTIVE
Je doma, není v práci. Bydlíme ve Vídni.
Nevidím ho na těch starých fotografiích. Našel to v českých
a německých básních. O té konkrétní, zajímavé věci nic nevím.
Četl článek o dobrých pracovních příležitostech.

Bei Substantiven, die im Nominativ auf -ž, -š, -č, -ř, -ď, -ť, -ň, -c, -j, -e
auslauten, folgt im Präp. Sg. unabhängig vom Geschlecht die
Endung -i.

o + Präpositiv: Beispiele		
o prázdninách	o víkendu	o dovolené
o Vánocích	o Velikonocích	o půlnoci

Carl Zuckmayer
Horen der Freundschaft
Angličana, který procestoval celý svět, se ptali, který národ má nejradši.
„Francouze?" „Ne," odpověděl. „Němce? Italy? Indy? Rusy? Nebo snad
Američany? Jen Angličany?" „Ne," řekl. „Mám rád své přátele."

😊 Slovíčka – Vokabel:

dít se; *ipf., III 1, Präs.:* děje se, dějí se	geschehen
Imp. Sg.: děj se,	
PPA: dělo se / dálo se	
hlásit se; *ipf., IV 1*	sich melden
(*o + Akk.*)	verlangen, fordern, beanspruchen
(*k + Dat.*)	sich bekennen (zu jmdm. / etw.)
jde o (*+ Akk.*), *unpers.*	es geht/handelt sich um jmdn./etw.
nacházet se; *ipf., IV 3*	sich befinden, vorkommen
oblíbit si (*+ Akk.*); *pf., IV 1a*	lieb gewinnen
	Gefallen finden (an jmdm. / etw.)
přitahovat; *ipf., III 2*	anziehen, sich angezogen fühlen
přitáhnout; *pf., II 1a*	von etw.
stávkovat; *ipf., III 2*	streiken
upřednostňovat; *ipf., III 2*	bevorzugen
upřednostnit; *pf., IV 1a*	
uvažovat (*o + Präp.*); *ipf., III 2,*	nachdenken (über jmdn. / etw.)
PPP: uvažováno - *Neutr.*	
uvážit (*+ Akk.*); *pf., IV 1a,*	
PPP: uváženo - *Neutr.*	
vyřknout; *pf., II 1a*	aussprechen
zamilovávat se (*do + Gen.*); *ipf., V*	sich verlieben (in jmdn. / etw.)
zamilovat se; *pf., III 2a*	
zavěšovat; *ipf., III 2*	aufhängen, anhängen, einhängen
zavěsit; *pf., IV 1a*	
záviset (*na + Präp.*); *ipf., IV 2*	abhängen (von jmdm. / etw.),
	abhängig sein
ambice, -e, *Fem. 2 (Gen. Pl.:* ambic/í)	Ambition, **der** Ehrgeiz
báseň, -ně, *Fem. 3*	**das** Gedicht
bylina, -y, *Fem. 1*	Pflanze, **das** Gewächs, **das** Kraut
císař, -e, *Mask. 4, b.*	Kaiser
císařovna, -y, *Fem. 1*	Kaiserin
country, *Fem. indekl.*	Countrymusik

čáp, -a, *Mask. 3, b.*	Storch
ČD = České dráhy	Tschechische Bahnen
červenka, -y, *Fem. 1*	das Rotkehlchen
článek, -nku, *Mask. 1, u.*	Artikel
čtvrtina, -y, *Fem. 1*	das Viertel
deník, -u, *Mask. 1, u.*	das Tagebuch
disco, -a, *Neutr. 1*	die Diskomusik
doba, -y, *Fem. 1*	Zeit, der Zeitpunkt, -abschnitt
dozor, -u, *Mask. 1, u.*	die Aufsicht, Überwachung
dráha, -y, *Fem. 1*	Bahn
folk, -u, *Mask. 1, u.*	Folk
garnitura, -y, *Fem. 1*	Garnitur
genetika, -y, *Fem. 1*	Genetik
gramatika, -y, *Fem. 1*	Grammatik
hokejista, -y, *Mask. 5, b.*	Hockeyspieler
hrobka, -y, *Fem. 1*	Gruft
Ind, -a, *Mask. 3, b.*	Inder
internát, -u, *Mask. 1, u.*	das Internat
internet, -u, *Mask. 1, u.*	das Internet
jitrocel, -e, *Mask. 2, u.*	Spitzwegerich
jízdárna, -y, *Fem. 1*	Reitschule
klasika, -y, *Fem. 1*	Klassik
klid, -u, *Mask. 1, u.*	die Ruhe
kontakt, -u, *Mask. 1, u.*	Kontakt
konverzace, -e, *Fem. 2*	Konversation
kostým, -u, *Mask. 1, u.*	das Kostüm
kukačka, -y, *Fem. 1*	der Kuckuck
lipicán, -a, *Mask. 3, b.*	Lipizzaner
Měsíc, -e, *Mask. 2, u.*	Mond (als Himmelskörper)
metal, -u, *Mask. 1, u.*	das Heavymetal
mírumilovnost, -i, *Fem. 4*	Friedensliebe, Friedfertigkeit
možnost, -i, *Fem. 4*	Möglichkeit
nafta, -y, *Fem. 1*	der Diesel
nakladatelství, -í, *Neutr. 3*	der Verlag
nákup, -u, *Mask. 1, u.*	Einkauf, Ankauf
nálada, -y, *Fem. 1*	Stimmung, Laune
natural / naturál, -u, *Mask. 1, u.*	das bleifreie Benzin
nemovitost, -i, *Fem. 4*	Liegenschaft, Realität, Immobilien
oceán, -u, *Mask. 1, u.*	Ozean, das Weltmeer
oheň, ohně, *Mask. 2, u.*	das Feuer
okamžik, -u, *Mask. 1, u.*	Augenblick, Moment
optimismus, -ismu, *Mask. 1, u.*	Optimismus

optimizmus, -izmu, *Mask. 1, u*	Optimismus
ornitologie, -e, *Fem. 2*	Ornithologie, Vogelkunde
personál, -u, *Mask. 1, u.*	**das** Personal
píle, -e, *Fem. 2*	**der** Fleiß
pobyt, -u, *Mask. 1, u.*	Aufenthalt
počet, -čtu, *Mask. 1, u.*	**die** Anzahl, Zahl
poloostrov, -a, *Mask. 1, u.*	**die** Halbinsel
poměr, -u, *Mask. 1, u.*	**das** Verhältnis, **die** Beziehung
pop, -u, *Mask. 1, u.*	Pop
posluchárna, -y, *Fem. 1*	**der** Hörsaal
postava, -y, *Fem. 1*	Gestalt, Figur, Statur
povolení, -í, *Neutr. 3*	**die** Bewilligung, Erlaubnis
projímadlo, -a, *Neutr. 1*	Abführmittel
předloha, -y, *Fem. 1*	Vorlage, **das** Muster
příležitost, -i, *Fem. 4*	Gelegenheit, **der** Anlass
připravenost, -i, *Fem. 4*	Bereitschaft, **das** Bereitsein
pumpa, -y, *Fem. 1*	Pumpe
radnice, -e, *Fem. 2*	**das** Rathaus
recepční, -ího/-í, *Mask./Fem., subst. Adj.*	Empfangschef, Empfangsdame
respondent, -a, *Mask. 3, b.*	Respondent, Befragter
rock, -u, *Mask. 1, u.*	Rock (music)
rozsah, -u, *Mask. 1, u.*	Umfang, **das** Ausmaß, **die** Weite, Bereich
rychlost, -i, *Fem. 4*	Geschwindigkeit
sál, -u, *Mask. 1, u.*	Saal
seminář, -e, *Mask. 2, u.*	**das** Seminar
senna, -y, *Fem. 1*	Senna, Kassia (Mimosengewächs)
schod, -u, *Mask. 1, u.*	**die** Stufe
schránka, -y, *Fem. 1*	**der** Behälter, Kasten, **das** Etui, die Büchse
skladatel, -e, *Mask. 4, b.*	Komponist
skupina, -y, *Fem. 1*	Gruppe
slavnost, -i, *Fem. 4*	Feier, Festlichkeit, **das** Fest
smysl, -u, *Mask. 1, u.*	Sinn
spolužák, -a, *Mask. 3, b.*	Mitschüler, Schulkollege
stanice, -e, *Fem. 2*	Station
čerpací stanice	Tankstelle
stát, -u, *Mask. 1, u.*	Staat
statistika, -y, *Fem. 1*	Statistik
studium, -dia, *Neutr. 1 (Pl.: Gen. -ií, Dat. -iím, Präp. -iích, Instr. -ii)*	Studium
šalvěj, -e, *Fem. 3*	**der** Salbei
talent, -u, *Mask. 1, u.*	**das** Talent

techno, -a, *Neutr. 1*	Techno
trávník, -u, *Mask. 1, u.*	Rasen
trénink, -u, **Mask.** *1, u.*	**das** Training
trpělivost, -i, *Fem. 4*	Geduld
turista, -y, *Mask. 5, b.*	Tourist
tyč, -e, *Fem. 3*	Stange, Latte, **der** Stab
váza, -y, *Fem. 1*	Vase
většina, -y, *Fem. 1*	Mehrheit, Mehrzahl, Majorität
vězení, -í, *Neutr. 3*	Gefängnis, **der** Kerker
vlast, -i, **Fem.** *4*	**das** Vater-, Heimatland, die Heimat
vlastnost, -i, *Fem. 4*	Eigenschaft
vyřízení, -í, **Neutr.** *3*	**die** Ausführung, Erledigung, Besorgung
vývoj, -e, **Mask.** *2, u.*	**die** Entwicklung, der Werdegang
vyznání, -í, *Neutr. 3*	Bekenntnis, Geständnis
záclona, -y, *Fem. 1*	Gardine, **der** Vorhang
zajímavost, -i, *Fem. 4*	Sehenswürdigkeit, etw. Interessantes
záležitost, -i, *Fem. 4*	Angelegenheit
zaměstnanost, -i, *Fem. 4*	Beschäftigungslage, **der** Beschäftigungsgrad
zobák, -u, *Mask. 1, u.*	Schnabel
zvědavost, -i, *Fem. 4*	Neugier, Neugierde, Schaulust
žádost, -i, **Fem.** *4*	**das** Ansuchen, **der** Antrag
žito, -a, *Neutr. 1*	Korn, **der** Roggen
analytický, *1*	analytisch
čerpací, *2*	Schöpf-, Pump(en)-
daný, *1*	gegeben
egoistický, *1*	egoistisch
expresivní, *2*	expressiv
fulminantní, *2*	fulminant
hluboký, *1*	tief
hudební, *2*	Musik-, musikalisch
imaginární, *2*	imaginär
jízdní, *2*	Fahr-
jízdní řád	Fahrplan
kanárský, *1*	Kanarien-, kanarisch
Kanárské ostrovy	Kanarische Inseln
koncertní, *2*	Konzert-
konečný, *1*	endlich, End-, Abschluss-, endgültig
konkrétní, *2*	konkret
korutanský, *1*	Kärntner-
letní, *2*	Sommer-

maškarní, *2*	Masken-
mezinárodní, *2*	international
náboženský, *1*	Religions-, Glaubens-, religiös
nekonečný, *1*	unendlich, endlos
očekávaný, *1*	erwartet
pevnostní, *2*	Festungs-
polední, *2*	Mittags-
přátelský, *1*	freundschaftlich, Freundschafts-
rozhodný, *1*	entschieden, entschlossen, entscheidend
společný, *1*	gemeinsam
stěhovavý, *1*	wandernd, wanderlustig, Wander-
stěhovavý pták	Zugvogel, Wandervogel
středozemní, *2*	mittelländisch
Středozemní moře	Mittelmeer
takový, *1*	ein solcher, so ein, derart, dergleichen
typický, *1*	typisch, charakteristisch
východní, *2*	Ost-, östlich
západní, *2*	West-, westlich
zubní, *2*	Zahn-
všechen, všechna, všechno, *Pron.*	all, ganz, gesamt
navzájem, *Adv.*	gegenseitig, einander, wechselseitig
nejradši, *Adv.* (*Superlativ*)	am liebsten
podruhé, *Adv.*	zum zweiten Mal
přesně, *Adv.*	genau, pünktlich
stejně, *Adv.*	gleich; ohnehin, sowieso
snad, *Part.*	vielleicht, wohl, etwa, hoffentlich

Země – Die Erde

kontinent	světadíl	země	stát
Kontinent	Erdteil	Land	Staat
Afrika	africký	Afričan	Afričanka
Amerika	americký	Američan	Američanka
Evropa	evropský	Evropan	Evropanka
Ásie	asijský	Asijec	Asijka
Austrálie	australský	Australan	Australanka
Slovensko	Slovák	Slovenka	slovenský
Slowakei	Slowake	Slowakin	slowakisch
Rakousko	Rakušan	Rakušanka	rakouský
Österreich	Österreicher	Österreicherin	österreichisch

Čechy	Morava	Slezsko
Böhmen	Mähren	Schlesien
Čech Česka	Moravan Moravanka	Slezan Slezanka
Tscheche Tschechin	Mähre Mährin/Mährerin	Schlesier Schlesierin
český	moravský	slezský
tschechisch / böhmisch	mährisch	schlesisch

Pražan / Pražák (ats.)	Brňan / Brňák (ats.)	Vídeňan / Vídeňák (ats.)
Pražané / Pražáci (ats.)	Brňané / Brňáci (ats.)	Vídeňané / Vídeňáci (ats.)
Prager	Brünner	Wiener

pražský	brněnský	vídeňský
Prager	Brünner	Wiener, wienerisch

Česká republika	Slovenská republika
Tschechische Republik	Slowakische Republik

Česko	Československo*	československý
Einwortbezeichnung für Tschechien	Tschechoslowakei*	tschechoslowakisch

ČSR*   = Československá republika*
          Tschechoslowakische Republik*
ČSSR* = Československá socialistická republika*
          Tschechoslowakische Sozialistische Republik*
ČSFR* = Česká a Slovenská Federativní Republika*
          Tschechische und Slowakische Föderative Republik*

Německo	SRN	= Spolková republika Německo
Deutschland	BRD	= Bundesrepublik Deutschland
	NDR*	= Německá demokratická republika*
	DDR*	= Deutsche Demokratische Republik*

Rusko	SSSR*	= Svaz sovětských socialistických republik*
Russland	UdSSR*	= Union der Sozialistischen Sowjetrepubliken*
	SNS	= Společenství nezávislých států
	GUS	= Gemeinschaft Unabhängiger Staaten

	USA	= Spojené státy americké
	USA	= Vereinigte Staaten von Amerika

	OSN	= Organizace spojených národů
	UNO	= United Nations Organization = Vereinte Nationen

*) historische Begriffe

Albánie	Albanien	Albánec	Albánka	albánský
Belgie	Belgien	Belgičan	Belgičanka	belgický
Bělorusko	Weißrussland	Bělorus (-rusové)	Běloruska	běloruský
Bosna	Bosnien	Bosňan	Bosňanka	bosenský
Bulharsko	Bulgarien	Bulhar	Bulharka	bulharský
Čína	China	Číňan	Číňanka	čínský
Dánsko	Dänemark	Dán (Dánové)	Dánka	dánský
Estonsko	Estland	Estonec	Estonka	estonský
Finsko	Finnland	Fin (Finové)	Finka	finský
Francie	Frankreich	Francouz	Francouzka	francouzský
Gruzie	Georgien	Gruzín/-ec	Gruzínka	gruzínský
Chorvatsko	Kroatien	Chorvat	Chorvatka	chorvatský
Irsko	Irland	Ir (Irové)	Irka	irský
Island	Island	Islanďan	Islanďanka	islandský
Itálie	Italien	Ital (Italové)	Italka	italský
Japonsko	Japan	Japonec	Japonka	japonský
Jugoslávie*	Jugoslawien*	Jugoslávec*	Jugoslávka*	jugoslávský*
Černá Hora	Montenegro	Černohorec	Černohorka	černohorský
Srbsko	Serbien	Srb (Srbové)	Srbka	srbský
Lichtenštejnsko	Liechtenstein	Lichtenštejnec	Lichtenštejnka	lichtenštejnský
Litva	Litauen	Litevec / Litvan	Litevka / Litvanka	litevský
Lotyšsko	Lettland	Lotyš	Lotyška	lotyšský
Lucembursko	Luxemburg	Lucemburčan	Lucemburčanka	lucemburský
Maďarsko	Ungarn	Maďar	Maďarka	maďarský
Makedonie	Mak/zedonien	Makedonec	Makedonka	makedonský
Německo	Deutschland	Němec	Němka	německý
Bavorsko	Bayern	Bavořan / Bavor	Bavořanka	bavorský
Nizozemsko	Niederlande	Nizozemec	Nizozemka	nizozemský
Holandsko	Holland	Holanďan (-ané)	Holanďanka	holandský
Norsko	Norwegen	Nor (Norové)	Norka	norský
Polsko	Polen	Polák	Polka	polský
Portugalsko	Portugal	Portugalec	Portugalka	portugalský
Rumunsko	Rumänien	Rumun	Rumunka	rumunský
Rusko	Russland	Rus (Rusové)	Ruska	ruský
Řecko	Griechenland	Řek (Řekové)	Řekyně	řecký
Slovinsko	Slowenien	Slovinec	Slovinka	slovinský
Španělsko	Spanien	Španěl (Španělé)	Španělka	španělský
Švédsko	Schweden	Švéd (Švédové)	Švédka	švédský
Švýcarsko	Schweiz	Švýcar	Švýcarka	švýcarský
Turecko	Türkei	Turek	Turkyně	turecký
Ukrajina	Ukraine	Ukrajinec	Ukrajinka	ukrajinský
Velká Británie	Großbritannien	Brit (Britové)	Britka	britský
Anglie	England	Angličan	Angličanka	anglický
Skotsko	Schottland	Skot	Skotka	skotský
Wales	Wales	Walesan	Walesanka	waleský, velšský

Beachten Sie den Unterschied zwischen Adjektiv und Adverb:

ruský tanec = russischer Tanz vs. *mluvit rusky* = russisch sprechen

anglická látka = englischer Stoff vs. *psát anglicky* = englisch schreiben

Endonyme:

Brno	Brünn
Broumov	Braunau
Bruntál	Freudenthal
Břeclav	Lundenburg
Česká Lípa	Böhmisch Leipa
Česká Třebová	Böhmisch Trübau
České Budějovice	Budweis
Český Krumlov	Krumau
Děčín	Tetschen
Domažlice	Taus
Františkovy Lázně	Franzensbad
Havlíčkův Brod	Deutschbrod
Hluboká	Frauenberg
Horní Planá	Oberplan
Hradec Králové	Königgrätz
Cheb	Eger
Jablonec	Gablonz
Jihlava	Iglau
Jindřichův Hradec	Neuhaus
Karlovy Vary	Karlsbad
Kašperské Hory	Bergreichenstein
Klatovy	Klattau
Kroměříž	Kremsier
Kutná Hora	Kuttenberg
Lanškroun	Landskron
Lednice	Eisgrub
Liberec	Reichenberg
Litoměřice	Leitmeritz
Luhačovice	Luhatschowitz
Mariánské Lázně	Marienbad
Mikulov	Nikolsburg
Mladá Boleslav	Jungbunzlau
Moravské Budějovice	Mährisch Budwitz
Moravský Krumlov	Mährisch Kromau
Most	Brüx
Nová Bystřice	Neubistritz
Nové Hrady	Gratzen
Nový Jičín	Neutitschein
Olomouc	Olmütz
Osoblaha	Hotzenplotz
Ostrava	Mährisch Ostrau

Ostromeč	Wassertrompeten
Pardubice	Pardubitz
Pelhřimov	Pilgram
Plzeň	Pilsen
Praha	Prag
Prachatice	Prachatitz
Slavkov	Austerlitz
Slavonice	Zlabings
Sušice	Schüttenhofen
Svitavy	Zwittau
Šumperk	Mährisch Schönberg
Teplice	Teplitz
Trutnov	Trautenau
Třeboň	Wittingau
Ústí nad Labem	Aussig an der Elbe
Valtice	Feldsberg
Vimperk	Winterberg
Volary	Wallern
Vranov	Frain
Vrchlabí	Hohenelbe
Znojmo	Znaim
Žatec	Saaz
Dyje	Thaya
Jizera	Iser
Labe	Elbe
Lužnice	Lainsitz
Morava	March
Nisa	Neiße
Odra	Oder
Ohře	Eger
Vltava	Moldau

Exonyme:

At(h)ény	Athen (Αθηνα)
Basilej	Basel
Bělehrad	Belgrad (Beograd)
Benátky	Venedig (Venezia)
Berlín	Berlin
Bratislava	Pressburg
Brémy	Bremen
Brusel	Brüssel (Bruxelles)

Budapešť	Budapest
Cáchy	Aachen
Celovec	Klagenfurt
Curych	Zürich
Dillí	New Delhi
Drážďany	Dresden
Hamburk	Hamburg
Káhira	Kairo
Kodaň	Kopenhagen (København)
Kolín nad Rýnem	Köln
Kostnice	Konstanz
Košice	Kaschau
Londýn	London
Lublaň	Laibach (Ljubljana)
Mnichov	München
Mohuč	Mainz
Moskva	Moskau (Москва)
Norimberk	Nürnberg
Paříž	Paris
Petrohrad	St. Petersburg (С. Петербург)
Remeš	Reims
Řezno	Regensburg
Řím	Rom (Roma)
Saská Kamenice	Chemnitz
Soluň	Saloniki
Terst	Triest (Trieste)
Trevír	Trier
Vídeň	Wien
Varšava	Warschau (Warszawa)
Výmar	Weimar
Záhřeb	Agram (Zagreb)
Ženeva	Genf (Genève)
Bodamské jezero	Bodensee
Dunaj	Donau
Lamanšský průliv	Ärmelkanal
Litava	Leitha
Neziderské jezero	Neusiedlersee
Rýn	Rhein
Temže	Themse (Thames)

Kde bydlí? – Bilden Sie Sätze:

Bydlí v Remeši.

Quelle: Magazín DNES + TV, 4.1.1996, str. 13

Jan Werich – Wenn es den Menschen schon einmal gibt
... Das ist nämlich so – ich hasse furchtbar das Wort farbige Menschen, weil mir vorkommt, dass das ein Blödsinn ist. Als ich einmal in Amerika war, kam so ein junger Bursche vom FBI und fragte mich sehr höflich, wieso in meine Wohnung farbige Menschen kommen. Er meinte damit Schwarze. Ich sagte: „Ich weiß net, sind Sie auch farbig?" Er explodierte und sagte: „Nein, ich bin weiß." Und ich sagte: „Na dann sind'S auch farbig, denn bitt' schön, seit wann ist Weiß keine Farbe?" Er sah mich dumm an, und ich sagte: „Wissen'S, ich bin farbenblind, ich kenn' die Farben nicht auseinander. S'ist leicht möglich, dass zu mir ein lila Mensch kommt, und ich glaub', er ist rosa."

Správné řešení: 1c, 2c, 3b, 4b, 5b, 6c, 7c, 8a, 9a, 10b

Vysvědčení:
deset správných odpovědí = **výborně,** osm až devět = **chvalitebně,** pět až sedm = **dobře,** tři až čtyři = **dostatečně,** méně než tři = **nedostatečně**

16. Lektion

Co bych v životě ráda změnila (... a proč to neudělám)

Ráda bych změnila všechno. Zaprvé bych vstala každý den před jedenáctou hodinou. Nezapomínala bych domácí úkoly a všechny zkoušky bych složila na výbornou. Studovala bych nejen na slavistice, ale i na Ekonomické univerzitě a naučila bych se také tlumočit. Kromě studia bych samozřejmě pracovala. Po práci bych chodila do posilovny a denně bych plavala dva tisíce metrů a měla bych sportovnější postavu než Pamela Andersonová.

Později bych pracovala ve velkém podniku jako šéfka nebo viceprezidentka. Snad bych také pracovala na rakouském velvyslanectví. Potom bych se vdala za hezkého, inteligentního, bohatého, veselého a poctivého muže a měla bych děti, jaké svět ještě neviděl.

Koupila bych si domy ve Vídni, v Paříži, v Římě, v Praze a v Moskvě. Bydlela bych v Praze a v ostatních domech bych trávila jen dovolenou. Pořádala bych ovšem mnoho oslav a na ty vás už teď chci pozvat. Potom bych napsala svoje memoáry a umřela bych šťastná.

Ale ... myslím, že ten plán bohužel už ztroskotá na prvním bodě, protože nebudu nikdy vstávat dobrovolně před jedenáctou hodinou. Kromě toho nejsem vůbec sportovní typ, cesta k tramvaji už mě namáhá až až. Hezcí, bohatí, veselí, poctiví a inteligentní muži neexistují a na kariéru jsem příliš lenivá.

Proto jsem se rozhodla, že svůj život nezměním a ponechám vše osudu. Až budu muset začít pracovat, tak jsem si myslela, že se stanu buď klaunkou v České televizi, v pořadu pro děti, nebo budu testovat hračky. Kvůli tomu bych svůj život změnit nemusela, a přesto by mě to bavilo – a to je pro mne nejdůležitější.

Pramen: B.E.

 **Rozhovor**

Jiří: Silvie, pořídil jsem si nový mobil.
Silvie: Není to příliš drahá záležitost, pevná linka a druhý mobilní
          telefon? To chceš být stále k zastižení? Je to podle mého názoru
          ztráta soukromí a trpí tím mezilidské vztahy.
Jiří: Budu flexibilnější, mohu si mobily vypnout, když nebudu mít
          náladu telefonovat. A rozhodnu podle seznamu volajících, komu
          zavolám zpět a kdy. Můžeme si posílat esemesky*).
Silvie: Kolikrát denně telefonuješ? Když tě tak poslouchám, mám dojem,
          že permanentně. Kdy budeš chodit na přednášky? Nevím, jestli
          se ti takové investice vyplatí.
Jiří: Telefonuju asi desetkrát denně. Až ti vysvětlím, které služby
          operátor nabízí, budeš nadšená. A mimochodem, vzpomínáš si
          na seriál o kouzelném sluchátku? Co by sis přála, kdybys měla
          kouzelné sluchátko?
Silvie: To nadšení – to bude asi omyl.

*) *SMS*

 1) Setzen Sie die jeweiligen Verbalformen in den Plural bzw. Singular:

Chtěla bych jít ven. → *Chtěly bychom jít ven.*
Půjčil byste mi propisku? Mohla bys mi říct, kde tu je náměstí? Dala by jí
ten text. Dával bych ovšem přednost profesionálovi. Jinak by mu to musela
říct. Navrhovala bych jiný titul. Řekl bych „všemi mastmi mazaný“. Rádi
by u toho byli. Tam bych s vámi nešel. Rádi bychom mu pomohli. To by si
přáli. Neměla by tam chodit. To bych neočekával. Měl by se radovat. Nevím,
kterým slovním protiútokem bych reagoval. Nu myslím, že by to vyřešil
tímto způsobem. Usmála bych se souhlasně. Byl bych na jejím místě
opatrný, mohla by škaredě uklouznout. Dvě tak náročná představení bys
během jednoho týdne nezvládl. Musel bych přemýšlet o jiné formulaci.
Mohli byste zorganizovat výstavu obrazů? Měl bych pracovat. Přála bych
vám to. Měl by mu říct, že automechanik v úterý nepřijde. Snad bychom
s tím mohli počkat.

**2) Ersetzen Sie das umgangssprachliche „bysme“ durch das
schriftsprachliche „bychom“ und übersetzen Sie:**

Doporučili bysme jim vitamín B. Asi bysme v té věci nic nepodnikali. Nevím,
jestli bysme měli v pátek čas. Měli bysme se věnovat houževnatě číslům
a výpočtům. Nemohli bysme klidně spát. Jeli bysme tam taxíkem.

3)

Kolikrát denně telefonujete?
Používáte více mobil nebo pevnou linku?
Který byl váš nejzajímavější telefonický omyl?
Která telefonní čísla jsou pro vás důležitá?

Důležitá telefonní čísla:

evropské tísňové volání 112

hasiči 150	záchranná služba 155	policie 158
lékař(ka)	právník	taxík
zubař(ka)	notář	cukrárna
kadeřnice	daňový poradce	restaurace
kosmetička	architekt	kamarád(ka)
krejčí/švadlena	bankéř	přítel(kyně)

---

4) Antworten Sie:

Máme ještě čekat? Nečekal bych. Odkud by mohl mít ty peníze? Ode mě ne. Asi od něho.
Máme začít?　　　　　　　Odkud by mohla mít ty vstupenky?
Máme odjet?　　　　　　　Odkud by mohl mít to jídlo?
Máme to hledat?　　　　　　Odkud by mohli mít ten slovník?
Máme se zeptat?　　　　　　Odkud by mohl mít ty věci?
Mám spěchat?

---

5) Ersetzen Sie die Indikativ- durch Konditionalformen und beachten Sie dabei die Stellung der Enklitika:

V létě pojedu do Španělska. → V létě bych jela do Španělska.
V zimě pořád spím.　　　　　Chci sedět na zahradě.
Přeji si hezké počasí.　　　　Bydlím raději v bytě než v domě.

Půjčíš mi 100 korun? → Půjčil bys mi 100 korun?
Pomůžeš mi?　　　　　　　Půjdeš tam se mnou?
Ukážeš mi to?　　　　　　　Otevřeš okno?
Začneš pracovat?　　　　　　Dáš mi to?

Proč si je musí umýt? → *Proč by si je musela umýt?*

Pracuje v hotelu?   Ne, pracuje v obchodě nebo v cukrárně.
Přijde večer k nám?   To neudělá.
To se opravdu stane?   Ne, to se nikdy nestane.

Proč se ji máme učit? → *Proč bychom se ji měli učit?*

Neudělali jsme to.   Nepřijdeme hned domů.
V této místnosti nekouříme.   Nic jsme neudělali.
Nemohli jsme přijít.   Nečetli jsme to.

Od ní si ten dar můžete vzít. → *Od ní byste si ten dar mohl vzít.*

Můžete o tom mlčet?   Můžete nám přinést jídelní lístek?

Bojí se ho. → *Báli by se ho.*

Musí přestoupit.   Půjdou tam s ní.
Přeloží to.   Nevěří jim.
Smějí se mu.   Utečou.

6) Rätsel – Hádanka:

ihr würdet wohnen (třetí písmeno)

du würdest wissen (druhé písmeno)

sie würde kaufen (první písmeno)

wir würden lernen (první písmeno)

ich würde essen (první písmeno)

sie würden gehen (třetí písmeno)

7) Bilden Sie zwei größere Gruppen. Erfinden Sie eine Geschichte, indem jede/r Gruppenangehörige jeweils abwechselnd einen Satz beisteuert.

8) Partnerarbeit – Bilden Sie Satzgefüge (Hauptsatz + Relativsatz):

To je ten film, který jsem viděl v televizi.
To je ta dáma, ...   To je ten pes, ...

9) Ersetzen Sie das Verb durch die entsprechenden unmarkierten Formen von „být":

Bývá rád sám. → Je rád sám.

Býváme tam často.   To bývá drahé.
Bývá brzy vzhůru.   Času bývá málo.
Bývá tam hodně studentů?   To nebývá obvyklé.

10) Beantworten Sie die Fragen unter Verwendung von „už" (schon, bereits) bzw. „ještě ne" (noch nicht):

Už jsi někdy napsal báseň? Ne, ještě ne, ale jestli nějakou napíšu, dám ti ji přečíst.
Už jsi někdy jela na velbloudovi?   Už jsi někdy ztratil peněženku nebo pas?
Už jsi někdy čekal na někoho dvě hodiny? Už jsi někdy zapomněla doma peníze?
Už jsi někdy letěl do Jižní Afriky?   Už jsi někdy políbila žábu?

11) Was würden Sie gerne tun bzw. hätten Sie gerne einmal getan?

Ráda bych napsala prezidentu Havlovi dopis – učím se česky kvůli němu, ale doposud jsem se neopovážila. Stejně dostává hodně dopisů.

12) Geben Sie bekannt, was Sie einmal mit Bestimmtheit machen werden. Verwenden Sie dazu den perfektiven Aspekt bzw. die determinierte Verbform:

Poletím na Aljašku. Upeču bábovku. Naučím se slovíčka. Půjdu na návštěvu k tetě.

13) Beschreiben Sie mit eigenen Worten das Mädchen aus dem einleitenden Text zu dieser Lektion.

14. a) Beschreiben Sie das Kind auf dem Bild:

b) Jaké máte vzpomínky z dětství?

Vzpomínám si, že jsem se bála doktorky,
že jsem nechtěla jít k zubaři,
že jsem ráda brzy vstávala,
že mi babička darovala kolo,
že jsme byli na dovolené v Itálii, ...

> ..., že jsem
> nechtěla jít
> do školky,
> že jsem ráda
> zpívala ...

15) Ergänzen Sie das Verb in der entsprechenden Form:

_____ by ráda. → Spala by ráda.

_____ by to rád. _____ bychom tam rádi. _____ by pokoj

nerady. _____ bys nádobí rád? _____ byste to tam ráda?

_____ bys mi to ráda? _____ by se ráda cizí jazyky. _____

by rád čokoládu. _____ bychom jet do Norska. _____ by to.

_____ bych mu to. _____ bys mi kávu? _____ bychom

vám pomoci? Kdo by nám _____ ukázat cestu?

16) Beantworten Sie:

Co snídáš ráda? — Ráda snídám čaj a chleba s máslem a se sýrem.
Co bys snídala radši? — Radši bych snídala kávu, pomerančový džus, omelety
s marmeládou, kaviár, bagetu a čerstvé ovoce.
Jezdíš ráda na kole?
Na čem nebo čím bys jezdila radši?

17) Co byste dělali vy? Reagovali byste jinak než já, nebo stejně jako já?

Byli jsme v Londýně. Jeli jsme doubledeckerem (poschoďovým autobusem). Pršelo. Na Oxford street jsme chtěli vystoupit. Vystoupila jsem. Náhle se autobus rychle rozjel a kamarád nestačil vystoupit. Neměla jsem deštník. Čekala jsem na místě, kde jsme se naposledy viděli. Konečně přišel kamarád s deštníkem. Jeho komentář: „Přišel jsem, protože máš můj pas.“

Už jste někdy zabloudili v cizím městě? Už jste někdy ztratili pas?

18) Znáte film Kramerová versus Kramer?

19) Schreiben Sie Ihrem Gegenüber mit dem Finger die Buchstaben folgender Verbformen auf den Rücken bzw. flüstern Sie ihm diese ins Ohr:

Jeweils die *1. Pers. Sg. und Pl. Präsens bzw. Futur* von chtít, vědět, obléct se, otevřít, jít, spát, zavřít, rozhodnout se, všimnout si, být, navštěvovat.
Jeweils die *1. Pers. Sg. und Pl. Präteritum* von otevřít, zavřít, všimnout si, rozhodnout se, říct, moci, mít, jíst, svléknout se, jít.

20) Schreiben Sie darüber, was Ihre Freundin oder Ihr Freund morgen machen wird:

Kdy vstane? Co si oblékne? Co bude snídat? Kam půjde? Koho navštíví? Co bude obědvat? Co bude večeřet? Kdy půjde spát?

21) Suchen Sie sich eine Frage aus und antworten Sie:

Co víte o Vídni? Co víte o Praze? Co víte o Karlových Varech? Co víte o San Francisku?

22) Stellen Sie nachträglich fest, was Sie schon längst hätten machen sollen.

Beachten Sie dabei folgende Bedeutungsunterschiede:

Měla jsem ho navštívit.	Ich sollte ihn besuchen.
	Im Sinne: Ich hätte ihn besuchen sollen, tat es aber nicht.
Měla bych ho navštívit.	Ich sollte ihn besuchen.
	Im Sinne: Ich sollte ihn künftig besuchen.
Mám ho navštívit?	Soll ich ihn besuchen?
Chtěla jsem ho navštívit.	Ich wollte ihn besuchen.
	Im Sinne: Ich hatte ihn besuchen wollen, tat es aber nicht.
Chtěla bych ho navštívit.	Ich möchte ihn besuchen.
	Im Sinne: Ich möchte ihn künftig besuchen.
Chci ho navštívit.	Ich will ihn besuchen.

Ich hätte es nicht essen sollen.   Er hätte es nicht sagen sollen.
Wir hätten es ihm nicht geben sollen.   Ich hätte sie öfter küssen sollen.

23) Ergänzen Sie passend nach Belieben:

Rád bydlím v _____. → *Rád bydlím ve městě.*

Na jaře budu v _____.   Zítra budu celý den v _____.

Byla dvě hodiny v _____.   Děti seděly v _____.

Zapomněl ponožky v _____.   Ležela dlouho v _____.

Studoval v _____.   Zůstala v _____.

24) Übersetzen Sie ins Tschechische:

Der Arzt sagte zum Patienten: „Ich würde nicht rauchen! Ich würde Milch trinken!"
Petra ist meine Schwester. Das ist ihr Sohn. Er ist Ingenieur.
Ist das deine Freundin? Ihre Antwort verstand ich nicht. Ich hörte nur ihr Lachen.

25) Übersetzen Sie ins Deutsche:

- Berlínské burzy cestovního ruchu se v tomto roce zúčastnilo více než pět tisíc vystavovatelů z téměř 170 zemí celého světa. Mnoho lidí by bylo rádo informovaných o možnostech cestovního ruchu, a proto přijeli.
- Požádal o účet a našel v něm chybu. Vznikl by schodek jako ve státním rozpočtu.
- Ve vídeňském telefonním seznamu jsem viděla hodně českých příjmení.

26) Kam dojedeme? – Berechnen Sie:

Průměrná mzda činí

v Rakousku: _____

v České republice: _____

Litr benzinu (Natural 95) stojí

v Rakousku: _____

v České republice: _____

Kolik kilometrů ujedeme za hodinovou mzdu

v Rakousku?   _____

v České republice?   _____

27) Fragen Sie die Nachbarn:

Co byste si přál, kdybyste měl kouzelný prsten?
Co byste si přála, kdybyste měla kouzelný prsten?

Už / již **je světlo.** Es ist schon hell.	
Už / již **není světlo.** Es ist nicht mehr hell.	
Venku je ještě **tma.** Draußen ist es noch finster.	
Venku ještě **není tma.** Draußen ist es noch nicht finster.	

PODMIŇOVACÍ ZPŮSOB PŘÍTOMNÉHO ČASU – KONDITIONAL DES PRÄSENS

Der Konditional des Präsens (aktiv) wird mithilfe des L-Partizips (= PPA) sowie der alten Aoristformen von „být" gebildet:

Num.	Pers.	L-Partizip (= PPA)		Konditionalformen von „být"	dt. Entsprechung
Sg.	1.	koupil/-a	kupoval/-a	bych	ich würde kaufen
	2.	koupil/-a	kupoval/-a	bys	du würdest kaufen
	3.	koupil/-a/-o	kupoval/-a/-o	by	er/sie/es würde kaufen
Pl.	1.	koupil-i/-y	kupoval-i/-y	bychom (ats. bysme)	wir würden kaufen
	2.	koupil-i/-y	kupoval-i/-y	byste	ihr würdet kaufen
	3.	koupil-i/-y/-a	kupoval-i/-y/-a	by	sie würden kaufen

Beachten Sie die Stellung bzw. Veränderung des Enklitikons „se/si" in der 2. Pers. Sg.:
1. Pers. Sg.: umyla bych se   všiml bych si
2. Pers. Sg.: ~~umyla bys se~~ → umyla by ses   ~~všiml bys si~~ → všiml by sis

Num.	Pers.	L-Partizip (= PPA)	Konditionalformen von „být"	dt. Entsprechung
Sg.	1.	zeptal/-a	bych se	ich würde fragen
	2.	zeptal/-a	by ses	du würdest fragen
	3.	zeptal/-a/-o	by se	er/sie/es würde fragen
Pl.	1.	zeptal-i/-y	bychom se	wir würden fragen
	2.	zeptal-i/-y	byste se	ihr würdet fragen
	3.	zeptal-i/-y/-a	by se	sie würden fragen

Num.	Pers.	L-Partizip (= PPA)	Konditionalformen von „být"	dt. Entsprechung
Sg.	1.	přál/-a	bych si	ich würde mir wünschen
	2.	přál/-a	by sis	du würdest dir wünschen
	3.	přál/-a/-o	by si	er ... würde sich wünschen
Pl.	1.	přál-i/-y	bychom si	wir würden uns wünschen
	2.	přál-i/-y	byste si	ihr würdet euch wünschen
	3.	přál-i/-y/-a	by si	sie würden sich wünschen

Negation: **nešla bych**　　　　　　Höflichkeitsform: **Půjčil/-a byste** mi to?

Die Formen bych, bys, by, bychom, byste, by sind Enklitika. Beachten
Sie daher die Rangstellung der Enklitika!
Proč **by ses** ji měl učit? Warum solltest du sie lernen?

Übersetzen Sie ins Deutsche:

byl/-a bych　　　　　　　　　　byl-i/-y bychom
(ne)měl/-a bych　　　　　　　　(ne)měl-i/-y bychom
ukazoval/-a bys　　　　　　　　ukazoval-i/-y byste
učil/-a by ses　　　　　　　　　učil-i/-y byste se
otevíral/-a/-o by　　　　　　　　otevíral-i/-y/-a by
hrál/-a/-o by si　　　　　　　　hrál-i/-y/-a by si
opouštěl/-a/-o by　　　　　　　opouštěl-i/-y/-a by

DEKLINACE OSOBNÍCH JMEN –
DEKLINATION DER PERSONENNAMEN

Personenenamen werden in der Regel nach der Endung des Nominativs
und Genitivs Singular den jeweiligen Deklinationstypen zugeordnet und
dementsprechend dekliniert:

Maskulina:

Deklinationstyp „pán": *Jan, Karel, Petr, Kryštof, Přibyl, Vintr, Winkelbauer, ...*
Deklinationstyp „muž": *Tomáš, Ondřej, Mareš, Tadeáš, ...* Namen auf *-s, -x, -z, ...*
Deklinationstyp „předseda": *Ota, Smetana, Zima, Vařecha, Nevrkla, ...*
Deklinationstyp „soudce": *Nechvíle, Purkyně, ...*
Deklinationstyp „mladý": *Nový, Starý, ...* Personennamen aus anderen Slawinen
　　　　　　　　　　　　mit adjektivischer Endung: *Tolstoj* (Gen. *Tolstého*),
　　　　　　　　　　　　Gorkij (Gen. *Gorkého*), *Słowacki* (Gen. *Słowackého*) ...
Deklinationstyp „jarní": *Koči, Krejči, Tacheci, ...*

Männliche Personennamen auf *-o* werden bis auf den Vokativ nach dem
Muster „pán" dekliniert: *Janko, bez Janka, dám to Jankovi, vidím Janka, pane
Janko, o Jankovi, s Jankem;* so auch *Kladivo, Marko, Ševčenko, ...*

Ähnlich können auch männliche Personennamen auf -*e* dekliniert werden:
Goethe, Dante, ...; *bez Goetha, Danta,* ... .
Häufiger finden sich hier aber Formen auf -*ho* (Gen.+Akk.) und -*mu* (Dat.):
Goethe, bez Goetheho, dlužím to Goethemu, čtu Goetheho, ... ; so deklinieren
auch *Heine, René,* ... , *Verdi, Škultéty, Kennedy,* ... .

Männliche Personennamen auf -*ů* bleiben undekliniert: *Janů, Martinů,* ... .

Zur Erinnerung:
Bei Namen wie Substantiven des Musters „pán" auf -*h, -ch, -k, -g* endet der
Vokativ auf -*u,* z. B. *strýčku, Bedřichu, Honzíku,* ... sonst aber -*e,* z. B. *Petře,*
pane Vintře, Jaromíre, Kryštofe, Karle, Jane/Jene, ...
Bei Namen wie Substantiven des Musters „muž" lautet der Vokativ auf -*i*:
Tomáši, Tadeáši, ...

Feminina:

Deklinationstyp „žena": *Aneta, Kristýna, Gabriela, Anežka, Markéta, Dorota, Liana,* ...
Deklinationstyp „růže": *Klaudie, Marie, Cecílie,* ...
Deklinationstyp „mladá": *Nová, Stará,* ...

Weibliche Personennamen fremden Ursprungs, die auf einen
Konsonanten enden, bleiben undekliniert: *Birgit, Ráchel, Dagmar* (wenn
Nom. *Dagmara,* dann wie „žena"), ...

Bei weiblichen Personennamen auf -*a* nach einem weichen Konsonanten,
z. B. *Táňa, Máňa, Nataša,* steht im Gen. Sg. -*i* statt -*y.* Im Dativ und Präpositiv
Sg. sind sowohl die Formen auf -*e/-ě* als auch -*i* möglich: *Táně/Táni, Máně/*
Máni, Nataše/Nataši.

PŘECHYLOVÁNÍ PŘÍJMENÍ – MOVIERUNG VON ZUNAMEN

Nach Änderungen im Namensrecht der Tschechischen Republik ist die
Movierung von Familiennamen, d. h. die Bildung von weiblichen Formen
zu männlichen Zunamen, nicht mehr gesetzlich verpflichtend, dennoch
aber nach wie vor allgemeiner Usus.

Männliche Zunamen, die in ihrer Form auf Adjektive zurückzuführen sind,
wie z. B. *Nový, Hořejší, Novotný* usw., werden auch wie Adjektive dekliniert.
Ihre movierten Gegenstücke lauten wie die weiblichen Formen der
Adjektiva, z. B. *Nová, Hořejší, Novotná* usw.

Bei anderen Nachnamen erfolgt die Movierung durch die Nachsilbe *-ová*:
Nováková, Mauhartová, Schmucková, Fincková, Faschingová, Polívková, ...
Diese weiblichen Namen werden ebenfalls wie Adjektive dekliniert.

Nom.	pan	Novák	paní	Nováková
Gen.	pana	Nováka	paní	Novákové
Dat.	panu	Novákovi	paní	Novákové
Akk.	pana	Nováka	paní	Novákovou
Vok.	pane	Nováku	paní	Nováková
Präp. (o)	panu	Novákovi	paní	Novákové
Instr.	panem	Novákem	paní	Novákovou

ZUR PRÄPOSITION ZA + 2., 4. oder 7. Fall:
Die Präposition „za" hat verschiedenste Bedeutungen:

WÄHREND / IM LAUFE – ZA + 2. Fall:
Za války byl v Paříži. Za krásného počasí rád chodí na procházky.
Za našich mladých let býval svět jako květ.

FÜR / UM – ZA + 4. Fall:
Koupil knihu za dvě stě korun. Neudělám to za nic na světě. Bojujeme za mír.
„Za žádnou pravdu na světě, ale jestli chceš, za malý pětník ticha."
Jan Skácel, Smuténka

PRO – ZA + 4. Fall:
Přeložil text, za řádek počítá 2 eura. Jel rychlostí 100 km za hodinu.

STATT / AN STELLE VON – ZA + 4. Fall:
Udělám to za tebe.

BINNEN / IN – ZA + 4. Fall:
Přijde za týden. Vrátila se za hodinu.
Za 80 dnů chce objet na kole naši planetu.

HEIRATEN – VZÍT SI KOHO ZA + 4. Fall:
Vzal si Petru za manželku. Vzala si Petra za manžela.

HINTER – ZA + 7. Fall (wo?) bzw. + 4. Fall (wohin?):
Zahrada je za domem. Seděl za mnou. Máme to za sebou.
Postavím se za někoho. Zasedli za stůl.

(KOMMEN) ZU / NACH-(KOMMEN) – ZA + 7. Fall:
Přijde za mnou. Běžel za ním.

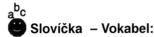

Slovíčka – Vokabel:

bloudit; *ipf., IV 1, Imp. Sg.:* bluď / bloudi   irren, fehlgehen; streifen, umherirren
zabloudit; *pf., IV 1a*

bojovat; *ipf., III 2*   kämpfen, Krieg führen, bekämpfen
  (s + Instr.)   mit jmdm. / etw.
  (proti + Dat.)   gegen jmdn. / etw.
  (za, o + Akk.)   für, um jmdn. / etw.

být vzhůru   auf sein, aufbleiben
činit; *ipf., IV 1*   tun, handeln, machen
  učinit; *pf., IV 1a*

líbat; *ipf., V*   küssen
  políbit; *pf., IV 1a, Imp. Sg.* polib

navrhovat (*Akk. za + Akk.*); *ipf., III 2*   vorschlagen, beantragen; entwerfen
  navrhnout; *pf., II 1a*

objíždět; *ipf., IV 3*   um ... herum fahren, umfahren
  objet; *pf., Futur:* objedu, objedou,
   Imp. Sg.: objeď, *PPA:* objel, *PPP:* -

opouštět; *ipf., IV 3*   verlassen
  opustit; *pf., IV 1a, Imp. Sg.:* opusť,
   PPP: opuštěn

opovažovat se; *ipf., III 2*   sich erdreisten, sich trauen, wagen
  opovážit se; *pf., IV 1a,*
   Imp. Sg.: opovaž se

organizovat; *ipf. + pf., III 2*   organisieren, ordnen, einrichten
  zorganizovat; *pf., III 2a*

podnikat; *ipf., V*   unternehmen
  podniknout; *pf., II 1a*

pospíchat; *ipf., V*   sich beeilen
  pospíšit si; *pf., IV 1a, Imp. Sg.:* pospěš si

používat; *ipf., V*   benützen, verwenden, gebrauchen
  použít; *pf., III 1a*

pršet; *ipf., IV 2, unpers.*   regnen

překládat; *ipf., V*   übersetzen
  přeložit; *pf., IV 1a*

radovat se (z + *Gen.*); *ipf., III 2*   sich freuen, Freude haben über
  zaradovat se; *pf., III 2a*   jmdn. / etw., an jmdm. / etw.

rozjíždět se; *ipf., IV 3*   fahren beginnen, losfahren;
  rozjet se; *pf., Futur:* rozjedu se,   nach allen Seiten fahren
   rozjedou se, *Imp. Sg.:* rozjeď se,
   PPA: rozjel se, *PPP:* -

řešit; *ipf., IV 1, Imp. Sg.:* řeš, *PPP:* řešen — lösen, klären
vyřešit; *pf., IV 1a*
spěchat; *ipf., V* — eilen
stačit (+ *Dat.*); *ipf., IV 1* — genügen; etwas schaffen
  (*na + Akk.*) (*k + Dat.*)
ujíždět; *ipf., IV 3* — wegfahren, davonfahren;
  ujet; *pf., Futur:* ujedu, ujedou, — (eine Strecke) zurücklegen
    Imp Sg. ujeď, *PPA:* ujel, *PPP: -*
uklouznout; *pf., II 1a* — ausrutschen, ausgleiten
usmívat se; *ipf., V* — lächeln
  usmát se; *pf., III 1a, Futur:* usměji se,
    usmějí se, *Imp. Sg.:* usměj se,
    PPA: usmál se, *PPP: -*
vznikat; *ipf., V* — entstehen, aufkommen
  vzniknout; *pf., II 1a, PPA:* vznikl
zasedat; *ipf., V* — sich setzen, Platz nehmen;
  zasednout; *pf., II 1a* — sitzen, tagen
zvládat; *ipf., V* — bewältigen, beherrschen, meistern
  zvládnout; *pf., II 1a*
Aljaška, -y, **Fem.** *1* — Alaska
architekt, -a, *Mask. 3, b.* — Architekt
bageta, -y, *Fem. 1* — die / das Baguette
bankéř, -e, *Mask. 4, b.* — Bankier
batoh, -u, *Mask. 1, u.* — Rucksack
batůžek, -žku, *Mask. 1, u.* — kleiner Rucksack
benzin / benzín, -u, **Mask.** *1, u.* — **das** Benzin
burza, -y, *Fem. 1* — Börse
dáma, -y, *Fem. 1* — Dame
dětství, -í, **Neutr.** *3* — **die** Kindheit
formulace, -e, *Fem. 2* — Formulierung
hádanka, -y, **Fem.** *1* — **das** Rätsel
hasič, -e, *Mask. 4, b.* — Feuerwehrmann
jaro, -a, **Neutr.** *1* — **der** Frühling
kadeřnice, -e, *Fem. 2* — Frisörin, Friseuse
kaviár, -u, *Mask. 1, u.* — Kaviar
kladivo, -a, **Neutr.** *1* — **der** Hammer
komentář, -e, *Mask. 2, u.* — Kommentar
kosmetička, -y, *Fem. 1* — Kosmetikerin
krejčí, -ího, *Mask., b., subst. Adj.* — Schneider
krejčová, -é, *Fem., subst. Adj.* — Schneiderin
květ, -u, **Mask.** *1, u.* — **die** Blüte
léto, -a, **Neutr.** *1* — **der** Sommer

linka, -y, *Fem. 1*	Linie (Heft-, Verkehrs-); Telefonverbindung
pevná linka	Festnetz(anschluss)
mast, -i, *Fem. 4*	Salbe
mzda, -y, *Fem. 1*	**der** Lohn
nádobí, -í, *Neutr. 3*	Geschirr
notář, -e, *Mask. 4, b.*	Notar
omeleta, -y, *Fem. 1*	Omelette, **das** Omelett
omyl, -u, *Mask. 1, u.*	Irrtum
pětník, -u, *Mask. 1, u.*	**das** Fünfhellerstück
písmeno, -a, *Neutr. 1*	**der** Buchstabe
planeta, -y, *Fem. 1*	**der** Planet
policie, -e, *Fem. 2*	Polizei
poradce, -e, *Mask. 6, b.*	Berater, Ratgeber
profesionál, -a, *Mask. 3, b.*	Profi, Professionist, Professional
protiútok, -u, *Mask. 1, u.*	Gegenangriff
příjmení, -í, *Neutr. 3*	**der** Familienname, Zuname
přítelkyně, -ě, *Fem. 2*	Freundin
rozpočet, -čtu, *Mask. 1, u.*	**die** Berechnung, **das** Budget
ruch, -u, *Mask. 1, u.*	**das** Treiben, der Verkehr, **die** Bewegung
cestovní ruch	Tourismus
řádek, -dku, *Mask. 1, u.*	**die** Zeile; **die** Reihe
schodek, -dku, *Mask. 1, u.*	**das** Defizit, Manko, der Fehlbetrag
slovíčko, -a, *Neutr. 1*	**die** Vokabel; das Wort, das Wörtchen
smích, -u, *Mask. 1, u.*	**das** Lachen, **das** Gelächter
švadlena, -y, *Fem. 1*	Näherin, Schneiderin
titul, -u, *Mask. 1, u.*	Titel
účet, účtu, *Mask. 1, u.*	**die** Rechnung, **das** Konto
velbloud, -a, *Mask. 3, b.*	**das** Kamel
vitamin / vitamín, -u, *Mask. 1, u.*	**das** Vitamin
volání, -í, *Neutr. 3*	Rufen, **der** Ruf, Anruf
výpočet, -čtu, *Mask. 1, u.*	**die** Ausrechnung, **die** Berechnung
vzpomínka, -y, *Fem. 1*	Erinnerung, **das** Andenken, **das** Gedenken
zima, -y, *Fem. 1*	**der** Winter, die Kälte
způsob, -u, *Mask. 1, u.*	**die** Art, **die** Weise, **die** Methode
zubař, -e, *Mask. 4, b.*	Zahnarzt
zubařka, -y, *Fem. 1*	Zahnärztin
berlínský, *1*	Berliner-, berlinerisch
čerstvý, *1*	frisch
daňový, *1*	Steuer-
hodinový, *1*	Stunden-, Uhr-

informovaný, *1*	informiert
jižní, *2*	Süd-, südlich
kouzelný, *1*	Zauber-, zauberhaft
mazaný, *1*	geschmiert, bestrichen; gerissen, schlau
náročný, *1*	anspruchsvoll, ansprüchig
nejzajímavější, *2*	der, die, das interessanteste
(*Superlativ zu* zajímavý, *1*)	
obvyklý, *1*	gewöhnlich, gewohnt, üblich, gebräuchlich
opatrný, *1*	vorsichtig, achtsam, behutsam
poschoďový, *1*	etagenförmig, (ein)stöckig, Stock-
průměrný, *1*	Durchschnitts-, durchschnittlich
slovní, *2*	Wort-
telefonický, *1*	telefonisch, Telefon-
tísňový, *1*	Not-
tísňové číslo	Notrufnummer
záchranný, *1*	Rettungs-
brzy, *Adv.*	bald
častěji (*Komparativ zu* často), *Adv.*	öfter
doposud, *Adv.*	bisher, bis jetzt
houževnatě, *Adv.*	zäh, beharrlich
jinak, *Adv.*	anders; sonst, ansonsten
klidně, *Adv.*	ruhig
konečně, *Adv.*	endlich, schließlich
naposledy, *Adv.*	zuletzt, zum letzten Mal, schließlich, endlich
opravdu, *Adv.*	wirklich, wahrhaftig, tatsächlich
pořád, *Adv.*	immer, fortwährend
souhlasně, *Adv.*	übereinstimmend, zustimmend
škaredě, *Adv.*	garstig, scheußlich; mürrisch; gewaltig
téměř, *Adv.*	beinahe, fast, nahezu, schier
vzhůru, *Adv.*	hinauf, herauf, aufwärts, empor; munter, auf
nu, *Partik.*	nun
ovšem, *Partik.*	allerdings, freilich, natürlich, wohl
všemi mastmi mazaný	mit allen Wassern gewaschen (wörtlich: mit allen Salben geschmiert)

1. pád: To je paní Táňa.
2. pád: Oslava u paní Táni.
3. pád: Jdeme k paní Táně.
4. pád: Navštívíme paní Táňu.
5. pád: Paní Táňo!
6. pád: Mluvíme o paní Táně.
7. pád: Jdu s paní Táňou.

Was ich im Leben gerne verändern würde (... und warum ich es nicht tue)

Ich würde gerne alles verändern.

Erstens würde ich jeden Tag vor 11 Uhr aufstehen. Ich würde die Hausübungen nicht vergessen und alle Prüfungen würde ich mit Sehr gut bestehen. Ich würde nicht nur an der Slawistik studieren, sondern auch an der Wirtschaftsuniversität und ich würde auch Dolmetschen lernen. Neben dem Studium würde ich selbstverständlich arbeiten. Nach der Arbeit würde ich ins Fitnesscenter gehen, täglich würde ich 2000 m schwimmen und hätte eine sportlichere Figur als Pamela Anderson. Später würde ich in einem großen Unternehmen als Chefin oder Vizepräsidentin arbeiten. Vielleicht würde ich auch an der österreichischen Botschaft arbeiten. Dann würde ich einen schönen, intelligenten, reichen, fröhlichen und ehrlichen Mann heiraten und hätte Kinder, die die Welt noch nicht gesehen hat.

Ich würde Häuser in Wien, Paris, Rom, London, Prag und Moskau kaufen. In Prag würde ich wohnen und in den anderen Häusern würde ich nur den Urlaub verbringen. Ich würde natürlich viele Feste feiern, zu denen ich euch bereits jetzt einladen möchte. Dann würde ich meine Memoiren schreiben und glücklich sterben.

Jedoch ... ich denke, dass dieser Plan bereits am ersten Punkt scheitert, weil ich nie freiwillig vor 11 Uhr aufstehen werde. Außerdem bin ich überhaupt kein sportlicher Typ, der Weg zur Straßenbahn strengt mich schon mehr als genug an. Schöne, reiche, fröhliche, ehrliche und intelligente Männer gibt es nicht, und für eine Karriere bin ich zu faul.

Ich habe mich daher entschieden, dass ich mein Leben nicht ändern und dem Schicksal seinen Lauf lassen werde. Und wenn ich einmal arbeiten werde müssen, so habe ich mir gedacht, dass ich entweder ein Clown in einer Kindersendung im Tschechischen Fernsehen werde oder dass ich Spielsachen teste. Dafür müsste ich mein Leben nicht verändern und trotzdem würde mir das Spaß machen – und das ist für mich das Wichtigste.

Quelle: B.E.

---

17. Lektion

Nosím jen jeden prsten, a to snubní. To je také můj první prsten. Otec mi sice už chtěl dát náš rodinný prsten po pradědečkovi, ale odmítl jsem ho, protože nerad nosím prsteny. To proto, že jsem horolezec a prsteny by mi při lezení překážely. Doma jsem vždy lezl na stromy nebo jsem pracoval na zahradě, a při tom by mi prsteny také vadily. Jen z lásky teď nosím prsten (a moje žena Lenka z téhož důvodu).

Kdybych měl kouzelný prsten, proměnil bych se v Křemílka, ale jen kdybych také mohl svoji Lenku proměnit ve Vochomůrku. Protože si nejsem jistý, jestli by to šlo, zůstaneme radši tím, čím jsme.

Pramen: C.L.

Které město v České republice navštívíme?

Jiří: Navštívíme Český Krumlov. Je to starobylé město, natáčely se tam filmy. Je tam i medvědí příkop s živými medvědy.

Silvie: No, živého medvěda v příkopu můžeš vidět i ve Wiener Neustadtu / Vídeňském Novém Městě.

Jiří: Ale ve Wiener Neustadtu nemají otáčivé hlediště. Mimochodem, víš, že název Krumlov pochází z německého „Krumme Au"? A blízko je vesnice Holašovice, typická pro styl jihočeského lidového baroka, natáčel se tam i film Prodaná nevěsta. A třeboňské rybníky v jižních Čechách by byly také zajímavé.

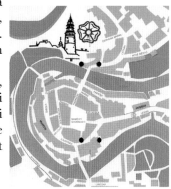

Silvie: Mě zajímá Kroměříž. Je na Moravě, není to daleko. Vzpomínáš si, učili jsme se o říšském sněmu v Kroměříži v roce 1848? Na cestě do Kroměříže bychom si mohli prohlédnout i Dürnkrut na Moravském poli.

1) Jste levák nebo pravák? – Sind Sie Links- oder Rechtshänder?

Kterou rukou píšete?
Kterou rukou kreslíte?
Kterou rukou si čistíte zuby?
Kterou rukou krájíte chleba?

Kterou rukou otevíráte láhev?
Kterou rukou odemykáte?
Kterou rukou se češete?

Kterou nohou kopete do míče?
Kterou nohou brzdíte na kole?

Kterou nohou lezete na žebřík?
Kterou nohou vstáváte z postele?

Kterou nohou šlapete na spojku a kterou na plyn?

2) Fügen Sie a) einen Namen und b) ein Pronomen ein:

Půjdu do kina s _____. → *Půjdu do kina s Petrem. Půjdu s ním do kina.*

Hraji šachy s _____. Děti odešly s _____. Šli jsme do divadla s _____.

Učí se s _____. Nemluví s _____. Sejde se s _____. Setkala se

s _____ v kavárně.

3) Ergänzen Sie ein passendes Verb:

S nikým _____. → *S nikým nemluví.*

_____ se s profesorem Vintrem. _____ s Helenou. Chtěla bych

s vámi _____. To jste s nimi mohl _____. Nikdo s ní _____.

4) Čím chce být? – Zehnjährige Kinder einer Prager Schule wurden befragt, was sie einmal werden wollen – Bilden Sie Konditionalsätze:

Čím chce být? → *Marek by chtěl být hokejovým útočníkem.*
Marek: Chci být hokejovým útočníkem. Petra: Chci být televizní moderátorkou.
Jana: Chci být maminkou. Tomáš: Chci být manželem bohaté manželky.

5) Stellen Sie ähnliche Fragen – Kým nebo čím byste nejraději byl/byla?

Byl bys raději kocourem než kočkou?
Byl bys raději kostí než zlostí?
Byl bys raději soucitem než kloboukem?
Byl bys raději ředitelem než talířem?

Byla bys raději miminkem než dědečkem?
Byla bys raději děvčetem než kuřetem?
Byla bys raději větrem než svetrem?
Byla bys raději lanovkou než sodovkou?

6) Schreiben Sie die Ordnungszahlwörter aus und ändern Sie sie ab:

Souhlasím s 2. studentem. Souhlasím s 5. studentkou. Odejdu před 17. hodinou. Byl 3.

7) Schreiben Sie die Grundzahlwörter aus und ändern Sie sie ab:

Půjdu tam s 20 studenty. Přijdeme k vám na hospitaci s 9 studentkami. Přijel autobus s 80 návštěvníky. Chceme pokoj s 2 okny na východ. Setkala se tam s 2 kamarády. Vlak odjel před 3 minutami.

8) Ergänzen Sie:

Přišel za (ty)_____. → Přišel za tebou.

Leží to pod (okno) _____. Přišla za (já) _____. Pojedeme (výtah) _____ nebo půjdeme pěšky? Díval se sem (okno) _____. Šli jsme (brána) _____. Seznámil nás se (známá herečka) _____. Často jezdí (autobus) _____. Se svým (bratr) _____ si rozumí.

9) Fragen Sie den Nachbarn:

Jedeme na dovolenou. Co si vezmeš s sebou?
Vezmu si s sebou hodně peněz. ...

10) Ersetzen Sie das Substantiv durch andere:

Kdy začneš s prací? Kdy začneš s(e) ... (studium, domácí úkol, úklid)?
Pojedu autobusem. Pojedu ... (auto, loď, vlak, rychlík, lanovka, vlek, výtah).
Poletím vrtulníkem. Poletím ... (letadlo, helikoptéra, rogalo, padák).

11) Womit spielen Kinder gerne?

Děti si rády hrají s auty.
mrkací panenka, látková panenka, plyšová zvířátka, lego, medvěd, stavebnice, míč, knihy, kolo, vláček

S čím jste si ráda hrála? S čím jste si rád hrál?

12) Übersetzen Sie:

Wirst du dein Mittagessen essen? Karl kann sich an ihre Schwester nicht erinnern. Wo habt ihr eure Sachen? Wem gehört das? Ist es deines? Wessen Haus ist das? Ist es euer Haus? Nein, das ist ihr Haus. Das sind nicht unsere Nachbarn. Ist das seine Freundin? Nein, das ist seine Schwester. Was hast du nicht verstanden? Seine Frage? Erinnerst du dich an meine Tante? Ja, aber ich habe ihren Namen vergessen. Kennst du seine Frau? Ja, er stellte mich seiner Frau vor. Sie steht bei ihrem Auto und wäscht es. Wirst du hingehen? Ich gebe dir meine Karte. Ist das ihre Verwandte? Ja, das ist ihre Tochter. Sind das ihre Brüder? Wessen Kinder sind das? Das ist ihr Lachen. Sie lacht wie du.

13) Im Tschechischen mit oder ohne „s"?

Er isst mit Gabel und Messer. → *Jí vidličkou a nožem.*
Er fährt mit dem Schnellzug.   Sie ging mit ihm ins Kino.
Ich stimme mit dem Bruder überein.   Wir fuhren nicht durch den Tunnel.

14) In jedem Satz sind ein oder mehrere Fehler. Korrigieren Sie:

Nakonec jsem rozhodla se, že budu vyprávět o zkušenostech se studiem na univerzitě. Univerzita udělala dojem na mě, ale jsem nemohla si představit, že zde bych studovala. Myslela jsem, že nikdo mi na univerzitě nepomůže, byrokracie odstrašila mě. Není to tak komplikované, jak se člověk představuje. Rychle jsem poznala kolegy, kterých jsem mohla se zeptat, když něco jsem nevěděla. Student musí se organizovat svůj čas.

15) Bilden Sie ähnliche Sätze:

Jak to že nepřišla? Nemá náhodou chřipku?
Jak to že jel na fotbal? Neměl náhodou míč?
Nemáš náhodou bonbón? Nemáte náhodou čas? Nemáš náhodou moji knihu?
To neudělám ani náhodou.

16) Schreiben Sie mit Ihrer Banknachbarin / Ihrem Banknachbarn einen kleinen Dialog unter Verwendung folgender Wörter:

budík, spát, vyspat se, probudit se, zaspat

17) Was frühstücken Sie?

Čím si ráno mažeš chleba? Máslem?
Marmeládou? Medem? Taveným sýrem?

18) Kennen Sie die Geschichte „Experiment profesora Rousse" aus Karel Čapeks „Povídky z jedné kapsy"?

a) Já vám budu říkat slova a vy musíte hned říct první slovo, které vás napadne, rozumíte? *sklenice x pivo, ulice x vozy*
b) Partneraufgabe – bilden Sie mit den genannten Wörtern einen Satz: *Příklad: panenka → Holčička si hraje s panenkou.*
c) Nennen Sie dissoziative Begriffe: *pes x akvárium*
d) Partneraufgabe – bilden Sie mit den genannten Wörtern einen Satz: *Příklad: pes → Pes se zamiloval do panenky.*
e) Bilden Sie Alliterationen: *pes, Praha*

19) Bilden Sie zwei Gruppen – Welche Gruppe schreibt innerhalb von 20 Sekunden mehr Synonyme (otec, táta) bzw. mehr Antonyme (vdaná x svobodná) auf?

20) Stellen Sie Fragen:

*Zůstáváš optimistou / optimistkou,
i když se ti věci nedaří?*

21) Übersetzen Sie:

Snubní prsteny prý existovaly v Egyptě už 2800 let před Kristem. Školský úřad v Olomouci zrušil pracovní poměr s ředitelkou základní školy, která zbila žáka. Mezi tolika auty jsem naše nepoznal. S mnoha názory jsme nesouhlasili. Přiletěla před čtrnácti dny. Šla na poštu s třemi dopisy. Mám to auto předjet? Měla jsi mu říct, co se stalo. Měl jsi počkat. Chtěla bych s vámi mluvit. Měl by přijít zítra. To jste mohl udělat. Měla jsem mu to dovolit? Měl jste se omluvit. Měla bych vám to vysvětlit.
Policie hledá jedenáctiletou školačku. Hnědooká školačka s dlouhými plavými vlasy, která cestovala z Prahy 3 do Prahy 4, se ztratila na cestě od své babičky. Měla na sobě zimní červený svetr na knoflíky s oranžovými kytičkami, džíny a kožené hnědé boty.

22) Assoziationen – Dissoziationen:

a) Už vás někdy někdo pozval na svatbu?
Vzpomínky na svatbu
Měli jsme svatbu na matričním úřadě.
V obřadní síni hráli během každého sňatku
pochod z Wagnerova Lohengrina. To se mi
nelíbilo. Řekl jsem úředníkovi, že to nechci.

Úředník otevřel dve-
ře a zavolal do sálu:
„Příští je bez!"
Když se ženil můj syn,
oddávala ho mladá,
nezkušená úřednice.
Byla nervózní a začala s obřadem,
ačkoliv hosté ještě čekali venku. Po protestu ženicha požádala hosty,
aby vstoupili, a oddala ženicha a nevěstu ještě jednou.

Pramen: F.Z.

b) To neřeším. (= Damit befasse ich mich nicht.)
Věříte v lásku na první pohled?
Mohou si být lidé určeni osudem?

c) Inzeráty – Unterstreichen Sie die Formen im Instrumental:

On hledá ji
SŠ (středoškolák), 35/180, svobodný, tmavovlasý, nekuřák, se smyslem
pro humor, hledá hodnou, milou a štíhlou partnerku. Jezdím sám v autě,
bydlím sám v bytě, lyžuji sám. Potřebuji tě. Dopis s fotem pod značkou
„Vše ve dvou" potěší.

Ona hledá jeho
VŠ (vysokoškolačka), 40/168, bez záv. (závazků), se zajímá o přátelství
s moudrým, šarmantním a úspěšným mužem, který má zájem podnikat.
Zn. (značka): Investor.

23) Co odpoví Martin?

Martin se chce oženit. Představuje nastávající ženu Janu své babičce na
severní Moravě, v malé vesnici blízko Ostravy. Vypráví babičce, že jeho
snoubenka je povoláním tlumočnice, která ovládá pět světových jazyků.
Babička mluví jen „po našemu". Jana babičce nerozumí a babička se ptá:
„Jak je to možné, umí pět jazyků, a mně nerozumí."

24) Které tři státy světa jsou podle rozlohy největší? – Erstellen Sie eine Rangordnung:

Kanada, USA, Argentina, Brazílie, Súdán, Kazachstán, Indie, Austrálie, Čína, Rusko *(Řešení na konci lekce.)*

SKLOŇOVÁNÍ: INSTRUMENTÁL – DEKLINATION: DER INSTRUMENTAL Kým? Čím?

Maskulina
Deklinationstyp: hart + weich

Pojedu novým autobusem. Nepojedeme starými autobusy.
Sešla se tam s kamarádem. Nesetkala se tam s jeho bratry.
Krájel chleba tupým nožem. Prošel těmi krásnými pokoji.
Odjel se starším strýcem. Přišel s několika silnými muži.

Neutra
Deklinationstyp: hart + weich

Píše novým plnicím perem.
Kávu s mlékem, prosím! Za rozbitými okny svítilo světlo.
Tunel je pod mořem. Nakreslil vesmír s mnoha slunci.
Nechtěl bych být kuřetem. Šel do kina s děvčaty.
Přijel sem za štěstím. S těmi kreativními řešeními nesouhlasím.

Feminina
Deklinationstyp: hart + weich

Mluvil se zajímavou (s mondénní) ženou.
Mluvil se zajímavými (s mondénními) ženami.
Odešla s růží. Odešla se bílými růžemi.
Projdeme se Vídní. Začneme písněmi.
S chutí do toho, půl je hotovo. Odešli s těmito věcmi.

Der Instrumental ohne Präposition:

Der reine Instrumental steht bei adverbialer Bestimmung des Grundes (z. B. **plakat radostí** = vor Freude weinen), des Ortes (z. B. **jet městem** = durch die Stadt fahren) und der Art (**jet krokem** = im Schritttempo fahren).

Jedu vlakem.	Ich fahre mit dem Zug.
Chleba krájíme nožem.	Brot schneiden wir (schneidet man) mit dem Messer.
Píšeme perem, ne tužkou.	Wir schreiben (man schreibt) mit der Feder, nicht mit dem Bleistift.
Myju se teplou vodou.	Ich wasche mich mit warmem Wasser.

DIE MODALVERBEN *MÍT, CHTÍT, MOCI, MUSET*
und ihre Anwendung im Indikativ und Konditional

Mám s ním tančit?	Chci s ní jít do kina.
Soll ich mit ihm tanzen?	*Ich will mit ihr ins Kino gehen.*
Měla jsem s ním tančit.	Chtěl jsem s ní jít do kina.
Ich sollte mit ihm tanzen.	*Ich wollte mit ihr ins Kino gehen.*
Ich hätte mit ihm tanzen sollen.	*Ich hätte mit ihr ins Kino gehen wollen.*
Satz bezieht sich auf die **Vergangenheit**.	Satz bezieht sich auf die **Vergangenheit**.
Měla bych s ním tančit.	Chtěl bych s ní jít do kina.
Ich sollte mit ihm tanzen.	*Ich möchte mit ihr ins Kino gehen.*
Satz bezieht sich auf die **Zukunft**.	Satz bezieht sich auf die **Zukunft**.

Mohu s ním jít na zmrzlinu?	Musím s ní jít na nádraží?
Kann ich mit ihm Eis essen gehen?	*Muss ich mit ihr zum Bahnhof gehen?*
Mohla jsem s ním jít na zmrzlinu.	Musel jsem s ní jít na nádraží.
Ich konnte mit ihm Eis essen gehen.	*Ich musste mit ihr zum Bahnhof gehen.*
Ich hätte mit ihm Eis essen gehen können.	
Satz bezieht sich auf die **Vergangenheit**.	Satz bezieht sich auf die **Vergangenheit**.
Mohla bych s ním jít na zmrzlinu.	Musel bych s ní jít na nádraží.
Ich könnte mit ihm Eis essen gehen.	*Ich müsste mit ihr zum Bahnhof gehen.*
Satz bezieht sich auf die **Zukunft**.	Satz bezieht sich auf die **Zukunft**.

Kudy? – Tudy!

Kudy pojedeme?   **Tudy**.
Wie / auf welchem Wege werden wir fahren?   *So / auf diesem Wege.*

ČÍSLOVKY – ZAHLWÖRTER

Die Deklination der Kardinalzahlen wurde bereits in der 9. Lektion ausführlich erklärt (zum Dativ der Kardinalzahlen siehe auch Lektion 12).

Číslovky řadové – Ordnungszahlen

	Singular			Plural		
	Mask.	Fem.	Neutr.	Mask.	Fem.	Neutr.
Nom.	první	první	první	první		
Gen.	prvního	první	prvního	prvních		
Dat.	prvnímu	první	prvnímu	prvním		
Akk.	první (u.) / prvního (b.)	první	první	první		
Präp.	prvním	první	prvním	prvních		
Instr.	prvním	první	prvním	prvními		

Ähnlich deklinieren alle anderen Ordnungszahlen auf -í: *třetí, tisící*.

	Singular			Plural		
	Mask.	Fem.	Neutr.	Mask.	Fem.	Neutr.
Nom.	druhý	druhá	druhé	druhé (u.) /druzí (b.)	druhé	druhá
Gen.	druhého	druhé	druhého	druhých		
Dat.	druhému	druhé	druhému	druhým		
Akk.	druhý (u.) / druhého (b.)	druhou	druhé	druhé	druhé	druhá
Präp.	druhém	druhé	druhém	druhých		
Instr.	druhým	druhou	druhým	druhými		

Ähnlich deklinieren alle anderen Ordnungszahlen auf -ý: *čtvrtý, pátý, ...,
stý, miliontý, ...* .

Slovíčka – Vokabel:

brzdit; *ipf., IV 1*   bremsen
  zabrzdit; *pf., IV 1a*
dařit se; *ipf., IV 1, unpers.*   gelingen
  podařit se; *pf., IV 1a, unpers.*
dovolovat; *ipf., III 2*   erlauben, gestatten, zulassen
  dovolit; *pf., IV 1a*
existovat; *ipf., III 2*   existieren, da sein, bestehen
kopat; *ipf., Ia / V, Präs.:* kopu/kopám,   graben, schaufeln; treten
  kopou/kopají, *Imp. Sg.:* kopej
  kopnout; *pf., II 1a, PPA:* kopl
krájet; *ipf., IV 3, Präs. Pl.:* kráj/ej/í   schneiden (mit dem Messer)
  nakrájet; *pf., IV 3*
kreslit; *ipf., IV 1*   zeichnen
  nakreslit; *pf., IV 1a*
lézt; *ipf., I 2, Präs.:* lezu, lezou,   kriechen, krabbeln; klettern
  Futur: poleze / bude lézt, *PPA:* lezl
mít na sobě   anhaben
napadat (*Akk. + Akk.*); *ipf., V*   jmdm. einfallen, jmdm. plötzlich in
  napadnout; *pf., II 1a*   den Sinn kommen
natáčet; *ipf., IV 3*   drehen (z. B. Film), ein- (z. B. Haare)
  natočit; *pf., IV 1a*
oddávat; *ipf., V*   trauen, vermählen
  oddat; *pf., Va*
odemykat; *ipf., V*   aufsperren
  odemknout; *pf., II 1a, PPA:* odemkl,
  PPP: odemknut / odemčen
odstrašovat (*Akk. od + Gen.*); *ipf., III 2*   abschrecken (jmdn. von etw.)

odstrašit; *pf., IV 1a*
probouzet se; *ipf., IV 3*   erwachen, aufwachen, wach werden
  probudit se; *pf., IV 1a*
procházet (+ *Instr.*); *ipf., IV 3*   durch etw. gehen, durchgehen,
  projít (+ *Instr.*); *pf.,*   machen
    Futur: projdu, projdou,
    Imp.: projdi, projděte,
    PPA: prošel, *PPP:* -
předjíždět; *ipf., IV 3*   vorfahren, überholen
  předjet; *pf.,*
    Futur: předjedu, předjedou,
    Imp. Sg.: předjeď, *PPA:* předjel,
    PPP: předjet
rušit; *ipf., IV 1, Imp. Sg.:* ruš, *PPP:* rušen   aufheben, auflösen, abschaffen,
  zrušit; *pf., IV 1a, Imp. Sg.:* zruš,   annullieren
    PPP: zrušen
setkávat se (*s* + *Instr.*); *ipf., V*   sich treffen
  setkat se; *pf., Va*
seznamovat (*Akk. s* + *Instr.*); *ipf., III 2*   bekannt machen (jmdn. mit
  seznámit; *pf., IV 1a, PPP:* seznámen   jmdm. / etw.)
seznamovat se; *ipf., III 2*   bekannt (gemacht) werden
  seznámit se; *pf., IV 1a*
souhlasit (*s* + *Instr.*); *ipf., IV 1*   einverstanden sein mit jmdm. / etw.,
     einwilligen in etw.

šlapat; *ipf., Präs.:* šlapu/šlapám,   treten
  šlapou/šlapají, *Imp. Sg.:* šlap/šlapej   in etw.; auf jmdn./etw.;
  (*do* + *Gen.*) (*na* + *Akk.*) (*po* + *Präp.*)   auf jmdm./etw. herum
  šlápnout; *pf., II.1a, Imp.:* šlápni,
  šlápněte, *PPA:* šláp/nu/l,
    PPP: šlápnut
tančit; *ipf., IV 1*   tanzen
určovat; *ipf., III 2*   bestimmen, festlegen, festsetzen
  určit; *pf., IV 1a, Imp. Sg.:* urči
vstupovat; *ipf., III 2*   einsteigen, eintreten
  vstoupit; *pf., IV 1a, Imp. Sg.:* vstup
vyprávět; *ipf., IV 3*   erzählen
vyrušovat; *ipf., III 2*   stören
  vyrušit; *pf., IV 1a*
vyspat se; *pf., IV*   (sich) ausschlafen
    Futur: vyspím se, vyspí se,
    Imp. Sg.: vyspi se, *PPA:* vyspal se
zaspávat; *ipf., V*   verschlafen
  zaspat; *pf., IV, Futur:* zaspím, zaspí,

Imp. Sg.: zaspi, *PPA:* zaspal	
ztrácet se; *ipf., IV 3*	sich verlieren, verloren gehen,
ztratit se; *pf., IV 1a*	verschwinden
ženit se (*s + Instr.*); *ipf., IV 1*	[als Mann] heiraten (jmdn.), sich
oženit se; *pf., IV 1a*	vermählen (mit jmdm.)
akvárium, akvária, *Neutr. 1 (Pl.: Gen.* -ií,	Aquarium
Präp. -iích, *Instr.* -ii)	
Argentina, -y, *Fem. 1*	Argentinien
baroko, -a, *Neutr. 1*	Barock
bonbon / bonbón, -u, *Mask. 1, u.*	**das** Bonbon
brána, -y, *Fem. 1*	**das** Tor (Haus-, Stadt-), die Pforte
Brazílie, -e, *Fem. 2*	Brasilien
budík, -u/-a, *Mask. 1, u. (Akk. Sg.:* -/-a,	Wecker
Präp. Pl.: -cích)	
byrokracie, -e, *Fem. 2*	Bürokratie
Egypt, -a, *Mask. 1, u.*	Ägypten
experiment, -u, *Mask. 1, u.*	**das** Experiment
foto, -a, *Neutr. 1*	Foto
helikoptéra, -y, *Fem. 1*	**der** Helikopter
hospitace, -e, *Fem. 2*	Hospitation
humor, -u, *Mask. 1, u.*	Humor
Indie, -e, *Fem. 2*	Indien
Kanada, -y, *Fem. 1*	Kanada
Kazachstán, -u, *Mask. 1, u.*	Kasachstan
knoflík, -u, *Mask. 1, u.*	Knopf
kolega, -y, *Mask. 5, b.*	Kollege
Kristus, -ta, *Mask. 3, b.*	Christus
krok, -u, *Mask. 1, u.*	Schritt
kuře, -ete, *Neutr. 4*	Huhn, Kü(c)ken
kytička, -y, *Fem. 1*	**das** Blumensträußchen
lego, -a, *Neutr. 1*	Lego
levák, -a, *Mask. 3, b.*	Linkshänder
loď, -di/-dě, *Fem. 4 (Pl.: Dat.* -ím,	**das** Schiff
Präp. -ích, *Instr.* -děmi/-ďmi)	
Moravské pole	Marchfeld
moderátorka, -y, *Fem. 1*	Moderatorin
nevěsta, -y, *Fem. 1*	Braut
obřad, -u, *Mask. 1, u.*	**die** Zeremonie
optimista, -y, *Mask. 5, b.*	Optimist
optimistka, -y, *Fem. 1*	Optimistin
osud, -u, *Mask. 1, u.*	**das** Schicksal, Los, Geschick,
	Verhängnis
panenka, -y, *Fem. 1*	Puppe; Pupille

pohled, -u, *Mask. 1, u.*	Blick, Anblick, **die** Ansicht
pochod, -u, *Mask. 1, u.*	Marsch, Gang, Vorgang
pravák, -a, *Mask. 3, b.*	Rechtshänder
protest, -u, *Mask. 1, u.*	Protest, Einspruch, Einwand
rogalo, -a, *Neutr. 1*	Drachenflugzeug
rozloha, -y, *Fem. 1*	Ausdehnung, **das** Ausmaß
ředitel, -e, *Mask. 4, b.*	Direktor
řešení, -í, *Neutr. 3*	**die** Lösung
síň, síně, *Fem. 3*	**der** Saal, Raum, die Halle, **das** Zimmer
snoubenec, -nce, *Mask. 4, b.*	**der** Verlobte
snoubenka, -y, *Fem. 1*	**die** Verlobte
sňatek, -tku, *Mask. 1, u.*	**die** Ehe, Eheschließung, Heirat, Trauung
soucit, -u, *Mask. 1, u.*	**das** Mitgefühl, Mitleid
spojka, -y, *Fem. 1*	Kupplung
stavebnice, -e, *Fem. 2*	**der** Baukasten
středoškolák, -a, *Mask. 3, b.*	Mittelschüler, Oberschüler
styl, -u, *Mask. 1, u.*	Stil
Súdán, -u, *Mask. 1, u.*	Sudan
svatba, -y, *Fem. 1*	Hochzeit, Vermählung
školačka, -y, *Fem. 1*	Schülerin, Schulmädchen
tlumočnice, -e, *Fem. 2*	Dolmetscherin
tunel, -u, *Mask. 1, u.*	Tunnel
úřednice, -e, *Fem. 2*	Beamtin
vesmír, -u, *Mask. 1, u.*	**das** Weltall, der Weltraum
vítr, větru, *Mask. 1, u.*	Wind
vrtulník, -u, *Mask. 1, u.*	Hubschrauber
vysokoškolačka, -y, *Fem. 1*	Studentin, Hochschülerin, Akademikerin
závazek, -zku, *Mask. 1, u.*	**die** Verpflichtung, **die** Verbindlichkeit, **die** Haftung, **das** Versprechen, **die** Gewähr
zkušenost, -i, *Fem. 4*	Erfahrung
zlost, -i, *Fem. 4*	**der** Zorn, die Wut
značka, -y, *Fem. 1*	**das** Zeichen, die Markierung, **das** Merkmal, die Marke
zvířátko, -a, *Neutr. 1*	Tierchen
žebřík, -u, *Mask. 1, u.*	**die** Leiter
hnědooký, *1*	braunäugig
hokejový, *1*	Hockey-
jihočeský, *1*	südböhmisch
komplikovaný, *1*	kompliziert

kožený, *1*	Leder-
kreativní, *2*	kreativ
látkový, *1*	Stoff-
matriční, *2*	Matrikel-, Matriken-
mondénní, *2*	mondän
mrkací, *2*	zwinkernd, Zwinker-
nastávající, *2*	zukünftig, werdend, angehend, bevorstehend
obřadní, *2*	Zeremonien-
plavý, *1*	falb, (licht)blond
plnicí, *2*	Füll-
plyšový, *1*	Plüsch-
počítačový, *1*	Computer-, EDV-
prodaný, *1*	verkauft
příští, *2*	künftig, kommend, folgend, der nächste
rozbitý, *1*	kaputt, zerschlagen, zerbrochen
severní, *2*	Nord-, nördlich
snubní, *2*	Ehe-, Trau-
starší, *2 (Komparativ zu* starý, *1)*	der, die, das ältere
světový, *1*	Welt-
šarmantní, *2*	charmant, reizend
školský, *1*	Schul-
štíhlý, *1*	schlank
tavený, *1*	geschmolzen, Schmelz-
tmavovlasý, *1*	dunkelhaarig
tupý, *1*	stumpf
úspěšný, *1*	erfolgreich
zimní, *2*	Winter-
hotovo, *Adv.*	fertig
náhodou, *Adv.*	zufällig, durch Zufall, zufälligerweise
nakonec, *Adv.*	zum Schluss, schließlich, am Ende, endlich
jak to že, *Konj.*	wieso

Antonyme

nemocný / pacient der Kranke / Patient	↔	lékař Arzt	host Gast	↔	hostitel Gastgeber	kuřák Raucher	↔	nekuřák Nichtraucher
herec Schauspieler	↔	divák Zuschauer	bída / nouze Armut / Not	↔	bohatství Reichtum	soukromý privat	↔	veřejný öffentlich
zisk Gewinn	↔	ztráta / škoda Verlust / Schaden	hledat suchen	↔	najít finden			

cizí / zahraniční / mezinárodní   ↔   domácí
fremd / ausländisch / international   heimisch

chudák	↔	boháč	chudý	↔	bohatý	cizí	↔	vlastní
der Arme		der Reiche	arm		reich	fremd		eigen

svobodná   ↔   vdaná   ↔   rozvedená   =   bezogen auf eine Frau
ledig   verheiratet   geschieden
svobodný   ↔   ženatý   ↔   rozvedený   =   bezogen auf einen Mann
ledig   verheiratet   geschieden

matka	↔	otec	dcera	↔	syn	babička	↔	dědeček
Mutter		Vater	Tochter		Sohn	Großmutter		Großvater

sestřenice	↔	bratranec	neteř	↔	synovec	teta	↔	strýc
Cousine		Cousin	Nichte		Neffe	Tante		Onkel

tchyně   ↔   tchán   snacha   ↔   zeť
Schwiegermutter   Schwiegervater   Schwiegertochter   Schwiegersohn

probouzet se / probudit se   ↔   zaspávat / zaspat   ↔   spát / vyspat se
erwachen   verschlafen   (aus)schlafen

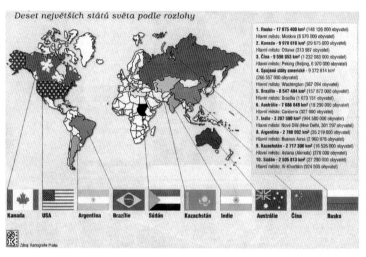

Pramen – Quelle: Magazín DNES + TV 6.8.1998

Správné řešení: Rusko, Kanada, Čína, Spojené státy americké, Brazílie, Austrálie, Indie, Argentina, Kazachstán, Súdán.

Wenn ich einen Zauberring hätte ...
Ich trage nur einen Ring, und zwar den Ehering. Er ist auch mein erster Ring. Mein Vater hatte mir zwar bereits unseren Familienring vom Urgroßvater schenken wollen, ich lehnte ihn aber ab, denn ich trage Ringe ungern. Ich bin nämlich Bergsteiger und Ringe würden mich beim Klettern behindern. Zu Hause kraxelte ich immer auf Bäume oder arbeitete im Garten, und auch da hätten mich Ringe nur gestört. Nur aus Liebe trage ich jetzt einen Ring (und meine Frau Lenka auch, aus dem gleichen Grund). Wenn ich einen Zauberring hätte, würde ich mich in Křemílek[*] verwandeln, aber nur wenn ich meine Lenka auch in Vochomůrka[*] verwandeln könnte. Weil ich nicht sicher bin, ob das ginge, bleiben wir lieber, was wir sind.

Quelle: C.L.

[*] Křemílek und Vochomůrka sind Märchenfiguren von Václav Čtvrtek

18. Lektion

Hudba

Když jsem studoval práva, měl jsem přítelkyni Kristýnu, studovala také práva a milovala – kromě mě – vážnou hudbu. Hrála báječně na klavír, naučila se to na konzervatoři. Kristýna chodila ráda na koncerty a zamilovaný František chodil s ní. Kristýna byla uchvácena hudbou, a já, chudák, jsem se strašně nudil. Ty koncerty trvaly tak nekonečně dlouho. Všechno mě už bolelo, nohy, ruce, záda – nevěděl jsem, co dělat. Ze zoufalosti jsem začal počítat hudebníky, židle, sloupy atd. Nejraději bych si vzal s sebou knihu, ale to jsem se neopovážil. Pro lásku se musí trpět.

Od té doby už uplynulo mnoho let. Nedávno jsem jel služebně s přítelem Willim a jeho manželkou do Prahy. Jeli jsme kolem Domu umělců. Willi tam spatřil plakát. Neumí česky, ale poznal, že se koná koncert v Dvořákově síni. Jeho paní ihned žádala, abychom večer šli na koncert. Tak jsem se po pětadvaceti letech znovu dostal na koncert a kupodivu se mi docela líbil, nic jsem nepočítal. Tempora mutantur et nos mutamur in illis.

Pramen: F.S.

◗ Rozhovor

Jiří: Silvinko, víš co, četl jsem právě v novinách ... .

Silvie: Silvinko? Co to má být? Hypokoristikum, deminutivum, manipulativum, optativum, tranzitivum?

Jiří: V tranzu nejsem, má to být meliorativum, slovo lichotné. Když už mluvíš o těch opiátech, četl jsem v novinách, že se pán z Moravy dožil 98 let, kouřil denně 40 cigaret a pil červené víno.

Silvie: Takovým zprávám valně nevěřím. Články v novinách o tom, že ta či ona babička denně vypije tři litry vína a dožívá se 130 let, čtu s jistou dávkou skepse. Neříkám, že to jsou novinářské kachny, ale každý odborník ti potvrdí, že to jsou velké výjimky. Statisticky se dá podložit, že někteří lidé jsou z genetických důvodů vysoce odolní, a tak se může stát, že se dožijí vysokého věku. Takže jsou lidé, kteří alkohol pijí a dožijí se vysokého věku, jsou lidé, kteří alkohol pijí a nedožijí se vysokého věku, dále lidé, kteří nepijí a dožijí se vysokého věku, a nakonec lidé, kteří nepijí a nedožijí se vysokého věku. Alkohol je droga, způsobuje změnu osobnosti, prohlédni si léčebny a spočítej si to. A co jsi chtěl ještě říct?

Jiří: Mohli bychom si udělat o víkendu výlet do Znojma, nejprve bychom jeli vlakem do Retzu. Tam bychom přestoupili na motorový vlak, ten jede z Retzu do Znojma přes most, odtud je krásný pohled na Znojmo a Podyjí.

Setzen Sie den Dialog fort!

1) Ersetzen Sie den unterstrichenen Ausdruck durch den in Klammer:

To je ten <u>chlapec</u> (slečna), *kterého ti chci představit.* → *To je ta slečna, kterou ti chci představit.*
To je ta *kniha* (*slovník*), kterou jsem ti slíbila. *Vesnice* (*město*), ve které jsem se narodil, je v Rakousku. Poznala to moje *sestra* (*bratr*), kterou to velmi překvapilo. Našli jsme *zprávy* (*dopisy*), které jsme neočekávali. Přemýšleli jsme o *změnách* (*úspěchy*), o kterých jsme slyšeli. To je *návrh* (*plán*), o kterém budu uvažovat. To je *student* (*studentka*), o kterém jsem ti vypravovala. Našel *peníze* (*dokumenty*), o kterých neví, komu patří. Rozhodneme o tom *problému* (*věc*), o kterém jsi mluvil, zítra. Pojedu ke svým *přátelům* (*příbuzní*), kteří mě k sobě pozvali. Dostaneš *jídlo* (*zeleninu*), které jsi nesnědl v poledne.

2) Ratespiel – „Myslím na něco + Genitiv". Der jeweilige Ratekönig darf die nächste Aufgabe stellen.

A: Myslím na něco kyselého, co je to?
B: Je to zelené?
C: Je to k jídlu?
D: Je to okurka?

3) Stellen Sie möglichst viele Fragen zu den folgenden Sätzen:

Přijel z Brna v 18 hodin autobusem. Kdo přijel? On. Odkud přijel? Z Brna. V kolik hodin přijel? V 18 hodin. Čím přijel? Autobusem.
Chodil vždy kolem divadla. Ve středu přišla dcera, půjčila si moje boty a odešla. Blízko řeky Dunaje nám v restauraci uvařili dobrou večeři. Včera snědl můj bratr pět knedlíků.

4) Ersetzen Sie die Präpositionen „vedle", „u" (neben, bei) durch „za" (hinter):

Je to vedle toho domu. Je to za tím domem.
Je to u kina. Je to vedle náměstí. Je to u zahrady. Je to u zastávky. Je to u postele. Je to u okna. Je to u univerzity. Je to vedle bytu. Je to u jeho auta. Je to u počítače. Je to u věšáku.

5) Ergänzen und übersetzen Sie:

Čekají na tebe (irgendwelche) _____ *lidé.* → *Čekají na tebe nějací lidé.*

a) Kolik je jich? *(Es sind fünfzehn.)* _____. *(Der 15.)* _____ je jejich šéf. **b)** Tady jsme. *(Wir sind drei.)* _____. Kdo přišel první? *(Wer kam als Zweiter?)* _____? **c)** Našel jsem peníze. Kolik? *(25 Kronen.)* _____. To je málo. **d)** Stálo to *(300 Kronen)* _____. *(So viel?)* _____ ? První kniha nebyla tak drahá. **e)** Přišlo skoro *(50 Leute)* _____ . Tolik? **f)** Dám ti 15 kusů. *(Das 12. Stück)* _____ nechci. **g)** Dostal jsem dva lístky. Kam jsem dal *(die zweite Karte)* _____? **h)** Dám ti to za *(7 Euro)* _____. To je levné. **i)** Stroj váží *(500 kg)* _____? Ne, váží tunu. **j)** Hodnota činí *(50 Millionen)* _____. **k)** Uvidíme se před pátou nebo před *(6)* _____? **l)** Přijede domů až po šesté nebo po *(7)* _____? **m)** Probudil jsem se *(um fünf Uhr)* _____ . **n)** Pod *(6.)* _____ stromem sedí děti.

6) Verraten Sie Ihrem Gegenüber, was Sie unlängst beschlossen haben. Schreiben Sie die Geschichte auf und lesen Sie sie anschließend vor:

Včera jsem se rozhodla, že pojedu z Londýna do Paříže eurostarem. Trvá to z centra do centra jen tři hodiny a pod Lamanšským průlivem jede vlak jen 20 minut.

Včera jsem se rozhodl, že půjdu do kina. Hráli Kolju se Zdeňkem Svěrákem. Jel jsem metrem, kino je v centru, nedá se tam parkovat.

7) Beschreiben Sie eine Freundin oder einen Freund:

Jakou barvu má rád/ráda? Jakou vůni má rád/ráda? ...

barva	vůně	zvuk	zvíře	jídlo

O čem rád přemýšlí? O prázdninách.

8) Wählen Sie aus Ihrem Leben drei wesentliche Ereignisse aus, die sich in den letzten drei Jahren zugetragen haben. Schreiben Sie diese auf einen Zettel. Die Zettel werden eingesammelt und gemischt. Dann werden die Beschreibungen vorgelesen und alle raten, um wen es sich handelt.

Když mi bylo 18, odmaturoval jsem v Linci. Potom jsem se odstěhoval do Vídně, protože jsem chtěl studovat ekonomiku. Po roce studia jsem absolvoval civilní službu. Teď zase studuju, chci se naučit i češtinu.

9) Fragen Sie Ihr Gegenüber nach seinem bzw. ihrem genauen Wohnort:

Kde bydlíš? Bydlím v Rakousku. *V kterém městě?* Ve Vídni. *V kterém okrese (obvodě)?* V desátém. *V které ulici?* Ve Favoritenstraße. *Číslo?* Číslo 120. *V kterém patře?* Ve čtvrtém.

Víš, ve kterých obvodech bydleli a bydlí Češi ve Vídni?

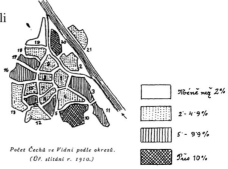

Počet Čechů ve Vídni podle okresů.
(Úř. sčítání r. 1910.)

Méně než 2 %

2' - 4·9 %

5' - 9·9 %

Přes 10 %

Pramen – Quelle:
Diplomarbeit von Erika Zilk

Češi si ve Vídni postavili také svoje školy:
V této budově v Quellenstraße 72, v 10. obvodu (původně jednopatrové z roku 1883), měla své sídlo první česká obecná škola Komenského.

Celkový pohled na obecnou a hlavní školu, XII., Erlgasse 32-34.

Pramen – Quelle: Diplomarbeit von Erika Zilk.
Die 1930 von den Wiener Tschechen errichtete und später verkaufte Schule zählt noch heute zu den schönsten Schulgebäuden in Meidling und dient derzeit als Realgymnasium.

Ve Vídni žilo kolem roku 1900 přibližně 300 000 Čechů. Kolik myslíte, že jich je dnes?

10) Fragen Sie nach markanten Orten in Wien:

V kterém vídeňském obvodě je univerzitní kampus? V devátém.
V kterém obvodě je Prátr? ...

11) Übersetzen Sie:

Co chce, to dokáže. Co dokážou umělci vytvořit? Dokázal si spočítat, že je lepší zaplatit než se soudit. Dokázali, že dokážou organizovat mezinárodní akce. Nechápu, že dokáže běhat venku, i když prší. Alkohol vaše auto řídit nedokáže.

12) Übersetzen Sie:

Ich fahre in der Regel mit dem Bus zur Arbeit. Ich komme in einer Stunde zurück. Die Menschen dachten, dass etwas passierte, und riefen: Vorsicht! Sie kehrte mit Thomas zurück. Wie viele Studentinnen und Studenten sahen diesen interessanten Film? Auf die Straßenbahn warteten nur wenige Personen. Sie wussten nicht, wann das Semester beginnt. Wir werden mit Freunden ins Theater gehen. Sie besuchte mit ihm die Schule. Was geschah vor der Universität? Um wie viel Uhr beginnt der Unterricht? Das Flugzeug landete am Flughafen Schwechat. Von welchem Gleis fährt der Zug ab?

13) Hrajete na nějaký hudební nástroj? – Spielen Sie ein Musikinstrument?

Přibližně polovina Čechů hraje na hudební nástroj:
na klavír asi 20%, na kytaru 15%,
na flétnu 5%, na housle 3%.

14) Wahr oder falsch?

a) *Je to pravda nebo lež?*
   Mám doma dvacet pět psů.
b) *Lež má krátké nohy.*
   Erzählen Sie eine unwahre Geschichte bzw. decken Sie die größten Lügen der Menscheit auf: *V novinách psali, že Titanic je nejbezpečnější loď.*

15) Beschreiben Sie Ihre Eltern.

16) Um welchen Beruf bzw. welche verwandte Person handelt es sich?

a) Student dá sousedce lístek s povoláním, např. zahradník. Ostatní hádají, o které povolání se jedná.
b) Studentka dá sousedovi lístek s označením příbuzenského vztahu, např. zeť. Ostatní hádají, o koho se jedná.

17) Bingo – Fügen Sie in die drei Kästchen beliebige Zahlen zwischen 1 und 99 ein. Danach diktiert jemand auf Tschechisch Zahlen zwischen 1 und 99. Kommt eine Zahl in den Kästchen vor, wird sie angekreuzt. Wer zuerst horizontal, vertikal oder diagonal 4 Zahlen ankreuzen konnte, hat gewonnen.

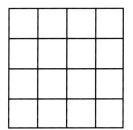
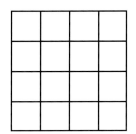
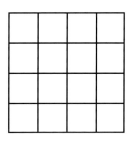

18) Křížovka

hvězdice	Seestern	*koníček*	Seepferdchen
muréna	Muräne	*velryba*	Wal
žralok	Hai	*kosatka*	Orka, Zahnwal
krab	Krabbe	*korál*	Koralle
medúza	Meduse, Qualle	*chobotnice*	Tintenfisch
krakatice	Krake	*želva*	Schildkröte
humr	Hummer	*sumec*	Wels
ulita	Schneckenhaus		

Pramen – Quelle: MF Dnes – Víkend, 20. března 1999

SLOVESNÉ TŘÍDY – VERBKLASSEN

Die tschechischen Verben werden nach dem Präsensstamm (= 3. Pers.
Präs. Sg. bzw. bei perfektiven Verben 3. Pers. Futur Sg.) in fünf Verbklassen
eingeteilt:

Klasse	Stammauslaut	Präsensstamm	1. Pers. Sg.	3. Pers. Pl.	Infinitiv	PPA
I.1	-e	nese	nesu	nesou	nést	nesl
I.2		bere	beru	berou	brát	bral
I.3		maže	mažu / maži	mažou / maží	mazat	mazal
I.4		peče	peču	pečou	péct / péci	pekl
I.5		umře (tře)	umřu	umřou	umřít	umřel
II.1	-ne	tiskne	tisknu	tisknou	tisknout	tiskl
II.2		mine	minu	minou	minout	minul
II.3		začne	začnu	začnou	začít	začal
III.1	-je	kryje	kryji / kryju	kryjí / kryjou	krýt	kryl
III.2		kupuje	kupuji / kupuju	kupují / kupujou	kupovat	kupoval
IV.1	-í	prosí	prosím	prosí	prosit	prosil
IV.2		trpí	trpím	trpí	trpět	trpěl
IV.3		sází	sázím	sázejí / sází	sázet	sázel
V.	-á	dělá	dělám	dělají	dělat	dělal

Die 5 Stammauslaute und somit die fünf Verbklassen kann man sich leicht
mit folgendem Merksatz präsent halten: Žene je bída (-e, -ne, -je, -í, -á).
In der im Lehrbuch angeführten Zusammenfassung aller
Konjugationsmuster sind zwecks besserer Unterscheidung des vollendeten
und unvollendeten Aspekts auch Nebenmuster angeführt. Nach dem
Nebenmuster „vrátit" (IV.1a, pf.) werden sehr viele vollendete Verben
abgewandelt, wobei zu beachten ist, dass es dabei im PPP häufig zu
Alternationen kommt: vrátit → PPP vrácen.

Einige Redemittel

Říkám ti to po prvé.	Ich sage es dir zum ersten Mal.
Říkám ti to po druhé.	Ich sage es dir zum zweiten Mal.
Říkám ti to po padesáté.	Ich sage es dir zum fünfzigsten Mal.
Říkám ti to po xté.	Ich sage es dir zum x-ten Mal.

Nejsi ještě na řadě.	Du bist noch nicht an der Reihe.

Přivedl mě do rozpaků.	Er brachte mich in Verlegenheit.
Je na rozpacích.	Er ist in Verlegenheit.

Slovíčka – Vokabel:

absolvovat; *ipf. + pf., III 2*   absolvieren
budit se; *IV 1, ipf., Imp. Sg.:* buď se   aufwachen, erwachen
hádat; *ipf., V*   raten
chápat; *ipf., V*   begreifen, verstehen, erfassen,
     pochopit; *pf., IV 1a*   fassen
luštit; *ipf., IV 1*   lösen, entziffern
     vyluštit; *pf., IV 1a*
nasazovat (si); *ipf., III 2*   (sich) aufsetzen, aufstecken
     nasadit (si); *pf., IV 1a*
odmaturovat; *pf., III 2a*   mit Matura abschließen,
     maturieren
odstěhovat se; *pf., III 2a*   ausziehen, übersiedeln
překvapovat (*Akk. + Instr.*); *ipf., III 2*   überraschen jmdn. mit jmdm./etw.
     překvapit; *pf., IV 1a*
přistávat; *ipf., V*   landen
     přistát; *pf., Futur:* přistanu, přistanou,
       Imp. Sg.: přistaň, *PPA:* přistál, *PPP:* -
řídit; *ipf., IV 1, Imp. Sg.:* řiď   lenken, leiten, regeln
soudit se (*s + Instr. o + Dat.*); *ipf., IV 1,*   wegen etw. prozessieren, richten
     Imp. Sg.: suď se
tvořit; *ipf., IV 1*   schaffen, bilden, formen
     vytvořit; *pf., IV 1a*
vážit; *ipf., IV 1, Imp. Sg.:* važ,   wiegen, (ab)wägen
     zvážit; *pf., IV 1a*
způsobovat, *ipf., III 2*   verursachen
     způsobit, *pf., IV 1a*
akce, -e, *Fem. 2*   Aktion, Handlung, Veranstaltung
kampus, -u, *Mask. 1, u.*   Campus
ekonomika, -y, *Fem. 1*   Wirtschaft, Ökonomie
flétna, -y, *Fem. 1*   Flöte
lež, lži, *Fem. 4 (Pl.: Dat.* lžím, *Präp.* lžích,   Lüge
     Instr. lžemi)
nástroj, -e, **Mask.** *2, u.*   **das** Instrument, Werkzeug
okres, -u, *Mask. 1, u.*   Bezirk
osobnost, -i, *Fem. 4*   Persönlichkeit
označení, -í, **Neutr.** *3*   **die** Bezeichnung, Markierung,
     das Kennzeichen
plán, -u, *Mask. 1, u.*   Plan
poledne, -e, **Neutr.** *2*   **der** Mittag

Prátr, -u, *Mask. 1, u.*	Prater
prospěch, -u, *Mask. 1, u.*	Vorteil, Nutzen, Erfolg
průliv, -u, *Mask. 1, u.*	die Meerenge
rozpaky, -ů, *Mask. Pluraletantum,*	die Verlegenheit, **das** Bedenken
(Präp.: -cích)	
semestr, -u, *Mask. 1, u.*	**das** Semester
tuna, -y, *Fem. 1*	Tonne
velryba, -y, *Fem. 1*	**der** Wal(fisch)
věšák, -u, *Mask. 1, u.*	Kleiderhaken, Kleiderständer
vůně, -ě, *Fem. 2*	**der** Duft
vyučování, -í, *Neutr. 3*	**der** Unterricht
vztah, -u, *Mask. 1, u.*	die Beziehung, Relation,
	das Verhältnis
zahradník, -a, *Mask. 3, b.*	Gärtner
zvuk, -u, *Mask. 1, u.*	Ton, Laut, Klang, Schall
želva, -y, *Fem. 1*	Schildkröte
žralok, -a, *Mask. 3, b.*	Hai
celkový, *1*	gesamt, total, allgemein
civilní, *2*	Zivil-
jednopatrový, *1*	einstöckig
nejbezpečnější, *2*	sicherste, gefahrloseste
(Superlativ zu bezpečný, *1)*	
obecný, *1*	allgemein, Gemein-, Grund-
potápěčský, *1*	Tauch-, Taucher-
příbuzenský, *1*	Verwandtschafts-,
	verwandtschaftlich
původně, *Adv.*	ursprünglich
nyní, *Adv.*	derzeit, jetzt, nun
opatrně, *Adv.*	vorsichtig, achtsam, behutsam
zpravidla, *Adv.*	in der Regel, zumeist, regelmäßig
viz, *Imp. zu* vidět, *IV 2*	sieh(e)

Škola a studium – Schule und Studium

žák / žačka	student / studentka	maturant / maturantka	absolvent / absolventka
Schüler / Schülerin	Student / Studentin	Maturant / Maturantin	Absolvent / Absolventin
učitel / učitelka	lektor / lektorka	profesor / profesorka	ředitel / ředitelka
Lehrer / Lehrerin	Lektor / Lektorin	Professor / Professorin	Direktor / Direktorin
mateřská škola, školka (ats.)		základní (osmiletá, devítiletá) škola	
Kindergarten		(achtjährige, neunjährige) Grundschule	
střední škola	gymnázium	vysoká škola	univerzita
Mittelschule	Gymnasium	Hochschule	Universität

vysvědčení	diplom	maturita	diplomová zkouška	promoce
Zeugnis	Diplom	Matura	Diplomprüfung	Promotion

Mgr.	Ing.	PhDr.	ThDr.	MUDr.	MVDr.	JUDr.	RNDr.
Mag.	Dipl.-Ing.	Dr. phil.	Dr. theol.	Dr. med.	Dr. med. vet.	Dr. jur.	Dr. rer. nat.

přednáška	cvičení	konverzace	seminář
Vorlesung	Übung	Konversation	Seminar

překlad	posluchárna	třída	menza
Übersetzung	Hörsaal	Klasse	Mensa

učit se *ipf.*
naučit se *pf.*	studovat	absolvovat
lernen	studieren	absolvieren

číst něco *ipf.*	překládat *ipf.*	psát na tabuli *ipf.*
přečíst něco *pf.*	přeložit *pf.*	napsat na tabuli *pf.*
etw. lesen	übersetzen	an die Tafel schreiben

učit / naučit	vysvětlovat / vysvětlit	zkoušet / vyzkoušet
lehren	erklären	prüfen

umět	propadat / propadnout	
beherrschen, können	durchfallen	

písemná zkouška	ústní zkouška	znalost
schriftliche Prüfung	mündliche Prüfung	Kenntnis

aktovka / taška	sešit	gramatika / mluvnice
Schultasche	Heft	Grammatik

učebnice	cvičebnice	známka	stupnice	s vyznamenáním
Lehrbuch	Übungsbuch	Note, Zensur	Skala	mit Auszeichnung

Stupnice prospěchu – Notenreihe

výborný	chvalitebný	dobrý	dostatečný	nedostatečný
1	2	3	4	5
sehr gut	gut	befriedigend	genügend	nicht genügend

🔊 Osmnáctá lekce

Matka:	Ahoj Davide, tak co bylo ve škole? Dostal jsi nějaké známky?
David:	Ne, nedostal.
Matka:	A co je nového?
David:	Přišel k nám nový žák.
Matka:	Znáš jeho jméno?
David:	To jsem zapomněl. Ale má takové dlouhé jméno.
Matka:	Víš, jak se učí a jaké má známky?

David: Dobré. Má výborný prospěch.
Matka: A už jsi s ním mluvil?
David: Ano, mluvil jsem s ním o jeho rodičích. Otec je absolventem
         vysoké školy, studoval práva.
Matka: A jeho matka?
David: Je učitelkou na základní devítileté škole a umí dva jazyky - anglický
         a francouzský.

Die Musik und ich

Als ich Jus studierte, hatte ich eine Freundin Christine, sie studierte auch Jus und liebte – außer mir – klassische Musik. Sie spielte fantastisch Klavier, sie hatte es am Konservatorium erlernt. Christine besuchte gerne Konzerte und der verliebte Franz ging mit ihr. Christine war hingerissen von der Musik und ich Armer langweilte mich schrecklich. Die Konzerte dauerten so lange und wollten kein Ende nehmen. Mir tat schon alles weh, Beine, Hände, Rücken – ich wusste nicht, was tun. In meiner Verzweiflung begann ich die Musiker zu zählen, die Stühle, die Säulen usw. Am liebsten hätte ich ein Buch mitgenommen, aber das wagte ich nicht. Liebe muss leiden.
Seit dieser Zeit vergingen viele Jahre. Neulich fuhr ich dienstlich mit meinem Freund Willi und seiner Frau nach Prag. Wir fuhren am Künstlerhaus vorbei. Willi erblickte dort ein Plakat. Er kann nicht Tschechisch, aber er erkannte, dass im Dvořák-Saal ein Konzert stattfindet. Seine Frau verlangte sofort, dass wir am Abend ins Konzert gehen. So kam ich nach 25 Jahren wieder zu einem Konzert. Überraschenderweise gefiel es mir recht gut, ich hatte nichts gezählt. Tempora mutantur et nos mutamur in illis.

Quelle: F.S.

---

19. Lektion

Kavárny jsou symbolem Vídně ...

Vídeňákům káva chutnala už od doby, kdy se poprvé dostala do střední Evropy. [...]. V legendární kavárně Central, kam si Peter Altenberg dokonce nechával posílat svou poštu, sedával i v emigraci pobývající Leib Davidovič Bronštejn, jak znělo původní jméno jednoho z vůdců Velké říjnové socialistické revoluce Lva Trockého. Když tehdy jeden úředník rakouského ministerstva zahraničí varoval své nadřízené, že se v Rusku připravuje revoluce, usmál se jeho nadřízený: „Prosím vás, a kdo ji má dělat? Snad ne pan Trockij v kavárně Central?"

Jednou tento podnik navštívil císař František Josef, vypil tam šálek kávy, a když chtěl platit, napočítal mu vrchní trojnásobek obvyklého obnosu. Císař si zavolal majitelku kavárny a zeptal se jí, zda je u ní káva takovou raritou, že počítá tak nekřesťanskou cenu. „Káva ne, ale císařpán ano, Vaše Veličenstvo," odpověděla.

Ještě dnes se ve vídeňských kavárnách podává asi 30 různých druhů kávy [...], jež by chemik označil jednotným chemickým vzorcem $C_8H_{10}N_4O_2$, kofein v nejrůznějších županech. Pro pravého Vídeňana je dodnes pití kávy totéž, co pro Japonce čajová ceremonie. Sice bez orientálního ceremoniálu, nicméně s nemenší důstojností. Zaujetím, zalíbením, pozorováním, zkoumáním, uvážením, přivoněním, oslazením, zamícháním, ochutnáním, vdechováním a posléze pomalým srkáním hnědého nápoje vytváří kávovou ceremonii. [...].

Jindřich Lion (Vídeň) pro MF Dnes, 3. 6. 2000

🗨 Rozhovor

Jiří: Světlo nesvítí.
Silvie: Bratr mi rád dává rady do života. Zeptej se ho, poradí ti, co uděláš.
Jiří: Dej mi pokoj!

1) Schreiben Sie die Vornamen aller Anwesenden auf und bilden Sie dazu den Vokativ:

Gerda → *Gerdo! Stefan* → *Stefane!*

2) Anweisungen beim Arzt – Bilden Sie den Singular:

Posaďte se!	Otevřete ústa!	Zavřete oči!
Zůstaňte dnes v posteli!	Užívejte tyto léky!	Lehněte si!

3) Ordnen Sie sinngemäß zu:

Řekni mi	brzy!
Nejezte	hezky!
Napiš	sem!
Odpověz	zítra!
Měj se	co jsi dělal včera večer?
Pojď	rychle!
Přijď	mi!
Neotvírej	okno!

4) Schreiben Sie eine Geburtstagsgratulation – Ordnen Sie die Sätze:

Moje nejmilejší sestřičko!
Na závěr Ti přeje všechno nejlepší Tvoje jediná sestra Iveta.
Děkuji Ti za milé pozvání na oslavu narozenin, přijdu ráda.
Těch 20 let uběhlo tak rychle! Ještě si pamatuju, když Ti byly tři roky, jak jsem Tě vozila v kočárku.
Maruško, přeji Ti už předem do života jen a jen to nejlepší.
Jsem šťastná, že Tě mám, nevyměnila bych Tě za nic na světě.

Pramen: I.P.

5) Übersetzen Sie:

V hotelu:	*Telefon:*
Ukliďte pokoj! Neuklízejte pokoj!	Tísňová volání.
Vytáhněte ručník na doraz!	25 jednotek.
Platební kartou plaťte pouze	Vložte kartu! Volte prosím!
u pokladny č. 2!	Zavěste prosím!
Vrácené peníze si přepočítejte ihned!	

6) Bilden Sie den Vokativ:

(Petr), podívej se na to! → *Petře, podívej se na to!*

(Pavel) _____, zůstaň u nás!   (Zdeněk) _____, půjč mi auto!

(Tatínek) _____, dej mi to!   (Tomáš) _____, neseď tam dlouho!

(Jaroslav) _____, neodcházej teď! (Antonín) _____, nemluv o tom!

(Růžena) _____, zatelefonuj mu! (Ondřej) _____, pojď k nám!

(Josef) _____, jdi pro bratra!   (Ota) _____, pomoz mu!

(Maminka) _____, pošli mi nějaké peníze!

(Lukáš) _____, s kým jsi šel včera do kina?

7) Setzen Sie in die Mehrzahl:

Jestli chceš, pojď se mnou. Dej mi to! Jezdi vpravo! Zeptej se ho! Vypij to!
Napiš to slovo na tabuli! Těš se! Pojď sem! Najdi si jinou práci! Pamatuj si
to! Počkej na mě v hotelu! Jdi k lékaři! Studuj! Bydli u nás! Prohlédni si
město! Vstaň!
Nedávej mu to! Nečti pořád! Neseď pořád u počítače! Nechoď tam!
Nezapomeň svačinu! Neběhej po ulici! Nejezdi výtahem! Nedávej noviny
na stůl! Neposlouchej ji! Nesměj se! Nemluv s nimi! Neodcházej! Neplač!
Nejez tolik masa!

8) Finden Sie die Imperativformen:

D	Ě	L	U	V	A	Ř	V	I
M	A	D	E	J	K	E	J	I
U	H	N	O	P	I	Ř	E	Ž
R	O	J	L	E	Ť	N	E	S
CH	O	Ď	E	K	A	J	D	I
M	A	Ž	J	E	Z	B	Ě	Ž
L	O	H	T	Á	H	N	I	C
N	E	Z	A	J	E	Ď	D	E
L	Í	Z	T	I	S	K	N	I
M	Á	Z	K	U	P	I	Š	E
R	A	Ť	T	E	Č	T	I	Š

9) Bilden Sie die 2. Pers. Pl. und den Imperativ der 2. Pers. Pl. von:

faxovat	číst	učit se	všimnout si	zeptat se
telefonovat	psát	zpívat	poslouchat	být
čekat	odpovídat	jít	říct	brát

10) Welche Anweisungen gibt eine Mutter ihrem Kind?

Oblékni si kabát, je zima. Vezmi si šálu! Vypni televizor! Jdi si už hrát!
Umyj se pořádně!
Vyčisti si zuby! Učeš se! Přijď brzy! Jdi dnes k zubaři! Utři si nos! Nezlob
ve škole!

Welche Anweisung Ihrer Mutter konnten Sie als Kind nicht ausstehen?
Welche Ratschläge erhielten Sie von ihr vor einem Besuch?

11) Kolik hodin je teď v ... ?

Ve Vídni je teď 6 hodin. V Londýně je 7 hodin. ...
Kolik hodin je teď v Londýně, v Tokiu, v San Francisku, v Moskvě,
v Teheránu, ... ?

12) Fordern Sie Ihr Gegenüber zu einer Handlung auf:

Zvedni ruku! Svlékni si svetr! Vyzuj si botu! Nakresli na tabuli žraloka!
Podej mi pas, peníze, židli, chleba, kufr, telefon ... .

13) Gestalten Sie den Text höflicher, indem Sie „ich bitte Sie" bzw. „seien Sie so nett" einschieben:

Paní Köpplová, prosím vás, pomozte mi. Slečno Antonello, buďte tak hodná,
přiveďte slečnu Elli.
Paní Hlavinková, posaďte se. Ondřeji, promiň, že jsem nepřišla včas.
Janičko, počkej chvilku. Paní Morrisová, přiveďte ostatní. Pane Suwo,
zavolejte slečnu Kiesewetterovou. Pane Petráši, nezapomeňte na domácí
úkol. Pane Michale, nezlobte se na mě. Slečno Andreo, pokračujte ve
čtení. Slečno Evo, přineste tu židli sem. Pane Winkelbauere, promiňte,
bude to ještě chvilku trvat.

14) Negieren Sie bzw. verkehren Sie die negierten Sätze in ihr Gegenteil:

Dej mu ten lék. → *Nedávej mu ten lék. Dnes nechoď do kina!* → *Dnes jdi do kina.*
Dnes nechoď do kina! Počkejte na nás. Nechoďte tam! Napiš to slovo do
sešitu. Pojď sem! Přines mi ta jablka. Připrav věci na cestu. Nezapomeň
deštník. Nastupte, prosím. Nesedejte si. Nevšímejte si jí. Zeptejte se jich.
Vypijte tu kávu rychle. Nenos ty věci sem, dej je tam k ní.
Zvedni to. Neotvírej okno. To mi nikdy neříkej. Přines mi, prosím, talíř a
lžičku. Drž to. Utři nádobí. Věřme jí to. Začni s prací. Zavřete dveře. Opakuj
otázku. Nejezděte tam. Nespi. Nenavštěvuj ji tak často. Vezmi tu knihu
s sebou. Nečekej na mě, přijdu pozdě. Nemysli na něho!

15) Partnerarbeit – Sammeln Sie 10 mögliche Kollokationen:

*vypnout počítač, zapnout počítač, vyžehlit sukni, obléct si sukni, rezervovat
místenky ...*
a) Bilden Sie den Imperativ.
b) Erstellen Sie mit den Redemitteln eine Kurzgeschichte.
c) Tauschen Sie die Texte untereinander aus und kommentieren Sie,
   was Sie an den jeweils anderen Texten interessant fanden und warum.

16) Bilden Sie den dazugehörigen Imperativ der 2. Pers. Sg.:

Buďte zdraví jako ryba!   Buďte pilní jako mravenec!

Buďte šťastní jako blecha!

17) Können Sie Ihre Eltern zu etwas überreden?

Jak přemlouváte rodiče? Jak argumentujete?
Maminko, půjč mi auto, prosím. Umyju ti ho, natankuju benzin, bude
jako nové.

**18) Bilden Sie den Vokativ von drei Vornamen sowie von drei di-
minuierten Vornamen:**

Martino! Petře! Inge! Karlíčku! Anitko! Zuzanko! Marcelo! Emile!

19) Übersetzen Sie und bilden Sie ähnliche Sätze:

Rychle, pospěšte si, zavolejte lékaře! Rychle, pospěš si, zavolej zdravotní sestru!
Honem, zavírají, kup ještě mléko!
Gábi, pospěš si, přines ty věci! Nino, pospíchej, přiveď hosty! Marku, rychle,
najdi mobil! Karle, dělej, kde jsi s tím šroubovákem!

20) Was soll Ihr Partner alles erledigen? Nennen Sie zwei Aufgaben.

Prosím, zajdi na poštu pro doporučený dopis, jdi nakoupit,
kup dva rohlíky, půlku chleba, jedno máslo, půl kila jablek
nebo hrušek, dva bílé jogurty, zalij květiny, uvař si něco
k jídlu, zapni myčku, vyper bílé prádlo, vyčisti nám boty, vysaj
v obýváku a připrav nám něco k večeři.
Díky, přijdu až v 19 hodin, pac a pusu, měj se!
Tvoje Ingeborg

21) Erlebten Sie je eine gefährliche Situation?

Vypravuj mi něco. – *Nějaký příběh.* – Ano. – *Jaký? Dlouhý, krátký, smutný,
veselý?* – Napínavý. Tak povídej! (= Also leg los! Los, erzähl!)
Jel jsem po dálnici z Prahy do Brna. Byla zima, zledovatělá vozovka, trochu
sněžilo. Jel jsem pomalu. Předjela mě škodovka. Řidič jel rychle. U Jihlavy
ztratil řidič kontrolu nad svým vozem, jeho auto se nebezpečně přibližovalo
stále více a více k mému. Náhle otevřel pán dveře auta a křičel: „Pomoc!
Pomozte mi!" V posledním okamžiku jsem uhnul. Příští den jsem ho viděl
v Brně. Považuju to za zázrak, že se mu nic nestalo.

Pramen: J.A.B.

22) Übersetzen Sie und schreiben Sie die Imperative und Vokative heraus:

„Přineste mi jídelní lístek," žádá host.
„Prosím, ale i tak vím, že si dáte guláš."
„A jak byste to mohl vědět?" diví se host.
„Nic jiného nemáme."

„Pane vrchní, jak je to kuře staré?"
„Promiňte, pane, ke kuřeti podáváme rýži, kompot, případně salát, ale
nikdy ne životopis."

23) Dialog: Sie haben zu Hause auf dem Tisch in einem Buch eine wichtige Telefonnummer vergessen. Rufen Sie an und lassen Sie sich die Nummer durchgeben:

Jdi do mého pokoje. Na psacím stole vedle lampy leží několik knih ... .

24) Fragen Sie nach der Tätigkeit einer Person zu einer bestimmten Zeit:

Co asi dělá matka v sobotu v 18 hodin?
Dívá se na televizi nebo telefonuje s kamarádkou.

25) Sie warten auf jemanden, der nicht kommt, und der schon längst hätte da sein sollen:

Kde asi je? Ujel jí autobus? Pracuje ještě? Přijede autem? Je velký provoz?

26) Lassen Sie sich den Weg erklären:

Jak se dostanu z Karlova mostu na Staroměstské náměstí?
Jděte Karlovou ulicí a potom doleva.

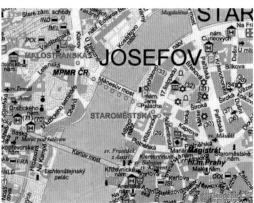

27) Übersetzen Sie:

Tomáši, přines jí, prosím tě, deštník a také kožené rukavice. Neberme si více jídla, než sníme. Drazí rodiče, napište nám také něco o sobě, už jsme o vás dlouho nic neslyšeli. Anno, promiň mi mou otázku, ale nevěděl jsem, kde jsi byla. Chlapci, zůstaňte zde ještě chvilku, musíme s vámi mluvit. Nesmějme se mu, je ještě malý, ale snaží se. Svatý Václave, vévodo České země, kníže náš, pros za nás Boha. Nebojte se, ta cesta není nebezpečná, nic se nemůže stát. Chlapče, neházej nikdy hořlavé předměty do koše na odpadky! Rozumějme si dobře: jen společnou prací můžeme dosáhnout cíle. Zkoušejte také jiné metody, vaše je dosti složitá. Dělej, jak sám myslíš, nechtěl bych ti do toho mluvit. Zavolejme si přítele, snad by nám mohl něco poradit. Nehledej chyby u jiných, ale vždy také sám u sebe. Dávej pozor, nerozbij to sklo! Nebav se s ním tak dlouho, zdržuješ ho, spěchá. Zachraňte ho, hoří!

 SKLOŇOVÁNÍ: VOKATIV – DEKLINATION: DER VOKATIV

Singular – Maskulina

Muster „pán" (hart belebt):   -e / -u

| pán | → | pane! | občane! Josefe! Václave! kamaráde! studente! kocoure! Pavle! profesore! Štěpáne! doktore! |

Steht am Wortende ein -r und davor noch ein anderer Konsonant, dann wird das -r- im Vokativ vor -e zu -ř-:

| mistr | → | mistře! | ministře! lotře! Petře! magistře! pane profesore Vintře! |

Maskulina auf -h, -ch, -k, -g im Nominativ bilden den Vokativ auf -u:

| hoch | → | hochu! | Bedřichu! strýčku! synku! šašku! miláčku! |

ABER: Bůh → Bože! člověk → člověče!

Unbelebte Maskulina nach dem Muster „hrad" bilden den Vokativ auf dieselbe Weise wie das Muster „pán":   hrad → hrade!

Muster „muž" (weich belebt):   -i

| muž | → | muži! | Tomáši! řediteli! nosiči! učiteli! příteli! |

Endet ein Substantivum jedoch in -ec, dann lautet der Vokativ auf -če aus:

| chlapec | → | chlapče! | otče! poslanče! velvyslanče! |

Nicht zu verwechseln mit der Vokativbildung von Substantiven auf -ce im Nominativ!

Unbelebte Maskulina nach dem Muster „stroj" bilden den Vokativ auf dieselbe Weise wie das Muster „muž":   stroj → stroji!

Muster „předseda":   -o

| předseda | → | předsedo! | kolego! sluho! pane Nevrklo! |

Muster „soudce":   = Nom.

| soudce | → | soudce! | zachránce! |

Singular – Feminina

Muster „žena":   **-o**
žena   →   žen**o**!   sestr**o**! tet**o**! Milad**o**! Věr**o**! Ev**o**! matk**o**! babičk**o**!

Muster „růže":   = Nom.
růže   →   růže!   sestřenice! Marie! Julie!

Muster „píseň" + „kost":   **-i**
píseň   →   písni!   kosti! stráži! řeči!

Singular – Neutra

Bei allen sächlichen Deklinationsmustern entspricht der Vokativ Sg. dem Nominativ Sg.

Bei Namen, die keinem Muster zuzuordnen sind, lautet der Vokativ wie der Nominativ:
Maskulina: Ivo! Jiljí! Kvido! René!
Feminina: Rút! Muriel! Heidi!

Plural – Maskulina, Feminina, Neutra

Bei allen Deklinationsmustern entspricht der Vokativ Pl. dem Nominativ Pl.

Adjektiva – Maskulina, Feminina, Neutra – Singular und Plural

Bei allen Deklinationsmustern entspricht der Vokativ dem Nominativ.

SLOVESA: ROZKAZOVACÍ ZPŮSOB – VERBEN: DER IMPERATIV

Die Imperativbildung erfolgt am besten ausgehend vom Präsensstamm der einzelnen Verbklassen sowie von der 3. Pers. Pl. des Präsens bei imperfektiven Verben bzw. der 3. Pers. Plural der Zukunft bei perfektiven Verben. Die Imperative von Verben kann man je nach Stamm bzw. Endung in drei Gruppen einteilen:

I. Endet die 3. Pers. Pl. eines Verbs NICHT auf *-ají, -ejí, -ějí* und geht der Präsensstamm auf lediglich **1** Konsonanten aus (z. B. *pros-í, kupuj-í;* Achtung: *r* und *l* können silbenbildend sein und zählen in dieser Funktion wie Vokale, z. B. *mlč-í, drž-í*), dann lautet die Endungsreihe für den Imperativ: Nullendung in der 2. Pers. Sg., -te in der 2. Pers. Pl. sowie -me in der 1. Pers. Pl.

II. Geht der Präsensstamm auf **2 und mehr** Konsonanten aus (z. B. *začn-ou, tiskn-ou;* silbenbildende *r* und *l* zählen in diesem Fall nicht!), lauten die Endungen für den Imperativ: **-i** in der 2. Pers. Sg., **-ete/-ěte** in der 2. Pers. Pl. sowie **-eme/-ěme** in der 1. Pers. Pl.

III. Endet die 3. Pers. Pl. eines Verbums auf **-ají, -ejí, -ějí** (*udělají, nakrájejí, sázejí, chtějí*), dann wird der Imperativ aus dem Präsensstamm und den Imperativendungen -ej für die 2. Pers. Sg., -ejte für die 2. Pers. Pl. sowie -ejme für die 1. Pers. Pl. gebildet.

I.

Indikativ	Imperativ	
3. Pers. Pl.	2. Pers. Sg.	2. Pers. Pl.
Präsensstamm geht auf 1 **Konsonanten aus**	-0	-te
berou	ber	berte
nesou	nes	neste
mažou / maží	maž	mažte
pečou	peč	pečte
minou	miň	miňte
kryjí / kryjou	kryj	kryjte
kupují / kupujou	kupuj	kupujte
studují / studujou	studuj	studujte
prosí	pros	proste
trpí	trp	trpte
drží	drž	držte
mlčí	mlč	mlčte

II.

Indikativ	Imperativ	
3. Pers. Pl.	2. Pers. Sg.	2. Pers. Pl.
Präsensstamm lautet auf 2 **und mehr Konsonanten aus**	-i	-ete/-ěte
utřou	utři	utřete
umřou	umři	umřete
tisknou	tiskni	tiskněte
začnou	začni	začněte
myslí	mysli	myslete
zavřou	zavři	zavřete
spí	spi	spěte
jezdí	jezdi	jezděte
rozhodnou	rozhodni	rozhodněte

III.

Indikativ	Imperativ	
3. Pers. Pl.	2. Pers. Sg.	2. Pers. Pl.
Präsensstamm + -ají, -ejí, -ějí	-ej / -ěj	-ejte / -ějte
chtějí	chtěj	chtějte
smějí se	směj se	smějte se
sázejí	sázej	sázejte
nakrájejí	nakrájej	nakrájejte
mají	měj	mějte
udělají	udělej	udělejte

Der Imperativ der 1. Pers. Pl. kommt seltener vor. Im Gebrauch ist er z. B. im Rundfunk: *pojďme k dalšímu tématu* (gehen wir zum nächsten Thema über), *začněme* (beginnen wir, lasst uns anfangen), *pojďme si povídat o počasí* (kommt, plaudern wir über das Wetter, lasst uns über das Wetter reden).

Einige Besonderheiten der Imperativbildung

Geht der Präsensstamm auf nur einen Konsonanten, und zwar *-d, -t* oder *-n* aus, wird dieser im Imperativ zu **-ď, -ť, -ň** erweicht:

jedou	jeď	jeďte
prominou	promiň	promiňte
přivedou	přiveď	přiveďte
vodí	voď	voďte
vrátí	vrať	vraťte
zůstanou	zůstaň	zůstaňte

Im Imperativ kommt es oft auch zur Kürzung der Vokalquantität:

koupí	kup	kupte
píší / píšou	piš	pište
pospíší si	pospěš si	pospěšte si

ABER:

půjčí	půjč	půjčte

Einige schwierige Formen

budou	buď	buďte
čistí	čisti / čisť	čistěte / čisťte
čtou	čti	čtěte
jdou	jdi /pojď	jděte / pojďte
	(geh weg) / (geh her, komm)	
jedí	jez	jezte
pomohou / pomůžou	pomoz	pomozte
přijdou	přijď	přijďte
řeknou	řekni	řekněte
snědí	sněz	snězte
stojí	stůj	stůjte

Achtung auf den Unterschied bei folgenden Konstruktionen:

Věro, hned se vrátíš! Vera, du kommst gleich zurück!
Věro, hned se vrať! Vera, komm gleich zurück!

Der verneinte Imperativ

Im Normalfall wird der verneinte Imperativ nur von imperfektiven Verben gebildet. In stilistisch markierten Ausnahmefällen (verstärkte Warnung bzw. Drohung) kann er auch von perfektiven Verben gebildet werden: stilistisch unmarkiert bzw. neutral: *Zavři dveře!* → *Nezavírej dveře!*

stilistisch markiert: *Nezavři ty dveře!* Mach ja die Tür nicht zu!
                                        (Vgl. auch stilistisch markiertes *Zavírej ty dveře!* Schließ doch endlich die Tür!)

Ausnahmen (unmarkiert):   *Neupadni! Nezapomeň!*

Bei Befehlen und Verboten wird häufig statt eines Imperativs die 1. Pers. Pl. Präs. verwendet:

Boty a šaty odkládáme v šatně.   *Zde nekouříme.* (statt *Nekuřte!* oder *Nekuřit!*)
                                        Variante: *Zde se nekouří.* (Reflexivpassiv)

 Slovíčka – Vokabel:

argumentovat; *ipf., III 2*	argumentieren
dosahovat (**Gen.**); *ipf., III 2*	erreichen
dosáhnout; *pf., II 1a*	
držet; *ipf., IV 2*	halten
podržet; *pf., IV 2a*	(kurze Zeit) halten
faxovat; *ipf., III 2*	faxen
křičet; *ipf., IV 2*	schreien
křiknout; *pf., II 1a, PPA:* křikl	
odkládat; *ipf., V*	weglegen, ablegen, aufschieben
odložit; *pf., IV 1a*	
promíjet; *ipf., IV 3*	verzeihen, entschuldigen
prominout; *pf., II 2a*	
přemlouvat; *ipf., V*	überreden, umstimmen
přemluvit; *pf., IV 1a*	
přepočítávat (si); *ipf., V*	umrechnen, berechnen,
přepočítat (si); *pf., Va*	nachrechnen
přepočíst (si); *pf., Futur:* přepočtu, přepočtou, *Imp.:* přepočti, přepočtěte, *PPA:* přepočetl, *PPP:* přepočten	
přepočítávat se; *ipf., V*	sich verrechnen, sich verkalkulieren
přepočítat se; *pf., Va*	
přibližovat se (*k + Dat.*); *ipf., III 2*	sich nähern, herannahen
přiblížit se; *pf., IV 1a,* *Imp. Sg.:* přibliž se	

radit (*Dat. + Akk.*); *ipf., IV 1* raten, anraten, beraten
  poradit; *pf., IV 1a*
rezervovat; *ipf. + pf., III 2* reservieren
rozbíjet; *ipf., IV 3* zerbrechen, zerschlagen, kaputt
  rozbít; *pf., III 1a* machen
řezat; *ipf., I 3 / V, Präs.:* řežu/řezám, schneiden, sägen
  řežou/řezají, *Imp. Sg.:* řež/řezej
  rozřezat; *pf., Futur:* rozřežu/rozřezám,
  rozřežou/rozřezají,
  Imp. Sg.: rozřež/rozřezej
říznout; *pf., II 1.a, PPA:* říz/nu/l, řízla schneiden, eine Schnittwunde
  (*+ Akk.*) (*do + Gen.*) beibringen
snažit se; *ipf., IV 1* sich bemühen
  (*o + Akk. / + Inf. / ..., aby*)
tankovat; *ipf., III 2* tanken
  natankovat; *pf., III 2a*
uhýbat; *ipf., V* ausweichen, Platz machen
  uhnout; *pf., II 1a, PPA:* uhnul
utírat (*Akk. + Instr.*); *ipf., V* abtrocknen
  utřít; *pf., I 4a, PPP:* utřen
utírat se (*Instr.*); *ipf., V* sich abtrocknen
  utřít se; *pf., I 4a*
vkládat; *ipf., V* hineinlegen, einlegen, einfügen,
  vložit; *pf., IV 1a* einzahlen
volit; *ipf., IV 1* wählen
  zvolit; *pf., IV 1a, PPP:* zvolen
vyměňovat; *ipf., III 2* (um)tauschen, wechseln
  (*Akk. za + Akk.*) jmdn./etw. gegen jmdn./etw.
  (*Akk. s + Instr. /kým/*) etw. mit jmdm.
  vyměnit; *pf., IV 1a*
vypínat; *ipf., V* ausschalten
  vypnout; *pf., II a*
vytahovat; *ipf., III 2* ziehen, (her)ausziehen,
  vytáhnout; *pf., Futur:* vytáhnu, (hin)aufziehen
  vytáhnou, *Imp.:* vytáhni,
  vytáhněte, *PPA:* vytáhl,
  PPP: vytažen
vyzouvat (se/si); *ipf., V* (sich) Schuhe ausziehen
  vyzout (se/si); *pf., III 1a*
zachraňovat; *ipf., III 2* retten
  zachránit; *pf., IV 1a, Imp. Sg.:* zachraň

zajít; *pf., Futur:* zajdu, zajdou, *Imp.:* zajdi, zajděte, *PPA:* zašel, *PPP:* -	gehen, hingehen (meist kurz irgendwohin hingehen um etw./ jmdn. zu holen)
zalévat; *ipf., V*	(be)gießen
zalít; *pf., III 1a*	
zapínat; *ipf., V*	einschalten; schließen, zuknöpfen
zapnout; *pf., Futur:* zapnu, zapnou, *Imp.:* zapni, zapněte, *PPA:* zapjal, zapnul, *PPP:* zapjat, zapnut	
zdržovat; *ipf., III 2*	aufhalten
zdržet; *pf., IV 2a*	
čtení, -í, *Neutr. 3*	Lesen
doraz, -u, *Mask. 1, u.*	Anschlag (technisch)
guláš, -e, *Mask. 2, u.*	das Gulasch, Gulyás
hrách, hrachu, *Mask. 1, u., Singularetantum*	die Erbse(n)
římský hrách (= cizrna, -y, *Fem. 1*)	die Kichererbse(n)
chvilka, -y, *Fem. 1*	das Weilchen, der Augenblick
jednotka, -y, *Fem. 1*	Einheit; Eins, der Einser, der Einer
Karlův most	Karlsbrücke
kníže, -ete, *Mask.*	Fürst
(*Pl.:* knížata, -at, *Neutr. 4*)	
kocour, -a, *Mask. 3, b.*	Kater
kompot, -u, *Mask. 1, u.*	das Kompott
koš, -e, *Mask. 2, u.*	Korb
lotr, -a, *Mask. 3, b.*	Lotterbube, Schuft, Schurke
lžička, -y, *Fem. 1*	der Tee-, Kaffeelöffel
miláček, -čka, *Mask. 3, b.*	Liebling, Günstling, der/die Geliebte
nosič, -e, *Mask. 4, b.*	Träger
odpadek, -dku, *Mask. 1, u., meist Pl.*	Abfall
oslava, -y, *Fem. 1*	Feier, Feierlichkeit, das Fest
pokladna, -y, *Fem. 1*	Kasse
poslanec, -nce, *Mask. 4, b.*	der Abgeordnete
pozvání, -í, *Neutr. 3*	die Einladung
provoz, -u, *Mask. 1, u.*	Verkehr, Betrieb
příběh, -u, *Mask. 1, u.*	die Geschichte, Begebenheit, das Ereignis
půlka, -y, *Fem. 1*	Hälfte
rada, -y, *Fem. 1*	der Rat, Ratschlag
řeč, -i, *Fem. 4*	Rede, Sprache
sluha, -y, *Mask. 5, b.*	Diener
soudce, -e, *Mask. 6, b.*	Richter
stráž, -e, *Fem. 3*	Wache

Staroměstské náměstí	der Altstädter Ring
svačina, -y, *Fem. 1*	Jause
šála, -y, **Fem.** *1*	der Schal
šašek, -ška, *Mask. 3, b.*	Narr, Clown, Schalk
šatna, -y, *Fem. 1*	Garderobe
škodovka, -y, **Fem.** *1*	der Škoda (Automarke)
šroubovák, -u, *Mask. 1, u.*	Schraubenzieher
Teherán, -u, **Mask.** *1, u.*	Teheran
televizor, -u, **Mask.** *1, u.*	das Fernsehgerät, Fernseher
téma, -atu, *Neutr. 1*	Thema
tržnice, -e, *Fem. 2*	Markthalle, der Markt
velvyslanec, -nce, *Mask. 4, b.*	Botschafter
vévoda, -y, *Mask. 5, b.*	Herzog
vozovka, -y, *Fem. 1*	Fahrbahn
zachránce, -e, *Mask. 6, b.*	Retter
závěr, -u, *Mask. 1, u.*	Schluss, Abschluss, Verschluss, das Ende
doporučený, *1*	eingeschrieben; empfohlen
hořlavý, *1*	brennbar
nebezpečný, *1*	gefährlich
nejmilejší (*Superlativ zu* milý, *1*)	liebste
platební, *2*	Zahlungs-
platební karta	Bankomatkarte
smutný, *1*	traurig
vrácený, *1*	zurückgegeben, retourniert
zledovatělý, *1*	vereist
hezky, *Adv.*	schön, hübsch
honem, *Adv.* → *ats.*	schnell, geschwind
nebezpečně, *Adv.*	gefährlich
pevně, *Adv.*	fest
pořádně, *Adv.*	ordentlich
potom, *Adv.*	dann, sodann, darauf
předem, *Adv.*	im Voraus, vorher, im Vorhinein
případně, *Adv.*	beziehungsweise, unter Umständen, eventuell
stále, *Adv.*	immer, beständig, dauernd, fortwährend

Konverzace – Konversation

Promiňte, prosím. Entschuldigen Sie bitte.	Prosím. Bitte sehr.	Nic se nestalo. Nichts geschehen.
Dovolte, prosím. Pardon. Gestatten Sie bitte.	Dovolíte, prosím? Gestatten Sie bitte?	S dovolením. Gestatten. Pardon.
Omluvte mě, prosím. Entschuldigen Sie mich bitte.	Poděkuj mu. Bedanke dich bei ihm.	Promiňte, že ruším. Entschuldigen Sie die Störung.
Přijďte k nám zítra na večeři. Kommen Sie morgen zu uns zum Abendessen.	Odložte si. Legen Sie ab.	Poslužte si. Bedienen Sie sich.
Buďte tak laskava a podejte mi sůl. Seien Sie so freundlich und reichen Sie mir Salz.	Nabídni mu hořčici. Biete ihm Senf an.	Počkejte na mě. Warten Sie auf mich.
Nevyklánějte se z okna! Nicht beim Fenster hinauslehnen!	Otevři okno! Öffne das Fenster!	Zavři dveře! Schließ die Türe!
Dobře dojeďte! Kommen Sie gut heim!	Šťastnou cestu! Gute Reise!	Příjemný pobyt! Angenehmen Aufenthalt!

Kaffeehäuser sind ein Symbol Wiens

Der Kaffee schmeckte den Wienern bereits, als er zum ersten Mal nach Mitteleuropa gelangte. [...]. Im legendären Café Central, wohin sich Peter Altenberg sogar seine Post schicken ließ, saß für gewöhnlich auch der in der Emigration weilende Leib Dawidowitsch Bronstein, wie der ursprüngliche Name eines der Führer der Großen Sozialistischen Oktoberrevolution lautete, nämlich der von Leo Trotzki. Als damals ein Beamter des österreichischen Außenministeriums seine Vorgesetzen warnte, dass eine Revolution in Russland vorbereitet würde, da lachte ein Vorgesetzter: „Ich bitte Sie, und wer soll sie machen? Doch nicht der Herr Trotzki im Café Central?"

Einmal besuchte Kaiser Franz Joseph dieses Haus, trank eine Schale Kaffee und als er zahlen wollte, verrechnete ihm der Ober das Dreifache der üblichen Summe. Der Kaiser zitierte die Besitzerin des Kaffeehauses zu sich und fragte sie, ob der Kaffee eine solche Rarität bei ihr sei, dass sie einen so unchristlichen Preis verrechne. „Der Kaffee nicht, aber der Herr Kaiser wohl, Eure Majestät", antwortete sie.

Noch heute werden in den Wiener Kaffeehäusern an die 30 Arten Kaffee serviert [...], die ein Chemiker mit einer einheitlichen chemischen Formel wohl als $C_8H_{10}N_4O_2$ bezeichnen würde, Koffein in verschiedenen Gewändern[*]. Für einen echten Wiener ist bis zum heutigen Tag das Trinken von Kaffee das, was für einen Japaner die Teezeremonie. Zwar ohne orientalisches Zeremoniell, aber nicht minder würdig. Mit Interesse und Wohlgefallen, durch Beobachtung, Prüfung und Erwägung, durch Schnuppern, Süßen, Umrühren und Kosten, durch Inhalieren und allmählich durch langsames Schlürfen des braunen Gebräus macht er sich seine Kaffeezeremonie. [...].

Jindřich Lion (Wien) für MF Dnes, 3. 6. 2000

[*]) (Schlafröcken)

Jsem žárlivá?

Už jsem vdaná 48 let. Můj manžel myslí, že je anděl. Má ale jednu chybu: sbírá věci, a proto jeho pokoj vypadá jako skladiště. Jednou jsme seděli – manžel, moje nejlepší přítelkyně a já – v našem obývacím pokoji a mluvili jsme o žárlivosti. Řekla jsem, že kdyby mi můj muž jednoho dne oznámil, že se vášnivě zamiloval až po uši do jiné ženy, řekla bych mu: „Přiveď ji k nám do bytu!" Ukázala bych jí jeho pokoj. Otvírala bych skříň za skříní a sdělila bych jí: „Můžete si ho klidně vzít, ale všechny tyhle jeho věci také." Moje přítelkyně poslouchala a mínila: „A co kdyby měla zámek?" Mlčela jsem. Ale občas přemýšlím o ženě se zámkem.

Pramen: N.Z.

Rozhovor

Jiří: Silvie, co bys ještě dnes udělala, kdyby měl být zítra konec světa?
Silvie: Nemám takové otázky ráda. Co bys dělal ty?
Jiří: Četl jsem o tom článek, byl to dialog, jeden z autorů mínil, že život není otázka jednoho dne, jeho kolegyně mínila, že konec světa není velmi pravděpodobný, ale nikdo z nás neví, zda zítra neumře, i když to není pravděpodobné.
Kdybych byl jediný, kdo to ví, neprozradil bych nikomu nic. Nedělal bych nic zvláštního. Prožil bych hezký den se svými blízkými.
Silvie: Ty bys všechno vzdal?
Jiří: Vzdát se není dobrá alternativa, nevzdal bych se, bojoval bych. My šachisté říkáme: „Aufgeben tut man nur Briefe."

1) Ergänzen Sie nach folgendem Muster und übersetzen Sie:

Má si koupit nové boty.	→	Sie soll sich neue Schuhe kaufen.
Měla si koupit nové boty.	→	Sie sollte sich ... .
Chce si koupit nové boty.	→	Sie will sich ... .
Chtěla si koupit nové boty.	→	Sie wollte sich ... .
Chtěla by si koupit nové boty.	→	Sie möchte sich ... .

Zítra mám odjet. Mám být na univerzitě v 9 hodin. Nemáš dál čekat. Máme začít vařit. Mám studovat semestr v zahraničí. Máte být u nás týden. Nemáš si pospíšit?

2) Geben Sie Ihre Meinung kund bzw. erteilen Sie Ratschläge:

Mám to udělat? Já bych to nedělal.

Mám to dovolit?	Mám jí to vysvětlit?	Mám otevřít okno?
Mám začít?	Máme odnést ty věci?	
Máte tu zůstat.	Máš ještě čekat.	Máme to koupit?
Máte tam jít.	Máš se vrátit.	

3) Übersetzen Sie und bilden Sie die Konditionalform:

Koupí ti to. → Koupil by ti to.

V takovém případě se změní jejich situace.	Rozumím mu, když nehovoří tak rychle.
Cesta autem trvá dlouho.	Jestli*) se omluvíte, nebude se zlobit.
Nepřijdeš-li včas, odjedeme bez tebe.	Nenecháš-li psa na pokoji, kousne tě.
Jestliže budu mít čas, půjdu na procházku.	Když budu mít peníze, koupím ti to.
Když se nebude bát, zkusí to ještě jednou.	Mýlíš se, jestli*) si to myslíš.
Bude se smát, když jí to řeknu.	Šli se podívat na ten film.
*) *jestli* → ats.	

4) Ergänzen Sie die Endungen:

Poznali, že jsme Rakušan__. → Poznali, že jsme Rakušané.

Vojá__ mi řekli, kde jsou naši přátel___. Mluvil o vojá___ mírových jednotek OSN. Milí přátel___, uvidíme se u recepce v hotelu Evropa. Přijď se svým přítel___. Teta se lekla, když uviděla v zoologické zahradě lv___. Ti lid___ bydleli v Berlíně. Kniha, kterou jsem četl, se jmenovala Tři kamarád___. Ty lid___ nikdy nezapomenu, velmi mi pomohli. Byli to chudí, ale dobří lid___. Ty lid___ jsem neznala. To jsou moji přátel___. Slyšela jsem o těch lid___ hodně dobrého. Vaši kamarád___ nepřišli. Slyšel jsi něco o našich přátel___? Mluvili o svých kole___ z USA. Babička řekla, že jsme leno___. Napsal knihu o dobrodružstv___, která prožil v Africe. Pražan___ navštěvují rádi koncerty. Vídeň___ vystoupili u toho malého domu. V malých dom___ prý bydleli trpaslíci. Budou mluvit o zvy___ a předsud___.

5) Ergänzen Sie:

Vzal bych si deštník, kdyby _____.

Koupila bych si obložený chlebíček, kdybych _____.

Napsal bych ti o tom, kdyby _____.

Darovala bych ti to, kdybys _____.

Lekli bychom se, kdybychom _____.

Navštívili byste mě, kdybych _____?

6) Nennen Sie die tschechischen Lemmata (ipf. + pf. Verbformen) zu:

vorschlagen, organisieren, unternehmen, benützen, übersetzen

7) Übersetzen Sie und entscheiden Sie, ob „aby", „že" bzw. beides zu verwenden ist:

Der Bub antwortete, dass er davon nichts wüsste. → *Hoch odpověděl, že o tom nic neví.*

Informiere deine Freundin, dass sie in zwei Tagen kommen kann. Ich hoffe, dass sie kommt. Schreib ihm, dass er zu Hause bleiben soll. Erinnere sie, dass sie rechtzeitig kommen sollen. Ich wiederholte einige Male, dass sie weggehen sollten. Er bestätigte, dass er es nicht verstand. Es ist wichtig, dass Sie es sehen. Sie müssen Acht geben, dass nichts passiert. Sie erkannten, dass ich Österreicherin bin. Ich werde weggehen, damit ich dich nicht störe. Wir haben ihm geholfen, damit er fertig wird. Nimm etwas zum Essen mit, damit du nicht hungrig wirst.

8) Setzen Sie die Verben in eine andere Person:

Dávejte pozor, aby se něco nestalo. → *Dávej pozor, aby se něco nestalo.*

Kdybych měl dobré vzdělání, vydělával bych mnoho peněz a koupil bych si banán.
Kdyby tam bylo méně lidí, nemuseli bychom tak dlouho čekat.
Kdyby moje rodina nebyla tak výstřední, byl bych normální.
Kdybych mohl prožít svůj život znova, musel bych předtím umřít.
Kdybych se narodil bohatý, mohla by mi má rodina koupit banán.
Kdybych zažil zázrak, udělal bych něco prospěšného pro lidstvo.
Kdyby bylo odpoledne hezky, šli bychom ven.
Kdybych měl čas, četl bych.
Kdybych mohl dělat, co chci, nedělal bych nic.
Řekla jsem mu, aby přišel zítra.
Kdybych měl příležitost, nevyužil bych ji.
Překvapím je, aby měli radost.
Je velmi důležité, abyste chodil do práce včas.
Dbejte, aby bylo všechno v pořádku.
Kdyby mi ostatní rozuměli, neměla bych co říct.
Navštívíme ho, abychom ho potěšili.
Pospěšte si, abychom ještě dostali vstupenky do divadla!

9) Ergänzen Sie:

Opakovala jsem to, (damit du es nicht vergisst) _____ .
→ *Opakovala jsem to, abys to nezapomněl.*

Připravuje se, *(um die Prüfung zu machen)* _____.

Utekli, *(um dich nicht zu sehen)* _____.

Vysvětluju ti to, *(damit du es verstehst)* _____.

Udělala jsem to, *(damit du lachst)* _____.

Mluvili tiše, *(damit sie dich nicht stören)* _____.

Půjdeme tam spolu, *(damit du dich nicht fürchtest)* _____.

Řeknou ti to, *(damit sie dir helfen)* _____.

Pospíšíme si, *(damit wir nicht zu spät kommen)* _____.

Nechci, *(dass es passiert)* _____.

Nechtěla bych, *(dass er darüber mit dir spricht)* _____.

Nešla jsem tam, *(damit du dich freust)* _____.

10) Bilden Sie ähnliche Wunsch- und Begehrssätze (schreiben Sie dabei zuerst den ersten Buchstaben eines Wortes an die Tafel, um das der Wunschsatz ergänzt werden soll):

Přáli bychom mu, aby vyhrál hodně peněz.
Přála bych si, aby nekouřil.
Přáli by si, aby jim někdo zaplatil dovolenou.
Nechceme, abyste si to o nás mysleli.
Přáli bychom si, abychom mohli trávit hodně času s přáteli.

11) Übersetzen Sie:

Wir wollen nicht, dass Sie das über uns denken. → *Nechceme, abyste si to o nás mysleli.*
Wir möchten nicht, dass Sie das über uns denken.

12) Ergänzen Sie die entsprechenden Formen:

Přála bych si, aby tato práce (inspirovat) _____ ostatní studenty k podobným projektům. Přejeme si, aby (učit se) _____. Přeješ si, abych (přijít) _____ k vám? Chci, aby se ti tam (líbit) _____. Přeji si, aby učitelé (používat) _____ při vyučování hry. Abych (nezapomenout) _____, (půjčit) _____ bys mi tu kazetu do soboty?

13) Ergänzen Sie:

Kdybych měl peníze, _____. → *Kdybych měl peníze, koupil bych si banán.*
Kdybych se narodil před sto lety, _____.
Kdyby mi někdo řekl, abych uklidil pokoj, _____.
Kdyby si mě chtěl vzít za ženu, _____.
Kdyby si mě chtěla vzít za muže, _____.

14) Ergänzen Sie:

Doufám, že _____. → *Doufám, že nejsi unavena.*
Doufáme, že _____.   Doufali jsme, že _____.
Doufáte, že _____.   Doufám, že _____.
Doufal, že _____.   Doufala, že _____.

15) Beantworten Sie:

Co to vezete? → *Vezu jen potraviny.*

Kdo vodí děti do školky?   Vodíte syna každý den do školy?

Vozíte dceru do školy autem?   Vedete nám hosta?

16) Stimmt die Aussage?

7. dubna 1348 založil český král a král římský
Karel IV. Univerzitu Karlovu.

17) Ergänzen Sie:

V domácí úloze nebyl__ mnoho chyb.

Čtyři studentky stál__ před dveřmi.

Tři kluci hledal__ psa.

Nečekal__ tam hodně lidí.

Několik studentů se připravoval__ na zkoušku.

Ve sboru zpíval__ mnoho děvčat.

18) Übersetzen Sie:

Vrchní: Už jste si prohlédl jídelní lístek? Co si přejete?
Host: Přeji si, aby byl trvalý mír.

19) Vergleichen Sie schriftlich zwei Ihrer Freunde!

20) Sie wählten die falsche Telefonnummer. Welche Antwort würden Sie geben?

a) Promiňte, nevyvolil jsem si vás.
b) Pardon, to je omyl.
c) Nezúčastnil jsem se voleb.

21) Ergänzen Sie zehn Sätze Ihrer Wahl:

Kdybych žila ve velkém městě, ...　Kdybych dostal příležitost, ...
Kdybych mohla dělat, co chci, ...　Kdybych měl kliku, ...
Kdyby mě rodina chápala, ...　Kdybych byl volný, ...
Kdybych neměla dluhy, ...　Kdybych tak měla čas, ...
Kdyby mi ostatní rozuměli, ...　Kdybych byl mladší, ...
Kdybych se narodila bohatá, ...　Kdybych mohl žít svůj život znova, ...
Kdybych měla talent jako XY, ...　Kdybych měl dobré vzdělání, ...
Kdybych byl volný, ...　Kdybych musel zahodit svoje akcie, ...
Kdyby mi šéf nešel na nervy, ...　Kdybych byla ředitelkou velké firmy, ...
Kdybych měla někoho, kdo by mi pomohl, ...

22) Kombinieren Sie:

Musím vstávat ráno v pět hodin,　aby si vzala deštník.
Chtěl by mít hodně peněz,　abychom mohli připravit večeři.
Vrátila se ještě jednou domů,　aby mohl letět do Jižní Afriky.
Měli bychom něco nakoupit,　abyste nedostali chřipku.
Přeji vám,　*abych stihla první vlak.*

23) Schwächen Sie den Imperativ ab und formulieren Sie höflicher:

Snaž se víc! → Mohl by ses víc snažit. Kéž by ses více snažil.
Dávej víc pozor!　Otevřete kufr!
Odnes to do pokoje!　Přines mi časopis!

24) Bilden Sie Fragen unter Verwendung des Konditionals:

(Dívat se) _____ *na televizi. → Díval by ses na televizi?*

(Zeptat se) _____ na cestu.　(Uvařit) _____ oběd.

(Koupit si) _____ knihu.　(Učit se) _____ dlouho.

(Přát si) _____ nový počítač.　(Účastnit se) _____ hry.

(Jít) _____ na procházku.　(Obléknout si) _____župan.

(Darovat) _____ peníze k narozeninám.

25) Co by si přála sousedka ?

Sousedka by si přála koně.

26) Ergänzen Sie – Žijete, abyste jedli, nebo ...?

27) Welche Argumente kämen bei Ihren Eltern an?

Když mi půjčíš auto, pozvu tě na večeři.
Jestli půjdeš nakoupit, uvařím večeři.
Když mi dovolíš cestovat o prázdninách interrailem, neodstěhuju se z domova.

28) Co mi přeješ? – Ergänzen Sie:

Přeji ti, abys měl dobrou náladu.
mít dobrou náladu, vyhrát, ...

29) Übersetzen Sie:

im zweiten Stock, in seiner Begeisterung, in den Buchhandlungen

30) Übersetzen Sie und bilden Sie ähnliche Sätze:

Přijdete-li včas, provedu Vás výstavou.
Budete-li si to přát, uděláme to pro Vás.
Aby Vám všechno vycházelo, přeje Josef.
Aby léto vydrželo ještě pár týdnů, přeje Váš plavčík.
Aby euro byla stabilní měna, přeje Váš bankéř.
Abyste prožili pěknou dovolenou, přeje Vaše cestovní kancelář.
S přáním, abyste nám rozuměli, Váš redaktor.
Aby se ti splnil alespoň jeden ze starých snů, ti přeje kamarádka.
Aby už přišlo skutečné jaro, si přeje Marie.

31) Ergänzen Sie der Reihe nach die Substantiva in ihrer entsprechenden Form:

Kdy začneš s _____? (vaření) → *Kdy začneš s vařením?*
čtení, psaní, praní, žehlení, stříhání, tupírování,
lakování, tužení, mytí, masáž hlavy, vodová

32) Které přílohy jíte nejraději?

Brambory, knedlíky, rýži, zeleninu nebo těstoviny?

33) Která zvířata jsou nejoblíbenější?
Vaše oblíbené zvíře je ... ?

psi, kočky, křečci, rybičky, morčata, ...

34) Kdybyste měli syna a dceru a žili ve státě, kde se za vzdělání platí, a kdybyste měli možnost umožnit vyšší vzdělání pouze jednomu dítěti, komu byste vzdělání umožnili – chlapci, nebo dívce – a proč?

35) Erklären Sie die Bedeutung von „-li"? Welche Übersetzungs- möglich- keiten gibt es?

§ 323, Obchodní zákoník (Handelsgesetzbuch):
Uzná-li někdo písemně svůj určitý závazek, má se za to, že v uznaném rozsahu tento závazek trvá v době uznání.
Anerkennt jemand schriftlich eine bestimmte Verbindlichkeit, so wird angenommen, dass die Verbindlichkeit im anerkannten Umfang zur Zeit des Anerkenntnisses besteht.

VĚTY ÚČELOVÉ, PŘACÍ, ŽÁDACÍ – FINAL-, WUNSCH- UND BEGEHRSSÄTZE

Finalsätze bringen einen Zweck oder eine Absicht zum Ausdruck. Sie werden im Tschechischen mit der Konjunktion „a" in Verbindung mit den Formen des Konditionals von „být" (abych, abys, ...) (= dt. damit, auf dass, um ... zu, [seltener] dass) + l-Form des jeweiligen Verbs gebildet:

1. Pers. Sg.: **abych**	*1. Pers. Pl.:* **abychom** (ats. **abysme**)
2. Pers. Sg.: **abys** + l-Form	*2. Pers. Pl.:* **abyste** + l-Form
3. Pers. Sg.: **aby**	*3. Pers. Pl.:* **aby**

Auch nach Verben des Wünschens und Begehrens, Erlaubens und Verbietens kann ein mit „aby" eingeleiteter Nebensatz folgen: *Chci, abys přišel. Přeji si, abys tam nejel. Žádám (vyžaduji, požaduji), aby nám škodu nahradili. Zakážu mu, aby se díval na televizi. Dovolím vám, abyste opustili vyučování.* Hierbei handelt es sich jedoch um Objektsätze (věty předmětné – *Co chci? Co si přeji? Abys ...*) und keine Finalsätze. Diese Möglichkeit besteht auch nach „říci", hingegen nicht nach „doufat": *Řekla jsem mu, aby přišel.* (= *Řekla jsem mu, že má přijít.*) Aber: *Doufám, že přijdeš.*

Mit „aby" können aber auch noch andere Nebensätze eingeleitet werden, vor allem nach Hauptsätzen, die eine Notwendigkeit oder eine Aufforderung ausdrücken, z. B. Subjektsätze (věty podmětné): *Je důležité, aby to řekl. Není nutné, abys šel domů.* Attributsätze (věty přívlastkové): *Ke konci článku stála výzva, aby všichni bojovali proti kouření.*

Echte Wunsch- und Begehrssätze werden von den Partikeln ať, nechť und kéž + Indikativ eingeleitet: *Ať se brzy uzdravíš! Kéž se ti to podaří! Nechť zítra přijde!*
Wünsche können als Ausruf noch andere Gestalt annehmen, z. B. sog. „konstrukce zvolací" mit Infinitiv bzw. mit kdyby + l-Form: *Mít tak volno! Kdybych tak měl volno!*

VĚTY PODMÍNKOVÉ – KONDITIONALSÄTZE

Handelt es sich um eine reale Bedingung, dann steht der Konditionalsatz wie im Deutschen im Indikativ und wird mit den Konjunktionen -li, jestliže (ats. jestli), když (= dt. wenn, falls) eingeleitet: *Jestliže přijde Jana, přijedu také. Přijde-li Jana, přijedu také.* (Falls Jana kommt, komme ich auch.)

Soll jedoch Irrealität oder Potentialität ausgedrückt werden, so steht das ganze Satzgefüge im Konditional. (Im Deutschen steht der Konjunktiv II.) Der Nebensatz wird dabei durch die Konjunktion kdybych, kdybys, ... eingeleitet, die Teile des Konditionals annimmt und so die Person des Subjekts ausdrückt; im Hauptsatz steht ebenfalls der Konditional: *Kdyby to udělala, odešel by.* (Wenn sie dies täte, ginge er fort.)

Person	Hauptsatz	Person	Nebensatz	
1. Sg.:	**bych**[*]	1. Sg.:	**kdybych**	
2. Sg.:	**bys**	2. Sg.:	**kdybys**	
3. Sg.:	l-Form + **by**	3. Sg.:	**kdyby**	+ l-Form
1. Pl.:	**bychom** (ats. **bysme**)	1. Pl.:	**kdybychom** (ats. **kdybysme**)	
2. Pl.:	**byste**	2. Pl.:	**kdybyste**	
3. Pl.:	**by**	3. Pl.:	**kdyby**	

*) Die Formen *bych*, *bys*, ... sind Enklitika, sie können daher nie am Satzanfang stehen!

Achtung auf die 2. Pers. Sg. bei reflexiven Verben:

~~Kdybys se učil.~~ → Kdyby $\boxed{ses}$ učil. ~~Kdybys si všímal.~~ → Kdyby $\boxed{sis}$ všímal.
~~Abys se učila.~~ → Aby $\boxed{ses}$ učila. ~~Aby si všímala.~~ → Aby $\boxed{sis}$ všímala.

NEUTRA – Deklinationstyp „stavení" (lang)

	Singular		Plural
Nom.	stavení	Nom.	stavení
Gen.	stavení	Gen.	stavení
Dat.	stavení	Dat.	stavením
Akk.	stavení	Akk.	stavení
Vok.	stavení!	Vok.	stavení!
Präp. (o)	stavení	Präp. (o)	staveních
Instr.	stavením	Instr.	staveními

MASKULINA – „harte" Deklinationstypen

Singular	unbelebt	Singular	belebt
Nom.	hrad	Nom.	pán
Gen.	hradu, lesa	Gen.	pána
Dat.	hradu	Dat.	pánovi, pánu
Akk.	hrad	Akk.	pána
Vok.	hrade! zámku!	Vok.	pane! hochu!
Präp. (o)	hradě, zámku	Präp. (o)	pánovi, pánu
Instr.	hradem	Instr.	pánem

Plural	unbelebt	Plural	belebt
Nom.	hrady	Nom.	páni, pánové, občané
Gen.	hradů	Gen.	pánů
Dat.	hradům	Dat.	pánům
Akk.	hrady	Akk.	pány
Vok.	hrady!	Vok.	páni! pánové! občané!
Präp. (o)	hradech, zámcích	Präp. (o)	pánech, hoších
Instr.	hrady	Instr.	pány

Pohybné -e- a Havlíkovo pravidlo –
Flüchtiges -e- und Havlíksche Regel

Das sog. flüchtige -e- tritt vor allem bei Substantiven mit den Suffixen -ek, -ec im Nom. Sg. (bei unbelebten auch im Akk. Sg.) auf: *domek (domku, ...)*; *otec (otce, ...)*; ... . Vom flüchtigen -e- sind jedoch auch einige suffixlose Maskulina betroffen, z. B. *pes, orel, sen, len, křest, pytel, ...* . Für diese auf den ersten Blick regellose Erscheinung gibt es in den meisten Fällen eine sprachhistorische Erklärung, die als sog. Havlíksche Regel Bekanntheit erlangte. Sie lautet: „V souvislé řadě jerů se vokalizovaly – od konce slova počítané – sudé jery, kdežto liché jery zanikaly." Die Jerlaute (ь, ъ) waren in einem älteren Sprachstadium Halbvokale, die erst im Laufe der Geschichte zu Vollvokalen wurden. Dabei wurden im Tschechischen in einer vom Wortende gezählten, zusammenhängenden Reihe von Jerlauten die geraden (starken) zu -e- vokalisiert, die ungeraden (schwachen) hingegen fielen aus:

*d'ьńь > den
*sъnъ > _____
*pьsъ > _____
*ot'ьćъ > _____
*šьv'ьćь > _____

*d'ьńьśь > dnes
*sъna > _____
*pьsa > _____
*ot'ьća > _____
*šьv'ьće > _____

Falls diese Reihe durch eine Silbe mit einem anderen Vokal unterbrochen wird, muss beim Zählen wieder bei 1 begonnen werden. Auch Präpositionen, die auf ein Jer ausgehen, sind bei der Zählung zu berücksichtigen:

*sъborъ > sbor
*tъkadĺьce > _____

*tъkadĺьcь > _____
*vъ d'ьńe > _____

Weitere Besonderheiten in der Deklination belebter harter Maskulina

a) Alternationen im Nom. Pl. und Präp. Pl.:
Es kommt zu folgenden Änderungen: k → c, g → z, h → z, ch → š
Beispiele: voják → vojáci, o vojácích; řečník → řečníci, o řečnících; dobrodruh → dobrodruzi, o dobrodruzích; lenoch → lenoši, o lenoších.
Außerdem steht hier statt der im Präpositiv Plural gängigen Endung -ech die Endung -ích.
Anmerkung:
Bei unbelebten Maskulina steht im Präp. Pl. ebenso in der Regel die Endung -ech. Lautet ein Substantiv jedoch auf -h, -ch, -k, -g aus, kommt es auch hier zu den beschriebenen Alternationen vor -ích: dotazník → o dotaznících, domek → o domcích, dialog → o dialozích, vrch → o vrších. Vergleiche in diesem Zusammenhang auch die bereits buchsprachliche Endung des Präp. Pl. der unbelebten diminuierten Maskulina vom Typ balíček → o balíčkách, o balíčcích (siehe Lektion 14).

b) Die Nom. Pl.-Endung -ové findet sich vor allem bei Fremdwörtern des Typs filozof → filozofové, chirurg → chirurgové bzw. fast allen einsilbigen Bezeichnungen der Volkszugehörigkeit: Rusové, Dánové, Řekové, Irové, Norové, Švédové, Finové, Indové, ... aber auch Italové, Arabové, Uzbekové, Tuarégové, Aztékové u. a; Ausnahme: Čech → Češi.

c) Die Nom. Pl.-Endung -é kommt bei belebten Maskulina auf -an vor, mit denen Bewohner bestimmter Gebiete bezeichnet werden: Vídeňan → Vídeňané, Brňan → Brňané, Pražan → Pražané (oft durch die ats. Formen auf -ák ersetzt, z. B. Pražák → Pražáci), Moravan → Moravané, Slovan → Slované; aber auch venkované, vesničané, ostrované, ...
Betroffen sind auch einzelne andere Wörter: křesťané, židé, horalé, andělé, pohané, manželé, sousedé, ..., Španělé. Des Weiteren findet sie sich auch

bei Fremdwörtern auf -*at* und -*it* neben der gleichberechtigten Endung -*i*: *diplomaté/diplomati, demokraté/demokrati, favorité/favoriti,* ... .

d) Im Dat. und Präp. Sg. der harten bel. Maskulina konkurrieren die Endungen -*ovi* und -*u*. Steht ein Substantiv oder ein Name allein, kommt in der Regel die Endung -*ovi* zur Anwendung: *Karlovi, Petrovi, pánovi,* ... . In einer Reihe von mehreren Substantiven, die eine Einheit bilden (z. B. volle Namen, Titel, Anreden), findet sich die -*ovi*-Endung jeweils nur beim letzten Wort: *panu Karlu Čapkovi, profesoru Josefu Vintrovi,* ... .

e) Deklination von lidé (Sg. *člověk*, siehe Muster „pán") und *přítel* (Sg. wie Musterwort „muž"):

	Plural			Singular	Plural
Nom.	lidé		Nom.	přítel	přátelé
Gen.	lidí		Gen.	přítele	přátel
Dat.	lidem		Dat.	příteli	přátelům
Akk.	lidi		Akk.	přítele	přátele
Vok.	lidé!		Vok.	příteli!	přátelé!
Präp. (o)	lidech		Präp. (o)	příteli	přátelích
Instr.	lidmi		Instr.	přítelem	přáteli

Maskulinum belebt – Deklinationstyp „předseda"

	Singular			Plural
Nom.	předseda		Nom.	předsedové, husité
Gen.	předsedy		Gen.	předsedů
Dat.	předsedovi		Dat.	předsedům
Akk.	předsedu		Akk.	předsedy
Vok.	předsedo!		Vok.	předsedové! husité!
Präp. (o)	předsedovi		Präp. (o)	předsedech, sluzích
Instr.	předsedou		Instr.	předsedy

Die auf -*ha, -cha, -ka, -ga* ausgehenden Maskulina haben im Präp. Pl. die Endung -*ích*, wobei es zu Alternationen wie unter Punkt a) oberhalb kommt: *kolega → o kolezích, sluha → o sluzích, patriarcha → o patriarších*.

Bei Substantiven, die im Nom. Sg. auf die Suffixe -*ita, -ista, -asta* ausgehen, findet sich im Nom. Pl. in der Regel die Endung -*é*: *husita → husité, houslista → houslisté, gymnasta → gymnasté*. Daneben dringt hier bereits die ats. Endung -*i* nach dem Muster „pán" vor, die langsam neutralen Charakter erlangt: *husiti, houslisti, gymnasti*.

 Slovíčka – Vokabel:

dbát (*Gen.* / *o* + *Akk.*); *ipf., V, PPA:* dbal   achten auf, beachten
hovořit; *ipf., IV 1*   sprechen
   (*s* + *Instr.*)   mit jmdm.
   (*o* + *Präp.*)   über etw./jmdn.
informovat; *ipf.* + *pf., III 2*   informieren
inspirovat; *ipf.* + *pf., III 2*   inspirieren
kousat; *ipf.,*   beißen
   Präs.: koušu / kousám,
   koušou /kousají, *Imp. Sg.:* kousej
kousnout; *pf., II 1a*
mínit; *ipf., IV 1, Imp. Sg.:* miň   meinen, denken
mýlit se; *ipf., IV 1, Imp. Sg.:* (ne)myl se   sich irren, sich täuschen
   zmýlit se; *pf., IV 1a*
odnášet; *ipf., IV 3*   wegtragen
   odnést; *pf., I 2a*
potěšit; *pf., IV 1a*   erfreuen, Freude bereiten
požadovat; *ipf., III 2*   fordern, verlangen, beanspruchen
provádět (*Akk.* + *Instr.*); *ipf., IV 3*   führen, geleiten jmdn. durch etw.;
   provést; *pf., Futur:* provedu,   durchführen, betreiben; treiben,
   provedou, *Imp. Sg.:* proveď,   sich aufführen
   PPA: provedl, *PPP:* proveden
prozrazovat; *ipf., III 2*   verraten, etw. merken lassen
   prozradit; *pf., IV 1a, Imp. Sg.:* prozraď,
   PPP: prozrazen
prožívat; *ipf., V*   durchleben, erleben, durchmachen
   prožít; *pf., III 1*
splňovat; *ipf., III 2*   erfüllen
   splnit; *pf., IV 1a, Imp. Sg.:* splň
stíhat; *ipf., V*   erreichen, schaffen; erwischen (ugs.)
   stihnout; *pf., II 1a, Futur:* stihnu,
   stihnou, *PPA:* stihl

trávit; *ipf., IV 1, Imp. Sg.:* trav, *PPP:* tráven verbringen; verdauen
strávit; *pf., IV 1a*
umožňovat; *ipf., III 2* ermöglichen, möglich machen
umožnit; *pf., IV 1a*
uzdravovat se; *ipf., III 2* genesen, gesund werden
uzdravit se; *pf., IV 1a*
uznávat; *ipf., V* anerkennen, einsehen, zugeben
uznat; *pf., Va*
vycházet; *ipf., IV 3* ausgehen; erscheinen; klappen
vyjít; *pf., Futur:* vyjdu, vyjdou,
   Imp.: vyjdi, -jděte, *PPA:* vyšel, *PPP:* -
vydělávat; *ipf., V* verdienen, erwerben
vydělat; *pf., Va*
využívat; *ipf., V* ausnutzen, ausnützen
využít; *pf., III 1a*
vyvolit; *pf., IV 1a* auserwählen, ausersehen
vyžadovat; *ipf., III 2* erfordern, erbitten
vyžádat; *pf., Va*
zahazovat; *ipf., III 2* wegwerfen
zahodit; *pf., IV 1a*
zakazovat; *ipf., III 2* verbieten, untersagen
zakázat; *pf., Futur:* zakážu, zakážou,
   Imp. Sg.: zakaž, *PPP:* zakázán
zakládat; *ipf., V* gründen
založit; *pf., IV 1a*
zažívat; *ipf., V* erleben, durchleben
zažít; *pf., III 1a*
žárlit; *ipf., IV 1* eifersüchtig sein
advokát, -a, *Mask. 3, b.* (Rechts-)Anwalt
atlet, -a, *Mask. 3, b.* Athlet
akcie, -e, *Fem. 2* Aktie
banán, -u, **Mask. 1, u.** **die** Banane
demokrat, -a, *Mask. 3, b.* Demokrat
dialog, -u, *Mask. 1, u.* Dialog
diplomat, -a, *Mask. 3, b.* Diplomat
dobrodružství, -í, *Neutr. 3* Abenteuer
dotazník, -u, *Mask. 1, u.* Fragebogen
favorit, -a, *Mask. 3, b.* Favorit
filozof, -a, *Mask. 3, b.* Philosoph
gymnasta, -y, *Mask. 5, b.* Gymnast
hlava, -y, **Fem. 1** **der** Kopf, **das** Haupt
horal, -a, *Mask. 3, b.* Bergbewohner, Gebirgler

houslista, -y, *Mask. 5, b.*	Geiger, Geigenspieler
husita, -y, *Mask. 5, b.*	Hussit
chirurg, -a, *Mask. 3, b.*	Chirurg
chlebíček, -čku, **Mask.** *1, u.*	das Brot, Brötchen, Sandwich
jubilant, -a, *Mask. 3, b.*	Jubilar
klika, -y, *Fem. 1*	Klinke, Kurbel; die Clique; Glück, Schwein (ugs.)
knihkupectví, -í, **Neutr.** *3*	die Buchhandlung
křest, křtu, **Mask.** *1, u.*	die Taufe
křesťan, -a, *Mask. 3, b.*	Christ
lakování, -í, *Neutr. 3*	Lackieren, die Lackierarbeit
len, lnu, *Mask. 1, u.*	Flachs, Lein
masáž, -e, *Fem. 3*	Massage
měna, -y, *Fem. 1*	Währung; Änderung, der Wechsel
morče, -ete, *Neutr. 4*	Meerschweinchen
mytí, -í, *Neutr. 3*	Waschen, Scheuern
nadšení, -í, **Neutr.** *3*	die Begeisterung
nerv, -u, *Mask. 1, u.*	Nerv
ostrovan, -a, *Mask. 3, b.*	Inselbewohner, Insulaner
plavčík, -a, *Mask. 3, b.*	Schwimmmeister; Schiffsjunge
pohan, -a, *Mask. 3, b.*	Heide
potravina, -y, **Fem.** *1*	das Nahrungsmittel, Lebensmittel
praní, -í, *Neutr. 3*	Waschen
předsudek, -dku, **Mask.** *1, u.*	das Vorurteil
příloha, -y, **Fem.** *1*	Beilage
psaní, -í, *Neutr. 3*	Schreiben; der Brief
pytel, -tle, *Mask. 2, u.* (*Präp. Pl.:* -ech / -ích)	Sack, Beutel
reprezentant, -a, *Mask. 3, b.*	Repräsentant
řečník, -a, *Mask. 3, b.*	Redner
Slovan, -a, *Mask. 3, b.*	Slawe
socialista, -y, *Mask. 5, b.*	Sozialist
stříhání, -í, *Neutr. 3*	Schneiden, Stutzen, Scheren
šachista, -y, *Mask. 5, b.*	Schachspieler
těstovina, -y, *Fem. 1*	Teigware
trpaslík, -a, *Mask. 3, b.*	Zwerg, Knirps
tupírování, -í, *Neutr. 3*	Toupieren
tužení, -í, *Neutr. 3*	Stärken (Haare)
venkovan, -a, *Mask. 3, b.*	Land-, Dorfbewohner, Provinzler
vesničan, -a, *Mask. 3, b.*	Dorfbewohner, Dörfler
vodová, -é, *subst. Adj.*	Wasserwellen-Frisur (Waschen und Legen)
volby, voleb, *Fem. 1, Pluraletantum*	Wahl, **der** Wahlakt

vrch, -u, *Mask. 1, u.*	Berg, Hügel, Gipfel
výzva, -y, *Fem. 1*	Aufforderung, **der** Aufruf, **der** Appell
žid / Žid, -a, *Mask. 3, b.*	Jude
župan, -u, *Mask. 1, u.*	Schlafrock
hladový, *1*	hungrig, Hunger-
chudý, *1*	arm, armselig, dürftig
jednoduchý, *1*	einfach
mírový, *1*	friedlich, Friedens-
mladší, *2* (*Komparativ zu* mladý, *1*)	jünger
nejjednodušší, *2*	einfachste
(*Superlativ zu* jednoduchý, *1*)	
nejoblíbenější, *2*	beliebteste
(*Superlativ zu* oblíbený, *1*)	
obložený, *1*	belegt, garniert
pravděpodobný, *1*	wahrscheinlich, voraussichtlich, vermutlich
prospěšný, *1*	nützlich, vorteilhaft
skutečný, *1*	wirklich, wahr(haft), tatsächlich
stabilní, *2*	stabil
trvalý, *1*	dauernd, dauerhaft, beständig, stet
výstřední, *2*	überspannt, exzentrisch
vyšší, *2* (*Komparativ zu* vysoký, *1*)	höher
zoologický, *1*	zoologisch
zoologická zahrada, zoo	**der** Tiergarten, Zoo
žárlivý, *1*	eifersüchtig
písemně, *Adv.*	schriftlich
přímo, *Adv.*	direkt, unmittelbar; geradeaus
spolu, *Adv.*	gemeinsam, zusammen, miteinander
tiše, *Adv.*	still, leise, ruhig, sanft
volno, *Adv.*	frei
znova, *Adv.*	wieder(um), noch-/abermals, aufs Neue
aby, *Konj., Part.*	damit, um zu, dass
jestliže, *Konj.*	wenn, falls
kdyby, *Konj., Part.*	wenn, falls

Na poště – Auf dem Postamt

odeslat dopis doporučeně (rekomando)	odeslat balík letecky
einen Brief eingeschrieben abschicken	ein Paket mit Luftpost schicken
podat dopis expres (spěšně)	poslat knihy jako tiskopis
einen Brief express (mit der Eilpost) aufgeben	Bücher als Drucksache schicken

prioritní zásilka Priority Sendung	ekonomická (pozemní) zásilka Non-Priority Sendung	standardní psaní Standardbrief
listovní tajemství Briefgeheimnis	prostý poštovného portofrei	opatřit poštovním směrovacím číslem (PSČ) mit der Postleitzahl versehen
poštovní schránka Briefkasten	pohlednice, pohled Ansichtskarte	poštovní přihrádka (P.O. Box) Postfach
adresát, příjemce Empfänger	odesílatel Absender	adresovat někomu dopis Brief an jmdn. adressieren
korespondenční lístek Postkarte	nalepit známku eine Marke aufkleben	příležitostná známka Sondermarke
průvodka Paketkarte	cenný balík Wertpaket	poslat balík na dobírku ein Paket per Nachname schicken
telegram Telegramm	(tele)fax Telefax	dálnopis Fernschreiben, Telex
poštovní spořitelna Postsparkasse	poštovní sazba Posttarif	poštovní poplatek Postgebühr
u přepážky am Schalter	poste restante postlagernd	poštovní přeprava Postversand
listovní přepážka Briefmarkenschalter	peněžní přepážka Einzahlungsschalter	balíková přepážka Paketschalter
příjem / výdej dopisů Briefannahme/-ausgabe	automat na známky Postwertzeichenautomat	ceniny Wertzeichen
orazítkovat známky Marken abstempeln	listonoš Briefträger	peněžní poukázka Postanweisung
potvrzení o příjmu Empfangsbestätigung	stvrzenka Postquittung	poslat dopis zpět Brief zurückschicken
obálka Kuvert	složenka Erlagschein	podací lístek Aufgabeschein

Telefonování – Telefonieren

mobilní telefon, mobil Mobiltelefon, Handy	telefonní budka Telefonzelle	telefonní seznam Telefonbuch
místní hovor Ortsgespräch	meziměstský hovor Ferngespräch	linka / klapka Durchwahl, Klappe
na slyšenou auf Wiederhören	hands-free sada Freisprecheinrichtung	soukromé číslo Privatnummer
služební číslo Dienstnummer	oznamovací tón Freizeichen	obsazovací tón Besetztzeichen

zavolat někomu	být špatně spojen	promiňte, to je omyl
jemanden anrufen	falsch verbunden sein	pardon, falsch verbunden
předvolba	tísňové/nouzové volání	záznamník
Vorwahl	Notruf	Anrufbeantworter
sluchátko	špatné spojení	linka důvěry
Hörer	schlechte Verbindung	Kummernummer (Telefonseelsorge)

Dvacátá lekce

A: Dobrý den, chtěl bych telefonovat do Vídně.
B: To bude nejjednodušší z hlavní pošty.
A: Je možné telefonovat také z veřejného telefonního automatu?
B: Ano, myslím, že z Prahy je možné telefonovat do Vídně přímo.
A: Prosím vás, mohu zde u vás poslat dopis?
B: Ano. Zde nalepíte známku a zde napíšete adresu - vlevo nahoře odesílatele a vpravo dole adresáta. Přejete si dopis poslat spěšně nebo doporučeně?
A: Spěšně.

Bin ich eifersüchtig?

Ich bin bereits seit 48 Jahren verheiratet. Mein Mann fühlt sich wie ein Engel. Er hat aber einen Fehler, er sammelt Sachen und sein Zimmer sieht aus wie ein Lager. Einmal saßen wir – mein Mann, meine beste Freundin und ich – in unserem Wohnzimmer und sprachen über Eifersucht. Ich sagte, wenn mir mein Mann eines Tages mitteilen würde, dass er sich (unsterblich) leidenschaftlich in eine andere Frau verliebt hat, dann würde ich zu ihm sagen: „Bring' sie zu uns in die Wohnung!" Ich würde ihr sein Zimmer zeigen. Ich würde einen Schrank nach dem anderen aufmachen und ihr mitteilen: „Sie können ihn ruhig nehmen, aber alle diese seine Sachen auch." Meine Freundin hörte zu und meinte: „Aber was, wenn sie ein Schloss hätte?" Ich schwieg. Aber manchmal denke ich über die Frau mit dem Schloss nach.

Quelle: N.Z.

21. Lektion

[...]. Kéž se mi podaří převyprávět pohádku aspoň tak líbezně, jak ji vyprávěl Toman [Karel Jaromír Toman]. Ale nevím! Bylo království a v něm král, který měl mladičkou a krásnou ženu. Jednou zrána se král rozhodl, že pojede do tmavého lesa na lov. Marně ho královna zrazovala, aby nejezdil. Že měla v noci ošklivý sen a pak že má právě dnes narozeniny a svátek! Král na to nic nedbal. Políbil královnu na čelo, usedl na koně a jel. Brzy zapadl mezi stromy černého lesa a zmizel královně z očí. Ale les byl tenkrát jako zakletý. Ani lístek se nezachvěl, ani ptáci nezpívali a cestou se nesetkal s žádnou zvěří. Les byl úplně mrtvý. Když byl v lese již hluboko, popadla krále ukrutná žízeň. A nikde žádná studánka a nikde nezurčel ani potůček. V té chvíli usedl králi na rameno ošklivý havran a zakrá-koral: „Pojď, králi, za mnou." Král pobídl koně a jel za havranem, až přijeli k polorozbořené chýši, kde bydlela stará čarodějnice. Baba namíchala králi rychle nápoj. Král opatrně ochutnal. Nápoj chutnal jako nejlepší víno a král rychle vypil džbán až do dna. Sotva se však podíval na dno džbánu, čarodějnice a havran zmizeli a králi se zatočila hlava. Vzápětí poznal, že v lese zabloudil. Marně se rozhlížel. Jel a jel a za dlouhou chvíli viděl, že je opět na místě, kde byl prve. A tak stále jezdil dokola dokolečka. Byl už úplně zoufalý, když spatřil na cestě růžový keř. Na keři bylo jediné poupátko, jediná růžička a vedle růžičky seděl modrý ptáček. A ptáček králi zazpíval, aby se dal touto cestou [...]. Za chvíli spatřil před sebou královský palác. Královna seděla v okně, byla smutná a vyšívala. Jakmile spatřila krále, všeho nechala, zapíchla jehlu do polštářku a s jásotem mu běžela vstříc. Šťastně se objali. „Má drahá choti," ptal se král, „co jsi to vyšívala?" Královna se zarděla, ukázala mu svou hedvábnou noční košilku, na kterou vyšila poupátko, růžičku a modrého ptáčka. [...].

Pramen: Jaroslav Seifert, *Všecky krásy světa*, Praha (Československý spisovatel) 1985, str. 200 n.

Rozhovor

Jiří: Co je s tebou? Jsi smutná? Proč? Protože jsi na mě musela dlouho čekat?

Silvie: Proč jsi nezavolal? Nejsem smutná, mám na tebe vztek.

Jiří: Podívej, někdo ti krásně ustlal postel.

1) Ergänzen Sie:

Líbí se mu perské (Teppiche) _____. → *Líbí se mu perské koberce.*

Neviděli jsme ty (Buben) _____. Nebyl to (Trottel) _____.

Připravili k večeři (Liwanzen) _____. Přijeli i (Cousins) _____.

To je překvapení pro (Ausländer) _____. Neznáme ty (Japaner)

_____. Pomáhal (Blinde) _____. Bez (Kenntnis) _____

angličtiny to nepůjde. Je v tom (Weisheit) _____. Řekla, že je to

(Dummheit) _____. Měl by přestat s tou (Tätigkeit) _____. Je

to pro mě (Ehre) _____. S (Ehrlichkeit) _____ nejdál dojdeš.

Bez (Geduld) _____ to nezvládneš. Jel vysokou (Geschwindigkeit)

_____. Neviděla jsem tu _____ (Teil) města. Dobrou (Appetit)

_____! Čeká na vhodnou (Gelegenheit) _____. Ředitelka banky

má mnoho (Verpflichtungen) _____.

2) Ergänzen Sie:

Poslala někoho pro své věc__. Nebydlíme ve Víd__. Jezdím každý den do

Víd__. Strávil tři roky svého života v pouš__. Báli se tvých odpověd__.

Mám velkou žíze__. Šel do předsí__. Máme rádi bás__. Jeli jsme do Plz__.

Stoupl si ke skří__. Dal to do skří__. Schoval se ve skří__. Ztratila klíč od

skří__. Vytáhl klíč__ z kapsy. Dal klíč__ na stůl. Přeje si dům u moř__.

Nenosí zbra__. Koupil 3 kila viš__. To byly nebezpečné váš__. Koupil

vstupenky v předprodej__. Co visí na zd__? V té místnos__ nebyl stůl. Byl

stůl ve vašem pokoj__? Už přinesl svoje věc__, nastěhuje se k nám.

Marie je teď v divadl__. Zaparkovala blízko divadl__? Líbilo se ti to představen__? Znal jsi jména těch moř__ ? Co vědí žáci o ptactv__ ? K čemu potřebuje tolik pravít__? Kolik bytových družst__ jsi kontaktovala? Účastnil se jednán__? Šla do kancelář__. Odešla z té místnost__. Spí ve svém pokoj__. Jel výtahem do přízem__. Blížíme se k cíl__. Děkovala učitel__. Baví se s přátel__.

3) Chcete pozvat přátele na večeři a něco jim uvařit. Zjistíte, že jeden váš kamarád je vegan. Co uděláte, co mu řeknete?

4) Výlet do Bratislavy – Ordnen Sie die Sätze:

- Setkáváme se jednou za měsíc vždy u jednoho z nás.
- V Bratislavě bylo jen málo lidí, v ulicích nebyli žádní cizinci.
- Vystoupili jsme na hrad.
- Diskutujeme o různých problémech a večeříme společně.
- Akustika byla báječná.
- Každý rok jezdíme na výlet.
- Průvodce nás požádal, abychom zazpívali ještě něco.
- Mezi Vídní a Bratislavou jsme zažili hroznou sněhovou bouři.
- I pro průvodce to byla příjemná změna, tleskali nám.
- Bylo to v zimě, teploměr ukazoval 15 stupňů pod nulou.
- Největší radost měl ale vrchní v hradní kavárně, nejen kvůli našemu zpěvu, ale i proto, že konečně přišli finančně silní hosté.
- Byli jsme jediní návštěvníci.
- Když jsme vstoupili do koncertní síně, měli jsme chuť něco zazpívat.
- Je nás osm přátel a přítelkyň.
- Před několika lety jsme jeli autobusem do Bratislavy.

Pramen: H.M.

5) Chcete vědět, jak jste inteligentní? Udělejte si test!

I. Určete, co nejvíce nepatří mezi ostatní:
    a) Labe   d) Rýn
    b) Vltava   e) Orinoko
    c) Jizera   f) Temže

II. Určete, co nejvíce nepatří mezi ostatní:
    a) rum   d) vodka
    b) pivo   e) víno
    c) griotka   f) Prazdroj

III. Určete, co nejvíce nepatří mezi ostatní:
a) tygr   d) puma
b) lev   e) rys
c) kojot   f) jaguár

IV. Určete, co nejvíce nepatří mezi ostatní:
a) Cáhlov   d) Valtice
b) Lubno   e) Láva nad Dyjí
c) Světlá   f) Vídeň

V. Ke slovu „přední" určete ze seznamu slovo opačného významu = antonymum:
a) střední   d) poslední
b) předně   e) zadní
c) posledně   f) v pozadí

VI. Ke slovu „fragment" určete ze seznamu slovo opačného významu = antonymum:
a) dílek   d) producent
b) celek   e) moment
c) argument   f) částečka

VII. Určete, co nejvíce nepatří mezi ostatní:
a) podnos   d) šlechetnost
b) nosnost   e) chvost
c) přednost   f) blbost

VIII. Určete, co nejvíce nepatří mezi ostatní:
a) lavice   d) vteřina
b) hadice   e) peřina
c) lvice   f) rodina

Pramen (I-III, V-VIII): Lidové noviny, 20. května 2000, str. 18
(*Řešení na konci lekce.*)

6) Proč? Znáte podobný případ?

a) Staré paní se ztratila kočka. Paní zavolala policii. Policie začala kočku hned hledat a za několik hodin kočku našla. Proč policie kočku hledala?

b) V novinách je inzerát: Prodám auto značky Porsche za 100 Kč, téměř nové. Zájemce tam zatelefonoval a auto skutečně koupil.

Policie hledala kočku jen proto, že ... .
Zájemce koupil auto tak levně jen proto, že ... .
(*Řešení na konci lekce.*)

7) Deklinieren Sie:

ta krásná píseň   ten starý stroj   ten mladý muž   to modré moře

8) Jak se má Eva? – Ergänzen Sie:

Eva se má dobře, protože svítí slunce.
Eva se má dobře, protože se těší na novou knihu.
Eva se má dobře, protože se blíží víkend.
Eva se má ..., protože ...

9) Setzen Sie in den Plural:

Proč stojí ten kabát tolik peněz? Proč vaří ten oběd tak dlouho? Proč neotevřela to malé okno?

10) Beantworten Sie:

Proč zůstala doma? Proč lhali? Proč se smějí? Proč ještě nejsi hotová? Proč se tam schoval? Proč nepomáhají rodičům? Proč o tom nic neví?

Fragen Sie nach: Jen proto, že pršelo, zůstala doma? ...

11. a) Übersetzen Sie und wählen Sie die passende Konjunktion:

Sie schafften die Prüfung nicht, weil sie sich nicht vorbereitet hatten. →
Neudělali zkoušku, protože[1] / poněvadž[2] / neboť[2] / jelikož[3] se nepřipravili.
[1] neutral, [2] gehoben, [3] sehr gehoben bis archaisch

Wir haben keine weiteren Fragen, weil alles klar ist. Er war davongelaufen, weil er sich fürchtete. Sie hatte die Frage wiederholt, weil sie die Studenten nicht verstanden. Wir kamen zu spät, weil der Wecker nicht geläutet hatte.

b) Stellen Sie die vorangehenden Sätze unter Verwendung von „nur deshalb nicht, weil" um:
Sie schafften die Prüfung nur deshalb nicht, weil sie sich nicht vorbereitet hatten. →
Neudělali zkoušku jen proto, že se nepřipravili.

12) Ergänzen Sie die Formen des Präpositivs (vgl. 14. Lektion):

	Präp. Sg.	Präp. Pl.
píseň	o písni	o písních
Vídeň	_____	—
kost	o kosti	o kostech
věc	_____	_____
stroj	o stroji	o strojích
počítač	_____	_____
muž	o muži	o mužích
lyžař	_____	_____

město	o městě, -u	o městech
místo	_____	_____
moře	o moři	o mořích
srdce	_____	_____
autíčko	autíčku	autíčkách
_____	_____	_____

	Präp. Sg.	Präp. Pl.
auto	_____	_____
batoh	_____	_____
blbost	_____	_____
bratranec	_____	_____
bříško	_____	_____
budík	_____	_____
Čech	_____	_____
činnost	_____	_____
děťátko	_____	_____
děvčátko	_____	_____
divadlo	_____	_____
družstvo	_____	_____
hlupák	_____	_____
hotel	_____	_____
chirurg	_____	_____
chrastítko	_____	_____
chudák	_____	_____
jablíčko	_____	_____
katalog	_____	_____
klíč	_____	_____
koláč	_____	_____

kopec	_____	_____
koťátko	_____	_____
lepidlo	_____	_____
letadlo	_____	_____
ministerstvo	_____	_____
motorka	_____	_____
moudrost	_____	_____
noc	_____	_____
mýdlo	_____	_____
myš	_____	_____
návrh	_____	_____
obuv	_____	—
obyvatelstvo	_____	—
očičko	_____	_____
ořech	_____	_____
ouško	_____	_____
panstvo	_____	—
pedagog	_____	_____
písmenko	_____	_____
poctivost	_____	—
Polák	_____	_____
předsednictvo	_____	_____
představenstvo	_____	_____
radost	_____	_____
rychlost	_____	_____
sestra	_____	_____
Slovák	_____	_____
slunce	_____	_____
sprcha	_____	_____

sto	_____	_____
synovec	_____	_____
šitíčko	_____	_____
telefon	_____	_____
trpělivost	_____	_____
Vídeňák	_____	_____
vodítko	_____	_____
znalost	_____	_____
žehlička	_____	_____
žízeň	_____	—

13) Übersetzen Sie folgenden Satz:

In der Wüste brüllen die Löwen.[*]

[*] *Dieser Satz wurde Kaiser Franz Joseph diktiert (laut Vladimír Škutina „Český šlechtic František Schwarzenberg").*

14. a) Verwenden Sie die Formen von „všechen, všechna, všechno" und übersetzen Sie:

alle Menschen	alle Städte	das ganze Fleisch
der ganze Schnee	die ganze Zeit	allen Menschen guten Willens
alle Frauen	die ganze Arbeit	ohne weiteres, ohneweiters
das ganze Volk	alle Mühe	das ganze Bier
alle Federn	der ganze Powidl	alle Studentinnen

b) Ergänzen Sie die entsprechenden Formen von „všechen, všechna, všechno":

Spotřeboval jsi _____ mouku? → Spotřeboval jsi všechnu mouku?

Znám _____ studenty z mého ročníku, kteří studovali ve Vídni. Vrátil svým kamarádům _____. Přišli _____. Dám ti _____, co mám. Odnesl _____ věci. To je_____. Vrátil jim _____ peníze. Ukázali jsme jim _____. Někdo se toho _____ bojí. Řekl jí _____, co o tom věděl. Přečetl _____ knihy. Rozdej to _____ studentům! Mám toho _____ dost. Řidiči _____ vysvětlil. Přišly už _____ studentky? Přišly už _____ děti?

Přišli už _____ profesoři? _____ pět žáků přišlo. Odkdy dokdy

převezme _____ povinnosti? _____ navštívili poslední

představení. Věděli o _____, protože jsem jim to říkal. Počítám se

_____.

15) Ersetzen Sie das Demonstrativpronomen durch das indefinite Numerale „všechen, ...":

Pomáhají těm, kdo to potřebují. → Pomáhají všem, kteří to potřebují.
Zkoušku udělali ti, kdo měli štěstí.　Počítáme s těmi, kdo přišli.
Starali se o ty, kdo o to požádali.　Dostali to ti, kdo zaplatili.
Ti, kdo tam byli, to potvrdí.　Zajímám se o ty, kdo už mají zkušenost.

16) Jemand beschreibt eine anwesende Person. Alle anderen versuchen zu erraten, um wen es sich handelt.

17) Ersetzen Sie die Formen von „každý" durch das indefinite Numerale „všechen, ...":

Mluví tak s každým. → Mluví tak se všemi.
Maminka myslí na každého z rodiny.　Dívali se na každého.
To neví každý.　Každý nepracuje jako ty.
Pozvali na svatbu prakticky každého.　Nebude s každým souhlasit.
U každého je to stejné.　Každému se to bude líbit.
Říká to o každém.

18) Ergänzen Sie die passenden Formen des indefiniten Numerales „všechen, ...":

_____ práci jsme ukončili včas. To _____ je její majetek. _____ zboží

jsme ještě neprodali. Nesnědli _____ polévku. Vypil _____ čaj.

Tomu _____ nerozumím. Se _____ jsme souhlasili. Budu o tom _____

přemýšlet. To je _____ v pořádku. Bojíme se toho _____. To _____

je zadarmo. Za _____ jsme zaplatili 1000 eur. _____ zlato prodali.

Snědli _____ chleba.

19) Ändern Sie entsprechend:

Studenti mají nové knihy. → Šli jsme ke studentům.
Tam je skupina lyžařů. Chlapci hrají šachy.
Hosté stojí u dveří. Studentky píšou test.

20) Bilden Sie ähnliche Dialoge:

A: Byla jsem včera večer v divadle.
B: Co říkala?
C: Říkala, že byla včera večer v divadle.

21) Übersetzen Sie:

a) Dobrý obchod uděláte buď teď, nebo nikdy! Nemusíte mít kalkulačku
v hlavě, abyste věděli, kam investovat! Udělám vše, co je v mých silách.
Má všech pět pohromadě. Píše všemi deseti prsty. Všem, kteří chtějí
vyhrát! Navštivte přímořská letoviska!

O jaké texty se jedná v předcházejícím odstavci?

b) Er interessiert sich für sie. Ich freue mich auf dich. Das Buch interessiert
mich. Ihre Meinung interessiert mich. Das könntest du alleine tun. Du
möchtest nicht gewinnen? Möchtest du in die Berge fahren? Das solltest
du nicht sagen. Möchtest du ans Meer fahren? Möchtest du zelten
fahren? Könntet ihr uns helfen? Ich bin 28 Jahre alt. Das Haus hat vier
Stockwerke.

22) Ersetzen Sie „und auch" durch „sogar" (i → dokonce):

Všechny děti se smály, i malý Petříček
přestal plakat. Všichni souhlasili, i Anežka
byla pro. Všechno dobře dopadlo, i počasí
bylo hezké. Všichni se šli koupat, i babička
si vzala plavky. K obědu přišli všichni, i děti.

23) Ersetzen Sie die Formen von „manche, einige" durch „alle":

Některé domy byly bílé. U některých domů byly krásné zahrady. Některé
knihy tohoto autora znám. Někteří lidé jsou takoví. Některé její kamarádky
hrají tenis. Někteří naši přátelé bydleli v tom hotelu. Některé vlaky tam
zastavují. S některými zvyky různých národů se chceme seznámit.

24) Ergänzen Sie „někde" (= irgendwo) oder „někam" (= irgendwohin):

Jel studovat do USA . → *Jel studovat někam do USA .*

Půjdu na oběd, kde dobře vaří.   Studuje, kde žijí jeho příbuzní.
Ty květiny musí být, kde je teplo.   Dal klíče, a neví kam.
Je dnes u kamarádky, nevím, kdy přijde.

25) Übersetzen Sie und fügen Sie die passenden Formen von „takový" (= solcher) ein:

Ty obrazy nejsou cenné, ale líbí se nám. → *Takové obrazy nejsou cenné, ale líbí se nám.*

Záleží nám na tom přístupu.   To počasí je ideální.
Nepoznal člověka, jako je on.   Dal studentům práci, která se jim líbila.
Nikdo nic nemá.   Vzpomínám si, že jsem nic neslyšel.

26) Stellen Sie Fragen:

Jak vypadají pokoje? Nevím, neukázali mi je ještě.

Ersetzen Sie die „Zimmer" durch Wohnung, Garten, Haus, Blumen, ...

27) Wählen Sie zu zweit ein Thema und bilden Sie Assoziationen → (Adjektiv + Substantiv):

Příklad „dovolená":
neznámé jídlo, deštivé počasí, velké horko, pozdní vstávání, dlouhé koupání,
upovídaný průvodce, večerní zábava, mrňavý pokoj, hlasití sousedé, malý stan
rodina, oblečení, vzdělání, cestování, láska, krajina, město

Alle anderen raten, welcher Themenkreis gewählt wurde.
Verfassen Sie unter Verwendung der gefundenen Kollokationen eine
Geschichte.

28) Gruppenarbeit – Beschreiben Sie vier Personen. Berücksichtigen Sie dabei unter anderem, wer zu wem am besten passt:

Aspekty partnerství:
strava, denní a noční rytmus (spaní), vztah k sportovním aktivitám, vztah
k estetice, vztah k bolesti, vztah k fyzickému kontaktu, delší návštěva
u rodiny

29) Důležité adresy (beachten Sie die Groß- und Kleinschreibung):

V Rakousku:
  Velvyslanectví České republiky
  Penzinger Straße 11-13, A-1140 Wien (Vídeň)

České centrum
Herrengasse 17, A-1010 Wien (Vídeň)

V České republice:
  Rakouské velvyslanectví
  Viktora Huga 10
  CZ-151 15 Praha 5

ZÁJMENO UKAZOVACÍ – DEMONSTRATIVPRONOMEN
ten, ta, to:

		Nominativ	Genitiv	Dativ	Akkusativ	Präpositiv	Instrumental
Singular	Mask.	ten	toho	tomu	toho *b.* / ten *u.*	(o) tom	tím
	Fem.	ta	té	té	tu	(o) té	tou
	Neutr.	to	toho	tomu	to	(o) tom	tím
Plural	Mask.	ti *b.* / ty *u.*			ty		
	Fem.	ty	těch	těm	ty	(o) těch	těmi
	Neutr.	ta			ta		

ČÍSLOVKY NEURČITÉ – INDEFINITE NUMERALIEN
„všechen, všechna, všechno"

		Nominativ	Genitiv	Dativ	Akkusativ	Präpositiv	Instrumental
Singular	Mask.	všechen	všeho	všemu	všechen	(o) všem	vším
	Fem.	všechna	vší	vší	všechnu	(o) vší	vší
	Neutr.	všechno	všeho	všemu	všechno	(o) všem	vším
Plural	Mask.	všichni *b.*/			všechny		
		všechny *u.*	všech	všem	všechny	(o) všech	všemi
	Fem.	všechny			všechny		
	Neutr.	všechna			všechna		

FEMININA – Deklinationstypen „píseň" und „kost"

	Singular			Plural	
Nom.	píseň	kost	Nom.	písně	kosti
Gen.	písně	kosti	Gen.	písní	kostí
Dat.	písni	kosti	Dat.	písním	kostem
Akk.	píseň	kost	Akk.	písně	kosti
Vok.	písni!	kosti!	Vok.	písně!	kosti!
Präp. (o)	písni	kosti	Präp. (o)	písních	kostech
Instr.	písní	kostí	Instr.	písněmi	kostmi

MASKULINA – „weiche" Deklinationstypen

	unbelebt	Singular		belebt
Nom.	stroj	Nom.	muž	
Gen.	stroje	Gen.	muže	
Dat.	stroji	Dat.	mužovi, muži	
Akk.	stroj	Akk.	muže	
Vok.	stroji!	Vok.	muži! otče!	
Präp. (o)	stroji	Präp. (o)	mužovi, muži	
Instr.	strojem	Instr.	mužem	

	unbelebt	Plural		belebt
Nom.	stroje	Nom.	muži, mužové, učitelé	
Gen.	strojů	Gen.	mužů	
Dat.	strojům	Dat.	mužům	
Akk.	stroje	Akk.	muže	
Vok.	stroje!	Vok.	muži! mužové! učitelé!	
Präp. (o)	strojích	Präp. (o)	mužích	
Instr.	stroji	Instr.	muži	

Belebte Maskulina mit dem Suffix *-tel* werden nach dem Deklinationstyp *muž* dekliniert, allerdings mit Ausnahme des Nom. Pl. und Vok. Pl.: *učitelé*, *obyvatelé, zlepšovatelé, žadatelé,* ... .

NEUTRA – Deklinationstyp „město" (hart)

	Singular		Plural
Nom.	město	Nom.	města
Gen.	města	Gen.	měst, městeček
Dat.	městu	Dat.	městům, městečkům
Akk.	město	Akk.	města
Vok.	město!	Vok.	města!
Präp. (o)	městě, městečku	Präp. (o)	městech, městečkách
Instr.	městem	Instr.	městy, městečky

Die führende Endung im Präpositiv Singular ist -e/-ě. Sie ist die einzig mögliche Endung bei Substantiven auf *-dlo, -lo*: *v letadle, v divadle, v pekle, na kole, ...* .
Die Endung -u steht bei Substantiven auf *-ko, -ho, -cho, -go*: *v městečku, v uchu, o tangu, ...*; weiters bei einigen Substantiven auf *-ro, -mo, -ivo, -stvo, -ctvo*: *o vedru, v pyžamu, v barvivu, o panstvu, o ptactvu, ...* (aber: *na jaře, ...*) sowie bei Fremdwörtern und abstrakten Begriffen auf *-cno, -čno*: *o procentu, v budoucnu, v nekonečnu, ...* .
Die führende Endung im Präpositiv Plural ist -ech: *ve městech, v procentech, ...* .
Die Endung -ách steht in der Regel bei Substantiven auf *-ko, -ho, -cho, -go*: *v městečkách, na nosítkách, ...* .

Vsuvné -e- – e-Einschub:
Bei einigen Neutra, besonders jenen, die im Nom. Sg. auf -ko und -lo auslauten, kommt es im Genitiv Plural zum Einschub eines -e-: *jablko → jablek, pravítko → pravítek, číslo → čísel, divadlo → divadel, sklo → skel, ...*; aber auch: *družstvo → družstev, okno → oken, ...* .

NEUTRA – Deklinationstyp „moře" (weich)

	Singular		Plural
Nom.	moře	Nom.	moře
Gen.	moře	Gen.	moří
Dat.	moři	Dat.	mořím
Akk.	moře	Akk.	moře
Vok.	moře!	Vok.	moře!
Präp. (o)	moři	Präp. (o)	mořích
Instr.	mořem	Instr.	moři

Slovíčka – Vokabel:

diskutovat (*s + Instr. o + Präp.*); *ipf., III 2* diskutieren mit jmdm. über etw.
investovat (*do + Gen.*); *ipf. + pf., III 2* investieren in etw.
kontaktovat; *ipf. + pf., III 2* kontaktieren
koupat (se); *ipf., Präs.:* koupu / koupám, (sich) baden
 koupou / koupají, *Imp. Sg.:* koupej,
 PPA: koupal, *PPP:* koupán
 vykoupat (se); *pf., Futur:* vykoupu /
 vykoupám, vykoupou /
 vykoupají, *Imp. Sg.:* vykoupej,
 PPA: vykoupal, *PPP:* vykoupán
lhát; *ipf., Präs.:* lžu, lžou, *Imp.:* lži, lžete, lügen
 PPA: lhal
nastěhovávat se; *ipf., V* einziehen
 nastěhovat se; *pf., III 2a*
odkazovat (*Dat. + Akk.*); *ipf., III 2* vermachen, hinterlassen jmdm. etw.
 (*Akk. na + Akk.*) verweisen, hinweisen
 odkázat; *pf., I 3a, Futur:* odkážu,
 odkážou, *Imp. Sg.:* odkaž,
 PPA: odkázal, *PPP:* odkázán
přebírat (*Akk. po + Präp.*); *ipf., V* übernehmen
 převzít (*Akk. po + Präp.*); *pf.,*
 Futur: převezmu, převezmou,
 Imp.: převezmi, převezměte,
 PPA: převzal, *PPP:* převzat
rozdávat; *ipf., V* (ver)schenken, teilen
 rozdat; *pf., Va*
řvát; *ipf., Präs.:* řvu, řvou, brüllen, schreien, heulen
 Imp.: řvi, řvěte/řvete,
 PPA: řval, *PPP:* -
 zařvat; *pf., Futur:* zařvu, zařvou,
 Imp. Sg.: zařvi, *PPA:* zařval, *PPP:* -
sdělovat; *ipf., III 2* mitteilen
 sdělit; *pf., IV 1a*
stanovat; *ipf., III 2* zelten
stlát; *ipf., Präs.:* stelu, stelou, das Bett machen, (auf)betten
 Imp. Sg.: stel, *PPA:* stlal, *PPP:* stlán
 ustlat; *pf., Futur:* ustelu, ustelou,
 Imp. Sg.: ustel, *PPA:* ustlal, *PPP:* ustlán
svítit; *ipf., IV 1, Imp. Sg.:* sviť scheinen, leuchten

tleskat; *ipf., V*   klatschen, applaudieren
  tlesknout; *pf., II 1a, Futur:* tlesknu,
  tlesknou, *Imp.:* tleskni, tleskněte,
  PPA: tlesk/nu/l, tleskla
ukončovat; *ipf., III 2*   beenden, abschließen
  ukončit; *pf., IV 1a*
vystupovat; *ipf., III 2*   aussteigen; besteigen; auftreten
  vystoupit; *pf., IV 1a*
záležet (*Dat. na* + *Präp.*); *ipf., unpers., IV 2*   interessiert sein an etw., liegen
                               jmdm. an jmdm. / etw.
zmírat; *ipf., V* → *geh.*   sterben
  zemřít; *pf., I 4, Futur:* zemřu, zemřou,
  Imp.: zemři, zemřete,
  PPA: zemřel, *PPP:* -
aktivita, -y, *Fem. 1*   Aktivität
akustika, -y, *Fem. 1*   Akustik
argument, -u, *Mask. 1, u.*   **das** Argument
aspekt, -u, *Mask. 1, u.*   Aspekt
barvivo, -a, *Neutr. 1*   **der** Farbstoff
blbec, -bce, *Mask. 4, b.*   Trottel, Dummkopf
blbost, -i, *Fem. 4*   **der** Blödsinn
bolest, -i, *Fem. 4*   **der** Schmerz, **das** Leiden
bříško, -a, *Neutr. 1*   Bäuchlein
celek, -lku, *Mask. 1, u.*   **das** Ganze, **die** Ganzheit, Gesamtheit
cestování, -í, *Neutr. 3*   Reisen
cizinec, -nce, *Mask. 4, b.*   Ausländer, Fremde
čest, cti, *Fem. 4*   Ehre
činnost, -i, *Fem. 4*   Tätigkeit
děťátko, -a, *Neutr. 1*   Baby
děvčátko, -a, *Neutr. 1*   Mädchen, kleines Mädchen
dílek, -lku, *Mask. 1, u.*   **das** Teilchen, der Teil
družstvo, -a, *Neutr. 1*   **die** Genossenschaft
estetika, -y, *Fem. 1*   Ästhetik
fragment, -u, *Mask. 1, u.*   **das** Fragment
griotka, -y, *Fem. 1*   **der** Weichselbranntwein
hadice, -e, *Fem. 2*   **der** Schlauch
hloupost, -i, *Fem. 4*   Dummheit
hračka, -y, *Fem. 1*   **das** Spielzeug
chrastítko, -a, *Neutr. 1*   **die** Rassel
chudák, -a, *Mask. 3, b.*   Armer, armer Schlucker
chvost, -u, *Mask. 1, u.*   Schwanz, Schweif
jaguár, -a, *Mask. 3, b.*   Jaguar

Japonec, -nce, *Mask. 4, b.*	Japaner
jednání, -í, *Neutr. 3*	**die** Verhandlung; **die** Handlung, das Benehmen
kalkulačka, -y, *Fem. 1* → *ats.*	**der** Taschenrechner
katalog, -u, *Mask. 1, u.*	Katalog
kojot, -a, *Mask. 3, b.*	Kojote
kopec, -pce, *Mask. 2, u.*	Hügel, Berg; Haufen
koťátko, -a, *Neutr. 1*	Kätzchen
koupání, -í, *Neutr. 3*	Baden
krajina, -y, *Fem. 1*	Gegend, Landschaft
lavice, -e, *Fem. 2*	Bank, Sitzbank
lepidlo, -a, *Neutr. 1*	**der** Klebstoff, Kleber
letovisko, -a, *Neutr. 1*	**die** Sommerfrische, **der** Sommersitz
lívanec, -nce, *Mask. 2, u.*	**die** Liwanze, der Pfannentalken
lvice, -e, *Fem. 2*	Löwin
lyžař, -e, *Mask. 4, b.*	Schifahrer, Schiläufer
majetek, -tku, *Mask. 1, u.*	Besitz, **das** Eigentum, Vermögen, Gut
moment, -u, *Mask. 1, u.*	Moment
moudrost, -i, *Fem. 4*	Weisheit
mýdlo, -a, *Neutr. 1*	**die** Seife
náhrdelník, -u, *Mask. 1, u.*	**das** Kollier, Halsband, **die** Halskette
nekonečno, -a, *Neutr. 1*	das Unendliche, Endlose
nosítka, -tek, *Neutr. 1, Pluraletantum* (*Präp. Pl.:* -ách)	**die** Bahre, Trage
nosnost, -i, *Fem. 4*	Tragkraft, Tragfähigkeit
obuv, -i, *Fem. 4*	**das** Schuhwerk
obyvatelstvo, -a, *Neutr. 1*	**die** Bevölkerung
očičko, -a, *Neutr. 1*	Äuglein
odstavec, -vce, *Mask. 2, u.*	Absatz, Abschnitt
ořech, -u, *Mask. 1, u.*	**die** Nuss
ouško, -a, *Neutr. 1*	Öhrchen; **die** Öse, **der** Henkel
panstvo, -a, *Neutr. 1*	**die** Herrschaft(en)
partnerství, -í, *Neutr. 3*	**die** Partnerschaft
pedagog, -a, *Mask. 3, b.*	Pädagoge
peklo, -a, *Neutr. 1*	**die** Hölle
peří, -í, *Neutr. 3*	**die** Federn, das Gefieder
peřina, -y, *Fem. 1*	**das** Federbett, die Tuchent
píseň, -sně, *Fem. 3*	**das** Lied
poctivost, -i, *Fem. 4*	Ehrlichkeit
podnos, -u, *Mask. 1, u.*	**das** Tablett, Servierbrett
poušť, -tě, *Fem. 3*	Wüste
povidla, -del, *Neutr. 1, Pluraletantum*	**der** Powidl

povinnost, -i, *Fem. 4*	Pflicht, Verpflichtung
pozadí, -í, **Neutr.** *3*	**der** Hintergrund
pravítko, -a, *Neutr. 1*	Lineal
Prazdroj, -e, *Mask. 2, u.*	Urquell
prodej, -e, *Mask. 2, u.*	Verkauf, Vertrieb
producent, -a, *Mask. 3, b.*	Produzent
prst, -u, *Mask. 1, u.*	Finger, **die** Zehe
průvodce, -e, *Mask. 4, b.*	Begleiter, Fremdenführer, Reiseführer
předprodej, -e, *Mask. 2, u.*	Vorverkauf
předsednictvo, -a, *Neutr. 1*	Präsidium
představenstvo, -a, **Neutr.** *1*	**der** Vorstand
překvapení, -í, **Neutr.** *3*	**die** Überraschung
přístup, -u, *Mask. 1, u.*	Zutritt, Zugang
puma, -y, **Fem.** *1*	**der** Puma
pyžamo, -a, **Neutr.** *1*	**der** Pyjama, Schlafanzug
ročník, -u, *Mask. 1, u.*	Jahrgang
rodina, -y, *Fem. 1*	Familie
rum, -u, *Mask. 1, u.*	Rum
rys, -a, *Mask. 3, b.*	Luchs
rytmus, -tmu, *Mask. 1, u.*	Rhythmus
sekretářka, -y, *Fem. 1*	Sekretärin
síla, -y, *Fem. 1*	Kraft, Stärke
slepec, -pce, *Mask. 4, b.*	Blinder
snaha, -y, *Fem. 1*	Bemühung, Bestrebung
spaní, -í, *Neutr. 3*	Schlafen
sprcha, -y, *Fem. 1*	Dusche
stupeň, -pně, *Mask. 2, u.*	Grad
šelma, -y, **Fem.** *1*	**das** Raubtier
šitíčko, -a, *Neutr. 1*	Nähzeug
šlechetnost, -i, **Fem.** *4*	**der** Edelmut, Edelsinn
tango, -a, **Neutr.** *1*	**der** Tango
tenis, -u, **Mask.** *1, u.*	**das** Tennis
test, -u, *Mask. 1, u.*	Test
ucho, -a, *Neutr. 1*	Ohr, **der** Henkel
úsilí, -í, **Neutr.** *3*	**die** Anstrengung, Bemühung
vášeň, -šně, *Fem. 3*	Leidenschaft
višně, -ě, *Fem. 2*	Weichselkirsche, Sauerkirsche
vodítko, -a, *Neutr. 1*	**die** Hundeleine, **der** Laufriemen
vodka, -y, *Fem. 1*	**der** Wodka
vstávání, -í, *Neutr. 3*	Aufstehen
vteřina, -y, *Fem. 1*	Sekunde

vůle, -e, *Fem. 2*	**der** Wille
vztek, -u, *Mask. 1, u.*	Zorn, Grimm, **die** Wut
zábava, -y, *Fem. 1*	Unterhaltung, **das** Vergnügen
zbraň, -ně, *Fem. 3*	Waffe
zlepšovatel, -e, *Mask. 4, b.*	Verbesserer, Neuerer
znalost, -i, *Fem. 4*	Kenntnis, **das** Können
zpěv, -u, *Mask. 1, u.*	Gesang
žadatel, -e, *Mask. 4, b.*	Antragsteller, Bewerber, Bittsteller
žízeň, -zně, *Fem. 3*	**der** Durst
báječný, *1*	fabelhaft, sagenhaft, wundervoll
bytový, *1*	Wohnungs-, Wohn-
cenný, *1*	wertvoll, kostbar, Wert-
další, *2*	der weitere, Weiter-, der nächste
delší, *2* (*Komp. zu* dlouhý, *1*)	länger
denní, *2*	täglich, Tag(es)-
deštivý, *1*	regnerisch, verregnet, Regen-
diamantový, *1*	diamanten, Diamant-
fyzický, *1*	physisch
hlasitý, *1*	laut
hradní, *2*	Burg-
hrozný, *1*	schrecklich, furchtbar, entsetzlich
ideální, *2*	ideal
jasný, *1*	klar, hell, licht
jediný, *1*	einzig, allein, alleinig
kočkovitý, *1*	katzenartig
mrňavý, *1* → *expr.*	winzig klein
největší, *2 (Superlativ zu* velký, *1)*	größte
některý, *1*	irgendwelcher, irgendein
noční, *2*	Nacht-, nächtlich
opačný, *1*	umgekehrt, entgegengesetzt, Gegen-
perský, *1*	persisch, Perser-
pozdní, *2*	spät, vorgeschritten, vorgerückt
přední, *2*	vordere, Vorder-, Vor-
přímořský, *1*	Küsten-, See-, maritim
psovitý, *1*	hundeartig
sněhový, *1*	Schnee-
sportovní, *2*	Sport-, sportlich
tříslabičný, *1*	dreisilbig
upovídaný, *1*	redselig
zadní, *2*	hintere, Hinter-, Rück-
zmíněný, *1*	erwähnt, besagt
finančně, *Adv.*	finanziell, Finanz-

levně, *Adv.*	billig, preiswert
nejen, *Adv.*	nicht nur
nejvíce, *Adv. (Superlativ zu* mnoho)	am meisten
pohromadě, *Adv.*	beisammen, zusammen
posledně, *Adv.*	das letzte Mal, zuletzt; jüngst, neulich
prakticky, *Adv.*	praktisch
předně, *Adv.*	vor allem, erstens
skutečně, *Adv.*	wirklich, tatsächlich, wahrhaftig
společně, *Adv.*	gemeinsam, zusammen
zadarmo, *Adv.*	kostenlos, gratis
buď - (a)nebo, *Konj.*	entweder - oder
jelikož, *Konj.* → *bspr.*	weil, da
neboť, *Konj.*	denn
poněvadž, *Konj.*	weil, da
nemá všech pět pohromadě	er ist nicht ganz bei Trost / Sinnen

Wien-Floridsdorf (Jedlesee), 1932, Wiener Tschechen,
erste, zweite und dritte Generation
Pramen – Quelle:
Diplomarbeit von Erika Zilk
Přijeli do Vídně za štěstím.

Schätzen Sie das Alter der Personen:

Babičce je 65 let.

Město – Die Stadt

hlavní město	krajské město	okresní město	velkoměsto
Hauptstadt	Kreisstadt	Bezirksstadt	Großstadt
krajský úřad	okresní úřad	obecní úřad	městský úřad
Kreisamt	Bezirkshauptmannschaft	Gemeindeamt	Magistrat, Stadtamt
(národní výbor)	střed města, centrum	okružní jízda městem	náměstí
(Nationalausschuss)	Stadtzentrum	Stadtrundfahrt	Platz

předměstí	sídliště	vilová čtvrť	dětské hřiště
Vorstadt	(Hochhaus-)Siedlung	Villenviertel	Kinderspielplatz
pěší zóna	nákupní čtvrť	radnice	orloj
Fußgängerzone	Einkaufsviertel	Rathaus	Turmuhr
hlavní třída	ulice, ulička	bulvár	pasáž
Hauptstraße	Straße, Gasse	Boulevard	Passage
historické památky	kulturní památky	palác	zámek
historische Denkmäler	Kulturdenkmäler	Palais	Schloss
katedrála	chrám	rozhledna	hrad
Kathedrale	Dom	Aussichtsturm / -warte	Burg
klášter	muzeum	pomník	socha
Kloster, Stift	Museum	Denkmal	Statue
zoologická zahrada	botanická zahrada	sad(y)	knihovna
Tiergarten, Zoo	botanischer Garten	Parkanlage	Bibliothek
městské lázně	koupaliště	krytá plovárna	bazén
städtische Badeanstalt	Schwimmbad	Hallenbad	Schwimmbecken

činžovní dům (činžák ats.)	panelový dům (panelák ats.)	obytný dům (bytovka ats.)
Mietshaus, -kaserne	Plattenbau	Wohnhaus
výškový dům	věžový dům (věžák ats.)	mrakodrap
Hochhaus	turmhohes Hochhaus	Wolkenkratzer

Ein Märchen

[...]. Möge es mir gelingen, das [folgende] Märchen zumindest so lieblich nachzuerzählen, wie es Toman [Karel Jaromír Toman] erzählte. Aber ich weiß nicht!

Es war ein Königreich mit einem König, der eine blutjunge und schöne Frau hatte. Eines Morgens beschloss der König, in einen dunklen Wald auf die Jagd zu reiten. Vergeblich hielt ihn die Königin davon ab, er möge nicht reiten. Sie hätte nachts einen bösen Traum gehabt, und obendrein hätte sie gerade heute Geburtstag und Namenstag! Der König aber ließ sich nicht erweichen [wörtlich: der König achtete überhaupt nicht darauf]. Er küsste die Königin auf die Stirn, stieg in den Sattel und ritt los. Bald verschwand er zwischen den Bäumen des schwarzen Waldes und die Königin verlor ihn aus den Augen. Aber der Wald war damals wie verzaubert. Nicht ein Blättchen rührte sich, nicht einmal die Vögel sangen und auf dem Weg traf er auf keine Witterung. Der Wald war völlig tot. Als er schon tief im Wald war, befiel den König schrecklicher Durst. Nirgendwo war eine Quelle, nirgendwo murmelte ein Bächlein. In diesem Augenblick setzte sich dem König ein hässlicher Rabe auf die Schulter und krächzte: „Komm, König, folge mir nach." Der König trieb sein Pferd an und ritt hinter dem Raben her, bis sie zu einer halbverfallenen Hütte kamen, wo eine alte Hexe lebte. Die Alte mixte für den König rasch ein Getränk. Der König kostete vorsichtig. Das Getränk schmeckte wie der beste Wein und der König trank den Krug bis auf den Grund aus. Kaum aber sah er auf den Boden des Krugs, verschwanden die Hexe und der Rabe und dem König drehte sich der Kopf. Unmittelbar darauf erkannte er, dass er sich im Wald verirrt hatte. Vergeblich blickte er um sich. Er ritt und ritt und nach langer Zeit sah er, dass er wieder an der Stelle war, wo er zuvor schon gewesen war. Und so ritt er ständig im Kreis. Er war schon ganz verzweifelt, als er auf dem Weg einer Rosenhecke gewahr wurde. Die Hecke hatte nur ein einziges Knöspchen, ein einziges Röschen und neben dem Röschen saß ein blaues Vogerl. Und das Vögelchen sang für den König, er möge diesen Weg nehmen [...]. Nach einer Weile nahm er vor sich den Königspalast wahr. Die Königin saß am Fenster und stickte traurig vor sich hin. Sobald sie den König erblickte, ließ sie das Hemd sinken, steckte die Nadel in den Nähpolster und lief ihm jubelnd entgegen. Glücklich umarmten sie einander. „Meine teure Gemahlin," fragte der König, „was hast du denn da gestickt?" Die Königin errötete, zeigte ihm ihr seidenes Nachthemdchen, auf das sie ein Knöspchen, ein Röschen und ein blaues Vogerl gestickt hatte.

Quelle: Jaroslav Seifert, *Všecky krásy světa*, Praha (Československý spisovatel) 1985, S. 200 f.

Lösung zu Übung 5): I e, II f, III c (psovitá šelma, ostatní jsou kočkovité),
IV d (Valtice neleží v Rakousku), V e, VI b, VII a, VIII c (ostatní jsou trišlabičná)

Möglichte Lösung zu 6.a):
Paní sdělila policii, že kočka měla na krku diamantový náhrdelník v ceně 5000 eur.

Möglichte Lösung zu 6.b):
1.) Zmíněné Porsche je autíčko, je to hračka.
2.) Podnikatel zemřel a odkázal peníze za prodej Porsche sekretářce.
Vdova zjistila, že měl podnikatel se sekretářkou poměr, prodala auto levné.

Orel Vídeň III hraje každé pondělí
od 19 - 21 hod. volejbal v tělocvičně
české školy na Sebastianplatzu 3,
ve III. vídeňském okrese.

22. Lektion

Byly doby, kdy česky i německy mluvící obyvatelstvo Čech a Moravy k osvícenému císaři vzhlíželo až s přehnaným obdivem, idealizovalo si jeho osobu jako lidového panovníka. Dokladem je Babička Boženy Němcové. Když uviděla na zámku jeho portrét, spráskla ruce: „*To jsem si nemyslela, že uvidím dnes Josefa císaře. Pánbůh mu dej věčnou slávu, byl to hodný pán, zvláště na chudý lid. Tu ten tolar dal mi svou vlastní rukou.*"
V devadesátých letech 19. století se ve většině měst v českých zemích stavěly pomníky na počest stého výročí jeho úmrtí. Brněnská socha císařova od Zumbuschova žáka a brněnského rodáka Brzenka stála před Německým domem (který dnes už také na Moravském náměstí

nestojí). K podstavci sochy patřily dvě alegorické postavy obchodu a průmyslu, které dnes stojí poněkud ztraceně v Denisových sadech, kdysi Františkově (Franzensberg). Tento parčík u obelisku padlým napoleonských válek byl místem nedělní promenády Brňanů pod biskupským chrámem na návrší Petrov a dnes je nejklidnějším bodem brněnské Okružní třídy. Bronzoví sedící krasavci nedali spát brněnským sprejerům, což svědčí o jisté odlehlosti místa.
Císař byl ze středu Brna vypuzen ještě dál. Jeho bronzová socha putovala v předvečer svátku svatého Václava 1919 na městský stavební dvůr ve starých jatkách na Křenové. Odtud jej zachránil sochař Vincenc Makovský a nechal postavit na dvorku svého ateliéru na fakultě architektury. Roku 1988 byla socha restaurována a umístěna do parku Psychiatrické léčebny v Brně-Černovicích. Reformátor rakouské monarchie tak dostal novou funkci. Stal se patronem duševně chorých. „Custodiae mente captorum," hlásá nápis pod jeho sochou, která na podstatně nižším podstavci působí poněkud nepatřičně. Snad bychom se měli chodit k jeho soše sem tam pokorně zamyslet nad tím zpropadeným dvacátým stoletím, které ho přinutilo putovat Brnem. Abychom tolik nezapomínali.

Zdeněk Mareček, Brno

364

Rozhovor

Silvie: Co tě napadá k tématu různé zvyky, tradice, mentalita a mravy národů? Například víš, že v Bulharsku, když někdo kývá hlavou, což u nás znamená souhlas, míní nesouhlas a naopak?

Jiří: Neznat zvyky národů může vést k předsudkům. Mohl bych si konkrétně o tom člověku myslet, kdyby byl řidičem autobusu, že mě schválně nenechal nastoupit, i když jede tam, kam mířím.

Silvie: Fyzický kontakt jako podávání rukou, nebo dokonce objímání nejsou zvykem při obchodních jednáních v Japonsku.

V některých asijských zemích se považuje za neslušné podat muži v přítomnosti třetí dospělé osoby cokoliv přímo do ruky, i kdyby to byl vlastní manžel. Jinde zase nebývá zvykem posloužit si bez zdvořilostního pobízení k jídlu a pití.

V USA tě zase překvapí vstřícnost personálu v restauracích a kavárnách. Vítají tě s úsměvem jako starého známého a tónem sdělujícím velké tajemství ti povědí, co si všechno můžeš objednat. Stejně okouzlujícím způsobem tě pak možná upozorní, že vše je v ceně, kromě spropitného. Nezvyklý oděv může také vést k předsudkům.

Řadového lékaře z Indie zase překvapí vybavení evropských nemocnic, považuje je spíš za pětihvězdičkový hotel než nemocnici. Arabové si zase váží řečnického umění, mají k tomu účelu dokonce i modlitby, například *Nedej, ó Bože, abych zmlkl během rozhovoru.*

Jiří: Češi mají přísloví *Zvyk je železná košile.*

 1) Ergänzen Sie die Formen des Präpositivs (vgl. 14. + 20. Lektion):

	Präp. Sg.	Präp. Pl.
žena	o ženě	o ženách
přednáška	_____	_____
růže	o růži	o růžích
židle	_____	_____
soudce	o soudci	o soudcích
průvodce	_____	_____
kuře	o kuřeti	o kuřatech
děvče	_____	_____
album	o albu	o albech
centrum	_____	_____

	Präp. Sg.	Präp. Pl.
aktualita	_____	_____
architektura	_____	_____
hvězda	_____	_____
komora	_____	_____
křižovatka	_____	_____
magistra	_____	_____
mlha	_____	_____
modlitba	_____	_____
náhoda	_____	_____
odvaha	_____	_____
Olga	_____	_____
podlaha	_____	_____
ponožka	_____	_____
punčocha	_____	_____
roleta	_____	_____
řepa	_____	_____
střecha	_____	_____
škytavka	_____	—
vana	_____	_____
vrba	_____	_____
výroba	_____	_____

2) Ergänzen Sie die Formen des Genitivs:

	Gen. Sg.	Gen. Pl.
beton	_____	_____
důchodce	_____	_____
fejeton	_____	_____
grémium	_____	_____

impérium	_____	_____
obhájce	_____	_____
prezidium	_____	_____
studium	_____	_____
substantivum	_____	_____
telefon	_____	_____
vízum	_____	_____
zástupce	_____	_____

3) Bilden Sie auf ähnliche Weise verneint den Imperativ:

chodit v dlouhých svatebních šatech se závojem na matriční úřad v Rakousku → Raději nechoď ... .

darovat obnošené šatstvo lidem z Asie

ptát se na zdraví manželky v Maroku

objednávat tureckou kávu v Řecku

připomínat nevhodně druhou světovou válku Němcům

říkat: „Je pravda, že v Čechách je dobré pivo?"

říkat: „Je pravda, že v Maďarsku je dobrý uherák?"

v asijských zemích se dívat do očí

ptát se na víru Japonců

chtít koupit gyros v Turecku

kritizovat papeže v Polsku

dělat něco levou rukou v Ghaně

říkat: „Má Francie dobrou kuchyň?"

4) Bestimmen Sie das Paradigma und den Kasus der folgenden Substantive:

Kde je centrum? Kde je radnice?

Jak se dostaneme do centra?

Kolik obyvatel má Brno?

Čarodějnice přiletěla na koštěti.

Auta jezdí po zemi.

Letadla létají na nebi.

Lodě se plaví na moři.

Strávili víkend na chatě.

Pěstují na zahradě růže.

Seděli na židlích pohodlně.

Kočka adoptovala cizí mláďata.

Z pěti králičích mláďat tři díky kočičí matce přežila.

5) Ändern Sie nach folgendem Muster:

Matky dostaly květiny. → Přinesli jsme matkám květiny.

Děti mají zmrzlinu.

Děvče mělo dvě koťata.

Sestra má ráda knihy.

Babička neměla rajčata.

Holčička hledala štěňata.

6) Setzen Sie in den Plural:

Nechtěl bys vyhrát?   Chtěl bys jet na hory?
To by sis neměl přát.   Měl bys letět letadlem.
Musela bych mít čas.   Ráda bych si prohlédla Prahu.
Co bys nejraději udělal?   Dělal by to rád.
Nevěřila bys, kolik to dalo práce. Šla bych s tebou.
To bys nemohl udělat.   Mohla bys nám pomoci?

7) Ergänzen Sie in der entsprechenden Form:

Tancovalo tam několik (*Mädchen*) _____. Kolega vypravoval, že na recepci (*Fürst*) _____ nepoznal. V zoologické zahradě uvidíš hodně (*Jungtiere*) _____. Nechoď k tomu (*Tier*) _____ tak blízko! Matka šla na procházku s (*Kind*) _____. Máš lístek na (*Omnibus*) _____? Žijí od roku 1948 v (*Amerika*) _____. V České republice žije asi deset milionů (*Einwohner*) _____. Má štěstí v (*Liebe*) _____. Uděláme to o (*Pause*) _____. Řekl, že se (*Filialleiterin*) _____ jmenuje Novotná. Řekl, že se (*Filialleiter*) _____ jmenuje Novotný. Zapomněl zaplatit (*Eintrittsgeld*) _____. Je ta paní (*Buchhalterin*) _____? Starosta odešel s (*Delegation*) _____. Myslím, že je v (*Selbstbedienungsladen*) _____. Jeli na (*Urlaub*) _____ do Španělska. Jíš (*Schweinefleisch*) _____, (*Rindfleisch*) _____, (*Kalbfleisch*) _____ nebo jsi vegetarián?

8) Ergänzen Sie die passenden Formen:

Šla pro (on) _____. Jezdí pro (ona) _____ každý den. Co je s (ty) _____? Čekáš na (já) _____? Pojede s (já) _____, nepojede s (on) _____.
Nejdeme k (ona) _____, jdeme do kina.
Vezmeme (unser) _____ auto a pojedeme tam. Vzpomínám si na (meine) _____ první zkoušku z češtiny. Zamiloval se do (ihre) _____ sestry.

9) Ergänzen Sie:

Město je u moř__. Byl tam s třemi koleg__. Budeme čekat před hotel__. Měl na sobě modrou košil__. Otevřeli všechna okn__. Obraz se slunečnic__ se mu líbí. To byla jen parafráz__. Nemá rád morčat__. Dům je blízko nádraž__. Kterému slov__ jsi nerozuměl? Počká naproti divadl__. Všechna zvířata a jejich mláďat__ jsou u potoka. Slyšel jsem, že kníže hrabě__ neznal. Prošli jsme radnic__, trvalo to pět minut. Viděl jsem, že šel k panu vrátn__. Viděl jsem, že šel k paní vrátn__. Slyšela jsem, že budou v srpnu na dovolen__. Řekli nám, že s tím děvče__ kamarádí. Pracuje v ambulatori__. Na skál__ rostly květiny. Kdo sedí v tom černém aut__? Vedoucí nám doporučil hověz__. Schoval to v akvári__. Do kterého alb__ jsi dal ty nové fotografie? Použil příliš mnoho šampon__. Kolik průvodc__ tam pracuje? Hledali dárc__ krve. Řekl o tom správc__. Mysleli jsme, že je u baron__. Přišli právě ze stadion__. Má dvě alb__ známek.

10) Ergänzen Sie die passenden Präpositionen:

Děti běžely (*auf*) _____ schodech nahoru. Raketoplán létal (*rund um, um ... herum*) _____ Měsíce. Seděli (*bei*) _____ stolu. Jezdili (*in ... herum*) _____ městě. (*An, auf*) _____ hranicích jsme čekali hodinu. Šli jsme ulicí, která vedla (*zu*) _____ parku. Kolik rajčat jsi dal (*in*) _____ salátu? Spal (*unter*) _____ stromem. Byli (*in*) _____ lázních. Slyšeli jsme, že by (*ohne*) _____ morfia nepřežil. Dům je (*in der Nähe von*) _____ nádraží. Hrál si (*mit*) _____ štěňaty.

11) Ergänzen Sie die passenden Konjunktionen:

Zabalil jsem knihu, (*damit*) _____ vypadala jako nová. Rodiče si přáli, (*dass*) _____ se stal lékařem. Přišli jsme včas, (*weil*) _____ jsme spěchali. Učitel mluvil tak zřetelně, (*dass*) _____ mu všichni rozuměli. Koncert začal v půl osmé, (*aber*) _____ všichni už tam byli v sedm hodin. (*Entweder*) _____ pojede na kole, (*oder*) _____ půjde pěšky. Zapomněl to (*nur deshalb, weil*) _____, _____ měl hodně práce.

12) Unter Zeitdruck – Vypravujte podobný zážitek na téma časová tíseň:

To nelze stihnout
Chtěla jsem letět z Prahy do Sarajeva. Ve Vídni jsem měla přestupovat. Pak jsem zjistila, že Češi potřebují v Bosně vízum. V Praze nemá Bosna konzulát. Vízum prý musím obstarat ve Vídni. Letadlo z Prahy odletělo s hodinovým zpožděním. Měla jsem starost, že ve Vídni nestihnu obstarat vízum, letadlo z Vídně do Sarajeva mělo odletět v ten den odpoledne. Letuška mi ale doporučila, abych se obrátila na leteckou společnost, že mi zajistí taxík na konzulát a zpět. Dobře to dopadlo, všechno jsem stihla.

13) Ergänzen Sie passend:

Stáli jsme před + Instr. (nový počítač). → Stáli jsme před novým počítačem.
starý most, zámecké schody, dlouhá ulice, známý lékař, krásný kůň, důležité rozhodnutí

14) Ergänzen Sie:

Chci se stát + Instr. (profesorka). → Chci se stát profesorkou.
profesorka, inženýrka, lékař, prezident

15) Passen Sie an:

	muze__,		
	divadl__,		oběd__, snídan__, večeř__, zmrzlin__,
	galeri__,		káv__, diskoté__, film__, pošt__,
	kin__,		nádraž__, koncert__, ope__, balet__,
	škol__,		univerzit__, zahrad__, stadion__,
Jsem **v**	restaurac__,	Jsem **na**	hokej__, fotbal__, koupališt__, soud__,
	obchod__,		úřad__, chat__, Morav__, Slovensk__,
	dom__,		Šumav__, Ukrajin__, ostrov__, tábo__,
	prác__,		venkov__, houb___ (Pl.)
	autobus__,		
	metr__		

16) Kde stráví tvoji rodiče dovolenou?

Brno → Stráví ji v Brně.
Český Krumlov, Františkovy Lázně, Havlíčkův Brod, Jihlava, Karlovy Vary, Kutná Hora, Liberec, Mariánské Lázně, Pardubice, Poděbrady, Šumperk, Teplice

17. a) Kam jeli tvoji rodiče na dovolenou?

Brno → Jeli do Brna.
Hodonín, Hradec Králové, Cheb, Chomutov, Kolín, Mladá Boleslav, Opava, Písek, Plzeň, Přerov, Příbram, Svitavy, Tábor, Uherské Hradiště, Ústí nad Labem, Zlín

b) Kde stojí jejich chata?

Strakonice → u Strakonic (vgl. Paradigma „růže", Untermuster „ulice" → Gen. Pl. *ulic*)
Moravské Budějovice, Znojmo, Hnanice, Popice, Ostrava, Kuchařovice, Praha, Přímětice, Slavonice, Dyjákovice, Olomouc

18) Dokončete větu:

Kdyby bylo hezky, ... → Kdyby bylo hezky, měla bych výborný nápad.
Kdybych měl čas, ...   Kdybych to věděla dříve, ...
Kdybych to potřeboval, ...

19) Napište několik vět o tom, jak vás pozval kníže na návštěvu.

20) Gruppenarbeit – Otázky a odpovědi:

a) Eine bestimmte Person nennt einer anderen Person der Gruppe einen Gegenstand und den Ort, wo er sich befindet. Der Rest der Gruppe rät nun solange, wo sich der Gegenstand befinden könnte, bis es klar ist, worum es sich handelt: *Je v posluchárně? Je doma? ...*

b) Eine bestimmte Person nennt einer anderen Person der Gruppe eine bekannte Persönlichkeit. Der Rest der Gruppe versucht nun durch Fragen herauszufinden, um wen es geht. Wer die Persönlichkeit zuerst errät, darf die nächste festlegen.

c) Aristoteles-Ratespiel:
   Oč se jedná? Je to zvíře? Je to rostlina? Patří to do nerostné říše? Je to živočich?

d) Ein Lerner wird ausgesucht, der nicht hinsehen darf, wenn ein weiterer Lerner für alle anderen kurz ein Wort an die Tafel schreibt. Dann wird das Wort wieder gelöscht und der erste Lerner versucht nun das Wort zu erraten.

21) V hotelu:

Vaše jméno a příjmení?   Je snídaně v ceně?
Odkdy dokdy je snídaně (švédský stůl)?   Vzbuďte mě prosím v 7.30 hod.

Kolik bylo hodin, když ... ? Co bys dělal, kdyby ... ?
Které přílohy upřednostňujete: brambory, knedlíky, rýži, zeleninu, těstoviny, luštěniny?

22) Kde si přečtete tuto větu?

Hlaste prosím číslo stojanu!

23) Jednou byla zpráva v novinách o záplavách: Paní vylezla na střechu a vzala si s sebou dvě věci: peněženku a hřeben. Co byste si v takové situaci vzali vy?

24) Do které země byste jel nejraději na dovolenou, kdybyste si mohl vybrat?

Čeští turisté koncem 20. století rádi navštěvovali Španělsko, Francii, Itálii, USA, Švýcarsko, Kanadu, Japonsko, Nizozemsko, Velkou Británii, Norsko, Finsko, Dánsko, Rakousko, Švédsko, Belgii, Slovensko, Maďarsko, Německo a jiné země.

25) Kterou knihu byste si vzal s sebou na pustý ostrov?

26) Jak by vás představil váš nejlepší kamarád?

27) Jaké koníčky má vaše nejlepší kamarádka?

28) Übersetzen Sie:

Er wünschte sich etwas Schönes zum Geburtstag. Er sagte, dass er von der interessanten Vorlesung noch nichts gehört hatte. Das ist die Nelke, die mir die Freundin des Oberkellners schenkte. Das Dorf, in dem ich wohne, liegt in Niederösterreich. Im ersten Stock wohnt mein Bruder, der Buchhalter ist. Das Rathaus, vor dem wir stehen, wurde vor etwa 100 Jahren erbaut. [Übersetzen Sie aktiv: erbauten sie vor ...]. Du bekommst die Nudeln, die du zu Mittag nicht aufgegessen hast. Hast du mit dem Verteidiger gesprochen?

29) Jsme vychováni k akceptování kulturních rozdílů? Má mít lidská kultura přednost před národní?

30) Jak se v které zemi zachová budoucí zaměstnavatel vůči uchazeči o místo (v USA, Anglii, Číně)?

a) očekává dlouhý květnatý esej
b) nechá vyplnit řadu inteligenčních testů
c) vyžádá si doporučení od někoho, koho zná

31) Kdo ukazuje jak?

Někdo (například na trhu) ukazuje prsty číslovku „dva". Kdo ukazuje palec a ukazováček, kdo ukazováček a prostředníček?

(Řešení na konci lekce.)

32) Od koho jsou tyto citáty:

a) Kdokoli jsi na světě, jsi především občanem světa.
b) My jsme jako větve téhož stromu, všichni rostoucí z jednoho kořene...
c) Krása všehomíra se zakládá nejen na jednotě v různosti, ale i na různosti v jednotě.
d) Více miluju dobrého Němce nežli špatného Čecha.

(Řešení na konci lekce.)

33) Přeložte:

Včera se u mě objevil znenadání můj kamarád z dětství se svou manželkou. Byl dříve účetním, teď pracuje jako vedoucí ve stavebním podniku. Jeho žena je vedoucí v samoobsluze. Měli právě dovolenou, a tak mě přijeli navštívit. Vyšli jsme si na procházku a zašli jsme také do radnice. V jejím podloubí je několik obchodů. Manželka mého kamaráda se zajímala o moderní bytové zařízení. V prvním poschodí jsou úřední místnosti, velká zasedací síň a městské muzeum. Vrátný nám doporučil navštívit muzeum a potom radniční sklípek. Zaplatil jsem vstupné za sebe i za své hosty a provedl jsem je muzeem. Po prohlídce muzea jsme šli na oběd. Pro hosty jsem objednal svíčkovou s knedlíkem a brusinkami a pro sebe vepřové, knedlík a zelí. Kávu si hosté už nepřáli, kamarád pospíchal, a tak jsem se s nimi musel brzy rozloučit.

34) Bilden Sie den Gen. Pl. von:

soustružnice, expozice, lžíce, lavice, lvice, ...

Pramen: Týden 17/99, str. 25

FEMININA – Deklinationstyp „žena" (hart)

	Singular		Plural
Nom.	žena	Nom.	ženy
Gen.	ženy	Gen.	žen
Dat.	ženě	Dat.	ženám
Akk.	ženu	Akk.	ženy
Vok.	ženo!	Vok.	ženy!
Präp. (o)	ženě	Präp. (o)	ženách
Instr.	ženou	Instr.	ženami

Bei den Feminina dieses Typs kommt es im Dat. Sg. und Präp. Sg. zu folgenden Alternationen:

Nominativ	-ka	-ga	-ha	-cha	-ra	-da	-ta	-na
→ Dat./Präp. auf	**-ce,**	**-ze,**	**-ze,**	**-še,**	**-ře,**	**-dě,**	**-tě,**	**-ně,**
	-ba	-pa	-va	-fa	-ma			
auch:	**-bě,**	**-pě,**	**-vě,**	**-fě,**	**-mě**			

z. B.: matka → *matce*, Olga → *Olze*, moucha → *mouše*, sestra → *sestře*, vláda → *vládě*, bota → *botě*, žena → *ženě*, hudba → *hudbě*, lampa → *lampě*, hlava → *hlavě*, harfa → *harfě*, tma → *tmě*

Zu keiner Alternation im Dat./Präp. Sg. vor -e kommt es bei Feminina auf -la, -sa und -za: *škola → škole, osa → ose, Líza → Líze.*

Vsuvné -e- – e-Einschub:

Bei einigen Feminina, besonders jenen, die im Nom. Sg. auf -ka auslauten, kommt es im Genitiv Plural zum Einschub eines -e-: *matka → matek, hračka → hraček, ...;* aber auch: *hra → her, mzda → mezd, pokladna → pokladen, sestra → sester, ...*

FEMININA – Deklinationstyp „růže" (weich)

	Singular			Plural
Nom.	růže		Nom.	růže
Gen.	růže		Gen.	růží, ulic
Dat.	růži		Dat.	růžím
Akk.	růži		Akk.	růže
Vok.	růže!		Vok.	růže!
Präp. (o)	růži		Präp. (o)	růžích
Instr.	růží		Instr.	růžemi

Bei heimischen Substantiva dieses Typs, die im Nom. Sg. auf -ice, -íce auslauten, hat der Gen. Pl. keine Endung: *hranice → hranic, ulice → ulic, silnice → silnic, plíce → plic, ...*
Bei Fremdwörtern kommt es hingegen zu Dublettformen:
definice → definic/definicí, edice → edic/edicí, investice → investic/investicí, milice → milic/milicí, pozice → pozic/pozicí, ...

MASKULINA BELEBT – Deklinationstyp „soudce"

Singular		Plural	
Nom.	soudce	Nom.	soudci, soudcové
Gen.	soudce	Gen.	soudců
Dat.	soudci, soudcovi	Dat.	soudcům
Akk.	soudce	Akk.	soudce
Vok.	soudce!	Vok.	soudci! soudcové!
Präp. (o)	soudci, soudcovi	Präp. (o)	soudcích
Instr.	soudcem	Instr.	soudci

NEUTRA – Deklinationstyp „kuře" (gemischt)

Singular		Plural	
Nom.	kuře	Nom.	kuřata
Gen.	kuřete	Gen.	kuřat
Dat.	kuřeti	Dat.	kuřatům
Akk.	kuře	Akk.	kuřata
Vok.	kuře!	Vok.	kuřata!
Präp. (o)	kuřeti	Präp. (o)	kuřatech
Instr.	kuřetem	Instr.	kuřaty

Nach diesem Muster werden in der Regel jene Substantive dekliniert, die Jungtiere bzw. Nachkommen bezeichnen: *mládě, medvídě, ptáče, slůně, hříbě, kotě, štěně, sele, tele, kůzle, tygře, jehně, nemluvně, vnouče, dítě* (nur Sg.), *děvče....*; aber auch andere Einzelwörter wie z. B. *hrabě, kníže, koště, rajče* u. a.

ZPODSTATNĚLÁ PŘÍDAVNÁ JMÉNA – SUBSTANTIVIERTE ADJEKTIVA
(hart; vgl. Typ „mladý")

Singular	Mask.	Fem.	Neutr.	Plural	Mask.	Fem.
Nom.	vrátný	vrátná, dovolená	vstupné	Nom.	vrátní	vrátné
Gen.	vrátného	vrátné, dovolené	vstupného	Gen.	vrátných	
Dat.	vrátnému	vrátné, dovolené	vstupnému	Dat.	vrátným	
Akk.	vrátného	vrátnou, dovolenou	vstupné	Akk.	vrátné	
Vok.	vrátný!	vrátná! dovolená!	vstupné!	Vok.	vrátní!	vrátné!
Präp. (o)	vrátném	vrátné, dovolené	vstupném	Präp. (o)	vrátných	
Instr.	vrátným	vrátnou, dovolenou	vstupným	Instr.	vrátnými	

ZPODSTATNĚLÁ PŘÍDAVNÁ JMÉNA – SUBSTANTIVIERTE ADJEKTIVA
(weich; vgl. Typ „jarní")

Singular	Mask.	Fem.	Neutr.	Plural	Mask.	Fem.
Nom.	vedoucí	vedoucí	hovězí	Nom.		vedoucí
Gen.	vedoucího	vedoucí	hovězího	Gen.		vedoucích
Dat.	vedoucímu	vedoucí	hovězímu	Dat.		vedoucím
Akk.	vedoucího	vedoucí	hovězí	Akk.		vedoucí
Vok.	vedoucí!	vedoucí	hovězí!	Vok.		vedoucí!
Präp. (o)	vedoucím	vedoucí	hovězím	Präp. (o)		vedoucích
Instr.	vedoucím	vedoucí	hovězím	Instr.		vedoucími

NEUTRA – FREMDWÖRTER
auf -um / -on bzw. -eum / -ium / -yum / -uum / -eon / -ion

	Singular			Plural	
Nom.	album	stipendium	Nom.	alba	stipendia
Gen.	alba	stipendia	Gen.	alb	stipendií
Dat.	albu	stipendiu	Dat.	albům	stipendiím
Akk.	album	stipendium	Akk.	alba	stipendia
Vok.	album!	stipendium!	Vok.	alba!	stipendia!
Präp. (o)	albu	stipendiu	Präp. (o)	albech	stipendiích
Instr.	albem	stipendiem	Instr.	alby	stipendií

Ähnlich wie der Typ „album" deklinieren u. a. *centrum, datum, narkotikum, substantivum, ...; distichon, epiteton, ...* .
Neutra auf -eum / -ium / -yum / -uum / -eon / -ion deklinieren im Sg. und im Nom., Akk. und Vok. Pl. wie der Typ „album", im Gen., Dat., Präp. und Instr. Pl. hingegen wie „moře": *lyceum, jubileum, muzeum, akvárium, kolegium, kritérium, studium, vakuum, sympozion, ...* .

POZNÁMKY K PŘECHYLOVÁNÍ JMEN – BEMERKUNGEN ZUR MOVIERUNG

Die Bildung weiblicher Formen zu männlichen Personenbezeichnungen ist im Tschechischen leider nicht so regelmäßig wie im Deutschen. Sie ist nur schwer in feste Regeln zu fassen: *bůh* → *bohyně, car* → *carevna, císař* → *císařovna, chirurg* → *chiruržka / chirurgyně, choť* → *choť, král* → *královna, ministr* → *ministryně, nebožtík* → *nebožka, obr* → *obryně, princ* → *princezna, přítel* → *přítelkyně, ...* . Es gibt jedoch einige typische Wortbildungsmuster:

-ka:

Enden männliche Substantiva auf -an, -ář / -ař / -éř / -íř / -ýř, -ač / -eč -ič, -ent oder -tel, so werden die weiblichen Entsprechungen durch das Anhängen von **-ka** abgeleitet, z. B.: *Rakušan* → *Rakušanka, rybář* → *rybářka,*

pekař → *pekařka, malíř* → *malířka, řidič* → *řidička, prezident* → *prezidentka,*
učitel → *učitelka, ...*

Ähnlich werden Feminina von männlichen Substantiven auf -ista – jedoch unter Weglassung des auslautenden -a – abgeleitet: *klavírista* → *klavíristka, ...*

Männlichen Substantiven auf -ák entsprechen häufig Feminina auf **-ačka**: *Pražák* → *Pražačka, ... ;* doch ist dies nicht immer der Fall: *Slovák* → *Slovenka, Polák* → *Polka, sedlák* → *selka, žák* → *žákyně* (neben *žačka*), *... .*

Ähnlich lauten die weiblichen Entsprechungen zu Maskulina auf -ik → **-ička**: *technik* → *technička, metodik* → *metodička, ...*

Enden männliche Einwohner- und Völkernamen auf -ec, so erfolgt die Movierung ebenfalls mittels des Suffixes -ka, das jedoch in diesem Fall direkt an den Wortstamm gehängt wird (d. h. -ec fällt weg): *Vietnamec* → *Vietnamka, Korejec* → *Korejka, Brazilec* → *Brazilka, Albánec* → *Albánka, ...*

-kyně:

Von Maskulina auf -ce und häufig auch -ec (keine Einwohner- bzw. Völkernamen, siehe oberhalb) werden Feminina mit Hilfe des Suffixes **-kyně** abgeleitet, das dann ebenfalls direkt auf den Wortstamm folgt: *průvodce* → *průvodkyně, soudce* → *soudkyně, ...; umělec* → *umělkyně, pěvec* → *pěvkyně, ...* (aber: *herec* → *herečka, běženec* → *běženka, světec* → *světice, stařec* → *stařena*).

-nice:

Regelmäßig ist die Ableitung von Maskulina auf -ník: *dělník* → *dělnice, hříšník* → *hříšnice, panovník* → *panovnice, úředník* → *úřednice, ...*

Slovíčka – Vokabel:

adoptovat; *ipf. + pf., III 2*	adoptieren
budit; *ipf., IV 1*	(auf)wecken; erwecken, erregen
vzbudit; *pf., IV 1a*	
hlásit; *ipf., IV 1, Imp. Sg.:* hlas, *PPP:* hlášen	melden
kritizovat; *ipf., III 2*	kritisieren
mířit (*k + Dat.*); *ipf., IV 1, Imp. Sg.:* miř	zielen, auf jmdn./etw. zusteuern
objevovat se; *ipf., III 2*	erscheinen, sichtbar werden; sich
objevit se; *pf., IV 1a*	herausstellen
obracet se; *ipf., IV 2*	sich wenden, sich umdrehen
obrátit se; *pf., IV 1a, Imp. Sg.:* obrať se	

obstarávat; *ipf., V*	besorgen, beschaffen, verschaffen
obstarat; *pf., Va*	
odlétat; *ipf., V*	fortfliegen, wegfliegen
odletět; *pf., IV 2a*	
odlétnout; *pf., II 1a, PPA:* odlét/nu/l,	
odlétla	
opalovat se; *ipf., III 2*	sich sonnen, sich bräunen lassen
opálit se; *pf., IV 1a*	
pěstovat; *ipf., III 2*	anbauen, züchten; (be)treiben
plavit se; *ipf., IV 1*	segeln, mit dem Schiff fahren
posloužit si; *ipf., IV 1, Imp. Sg.:* posluž si	sich bedienen, zulangen, zugreifen
povídat; *ipf., V*	sagen, erzählen, plaudern
povědět; *pf., Futur:* povím, povědí,	sagen, erzählen
Imp. Sg. pověz, *PPP:* pověděno	
upozorňovat (*Akk. na + Akk.*); *ipf., III 2*	aufmerksam machen jmdn. auf etw.,
upozornit; *pf., IV 1a*	Aufmerksamkeit auf etw. lenken
vychovávat; *ipf., V*	erziehen, großziehen
vychovat; *pf., Va*	
vylézat; *ipf., V*	(hinauf)klettern, steigen
vylézt; *pf., Futur:* vylezu, vylezou,	
Imp. Sg.: vylez, *PPA:* vylezl	
vyplňovat; *ipf., III 2*	ausfüllen; erfüllen
vyplnit; *pf., IV 1a, Imp. Sg.:* vyplň	
zabalovat; *ipf., III 2*	einpacken, verpacken, einhüllen
zabalit; *pf., IV 1a*	
zachovávat se; *pf., V*	sich erhalten; sich benehmen
zachovat se; *pf., Va*	
zajišťovat; *ipf., III 2*	sichern, sicherstellen, gewährleisten
zajistit; *pf., IV 1a*	
zakládat se (*na + Präp.*); *ipf., V*	beruhen auf etw., basieren
zjišťovat; *ipf., III 2*	feststellen, ermitteln, eruieren
zjistit; *pf., IV 1a, Imp.:* zjisti/zjisť,	
zjistěte / zjisťte	
zmlkat; *pf., V*	verstummen
zmlknout; *pf., II 1a, PPA:* zmlk/nu/l,	
zmlkla	
akceptování, -í, *Neutr. 3*	**die** Akzeptanz
aktualita, -y, *Fem. 1*	Aktualität
ambulatorium, -ria, *Neutr. 1*	Ambulatorium
(*Pl.: Gen.* -ií, *Präp.* -iích, *Instr.* -ii)	
Arab, -a, *Mask. 3, b.*	Araber
architektura, -y, *Fem. 1*	Architektur
baron, -a, *Mask. 3, b.*	Baron, Freiherr

beton, -u, *Mask. 1, u.*	Beton
běženec, -nce, *Mask. 4, b.*	Flüchtling
běženka, -y, *Fem. 1*	der weibliche Flüchtling
bohyně, -ě, *Fem. 2*	Göttin
borůvka, -y, *Fem. 1*	Heidelbeere
Brazilec, -lce, *Mask. 4, b.*	Brasilianer
Brazilka, -y, *Fem. 1*	Brasilianerin
brusinka, -y, *Fem. 1*	Preiselbeere
bydlení, -í, *Neutr. 3*	Wohnen
car, -a, *Mask. 3, b.*	Zar
carevna, -y, *Fem. 1*	Zarin
čarodějnice, -e, *Fem. 2*	Hexe
číslovka, -y, **Fem. 1**	**das** Zahlwort, Numerale
dárce, -e, *Mask. 6, b.*	Spender
datum, -ta, *Neutr. 1*	Datum
definice, -e, *Fem. 2*	Definition
diskotéka, -y, *Fem. 1*	Diskothek
distichon, -cha, *Neutr. 1*	Distichon
doporučení, -í, **Neutr. 3**	**die** Empfehlung, Befürwortung
edice, -e, *Fem. 2 (Gen. Pl.* -ic/í/)	Edition, Ausgabe
epiteton, -ta, *Neutr. 1*	Epitheton
esej, -e, *Mask. 2, u.*	Essay
expozice, -e, *Fem. 2 (Gen. Pl.:* -ic/í/)	Exposition
fejeton, -u, **Mask. 1, u.**	**das** Feuilleton
Ghana, -y, **Fem. 1**	Ghana
grémium, -mia, *Neutr. 1*	Gremium
(Pl.: Gen. -ií, *Präp.* -iích, *Instr.* -ii)	
harfa, -y, *Fem. 1*	Harfe
houba, -y, **Fem. 1**	**der** Pilz; Schwamm
hrabě, -ete, *Mask. (Pl. Neutr.)*	Graf
hranice, -e, *Fem. 2*	Grenze
hřeben, -u/-e, *Mask. 1, u.*	Kamm
hříbě, -ěte, *Neutr. 4*	Fohlen
hříšnice, -e, *Fem. 2*	Sünderin
hříšník, -a, *Mask. 3, b.*	Sünder
chirurgyně, -ě, *Fem. 2 (Gen. Pl.* -yň/í/)	Chirurgin
chiruržka, -y, *Fem. 1*	Chirurgin
choť, -tě, *Mask. 4, b.*	Gemahl
choť, -ti, *Fem. 4 (Pl.: Dat.* -ím, *Präp.* -ích, *Instr.* -ěmi)	Gemahlin
impérium, -ria, *Neutr. 1*	Imperium
(Pl.: Gen. -ií, *Präp.* -iích, *Instr.* -ii),	

investice, -e, *Fem. 2 (Gen. Pl.:* -ic/í/)   Investition
inženýrka, -y, *Fem. 1*   Ingenieurin
jednota, -y, *Fem. 1*   Einheit; Einigkeit; **der** Verein
jehně, -ěte, *Neutr. 4*   Lamm
jubileum, -lea, *Neutr. 1*   Jubiläum
   (*Pl.: Gen.* -eí, *Präp.* -eích, *Instr.* -ei)
karafiát, -u, **Mask.** *1, u.*   **die** Nelke
klavírista, -y, *Mask. 5, b.*   Klavierspieler, Pianist
klavíristka, -y, *Fem. 1*   Klavierspielerin, Pianistin
kolegium, -gia, *Neutr. 1 (Pl.: Gen.* -ií,   Kollegium
   Präp. -iích, *Instr.* -ii)
komora, -y, *Fem. 1*   Kammer
konzulát, -u, **Mask.** *1, u.*   **das** Konsulat
Korejec, -jce, *Mask. 4, b.*   Koreaner
Korejka, -y, *Fem. 1*   Koreanerin
kořen, -u/-e, **Mask.** *1, u.*   **die** Wurzel
koště, -ěte, **Neutr.** *4*   **der** Besen
kotě, -ěte, *Neutr. 4*   Kätzchen, Kätzlein
kritérium, -ria, *Neutr. 1 (Pl.: Gen.* -ií,   Kriterium
   Präp. -iích, *Instr.* -ii)
křižovatka, -y, *Fem. 1*   Kreuzung
kultura, -y, *Fem. 1*   Kultur
kůzle, -ete, *Neutr. 4*   Zicklein, Geißlein
letuška, -y, *Fem. 1*   Stewardess
luštěnina, -y, *Fem. 1*   Hülsenfrucht, Schotenfrucht
lyceum, -cea, *Neutr. 1 (Pl.: Gen.* -eí,   Lyzeum
   Präp. -eích, *Instr.* -ei)
lžíce, -e, **Fem.** *2 (Instr. Sg., Dat., Präp.,*   **der** Löffel
   Instr. Pl.: lží-/lži-, *Gen. Pl.:* lžic)
magistra, -y, *Fem. 1*   Magistra
Maroko, -a, *Neutr. 1*   Marokko
medvíde, -ěte, *Neutr. 4*   das Bärenjunge
mentalita, -y, *Fem. 1*   Mentalität
metodička, -y, *Fem. 1*   Methodikerin
metodik, -a, *Mask. 3, b.*   Methodiker
milice, -e, *Fem. 2 (Gen. Pl.:* -ic/í/)   Miliz
mláde, -ěte, *Neutr. 4*   Jungtier, Junge, ein junges Tier
mlha, -y, **Fem.** *1*   **der** Nebel
morfium, -fia, *Neutr. 1 (Pl.: Gen.* -ií,   Morphium
   Präp. -iích, *Instr.* -ii)
mrav, -u, **Mask.** *1, u.*   **die** Sitte, der Brauch
náhoda, -y, **Fem.** *1*   **der** Zufall
narkotikum, -ka, *Neutr. 1*   Narkotikum

nebe, -e, *Neutr. 2*	**der** Himmel
nebožka, -y, *Fem. 1*	die Selige, Verstorbene
nebožtík, -a, *Mask. 3, b.*	der Selige, Verstorbene
nemluvně, -ěte, *Neutr. 4*	Baby, **der** Säugling
objímání, -í, *Neutr. 3*	**die** Umarmung
oblast, -i, *Fem. 4*	**das** Gebiet, **der** Bereich, die Region
obr, -a, *Mask. 3, b.*	Riese
obryně, -ě, *Fem. 2 (Gen. Pl.: -yň/í/)*	Riesin
oděv, -u, *Mask. 1, u.*	**die** Kleidung, der Anzug, **das** Kleid
odvaha, -y, *Fem. 1*	**der** Mut, die Courage
osa, -y, *Fem. 1*	Achse
ostružina, -y, *Fem. 1*	Brombeere
palec, -lce, *Mask. 2, u.*	Daumen, **die** große Zehe
památka, -y, *Fem. 1*	**das** Denkmal, die Sehenswürdigkeit; **das** Andenken
panovnice, -e, *Fem. 2*	Herrscherin
panovník, -a, *Mask. 3, b.*	Herrscher
papež, -e, *Mask. 4, b.*	Papst
parafráze, -e, *Fem. 2*	Paraphrase
pekař, -e, *Mask. 4, b.*	Bäcker
pekařka, -y, *Fem. 1*	Bäckerin
pěvec, -vce, *Mask. 4, b.*	Sänger, Opernsänger
pěvkyně, -ě, *Fem. 2 (Gen. Pl.: -yň/í/)*	Sängerin, Opernsängerin
pláž, -e, *Fem. 3*	**der** Strand
pobízení, -í, *Neutr. 3*	Antreiben, Auffordern, Nötigen
podávání, -í, *Neutr. 3*	**die** Aufgabe; **die** Verabreichung
podlaha, -y, *Fem. 1*	**der** (Fuß)Boden, die Diele
podloubí, -í, *Neutr. 3*	**die** Laube, **der** Laubengang
Pražačka, -y, *Fem. 1* → *ats.*	Pragerin
Pražák, -a, *Mask. 3, b.* → *ats.*	Prager
prezidentka, -y, *Fem. 1*	Präsidentin
prezidium, -dia, *Neutr. 1 (Pl.: Gen. -ií, Präp. -iích, Instr. -ii)*	Präsidium
princezna, -y, *Fem. 1*	Prinzessin
prohlídka, -y, *Fem. 1*	Schau, Besichtigung; Untersuchung
prostředníček, -čku, *Mask. 1, u.*	Mittelfinger
průvodkyně, -ě, *Fem. 2 (Gen. Pl.: -yň/í/)*	Fremdenführerin
přestávka, -y, *Fem. 1*	Pause, Unterbrechung
ptáče, -ete, *Neutr. 4*	Vöglein, Vogerl, **der** Piepvogel
punčocha, -y, *Fem. 1*	**der** Strumpf
rajče, -ete, *Neutr. 4*	**der** Paradeiser, **die** Tomate
raketoplán, -u, *Mask. 1, u.*	**die** Raumfähre
roleta, -y, *Fem. 1*	**der** Rollladen

rostlina, -y, *Fem. 1*	Pflanze, **das** Gewächs
rozhodnutí, -í, **Neutr.** *3*	**die** Entscheidung
různost, -i, *Fem. 4*	Verschiedenheit, Verschiedenartigkeit
rybář, -e, *Mask. 4, b.*	Fischer
rybářka, -y, *Fem. 1*	Fischerin
řepa, -y, *Fem. 1*	Rübe
řidička, -y, *Fem. 1*	Lenkerin
říše, -e, **Fem.** *2*	**das** Reich
samoobsluha, -y, **Fem.** *1*	**der** Selbstbedienungsladen
sele, -ete, *Neutr. 4*	Ferkel, Spanferkel
selka, -y, *Fem. 1*	Bäuerin
skála, -y, **Fem.** *1*	**der** Fels(en)
sklípek, -pku, *Mask. 1, u.*	Weinkeller, Keller
slůně, -ěte, *Neutr. 4*	das Elefantenjunge
slunečnice, -e, *Fem. 2*	Sonnenblume
soud, -u, **Mask.** *1, u.*	**das** Gericht
soudkyně, -ě, *Fem. 2 (Gen. Pl.. -yň/í/)*	Richterin
souhlas, -u, **Mask.** *1, u.*	**die** Zustimmung, **das** Einverständnis
soustružnice, -e, *Fem. 2*	Drechslerin, Dreherin
správce, -e, *Mask. 6, b.*	Verwalter, Treuhänder, Leiter
správcová, -é, *subst. Adj.*	Verwalterin, Leiterin
spropitné, -ého, *subst. Adj.*	Trinkgeld
stadion, -u, **Mask.** *1, u.*	**das** Stadion
stařec, -rce, *Mask. 4, b.*	Greis, der Alte
stařena, -y, *Fem. 1*	Greisin, die Alte
stipendium, -dia, *Neutr. 1 (Pl.: Gen. -ií, Präp. -iích, Instr. -ii)*	Stipendium
stojan, -u, **Mask.** *1, u.*	**die** Zapfsäule; der Ständer, **das** Gestell
stravování, -í, **Neutr.** *3*	**die** Verköstigung, Verpflegung, Speisung
substantivum, -va, *Neutr. 1*	Substantiv(um)
světec, -tce, *Mask. 4, b.*	der Heilige
světice, -e, *Fem. 2*	die Heilige
sympozion, -zia, *Neutr. 1 (Pl.: Gen. -ií, Präp. -iích, Instr. -ii)*	Symposion
šampon, -u, **Mask.** *1, u.*	**das** Shampoo
škytavka, -y, **Fem.** *1*	**der** Schluckauf
štěně, -ěte, **Neutr.** *4*	**der** Welpe, Welf, das Hündchen
Šumava, -y, **Fem.** *1*	**der** Böhmerwald
tajemství, -í, *Neutr. 3*	Geheimnis
technička, -y, *Fem. 1*	Technikerin
technik, -a, *Mask. 3, b.*	Techniker
tele, -ete, *Neutr. 4*	Kalb

tón, -u, *Mask. 1, u.*	Ton (Musik)
tradice, -e, *Fem. 2 (Gen. Pl.:* -ic/í/)	Tradition, Überlieferung
trh, -u, *Mask. 1, u.*	Markt
trolejbus, -u, *Mask. 1, u.*	Omnibus
túra, -y, *Fem. 1*	Tour
tygře, -ete, *Neutr. 4*	das Tigerjunge
účel, -u, *Mask. 1, u.*	Zweck
účetní, -ího, *subst. Adj.*	Buchhalter
účetní, -í, *subst. Adj.*	Buchhalterin
uherák, -u, **Mask.** *1, u.* → *ats.*	**die** ungarische Salami
uchazeč, -e, *Mask. 4, b.*	Bewerber
ukazováček, -čku, *Mask. 1, u.*	Zeigefinger
úsměv, -u, **Mask.** *1, u.*	**das** Lächeln, Schmunzeln
vakuum, -ua, *Neutr. 1*	Vakuum
vana, -y, *Fem. 1*	Badewanne, Wanne
vedoucí, -ího, *subst. Adj.*	Leiter
vedoucí, -í, *subst. Adj.*	Leiterin
vepřové, -ého, *subst. Adj.*	Schweinefleisch
větev, -tve, **Fem.** *3*	**der** Ast, Zweig
Vietnamec, -mce, *Mask. 4, b.*	Vietnamese
Vietnamka, -y, *Fem. 1*	Vietnamesin
víra, -y, **Fem.** *1*	**der** Glaube(n)
vízum, -za, *Neutr. 1*	Visum
vláda, -y, *Fem. 1*	Regierung
vrátná, -é, *subst. Adj.*	Pförtnerin
vrátný, -ého, *subst. Adj.*	Pförtner, Portier
vrba, -y, *Fem. 1*	Weide, **der** Weidenbaum
vstřícnost, -i, **Fem.** *4*	**das** Entgegenkommen
vybavení, -í, **Neutr.** *3*	**die** Ausstattung
výroba, -y, *Fem. 1*	Produktion, Herstellung, Fertigung
zaměstnavatel, -e, *Mask. 4, b.*	Arbeitgeber
záplava, -y, *Fem. 1*	Überschwemmung, Flut, Überflutung
zařízení, -í, **Neutr.** *3*	**die** Einrichtung
závoj, -e, *Mask. 2, u.*	Schleier
země, -ě, *Fem. 2*	**das** Land
žákyně, -ě, *Fem. 2 (Gen. Pl.:* -yň/í/)	Schülerin
živočich, -a, **Mask.** *3, b.*	**das** Lebewesen, Tier
historický, *1*	historisch, geschichtlich
inteligenční, *2*	Intelligenz-
kočičí, *2*	Katzen-
králičí, *2*	Kaninchen-
kulturní, *2*	Kultur-

květnatý, *1*	blütenreich, blumig, bilderreich
letecký, *1*	Flieger-, Flug-, Luft-
lidský, *1*	menschlich, Menschen-
matriční, *2*	Matrikel-, Matriken-
matriční úřad	Standesamt
městský, *1*	städtisch, Stadt-
nerostný, *1*	Mineral-, mineralisch
nezvyklý, *1*	ungewohnt, ungewöhnlich
obnošený, *1*	abgetragen, abgenützt
okouzlující, *2*	bezaubernd
pětihvězdičkový, *1*	Fünfstern-
pustý, *1*	öde, wüst, leer
radniční, *2*	Rathaus-
rekreační, *2*	Erholungs-, Rekreations-
rostoucí, *2*	wachsend
řadový, *1*	gewöhnlich, gemein, regulär, Reihen-
řečnický, *1*	rednerisch, rhetorisch
sdělující, *2*	mitteilend
stavební, *2*	Bau-, baulich
svatební, *2*	Hochzeits-, Trau-, Ehe-
turistický, *1*	touristisch, Touristen-
úřední, *2*	amtlich, behördlich, Amts-
všeobecný, *1*	allgemein
zámecký, *1*	Schloss-
zasedací, *2*	Sitz-, Sitzungs-
zdvořilostní, *2*	Höflichkeits-
železný, *1*	eisern, Eisen-
cokoli/v/, *Pron.*	was auch immer
kdokoli/v/, *Pron.*	jeder beliebige, wer auch immer
týž / tentýž, táž/tatáž, totéž; *Pron.*	derselbe, dieselbe, dasselbe

(*Sg.: Mask.+Neutr. Gen.* téhož, *Dat.*
témuž, *Präp.* témž/e/, *Instr.* týmž/
tímtéž; *Fem. Gen.+Dat.+Präp.* téže,
Akk. touž/tutéž, *Instr.* tou/té/ž)
(*Pl.: Mask. b. Nom.* tíž, titíž, *Mask. b.*
Akk. tytéž, *Mask. u.* + *Fem. Nom.+Akk.*
tytéž, *Neutr. Nom.+ Akk.* táž/tatáž,
weiter für Mask.+Fem.+Neutr.
Gen.+Präp. týchž, *Dat.* týmž, *Instr.* týmiž)

automaticky, *Adv.*	automatisch
konkrétně, *Adv.*	konkret
naopak, *Adv.*	im Gegenteil, umgekehrt

poprvé, *Adv.*	das erste Mal, zum ersten Mal, erstmals
právě, *Adv.*	(so)eben, gerade; just; freilich, allerdings
především, *Adv.*	vor allem, zuvor, zunächst, vorwiegend
příliš, *Adv.*	(all)zu
schválně, *Adv.*	absichtlich, vorsätzlich, zu Fleiß
vhodně, *Adv.*	geeignet, passend, treffend, recht
znenadání, *Adv.*	unverhofft, unvermutet, unerwartet
zpět, *Adv.*	zurück
zřetelně, *Adv.*	deutlich, klar, evident
vůči (+ *Dat.*), *Präpos.*	gegenüber

🆑 Dvacátá druhá lekce

A: Kde jsi byla letos v zimě o prázdninách?

B: Jela jsem na hory lyžovat. Příroda byla krásná, sluníčko svítilo a my jsme se dokonce opalovali. První noc jsme přenocovali v turistické noclehárně a potom v hotelu.

A: Letní prázdniny budeš trávit s rodiči?

B: Zatím nevím, ale ráda bych navštívila pár historických památek. Přece víš, že je to můj koníček. Chci chodit do lesa na houby, maliny, ostružiny, borůvky, koupat se a odpočívat. A ty? Kam letos pojedeš?

A: Jedeme s manželem a s dětmi poprvé k moři. Bydlení a stravování je v rekreační oblasti. Těším se, že budeme dělat krátké výlety po pláži a dlouhé túry po okolí. Jen aby bylo hezké počasí.

Fotos: Z. Mareček. Mittleres Bild aus dem Faltblatt
Psychiatrická léčebna Brno-Černovice:
Císař Josef II. v Brně

Wie Kaiser Joseph II. in den Park der Brünner psychiatrischen Heilanstalt kam

Es gab Zeiten, in denen die tschechisch- und die deutschsprachige Bevölkerung Böhmens und Mährens zum aufgeklärten Kaiser mit einer schon übertriebenen Bewunderung aufblickte, seine Person wurde als Volkstribun idealisiert.

Ein Beleg dafür ist das Buch „Babička" von Božena Němcová. Als die Großmutter im Schloss sein Porträt erblickte, schlug sie die Hände zusammen: „Das habe ich mir nicht gedacht, dass ich heute den Kaiser Joseph zu sehen bekomme. Der Herrgott geb' ihm die ewige Ruh', er war ein guter Herr, besonders zu den Armen. Diesen Taler da gab er mir eigenhändig."

In den neunziger Jahren des 19. Jahrhunderts wurden in den meisten Städten der Böhmischen Länder Denkmäler zu Ehren des 100. Jahrestags seines Ablebens errichtet. Die Brünner Kaiserstatue des Zumbusch-Schülers und gebürtigen Brünners Brzenko stand vor dem Deutschen Haus (das heute auch nicht mehr auf dem Moravské náměstí steht). Zum Sockel der Statue gehörten zwei allegorische Gestalten, die Handel und Industrie darstellten und heute etwas verloren im Denis-Park, damals Franzensberg, herumstehen. Dieser kleine Park beim Obelisken für die Gefallenen der Napoleonischen Kriege war der Ort der Sonntagspromenaden der Brünner unter dem bischöflichen Dom vorbei zum Hügel Petrov – heute ist das der ruhigste Punkt der Brünner Ringstraße. Die sitzenden Schönlinge aus Bronze ließen aber die Brünner Sprayer kein Auge zutun, was von einer gewissen Abgeschiedenheit des Ortes zeugt.

Der Kaiser wurde noch weiter aus dem Brünner Zentrum verbannt. Seine Bronzestatue wanderte am Vorabend des Feiertags des hl. Wenzels 1919 auf den städtischen Bauhof im alten Schlachthof in der Křenová-Straße. Von dort rettete ihn der Bildhauer Vincenc Makovský und ließ ihn auf dem kleinen Hof seines Ateliers an der Fakultät für Architektur aufstellen. Im Jahr 1988 wurde die Statue restauriert und im Park der psychiatrischen Heilanstalt in Brünn-Černovice untergebracht. Der Reformator der österreichischen Monarchie erhielt somit eine neue Funktion. Er wurde zum Schutzpatron der Geisteskranken. „Custodiae mente captorum" verkündet die Aufschrift unter der Statue, die auf einem wesentlich niedrigeren Sockel etwas unpassend wirkt.

Vielleicht sollten wir von Zeit zu Zeit unsere Schritte zu seiner Statue lenken und demütig über das vertrackte 20. Jahrhundert nachdenken, das ihn zu dieser Wanderfahrt durch Brünn zwang. Damit wir nicht zu viel vergessen.

Zdeněk Mareček, Brno

Lösung zu 31): Čech ukazuje palec a ukazováček, hranec ukazováček a prostředníček.
Lösung zu 32): a) J. A. Komenský „Panegersia" (Všeobecné probuzení), S. 481; b) J. A. Komenský „Pannuthesia" (Všeobecné povzbuzování), S. 110; c) U. Eco „Jméno růže"; d) T. G. Masaryk „Jan Hus"

23. Lektion

Výlet na Tasmánii

E-mail od studentky z Moravy, která je na stáži v Austrálii (Úterý 28. března 2001, 16:16:46)

wallaby (Wallabia rufogrisea) – menší druh klokana na Tasmánii

Moji miláčci,
tak jsme zase byli na výletě, a to ne na ledajakém. Byli jsme na Tasmánii a mám strašnou chuť vám to popsat, aspoň trošku. Tak se hezky posaďte, bude to na dlouho. :-) Večer před odjezdem Ládík zjistil a ověřil, že na Devil Cat katamarán (Ďábelská kočička), který nás měl dopravit na Tasmánii (rychlovka za 6 hodin, normální trajekt je tam za 15 hodin), se nesmí vzít plynový vařič, který jsme zakoupili za těžce vydělaný peníz ten samý den. Těžké rozhodování, ale pak řekl, že ho vezme a my že se k němu když tak nebudeme znát. Nachystali jsme spoustu tuňákové pomazánky a tři chleby na celý den.

Pondělí:
Vstali jsme v 5.30 a odchod plánován na 6.25. Jak je naším dobrým zvykem, tak jsme odcházeli něco po půl a půlku cesty jsme museli s plnou polní výstrojí běžet úprkem na vlak. Jóóóó, na poslední chvíli jsme to stihli a šťastně, ale zpocení, jsme se dostali do přístavu. Tam první strach s bombou přešel, sedli jsme si a čekali. Moře bylo klidné, počasí se rychle střídalo, ale dorazili jsme v pohodě do Georgetownu v 15.15 hod. Cestou nám dali vědět, že nesmíme vozit na Tasmánii žádné ovoce, zeleninu a výrobky z ryb. Spolucestující začali strašit psama a Láďa prohlásil, že tu pomazánku cítí i on, protože pěkně voní, i když stojíš metr od baťohu. Tak nastalo těžké rozhodování, jestli obětujeme ty kila jablek, mrkve, papriky, okurek, ... aby nám nenašli bombu. Samozřejmě chleby s pomazánkou jsme chtěli hájit do krve.
Obětovali jsme tedy část ovoce a zeleniny. Žádný pes tam nestál, jen se nás pán zeptal, jestli něco máme, my ji předali a pak jsme se bili zbytek týdne do hlavy proč. Odtud autobusem do Lancestonu (teďka nevím, jak se to přesně píše) a tam nám na informacích řekli, že je to daleko, a hlavně, že tam, kam chceme, nejezdí moc aut na stopování. Původní plán byl projít Cradle Mountains za 5 dní (Overland Track) a pak do Hobartu a zpátky.

Protože autobus jel až druhý den ráno, tak jsme kvůli nedostatku času museli najmout auto a jet do Cradle Valley, kde jsme chtěli začít. Dojeli jsme za tmy, ale jen z nedostatku času. Jak říká Péťa: kdo chce vidět zoo, musí jezdit v noci a my z té Tasmánie vydojíme, co se dá. Stan jsme postavili s tím, že ráno bude překvápko kde, a pořád nás otravovali malí slimáčci. Myslíme, že jsme viděli devila Taziho, vombata a klokana, ...

Úterý:

Vstali jsme za deště v sedm ráno, zjistili, že slimáčci jsou pijavice, které nám skoro celý pobyt pily krev, a to doslova.

Pramen: K.K.

🌑 Rozhovor

Silvie:	Víš, co jsem četla v novinách? V obchodním domě ukradl jedenadvacetiletý muž žehličku za 30 eur. Píšou odcizil. Pracovníci obchodu jej chytili při činu.
Jiří:	To byl ale masochista.

1) Bilden Sie Wunschsätze unter Verwendung von „ať":

odpoví	Möge er antworten!	Ať odpoví!
přijde paní Horvatová	Möge Frau Horvat kommen!	_____
stále čte	Möge er dauernd lesen!	_____
_____	Mögen sie sich beeilen!	_____
_____	Er soll ruhig sein, ich kann nicht lesen!	_____
_____	Er soll den Arzt rufen!	_____
_____	Möge er doch das Mittagessen zahlen!	_____
_____	Er soll nach Hause laufen!	_____
_____	Sie soll sich entschuldigen!	_____
_____	Er soll nicht lachen!	_____
_____	Er soll im Bett bleiben!	_____
_____	Möge sie sich das anschauen!	_____
_____	Möge er uns bald besuchen!	_____
_____	Sie mögen eine Weile warten!	_____
_____	Er möge sofort zurückkommen!	_____
_____	Sie mögen ihnen davon schreiben!	_____
_____	Sie sollen sich schnell entscheiden!	_____

2) Ersetzen Sie die Konstruktionen mit „aby" durch solche mit „ať ":

Dávejte pozor, aby se něco nestalo. → *Dávejte pozor, ať se něco nestane.*

Dbejte, aby bylo všechno v pořádku.   Řekla jsem mu, aby přišel zítra.

Napište mu, aby chodil do práce včas.   Poprosili nás, abychom si pospíšili.

Prosil mě, abych mu pomohla.   Obleč ho, aby mu nebylo zima.

Dávej pozor, abys všemu rozuměl.   Snaž se, aby ses to naučil.

3) Ersetzen Sie die jeweiligen Konstruktionen durch solche mit „ať ":

Řekli nám, že máme odejít. → *Řekli nám, ať odejdeme.*

Dej to otci, že to má zaplatit.   Řekl jí, že s nimi má ještě jednou promluvit.

Řekni jim, že ti mají pomoct.   Lékař řekl, že má zůstat v posteli.

Radili mu, že má odjet do ciziny.   Nemají mlsat.

Měl by se ho zeptat.

4) Ergänzen Sie die Präposition:

Bratranec pojede (mit) ____ *ním.* → *Bratranec pojede s ním.*

Vyprávěl (*über*) _____ ní, že už v tom podniku před týdnem přestala

pracovat. Kdo měl (*bei*) _____ sebe ty objednávky? Nikdo (*über*) _____ nich

nic neví. (*Über*) _____ tobě už jsem dlouho nic neslyšela. Stál (*hinter*) _____

ním. Vyfotografoval mě (*mit*) _____ nimi. Postavil se (*hinter*) _____ něho.

Schází se (*mit*) _____ ní vždy ve čtvrtek. Pozvu tě (*zu*) _____ nim. Nechtěla

promarnit čas, a tak (*mit*) _____ nimi rychle připravila oběd. Přesvědčoval

ho, aby (*zu*) _____ ní běžel a omluvil se. Stála vpředu, ostatní stáli (*hinter*)

_____ ní. Potkávám ho často (*am*) _____ rohu. Jak to (*mit*) _____ ní dopadlo?

Kdo ti to (*über*) _____ mně vypravoval? Musím (*mit*) _____ ním jít k lékaři.

Šel pro fotografii, ale vrátil se (*ohne*) _____ ní. Šel (*mit*) _____ mnou koupit

kytici. Dlouho jsem (*über*) _____ nich přemýšlel. Jsem rád, že tam budu

bydlet (*mit*) _____ nimi. Jeho stav se zhoršil, ale nechej si to (*für*) _____

sebe.

Pramen – Quelle: Diplomarbeit von Erika Zilk

5) Otázky a odpovědi:

Máte oblíbenou pohádku? Vymyslete ve dvou pohádkách jiný konec!
Co by se stalo, kdyby Jeníčkovi a Mařence neumřela maminka?
Co by se stalo, kdyby Popelka neztratila střevíček?
Co by se stalo, kdyby týden nefungovala televize?
Co by se stalo, kdyby ráno nezvonil budík?
Co by se stalo, kdyby se rozbila pračka?

6) Který je dnes den? Máte oblíbený den? Proč?

7) Dokončete větu:

Kdybys mě poprosil, abych uvařila oběd ... . → ..., udělala bych to ráda.
Kdybys mě požádal o pomoc, ...   Kdybys mu poručil, aby ... .
Kdybych to věděl, ...   Kdybychom to potřebovali, ...
Kdybyste měli čas, ...

8) Übersetzen Sie:

Počasí: Dnes oblačno, místy s přeháňkami, 15 až 19 °C, noc: 4 až 8 °C.

9) Přeložte:

Uhlí by bylo, selhal však rozvoz. Vážíme si všech, kteří se rozhodli něco dokázat. To ti*) tam bylo lidí.

*) *emotionale Konnotation: Ich sag' dir, da ... .*

Ať se máte vždy rádi a ať žijete ještě 150 let!   Ať už je sobota!
Ať neprohraješ!   Ať se vám daří.
Ať máš úspěch!

To není ten, koho všude hledám. Na koho čekáte? Komu jsi to ve svém nadšení ukazoval? Tu knihu měli v několika knihkupectvích. V druhém poschodí bydlelo jen málo turistů.

10) Ergänzen Sie:

Příbuzní u nás byli dva (Wochen) _____. → *Příbuzní u nás byli dva týdny.*

Slyšel jsem, že zůstanou u moře 10 (*Tage*) _____. AUA létá dvakrát (*in der Woche*) _____ do Osla. V rádiu hlásili, že se za několik (*Tage*) _____ zhorší počasí.

11) Fügen Sie „prý" (= angeblich) hinzu:

Šel trénovat. → *Šel prý trénovat.*
Zasloužil si to.   Ta hudba je pěkná.
Pavel onemocněl.   To je pravda.
Jeho otec je ministrem vnitra.   Jídlo má být dobré.

12) Ergänzen Sie das Pronomen im richtigen Fall:

To je pro (já) _____, *to není pro* (ty) _____. → *To je pro mě, to není pro tebe.*

Nevěřím (ona) _____. Přivezli (my) _____ už nábytek? Knihu (ty) _____ přinesu zítra. Za (my) _____ šlo 20 lidí. Přicházím právě od (ona) _____. Vlak projel kolem (my) _____. Bez (ty) _____ to nekoupím. Šel kolem (já) _____. Před (on) _____ je Národní divadlo. Včera jsme o (oni) _____ mluvili. Měli před (oni) _____ respekt. Bavil jsem se s (ona) _____. Mysleli jsme na (ona) _____ a těšili jsme se na (ona) _____ celý den.

13) Ersetzen Sie die Indikativkonstruktionen durch solche mit dem Konditional:

Slyšel, že ho chce překvapit. → *Slyšel, že by ho chtěla překvapit.*

Četl, že se může uzdravit.	Všichni říkají, že to může stát hodně peněz.
Řekla, že nic nevyřídí.	Řekl to všem.
Nemohla již nikomu věřit.	To se mi nikdy nestalo.
Za námi šlo hodně lidí.	Měla toho všeho dost.
To se nám nemůže stát.	

14) Hádejte:

Máte před sebou tři krabice. V každé krabici jsou dvě koule. V jedné krabici jsou dvě zlaté koule, v druhé dvě stříbrné, v třetí jedna stříbrná a jedna zlatá. Krabice jsou nesprávně označeny, to znamená, že označení na krabici je vždy nesprávné, neodpovídá obsahu. Smíte otevřít jen jednu krabici a potom musíte správně určit obsah všech krabic. Kterou krabici otevřete?

(Řešení na konci lekce.)

15) Bilden Sie Gruppen. Verbinden Sie jeweils zwei Sätze durch – „ačkoliv", „místo aby" oder „i když":

Křičí na mě.	Neudělala jsem to.
Umývá nádobí.	Pije kávu.
Je 11 hodin.	Spí.
Jí čokoládu.	Vaří oběd.

Napište věty na tabuli!

16) Co byste změnili ve svém pokoji? Zeptejte se kolegy či kolegyně:

Kam dáš vázu od babičky? → *Vázu od babičky dám na skříň.*
Piano dám doprostřed pokoje. Psací stůl dám do sklepa. ...

17) Máte nějaký oblíbený předmět, který má velkou cenu jen pro vás, např. malý skleněný střevíček pro Popelku od kamarádky?

18) Übersetzen Sie und ersetzen Sie den Konditional Prät. durch den Konditional Präs.:

Byl bych ti půjčil všechny knihy, kdybys je byl chtěl. Kdybys byla měla zájem, byla by sis mohla se všemi pohovořit. Kdyby mi byl býval soused dal zprávu, byl bych o všem věděl. Sestřenice by se také nebyla dostala na všechna představení, kdyby si nebyla bývala koupila zavčas vstupenky v předprodeji. Kdyby nebylo včera pršelo, byli bychom jeli všichni na výlet.

19) Ersetzen Sie die Partikeln durch „ať" und übersetzen Sie:

Nechť vám všem zůstane na paměti vzpomínka na tento pěkný večer! Nechť se každý chová tak, jak by si přál, aby se ostatní chovali k němu. Kéž se zase za rok sejdeme! Kéž se tvůj bratr zase brzy uzdraví! Kéž už udělá tu poslední zkoušku, ať to studium má za sebou.

20) Setzen Sie die Sätze jeweils in eine andere Person:

Kéž by se ti podařilo ho přesvědčit. Kéž by už konečně dala pokoj s těmi hloupostmi. Kéž by zpíval někdo jiný! Kéž bych to byl viděl! Kéž by jí to auto nekupoval.

VĚTY PODMÍNKOVÉ (pokračování) – KONDITIONALSÄTZE (Fortsetzung)

Der Konditional Präteritum unterscheidet sich vom Konditional Präsens (z. B. *přišel bych* = dt. ich käme) durch ein zusätzlich hinzugefügtes „byl", z. B. *Byl bych přišel, kdybych to byl věděl.* (= dt. Ich wäre gekommen, wenn ich das gewusst hätte.) Dieses beeinflusst auch die Reihenfolge der Enklitika im Satz.

Reflexivverben und der Konditional Präsens:

Person	učit se			Person	přát si		
1. Sg.:	byl, -a	bych se	učil, -a	*1. Sg.:*	byl, -a	bych si	přál, -a
2. Sg.:	byl, -a	by ses	učil, -a	*2. Sg.:*	byl, -a	by sis	přál, -a
3. Sg.:	byl, -a, -o	by se	učil, -a, -o	*3. Sg.:*	byl, -a, -o	by si	přál, -a, -o
1. Pl.:	byli, -y	bychom se	učili, -y	*1. Pl.:*	byli, -y	bychom si	přáli, -y
2. Pl.:	byli, -y	byste se	učili, -y	*2. Pl.:*	byli, -y	byste si	přáli, -y
3. Pl.:	byli, -y, -a	by se	učili, -y, -a	*3. Pl.:*	byli, -y, -a	by si	přáli, -y, -a

Zusätzlich zu den Formen von „byl" können im Konditional Präteritum auch noch die Formen von „býval" stehen (*byl bych se býval učil, byli bychom si bývali přáli*) bzw. letztere die Formen von „byl" ersetzen (*býval bych se učil, bývali bychom si přáli*).

Der Konditional Präteritum wird im heutigen Tschechischen in der Regel durch den Konditional Präsens ersetzt, und dies nicht nur in der Alltagssprache: *Kdybych to před rokem věděl, rozhodl bych se tehdy jinak.* (= dt. Wenn ich das vor einem Jahr gewusst hätte, hätte ich mich damals anders entschieden).

Ausdruck eines Wunsches, einer Bitte oder einer Aufforderung

Wie schon in Lektion 20 kurz beschrieben, werden Wunsch- und Begehrssätze im Tschechischen durch den Indikativ (im Deutschen Konjunktiv) in Verbindung mit den Partikeln *ať*, *nechť* und *kéž* gebildet, wobei letztere als gehoben gelten: *Ať se brzy uzdravíš! Kéž se ti to podaří! Nechť zítra přijde!* Die Wunschpartikeln sind nicht genau ins Deutsche übersetzbar.

Wünsche können als Ausruf noch andere Gestalt annehmen, z. B. Konstruktionen mit Infinitiv bzw. mit kdyby + l-Form: *Mít tak volno! Kdybych tak měl volno!* (vgl. Lektion 20).

Die Partikel *kéž* kann im Unterschied zu *ať*, *nechť* auch mit dem Konditional verbunden werden: *Kéž by přišel!*

MASKULINA – Deklination der Wörter „den" und „týden"

	Singular			Plural		
Nom.	den	týden	Nom.	dni, dny (poet. dnové)	týdny
Gen.	dne	týdne	Gen.	dní, dnů	týdnů
Dat.	dni, dnu	týdnu, týdni	Dat.	dnům	týdnům
Akk.	den	týden	Akk.	dni, dny	týdny
Vok.	den	týden	Vok.	dni, dny	týdny
Präp. (o)	dni, dnu (ale: ve dne)	týdnu, týdni	Präp. (o)	dnech	týdnech
Instr.	dnem	týdnem	Instr.	dny	týdny

SKLOŇOVÁNÍ PŘÍDAVNÝCH JMEN – DEKLINATION DER ADJEKTIVA
Typ „mladý" (hart)

Singular	bel. Mask. ubel.	Fem.	Neutr.	Plural	bel. Mask. ubel.		Fem.	Neutr.
Nom.*)	mladý	mladá	mladé	Nom.*)	mladí	mladé	mladé	mladá
Gen.	mladého	mladé	mladého	Gen.	mladých			
Dat.	mladému	mladé	mladému	Dat.	mladým			
Akk.	mladého mladý	mladou	mladé	Akk.	mladé			mladá
Präp. (o)	mladém	mladé	mladém	Präp. (o)	mladých			
Instr.	mladým	mladou	mladým	Instr.	mladými			

*) Nom. = Vok.

Im Nom. Pl. Mask. belebt der Adjektiva kommt es zu folgenden Alternationen:

-k-   -h-   -ch-   -d-   -t-   -n-   -r-   -ský -cký
-c-   -z-   -š-   -ď-   -ť-   -ň-   -ř-   -ští -čtí

velký → *velcí*, drahý → *drazí*, tichý → *tiší*, mladý → *mladí*, zlatý → *zlatí*, pevný → *pevní*, dobrý → *dobří*, český → *čeští*, německý → *němečtí*.

Typ „jarní" (weich)

Singular	bel. Mask. ubel.	Fem.	Neutr.	Plural	bel. Mask. ubel.	Fem.	Neutr.
Nom.*)		jarní		Nom.*)		jarní	
Gen.	jarního	jarní	jarního	Gen.		jarních	
Dat.	jarnímu	jarní	jarnímu	Dat.		jarním	
Akk.	jarního jarní		jarní	Akk.		jarní	
Präp. (o)	jarním	jarní	jarním	Präp. (o)		jarních	
Instr.	jarním	jarní	jarním	Instr.		jarními	

*) Nom. = Vok.

ERGÄNZUNG ZU DEN PERSONALPRONOMINA:
-ň im Akkusativ von „on"

Das -ň für das Personalpronomen *on* im Akkusativ kommt selten vor. Es wird nur in Verbindung mit einigen Präpositionen vor allem in geschriebenen Texten angewandt, z. B.: *naň* (= dt. auf ihn), *proň* (= dt. für ihn), *zaň* (= dt. an seiner Stelle, anstelle von ihm, hinter ihn). Die Übersicht aller Personalpronomina findet sich in Lektion 13.

ᵃᵇc
😊 Slovíčka – Vokabel:

dokončovat; *ipf., III 2*	beenden, vollenden, fertig stellen
dokončit; *pf., IV 1a*	
fungovat; *ipf., III 2*	funktionieren
kazit se; *ipf., IV 1, Imp. Sg.:* (ne)kaz se,	kaputtgehen, schadhaft werden, sich
PPP: -	verschlechtern
pokazit se; *pf., IV 1a*	
krást; *ipf., Präs.:* kradu, kradou,	stehlen
PPA: kradl, *PPP:* kraden	
ukrást; *pf., II 1a, Futur:* ukradnu,	
ukradnou, *PPP:* ukraden	
měnit; *ipf., IV 1, Imp. Sg.:* měň	(ver)ändern, wechseln
změnit; *pf., IV 1a*	
odcizovat; *ipf., III 2*	entwenden
odcizit; *pf., IV 1a, PPP:* odcizen	

odpovídat; *ipf., V*	entsprechen
onemocnět; *pf., IV 2a, Futur:* onemocním, onemocn/ěj/í	krank werden, erkranken
pohovořit si; *pf., IV 1a*	sprechen, sich aussprechen, sich unterhalten
poroučet; *ipf., IV 3*	befehlen
poručit; *pf., IV 1a*	
promlouvat (*s + Instr.*); *ipf., V*	sprechen mit jmdm. über etw., ein
promluvit; *pf., IV 1a*	Gespräch führen
selhávat; *ipf., V*	versagen, fehlschlagen, misslingen
selhat; *pf., Futur:* selžu, selžou, *Imp.:* selži, selžete, *PPA:* selhal, *PPP:* -	
umývat; *ipf., V*	abwaschen, aufwaschen
umýt; *ipf., III 1a*	
vymýšlet; *ipf., IV 3* *Präs.:* vymýšlím, vymýšl/ej/í	ausdenken, erfinden
vymyslet; *pf., IV 2a*	
vyřizovat; *ipf., III 2*	ausrichten; erledigen
vyřídit; *pf., IV 1a, PPP:* vyřízen	
znamenat; *ipf., V*	bedeuten, heißen
cizina, -y, **Fem.** *1*	**das** Ausland, die Fremde
čin, -u, **Mask.** *1, u.*	**die** Tat
chvíle, -e, *Fem. 2*	Weile
Jeníček a Mařenka	Hänsel und Gretel
koule, -e, *Fem. 2*	Kugel
loutka, -y, **Fem.** *1*	Marionette, Puppe
masochista, -y, *Mask. 5, b.*	Masochist
nápis, -u, **Mask.** *1, u.*	**die** Aufschrift, Anschrift, Inschrift, Überschrift
paměť, -ti, *Fem. 4*	**das** Gedächtnis, die Erinnerung; **der** Speicher
piano, -a, *Neutr. 1*	Piano
Popelka, -y, *Fem. 1*	**das** Aschenbrödel, Aschenputtel
přeháňka, -y, *Fem. 1*	**der** Regenschauer
rozvoz, -u, *Mask. 1, u.*	**die** Auslieferung, Verfrachtung, **das** Ausfahren
střevíček, -čku, **Mask.** *1, u.*	**das** Schühchen, Schühlein
vnitro, -a, *Neutr. 1*	das Innere
ministr vnitra	Innenminister
klidný, *1*	ruhig
označený, *1*	bezeichnet, markiert, signiert
skleněný, *1*	Glas-, gläsern

stříbrný, *1*	silbern, Silber-
tichý, *1*	still, lautlos, leise, ruhig
oblačno, *Adv.*	wolkig, bewölkt, trüb
zavčas, *Adv.*	rechtzeitig, beizeiten, zur (rechten) Zeit

Sport – Sport

olympijské hry	olympiáda	letní / zimní sporty	
Olympische Spiele	Olympiade	Sommer-/Wintersportarten	

národní mužstvo	sportovec	sportovkyně	dobře se umístit
Nationalmannschaft	Sportler	Sportlerin	sich gut platzieren

získat zlatou, stříbrnou, bronzovou medaili (ats.: získat zlato, stříbro, bronz)
Gold, Silber, Bronze gewinnen

obsadit, udržet, vybojovat, zajistit si první, druhé, třetí místo
den ersten, zweiten, dritten Platz belegen, behaupten, erringen, sich sichern

lední hokej	hokejista	puk, hokejka, gól	bruslení
Eishockey	Eishockeyspieler	Puck, Eishockeyschläger, Tor	Eislaufen

krasobruslení	rychlobruslení	lyžování	lyžař
Eiskunstlauf	Eisschnelllauf	Skilaufen	Skiläufer

sjezd	slalom, obří slalom	superobří slalom	kombinace
Abfahrt	Slalom, Riesentorlauf	Super-G	Kombination

skoky na lyžích	skokan na lyžích	skokanský můstek	běh na lyžích
Skispringen	Skispringer	Skisprungschanze	Skilanglauf

běžky	jezdit na bobech	bobová dráha	sáňkování
Langlaufski	Bob fahren	Bobbahn	Rodeln

plavání	veslování	plachtění	cyklistika
Schwimmen	Rudern	Segeln	Radsport

motorismus	jezdecký sport	koňské dostihy	horolezectví
Motorsport	Reitsport	Pferderennen	Bergsteigen

gymnastika	lehká atletika	běhání	maratónský běh
Gymnastik	Leichtathletik	Laufen	Marathonlauf

šerm	džudo	box	golf	vzpírání
Fechten	Judo	Boxen	Golf	Gewichtheben

házená	odbíjená, volejbal	basketbal, košíková	tenis
Handball	Volleyball	Basketball, Korbball	Tennis

kopaná	fotbalista	branka, brankář	rozhodčí
Fußball	Fußballspieler	Tor, Tormann	Schiedsrichter

Bis heute ist der Turnverein SOKOL bekannt.
Turnhalle (Angeligasse 21, Wien 10).
Pramen – Quelle: Sokol in Wien, 2000

Ausflug nach Tasmanien

E-Mail von einer Studentin aus Mähren, die einen Studienaufenthalt in Australien absolviert
(Dienstag, den 28. März 2001, 16:16:46)

Meine Lieben,

also war'n wir wieder auf einem Ausflug, und das nicht auf irgendeinem. Wir waren in Tasmanien
und ich hab' schreckliche Lust, euch das zu beschreiben, zumindest ein klein wenig. Also setzt euch
bequem hin, das wird eine lange Geschichte. :-)

Am Abend vor der Abfahrt stellte Ládík fest und verifizierte, dass man auf dem Katamaran Devil Cat
(Teufelskatze), der uns nach Tasmanien bringen sollte (auf die Schnelle in nur 6 Stunden, die übliche
Fähre braucht 15 Stunden) jenen Gaskocher, den wir am selben Tag für schwer verdientes Geld erstanden
hatten, nicht mitnehmen darf. Eine schwer wiegende Entscheidungsfindung, aber dann sagte Péťa, dass
er ihn mitnimmt, und wenn es darauf ankommt, so sollen wir tun als würden wir ihn nicht kennen. Wir
bereiteten jede Menge Thunfischaufstrich und drei Brote für den ganzen Tag vor.

Montag: Wir standen um 5.30 Uhr auf, geplanter Abmarsch um 6.25 Uhr. Unserer alten Gewohnheit
gemäß, gingen wir etwas nach halb weg und mussten die Hälfte des Weges mit voller Feldausrüstung
fluchtartig zum Zug laufen. Jaaaa, im letzten Moment schafften wir es und gelangten glücklich, aber
schweißgebadet zum Hafen. Dort verging uns die ursprüngliche Angst wegen der Gasflasche, wir setzten
uns hin und warteten. Das Meer war ruhig, das Wetter stark wechselhaft, aber wohlbehalten erreichten
wir Georgetown um 15.15 Uhr. Unterwegs erfuhren wir, dass wir nach Tasmanien kein Obst, kein
Gemüse und keine Fischprodukte mitnehmen dürfen. Die Mitreisenden hatten begonnen, uns vor den
Hunden Angst einzuflößen und Láďa verkündete, dass auch er den Aufstrich riecht, weil er so schön
duftet, auch wenn man einen Meter entfernt vom Rucksack steht. So kam die schwere Entscheidung, ob
wir die Kilos von Äpfeln, Karotten, Paprika, Gurken, ... opfern, damit die Gasflasche nicht gefunden
wird. Die Brote mit dem Aufstrich wollten wir natürlich bis zum letzten Blutstropfen verteidigen.
Wir opferten also jede Menge des Obstes und Gemüses. Kein Hund stand dort, nur ein Herr fragte
uns, ob wir etwas haben, wir übergaben den Teil, und dann schlugen wir uns den Rest der Woche auf
den Kopf, weshalb. Von dort ging es mit dem Bus nach Lancestone (ich weiß jetzt nicht, wie man das
genau schreibt) und dort sagte man uns in der Information, dass es weit ist, und vor allem, dass
dorthin, wohin wir wollen, nicht viele Autos fahren, falls wir per Anhalter reisen. Der ursprüngliche
Plan war, die Cradle Mountains in 5 Tagen zu durchqueren (Overland Track) und dann nach Hobart
und zurück.

Weil der Bus erst am nächsten Tag in der Früh fuhr, mussten wir wegen Zeitmangels ein Auto mieten
und nach Cradle Valley fahren, von wo wir anfangen wollten. Wir kamen an, als es schon finster war,
aber nur aus Zeitmangel. Wie Péťa zu sagen pflegt: wer den Zoo sehen will, muss in der Nacht fahren
und wir werden also die Tasmanien rauskitzeln, nur geht nichts. Wir stellten das Zelt in dem
Bewusstsein auf, dass wir in der Früh ganz schön überrascht sein werden, wo, und ständig nervten
uns kleine Nacktschnecken. Wir glauben, dass wir einen Teufels-Tazi, einen Wombat und ein Känguru,
... gesehen haben.

Dienstag: Wir standen bei Regen um sieben Uhr früh auf und stellten fest, dass die kleinen
Nacktschnecken Blutegel waren, die uns fast während unseres gesamten Aufenthalts das Blut
aussaugten, und das im wahrsten Sinn des Wortes.

Quelle: K.K.

Lösung zu 14): Je to jedno, kterou krabici oteVřete.

24. Lektion

Dopisy Mileně

Franz Kafka
(Übersetzung ins Tschechische: Hana Žantovská, 1968, 1993)

[...]. Účinek svých dopisů podceňujete, Mileno. Pondělní dopisy *(jen strach o Vás)* jsem ještě pořádně nepřečetl celé (dnes ráno jsem to zkusil, také už to trochu šlo, už to také tak trochu po mém návrhu patřilo historii, ale dočíst do konce jsem je ještě nemohl). Naproti tomu úterní dopis (a také ten podivný lístek – psaný v kavárně? – na Vaši obžalobu Werfela musím ještě odpovědět, neodpovídám Vám vlastně vůbec na nic, Vy odpovídáte mnohem lépe, to dělá moc dobře) mi dává navzdory noci kvůli pondělnímu dopisu téměř neprospané dost klidu a důvěry.

Ovšem i úterní dopis má svůj osten a proráží si cestu tělem, ale vede ho Tvoje ruka, a co by se od Tebe – to je ovšem jen pravda jednoho okamžiku, jednoho štěstím a bolestí se chvějícího okamžiku – co by se od Tebe nedalo snést?

F

Vyjímám dopis ještě jednou z obálky, zde je místo: Prosím, řekni mi zase jednou – ne vždycky, to vůbec nežádám – řekni mi jednou Ty. [...].
Řekněte, prosím, není-li Vám to nepříjemné, příležitostně Werfelovi za mne něco milého. – Na ledacos ale bohužel přece jen neodpovídáte, např. na otázky po Vašem psaní. [...].

🔊 Rozhovor

Jiří: Víš, kdo byl Emil Zátopek?
Silvie: Ano, vyhrál na letních olympijských hrách v roce 1952 tři zlaté medaile v běhu na 5000 m, 10 000 m a v maratónu. Patří k nejlepším sportovcům světa, měl přezdívku – Lokomotiva. Zemřel v roce 2000. I jeho žena Dana zastupovala v témže roce (1952) tehdejší Československo na olympiádě a vyhrála zlatou medaili, také v atletice, za hod oštěpem.
Jiří: Ale určitě nevíš, že se narodili oba ve stejný den, měsíc a rok: 19. 9. 1922. Na první schůzku si prý přinesli občanské průkazy.

1) Setzen Sie in den richtigen Kasus entsprechend der angeführten Präposition:

Byl to pěkný hotel s (pravé květiny) _____, (tlusté koberce) _____, (starodávná dekorace) _____, jmenoval se Královský orel. Recepční s (ten člověk) _____ měli zlatou trpělivost, jeden pokoj byl moc malý, v (druhý) _____ nebyl stůl, pak mu nabídli jakousi suitu, s (balkon asi kilometrový) _____, vlevo nádraží, vpravo metro. S (ten pokoj) _____ jsem zase nesouhlasil já. Nakonec se František rozhodl pro (malý pokoj) _____ v (páté patro) _____ – recepční se mu asi pomstil –, kde každou půlhodinu chřastila skříň – totiž když pod (náš hotel) _____ projížděl vlak.

Myslím, že Petr to má všechno zažité empiricky, ale didakticky prostě není s to složitější postupy předávat. Je to jako s (počítač) _____. Nevím, jaké kvality má pan Císař, ale když já se ptám Petra na (určité postupy) _____, tak rychlostí blesku mačká klávesy a dojde, kam potřebuje. Když trvám na (to) _____, že si to musím krok za (krok) _____ zapsat, tak ztratí přehled a nezřídka se stane, že demonstrace nefunguje.

Pak jsme došli k (hlavní dekorační prvek) _____ mé ohromné tabule: košíčky. Řekl jsem si, že si věc ulehčím a košíčky upeču z (polotovar) _____, (těstový prášek) _____. Eva míchala. Na (krabice) _____ bylo napsáno: Míchejte málo. Míchala moc. Těsto změklo do (konzistence) _____ pomazánky a do (košíčky) _____ jsem je natíral jako olejovou barvu. Těsto se při pečení ve (formičky) _____ náramně zvedlo a také ztvrdlo, šlo ale, oproti očekávání, vyklopit. Košíčky měly tam, kde měl být důlek, horu. I řekl jsem si, že budu dloubat. Vzal jsem si elegantní nožík a začal košíčky vydolovávat. U (většina) _____ se mi podařilo utvořit použitelný kráter. Zbytek jsem vyhodil do (koš) _____, nemohl jsem se na (to sladké těsto) _____ už ani podívat. Na (plnění) _____ jich bylo ještě dostatečně. Upekl jsem celkem jednoduchý piškot s krásně (křehká, sněhová vrstva) _____. Pak jsem nechal vše stát s tím, že zítra budu pracovat dál. Eva zatím v (noc) _____ pekla – je velmi dobrá pekařka, ale nebyla toho večera v (kondice) _____ – čokoládové řezy. Pekla do (půl druhá) _____, protože jak se mi přiznala, musela začít několikrát. Ale nedá se říct, že bych měl při (prezentace) _____ slabou performanci.

2) Bilden Sie ähnliche Sätze unter Verwendung von „jít pro + Akk." (= dt. holen):

Děti šly rodičům pro noviny. Šla si do redakce pro práci.
Šel do knihovny pro atlas. Šli jsme pro klíče.
Jana šla pro babičku na nádraží. Šel pro kamaráda.

3) Ersetzen Sie „moc" (ats.) durch „příliš":

To je moc lehké. Všem těm věcem moc nerozumím.
Ten překlad není moc jasný. Ten obraz je moc dole.
Čekáme tady už moc dlouho. Moc mě to nepřekvapilo.
Už moc dlouho mluví. Ta věta je moc složitá.

4) Setzen Sie in den Singular:

Ti lidé stáli před obchody ve frontě. Na ulicích nic nejezdilo.
V obchodech nikdo nebyl. V místnostech chybí zařízení.
Obilí už není na polích. Bydleli v krásných domech.
Chodili dlouho po ulicích. Schovali se v lesích.
Okny sem svítil měsíc. Přečetli jsme si ty zprávy na internetu.
Víme to od nich.

5) Přeložte:

Die Kleider sind im Schrank. Wir gaben die Kleider in den Schrank.
Die Sachen sind vor der Tür. Wir gaben die Sachen vor die Türe.
Das Buch lag auf dem Tisch. Wir legten das Buch auf den Tisch.

Wir fuhren nach Paris.
Wir fuhren an einem neuen Gebäude vorbei.
Er fuhr in die Stadt auf dieser Straße.
Der Lehrer verabschiedete sich von uns.
Der junge Mann fragte, ob er sein Auto bei unserem Haus parken kann.

6) Přeložte:

Přišli s kyticí růží.   Bude mi po vás nesmírně smutno.
Ondřej měl dobrý nápad.   Rozvoz mobilů po Praze zdarma.
„Zachtělo se mi granátových jablek," řekla princezna.

7) Setzen Sie ins Futurum:

Letěl jsi do Londýna?   Jel jsi na nádraží?   Zůstal jsi na Malorce?
Seděl jsi na zahradě?   Seděli jste v autě?   Seděla jsi u stolu?
Stál jsi u východu?   Stála jsi na rohu?   Stáli jste před dveřmi?
Vrátili se ze školy?   Vzal jsi s sebou peníze? Jeli jste až na letiště?
Jeli jste výtahem?   Dali jste knihy na stůl? Dala jsi květiny do vázy?
Jeli jsme kolem obchodního domu?   Přešli jsme silnici.

8) Übersetzen Sie und bestimmen Sie jeweils den Kasus, der auf die Präposition folgt:

Postaví se před hotel. → Er stellt sich vor das Hotel. → wohin? → před + Akk.
Stojí před hotelem. → Er steht vor dem Hotel. → wo? → před + Instr.
Dal ovoce za okno.   Dám nohy pod stůl.
Ovoce je za oknem.   Mám nohy pod stolem.
Pověsím obraz nad okno.   Namluvila to na záznamník.
Obraz visí nad oknem.   Na záznamníku je zpráva.

9) Tvořte otázky s prepozicí „mezi":

Jaký je rozdíl mezi jezerem a rybníkem?
Jaký je rozdíl mezi republikou a královstvím?
Jaký je rozdíl mezi jablkem a hruškou?
Jaký je rozdíl mezi bytem a domem?

10) Vyberte si ve dvou okruh otázek:

Co se lidé ptají průvodčího ve vlaku?
Kdy budeme v Brně? Jak dlouho bude vlak v Brně stát?
Musíme do Prahy přestupovat? Kde je jídelní vůz? Jste rád průvodčím?

Na co se ptají manželky manželů?   Na co se ptají manželé manželek?
Co se ptají rodiče -náctiletých dětí?   Co chtějí vědět -náctiletí od rodičů?
Jaké otázky kladete taxikáři?   Otázky učitelů ve škole jsou které?

11) Pěstujete doma na zahradě květiny? Máte pokojové květiny? Které máte rádi?

12) Možné reakce na agresivní chování, popř. někdo má špatnou náladu a vy od něho něco potřebujete. Uveďte nějaký příběh (např. zážitek ze silničního provozu):

J. Steinbeck popisuje ve své knize Mé cestování s Charlym, jak cestuje karavanem. Zaparkuje auto a tu na něho spustí nějaký pán: „Nevidíte, že to je soukromý pozemek? Nevidíte, že tady je ohrada?"
Jeho reakce: „Hned jsem si myslel, že to musí být soukromý pozemek. Právě jsem chtěl někoho požádat o povolení a zaplatit poplatek."

13) Gruppenarbeit: Jede Gruppe wählt drei Begriffe (z. B. kuchyň, zub, ručník), die auf Tschechisch erklärt und von der anderen Gruppe erraten werden müssen.

14) Welche Präpositionen kommen nur mit einem Kasus vor?

PŘEDLOŽKY V ČEŠTINĚ –
PRÄPOSITIONEN IM TSCHECHISCHEN

Die Präpositionen im Tschechischen sind wie im Deutschen ihrer Form nach unveränderlich. Sie werden in Verbindung mit einem anderen Wort – vorwiegend mit Substantiven – gebraucht und bilden zusammen ein Präpositionalgefüge (předložková vazba). Viele tschechische Präpositionen kommen nicht nur mit einem Kasus vor.

**Einige Präpositionen und die symbolische
Darstellung ihrer Bedeutungen:**

Präpositionen mit dem Genitiv:

do	→	in ... hinein, nach
od(e)	□→	von ... weg
z(e)	⌐→	aus ... heraus, von ... herab
bez(e)	□-□	ohne
kolem	↺♥	um ... herum, vorbei ... an
u	□▪	bei
vedle	□ ▪	neben
blízko	□ ▪	in der Nähe von
uprostřed	□ ▪ □	inmitten
doprostřed	↘□ ▪ □	in die Mitte
podél	□□□□ →	entlang

Präpositionen mit dem Dativ:

k(e)	→□	zu
proti	□→ ←□	gegen
naproti	□ ▪|	gegenüber

Präpositionen mit dem Akkusativ:

mezi	kam?	□ ⌐ □	wohin?	zwischen
na	kam?	↓□	wohin?	auf, an
nad(e)	kam?	↗□	wohin?	über
po	kam?	⋯▸		wohin?	bis, an
pod(e)	kam?	↘□	wohin?	unter
před(e)	kam?	→■	wohin?	vor

přes	**kam?**	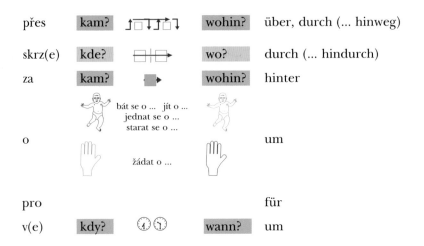	**wohin?**	über, durch (... hinweg)
skrz(e)	**kde?**		**wo?**	durch (... hindurch)
za	**kam?**		**wohin?**	hinter
o		bát se o ... jít o ... jednat se o ... starat se o ... žádat o ...		um
pro				für
v(e)	**kdy?**		**wann?**	um

Präpositionen mit dem Präpositiv:

na	**kde?**	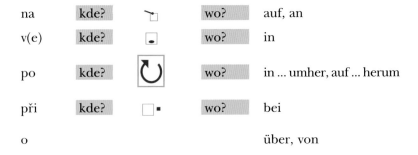	**wo?**	auf, an
v(e)	**kde?**		**wo?**	in
po	**kde?**		**wo?**	in ... umher, auf ... herum
při	**kde?**		**wo?**	bei
o				über, von

Präpositionen mit dem Instrumental:

mezi	**kde?**		**wo?**	zwischen
nad(e)	**kde?**		**wo?**	über
pod(e)	**kde?**		**wo?**	unter
před(e)	**kde?**		**wo?**	vor
za	**kde?**		**wo?**	hinter
s(e)				mit

Übersicht der Präpositionen im Tschechischen

Im Folgenden unterscheiden wir primäre Präpositionen und **sekundäre** Präpositionen. Primäre Präpositionen sind sog. Synsemantika, d. h. inhaltsarme Wörter, die ihre eigentliche Bedeutung erst durch den umgebenden Kontext erhalten. **Sekundäre** Präpositionen sind aus autosemantischen Wortarten entstanden und finden nun als Präposition Anwendung, z. B. *bydlí naproti* (= Adverb), *stojí naproti domu* (= sekundäre Präposition).

Präpositionen mit dem Genitiv:

bez(e), do, od(e), u, z(e), za;
během, blízko, kolem, kromě, místo, okolo, podle, vedle

Lokale Präpositionen:

Jel do města.	*Kam?*
Er fuhr in die Stadt.	Wohin?
Od nádraží k tramvaji je to jen kousek pěšky.	*Odkud?*
Vom Bahnhof zur Straßenbahn ist es nur ein Stück zu Fuß.	Von wo? Woher?
Stojím u tebe.	*Kde?*
Ich stehe bei dir.	Wo?
Papír vypadl z koše na zem.	*Odkud?*
Das Papier fiel aus dem Korb zu Boden.	Von wo? Woher?
Spadl ze stromu.	*Odkud?*
Er fiel vom Baum herab.	Wovon?
Bydlí blízko univerzity.	*Kde?*
Er / sie wohnt nahe der Universität.	Wo?
Pes běhá kolem / okolo hřiště.	*Kde?*
Der Hund läuft rund um den Spielplatz.	Wo?
Šel kolem / okolo divadla.	*Kudy?*
Er ging am Theater vorbei.	Wie? Auf welchem Wege?
Sedí vedle mě.	*Kde?*
Er / sie sitzt neben mir.	Wo?

Temporale Präpositionen:

Od března do června jsou přednášky.	*Odkdy dokdy?*
Von März bis Juni sind Vorlesungen.	Von wann bis wann?

| Nemluvte *za* jízdy s řidičem. | Kdy? |
| Sprechen Sie nicht während der Fahrt. | Wann? |

| *Během prázdnin se to naučil.* | Kdy? |
| Während / binnen der Ferien erlernte er es. | Wann? |

Modale Präpositionen:

| *Bez něho nepřijde.* | Bez koho? |
| Ohne ihn kommt er / sie nicht. | Ohne wen? |

| *Dostal to od ní.* | Od koho? |
| Er erhielt es von ihr. | Von wem? |

| *Kromě bratra nikdo neonemocněl.* | Kromě koho? |
| Außer dem Bruder ist niemand krank geworden. | Außer wem? |

Místo kamarádky přišla její sestra.	Místo koho?
Anstelle / statt der Freundin	An wessen Stelle? An wessen statt?
kam ihre Schwester.	

Kausale Präpositionen:

| *Obléká se vždy podle módy.* | Podle čeho? |
| Er / sie kleidet sich immer nach der Mode. | Wonach? |

Präpositionen mit dem Dativ:

k(e), proti; **kvůli, naproti, oproti**

Lokale Präpositionen:

| *Jdu právě k vám.* | Kam? |
| Ich gehe gerade / bin gerade auf dem Weg zu euch. | Wohin? |

| *Bydlí naproti univerzitě.* | Kde? |
| Er / sie wohnt gegenüber der Universität. | Wo? |

Modale Präpositionen:

| *To je proti pravidlům.* | Proti čemu? |
| Das ist gegen die Regeln / entgegen den Regeln. | Wogegen? |

| *Oproti tobě ráda cestuje.* | Oproti komu / čemu? |
| Im Gegensatz zu dir reist sie gern. | Im Gegensatz zu wem / was? |

Kausale Präpositionen:

| *Šel tam jen kvůli ní.* | Kvůli komu / čemu? |
| Er ging dort nur ihretwegen hin. | Weswegen? |

Präpositionen mit dem Akkusativ:

mezi, na, nad(e), pod(e), o, ob, pro, před(e), přes, skrz(e), v(e), za; mimo

Lokale Präpositionen:

Postavila se mezi nás.	*Kam?*
Sie stellte sich zwischen uns.	Wohin?
Sedl si na postel.	*Kam?*
Er setzte sich aufs Bett.	Wohin?
Mám práce nad hlavu.	*Až kam?*
Ich stecke bis über den Kopf in Arbeit.	Bis wohin?
Bydlí ob rok ob dva domy.	*Kdy? Kde?*
Er / sie wohnt jedes zweite Jahr im dritten Haus von hier.	Wann? Wo?
Noviny spadly pod stůl.	*Kam?*
Die Zeitung fiel unter den Tisch.	Wohin?
Položila to před sebe.	*Kam?*
Sie legte es vor sich hin.	Wohin?
Plavala přes řeku.	*Kam? Kudy?*
Sie schwamm über den Fluss.	Wohin? Auf welchem Wege?
Skrz(e) obálku nebylo vidět.	*Kudy?*
Durch das Kuvert konnte man nicht hindurchsehen.	Wo?
Schoval se za strom.	*Kam?*
Er versteckte sich hinter den Baum.	Wohin?
Je mimo dům.	*Kde?*
Er / sie ist außer Haus.	Wo?

Temporale Präpositionen:

Zůstal tam přes noc.	*Jak dlouho?*
Er blieb dort die Nacht über / blieb über Nacht dort.	Wie lange?
Trvalo to přes hodinu.	*Jak dlouho?*
Es dauerte über eine Stunde.	Wie lange?
Zkouška byla v úterý v osmnáct hodin.	*Kdy?*
Die Prüfung war am Dienstag um achtzehn Uhr.	Wann?
Přijde za týden.	*Kdy?*
Sie / er kommt in einer Woche.	Wann?

Modale Präpositionen:

Na ni asi vůbec nemyslíš.	*Na koho / co?*
An sie denkst du offenbar gar nicht.	An wen? Woran?
Bojí se o tebe, a proto se o tebe stará.	*O koho / co?*
Sie hat Angst um dich und deshalb	Um wen? Worum?
kümmert sie sich um dich.	
Jedná se o tvou rodinu. Jde o vaši budoucnost.	*O koho / co?*
Es handelt sich um deine Familie.	Um wen? Worum?
Es geht um eure Zukunft.	
Žádá ji o ruku.	*O koho / co?*
Er hält um ihre Hand an /	Um wen? Worum?
bittet sie um ihre Hand.	
To je pro tebe.	*Pro koho / co?*
Das ist für dich.	Für wen? Wofür?
Věří v Boha.	*V koho / co?*
Sie / er glaubt an Gott.	An wen? Woran?
Stydí se za tebe.	*Za koho / co?*
Er / sie schämt sich für dich.	Für wen? Wofür?
Děkovala za pomoc.	*Za co?*
Sie dankte für die Hilfe.	Wofür?
Mimo ni tam nikdo nebyl.	*Mimo koho / co?*
Außer ihr / mit Ausnahme von ihr war	Außer wem?
niemand dort.	Was ausgenommen?

Präpositionen mit dem Präpositiv:

na, o, po, při, v(e)

Lokale Präpositionen:

Sedí na posteli.	*Kde?*
Er sitzt auf dem Bett.	Wo?
Neběhej po koberci.	*Kde?*
Laufe nicht auf dem Teppich herum.	Wo?
Bratr je ve škole.	*Kde?*
Der Bruder ist in der Schule.	Wo?

Temporale Präpositionen:

Po jídle si lehnu.	*Kdy?*
Nach dem Essen lege ich mich hin.	Wann?

| Při jídle ráda čte. | Kdy? |
| Beim Essen liest sie gerne. | Wann? |

| V květnu bude svatba. | Kdy? |
| Im Mai wird die Hochzeit sein. | Wann? |

Modale Präpositionen:

| Táňa mluví jen o vás. | O kom / čem? |
| Tanja spricht nur von euch. | Von wem? Über wen? Worüber? |

| Slyšel jsem o ní jen dobré. | O kom / čem? |
| Ich hörte über sie nur Gutes. | Über wen? Worüber? |

Präpositionen mit dem Instrumental:

mezi, nad(e), pod(e), před(e), s(e), za

Lokale Präpositionen:

| Mezi těmi dvěma ulicemi je park. | Kde? |
| Zwischen den beiden Straßen ist ein Park. | Wo? |

| Bývá rád mezi dětmi. | Kde? |
| Er ist oft gern unter Kindern. | Wo? |

| Letadlo letělo nad vodou. | Kde? |
| Das Flugzeug flog über dem Wasser. | Wo? |

| Noviny leží pod stolem. | Kde? |
| Die Zeitung liegt unter dem Tisch. | Wo? |

| Stojí před vámi. | Kde? |
| Er / sie steht vor euch. | Wo? |

| Za lesem je řeka. | Kde? |
| Hinter dem Wald ist ein Fluss. | Wo? |

Pojedu za ním.	Kam? Kde?
(Wohin?) Ich werde zu ihm fahren.	Wohin? Wo?
(Wo?) Ich werde hinter ihm fahren.	
Ich werde ihm nachfahren.	

Půjdu za ní.	Kam? Kde?
(Wohin?) Ich werde zu ihr gehen.	Wohin? Wo?
(Wo?) Ich werde hinter ihr gehen.	
Ich werde ihr nachgehen.	

Temporale Präpositionen:
Odešel před koncem představení.   *Kdy?*
Er ging vor dem Ende der Vorstellung.   Wann?

Modale Präpositionen:
Nelam si nad tím hlavu. (= Nelam si tím hlavu.)   *Nad čím?*
Zerbrich Dir nicht den Kopf darüber.   Worüber?

Pojedu tam s tebou.   *S kým?*
Ich fahre mit dir hin.   Mit wem?

Andere sekundäre Präpositionen mit eher formellem Charakter:

+ Genitiv: následkem, pomocí, vlivem, v rámci

Příroda trpí následkem znečišťování životního prostředí.
Die Natur leidet infolge / als Folge der Umweltverschmutzung.

Doufají, že **pomocí** nových strojů mohou vyrábět levněji.
Sie hoffen, mithilfe / mittels neuer Maschinen billiger zu produzieren.

V rámci oficiální návštěvy se setkal také s ministryní školství.
Im Rahmen des offiziellen Besuches traf er auch mit der Unterrichtsministerin zusammen.

Vlivem nepříznivého počasí klesl počet návštěvníků.
Aufgrund des widrigen Wetters ging die Besucherzahl zurück.

+ Dativ: díky

Díky vaší dobré vůli se nám podařilo odstranit všechny překážky.
Dank eures guten Willens gelang es uns, alle Hindernisse zu beseitigen.

+ Akkusativ: směrem na, vyjma

Autobus jede **směrem na** Karlovy Vary.
Der Autobus fährt (in) Richtung Karlsbad.

Vyjma jejího bratra ji všichni navštěvovali.
Mit Ausnahme ihres Bruders haben sie alle besucht.

Präpositionen als Präfixe

Bis auf *bez, k, mezi, proti, skrz* stehen alle synsemantischen (= primären) Präpositionen auch als Präfixe in Verwendung: do-, na-, nad-, o-, ob-, od-, po-, pod-, pro-, před-, pře-, při-, s-, u-, v-, z-, za-. Dazu kommen noch die Präfixe roz- und vy-.

Anmerkung:

Bei der Ableitung von Nomen von den mit při- und vy- präfigierten Verben kommt es zur Längung der Vokalquantität dieser Präfixe (außer bei Nomen nach dem Muster *stavení*):

přiběhnout	→	příběh	vyběhnout	→ výběh
přikládat	→	příklad	vyjímat	→ výjimka
přiklopit	→	příklop	vyjet	→ výjezd
přiložit	→	příloha	vychodit	→ východ
připravit	→	příprava	vyletět	→ výlet
připsat	→	přípis	vypravit	→ výprava
přispět	→	příspěvek	vyrobit	→ výrobek
přistoupit	→	přístup	vytáhnout	→ výtah

Dieselbe Regel gilt auch für Deverbativa von den mit na-, u- und za-präfigierten Verben:

nastoupit	→	nástup	utéct	→ útěk
navštívit	→	návštěva	zajímat se	→ zájem

Slovíčka – Vokabel:

být s to — imstande sein, fähig sein
bývat; *ipf., V* — zu sein pflegen, gewöhnlich sein
cítit; *ipf., IV 1, Imp. Sg.:* cíť — riechen; fühlen
dloubat; *ipf., Präs.:* dloubu / dloubám, — stoßen; bohren
   dloubou / dloubají,
   Imp. Sg.: dloubej, *PPA:* dloubal
dloubnout; *pf., II 1a,*
   PPA: dloub/nu/l, dloubla,
docházet (*k + Dat.*); *ipf., IV 3* — (an)kommen, anlangen,
dojít; *pf., Futur:* dojdu, dojdou, — eintreffen
   Imp.: dojdi, dojděte,
   PPA: došel, *PPP:* -
dolovat; *ipf., III 2* — fördern, abbauen
   vydolovat; *pf., III 2a*
chřastit; *ipf., IV 1* — klappern, klirren, rasseln
klást; *ipf., Präs.:* kladu, kladou, — legen; setzen; stellen (Frage)
   Imp. Sg.: klaď, *PPP:* kladl,
   PPA: kladen
   položit; *pf., IV 1a*
kvést; *ipf., Präs.:* kvetu, kvetou, — blühen
   Futur: pokvete / bude kvést,
   Imp. Sg.: kveť, *PPA:* kvetl

lámat; *ipf., Präs.:* lámu, lámou,　(zer)brechen
　Imp. Sg.: lámej / lam, *PPA:* lámal
mačkat; *ipf., V*　　drücken, pressen, quetschen
měknout; *ipf., II 1, PPA:* měkl　weich werden, erweichen
　změknout; *pf., II 1a*
míchat; *ipf., V*　　mischen, vermengen, rühren
mstít se (+ *Dat.*); *ipf., IV 1, Imp.:* msti,　sich rächen an
　mstěte, *PPA:* mstil, *PPP:* mstěn
　pomstít se; *pf., IV 1a*
namlouvat; *ipf., V*　　daraufsprechen, -reden; einreden
　namluvit; *pf., IV 1a*　　wollen
natírat; *ipf., V*　　anstreichen
　natřít; *pf., Futur:* natřu, natřou,
　　Imp.: natři, natřete,
　　PPA: natřel, *PPP:* natřen
odstraňovat; *ipf., III 2*　　beseitigen, beheben, entfernen
　odstranit; *pf., IV 1a*
popisovat; *ipf., III 2*　　beschreiben, schildern
　popsat; *pf., Futur:* popíšu, popíšou,
　　Imp. Sg.: popiš, *PPA:* popsal,
　　PPP: popsán
pověsit; *ipf., IV 1*　　(auf)hängen
projíždět (*Akk. - Instr.*); *ipf., IV 3*　durchfahren
　projet; *pf., Futur:* projedu, projedou,
　　Imp. Sg.: projeď, *PPA:* projel,
　　PPP: projet
předávat; *ipf., V*　　übergeben, übertragen, weiterleiten
　předat; *pf., Va*
přibíhat; *ipf., V*　　herbeilaufen, zulaufen
　přiběhnout; *pf., II 1a*
přikládat; *ipf., V*　　beilegen, anschließen; anlegen
　přiložit; *pf., IV 1a*
přiklápět; *ipf., IV 3*　　zudecken, zuklappen
　přiklopit; *pf., IV 1a*
připisovat; *ipf., III 2*　　(hin)zuschreiben
　připsat; *pf., Futur:* připíšu, připíšou,
　　Imp. Sg.: připiš, *PPA:* připsal,
　　PPP: připsán
přispívat; *ipf., V*　　beitragen, beisteuern
　přispět; *pf., III 1a, Futur:* přispěji / -u,
　　přispějí /-ou, *Imp. Sg.:* přispěj,
　　PPA: přispěl, *PPP:* -

přiznávat; *ipf., V*   bekennen, (ein)gestehen, zugeben
    přiznat; *pf., Va*
sbírat; *ipf., V*   (auf)sammeln, (auf)klauben
    sebrat; *pf., Futur:* seberu, seberou,
      Imp. Sg.: seber, *PPA:* sebral,
      PPP: sebrán
spustit (*na* + *Akk.*); *pf., IV 1a*   anfahren, jmdn. unfreundlich anreden
stydět se; *ipf., IV 2*   sich schämen, sich genieren
trvat (*na* + *Präp.*); *ipf., V*   bestehen, beharren auf
tvrdnout; *ipf., II 1, PPA:* tvrd/nu/l,   hart werden
    tvrdla
    ztvrdnout; *pf., II 1a*
ulehčovat (si); *ipf., III 2*   (sich) erleichtern
    ulehčit (si); *pf., IV 1a*
utvářet; *ipf., IV 3*   bilden, formen, schaffen
    utvořit; *pf., IV 1a*
uvádět; *ipf., IV 3*   anführen, angeben; einführen
    uvést; *pf., Futur:* uvedu, uvedou,
      Imp. Sg.: uveď, *PPA:* uvedl,
      PPP: uveden
viset; *ipf., IV 2*   hängen
vybíhat; *ipf., V*   hinauslaufen
    vyběhnout; *pf., II 1a, PPA:* vyběhl
vyhazovat; *ipf., III 2*   hinauswerfen
    vyhodit; *pf., IV 1a*
vychodit; *ipf., IV 1*   absolvieren (Schule); austreten (Weg)
vyjímat; *ipf., V*   (her)ausnehmen
    vyjmout; *pf., Futur:* vyjmu, vyjmou,
      Imp.: vyjmi, vyjměte, *PPA:* vyjmul /
      vyňal, *PPP:* vyjmut / vyňat
vyjíždět; *ipf., IV 3*   ausfahren
    vyjet; *pf., Futur:* vyjedu, vyjedou,
      Imp. Sg.: vyjeď, *PPA:* vyjel, *PPP:* vyjet
vyklápět; *ipf., IV 3*   kippen, umkippen
    vyklopit; *pf., IV 1a*
vylétat; *ipf., V*   (hin)ausfliegen
    vyletět; *pf., IV 2a*
vypravovat; *ipf., III 2*   abfertigen, absenden, expedieren;
    vypravit; *pf., IV 1a*   ausrüsten
vyrábět; *ipf., IV 3*   erzeugen, herstellen, produzieren
    vyrobit; *pf., IV 1a*
zachtít se (*Dat.* + *Gen./Inf.*) *unpers.; pf.,*   gelüsten, Lust bekommen, begehren
      Futur: zachce se, *PPA:* zachtělo se

zastupovat; *ipf., III 2*	vertreten, verstellen
zastoupit; *pf., IV 1a, Imp. Sg.:* zastup	
atlas, -u, *Mask. 1, u.*	Atlas
atletika, -y, *Fem. 1*	Athletik
běh, -u, *Mask. 1, u.*	Lauf
dálka, -y, *Fem. 1*	Ferne, Weite
dekorace, -e, *Fem. 2*	Dekoration
demonstrace, -e, *Fem. 2*	Demonstration
důlek, -lku, *Mask. 1, u.*	**das** Grübchen, **die** Delle
formička, -y, *Fem. 1*	Ausstech-, Backform; Sandform
fronta, -y, *Fem. 1*	Schlange, Reihe; Front
hod, -u, *Mask. 1, u.*	Wurf, **das** Werfen
jízda, -y, *Fem. 1*	Fahrt; **das** Fahren
klávesa, -y, *Fem. 1*	Taste
kondice, -e, *Fem. 2*	Kondition
konzistence, -e, *Fem. 2*	Konsistenz
království, -í, *Neutr. 3*	Königreich, Königtum
kvalita, -y, *Fem. 1*	Qualität
list, -u, *Mask. 1, u.*	**das** Blatt; der Brief
lokomotiva, -y, *Fem. 1*	Lokomotive
mák, -u, *Mask. 1, u.*	Mohn
maraton / maratón, -u, *Mask. 1, u.*	Marathonlauf
medaile, -e, *Fem. 2*	Medaille
následek, -dku, *Mask. 1, u.*	**die** Folge, Nachwirkung
útěk, -u, *Mask. 1, u.*	**die** Flucht, **das** Entkommen
obilí, -í, *Neutr. 3*	Getreide, Korn
očekávání, -í, *Neutr. 3*	**die** Erwartung, das Erwarten
ohrada, -y, *Fem. 1*	Umzäunung
olympiáda, -y, *Fem. 1*	Olympiade
oštěp, -u, *Mask. 1, u.*	Speer, Spieß, **die** Lanze
pečení, -í, *Neutr. 3*	Backen
paprsek, -sku, *Mask. 1, u.*	Strahl
performance, -e, *Fem. 2*	Performance
piškot, -u, *Mask. 1, u.*	**der** / **das** Biskuit
plnění, -í, *Neutr. 3*	Füllen, **die** Abfüllung, Erfüllung
polotovar, -u, *Mask. 1, u.*	**das** Halbfabrikat; Fertiggericht
pomazánka, -y, *Fem. 1*	**der** (Brot-)Aufstrich
poplatek, -tku, *Mask. 1, u.*	**die** Gebühr
postup, -u, *Mask. 1, u.*	Fortgang, Vorgang; **das** Fortschreiten
pozemek, -mku, *Mask. 1, u.*	**das** Grundstück, der Grund
prášek, -šku, *Mask. 1, u.*	**das** Pulver; Stäubchen
pravidlo, -a, *Neutr. 1*	**die** Regel, Norm, Maßgabe
prezentace, -e, *Fem. 2*	Präsentation

prostředí, -í, *Neutr. 3*	die Umwelt, Umgebung, das Milieu
životní prostředí	die Umwelt
prozaik, -a, *Mask. 3, b.*	Prosaiker, Prosaschriftsteller
průvodčí, -ího, *Mask. / -í, Fem.*	Schaffner(in)
prvek, -vku, *Mask. 1, u.*	das Element
přehled, -u, *Mask. 1, u.*	Überblick, die Übersicht
překážka, -y, *Fem. 1*	das Hindernis
překlad, -u, *Mask. 1, u.*	die Übersetzung
přezdívka, -y, *Fem. 1*	der Spitzname, Beiname
příklop, -u, *Mask. 1, u.*	Deckel, Sturz
přípis, -u, *Mask. 1, u.*	die Zuschrift
příspěvek, -vku, *Mask. 1, u.*	Beitrag
půlhodina, -y, *Fem. 1*	eine halbe Stunde
rámec, -mce, *Mask. 2, u.*	Rahmen
reakce, -e, *Fem. 2*	Reaktion
redakce, -e, *Fem. 2*	Redaktion
schůzka, -y, *Fem. 1*	das Treffen, die Verabredung
suita / svita, -y, *Fem. 1*	Suite
školství, -í, *Neutr. 3*	Schulwesen
ministerstvo školství	Unterrichtsministerium
taxikář / taxíkář, -e, *Mask. 4, b.*	Taxifahrer
těsto, -a, *Neutr. 1*	der Teig
útěk, -u, *Mask. 1, u.*	die Flucht, das Entkommen
vrstva, -y, *Fem. 1*	Schicht, Lage
výběh, -u, *Mask. 1, u.*	Auslauf, das (Frei-)Gehege
výjezd, -u, *Mask. 1, u.*	die Ausfahrt
výjimka, -y, *Fem. 1*	Ausnahme
výprava, -y, *Fem. 1*	Expedition, Exkursion
výrobek, -bku, *Mask. 1, u.*	das Produkt, Erzeugnis
zážitek, -tku, *Mask. 1, u.*	das Erlebnis, Erlebte
zbytek, -tku, *Mask. 1, u.*	Rest
znečišťování, -í, *Neutr. 3*	die Verschmutzung, Verunreinigung
agresivní, *2*	aggressiv
dekorační, *2*	dekorativ
drobný, *1*	klein
elegantní, *2*	elegant
granátový, *1*	Granat-
jídelní, *2*	Speise-, Ess-
kilometrový, *1*	Kilometer-, kilometerlang
královský, *1*	Königs-, königlich
křehký, *1*	zerbrechlich, brüchig, zart, fein
léčivý, *1*	heilsam, heilend, Heil-
lipový, *1*	Linden-

náhrobní, 2	Grab-
občanský, 1	Bürger-, bürgerlich
občanský průkaz	Personalausweis
ohromný, 1	Riesen-, riesig, ungeheuer(lich)
olejový, 1	Öl-
olympijský, 1	olympisch
pokojový, 1	Zimmer-
použitelný, 1	verwendbar, anwendbar
pravý, 1	echt
příznivý, 1	günstig
silniční, 2	Straßen-
slabý, 1	schwach
složitější, 2 (*Komparativ zu* složitý, 1)	komplizierter
složitý, 1	kompliziert
soukromý, 1	privat, Privat-
starodávný, 1	altertümlich, uralt
tehdejší, 2	damalig
těstový, 1	Teig-
tlustý, 1	dick, fett
určitý, 1	bestimmt, konkret
zažitý, 1	erlebt
jakýsi, jakási, jakési, *Pron.*	ein, ein gewisser, irgendein
didakticky, *Adv.*	didaktisch
dostatečně, *Adv.*	genügend
empiricky, *Adv.*	empirisch
levněji *Adv.*, (*Komparativ zu* levně),	billiger
náramně, *Adv.*	ungemein, ungeheuer, riesig
nesmírně, *Adv.*	riesig, ungeheuer
prostě, *Adv.*	einfach
smutno, *Adv.*	traurig
totiž, *Adv.*	nämlich
týž / tentýž, táž/tatáž, totéž; *Pron.*	derselbe, dieselbe, dasselbe
(*Sg.: Mask.+Neutr. Gen.* téhož, *Dat.* témuž, *Präp.* témž/e/, *Instr.* týmž/ tímtéž; *Fem. Gen.+Dat.+Präp.* téže, *Akk.* touž/tutéž, *Instr.* tou/té/ž) (*Pl.: Mask. b. Nom.* tíž, titíž, *Mask. b. Akk.* tytéž, *Mask. u. + Fem. Nom.+Akk.* tytéž, *Neutr. Nom.+Akk.* táž/tatáž, *weiter für Mask.+Fem.+Neutr. Gen.+Präp.* týchž, *Dat.* týmž, *Instr.* týmiž)	
určitě, *Adv.*	bestimmt, gewiss
zdarma, *Adv.*	kostenlos, gratis
zřídka, *Adv.*	selten
oproti (+ *Dat.*), *Präpos.*	gegenüber, im Gegensatz zu

Květiny a stromy (rostliny) – Blumen und Bäume (Pflanzen)

semeno	kořen	list	poupě	květ
Samen	Wurzel	Blatt	Knospe	Blüte
stonek	plod	větev (Fem.)	trn, osten	louka
Stängel	Frucht	Zweig	Dorn, Stachel	Wiese
luční květiny	polní květiny	byliny	plevel	mech
Wiesenblumen	Feldblumen	Kräuter	Unkraut	Moos
fialka	sněženka	konvalinka	petrklíč, prvosenka	pomněnka
Veilchen	Schneeglöckchen	Maiglöckchen	Himmelschlüssel, Primel	Vergissmeinnicht
tulipán	pivoňka	růže	narcis	karafiát
Tulpe	Pfingstrose	Rose	Narzisse	Nelke

maceška	lilie, kosatec
Stiefmütterchen	Lilie, Schwertlilie
vlčí mák	chrpa
Klatschmohn	Kornblume
astra	břečťan
Aster	Efeu
pampeliška	sedmikráska
Löwenzahn	Gänseblümchen
kopretina	heřmánek
Margerite	Kamille
divizna	máta peprná
Königskerze	Pfefferminze
šťovík	jitrocel
Sauerampfer	Spitzwegerich

kopřiva	ocún	bodlák	zeměžluč	koukol
Brennnessel	Herbstzeitlose	Distel	Tausendgüldenkraut	Kornrade
vřes	blatouch	podběl	sasanka	jaterník
Heidekraut	Sumpfdotterblume	Huflattich	Buschwindröschen	Leberblümchen
protěž	pěničník	hořec	mateřídouška	leknín
Edelweiß	Almrausch, -rose	Enzian	Quendel, Feldthymian	Seerose
jehličnatý les	listnatý les	smíšený les	vysoký les	lužní les
Nadelwald	Laubwald	Mischwald	Hochwald	Auwald
kmen	kůra	šiška	pryskyřice, smůla	jehličí
Stamm	Rinde	Zapfen	Harz, Pech	Nadeln

jedle	borovice, sosna
Tanne	Kiefer, Föhre
smrk	kleč, kosodřevina
Fichte	Latsche(nkiefer)
modřín	jalovec
Lärche	Wacholder
keř	chrastí
Strauch, Busch	Reisig
křoví	houští
Gestrüpp	Dickicht
dub	žalud
Eiche	Eichel
buk	bukvice
Buche	Buchecker

lípa	bříza	vrba	kočičky	javor
Linde	Birke	Weide	Palmkätzchen	Ahorn
topol	jeřáb	olše	akát	kaštan
Pappel	Eberesche	Erle	Akazie	Kastanie
jilm	platan	klen	osika	jasan
Ulme	Platane	Bergahorn	Espe	Esche
šeřík	jabloň	hrušeň	třešeň	višeň
Flieder	Apfelbaum	Birnbaum	Kirschbaum	Weichsel

Náhrobní kámen preromantického básníka a prozaika generálmajora Miloty Zdirada Poláka (1788-1856) na hřbitově ve Vídeňském Novém Městě. Foto: Josef Ernst

🆑 Dvacátá čtvrtá lekce

A: Když je člověk nachlazený, měl by pít bylinkové čaje, protože nemusí chodit nakupovat do lékárny, ale v létě jde do přírody sbírat léčivé byliny.

B: Jaké byliny?
A: Například proti nachlazení je nejlepší lipový čaj.
B: Lípa – to je květina?
A: Ne, lípa má sice květy, ale je to listnatý strom. Na čaj se sbírá právě ten květ. U jiné byliny, třeba u kopřivy, se sbírá list. Z čerstvé, mladé kopřivy se připravuje jarní salát.
B: A kdy začínají kvést stromy a květiny na jaře?
A: Už pod sněhovou pokrývkou*) kvetou sněženky a první sluneční paprsky probouzejí fialky.
B: Jak vypadají fialky?
A: To jsou velice hezké malé rostliny s drobnými květy a jmenují se podle fialové barvy květů. Cítíš je ve vzduchu už na dálku. Na začátku léta můžeš najít konvalinky a pomněnky a v horkém létu na poli jsou často vidět červené vlčí máky a modré chrpy.

*) *sněhová pokrývka = dt. Schneedecke*

Theaterhotel ve Vídni-Josefstadtu tehdy a nyní;

odtud psala Milena Jesenská F. Kafkovi dopisy.

Vchod do domu Lerchenfelderstraße
113, Vídeň VII., ve kterém Milena
Jesenská bydlela se svým manželem
Ernstem Pollakem. Mimo jiné
vyučovala i češtinu.

Briefe an Milena

[...] Die Wirkung Ihrer Briefe verkennen Sie, Milena. Die Montagbriefe (*jen strach o Vás*)[1] habe ich noch immer nicht ganz gelesen (heute früh habe ich es versucht, es ging auch schon ein wenig, es war ja auch schon etwas Historie geworden durch meinen Vorschlag, aber zuende lesen konnte ich sie noch nicht), der Dienstagbrief dagegen (und auch die merkwürdige Karte – im Kaffeehaus geschrieben; – auf Ihre Werfelanklage muss ich noch antworten, ich antworte Ihnen ja eigentlich auf gar nichts, Sie antworten viel besser, das tut sehr gut), macht mich heute trotz einer durch den Montagsbrief fast schlaflosen Nacht genug ruhig und zuversichtlich. Gewiss, auch der Dienstagbrief hat seinen Stachel und er schneidet sich seinen Weg durch den Leib, aber Du führst ihn und was wäre – dies ist natürlich nur die Wahrheit des Augenblicks, eines Glück- und Schmerz-zitternden Augenblicks – was wäre von Dir zu ertragen schwer?

F

Ich nehme den Brief noch einmal aus dem Umschlag, hier ist Platz: Bitte sag mir einmal wieder – nicht immer, das will ich gar nicht – sag mir einmal Du. [...].

Sagen Sie bitte, wenn es Ihnen nicht unangenehm ist, bei Gelegenheit Werfel für mich etwas Liebes. – Auf manches aber antworten Sie leider doch nicht, z. B. auf die Fragen wegen Ihres Schreibens. [...].

[1] (nur Angst um Sie)   [Erweiterte Neuausgabe im Fischer-Verlag, 1999, S. 54].

25. Lektion

Michal Viewegh píše věty dvakrát delší než Karel Čapek

Marie Těšitelová (nar. 1921) publikovala v časopise *Naše řeč* č. 1/2000 pozoruhodný článek „K současné české próze z hlediska frekvence slov". Praha – Po půl století se první dáma naší kvantitativní lingvistiky vrátila k problematice frekvence slova v jazyce uměleckého stylu a položila si otázku, zda a jak se z tohoto hlediska změnil současný jazyk uměleckého stylu, zejména pak do jaké míry a v jakých relacích se to projevuje vzhledem k druhu slova.

Ke svému studiu si nyní Těšitelová zvolila souvislý výběr 3000 slov [...], tj. prvních 3000 slov ze začátku dvou textů předních autorů současné české prózy, Michala Viewegha *Výchova dívek v Čechách* [...] a Lenky Procházkové *Růžová dáma* [...]. Lingvistka přihlédla k tomu, že oba autoři jsou si generačně blízcí, mají odborné vzdělání v českém jazyce na Filozofické fakultě UK v Praze [na rozdíl od Viewegha však studijním oborem Procházkové nebyla bohemistika, nýbrž teorie kultury – pozn. jas] a ve svých textech zpracovávají obdobnou tematiku, tj. vztahy mezi mladými lidmi, problémy jejich života apod.

Když Těšitelová porovnala frekvenční slovníky textů obou spisovatelů, ukázalo se, že nejfrekventovanějšími slovy u Viewegha jsou: *a, v(e), (ne)být, já, na, ten, že, říci, on, z(e)*; u Procházkové pak: *on, ten, a, (ne)být, na,* *že, v(e), k(e), do, se.* Mimochodem, spojka *a* představuje [...] první nejčastější slovo v českém jazyce vůbec. Zájmeno *já*, ve Vieweghově textu (psaném „ichformou") velmi frekventované, patří v češtině na začátek druhé desítky slov nejčastějších v jazyce vůbec. Sloveso *říci*, u Viewegha osmé nejfrekventovanější slovo, se ocitlo v českém frekvenčním slovníku až na začátku páté desítky nejčastějších slov.

Těšitelová zkoumala také průměrnou délku věty v textech Michala Viewegha a Lenky Procházkové. U Viewegha jí vyšlo 10,10 slova, u Procházkové 6,67 slova. Některé Vieweghovy větné celky se svou délkou blíží spíše délce věty v jazyce stylu věcného. Když lingvistka publikovala roku 1948 (rovněž v *Naší řeči*) svůj kvantitativnělingvistický rozbor nedokončené prózy Karla Čapka *Život a dílo skladatele Foltýna*, dobrala se závěru, že průměrná délka Čapkovy věty činí 4,69 slova.

Nově zjištěné údaje doprovází Těšitelová vysvětlením, že v textech současné české prózy se projevuje tendence užívat věty delší, respektive strukturovanější větné celky.

1. *To nejpodivnější, co nás na počátku každého vyprávění nejvíce zaráží, je dokonalá prázdnota, rozprostírající se před námi. Události se staly a leží kolem nás v souvislé, beztvaré mase, bez počátku a kon...*
Věra Linhartová

Když js... ...koly domů, ...isy dos... ...ch Lido- ...n obsahovala je... ...strán- ...orekturami mého r... ...odrý ...vněž mně, a konečně ...octer ...vý sáček s reklamní... ...něja- ...e. Zamykaje sch... ...e Krále ...přeškrtnutá...... 16. června 1...

Pramen: *jas*

Interview – Ovlivňují hvězdy osud člověka?

(Interview s astronomem RNDr. Pavlem Koubským z Astronomického ústavu AV ČR, Týden 6/96)

Je nepochybné, že Slunce ovlivňuje život na Zemi. Lze si představit, že záření z vesmíru může také na leccos působit, i když zemská atmosféra hodně odfiltruje [...]. Ovlivňování vesmírem tedy jistě může být reálné. Ale úplně jinak, než to zjednodušeně vykládají astrologové. U astrologie je potíž v její metodě. Buď je to dnes přes hvězdy kamuflovaná psychologie, leckdy uplatňovaná na dobré úrovni, nebo jde o tzv. vulgární astrologii, která je rozhodně nesmyslná.

Proč si to myslíte? Je přece přinejmenším stejně stará jako astronomie.

Je zajímavé, že horoskopy dříve počítaly se šesti planetami – teď je jich známo devět, ale nevím o tom, že by se horoskopy podle toho změnily. A žádný astrolog vám neprozradí, jakou metodu používá. Tím se liší od vědce, který, chce-li se svou teorií uspět, musí ostatním sdělit, jak ke svému objevu došel. To je také důvod, proč se astrologie vlastně nevyvíjí. Ještě v 17. století astrologie a astronomie prakticky splývaly. [...].

Rozhovor

Malá holčička říká bratříčkovi: „Musíš mít radši babičku než dědečka." „Proč?" ptá se tříletý bratříček. „Protože babička je chytřejší!" odpovídá holčička.

1) Bilden Sie die jeweilige Grundform zu den Adverbien im Superlativ:

Nejraději chodí v sobotu do kina.   Nejméně ho zajímá účetnictví.
To slovo je nejvíce přiléhavé.   Nejdříve sní předkrm.
Umí nejvíce, stojí nejméně.   Tenhle osobní vlak jede nejpomaleji.

2) Bilden Sie das Adverb:

Napsala to (richtig) _____. → *Napsala to správně.*

Není mi (schlecht) _____. Mluvil s námi (höflich) _____. Vypadali (verliebt) _____. Zpívá (ergreifend) _____. Působí (müde) _____. Píše (interessant) _____. Usmála se (glücklich) _____. Neudělali to (ordentlich) _____. Hrál (klug) _____. Reagoval (mutig) _____. Venku je (heiß) _____.

424

3) Bilden Sie den Komparativ:

Přál by sis něco (kyselý) _____? → *Přál by sis něco kyselejšího?*

Chtěla bys něco (*sladký*) _____? Nemáš nic (*těžký*) _____? Měli byste něco (*dlouhý*) _____? Hledám něco (*krátký*) _____? Přeje si něco (*napínavý*) _____? Máme (*rychlý*) _____ a (*spolehlivý*) _____ zdroj informací.

4) Bilden Sie den Superlativ zu den angeführten Adjektiven:

To je drahé CD. → *To je nejdražší CD.*
To je levný mobil. To jsou zajímavé knihy. To je rychlý atlet. To je tvůj dobrý kamarád? To je známá restaurace? Na co máš velkou chuť? V tom případě je čas dobrým lékařem. Hradní orchestr je malý. Bylo to velké tajemství slavných cukrářů. Krásná je hudba tehdy, když tleská vlastní duše. To byl dobrý postup. To byl hezký dárek. To jsou důležité aspekty. Byli to poctiví obchodníci. Nevím, jestli je dobré koupit ten levný nábytek. Je špatné udělat stejnou chybu dvakrát.

5) Filmové ceny – Přeložte:

Nejlepší film, nejlepší mužský výkon v hlavní/vedlejší roli, nejlepší ženský výkon, nejžádoucnější žena, nejžádoucnější muž, nejlepší zlodu-ch/-ška, nejlepší komediální výkon, nejlepší dvojice, nejlepší polibek, nejlepší taneční sekvence, nejlepší píseň, nejlepší kamera, nejlepší scénář, nejlepší hudba, nejlepší střih, nejlepší zvuk.

Ergänzen Sie: Nejvíce se mi líbí ... Nejméně se mi líbí ...
Nejvíce se mi líbí český film Pelíšky (= Kuschelecken).

6) Bilden Sie den Komparativ zu den angeführten Adjektiven:

Voda by měla být (*studená*) _____. Až bude (*starý*) _____ , bude to vědět. Pojedeme v červnu, bude (*teplé*) _____ počasí. Testy byly (*těžké*) _____. Líbí se jí ty (*tmavé*) _____ boty. Nejsme dnes (*unavení*) _____. Nebude to (*zlé*) _____. Bylo tam hodně (*malých*) _____ domů. Kdyby neměla tolik starostí, byla by (*šťastná*) _____. Je (*kreativní*) _____? Ta růže je (*krásná*) _____. Děti dnes byly (*hodné*) _____. Ten notebook je (*moderní*) _____.

7) Kommentieren Sie ähnlich wie im Beispiel:

Kolik chyb tam bylo? 15. Tolik ? Myslel jsem, že jich bude méně.
Přišlo 20 lidí.   Dám vám 1000 korun.   Vydělává jen 360 eur.

8) Bilden Sie den Komparativ zu den angeführten Adverbien:

Kdybych nemusel tolik pracovat, žil bych (klidně) _____. *→..., žil bych klidněji.*

Kdybych mohla teď začít, byla bych (*rychle*) _____ hotová. Kdyby chtěli,

podporovali by mě (*často*) _____. Kdybych měla příležitost, zůstala

bych (*ráda*) _____ v Praze. Musel bys vědět, že to neudělám (*špatně*)

_____. Kdybychom měli dost času, cestovali bychom (*hodně*) _____.

Myslí (*strategicky*) _____ a (*koncepčně*) _____. Dnes vypadá

(*spokojeně*) _____.

9) Ersetzen Sie die Formen von „rád" durch die Komparativformen bzw. setzen Sie „raději" oder „radši" passend ein:

Není konfliktní, má rád klid. → Není konfliktní, má radši klid.
Odřeknu a pojedu malovat do Vachavy. → Odřeknu a raději pojedu malovat do Vachavy.
Čtu si ráda. Omluvil se a jde do posilovny. Hrála si ráda s Janou a
Zdeničkou. Šly bychom si hrát k nám na zahrádku. Krouží kolem mě s
jaksi nedobrou náladou a šimrá mi nervy, odešel jsem. Budu končit. Celé
prázdniny o tom nechci nic slyšet. Konečně bych se vyspal. Už mlčím. Na
zpáteční cestě jsem se, až na čaj, dobrovolně postil. Nebudu o tom mluvit.

10) Ändern Sie die Sätze ab, indem Sie die tschechischen Entsprechungen für „kommen/weggehen" bzw. „fahren/wegfahren" sowie eine Zeitangabe einfügen:

Studenti jsou v prvním nádvoří, v kavárně Ambulatorium. → Studenti přišli do kavárny v 17 hodin. Studenti odešli z kavárny ve 21 hodin.
Hosté jsou na radnici.   Příbuzní jsou v divadle.
Vlak je na prvním nástupišti.   Známí čekají na hranicích.
Děti jsou u babičky.   Kamarádi čekají v parku.

11) Unterstreichen Sie die Formen im Instrumental:

Můj nejhezčí dárek

Když jsem byl malý, bylo mým největším přáním kolo. Bylo to krátce po válce a neměli jsme peníze. Rodina se musela starat o každodenní živobytí, ale všichni byli veselí, protože jsme přežili a bylo co jíst. Před Vánocemi chodil otec tu a tam pracovat, a tak jsem na Štědrý večer 1946 našel pod vánočním stromkem kolo. Tedy nebylo to kolo, byly to různé součástky a části jízdního kola, které se musely smontovat. Otec je pro mě sbíral půl roku.

Pramen: G.R.

12) Ergänzen Sie entsprechend die richtigen Formen:

Odpověděl (*schnell*) _____ na otázku.   Zní to (*gut*) _____.

Soused odpověděl ještě (*schneller*) _____.   Můj známý zpívá (*besser*) _____.

Včera jsem se necítil (*gut*) _____.   Ta růže (*schön*) _____ voní.

Působí velmi (*freundlich*) _____.   Otevřel (*leise*) _____ dveře.

Kdybych měl čas, cestoval bych (*öfter*) _____.

Kdyby mi ostatní rozuměli, věděli by, že to neudělám (*schlecht*) _____.

Kdybych měl jiné podmínky, udělal bych to (*schneller*) _____.

Kdybych mohl prožít svůj život znova, chtěl bych mít (*besser*) _____ vzdělání.

Kdybych dostal příležitost, zůstal bych (*lieber*) _____ ve Vídni.

Kdybych byla (*jünger*) _____, udělala bych všechno jinak.

Myslela jsem, že kdybych mohla dělat, co chci, byl by můj život (*glücklicher*) _____.

Kdybych měla talent, studovala bych (*lieber*) _____ na konzervatoři.

Kdybych měla čas, byla bych (*höflicher*) _____.

Kdybych měl čas, šel bych (*langsamer*) _____.

Kdyby zaplatila skutečnou cenu, bylo by to (*teurer*) _____.

Kdyby už mohl začít, měl bych (*weniger*) _____ bolestí.

Bylo by to (*schneller*) _____ hotovo, kdyby mi někdo pomohl.

Je (*schneller*) _____ jet vlakem nebo autem?

Kdyby byl (*stärker*) _____, mohl by si obléct ty bílé kalhoty.

Myslel, že by byl (*glücklicher*) _____, kdyby byl sám.

Už je mi to jasné. Jemu je to (*klarer*) _____.

To jsou špatné výsledky. Nedávno byly ještě (*schlechter*) _____.

Ten hotel je malý. V Londýně jsme bydleli v (*kleiner*) _____.

Má velký hlad, ale ještě (*größer*) _____ žízeň.

13) Übersetzen Sie:

Wer ist jünger, du oder deine Schwester? Die Brünner Straße ist heute breiter als vor 20 Jahren. Welches Gemüse ist am gesündesten? Ich brauche ein neueres Wörterbuch. Wir gingen an der offenen Türe vorbei. Sie kamen gestern von den Verwandten zurück. Er isst mehr Brot als Semmeln. Sie ist kleiner als ich. Es sind weniger Studenten als Studentinnen dort. Sie kommt heute später.

Umyli se důkladně. Tohle mýdlo jim bylo milejší. Uměli to líp než já. Trvalo to déle, než myslel. Vzpomínal na to jako na nejhorší okamžik svého života. V nejhorším případě přijdeme pozdě. Musíme se dát do práce, je nejvyšší čas! Vezmi jen to nejnutnější. Ten dort je tak dobrý jako nejlepší dort od maminky. Nejlépe se prý žije v kanadském Vancouvru, v Evropě pak ve Vídni, Curychu, Bernu a Ženevě. Ekonomicky nejsilnějším městem je prý japonské Tokio. Dali se do smíchu, protože nejpozději přišel a nejdříve odešel. Nejprve jsem myslel na vás. Knihovna slavistiky v New Yorku je nejméně stejně velká jako ve Vídni.

Ústav slavistiky ve Vídni, knihovna v roce 2001

14) Gruppenarbeit: Jede Gruppe wählt einen Vertreter. Jedes Mitglied einer Gruppe muss nun diesem Vertreter einen bestimmten deutschen Begriff auf Tschechisch vermitteln, ohne dabei die tschechische Entsprechung direkt zu nennen.

15) Stellen Sie ähnliche Fragen:

Kdo je sympatičtější?
W. A. Mozart nebo B. Smetana? R. Wagner nebo A. Dvořák? J. Strauss nebo J. Brahms?

16) Nennen Sie einige Schauspieler und Schaulspielerinnen (Buchautoren). Welche sind Ihrer Meinung nach die bekanntesten, schönsten, ... ?

17) Čím byste chtěl / chtěla být?

nejodvážnějším kaskadérem
nejmoudřejší královnou
...

18) Vergleichen Sie zwei Freundinnen bzw. Freunde (Größe, Länge der Haare, Eigenschaften ...). Benützen Sie dabei möglichst viele Komparative.

Alena je vyšší než Petra.

19) Welche Rekorde haben Sie schon aufgestellt?

Běhají s vajíč-
kem na lžíci v zubech, sna-
ží se uvázat co nejvíc kra-
vat za tři minuty, ujít co
nejdál po rukou, hodit co
nejvýš omeletu, vyrobit
největší kartáček na zu-
by... Proč chtějí být nejlep-
ší i v těch nejbizarnějších
disciplínách? Proč na ak-
ce, jakou byl už pátý roč-
ník pelhřimovského festi-
valu rekordů a kuriozit,
vlastně jezdí?

SEDM PELHŘIMOVSKÝCH NEJ 1995	
Nejvíce kliků za hodinu	3165
Nejvíce kliků za minutu na střeše jedoucího auta	45
Nejvíce sirek na hrdle láhve	2734 ks
Nejdelší hlavolam	197 m
Nejrychleji vypitý tuplák piva	6,23 s
Nejvíce kostek domina na jediné stojící	412 ks
Nejdelší hod hlávkou zelí do rukou partnera	31,60 m

20) Suchen Sie sich einige Substantiva aus und schreiben Sie dazu assoziativ und dissoziativ jeweils ein Adjektiv auf. Ihre Kollegen bilden nun zu den Adjektiven die entsprechenden Komparative und Superlative:

lokomotiva → stará lokomotiva / zamilovaná lokomotiva → starší ...

abeceda (f)	fotoaparát (m)	kukuřice (f)	palačinka (f)	román (m)
akvárium (n)	fotografie (f)	lak (m)	papír (m)	rum (m)
ananas (m)	fyzika (f)	lampa (f)	paprika (f)	sako (n)
angína (f)	garáž (f)	literatura (f)	park (m)	salát (m)
atlas (m)	gorila (f)	litr (m)	pár (m)	student (m)
auto (n)	gramatika (f)	lokomotiva (f)	penál (m)	satelit (m)
autobus (m)	gymnázium (n)	lustr (m)	perla (f)	signál (m)
automat (m)	horoskop (m)	majonéza (f)	planeta (f)	stadion (m)
autor (m)	hotel (m)	manažer (m)	plán (m)	stát (m)
balkon (m)	chemie (f)	mandle (f)	poezie (f)	šála (f)
banán (m)	inženýr (m)	manžeta (f)	porcelán (m)	šéf (m)

benzín *(m)*	jogurt *(m)*	marcipán *(m)*	portrét *(m)*	šek *(m)*
bible *(f)*	kakao *(n)*	marináda *(f)*	pošta *(f)*	šilink *(m)*
biologie *(f)*	kaktus *(m)*	marmeláda *(f)*	prezident *(m)*	šimpanz *(m)*
brokolice *(f)*	kalendář *(m)*	masáž *(f)*	problém *(m)*	špenát *(m)*
brýle *(Pl.t.)*	kanál *(m)*	maska *(f)*	profesor *(m)*	švagr *(m)*
centrum *(n)*	kečup *(m)*	materiál *(m)*	program *(m)*	tabletka *(f)*
cíl *(m)*	keramika *(f)*	metr *(m)*	próza *(f)*	telefon *(m)*
citron *(m)*	kilogram *(m)*	milion *(m)*	publikum *(n)*	telegram *(m)*
cukr *(m)*	kino *(n)*	ministr *(m)*	pudr *(m)*	tragédie *(f)*
čokoláda *(f)*	klavír *(m)*	mramor *(m)*	pumpa *(f)*	trenér *(m)*
deka *(f)*	komedie *(f)*	mušle *(f)*	pyžamo *(n)*	tygr *(m)*
delfín *(m)*	kometa *(f)*	muzeum *(n)*	rádio *(n)*	univerzita *(f)*
diamant *(m)*	koncert *(m)*	oceán *(m)*	recept *(m)*	vagon *(m)*
dirigent *(m)*	konverzace *(f)*	opera *(f)*	rentgen *(m)*	vana *(f)*
drát *(m)*	koňak *(m)*	opereta *(f)*	republika *(f)*	váza *(f)*
encyklopedie *(f)*	kotleta *(f)*	orchestr *(m)*	restaurace *(f)*	video *(n)*
Evropa *(f)*	kravata *(f)*	originál *(m)*	riziko *(n)*	zebra *(f)*
film *(m)*	krém *(m)*	ovál *(m)*	robot *(m)*	žirafa *(f)*

21) Přeložte:

Chlapec myslel, že jeho nejvíce obdivovaná
dívka je anděl. A potom zjistil, že dokonce jí.

22) Gruppenarbeit: Která ze dvou skupin utvoří více sloves s prefixem u-?

23) Otázky a odpovědi:

- Které auto a která barva auta je podle vašeho názoru nejžádanější, nejbezpečnější, nejpopulárnější?
- Co je blíže? (*Nennen Sie zwei Städte und einen Bezugspunkt.*)
- Kdy chcete přijít? Co je vám milejší, úterý nebo středa?
- Co se zdálo kamarádovi? Jaký nejkrásnější sen se zdál kamarádce?
- Kterou vůni máte rád?
- Váš nejhezčí dar? Nejkrásnější dopis?
- Co je hezčí než mušle?

Francouzského prezidenta Mitterranda se prý moderátor ptal: „Jaké slovo máte nejraději?" Jeho odpověď byla: „Život." „A jaký zvuk?" „Vítr ve stromech." „Co byste si přál slyšet od Boha, když po smrti vstupíte do ráje?" „Buď vítán."

(Odpověď málomluvného studenta na poslední otázku: „Tady máš mrak.")

24) Hádejte – Odkud, z které země jsou gratulanti?

Na výběr máte Švýcarsko, Německo, Španělsko, Rakousko, Japonsko, Chorvatsko.

a) Dnes je pro tebe a pro mě – je to jen jedenkrát za rok – nejkrásnější den. Jaké štěstí mám, že s tebou mohu oslavovat dnešní den! Celý rok, každý den se už těším na dnešní den. Dnes ti mohu říct: Blahopřeji ti k narozeninám! Na naše věčné přátelství!

b) Milá Kristo! K narozeninám ti přejeme všechno nejlepší. Blahopřejeme ti. Přejeme ti štěstí, zdraví, lásku a dlouhý život. Zůstaň vždy naší kamarádkou a buď taková, jaká jsi teď! Doufáme, že se ti bude líbit dárek, který jsme pro tebe vybrali. Nebyl to lehký úkol, protože důležitá kamarádka má dostat důležitý dárek. Měj se hezky!

c) Dámy a pánové! Těší mě, že vás přišlo tak mnoho na oslavu narozenin mého tatínka! Dnes mu bude padesát let! Vstaňme a připijme si na jeho zdraví! Milý tatínku, vše nejlepší k narozeninám! Blahopřeji! Přejeme ti také hodně štěstí do příštích padesáti let!

malý – menší – nejmenší
dům – domek – domeček
hoch – hošík – hošíček

(Řešení na konci lekce.)

25) Bestimmen Sie die Komparative und Superlative:

Pro své zdraví

Neděle bývala pro mě vždy nejkrásnějším dnem týdne. Za pěkného počasí jsem chodíval na procházky do bližšího okolí našeho města. Ale trochu jsem již zpohodlněl. To chození mě přestalo bavit. Po kratším uvažování jsem si řekl: „Musíš něco podniknout pro své zdraví!"

A podnikl jsem: koupil jsem si auto. Nebylo právě nejnovější, zato bylo levnější. Potkal jsem náhodou kamaráda z mládí, je vyučeným mechanikem, ale teď už pracuje delší dobu v zahradnictví. „Co děláš v neděli?" zeptal jsem se ho, „pojeď se mnou na výlet." Dlouho jsme se domlouvali, kdy a kam pojedeme, ale nakonec jsme se domluvili.

Vydali jsme se tedy na cestu. Zpočátku šlo vše hladce, mírnější stoupání mému vozu nijak nevadilo. Pak jsme přijeli na rozcestí, tu jsem chvilku zaváhal, kudy dále. V nouzi ti dá radu každý dobrý přítel. „Jeď rovně, ta cesta je sice příkřejší, ale budeme tam rychleji," radil mi přítel. Poslechl jsem nerad. Něco mi říkalo: „Dej se doprava!"

Ale bylo pozdě. Vozidlo začalo stávkovat, ne a ne se hnout z místa. Dobře, že mám s sebou mechanika, napadlo mě. „Podívej se na to," požádal jsem ho. „Nic jednoduššího než to," řekl. Vystoupil a začal prohlížet vůz. Očistil svíčky, zkontroloval elektrické vedení, odšrouboval různé součástky, některé z nich zase přišrouboval, některé menší poztrácel. Do motoru si už netroufal. Nakonec prohlásil: „Víš co, nech to tady, vraťme se domů autostopem." Poslechl jsem ho nerad. Na zpáteční cestě jsme spolu mnoho nemluvili. Po kratším uvažování jsem si řekl: „Musíš něco podniknout pro své zdraví!" Auto prodám nejlepšímu příteli. Za pěkného počasí pak budu chodit na procházky do bližšího okolí našeho města.

Jede Woche hat ihre Höhepunkte:

STUPŇOVÁNÍ PŘÍDAVNÝCH JMEN
– STEIGERUNG DER ADJEKTIVA

„Da die eindeutige Zuordnung zu bestimmten Bildungen aufgrund des Auslauts im Positiv NICHT möglich ist, lernt man die Komparativform am besten aus dem Wörterbuch." (J. Vintr, Tschechische Grammatik, S. 45). Auch die bei der Steigerung auftretenden Alternationen unterliegen nicht den bisher gelernten Regeln. Alle Komparativformen und Superlativformen werden nach dem Muster *jarní* dekliniert.

Komparativbildung

Im Tschechischen unterscheiden wir bei der regelmäßigen Bildung des Komparativs von Adjektiven folgende drei Grundtypen:

1. *Die Bildung mit dem Suffix -ější/-ejší:*
Dieses Suffix gilt generell für Adjektiva auf **-ní**.
Bei harten Adjektiven kommt es meist nach **-lý**, **-mý**, **-ný**, **-pý**, **-rý**, **-vý**, **-zý** bzw. nach **-cký** (*komičtější, praktičtější*) und **-ský** zur Anwendung, bisweilen auch nach **-ký** und **-tý**.

nový → novější

Positiv	Komparativ	Alternation	Positiv	Komparativ	Alternation
moderní	modernější		milý	milejší	
lakomý	lakomější		krásný	krásnější	
laciný	lacinější		levný	levnější	
zelený	zelenější		hloupý	hloupější	
chytrý	chytřejší	r → ř	moudrý	moudřejší	r → ř
poctivý	poctivější		drzý	drzejší	
komický	komičtější	ck → čt	praktický	praktičtější	ck → čt
tragický	tragičtější	ck → čt	vědecký	vědečtější	ck → čt
lidský	lidštější	sk → št	přátelský	přátelštější	sk → št
divoký	divočejší	k → č	jistý	jistější	

2. Bildung mit dem Suffix *-ší*:

Dieses Suffix kommt häufig bei Adjektiven auf **-bý, -dý, -hý, -chý, -ký, -oký** und **-tý** (oft gleichberechtigt neben *-ější*) zur Anwendung, bisweilen auch nach **-dný, -rý, -vý** u. a.

mladý → mladší

Positiv	Komparativ	Alternation	Positiv	Komparativ	Alternation
hrubý	hrubší		slabý	slabší	
mladý	mladší		tvrdý	tvrdší	
drahý	dražší	h → ž	tuhý	tužší	h → ž
jednoduchý	jednodušší	ch → š	plachý	plašší	ch → š
suchý	sušší	ch → š	tichý	tišší	ch → š
krátký	kratší	á → a	řídký	řidší	í → i
sladký	sladší		těžký	těžší	
blízký	bližší	z → ž, í → i	nízký	nižší	z → ž, í → i
úzký	užší	z → ž, ú → u	hluboký	hlubší	
široký	širší		vysoký	vyšší	s → š
bohatý	bohatší		čistý	čistší, čistější	
prostý	prostší, prostější		tlustý	tlustší, tlustější	
snadný	snazší, snadnější	d → z	zadní	zazší, zadnější	d → z
starý	starší		tmavý	tmavší	

3. Bildung mit dem Suffix *-í*:

Dieses Suffix kommt nur bei einigen Adjektiven auf **-ký** vor.

hezký → hezčí

Positiv	Komparativ	Alternation	Positiv	Komparativ	Alternation
hezký	hezčí	k → č	lehký	lehčí	k → č
měkký	měkčí	k → č	tenký	tenčí	k → č
trpký	trpčí, trpčejší	k → č	vlhký	vlhčí	k → č

Die unregelmäßige Bildung – der Komparativ von suppletiven Wurzeln:

Positiv	Komparativ	Positiv	Komparativ
dlouhý	delší	špatný	horší
dobrý	lepší	zlý	horší
malý	menší	vel(i)ký	větší

Superlativbildung

Während die Ableitung des Komparativs noch relativ kompliziert ist, besticht die Bildung des Superlativs durch ihre Regelmäßigkeit. Sie erfolgt, indem man vor die jeweiligen Komparativformen das Präfix *nej-* setzt (vgl. slk. + poln. *naj-*, ung. *leg-*): *nejlepší* (= dt. beste, allerbeste). *Řekni, kdo je v zemi zdejší, nejhezčí a nejkrásnější!* (= dt. die Schönste, Allerschönste). Im Tschechischen können auch verneinte Adjektiva gesteigert werden: *nejneoblíbenější.*

Die Steigerung nach dem geringeren Maß ist im Tschechischen durch Umschreibung mittels *(nej)méně* + Adj. möglich: *méně zajímavý, nejméně zajímavý.*

PŘÍSLOVCE – ADVERBIEN

Adverbien sind ihrer Form nach unveränderlich. Nach ihrer Bedeutung unterscheiden wir:

Lokaladverbien: z. B. *někde, sem, tady, také, tam, tudy, zde*

Temporaladverbien: z. B. *brzy, dnes, hned, letos, pozdě, zítra*

Modaladverbien: z. B. *jinak, nějak, tak; dobře, horko, pěšky, pilně, pomalu, rychle, ...*

Kausaladverbien: z. B. *proto*

Adverbien bezeichnen ebenso den Grad bzw. das Ausmaß einer Eigenschaft bzw. einer Sache, z. B. *neobyčejně dobře, dost peněz, ...* Sie stehen somit auch konsequent bei einer weiteren Qualifizierung des Adjektivs: *velmi dobrý, vysoce inteligentní, pěkně dlouhý, hezky rychlý, strašně nudný, méně rozumný, ...*

Im Gegensatz etwa zum Englischen können im Tschechischen auch von Adjektiven abgeleitete Adverbia in Verbindung mit dem Verb „být" vorkommen, z. B. *to je blízko, to je daleko, to je málo, tu je volno*; insbesondere aber bei Aussagen über das Wetter, z. B. *je hezky, je horko, je chladno*; oder das persönliche Befinden: *je mi dobře, je mi líto, je mi smutno, je mi špatně, ...*

Derivation von Adverbien im Tschechischen:
Das Tschechische muss jedes Adjektiv, das in adverbialer Funktion verwendet wird, auch formal in ein Adverb umwandeln, das anstelle der deklinierbaren Endungen ein undeklinierbares Suffix führt, z. B. *Matka má rychlé auto.* Aber: *Její auto jede rychle.*

Die Prinzipien der Adverbienbildung sind verhältnismäßig einfach:

1. Die Bildung mit dem Suffix -ě/-e:
Dieses ist das bei weitem am häufigsten zur Anwendung kommende Suffix.

klidný → klidně

Adjektiv	Adverb	Alternation	Adjektiv	Adverb	Alternation
bohatý	bohatě		pevný	pevně	
čistý	čistě		rovný	rovně	
dobrý	dobře	r → ř	rychlý	rychle	
drahý	draze	h → z	samozřejmý	samozřejmě	
hlavní	hlavně		silný	silně	
hloupý	hloupě		slabý	slabě	
hodný	hodně		sladký	sladce	k → c
jednoduchý	jednoduše	ch → š	smutný	smutně	
jistý	jistě		spolehlivý	spolehlivě	
klidný	klidně		starý	stařе	r → ř
krátký	krátce	k → c	strašný	strašně	
lehký	lehce	k → c	široký	široce	k → c
levný	levně		špatný	špatně	
milý	mile		těžký	těžce	k → c
mladý	mladě		tichý	tiše	ch → š
moderní	moderně		veselý	vesele	
nový	nově		volný	volně	
ošklivý	ošklivě		vysoký	vysoce	k → c
pěkný	pěkně		zdravý	zdravě	

2. Bildung mit dem Suffix -y:
Dieses Suffix findet vor allem bei Adjektiven auf -cký, -ský und -zký Anwendung.

hezký → hezky

Adjektiv	Adverb	Adjektiv	Adverb
český	česky	lidský	lidsky
elektrický	elektricky	německý	německy
hezký	hezky	vědecký	vědecky

3. Bildung mit dem Suffix -o:

Dieses Suffix kommt vor allem bei Adjektiven vor, die temporale und lokale Relationen ausdrücken.

častý → často

Adjektiv	Adverb	Adjektiv	Adverb
blízký	blízko (blízce)	lehký	lehko (lehce)
častý	často	malý	málo
daleký	daleko (dalece)	nízký	nízko (nízce)
dávný	dávno	plný	plno (plně)
dlouhý	dlouho (dlouze)	prázdný	prázdno
drahý	draho (draze)	přímý	přímo
hluboký	hluboko (hluboce)	těžký	těžko (těžce)
horký	horko (horce)	volný	volno (volně)
chladný	chladno (chladně)	vysoký	vysoko (vysoce)

Von manchen Adjektiven können Adverbien sowohl mit -o als auch mit -ě/-e abgeleitet werden, wobei darauf zu achten ist, dass Gebrauch und Bedeutung leicht verschieden sind:

- Bildungen auf -o stehen oft rein adverbial mit einem Verb: *Odjíždím daleko. Ptáček letí vysoko. Bratislava leží nízko nad mořem. Čekám už dlouho.*
- Typisch ist die Verwendung von Adverbien auf -o als Prädikativum in subjektlosen Sätzen: *Do kina je blízko. Je tady volno? Dneska je teplo. V hospodě je vždy plno, i když tam není čisto. Po obědě tam bude prázdno. Víš, kdy mají volno?*
- Bei einer weiteren Qualifizierung eines Adjektivs stehen hingegen häufiger Adverbien auf -ě/-e: *blízce příbuzný člověk, vysoce zajímavá myšlenka, lehce zraněný, těžce nemocný, draze zaplacená zkušenost, ...*

Petr se na ni podíval chladně.	V této místnosti je vždycky chladno.
Byla to jasně modrá barva.	Zítra bude jasno.
Tiše seděli a poslouchali hudbu.	V naší ulici je ticho.
Můj známý se zachoval nízce.	Ptáci letěli nízko nad lesem.
Karel je těžce nemocný.	Karla tady těžko najdeš.

Komparativ- und Superlativbildung bei Adverbien

Im Tschechischen unterscheiden wir bei der regelmäßigen Bildung des Komparativs von steigerbaren Adverbien folgende zwei Grundtypen:

1. Die Bildung mit dem Suffix -ěji/-eji:
Dieses Suffix kommt bei Adverbien auf **-ě/-e, -cky, -ky, -sky, -u** zur Anwendung.

pěkně → pěkněji

Positiv	Komparativ	Alternation	Positiv	Komparativ	Alternation
hlasitě	hlasitěji		pomalu	pomaleji	
chytře	chytřeji		vesele	veseleji	
klidně	klidněji		volně	volněji	
pěkně	pěkněji		zdravě	zdravěji	
komicky	komičtěji	ck → čt	přátelsky	přátelštěji	sk → št
prakticky	praktičtěji	ck → čt	řídce	řidčeji	c → č, í → i
hezky	hezčeji	k → č	tence	tenčeji	c → č
lehce	lehčeji	c → č	trpce	trpčeji	c → č
měkce	měkčeji	c → č	vlhce	vlhčeji	c → č

2. Die Bildung mit dem Suffix -ě/-e:
Dieses Suffixes bedient man sich zur Ableitung von Adverbien auf **-o/-ko.**
Neben einigen Alternationen kommt es dabei immer zur Dehnung des
Stammvokals.

daleko → dále

Positiv	Komparativ	Alternation	Positiv	Komparativ	Alternation
blízko	blíže	z → ž	těžko	tíže	ě → í
daleko	dále	a → á	široko	šíře	r → ř, i → í
draho	dráže	h → ž, a → á	vysoko	výše	s → š, y → ý
nízko	níže	z → ž	úzko	úže	z → ž

Abweichungen von der Regel					
často	častěji		hluboko	hlouběji	u → ou
snadno	snáze/snadněji	d → z, a → á	(rád, -a –o)	radši, raději	

Die unregelmäßige Bildung – der Komparativ von suppletiven Wurzeln:

Positiv	Komparativ	Positiv	Komparativ
brzy	dřív(e)	málo	méně, míň[ats.]
dlouho	déle	mnoho	víc(e)
dobře	lépe, líp[ats.]	špatně, zle	hůř(e)

Die Formen ohne -e sind in Alltagsgesprächen gängig, z. B. *blíž, dráž, dřív,
níž, tíž, víc.* Durch ihre starke Progressivität verlieren sie mit Ausnahme
des gemeinsprachlichen *dýl* für *déle* allmählich in der Standardsprache
ihre Markiertheit, während die Formen mit -e langsam buchsprachlichen
Charakter annehmen (inbesondere *dále, hůře* und *snáze*).

Die **Superlativbildung** bei Adverbien erfolgt analog zu jener der Adjektiva
durch Voranstellung des Präfixes **nej-** vor die jeweilige Komparativform
des Adverbs.

Slovíčka – Vokabel:

cítit se; *ipf., IV 1* — sich fühlen
dávat se (*do + Gen.*); *ipf., V* — herangehen an etw.
    dát se (*do + Gen.*); *pf., Va*
docházet (*k + Dat.*); *ipf., IV 3,* — kommen zu etw./jmdm.
    3. Pers. Pl. Präs.: docház/ej/í,
    dojít (*k + Dat.*); *pf., Futur:* dojdu,
    dojdou, *Imp.:* dojdi, dojděte,
    PPA: došel, *PPP:* -
domlouvat se (*s + Instr.*); *ipf., V* — sich mit jmdm. verständigen,
    domluvit se (*s + Instr.*); *pf., IV 1a* — übereinkommen mit jmdm.
hýbat se; *ipf., I 3 + V, Präs.:* hýbu/hýbám, — sich bewegen, sich regen, sich rühren
    hýbou/hýbají
    hnout se; *pf., II 1a, PPA:* hnul se
chodívat; *ipf., V* — ab und zu gehen, gewöhnlich gehen
kontrolovat; *ipf., III 2* — kontrollieren
    zkontrolovat; *pf., III 2a*
kroužit; *ipf., IV 1, Imp. Sg.:* kruž — kreisen; schwingen, fliegen
lišit se (*od + Gen.*); *ipf., IV 1* — sich unterscheiden von etw./jmdm.
montovat; *ipf., III 2* — montieren, zusammenstellen
    smontovat; *pf., III 2a*
očisťovat / očišťovat; *ipf., III 2* — reinigen, abputzen, säubern
    očistit; *pf., IV 1a, Imp.:* očisti/očisť,
    očistěte/očisťte, *PPP:* očištěn/
    očistěn
odfiltrovávat; *ipf., V* — abfiltern, filtrieren
    odfiltrovat; *pf., III 2a*
odříkat; *ipf., V* — absagen; aufsagen (z. B. Gedicht)
    odřeknout / odříci / odříct; *pf.,* — absagen
    Futur: odřeknu, odřeknou,
    Imp.: odřekni, odřekněte,
    PPA: odřekl, *PPP:* odřeknut
odšroubovávat; *ipf., V* — abschrauben
    odšroubovat; *pf., III 2a*
ovlivňovat; *ipf., III 2* — beeinflussen
    ovlivnit; *pf., IV 1a*
podporovat; *ipf., III 2* — unterstützen, fördern
    podpořit; *pf., IV 1a*
pohodlnět; *ipf., IV 2, 3. Pers. Pl. Präs.:* — bequem werden
    pohodln/ěj/í,
    Imp. Sg.: pohodlněj/pohodlň

zpohodlnět; *pf., IV 2a, 3. Pers. Pl.*
　Futur: zpohodln/ěj/í,
　Imp. Sg.: zpohodlněj/zpohodlň
postit se; *ipf., IV 1, Imp. Sg.:* posť se/   fasten
　posti se
poztrácet; *pf., IV 3a*   (nach und nach) verlieren
prohlašovat; *ipf., III 2*   erklären, kundmachen,
　prohlásit; *pf., IV 1a, Imp. Sg.:* prohlas,   proklamieren, ausrufen
　PPP: prohlášen
přežívat; *ipf., V*   überleben
　přežít; *pf., III 1a*
připíjet si (*na* + *Akk.*); *ipf., IV 3,*   trinken, anstoßen auf etw.
　3. Pers. Pl. Präs.: připíj/ej/í
　připít si (*na* + *Akk.*); *pf., III 1a*
přišroubovávat; *ipf., V*   anschrauben, zuschrauben
　přišroubovat; *pf., III 2a*
působit; *ipf., IV 1*   wirken, wirksam sein, funktionieren;
　způsobit; *pf., IV 1a*   verursachen; beeinflussen
splývat; *ipf., V*   verschmelzen, verfließen,
　splynout; *pf., II 2*   verschwimmen; zusammenfließen
šimrat; *ipf., V*   kitzeln, kribbeln, krabbeln
　pošimrat; *pf., Va*
šroubovat; *ipf., III 2*   schrauben
tleskat; *ipf., V*   klatschen, applaudieren
　zatleskat; *pf., Va*
troufat si; *ipf., V*   sich trauen, wagen
　troufnout si; *pf., II 1a*
ujít; *pf., Futur:* ujdu, ujdou,   zurücklegen; entgehen; vergehen
　Imp.: ujdi, ujděte,
　PPA: ušel, ušla, *PPP:* -
uspět; *pf., III 1a*   Erfolg haben
váhat; *ipf., V*   schwanken, zögern
　zaváhat; *pf., Va*
vázat; *ipf., I 3*   binden; knüpfen
　uvázat; *pf., I 3a*
vonět; *ipf., IV 2, 3. Pers. Pl. Präs.:* von/ěj/í,   duften, wohl riechen
　Imp. Sg.: voň
　zavonět; *pf., IV 2a, 3. Pers. Pl. Futur:*
　zavon/ěj/í, *Imp. Sg.:* zavoň
vydávat se; *ipf., V*   aufbrechen, sich auf den Weg
　vydat se; *pf., Va*   machen
vykládat; *ipf., V*   erklären, erläutern, auslegen
　vyložit; *pf., IV 1a*

vyvíjet se; *ipf., IV 3,*	sich entwickeln, entfalten
3. *Pers. Pl. Präs.:* vyvíj/ej/í se	
vyvinout se; *pf., II 2*	
zachovat se; *pf., Va*	sich verhalten, sich benehmen
zdát se; *ipf., V*	scheinen, vorkommen
zdá se mi / ti / mu / jí /	ich träume, du träumst, ...; es scheint
nám / vám / jim	mir, ...; es kommt mir, ... vor
zjišťovat; *ipf., III 2*	feststellen, ermitteln, eruieren
zjistit; *pf., IV 1a, Imp.:* zjisti/zjisť	
znít; *ipf., IV 2, 3. Pers. Pl. Präs.:* zn/ěj/í,	klingen, schallen, tönen, lauten
Imp. zni, zněte, *PPA:* zněl, *PPP:* -	
zaznít; *pf., IV 2a, 3. Pers. Pl. Futur:*	
zazn/ěj/í, *Imp.:* zazni, zazněte,	
PPA: zazněl, *PPP:* -	
aspekt, -u, *Mask. 1, u.*	Aspekt, Blickpunkt
astrolog, -a, *Mask. 3, b.*	Astrologe, Sterndeuter
astrologie, -e, *Fem. 2*	Astrologie, Sterndeutung
astronom, -a, *Mask. 3, b.*	Astronom, Sternforscher
atmosféra, -y, *Fem. 1*	Atmosphäre
autostop, -u, *Mask. 1, u.*	Autostopp, **das** Trampen
bolest, -i, **Fem. 4**	**der** Schmerz, **das** Leiden, **das** Weh
cukrář, -e, *Mask. 4, b.*	Zuckerbäcker, Konditor,
cukrářka, -y, *Fem. 1*	Zuckerbäckerin
disciplína, -y, *Fem. 1*	Disziplin, **das** Teilgebiet
distributor, -a, *Mask. 3, b.*	Verteiler
domino, -a, *Neutr. 1*	Domino
duše, -e, *Fem. 2*	Seele
dvojice, -e, **Fem. 2**	**das** Paar
festival, -u, **Mask. 1, u.**	**das** Festival
gratulant, -a, *Mask. 3, b.*	Gratulant
hlávka, -y, **Fem. 1**	**der** Kraut-, Salatkopf, die Staude
hlavolam, -u, *Mask. 1, u.*	**die** Denkaufgabe
hospoda, -y, **Fem. 1**	**das** Gasthaus, **das** Wirtshaus
hranice, -e, *Fem. 2*	Grenze
hrdlo, -a, **Neutr. 1**	**der** Hals
chození, -í, *Neutr. 3*	Gehen
interview, *Neutr., indekl.*	Interview
interview, -u, *Mask. 1, u.*	**das** Interview
kamera, -y, *Fem. 1*	Kamera
karafiát, -u, **Mask. 1, u.**	**die** Nelke (Blume)
kartáček (na zuby), -čku, **Mask. 1, u.**	**die** Zahnbürste
kaskadér, -a, *Mask. 3, b.*	Stuntman
klik, -u, *Mask. 1, u.*	Liegestütz, Beugestütz

konzervatoř, -e, *Fem. 3*	**das** Konservatorium
kuriozita, -y, *Fem. 1*	Kuriosität
květinářství, -í, *Neutr. 3*	Blumengeschäft, **die** Blumengärtnerei
mechanik, -a, *Mask. 3, b.*	Mechaniker
mládí, -í, *Neutr. 3*	**die** Jugend, Jugendjahre, das Jugendalter
moderátor, -a, *Mask. 3, b.*	Moderator
mušle, -e, *Fem. 2*	Muschel, Muschelschale, **das** Muscheltier
mýdlo, -a, *Neutr. 1*	**die** Seife
nábytek, -tku, *Mask. 1, u.*	**die** Möbel
nádvoří, -í, *Neutr. 3*	**der** (Schloss-)Hof, Hofraum, Hofplatz
notebook, -u, *Mask. 1, u.*	**das** Notebook
nouze, -e, *Fem. 2*	Not, **der** Notstand, **der** Mangel
obchodník, -a, *Mask. 3, b.*	Kaufmann, Handelsmann, Geschäftsmann
obchodnice, -e, *Fem. 2*	Geschäftsfrau, Handelsfrau
objev, -u, *Mask. 1, u.*	**die** Entdeckung
orchestr, -u, *Mask. 1, u.*	**das** Orchester
planeta, -y, *Fem. 1*	**der** Planet
podmínka, -y, *Fem. 1*	Bedingung, **der** Vorbehalt
polibek, -bku, *Mask. 1, u.*	Kuss
posilovna, -y, *Fem. 1*	Kraftkammer, **der** Fitnessraum
postup, -u, *Mask. 1, u.*	Fortgang, Vormarsch, **das** Fortschreiten
potíž, -e, *Fem. 3*	Schwierigkeit, Schererei
předkrm, -u, *Mask. 1, u.*	**die** Vorspeise, **die** Vorkost
psychologie, -e, *Fem. 2*	Psychologie
publikace, -e, *Fem. 2*	Publikation, Veröffentlichung
ráj, -e, *Mask. 2, u.*	**das** Paradies, der Garten Eden
rekord, -u, *Mask. 1, u.*	Rekord
ročník, -u, *Mask. 1, u.*	Jahrgang
role, -e, *Fem. 2*	Rolle
rozcestí, -í, *Neutr. 3*	**die** Weggabelung, **der** Scheideweg
scénář, -e, *Mask. 2, u.*	**das** Drehbuch, **das** Szenario
sekvence, -e, *Fem. 2*	Sequenz
sirka, -y, *Fem. 1*	**das** Zündholz, **das** Streichholz
slavistika, -y, *Fem. 1*	Slawistik
součástka, -y, *Fem. 1*	**der** Bestandteil, **der** Ersatzteil
stoupání, -í, *Neutr. 3*	Steigen, **die** Steigung, **der** Aufstieg
střih, -u, *Mask. 1, u.*	Schnitt, Zuschnitt
svíčka, -y, *Fem. 1*	Kerze
tajemství, -í, *Neutr. 3*	Geheimnis

teorie, -e, *Fem. 2*	Theorie
tuplák, -u, *Mask. 1, u. → gtsch.*	Doppelliter
účetnictví, -í, *Neutr. 3*	**die** Buchhaltung, Rechnungsführung
úroveň, -vně, *Fem. 3*	**das** Niveau
uvažování, -í, *Neutr. 3*	**die** Erwägung(en), Betrachtung(en)
videokazeta, -y, *Fem. 1*	Videokassette
vozidlo, -a, *Neutr. 1*	Fahrzeug
výkon, -u, *Mask. 1, u.*	**die** Leistung
zahradnictví, -í, *Neutr. 3*	**die** Gärtnerei; das Gärtnergewerbe
záření, -í, *Neutr. 3*	Strahlen, Leuchten, **der** Glanz
zdroj, -e, *Mask. 2, u.*	**die** Quelle
zloduch, -a, *Mask. 3, b. → expr.*	böser Geist, Bösewicht, Übeltäter
zloduška, -y, *Fem. 1 → expr.*	weiblicher Bösewicht, Übeltäterin
žemle, -e, *Fem. 2*	Semmel
živobytí, -í, *Neutr. 3*	**der** Lebensunterhalt, Broterwerb,
žízeň, -zně, *Fem. 3*	**der** Durst
astronomický, *1*	astronomisch
bezpečný, *1*	gefahrlos, sicher; zuverlässig, verlässlich
bizarní, *2*	bizarr
blízký, *1*	nahe
častý, *1*	häufig, mehrmalig
čistý, *1*	rein, sauber
daleký, *1*	weit, fern
dávný, *1*	längst vergangen, alt
divoký, *1*	wild; unbändig, ungestüm
drzý, *1*	frech, dreist, unverfroren
elektrický, *1*	elektrisch
hloupý, *1*	dumm
horký, *1*	heiß
hradní, *2*	Burg-
chladný, *1*	kühl, kalt
jasný, *1*	hell, licht, klar
jedoucí, *2*	fahrend
jistý, *1*	sicher, gewiss, fest
kamuflovaný, *1*	getarnt
kanadský, *1*	kanadisch
každodenní, *2*	alltäglich, täglich
klidný, *1*	ruhig, still
komický, *1*	komisch, witzig
konfliktní, *2*	Konflikt-, konfliktreich
lakomý, *1*	geizig, habgierig, habsüchtig
lehký, *1*	leicht

lidský, *1*	menschlich, Menschen-wortkarg, einsilbig
málomluvný, *1*	wortkarg, einsilbig
měkký, *1*	weich
mírný, *1*	sanft, mild; mäßig, genügsam
mužský, *1*	männlich, Männer-, Mannes-
navštěvovaný, *1*	besucht
nepochybný, *1*	zweifellos, unbestreitbar
nesmyslný, *1*	unsinnig, sinnlos, widersinnig
nízký, *1*	niedrig, nieder
nudný, *1*	langweilig, fade
obdivovaný, *1*	bewundert
odvážný, *1*	gewagt, kühn, mutig
osobní, *2*	persönlich, Personen-, Personal-, Leib-
ošklivý, *1*	hässlich, scheußlich, ekelhaft
plachý, *1*	(menschen)scheu, schüchtern
poctivý, *1*	ehrlich, redlich
pochybný, *1*	zweifelhaft, fraglich, fragwürdig
praktický, *1*	praktisch
prázdný, *1*	leer
prodávaný, *1*	verkauft
prostý, *1*	einfach, schlicht, natürlich
příkrý, *1*	steil, abschüssig, jäh
přímý, *1*	direkt, gerade, unmittelbar
přívětivý, *1*	freundlich, leutselig
reálný, *1*	real, reell, Real-
rovný, *1*	gerade, eben, flach
rozumný, *1*	vernünftig, verständig, verständnisvoll, klug
rychlý, *1*	schnell, geschwind, rasch, eilig, flink
řídký, *1*	dünn; selten, rar
samozřejmý, *1*	selbstverständlich
snadný, *1*	leicht
spolehlivý, *1*	verlässlich, zuverlässig
stojící, *2*	stehend
strašný, *1*	schrecklich, furchtbar, fürchterlich
suchý, *1*	trocken, dürr
sympatický, *1*	sympathisch
štědrý, *1*	freigebig; reich, reichlich
Štědrý večer / den	Heiligabend, der Heilige Abend
takzvaný (tzv.), *1*	so genannt (sog.)
taneční, *2*	Tanz-
tenký, *1*	dünn

tichý, *1*	still, leise, ruhig, lautlos
tragický, *1*	tragisch
trpký, *1*	herb, bitter
tuhý, *1*	fest, hart, steif, zäh
tvrdý, *1*	hart
uplatňovaný, *1*	geltend gemacht
úzký, *1*	schmal, eng
věčný, *1*	ewig
vědecký, *1*	wissenschaftlich
vedlejší, *2*	Neben-, nebensächlich
vlhký, *1*	feucht
vulgární, *2*	vulgär
vybraný, *1*	ausgesucht, (aus)erlesen, gewählt
vypitý, *1*	ausgetrunken
zadní, *2*	Hinter-, Rück-
zamilovaný, *1*	verliebt, Liebes-, Lieblings-
zaplacený, *1*	bezahlt
zdejší, *2*	hiesig, einheimisch
zdvořilý, *1*	höflich
zemský, *1*	Erd-, Land-
zraněný, *1*	verletzt, verwundet
žádaný, *1*	gewünscht, erwünscht, verlangt
žádoucí, *2*	wünschenswert, ersehnt, begehrenswert
ženský, *1*	Frauen-, weiblich
leccos, *Pron.*	manches, Verschiedenes, allerlei
blízce, *Adv.*	nahe
dalece, *Adv.*	soweit, inwieweit
dávno, *Adv.*	längst, lange her
dlouze, *Adv.*	lang
dobrovolně, *Adv.*	freiwillig
draho, *Adv.*	teuer
draze, *Adv.*	teuer
důkladně, *Adv.*	gründlich
ekonomicky, *Adv.*	ökonomisch, Wirtschafts-
hladce, *Adv.*	glatt
hlasitě, *Adv.*	laut
hlavně, *Adv.*	hauptsächlich, vor allem, vorwiegend
hloupě, *Adv.*	dumm
hluboce, *Adv.*	tief
hluboko, *Adv.*	tief
chladně, *Adv.*	kühl, kalt
chytře, *Adv.*	klug, schlau

jaksi, *Adv.*	irgendwie
jednoduše, *Adv.*	einfach
jistě, *Adv.*	bestimmt, gewiss, sicher
komicky, *Adv.*	komisch
krátce, *Adv.*	kurz
lehce, *Adv.*	leicht
lehko, *Adv.*	leicht
levně, *Adv.*	billig, preiswert
lidsky, *Adv.*	menschlich
lze, *Adv.*	man kann, es lässt sich
měkce, *Adv.*	weich
mile, *Adv.*	angenehm, freundlich
mladě, *Adv.*	jung
moderně, *Adv.*	modern
nějak, *Adv.*	irgendwie
nízce, *Adv.*	niedrig
nízko, *Adv.*	niedrig
nově, *Adv.*	neu, Neu-
obyčejně, *Adv.*	gewöhnlich, üblich
ošklivě, *Adv.*	hässlich, scheußlich, ekelhaft
pilně, *Adv.*	fleißig
plně, *Adv.*	voll, völlig
plno, *Adv.*	voll
pomalu, *Adv.*	langsam
prakticky, *Adv.*	praktisch
právě, *Adv.*	soeben, gerade
prázdno, *Adv.*	leer, frei
přátelsky, *Adv.*	freundschaftlich
řídce, *Adv.*	dünn
samozřejmě, *Adv.*	selbstverständlich
slabě, *Adv.*	schwach
sladce, *Adv.*	süß
smutně, *Adv.*	traurig
spolehlivě, *Adv.*	verlässlich, zuverlässig
stařе, *Adv.*	alt
strašně, *Adv.*	schrecklich, furchtbar, fürchterlich
strategicky, *Adv.*	strategisch
široce, *Adv.*	weit
široko, *Adv.*	weit
špatně, *Adv.*	schlecht, schlimm, übel
tedy, *Adv.*	so, also, nun
tehdy, *Adv.*	damals, anno dazumal, zu jener Zeit
tence, *Adv.*	dünn

těžce, *Adv.*	schwer
těžko, *Adv.*	schwer
trpce, *Adv.*	herb, bitter, bitterlich
tu a tam, *Adv.*	hie und da, hin und wieder
úplně, *Adv.*	ganz, vollkommen, vollständig
úzko, *Adv.*	schmal, eng; bange
vědecky, *Adv.*	wissenschaftlich
vesele, *Adv.*	lustig
vlhce, *Adv.*	feucht
volně, *Adv.*	frei, locker
vysoce, *Adv.*	hoch, Hoch-
vysoko, *Adv.*	hoch, Hoch-
zato, *Adv.*	dafür aber, jedoch
zdravě, *Adv.*	gesund
zjednodušeně, *Adv.*	vereinfacht
zle, *Adv.*	böse, arg, schlecht, schlimm
známo, *Adv.*	bekannt
zpočátku, *Adv.*	anfangs, am Anfang, zu Beginn

Dopisy – Briefe

Drazí!	Milí!	Milá rodino Jelínkova!
Ihr Teuren!	Ihr Lieben!	Liebe Familie Jelínek!
Milá teto Jarmilo!	Drahá Zuzanko!	Vážený pane profesore!
Liebe Tante Jarmila!	Teure Susanne!	Sehr geehrter Herr Professor!
Vážený pane Bílý!	Vážená paní Bílá!	Moje milá babičko!
Sehr geehrter Herr Bílý!	Sehr geehrte Frau Bílá!	Meine liebe Oma!
Vážení přátelé!	Vážení!	Milý příteli!
Verehrte Freunde!	Verehrte!	Lieber Freund!
Drazí rodiče!	zdraví Vás Váš	s úctou
Teure Eltern!	es grüßt Sie Ihr	hochachtungsvoll

s (přátelským) pozdravem
mit freundlichen Grüßen
    se srdečným pozdravem
    mit herzlichem Gruß / herzlichen Grüßen

ahoj, tvoje Jitka
tschüss, deine Judith
    s nejsrdečnějšími pozdravy
    mit den allerherzlichsten Grüßen

Michal Viewegh schreibt zweimal so lange Sätze wie Karel Čapek

Marie Těšitelová (geb. 1921) publizierte in der Zeitschrift *Naše řeč* [Unsere Sprache], Nr. 1/2000 einen bemerkenswerten Artikel „Zur tschechischen Gegenwartsprosa aus der Sicht der Wortfrequenz".

Prag – Nach einem halben Jahrhundert kehrte die Grande Dame unserer quantitativen Linguistik zur Problematik der Wortfrequenz im künstlerischen Sprachstil zurück und stellte sich die Frage, ob und wie sich aus dieser Sicht die Gegenwartssprache des künstlerischen Sprachstils gewandelt habe, insbesondere dann auch in welchem Ausmaß und in welchen Relationen sich dies in Bezug auf die Wortarten bemerkbar mache.

Für ihre Studienzwecke zog Těšitelová nun eine zusammenhängende Auswahl von 3000 Wörtern vom Beginn zweier Texte führender Autoren der tschechischen Gegenwartsprosa heran, Michal Vieweghs *Erziehung von Mädchen in Böhmen*[*] [...] und Lenka Procházkovás *Rosa Dame* [...]. Die Linguistin berücksichtigte dabei, dass beide Autoren zur selben Generation gehören, eine Fachausbildung in tschechischer Sprache an der Philosophischen Fakultät der Karlsuniversität in Prag absolvierten (im Unterschied zu Viewegh war jedoch das Studienfach von Procházková nicht die Bohemistik, sondern Kulturtheorie – Anmerkung von jas[**]) und in ihren Texten eine ähnliche Thematik bearbeiten, d. h. Beziehungen zwischen Jugendlichen, Probleme ihres Lebens u. Ä.

Als Těšitelová die Frequenz der Etyma in den Texten der beiden Schriftsteller verglich, zeigte sich, dass die häufigsten Wörter bei Viewegh folgende sind: *a* [und], *v(e)* [in, um], *(ne)být* [(nicht) sein], *já* [ich], *na* [auf, an], *ten* [dieser], *že* [dass], *říci* [sagen], *on* [er], *z(e)* [von, aus], bei Procházková wiederum: *on* [er], *ten* [dieser], *a* [und], *(ne)být* [(nicht) sein], *já* [ich], *na* [auf, an], *že* [dass], *v(e)* [in, um], *k(e)* [zu], *do* [in], *se* [sich, man, ...]. Apropos, bei der Konjunktion a [und] handelt es sich [...] um das häufigste Wort der tschechischen Sprache überhaupt.

Das Pronomen *já* [ich], das in Vieweghs (in der Ich-Form verfasstem) Text sehr häufig vorkommt, steht im Tschechischen am Beginn der zweiten Zehnerreihe der meistfrequentierten Wörter dieser Sprache überhaupt. Das Verb *říci* [sagen], bei Viewegh das achthäufigste Wort, fand sich im Frequenzwörterbuch des Tschechischen erst am Beginn der fünften Zehnerreihe der häufigsten Wörter.

Těšitelová untersuchte auch die durchschnittliche Satzlänge in den Texten von Michal Viewegh und Lenka Procházková. Bei Viewegh kam sie auf 10,10 Wörter, bei Procházková auf 6,67 Wörter. Manche Satzeinheiten Vieweghs nähern sich in ihrer Länge eher Sätzen des sachlichen Sprachstils an. Als die Linguistin im Jahr 1948 (ebenfalls in *Naše řeč*) ihre quantitativ-linguistische Analyse des nicht zu Ende geschriebenen Prosawerks Karel Čapeks *Leben und Werk des Komponisten Foltýn* publiziert hatte, war sie zum Schluss gekommen, dass die durchschnittliche Satzlänge bei Čapek 4,69 Wörter betrage.

Die neu ermittelten Angaben versieht Těšitelová mit der Erklärung, dass sich in den Texten der tschechischen Gegenwartsprosa die Tendenz zeige, längere Sätze zu bilden bzw. stärker strukturierte Satzeinheiten.

Quelle: *jas*

*) Übersetzung ins Deutsche: Hanna Vintr, Wien, Deuticke 1998 **) Initialen des Autors des Artikels

Lösung zu 23): a) Japonsko, b) Chorvatsko, c) Rakousko.

http://ucnk.ff.cuni.cz

26. Lektion

Vážená paní češtino,

český a německý jazyk, vedeny přáním přispět k přátelským stykům obyvatel obou zemí, vyměnivše si své plné moci, se dohodly na těchto ustanoveních: O vzájemných vztazích bude uzavřena a podepsána dohoda, jež vstoupí v platnost v příštím čtvrtletí. Bylo konstatováno, že ratifikace se předpokládá ještě v prvním pololetí tohoto roku. Dáno v Praze ve dvou vyhotoveních, každé v českém a německém jazyce.

Začal jsem kondenzovanou větnou výstavbou, ale vlastně bych si chtěl s Vámi trošku popovídat. Jsem rád, že se poznáváme. Když se s Vámi porovnávám – je to vlastně nemožné, i když máme hodně společného, oba jsme indoevropské jazyky –, tak se ptám, proč se nás lidé učí. Já spotřebuju více času nebo místa než Vy, když se jedná o řeč mluvenou nebo psanou. Jste prostě kratší. Já řeknu: „Sie hatte einen Brief geschrieben." Vy řeknete: „Napsala dopis." A ještě z té věty získáte informaci, že byl dopis dopsán. Za to vděčíte vidům. Zato já disponuju mnoha časy, ty Vy nemáte.

Studujícím, kteří se učí česky, se výslovnost jeví zpočátku jako velmi obtížná. Zejména Rakušané zpravidla rozdíl mezi *b* a *p* či mezi *dy* a *di* neslyší. Pokud hned od začátku nevěnují správné výslovnosti pozornost, nebudou jim Češi rozumět. Dáme-li někomu z německého prostředí, kdo neumí číst česky, přečíst zeměpisné jméno Valtice, nepochopí Čech, o které slovo se jedná. Naopak zase v němčině vadí, když Češi nedbale vyslovují *i* na rozdíl od *ü* nebo další přehlásky a když *b* vyslovují příliš zřetelně: „Laubbaum". A když už se studující překlenuli přes všechna jazyková úskalí od flexe až po syntax se všemi překvapujícími výjimkami a vychutnali si i zdrobnělinky, objeví čtyři funkční styly a další nepřeložitelná, přiléhavá, možná „malilinká", ale osobitá tajemství češtiny (jazyku neomalená!).

Žiji svůj život v kruzích rostoucích,
které lze nad věcmi rozestřít, snad
neuzavřu ten poslední z posledních,
však chci o něj se pokusit.[*]

Váš německý jazyk

[*] Rainer Maria Rilke, *Vom mönchischen Leben* (*O mnišském životě*, Übersetzung: M. Gruscher)

448

Rozhovor

Silvie:	Chodil jsi do tanečních?
Jiří:	Ano, chodil. A ty?
Silvie:	Já taky, ale nechodila jsem tam ráda.
Jiří:	Přesto ale ovládáš společenské tance jako valčík, polku, foxtrot, tango, sambu, rumbu?
Silvie:	Umím je, ale nevím, jestli mi to s tebou půjde. V každém tanečním kurzu se vyučuje trochu jinak.
Jiří:	Můžeme to zkusit.

1) Setzen Sie die Sätze ins Passivum (beachten Sie die Zeit!):

Řečník podporoval svědka. → *Svědek byl podporován.*

Řidič přivezl zboží.	Ředitel zaměstnal učitelku.
Matka přesvědčuje dceru.	Řečník dojme posluchače.
Firma dodá zboží včas.	Novomanželé stavěli dům.

2) Drücken Sie im Reflexivpassiv aus:

a) Objekt des Aktivsatzes wird zu Subjekt des Satzes im Reflexivpassiv

Knihy půjčovali jen odpoledne. → *Knihy se půjčovaly jen odpoledne.*

Nedáváme teplé nádobí do mrazničky.	Hrají hokej tři třetiny.
Prodavačky prodávaly zboží v bazaru.	Zase tančíme twist.
Budeme oslavovat narozeniny pravidelně.	Kolega našel peněženku.
Sestra často vaří meruňkové knedlíky.	Zavíráme dveře.

b) Reflexivkonstruktionen mit unpersönlichem Subjekt

Na svatbě jsme jenom jedli a pili. → *Na svatbě se jenom jedlo a pilo.*

Svědci mlčeli.	O tom nediskutuji.
Budeme spát.	Pracujeme od 8 do 16 hodin.
Budou spát od 22 do 6 hodin.	Zde nekouříme.
Mluvili česky.	Věděli jsme o tom.
Pak šli na kávu.	Seděli jsme u dvou stolů.
Budou žít šťastně a spokojeně.	Zde nesmíme parkovat.

3) Übersetzen Sie ins Deutsche (unter Berücksichtigung seiner Besonderheiten):

V České republice existovalo roku 1994 celkem 319 gymnázií. Od školního roku 1991-92 začala ke státním gymnáziím přibývat soukromá. V roce 1994 jich už bylo 47.

Na hranicích: Doprava se zdrží na příjezdu 30 minut, na odjezdu 20 minut v obou směrech.

4) Vyprávějte:

Překvapení
Přišla jsem minulou neděli pozdě domů. Odemkla jsem, prošla jsem předsíní, otevřela jsem dveře do obývacího pokoje a hned jsem si všimla, že je uklizeno. Bylo to krásné překvapení. Přála bych si, aby se opakovalo častěji.

5) Setzen Sie ins Passivum unter Beachtung der Konstruktionen mit Modalverb:

Bratr musel přinést mléko. → *Mléko **muselo** být přineseno.*
Mohla koupit knihu.
Směla koupit časopis.
Autor mohl prezentovat svoji novou knihu.
Řidič nesměl zaparkovat auto před domem.
Musel zařídit odlet na 20 hodin.
Mohli o tom uvažovat několik dní.

6) Beachten Sie die Passivkonstruktion bei Verboten:

V celém objektu je zákaz kouření!
Kouření je povoleno pouze na vyhrazeném místě!

Setzen Sie fort!

Je zakázáno kouřit, je zakázáno trhat květiny, ...

7) Wandeln Sie die Passivsätze in Aktivsätze um:

Byl vzat do vazby. → *Vzali ho do vazby.*

Hovořilo se o tom dlouho.   Student byl informován profesorem.

Dům bude prodán.   Pacient byl objednán na čtvrtek.

Byl napsán dlouhý dopis.   Byl klamán kamarády.

Jídlo je mu poskytováno zdarma.   Přímo na náměstí byla okradena.

8) Bestimmen Sie die Passivkonstruktionen (unbekannte Vokabel schlagen Sie im Wörterbuch nach):

POKLADNA OTEVŘENA

pondělí - pátek: 10-13, 14-19 hod., sobota, neděle: hodinu před začátkem představení. Pokladna, rezervace, informace - tel.: 02/24946436. Hromadné objednávky: **Agentura B. C.,** Dobrovského 42, Praha 7 - tel., fax: 02/33373071. Zájemci o zakoupení celého představení získají informace v kanceláři **Divadla Bez zábradlí** - tel., fax: 02/24947035. E-mail:dbz@iol.cz

UPOZORNĚNÍ - ZMĚNA PROGRAMU VYHRAZENA

Zaplacené vstupné se nevrací, vstupenka se nevyměňuje. V případě zrušení představení je třeba uplatnit nárok na vrácení vstupného v místě, kde byla vstupenka zakoupena. Padělání vstupenky je trestné, padělatel bude trestně stíhán. Dodatečnými úpravami se stává vstupenka neplatnou. Zákaz vnášení zbraní a ostatních nebezpečných předmětů, alkoholických nápojů, toxických a jiných omamných látek. Zákaz fotografování a pořizování audio a video záznamů v průběhu představení. Diváci, kteří přijdou po zahájení představení budou usazeni podle pokynů pořadatele. Diváci, kteří přijdou v podnapilém stavu, pod vlivem omamných látek nebo v silně znečištěném oděvu nebudou do sálu vpuštěni.

PO PŘEDSTAVENÍ SI VÁS DOVOLUJEME SRDEČNĚ POZVAT
DO DIVADELNÍHO KLUBU DIVADLA BEZ ZÁBRADLÍ - CAFÉ RESTAURANTU

9) Übersetzen Sie:

O kom se mluví? Bude dojata? Více lidí umírá, než se rodí. Šedesát protestujících bylo zatčeno a asi třicet lidí utrpělo zranění. Psalo se o tom v novinách. Jak se dělá svíčková? Musí se jíst malá porce.

10) Übersetzen Sie die Passivsätze:

a) mit Passiv: *Die Aufgabe wurde kontrolliert.* → *Úloha byla kontrolována.*
Die Ware wird im Jahr 2010 geliefert werden. Alles, was er brauchen wird, wird ihm zur Verfügung gestellt werden. Sie wurde 2 Jahre unterstützt. Er wird informiert werden. Sie wurden nicht verhört. Das Fenster wird in einer Stunde geöffnet werden. Ich bin überzeugt, dass es richtig ist.

b) mit Reflexivpassiv: *Wann wird Neujahr gefeiert?* → *Kdy se oslavuje Nový rok?*
Dort spricht man nur Tschechisch. Das Schnitzel wird 20 Minuten gebraten. Das Fenster wird in einer Stunde geöffnet werden. Die Musik hört sich gut an. In Österreich spielt man viel Fußball.

11) Bestimmen Sie die Enklitika:

„No," řekl jsem vztekle. Myslím si, že Váš šéf, Karle, se také schovává za pojmy. Má tu ve Vídni známou, se kterou tráví dost volného času. Zvažuje, že by se eventuálně oženil. Trochu se dnešního večera i bojí a zdá se mi, že se brzy rozloučí.

Jak se do lesa volá, tak se z lesa ozývá.

Tobě se to mluví, tobě on snáší modré z nebe.

U těch komtes se nejedná o respirační onemocnění.

Vám přeji, abyste se dobře vyspal.

12. a) Otázky a odpovědi:

• Od koho jste dostal nejkrásnější dopis?

• Jaký nejkrásnější dárek jste dostala?

• Váš oblíbený recept je který?

• Které přísady obsahuje bábovka?

• Které nejdražší jídlo jste si kdy koupil a kde?

• Něco se rozbilo, např. lampa. Co uděláte?

• Proč?
Mladý pár bydlí ve věžáku v 30. patře. Každý den spolu jezdí výtahem dolů, jdou do práce a vracejí se spolu zase domů. Den co den, šest měsíců. Jednoho dne se pán objeví sám bez paní. Jede nahoru do 20. patra a 10 pater jde pěšky. Proč? (*Možné řešení na konci lekce.*)

b) Úkoly a cvičení:

• Jmenujte dvě pozitivní vlastnosti dvou kolegů nebo kolegyň a jednu svoji pozitivní vlastnost.

• Napište číslo. Určete, jestli má být další číslo menší nebo větší. Kolega nebo kolegyně podle toho napíšou větší nebo menší číslovku a určí další číslo.

• Řekněte kolegovi nebo kolegyni čtyři slova (např. *těžce, zranit, nehoda, student*), se kterými musí vytvořit větu v pasivu (např. *Student byl při nehodě těžce zraněn.*).

• Někdo nakreslí situaci (např. *taneční, svatba, parlament, noc, party*), další popíše činnost (např. *tancuje se, telefonuje se, diskutuje se, kouřilo se, kašlalo se, uklízí se*).

- Partnerübung:
  Einer Person wird jeweils ein Begriff wie z. B. *bota, sprcha, chleba, matka, salát, kočka, žehlička, strom, déšť, umývadlo, guláš, lev, lednička, pračka, ...* zugeteilt. Diese muss sodann möglichst schnell den Begriff mit anderen Worten oder Assoziationen ihrem Gegenüber auf Tschechisch klarmachen. Welches Paar ist am schnellsten?
- Eine Person schlüpft in die Rolle eines Besuchers aus dem 18. Jahrhundert. Welche Fragen richten wir an sie?

13) Beachten Sie die tschechischen Konstruktionen und deren deutsche Übersetzung:

Tak se to nedělá.	So macht **man** es nicht.
Už ho našli.	**Man** hat ihn bereits gefunden.
Člověk neví, komu věřit.	**Man** weiß nicht, wem **man** glauben soll.
Máslo rozpustíme.	**Man** zerlässt die Butter.

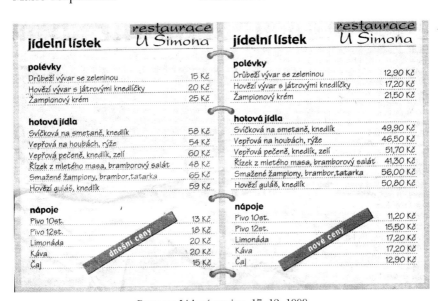

restaurace
jídelní lístek — U Simona

polévky
Drůbeží vývar se zeleninou	15 Kč
Hovězí vývar s játrovými knedlíčky	20 Kč
Žampionový krém	25 Kč

hotová jídla
Svíčková na smetaně, knedlík	58 Kč
Vepřová na houbách, rýže	54 Kč
Vepřová pečeně, knedlík, zelí	60 Kč
Řízek z mletého masa, bramborový salát	48 Kč
Smažené žampiony, brambor, tatarka	65 Kč
Hovězí guláš, knedlík	59 Kč

nápoje
Pivo 10st.	13 Kč
Pivo 12st.	18 Kč
Limonáda	20 Kč
Káva	20 Kč
Čaj	15 Kč

dnešní ceny

restaurace
jídelní lístek — U Simona

polévky
Drůbeží vývar se zeleninou	12,90 Kč
Hovězí vývar s játrovými knedlíčky	17,20 Kč
Žampionový krém	21,50 Kč

hotová jídla
Svíčková na smetaně, knedlík	49,90 Kč
Vepřová na houbách, rýže	46,50 Kč
Vepřová pečeně, knedlík, zelí	51,70 Kč
Řízek z mletého masa, bramborový salát	41,30 Kč
Smažené žampiony, brambor, tatarka	56,00 Kč
Hovězí guláš, knedlík	50,80 Kč

nápoje
Pivo 10st.	11,20 Kč
Pivo 12st.	15,50 Kč
Limonáda	17,20 Kč
Káva	17,20 Kč
Čaj	12,90 Kč

nové ceny

Pramen: Lidové noviny, 17. 12. 1999

Pražské metro:

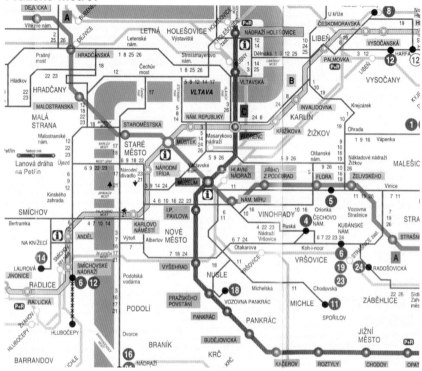

Ukončete prosím výstup a nástup, dveře se zavírají. Příští stanice Florenc. Přestup na trasu C. Zazní-li výstraha, opusťte dveřní prostor! Urychlete prosím výstup a nástup.

ROD TRPNÝ / PASIVUM – DIE LEIDEFORM / DAS PASSIV

Die zusammengesetzte Passivform:

Im Tschechischen sind, ähnlich wie im Deutschen, nicht alle Verben passivfähig. In der Regel kann das Passiv von transitiven Objektverben mittels der finiten Formen von „být" (tragen die grammatikalischen Merkmale von Person, Numerus, Tempus und Modus) und den in Geschlecht und Zahl übereingestimmten Formen des **Partizips Präteritum Passiv** (PPP = příčestí trpné) gebildet werden. Bei der Umwandlung eines Aktivsatzes in einen Passivsatz wird aus dem Objekt des Aktivsatzes das Subjekt des Passivsatzes. Das Subjekt des Aktivsatzes kann, muss aber nicht im Passivsatz genannt werden; es steht dann im Instrumental: z. B. *Matka volá lékaře.* → *Lékař je volán (matkou).*

Indikativ Präsens Passiv

Singular	Mask.	Fem.	Neutr.	Plural	Mask.	Fem.	Neutr.
1. jsem	volán	volána	voláno	1. jsme	voláni	volány	volána
2. jsi	volán	volána	voláno	2. jste	voláni	volány	volána
3. je	volán	volána	voláno	3. jsou	voláni	volány	volána

Analog werden die Formen der restlichen Tempora und Modi gebildet:

Indikativ Präteritum Passiv	3. Sg. 3. Pl.	byl / byla / bylo byli / byly / byla	volán / volána / voláno voláni / volány / volána
Indikativ Futur Passiv*⁾	3. Sg. 3. Pl.	bude budou	volán / volána / voláno voláni / volány / volána
Konditional Präsens Passiv	3. Sg. 3. Pl.	byl by / byla by / bylo by byli by / byly by / byla by	volán / volána / voláno voláni / volány / volána
Konditional Präteritum Passiv	3. Sg. 3. Pl.	byl / -a / -o by býval / -a / -o byl-i / -y / -a by býval-i / -y / -a	volán / volána / voláno voláni / volány / volána
Imperativ Passiv	2. Sg. 2. Pl.	buď buďte	volán / volána voláni / volány

*) In diesem Fall kann auf budu, ... auch das P.P.P. eines perfektiven Verbs folgen, also z. B. budu zavolán.

Die Bildung des Partizips Präteritum Passiv erfolgt je nach Konjugationsmuster:

I.1	brát	brán		II.1	tisknout	tištěn / tisknut*⁾
I.2	nést	nesen		II.1a	rozhodnout	rozhodnut
I.3	mazat	mazán		II.2	minout	minut
I.4	umřít (třít)	– (třen)		II.3	začít	začat
I.5	péct	pečen				
				IV.1	prosit	prošen
III.1	krýt	kryt		IV.1a	vrátit	vrácen
III.2	kupovat	kupován		IV.2	trpět	trpěn
				IV.2a	dodržet	dodržen
V.	dělat	dělán		IV.3	sázet	sázen

*) tištěn = dt. gedruckt (např. kniha byla tištěna), aber: tisknut = dt. gedrückt (např. ruka byla stisknuta).

Bei der Bildung des Partizips Passiv kommt es bei einigen Mustern zu Alternationen:

II.1 tisknout:	h/ž: táhnout → tažen	k/č: zatknout → zatčen	sk/šť: tisknout → tištěn
IV.1 prosit + IV.1a vrátit:	ď/z: budit → buzen s/š: hlásit → hlášen	sť/šť: vyčistit → vyčištěn ť/c: vyplatit → vyplacen	z/ž: zmrazit → zmražen zď/žď: opozdit se → opožděn

Diese Alternationen treten in den genannten Fällen regelmäßig auf, einige Verben können zusätzlich auch Dublettformen ohne Alternation ausbilden (z. B. zmrazit → zmrazen). Als Ausnahme von der Regel muss man sich jedoch vier Verben merken, bei denen die Alternation gänzlich unterbleibt:

pokosit → pokosen, ukořistit → ukořistěn, uprázdnit → uprázdněn, zobrazit → zobrazen.

Das sog. Reflexivpassiv – Personalia:

Zusammengesetzte Passivformen kommen im Tschechischen vor allem in Fachtexten und in Kombination mit perfektiven Verben zur Anwendung (např. *byl navržen na funkci ředitele*), werden in der Regel aber seltener verwendet als im Deutschen. Bei imperfektiven Verben überwiegt das sog. Reflexivpassiv (např. *cizinci se obsluhují přednostně*), das sehr oft angewendet wird, um zusammengesetzte Passivkonstruktionen zu vermeiden.

	Aktiv	Reflexivpassiv
Präsens Sg.	Automechanik opravuje auto.	Auto se opravuje.[1]
Präteritum Sg.	Automechanik opravoval auto.	Auto se opravovalo.
Futur Sg.	Automechanik bude opravovat auto.	Auto se bude opravovat.
Präsens Pl.	Vyvážíme výrobky do ciziny.	Výrobky se vyvážejí do ciziny.[2]
Präteritum Pl.	Vyváželi jsme výrobky do ciziny.	Výrobky se vyvážely do ciziny.
Futur Pl.	Budeme vyvážet výrobky do ciziny.	Výrobky se budou vyvážet do ciziny.

[1] *Das Auto wird repariert. Man repariert das Auto.*
[2] *Die Produkte werden ins Ausland ausgeführt. Man führt die Produkte ins Ausland aus.*

Auch bei der Umwandlung eines Aktivsatzes in eine Konstruktion mit Reflexivpassiv wird aus dem Objekt des Aktivsatzes das Subjekt des neuen Satzes, im Gegensatz zur zusammengesetzten Passivform kommt nun jedoch die mit dem Subjekt übereingestimmte Reflexivkonstruktion des Verbs zur Anwendung, z. B. *Automechanik opravuje auto.* → *Auto se opravuje. Automechanici opravují auta.* → *Auta se opravují.*

In stilistischer Hinsicht sind Konstruktionen mit Reflexivpassiv im Tschechischen in der Regel unmarkiert und in der Alltagssprache besonders frequentiert (např. *auto se opravuje*), wohingegen Konstruktionen mit zusammengesetzten Passivformen als buchsprachlich gelten (např. *auto je opravováno*).

Das sog. Reflexivpassiv – Konstruktionen mit unpersönlichem Subjekt:

Das Reflexivpassiv tritt aber auch häufig in Verbindung mit unpersönlichem Subjekt auf. Das jeweilige Verb verhält sich dann wie ein Impersonale. In dieser Form entspricht die tschechische Konstruktion meistens den deutschen man-Sätzen:

Tam se často tancuje.	→ Dort tanzt man häufig.
Zde se nebude tancovat.	→ Hier wird nicht getanzt / wird man nicht tanzen.
Všude se o tom už mluví.	→ Überall spricht man schon davon.
Zpívalo se od rána až do večera.	→ Man sang vom Morgen bis zum Abend.
To se ale nesmí.	→ Das darf man aber nicht.

PŘÍDAVNÁ JMÉNA SLOVESNÁ (tvrdá) – VERBALADJEKTIVA (hart)

Die Passivpartizipien sind eine ergiebige Quelle für die Ableitung von sog. Verbaladjektiven, z. B.:

smažený řízek	plněná paprika	pečené kuře
malovaný obraz	obydlená chata	prodané zboží
pronajatý byt	zavátá stopa	umyté nádobí
zkušený mistr	vítaná změna	zapomenuté město

Vergleiche ebenfalls die substantivierten Adjektiva *dovolená*, *házená*, *kopaná*, *odbíjená*, ...

Verbaladjektiva werden häufig aber auch vom l-Partizip abgeleitet, z. B.:

zastaralý výraz   otužilá sportovkyně   minulé století

Slovíčka – Vokabel:

dodržovat; *ipf., III 2*
 dodržet; *pf., IV 2a*
dojímat; *ipf., V*
 dojmout; *pf., II 1a, PPA:* dojal,
  PPP: dojat
klamat; *ipf., I 1, Imp. Sg.:* klam/klamej
 oklamat; *pf., I 1a*
kosit; *ipf., IV 1*
 pokosit; *pf., IV 1a*
obsahovat; *ipf., III 2*
 obsáhnout; *pf., II 1a, PPP:* obsáhnut
obsluhovat; *ipf., III 2*
 obsloužit; *pf., IV 1a, Imp. Sg.:* obsluž
okrádat (*Akk. o + Akk.*); *ipf., V*
 okrást; *pf., Futur:* okradu, okradou,
  Imp. Sg. okraď, *PPA:* okradl,
  PPP: okraden
opožďovat se; *ipf., III 2*
 opozdit se; *pf., IV 1a, Imp. Sg.:* opozdi se,
  PPP: opožděn
ozývat se; *ipf., V*
 ozvat se; *pf., I 4*
podporovat; *ipf., III 2*
 podpořit; *pf., IV 1a*

einhalten

rühren (emotionell), ergreifen

täuschen, trügen, betrügen, irreführen

mähen

enthalten, beinhalten, umfassen

bedienen

bestehlen jmdn., jmdm. etw. stehlen

sich verspäten, zurückbleiben, zu spät kommen

hallen, klingen

unterstützen

popisovat; *ipf., III 2*   beschreiben
  popsat; *pf., I 3a*

poskytovat; *ipf., III 2*   gewähren, bieten
  poskytnout; *pf., II 1a*

prezentovat; *ipf. + pf., III 2*   präsentieren

přibývat; *ipf., V*   zunehmen, hinzukommen
  přibýt; *pf., 3. Pers. Sg. Futur:* přibude,
    přibyde (*ats.*), *Imp. Sg.:* přibuď,
    PPA: přibyl, *PPP:* přibyt

rozpouštět; *ipf., IV 3,*   (auf)lösen, schmelzen, zerlassen
  3. Pers. Pl. Präs.: rozpoušt/ěj/í
  rozpustit; *pf., IV 1a, Imp. Sg.:* rozpusť,
    PPP: rozpuštěn

smažit; *ipf., IV 1*   backen (in einer Pfanne), braten,
  usmažit; *pf., IV 1a*   rösten

snášet; *ipf., IV 3, 3. Pers. Pl. Präs.:* snáš/ej/í   ertragen; legen (Eier)
  snést; *pf., I 2a*

stavět (si); *ipf., IV 3, 3. Pers. Pl. Präs.:*   (sich etw.) bauen
  stav/ěj/í, *Imp. Sg.:* stav, stavěj,
    PPA: stavěl, *PPP:* stavěn
  postavit (si); *pf., IV 1a, Imp. Sg.:* postav

svářet; *ipf., IV 3, 3. Pers. Pl. Präs.:* svář/ej/í   (ab)kochen; zusammenschweißen
svařovat; *ipf., III 2*   (ab)kochen; zusammenschweißen
  svařit; *pf., IV 1*

trhat; *ipf., V*   reißen, pflücken, rupfen, raufen
  utrhnout; *pf., II 1a, PPA:* utrh/nu/l,
    PPP: utržen

třít; *ipf., I 4, Präs.:* třu, třou, *Imp.*   reiben, verreiben, zerreiben,
  Sg.: tři, *PPA:* třel,   streichen
  PPP: třen

ukořisťovat; *ipf., III 2*   erbeuten
  ukořistit; *pf., IV 1a, PPP:* ukořistěn

uprazdňovat; *ipf., III 2*   räumen, freimachen
  uprázdnit; *pf., IV 1a, PPP:* uprázdněn

urychlovat; *ipf., III 2*   beschleunigen, fördern
  urychlit; *pf., IV 1a*

vyplácet; *ipf., IV 3, 3. Pers. Pl.*   auszahlen
  Präs.: vyplác/ej/í
  vyplatit; *pf., IV 1a*

vyslýchat; *ipf., V*   verhören
  vyslechnout; *pf., II 1a*

vyučovat; *ipf., III 2*   unterrichten, lehren

vyvážet; *ipf., IV 3, 3. Pers. Pl.*	ausführen
Präs.: vyváž/ej/í	
vyvézt; *pf., Futur:* vyvezu, vyvezou,	
Imp. Sg.: vyvez, *PPA:* vyvezl,	
PPP: vyvezen	
zaměstnávat; *ipf., V*	beschäftigen
zaměstnat; *pf., Va*	
zařizovat; *ipf., III 2*	einrichten, besorgen
zařídit; *pf., IV 1a, PPP:* zařízen	
zatýkat; *ipf., V*	verhaften, festnehmen
zatknout; *pf., II 1a, PPA:* zatk/nu/l,	
zatkla, *PPP:* zatčen	
zmrazovat; *ipf., III 2*	tiefkühlen, einfrieren
zmrazit; *pf., IV 1a,*	
PPP: zmrazen / zmražen	
zobrazovat; *ipf., III 2*	abbilden, (bildlich) darstellen
zobrazit; *pf., IV 1a, PPP:* zobrazen	
zraňovat (se); *ipf., III 2*	(sich) verletzen
zranit (se); *pf., IV 1a*	
zraňovat si (+ *Akk.*); *ipf., III 2*	sich etw. verletzen
zranit si (+ *Akk.*); *pf., IV 1a*	
zvažovat; *ipf., III 2*	abwägen, wiegen, ermessen
zvážit; *pf., IV 1a, Imp. Sg.:* zvaž	
bazar, -u, *Mask. 1, u.*	Basar; Kommissionsladen
bůček, -čku, **Mask.** *1, u.*	**das** Bauchfleisch
doprava, -y, **Fem.** *1*	**der** Verkehr, Transport
drůbež, -e, **Fem.** *3*	**das** Geflügel
foxtrot, -u, *Mask. 1, u.*	Foxtrott
funkce, -e, *Fem. 2*	Funktion
gymnázium, gymnázia, *Neutr. 1*	Gymnasium
(*Pl.: Gen.* -ií, *Präp.* -iích, *Instr.* -ii)	
házená, -é, **Fem.***, subst. Adj.*	**der** Handball, **das** Handballspiel
kapka, -y, **Fem.** *1*	**der** Tropfen
komtesa, -y, *Fem. 1*	Komtesse
kouření, -í, *Neutr. 3*	Rauchen
krkovička, -y, **Fem.** *1*	**der** Schopfbraten
mladík, -a, *Mask. 3, b.*	ein junger Mensch, Jüngling
mraznička, -y, **Fem.** *1*	**der** Tiefkühlschrank
mrazák, -u, **Mask.** *1, u.*	**die** Tiefkühltruhe
novomanžel, -a, *Mask. 3, b.*	Neuvermählter
novomanželé	**das** junge Ehepaar, die Neuvermählten
objekt, -u, **Mask.** *1, u.*	**das** Objekt

odlet, -u, *Mask. 1, u.*	Abflug
onemocnění, -í, **Neutr.** *3*	die Erkrankung
respirační onemocnění	Erkrankung der Atemwege
party, *Fem. indekl.*	Party
pečeně, -ě, **Fem.** *2*	der Braten
pojem, -jmu, *Mask. 1, u.*	Begriff
polka, -y, *Fem. 1*	Polka
porce, -e, *Fem. 2*	Portion
prostor, -u, *Mask. 1, u.*	Raum
protestující, -ího, *Mask.* / -í, *Fem.*	Protestierende(r)
přestup, -u, *Mask. 1, u.*	das Umsteigen; der Übertritt
příjezd, -u, **Mask.** *1, u.*	die Ankunft, **das** Eintreffen; die Zufahrt
přísada, -y, *Fem. 1*	Zutat, **der** Zusatz
rumba, -y, **Fem.** *1*	der Rumba
samba, -y, **Fem.** *1*	der Samba
směr, -u, **Mask.** *1, u.*	die Richtung
smetana, -y, *Fem. 1*	Sahne, **der** Rahm, **das** Obers
souprava, -y, *Fem. 1*	Garnitur, **der** Satz
stopa, -y, *Fem. 1*	Spur, Fußspur, Stapfe
svědek, -dka, *Mask. 3, b.*	Zeuge
šéf, -a, *Mask. 3, b.*	Chef
tatarka, -y, *Fem. 1* → *ats.*	Sauce tartare
trasa, -y, *Fem. 1*	Trasse, Reiseroute
twist, -u, *Mask. 1, u.*	Twist
valčík, -u, *Mask. 1, u.*	Walzer
vazba, -y, *Fem. 1*	Haft; Bindung; **der** Einband
výrobek, -bku, **Mask.** *1, u.*	**das** Erzeugnis, Produkt
výstraha, -y, *Fem. 1*	Warnung
výstup, -u, **Mask.** *1, u.*	**das** Aussteigen; der Aufstieg; der Auftritt
zákaz, -u, **Mask.** *1, u.*	**das** Verbot, **die** Untersagung
desetistupňový, *1*	10° (Stammwürze bei Bier), zehngradig
drůbeží, *2*	Geflügel-
dveřní, *2*	Tür-
játrový, *1*	Leber-
lipový, *1*	Linden-
malovaný, *1*	gemalt
mletý, *1*	gemahlen
obydlený, *1*	bewohnt, besiedelt, bevölkert
otužilý, *1*	abgehärtet, gestählt
pečený, *1*	gebacken, gebraten (im Rohr)

plněný, *1*	gefüllt
pozitivní, *2*	positiv
pronajatý, *1*	vermietet
soukromý, *1*	privat, Privat-
umytý, *1*	gewaschen
vítaný, *1*	willkommen
vyhrazený, *1*	vorbehalten, reserviert
zapomenutý, *1*	vergessen
zastaralý, *1*	veraltet
zavátý, *1*	verweht, zugeweht
eventuálně, *Adv.*	eventuell
přednostně, *Adv.*	vorzugsweise
vztekle, *Adv.*	wütend, rasend, zornig, wild
zdarma, *Adv.*	kostenlos, gratis

Z kuchařky – Aus dem Kochbuch

Šišky s mákem
Mohnnudeln (eigtl. Zapfen mit Mohn)

6 větších uvařených brambor	6 größere gekochte Erdäpfel
8 lžic hrubé mouky	8 Esslöffel griffiges Mehl
1 vejce	1 Ei
máslo	Butter
mák	Mohn
práškový cukr	Staubzucker
sůl	Salz

Ve slupce uvařené brambory oloupeme, prolisujeme přes síto, přidáme mouku, vejce, sůl a vypracujeme těsto. Z těsta vyválíme tenké šišky, které vaříme ve slané vodě. Uvařené šišky promícháme s rozpuštěným máslem, posypeme mletým mákem, práškovým cukrem a povrch ještě polijeme máslem.

Die in der Schale gekochten Erdäpfel schälen, passieren (sie durch ein Sieb pressen), Mehl, Ei, Salz hinzugeben und einen Teig ausarbeiten. Aus dem Teig dünne Nudeln auswalken und im Salzwasser kochen. Die gekochten Nudeln mit zerlassener Butter vermischen, mit gemahlenem Mohn und Staubzucker bestreuen und die Oberfläche noch mit Butter begießen.

🔵 Dvacátá šestá lekce

Z bylinkářské kuchařky
A: Jak se připravuje lipový čaj?
B: Jednoduše, poslouchej. Jedna kávová lžička lipového květu, čtvrt litru vody, citron, cukr. Svaříme vodu. Do šálku připravíme lipový květ a na něj nalijeme horkou vodu. Necháme stát patnáct minut. Pak nalijeme do druhého šálku čaj bez květu. Nejlépe chutná sladký s kapkou citronu. Pijeme teplý, ne horký.

Sehr geehrte tschechische Sprache,

die deutsche und tschechische Sprache[1], vom Wunsche geleitet, zu den freundschaftlichen Beziehungen der Bewohner beider Länder beizutragen, vereinbarten, nachdem sie ihre Vollmachten ausgetauscht hatten, folgende Bestimmungen: Über die gegenseitigen Beziehungen wird ein Abkommen abgeschlossen und unterzeichnet werden, das im nächsten Quartal in Kraft tritt. Es wurde festgehalten, dass man noch in der ersten Hälfte dieses Jahres mit der Ratifizierung rechnet. Gegeben zu Prag, in zwei Ausfertigungen, jede in deutscher und tschechischer Sprache.

Ich begann mit dem kondensierten Satzbau, aber eigentlich würde ich gerne ein bisschen mit Ihnen plaudern. Ich bin froh, dass wir einander kennen lernen. Wenn ich mich mit Ihnen vergleiche – es ist eigentlich unmöglich, obwohl wir viel gemeinsam haben, wir sind beide indoeuropäische Sprachen –, so frage ich mich, warum uns die Menschen lernen. Ich verbrauche mehr Zeit und Platz als Sie, was die gesprochene oder geschriebene Sprache angeht. Sie sind einfach kürzer. Ich sage: „Sie hatte einen Brief geschrieben." Sie sagen: „Napsala dopis." Und da gewinnen Sie aus dem Satz noch die Information, dass der Brief zu Ende geschrieben wurde. Das verdanken Sie Ihren Aspekten. Dafür verfüge ich über viele Zeiten, die haben Sie nicht.

Den Studierenden, die Tschechisch lernen, erscheint zu Beginn die Aussprache als sehr beschwerlich. Insbesondere Österreicher hören in der Regel den Unterschied zwischen *b* und *p* oder zwischen *dy* [di] und *di* [d'i] nicht. Wenn sie nicht vom Beginn an der richtigen Aussprache ihre Aufmerksamkeit widmen, werden sie die Tschechen nicht verstehen. Wenn wir jemandem aus dem deutschsprachigen Milieu, der nicht tschechisch lesen kann, den geografischen Namen Valtice[2] vorlesen lassen, wird ein Tscheche nicht verstehen, um welches Wort es sich handelt. Andererseits stört es wiederum im Deutschen, wenn Tschechen nachlässig *i* im Unterschied zu *ü* oder andere Umlaute aussprechen und wenn ihre Aussprache des *b* zu deutlich ausfällt: „Laubbaum". Und wenn schon die Studierenden alle sprachlichen Hindernisse von der Flexion bis hin zur Syntax mit all den überraschenden Ausnahmen überwunden (und auch die Diminutivformen genossen) haben, stoßen sie auf weitere unübersetzbare, treffende, vielleicht „klitzekleine", doch eigentümliche Geheimnisse der tschechischen Sprache (ach ungeschlachte Sprache! [zum näheren Verständnis dieser Verwünschung hilft am besten das Sprichwort: „Eifersucht ist eine Leidenschaft, die mit Eifer sucht, was Leiden schafft."]).

Ich lebe mein Leben in wachsenden Ringen,
die sich über die Dinge ziehen.
Ich werde den letzten vielleicht nicht vollbringen,
aber versuchen will ich ihn.[3]

Ihre deutsche Sprache

[1]) reziprok zum Original   [2]) Feldsberg in Mähren
[3]) Rainer Maria Rilke, *Vom mönchischen Leben*, Werke in sechs Bänden, 2. Auflage 1982, Inselverlag.

Po stopách Marie Ebner-Eschenbachové (očima návštěvnic v květnu 2001)

Z návštěvníků Kroměříže, kteří tam jezdí především proto, aby si prohlédli arcibiskupský zámek a krásné zahrady, málokdo zavítá do nedalekých Zdislavic. Tamější zámek sloužil do nedávné minulosti jako domov důchodců. Dnes je opuštěný a zatím nebyl restaurován. Neodradil nás ani liják a spolu s průvodcem z Muzea Kroměřížska, vybaveni klíči ke kryptě rodu Dubských, jsme vyrazili do Zdislavic. Vysokou železnou branou jsme vstoupili do rotundové stavby připomínající kapli. V čele polokruhu uvnitř krypty, ve kterém jsou uloženy tělesné ostatky členů rodiny Dubských a Ebner-Eschenbachů, dominuje busta Marie Ebner-Eschenbachové, rozené Dubské.

Narodila se v roce 1830 na zámku Zdislavice, zemřela roku 1916 ve Vídni. Dvě pamětní desky, jedna v češtině, jedna v němčině, připomínají, že místo posledního odpočinku významné rakouské spisovatelky jsou opět Zdislavice. Krypta i s ní sousedící kaple jsou toho času ve špatném stavu. Kaple je úplně prázdná, bez oltáře. Lavice z ní byly vytrženy a uloženy v koutech krypty. Stavba chátrá, omítka uvnitř i venku opadává. Jen kytička pod pamětními deskami svědčí o tom, že přece jen někdo vzpomíná.

A stálo by za to, aby si vzpomnělo mnoho lidí v Rakousku i v České republice. Marie Ebner-Eschenbachová byla na dobu, ve které žila, a ve svém společenském postavení šlechtičny velmi pokroková a hlavně sociálně založená, a to nejen myšlením a ve svých dílech, ale i svými skutky (byla prý tak štědrá, až se toho její manžel děsil).

Ve svých spisech věnovala pozornost prostým lidem a jejich těžkému životu. Ze školy známe její povídky Krambambuli, Božena, Obecní dítě a Lotti – hodinářka. S poslední jmenovanou povídkou souvisí spisovatelčina bohatá sbírka hodinek, kterou si lze prohlédnout ve vídeňském Muzeu hodin. Věnovali tam Ebner-Eschenbachové celou místnost.

Kaple s kryptou ve Zdislavicích by se po náležité rekonstrukci stala důstojným místem památky na ženu, jež dala evropské literatuře krásnou a ušlechtilou prózu a svými aforismy řadu hlubokých a břitkých úvah. Tento z nich snad charakterizuje autorčino krédo nejvýstižněji: „Mít a přitom nedat je v některých případech horší než krást." Platí po všechny doby, za všech režimů a pro statky pozemské i duchovní.

Marie Gruscher-Mertlová

Citát od Jana Amose Komenského (Panaugia = Všeobecné osvícení, str. 210):
„Dále je třeba vytrvale nás všechny vyzývat, abychom se dívali svýma vlastníma očima a odložili brýle předsudků, ..."

1) Bauen Sie folgende Sätze in einen Dialog ein:

Chci si vyzkoušet dvoje šaty.   Máte ten kostým o číslo menší?

2) Bilden Sie Sätze mit den angeführten Formen:

rukama → Objala ho svýma dlouhýma rukama.
očima, nohama, ušima   na očích, na nohou, na rukou

3) Bilden Sie Sätze mit den angeführten Verbindungen:

troje rukavice → Vzala si s sebou troje rukavice.
dvoje dveře, patery boty, osmery hodinky, troje šaty, šestery noviny,
devatery ponožky

4) Bestimmen Sie die Dualformen:

Ty její oči pomněnkové
a nohy plaché gazely,
ruce se něžně zachvěly,
uši zaslechly písně snové,
pročpak jsem já tak nesmělý?
                          Pramen: M.P.

5) Geben Sie Anweisungen unter Verwendung von Dualformen:

Mávej oběma rukama!

6) Übersetzen Sie:

Kdysi přijímal poselstvo z orientu, jehož členové se při audienci – jak jim
kázal jejich zvyk – k Rudolfovi připlazili po kolenou a políbili mu nohu.
Očitý svědek tehdy písemně zaznamenal, že to byla výjimečná situace, kdy
se císař pobaveně usmál.
                          Pramen: Výstava Rudolf II. v Praze

7) Verkehren Sie die angeführten Sätze in ihr Gegenteil:

Ráno se musím rozhodnout, kdy vstanu, jestli nechám budík zvonit dál ... .
Mám ještě spát nebo vstávat?

Co posnídám? Kávu nebo čaj?
Co si obléknu? Staré kalhoty nebo novou sukni?
Půjdu na přednášku nebo se budu dívat na televizi?

8) Napište svůj životopis.

9) Welche Variante ist richtig?

Nevěřil vlastním okům/očím. → *Nevěřil vlastním očím.*
Nevěděla, co jsou kuří oka/oči. Na punčoše jí letí dvě očka/oči.
To děvče mu padlo do oka/očí. Udělal to jen naoko/naoči.
Pytláci v lese nastražili oka/oči.

10) Ergänzen Sie:

Podívala se na něj široce rozevřeným__ očim__. → *Podívala se na něj široce rozevřenýma očima.*

Svým__ šikovným__ rukam__ to rychle opraví. Přáli si hodinky se zlatým__ ručičkam__. Uch__ od kabelky jsou příliš krátká. Nemá ráda mastná ok__ na polévce. Neumí navléknout nit do oušk__ od jehly. Vltava před regulací protékala městem a měla několik mrtvých rame__. Víc uš__ víc slyší. Povíme si to mezi čtyřm__ očim__. To je jen pro vaše uš__. Bolí mě noh__, potřebuji berle. Oč__ se usmíval__. Dveře se zavřel__. Mám jen jedny ruc__. Při práci si poranil obě ruc__. Musel nosit na ruk__ obvaz.

11) Schreiben Sie die Zahlen aus:

V pokoji jsou (2) _____ dveře – (1) _____ vpředu, (1) _____ vzadu.

Mají na chalupě (3) _____ stará kamna.

Kamarádka má nejméně (15) _____ boty.

Každý pátek si kupuju (2) _____ noviny.

Vzal s sebou (5) _____ kalhoty.

Přítelkyně nosí denně aspoň (3) _____ šaty.

12) Ergänzen Sie:

Když jsem se vrátil z kina, nikdo ... . → *Když jsem se vrátil z kina, nikdo nebyl doma.*

Když se rodiče vrátili z dovolené, řekli, že nic ... .

Když jsem vystoupila z vlaku, nikde ... .

Když jsme se vraceli z univerzity, žádného ... .

Když přišly děti ze školy, nikomu nic ... .

13) Ergänzen Sie:

Dívala se ti do (*Augen*) _____. Jsem už od rána na (*Beine*) _____. Vezmi ho za (*Hände*) _____. To byla ta dívka s nejkrásnějšíma (*Beine*) _____. Sedí tam se zavřenýma (*Augen*) _____. Nosil by ji na (*Hände*) _____. V (*Augen*) _____ měla slzy. Jak se jmenuje ten pták s dlouhýma (*Beine*) _____? Nosí dítě na (*Schultern*) _____. Vlasy mi padají do (*Augen*) _____. Nevěřila vlastním (*Ohren*) _____. Měla na (*Augen*) _____ brýle. Straníci si ponechali v (*Hände*) _____ rozhodující rezorty. Na (*Brust*) _____ měl řád.

14) Ordnen Sie zu:

Pes paní Klímové je v dobrých _____.

Ministři do dohodli mezi čtyřma _____.

U _____ psacího stolu leží papír.

Nikdy neměl _____ v kapsách.

Miminko si prohlíží _____.

Na _____ měla ponožky.

_____ od kabelky jsou odřená.

rukou
noh
ručičky
ruce
ucha
očima
nohou

15) Übersetzen Sie:

A: Dvoje cigarety, prosím, a krabičku zápalek.
B: Jaké? Marlborky nebo ameriky?
A: Jedny klejky prosím [cigarety značky Clea].

Varování: Kouření škodí Vašemu zdraví. Kouření působí rakovinu.
Děti z kuřáckých rodin vás prosí: „Dejte nám dárek – nekuřte!"

A: Přivezl si z Itálie dvoje vzácné housle.
B: Kolikatery?
A: Dvoje.

náramkové hodinky, sluneční hodiny, elektrické hodiny, zlaté hodinky, stopky

16) Ergänzen Sie:

Nejraději bych tam ... .   Nejradši obědvám u ... .
Od tebe jsem to nejméně ... .   V Itálii se více stávkuje než ... .
Nevadí, že přijde méně ... .

17) Ergänzen Sie weitere Sprachen:

Mluvíš holandsky? Mluvíte rusky? Umíte anglicky?
Samozřejmě.
Umím, ale nejraději mluvím ... .

18) Dialog – Zwei Personen warten auf einen Zug, der Verspätung hat.

19) Übersetzen Sie:

In diesem Zimmer sind fünf Türen. Er hat zwei Uhren, er borgt dir eine.
Sie hatte zwar Strümpfe an den Beinen, aber es war ihr kalt. Er hatte
Handschuhe an den Händen, um sich nicht zu beschmutzen.

20) Ergänzen Sie in der richtigen Form:
OČI:

Víc _____ víc vidí. Probodával ji _____. Nesviť mi do _____, nic

nevidím. Viděl jsem na vlastní _____, že mu dávala sto korun. Rozdíl

mezi nimi bije do _____. Už mi nechoď na _____. Dělá, co jí na _____

vidí. Ukradli mi auto před mýma _____. Musíš mu zaplatit, jen tak pro

tvé krásné _____ to neudělá. Celou dobu ji nespustil z _____. Dělají

se mi mžitky před _____. Sejde z _____, sejde z mysli. I v místnosti

měl sluneční brýle na _____.

UŠI:

Sedíš si na _____? Nevěřila jsem vlastním _____. Je do ní zamilován až po _____. Zapiš si to za _____. Ten má za _____. Karlovi odstávají _____. Hýbe _____. Ještě teď mi z toho rámusu hučí v _____. I stěny mají _____. Vězí až po _____ v dluzích.

RUCE:

Můj dědeček má upracované _____. Bránila se _____ nohama. Když to teta uslyšela, spráskla _____ nad hlavou. Celá věc se dostala do nesprávných _____. Koťata chceme dát jen do dobrých _____. Adresuj to přímo k _____ prezidenta. Živí se vlastníma _____. Nesmíš skládat _____ do klína. Slíbil jí, že ji bude celý život na _____ nosit.

NOHY:

Seděla v křesle a u _____ jí ležel pes. Najednou ztratil půdu pod _____. Vzal _____ na ramena. Pořád mu hází klacky pod _____. V pokoji bylo všechno vzhůru _____. Co člověk nemá v hlavě, musí mít v _____. Už je nejvyšší čas, aby ses postavil na vlastní _____. Na _____ měla lodičky. Položil jí dary k _____. Narodil se bez _____.

KOLENA:

Jako dítě jsem sedával dědečkovi na _____. Ve sklepě jsme měli vodu až po _____. Na stará _____ se začal učit maďarsky. Klekl na _____ a dlouho se modlil. Na _____ ji prosil o milost. Mám velké zdravotní problémy s _____.

RAMENA:

Plavci mívají široká _____. Místo odpovědi jen pokrčil _____. Měla vlasy až po _____. Na _____ mu sedělo dítě. Přes _____ si přehodila šátek.

PRSA:

Sklonila hlavu až k _____. Přitiskl dítě na _____. Zvítězil jen o _____. Nevěděl, že si hřál hada na _____. Vyhrála závod na 100 m _____. Píchá mě na _____.

TVARY DUÁLU / DVOJNÉHO ČÍSLA –
DIE FORMEN DES DUALS / DER ZWEIZAHL

Dualformen in der Deklination der Substantiva blieben im Standardtschechischen nur bei einigen paarweise auftretenden Körperteilen erhalten, nämlich bei *ruce, nohy*; *oči, uši*; *kolena, prsa, ramena* (vgl. auch die Deklination von *dva/dvě* bzw. *tři* bzw. *oba/obě* in Lektion 9).

Nom.	ruce	nohy
Gen.	rukou	nohou/noh
Dat.	rukám	nohám
Akk.	ruce	nohy
Präp.	ruk-ou/-ách	noh-ou/-ách
Instr.	rukama	nohama

Nom.	oči	uši
Gen.	očí	uší
Dat.	očím	uším
Akk.	oči	uši
Präp.	očích	uších
Instr.	očima	ušima

Es ist zu beachten, dass *oči* und *uši* im Plural Feminina sind. Attribute, d. h. Adjektiva, Pronomina und Numeralia, werden im Instrumental Pl. den Dualformen angepasst, z. B. *svýma vlastníma rukama, jejíma krásnýma nohama, mezi čtyřma očima*, ... Die Dualformen des Instrumentals Pl. kommen auch bei den diminuierten Formen dieser Substantiva zur Anwendung, např. *Holčička nadšeně tleskala svýma ručičkama, kopala nožičkama a koulela očičkama.*

Die regelmäßig gebildeten Pluralformen dieser Wörter dienen zur Bedeutungsdifferenzierung, např. *s nohami stolu* (= dt. Tischbeine), *s ručičkami hodinek* (= dt. Uhrzeiger); *oka na polévce nebo na punčoše* (= dt. Fettaugen oder Laufmaschen), *ucha hrnce* (= dt. Henkel), ...

Nom.	kolena	prsa	ramena
Gen.	kolen/-ou	prsou	ramen/-ou
Dat.	kolenům	prsům	ramenům
Akk.	kolena	prsa	ramena
Präp.	kolen-ech/-ou	prsou	ramen-ech/-ou
Instr.	koleny	prsy	rameny

Wenn die Substantiva *koleno* und *rameno* (im Sg. wie das Musterwort *město* dekliniert) im übertragenen Sinn gebraucht werden, sind im Plural keine Dualformen möglich, např. *mluvil o kolenech roury* (= dt. Knierohre), *psát o ramenech řeky* (= dt. Flussarme).

ČÍSLOVKY (POKRAČOVÁNÍ) – ZAHLWÖRTER (FORTSETZUNG)

Zlomky – Bruchzahlen:

$\frac{1}{2}$= jedna polovina, $\frac{1}{3}$ = jedna třetina, $\frac{1}{4}$ = jedna čtvrtina, ... osmina, ... setina, ... tisícina, ...

Číslovky násobné – Vervielfältigungszahlwörter:

jednoduchý, dvojnásobný, trojnásobný, čtyřnásobný, pětinásobný, ...
(= dt. -fach)
jednou / jedenkrát, dvakrát, třikrát, čtyřikrát, pětkrát, ... x-krát (= dt. -mal)

Číslovky druhové – Gattungszahlwörter:

dvojí, trojí, čtverý, paterý, ... (= dt. -lei)
In Redewendungen kommen bisweilen auch deren Nominalformen zur
Anwendung, z. B.:
desatero přikázání (= dt. die Zehn Gebote), ...

Von besonderer Bedeutung sind diese Nominalformen jedoch für
Mengenangaben bei Pluralwörtern (auf die Frage: *kolikatery? / kolikery?*):
jedny, dvoje, troje, čtvery, patery, ..., devatery, desatery, stery, tisícery, ...;
z. B. *dvoje noviny, troje hodinky, čtvery šaty, osmery dveře*, ...

Beachten Sie den Unterschied:
dvoje šaty (= dt. zwei Kleider) ↔ dvojí šaty (= dt. zweierlei Kleider, zwei
Arten von Kleidern),
troje kleště (= dt. drei Zangen) ↔ trojí kleště (= dt. dreierlei Zangen, drei
Arten von Zangen)
dvě pastelky (= dt. zwei Farbstifte) ↔ dvoje pastelky (= dt. zwei
Farbstiftsätze) ↔ dvojí pastelky (= dt. zweierlei Farbstiftsätze, zwei
verschiedene Farbstiftsätze)

 Slovíčka – Vokabel:

adresovat *(Dat. + Akk.)*; *ipf. + pf., III 2*	adressieren an jmdn. etw.
bránit (se); *ipf., IV 1, Imp. Sg.:* braň	(sich) schützen, wehren, verteidigen
(před + Instr.) *(proti + Dat.)*	vor jmdm./etw., gegen jmdn./etw.
hřát; *ipf., III 1, Präs.:* hřeji / hřeju,	wärmen
hřejí/hřejou, *Imp. Sg.:* hřej,	
PPA: hřál, *PPP:* hřán	
hučet; *ipf., IV 2*	brausen, sausen
hýbat (+ *Instr.*); *ipf., I 3 + V, Präs.:* hýbu /	bewegen
hýbám, hýbou / hýbají	
hnout (+ *Instr.*); *pf., II 1a, PPA:* hnul	
chvět se / chvít se; *ipf., III 1,*	beben, zittern
Präs.: chvěji / chvěju se, chvějí /	
chvějou se, *Imp, Sg.:* chvěj se	
zachvět se; *pf., III 1a*	

kázat; *ipf., I 3, Präs.:* kážu, kážou,   predigen; befehlen, heißen
   Imp. Sg.: kaž
klekat (si); *ipf., V*   (sich nieder)knien
   kleknout (si); *ipf., II 1a, PPA:* klekl (si)
koulet; *ipf., IV 3, 3. Pers. Pl.*   rollen, kugeln
   Präs.: koul/ej/í
krčit (+ *Akk. / Instr.*); *ipf., IV 1*   runzeln, krümmen, beugen;
   pokrčit; *pf., IV 1a*   zucken mit etw.
mávat; *ipf., V*   winken, schwenken, schwingen
   mávnout; *pf., II 1a, PPA:* mávl
modlit se; *ipf., IV 1*   beten
   pomodlit se; *pf., IV 1a*
nastražovat; *ipf., III 2*   Falle stellen, Schlinge legen, Köder
   nastražit; *pf., IV 1a*   legen
navlékat; *ipf., V*   anziehen, aufziehen; einfädeln
   navléknout; *pf., II 1a, PPA:* navlék/
   nu/l, navlékla, *PPP:* navléknut
   navléci; *pf., Futur:* navléknu,
   navléknou, *Imp. Sg.:* navlékni,
   PPA: navlék/nu/l, *PPP:* navlečen
odstávat; *ipf., V*   abstehen
píchat; *ipf., V*   stechen
   píchnout; *pf., II 1a, PPA:* píchl,
   PPP: píchnut
plazit se; *ipf., IV 1a*   kriechen, sich schlängeln
ponechávat (si); *ipf., V*   (über)lassen, übrig lassen, belassen
   ponechat (si); *pf., Va*
poraňovat; *ipf., III 2*   verletzen
   poranit; *pf., IV 1a*
probodávat; *ipf., V*   durchstechen, durchbohren
   probodnout; *pf., II 1a*
   PPP: probodnut, proboden
protékat; *ipf., V*   durchfließen, durchströmen
   protéci / protéct; *pf., I 5a, 3. Pers. Sg.*
   Futur: proteče, *PPA:* protekl
přehazovat; *ipf., III 2*   (hin)überwerfen, umschaufeln
   přehodit; *pf., IV 1a*
přijímat; *ipf., V*   annehmen, aufnehmen, empfangen
   přijmout; *pf., Futur:* přijmu, přijmou,
   Imp.: přijmi, přijměte,
   PPA: přijal, *PPP:* přijat
připlazit se; *ipf., IV 1*   heranschleichen, herbeikriechen

přitisknout; *pf., II 1a, PPA:* přitiskl, *PPP:* přitisknut

sedávat; *ipf., V*

scházet; *ipf., IV 3, 3. Pers. Pl.*
  Präs.: scház/ej/í

sejít; *pf., Futur:* sejdu, sejdou, *Imp.*
  Sg.: sejdi, *PPA:* sešel, sešla, *PPP:* -

scházet; *ipf., IV 3, 3. Pers. Pl.*
  Präs.: scház/ej/í

skládat; *ipf., V*

složit; *pf., IV 1a*

sklánět; *ipf., IV 3, 3. Pers. Pl.*
  Präs.: sklán/ěj/í

sklonit; *pf., IV 1a*

spouštět; *ipf., IV 3*

spustit; *pf., IV 1a, Imp. Sg.:* spusť,
  PPP: spuštěn

sprásknout; *pf., II 1a, PPA:* sprásk/nu/l,
  spráskla

škodit; *ipf., IV 1, Imp. Sg.:* škoď,
  PPP: škozen

uškodit; *pf., IV 1a*

umazat; *pf., I 3a*

umazat se (+ *Instr.*); *pf., I 3a*

ušpinit; *pf., IV 1a*

ušpinit se (+ *Instr.*); *pf., IV 1a*

vězet; *ipf., IV 2*

vítězit (*nad* + *Instr.*); *ipf., IV 1*

zvítězit (*nad* + *Instr.*); *pf., IV 1a*

vyzkoušet; *pf., IV 3, 3. Pers. Pl.*
  Präs.: vyzkouš/ej/í

vyzývat; *ipf., V*

vyzvat; *pf., Futur:* vyzvu, vyzvou,
  Imp.: vyzvi, vyzvěte / vyzvete,
  PPA: vyzval, *PPP:* vyzván

zaslechnout; *pf., II 1a, PPA:* zaslechl

zaznamenávat; *ipf., V*

zaznamenat; *pf., Va*

živit se (+ *Instr.*); *ipf., IV 1*

uživit se; *pf., IV 1a*

audience, -e, *Fem. 2*

berla, -y, *Fem. 1*

---

pressen, drücken, andrücken, aufdrücken

sitzen, zu sitzen pflegen

herabgehen, heruntergehen; verkommen, verfallen

fehlen, abgehen

abladen; zusammenlegen; legen, falten

(herab)neigen, beugen, senken

(nieder)lassen, senken; betätigen, anfangen

zusammenschlagen (z. B. Hände)

schaden

schmutzig machen, beschmutzen

sich schmutzig machen mit etw.

schmutzig machen, beschmutzen

sich schmutzig machen mit etw.

stecken

siegen, gewinnen über jmdn.

anprobieren, ausprobieren, prüfen

auffordern, herausfordern

hören, vernehmen

aufzeichnen, eintragen, aufnehmen, vermerken

sich (er)nähren, leben von etw., Lebensunterhalt verdienen

Audienz

Krücke, **der** Stab

gazela, -y, *Fem. 1*	Gazelle
hrnec, -nce, *Mask. 2, u.*	Topf
chalupa, -y, *Fem. 1*	Hütte; **das** Landhaus
jehla, -y, *Fem. 1*	Nadel
klacek, -cku, *Mask. 1, u.* → *ats.*	Knüppel, Knüttel, Prügel, Stecken
klín, -u, *Mask. 1, u.*	Keil
klín, -a, *Mask. 1, u.*	Schoß
koleno, -a, *Neutr. 1*	Knie
křeslo, -a, **Neutr.** *1*	**der** Lehnstuhl, Armsessel
lodička, -y, **Fem.** *1*	**das** Schiffchen; **der** Pumps
milost, -i, *Fem. 4*	Gnade, Gunst
mysl, -i, **Fem.** *4,*	**der** Sinn, Geist; **das** Gemüt
(*Pl.: Dat.* -ím, *Präp.* -ích, *Instr.* -emi)	
mžitka, -y, **Fem.** *1* (*meist Plural*)	**das** Augenflimmern
nit, -i/-ě, **Fem.** *3 / 4*	**der** Faden, Zwirn
(*Pl.: Dat.* -ím, *Präp.* -ích, *Instr.* -ěmi)	
obvaz, -u, *Mask. 1, u.*	Verband, **die** Binde, Bandage
oko, -a, *Neutr. 1*	Auge; **die** Masche, Schlinge
orient, -u, *Mask. 1, u.*	Orient
pastelka, -y, **Fem.** *1*	**der** Farbstift
plavec, -vce, *Mask. 4, b.*	Schwimmer
pomněnka, -y, **Fem.** *1*	**das** Vergissmeinnicht
poselstvo, -a, **Neutr.** *1*	**die** Abordnung, Deputation
prsa, -ou, **Neutr.**, *Pluraletantum*	**die** Brust, **der** Busen, **die**
(*Dat.* -ům, *Präp.* -ou, *Instr.* -y),	Brustgegend
přikázání, -í, *Neutr. 3*	Gebot, **die** Zuweisung
půda, -y, **Fem.** *1*	**der** Boden; Dachboden
pytlák, -a, *Mask. 3, b.*	Wilddieb, Wildschütz, Wilderer
rakovina, -y, **Fem.** *1*	**der** Krebs, die Krebskrankheit
rameno, -a, **Neutr.** *1*	**die** Schulter, **der** Arm
rámus, -u, *Mask. 1, u.* → *ats.*	Lärm, Krawall, Radau
regulace, -e, *Fem. 2*	Regulation, Regulierung, Regelung
rezort / resort, -u, **Mask.** *1, u.*	**das** Ressort
roura, -y, *Fem. 1*	Röhre, **das** Rohr
ručička, -y, **Fem.** *1*	**das** Händchen; **der** Zeiger
řád, -u, *Mask. 1, u.*	Orden
slza, -y, *Fem. 1*	Träne
stěna, -y, *Fem. 1*	Wand
stopky, -pek, *Fem. 1, Pluraletantum*	Stoppuhr
straník, -a, *Mask. 3, b.*	Parteiangehöriger, -mitglied
varování, -í, *Neutr. 3*	Warnen, **die** Warnung
závod, -u, *Mask. 1, u.*	Wettkampf, **das** Rennen; der Betrieb

kuřácký, *1*	Raucher-
kuřecí	Hühner-
kuří, *2*	Hühner-
kuří oko	Hühnerauge
mastný, *1*	fett, fettig, Fett-
mrtvý, *1*	tot
náramkový, *1*	Armband-
nesmělý, *1*	schüchtern, zaghaft
očitý, *1*	Augen-
odřený, *1*	abgeschunden, abgerieben, abgewetzt
rozevřený, *1*	aufgemacht, geöffnet, ausgebreitet
rozhodující, *2*	entscheidend, ausschlaggebend
snový, *1*	Traum-
upracovaný, *1*	abgerackert, abgearbeitet, abgemüht
výjimečný, *1*	Ausnahme-, Ausnahms-, außergewöhnlich
vzácný, *1*	selten, rar
zdravotní, *2*	Gesundheits-
kdysi, *Adv.*	einst, irgendwann, einmal
nadšeně, *Adv.*	begeistert
něžně, *Adv.*	zart, zärtlich
pobaveně, *Adv.*	vergnügt, amüsiert
vytrvale, *Adv.*	ausdauernd, beharrlich

Z matematiky – Aus der Mathematik

s(e)čítání	odčítání	násobení	dělení
Addieren	Subtrahieren	Multiplizieren	Dividieren
$3 + 2 = 5$	$5 - 2 = 3$	$2 \times 5 = 10$	$20 : 4 = 5$
tři plus dvě	pět minus dvě	dva krát pět	dvacet děleno čtyřmi
je pět	jsou tři	je deset	je pět

	2^2, 3^3		$\sqrt[2]{5}$
umocňování	dvě na druhou, tři na třetí	odmocňování	druhá odmocnina z pěti
Hochrechnen	zwei hoch zwei, drei hoch drei	Wurzelziehen	Quadratwurzel aus fünf

5 m^3	8 m^2			
pět metrů	osm metrů	0,5	1,8	8,6
krychlových	čtverečních	nula celá pět	jedna celá osm	osm celých šest
fünf	acht	null Komma fünf	eins Komma acht	acht Komma sechs
Kubikmeter	Quadratmeter			

Pohled z Kroměříže na Zdislavice

Auf den Spuren von Marie von Ebner-Eschenbach (betrachtet von Besucherinnen im Mai 2001)
Von den Besuchern Kremsiers, die vor allem deshalb dorthin kommen, um sich das erzbischöfliche Schloss und die schönen Gärten anzusehen, stattet kaum einer dem nahe gelegenen Ort Zdislawitz einen Besuch ab. Das dortige Schloss diente bis in die jüngste Vergangenheit als Pensionistenheim. Heutzutage ist es verlassen und bislang noch nicht restauriert. Uns konnte nicht einmal ein Regenguss davon abbringen, gemeinsam mit einem Führer des Kremsierer Museums und ausgestattet mit Schlüsseln zur Gruft der Familie Dubský nach Zdislawitz aufzubrechen. Durch ein hohes Eisentor betraten wir einen Rotundenbau, der an eine Kapelle erinnerte. Im Stirnbereich des Halbkreises in der Krypta, in der die sterblichen Überreste der Mitglieder der Familie Dubský und Ebner-Eschenbach aufbewahrt sind, dominiert die Büste von Marie von Ebner-Eschenbach, geborener Dubská.
Sie wurde 1830 auf Schloss Zdislawitz geboren und starb 1916 in Wien. Zwei Gedenktafeln, die eine in deutscher, die andere in tschechischer Sprache, erinnern daran, dass die bedeutende österreichische Schriftstellerin ihre letzte Ruhestätte erneut in Zdislawitz fand. Die Krypta und die ihr benachbarte Kapelle sind derzeit in schlechtem Zustand. Die Kapelle ist vollkommen leer, ohne Altar. Die Bänke sind herausgerissen worden und lagern nun in den Ecken der Krypta. Das Gebäude ist baufällig, Verputz bröckelt innen wie außen. Nur ein kleiner Blumenstrauß unter den Gedenktafeln zeugt davon, dass es doch jemand gibt, der sich erinnert.
Und es wäre es wert, dass viele Menschen in Österreich und Tschechien sich erinnern würden. Marie von Ebner-Eschenbach war für die Zeit, in der sie lebte, und für ihre gesellschaftliche Stellung als Adelige sehr fortschrittlich und vor allem sozial veranlagt, und das nicht nur in ihrem Denken und ihren Werken, sondern auch in ihrem Tun (sie war angeblich so freigiebig, dass es ihren Gemahl schauderte). In ihren Schriften widmete sie ihre Aufmerksamkeit einfachen Menschen und deren schwerem Leben. Aus der Schule kennen wir ihre Geschichten *Krambambuli, Božena, Das Gemeindekind* und *Lotti, die Uhrmacherin*. Mit der zuletzt genannten Geschichte hängt die umfangreiche Uhrensammlung der Schriftstellerin zusammen, die im Wiener Uhrenmuseum besichtigt werden kann. Dort ist Marie von Ebner-Eschenbach ein ganzer Raum gewidmet.
Die Kapelle mit der Krypta in Zdislawitz würde nach einer entsprechenden Restaurierung zum würdigen Gedenkort für eine Frau, die der europäischen Literatur schöne und edle Prosa und mit ihren Aphorismen eine Reihe tiefsinniger und scharfsichtiger Überlegungen schenkte. Einer dieser charakterisiert wohl das Credo der Autorin am besten: „Haben und dabei nichts geben ist in manchen Fällen schlimmer als stehlen." Dies gilt für alle Zeiten, unter jedem Regime und für irdische wie geistige Güter.

Marie Gruscher-Mertl

28. Lektion

Místo J. A. Komenského v české literatuře

Josef Vintr
(z přednášky z roku 1992 k čtyřstému
výročí narození J. A. Komenského)

Čím více se Komenský stává
velikánem světové vědy a kultury,
tím méně byl vnímán svými krajany
jeden z největších autorů českého
krásného písemnictví. A přitom
právě jeho dílem vrcholí staletý vývoj
naší starší literatury. Právě jeho
Labyrint je jedno z mála česky
napsaných literárních děl, která patří do světové literatury. I my vidíme
v Komenském především pedagoga, filosofa*⁾ a theologa*⁾ a zapomínáme,
že byl a je jedním z největších českých umělců slova. Nepsal totiž jen
latinsky, jak nám to sugerují známé tituly Didactica magna, Orbis pictus
a desítky dalších titulů, ale původně psal jen a pouze česky, jak na to sám
jasně upozorňuje v dopise svému holandskému vydavateli Montanovi –
„Neměl jsem v úmyslu po latinsku něco psáti, natož vydávati. Brzy v mládí
pojala mne touha, abych toliko pro svůj národ složil v mateřštině nějaké
knihy a jemu tím prospěl, a ta touha mne neopustila." (1661). Tento „muž
touhy", jak se sám charakterizoval, žije v povědomí evropského a světového
vzdělance jako „učitel národů", s čímž si většina asociuje představu
suchopárně přísného kantora. Pravý opak však byl pravý Komenský! Tento
muž touhy se dovedl postavit ranám osudu, dovedl se porvat s vlastní
nedostatečností, dovedl po každém i sebetěžším zklamání vždy znovu vstát
a znovu tvořit. A tyto svoje zápasy dovedl ztvárnit nejen do svých děl vědec-
kých ukazujících cesty k nápravě, ale i do literárních vysokých uměleckých
hodnot. Vzděláním byl ještě humanista 16. století, ale tvorbou, především
literární, byl plnokrevný barokní mystik a racionalista 17. století. [...].
Problém domova a ciziny se u Komenského vynořuje a vrací znovu a znovu,
zvláště po jeho nuceném odchodu z vlasti, po r. 1628. Tento rok, onen
osudový bod, kolem něhož se na houpačce osudu zhoupl z vlasti do ciziny,
je dělítkem i pro jeho literární tvorbu – tvorba z domova byla prozaická,
tvorba v cizině přibrala činnost básnickou. [...].
Komenského nejznámější próza a vrchol jeho literární tvorby je Labyrint
světa a ráj srdce. Komenský toto fiktivní autobiografické dílo dokončil již
r. 1623 (poprvé bylo vydáno tiskem až r. 1631). [...]. Vybavil Labyrint

promyšlenou dějovou osnovou, jejíž alegorická funkce mu umožňuje zobrazit jeho kritický vztah ke světu; vše světské je pro něho tak jako pro Šalamouna marnost nad marnost. Čtenáře však okamžitě zaujme plasticky vylíčený obraz fantasmagorického města, snově vystupujícího z temného časoprostoru. Do města se vstupuje branou života, u brány rozchodu určí Osud každému jeho zaměstnání. Život, klokotající v šesti hlavních ulicích města pro šest hlavních stavů a oborů, jakož i na náměstí a v paláci Moudrosti a na hradě Štěstěny, je vylíčen doslova napínavě. Tímto městem-světem prochází poutník, aby si vybral nejvhodnější zaměstnání. [...]. K próze se Komenský vrátil znovu až po desetiletích vědecké činnosti v proslulém Kšaftu umírající matky Jednoty bratrské (1650). [...]. Slova Kšaftu bývala často citována v rozhodujících chvílích pro národ, tak např. jich užil i Václav Havel ve svém prvním projevu k národu jako president*), je to onen známý citát: „Věřímť i já Bohu, že po přejití vichřic hněvu ... vláda věcí tvých k tobě se zase navrátí, o lide český." [...].

Každý český spisovatel se s jeho dílem nějakým způsobem vyrovnával, byl jím ovlivňován, nejčastěji motivem poutníka. Ten se objevuje nejen u Máchy a dalších velikánů české klasické poezie, ale i v próze 20. století, zmiňme tu jen dvě jména – Kulhavého poutníka Josefa Čapka a rozkošné dílko Jakuba Demla Pouť na Svatou Horu.

Komenského touha se tak opravdu naplnila, prospěl svému národu i celému lidstvu knihami a stal se generacím českých i světových hledačů stálým průvodcem na cestě z labyrintu světa k ráji srdce.

*) *varianta funkčního stylu odborného*

🍴 Rozhovor

Jiří:	Říkají ti něco jména Hanzelka a Zikmund?
Silvie:	Už jsem ta jména slyšela, ale nemám konkrétní představu.
Jiří:	Jsou to slavní cestovatelé, jejich reportáže z cizích zemí zná hodně lidí. Strávili spolu mnoho hodin na cestách, museli stále něco řešit. Víš, jak rozhodovali? Měli zásadu, že když jeden s druhým nesouhlasil, měl povinnost navrhnout dvě lepší alternativy. Pak si to v klidu společně věcně promysleli a zařídili se podle té lepší.
Silvie:	To zní jednoduše, ale určitě to lehké není. To znamená, že v konkrétním případě musím být ochotna přijmout jiné řešení, že nebudu trvat na svém, neprosazovat vší silou svůj nápad, nelpět na něm, půjde mi čistě o věc. Každý by měl svobodně vyjádřit své mínění. Nehádali bychom se, žádný z nás by se pak necítil jako vítěz.
Jiří:	Co bude s námi dvěma?

1) Ergänzen Sie die Relativsätze:

To je český herec Pavel Landovský, který ... → ... hrál často ve Vídni v Burgtheatru / Hradním divadle.

Viděl jsem film, v kterém ... .   Slyšel jsem zprávu, o které ... .
To je ten chlapec, s kterým ... .   Četli jsme pohádku o králi, který ... .
Procházíme ulicí, která ... .   Vypravovala o domě, v kterém ... .

2) Betrachten Sie den Ausschnitt aus dem Prager Stadtplan in der 19. Lektion und suchen Sie jene Bezeichnungen heraus, die Possessivadjektive enthalten.

3) Suchen Sie die Possessivadjektive heraus und erklären Sie Ihre Funktion:

Janiny zážitky ze zámoří
K snídani prý přinesli každému z Janiny rodiny čtyři věnečky, jeden fialový, druhý červený, třetí žlutý, čtvrtý hnědý, prý jako doma výrobky značky Frolik pro psa. „Měla jsem dojem, že je to geneticky tak zmanipulované, že se druhý den probudím se čtyřma ušima."

Janina vzpomínka na dědečka
Janin dědeček byl učitel. Byl konec války a hladoví vojáci opouštěli Moravu, vesničané samozřejmě ukryli, co se dalo. Vojáci přijeli do vesnice (na Moravě by řekli do dědiny), kde bydleli Janiny rodiče. Ptali se na kněze, nebyl přítomen, tak se ptali na učitele. Byl to Janin dědeček. Dědečka zatkli a řekli: „Buď nám dáte krávu, nebo vám zastřelíme učitele". A tak venkované vyměnili krávu za Janina dědečka.

Krieglova cena za statečnost
František Kriegel podle Mlynářova svědectví při rozepři o podepsání moskevského protokolu [po obsazení Československa r. 1968] řekl: „Pošlou mě na Sibiř nebo mě dají zastřelit. S tím já počítám a kvůli tomu já nepodepíšu."

Pramen: M. Holub, Lidové noviny, 28. 10. 1997.

4) Nennen Sie die Ausgangsform der Namen:

Masarykovo nádraží → Masaryk

Mánesův most, Smetanovo divadlo, Palackého most, Novotného lávka, houslistovy housle, makléřovy peníze, Smetanova Litomyšl, Janáčkova opera Příhody lišky Bystroušky, Dvořákovo oratorium Svatá Ludmila, Verdiho Maškarní ples, Metodějův hrob, Beethovenova Třetí a Osmá pod Abbadovou taktovkou, Jiráskovo divadlo, Loosova vila, Smetanova síň Obecního domu, Vanceův a Owenův plán, Janáčkovy Hukvaldy, Wolkrův Prostějov, makléřův den, Klausovy prognózy, Cheopsova pyramida, Brienův zákon, Juhaniho zákon.

5) Begründen Sie die i-/y-, í-/ý-Schreibung

Někteří turisté by rádi spali v Havlově cele. Začíná festival Mozartovy nadace. Slovinci navrhli prezidentům Bushovi a Putinovi, aby se setkali v Lublani. Sousedovi chlapci si rádi hráli v naší zahradě. Viděli jsme v kině sousedovy chlapce. Strýcovy děti jsou moji bratranci a sestřenice. Spali u nás synovi známí.

6. a) Ergänzen Sie, wem die Gegenstände gehören:

kabát → To je Alžbětin kabát.
auto, postel, pero, kniha, jablko, čepice, rukavice, plavky, bikiny, hodinky, hřeben, rtěnka, klavír

b) Bilden Sie Sätze mit den obigen Verbindungen im Akkusativ:

Mariino auto → Viděl jsem Mariino auto.

7) Ergänzen Sie:

Uvažovala jsem o _____ (otec) reakci.

Přemýšlel jsem o _____ (matka) návrhu.

Četl jsem o té _____ (autor) knize.

Šli jsme po _____ (Karel) mostě.

Odešla k _____ (Masaryk) nádraží.

Napsala _____ (manžel) sestře.

8) Ordnen Sie passend zu:

Straussovy	Sen noci svatojánské
Čapkovy	valčíky
Mozartova	Zlato Rýna
Wagnerovo	Máj
Máchův	romány
Smetanova	Malá noční hudba
Seifertova	Rusalka
Dvořákova	poezie
Shakespearův	Prodaná nevěsta

9) Übersetzen Sie und diskutieren Sie:

Mělo by být všem cizincům umožněno usadit se v České republice?

K českým umělcům ve Vídni patří již po desetiletí Jan Brabenec.
Bilden Sie ein Possessivadjektiv: Jans Atelier

• ATELIER JAN •
Spittelberggasse 7
1070 Wien

10) Sie wollen beim Friseur Ihre Haare kürzen lassen. Was sagen Sie?

a) Prosím ostříhat.
b) Prosím stříhat.
c) Prosím zastřihnout o dva centimetry.

(Řešení na konci lekce.)

11) Ändern Sie die Sätze nach folgendem Muster (Genitiv → Instrumental) ab:

Bylo to u Masarykova nádraží. → Bylo to za Masarykovým nádražím.

Je to u Mánesova mostu.	Stála u Smetanova divadla.
Čekali u Palackého mostu.	Na nábřeží u Novotného lávky.
Zaparkoval u Loosovy vily.	Je to blízko Karlova mostu.
Je to blízko Komenského náměstí.	Bylo to blízko bratrova pracoviště.
Je to blízko sestřina obchodu.	Je to blízko Janiny kanceláře.

U Beethovenovy ulice na rohu měli sraz.
U Cheopsovy pyramidy stála skupina turistů.

12) Übersetzen Sie und bilden Sie anschließend zu den Namen Ihrer Kolleginnen und Kollegen die zugehörigen Possessivadjektive:

Zuzaniny hodinky, Hildegardina kniha, Gábinčin batoh, Gerdin saxofon, Kristiny knihy, Michalovo přání, Hirotakův návrh, Antonellin kamarád, Jiřinino auto, Ellinčina maminka, Evina otázka, Andreiny prázdniny, Alžbětiny vtipy, Anitina dceruška, Ondřejův nedostatek času.

13) Vergewissern Sie sich, wem was gehört:

Čí jsou to hodinky? Tvoje? → Ne, to jsou Zuzaniny hodinky.
Komu patří ta kniha? Jemu? → Ne, to je Hildegardina kniha.

14) Ergänzen Sie in der passenden Form:

Scházeli se u (Máchův pomník).	Půjčuje si (sestřiny šaty).
Nerozuměl (profesorovy otázky).	Znám (kamarádovi rodiče).
Na fotografii jsme viděli (dědečkovi bratři).	Hledá klíče od (otcovo auto).
Zapomněl zalít (maminčiny květiny).	Hledá knihu v (bratrovo auto).

15) Setzen Sie richtig i / y / í / ý ein:

Pozval__ nás kamarádov__ rodiče. Dědečkov__ bratři emigroval__ před šedesáti lety do Ameriky. Sousedov__ ps__ štěkají na každého. Pozoroval__ jsme sousedov__ ps__, jak se bojí včel. Nemůžeme najít tatínkov__ klíče. Uvidíme se u Karlov__ univerzity? Které Smetanov__ opery znáš?

16) Ersetzen Sie die Formen von „jenž" durch die entsprechenden Formen von „který":

hvězda, jež se zaleskne a zmizí → *hvězda, která se zaleskne a zmizí*
román o mladé holce, jež si najde starého muže; dopisy, jež dostáváme od Cyrila; Gustav, o němž už jsem vám dlouho nevyprávěl; má tu ve Vídni známou, s níž tráví dost volného času; je to fráze, již často opakují; město, jež kdysi úspěšně obléhal Přemysl Otakar II.; kreativní návrh, jenž byl dobrý; kamarád, jenž se nebude cítit jako ryba ve vodě; sousedka, pro niž to bude překvapení; dospělí, již ty manipulace zažívají; bolavá duše, o níž jste psal; ten chlapec, jehož jsem se ptala; kluk, jenž ji tak miluje a píše jí básně; lidé, již rozumějí jazyku západních Slovanů; citlivost, s níž musí žít; pan Císař, bez něhož nechce odjet

17) Ergänzen Sie ein passendes Relativpronomen:

Měl ještě drobné, za ____ si koupil ovoce. → *Měl ještě drobné, za které si koupil ovoce.*

Poznala jsem kolegy, _____ jsem se mohla zeptat. Šli jsme ulicí, ____ vedla k parku. Řekněte první slovo, _____ vás napadne. Četl o ředitelce školy, _____ zbila žáka. Hledá se školačka s dlouhými plavými vlasy, ____ cestovala z Prahy 3 do Prahy 4. Chce se seznámit s úspěšným mužem, _____ má zájem podnikat. Je to tlumočnice, _____ ovládá pět světových jazyků. Chlapec, _____ ti chci představit, tu ještě není. Kniha, _____ jsem četl, se jmenovala Tři kamarádi. Dal studentům práci, ____ se jim líbila. Byl to e-mail od studentky z Moravy, _____ je na stáži v Austrálii.

18) Setzen Sie in den Plural:

To byl Ondřejův slovník. → *To byly Ondřejovy slovníky.*
To byla studentova odpověď.   To byla studentčina otázka.
To byla sousedova kočka.   To byl babiččin pes.
To byla Petrova kniha.   To bylo sestřino jablko.
To byl bratrův návrh.   To byl maminčin bratr.
To byla Zuzančina fotografie.   To byla matčina taška.
To byl dceřin přítel.   To byl sousedčin strýc.

19) Verbinden Sie die Sätze miteinander:

Měl hodně dobrých kamarádů. Vážil si jich. → *Měl hodně dobrých kamarádů, jichž si vážil.* Oder: *Měl hodně dobrých kamarádů, kterých si vážil.*

Stál u spisovatelčiny krypty. Četl o ní hodně.
Nerozumím poslední větě. Napsal jsi ji na tabuli.
Stalo se to v té místnosti. Pracuje se v ní.
Objevily se problémy. Nepočítalo se s nimi.
Jízdenku nedostanete. Nezaplatil jste za ni.
Viděli jsme film s malými trpaslíky. Říkali jim šmoulové.

20) Verbinden Sie die Sätze miteinander:

To je stará encyklopedie. Její název je slavný. →
To je stará encyklopedie, jejíž název je slavný.
To je nová učebnice. Její kresby a texty jsou zajímavé.
To je rakouský vědec. Jeho knihy jsou známé.
Měla hodně kamarádů. Jejich dopisy si schovávala.
Šla po mostě. Na něm je několik soch.
Hovořila o exkurzi do Brna. Zúčastnilo se jí 17 osob.
Našla peníze. Neznala jejich hodnotu.
To jsou známí malíři. Jejich obrazy jsou vystavovány.
Je to policista. U jeho nohou sedí pes.
Na obrázku vidíme Boženu Němcovou. Její kniha Babička je známá.

21) Übersetzen Sie ins Deutsche:

Je zaměstnancem švagra, jehož firma pro nás každý rok dělá vánoční bufet.
Je to projekt, jehož obsah už znáte z novin. Půjdeme na koncert Antona
von Webern, jehož skladby si vyslechneme. Vím, že se ve středu města
nachází také objekt, o jehož slavné rekonstrukci jste četla. Jiří Gruša
vyprávěl o časopisu Tvář, jehož byl spoluzakladatelem. Žijí tam umělci,
jejichž dům je v té vesnici známý.

22) Ergänzen Sie passende Formen von „jeho(ž), její(ž), jejich(ž)“:

Poslouchali jsme _____ návrhy. Viděli jsme tam stromy, v _____

stínu odpočívali. Práci jsem dostal od agentury, o _____ spolehlivosti

jsem slyšel od známých. Řekli mi to rodiče, na _____ upřímnost se

mohu spolehnout. Udělal, co bylo v _____ silách. Máme v Rakousku

dost vody, _____ kvalita je výborná. Seznámila jsem se s _____

spolupracovníky. Je to továrna, _____ výrobky jsou světoznámé.

23) Übersetzen Sie ins Tschechische:

Das ist ein Mädchen, deren Bruder ich kenne. Das ist die Köchin, deren Essen mir nicht schmeckte. Das ist sein Freund Franz, von dessen Diplomarbeit ich dir erzählte. Das ist der Mann, dessen Schwester Schauspielerin ist. Die Veränderungen, zu denen es kam, sind einmalig. Das sind Grundsätze, über die wir nachdenken werden. Er fand das Bild, das diese Malerin malte. Falls sie nicht kommen, wird er sich ärgern. Er ging hinaus, weil er wenig Zeit hatte. Ich weiß nicht, ob das richtig wäre.

24) Beschreiben Sie eine der folgenden Personen:

Jak asi vypadá dívka, která o sobě řekla:
a) Denně trénuju dvě hodiny, běhám a cvičím aerobik. Hraju závodně volejbal. O prázdninách nebo o dovolené bych se nikdy neubytovala v hotelu, zásadně stanuju a jezdím na horském kole podél Dunaje.
b) Je důležité, aby se lidé uměli domluvit a poznat se navzájem. Proto by kromě rodného jazyka měli umět všichni ještě jednu řeč. Zajímá mě kultura a umění. Nikdy nenosím lodičky.

Jak asi vypadá chlapec, který o sobě řekl:
a) Hraju na kytaru, nepiju, nekouřím, neberu drogy. Mlsám rád a nerad žehlím.
b) Mám rád zvířata, chci se stát zvěrolékařem. Zajímám se o ochranu životního prostředí. Nesnáším, když někdo lže.

25) Eine oft gehörte Feststellung: Auf den tschechischen Friedhöfen sind so viele Frauen begraben, wo man auch hinsieht, liest man -ova. Wo liegt der gedankliche Fehler?

(Řešení na konci lekce.)

26) Unterstreichen Sie die vorkommenden Komparativ- und Superlativformen:

Výlet na hory

Když jsem byl mladší a když jsem chodil ještě do školy, jeli jsme v zimě s celou třídou na hory. Pro žáky to byl nejkrásnější týden zimy, protože nebylo vyučování. Celý den jsme byli venku v přírodě, každý byl veselejší, dokonce i učitelé byli přátelštější. Můj kamarád Petr, který si o sobě myslel, že je největší a nejlepší lyžař na světě, mi řekl, když jsme jeli lanovkou, že jeho lyže jsou nejnovější, nejrychlejší a nejdražší. Na sjezdovce jsem zpozoroval, že Petr je opravdu rychlejší. Nejsem nejhorší lyžař, ale Petr je

lepší. Pak přišla náhle zatáčka,
za zatáčkou bylo více sněhu.
Viděl jsem lépe než on, protože
jsem jel pomaleji. Petr neviděl
nic a za několik málo vteřin ležel
ve sněhu. Nezranil se, ale měl
jenom jednu lyži. Pomáhali jsme
mu hledat lyži, nakonec hledala
celá třída, i učitel. Bylo už

pozdě, neměli jsme čas, začalo se stmívat. Druhý den ráno jsme odjížděli
domů. Petrova lyže chyběla. Byly to doopravdy nejdražší lyže.

Pramen: S.W.

PŘÍDAVNÁ JMÉNA PŘIVLASTŇOVACÍ – POSSESSIVADJEKTIVE

Possessivadjektive können nur von Personen- und Eigennamen abgeleitet
werden, z. B. *sousedův* (< soused), *sestřin* (< sestra), *Petrův* (< Petr), *Miladin*
(< Milada), ... Dabei ist zu unterscheiden, ob die Ableitung dieser Adjektiva
von männlichen oder weiblichen Namen erfolgt. Bei der Bildung von
Possessivadjektiven zu Feminina kommt es vor den Endungen *-in, -ina,
-ino,* ... zu Alternationen: g → ž (*Olga → Olžin*), ch → š (*snacha → snašin*),
k → č (*matka → matčin*), r → ř (*Věra → Věřin*) u. a. Es ist weiters zu beachten,
dass es sich beim genannten Besitzer jeweils nur um eine Person handelt,
der jedoch ein oder mehrere Gegenstände zugeordnet werden können.

Singular	Maskulinum belebt	Maskulinum unbelebt	Femininum	Neutrum
Nominativ	otcův bratr	otcův klobouk	otcova kniha	otcovo auto
Genitiv	otcova bratra	otcova klobouku	otcovy knihy	otcova auta
Dativ	otcovu bratru/bratrovi	otcovu klobouku	otcově knize	otcovu autu
Akkusativ	otcova bratra	otcův klobouk	otcovu knihu	otcovo auto
Präpositiv	otcově / otcovu bratru/bratrovi	otcově / otcovu klobouku	otcově knize	otcově / otcovu autě/autu
Instrumental	otcovým bratrem	otcovým kloboukem	otcovou knihou	otcovým autem

Plural	Maskulinum belebt	Maskulinum unbelebt	Femininum	Neutrum
Nominativ	otcovi bratři	otcovy klobouky	otcovy knihy	otcova auta
Genitiv	otcových bratrů	otcových klobouků	otcových knih	otcových aut
Dativ	otcovým bratrům	otcovým kloboukům	otcovým knihám	otcovým autům
Akkusativ	otcovy bratry	otcovy klobouky	otcovy knihy	otcova auta
Präpositiv	otcových bratrech	otcových kloboucích	otcových knihách	otcových autech
Instrumental	otcovými bratry	otcovými klobouky	otcovými knihami	otcovými auty

Singular	Maskulinum belebt	Maskulinum unbelebt	Femininum	Neutrum
Nominativ	matčin bratr	matčin klobouk	matčina kniha	matčino auto
Genitiv	matčina bratra	matčina klobouku	matčiny knihy	matčina auta
Dativ	matčinu bratru/bratrovi	matčinu klobouku	matčině knize	matčinu autu
Akkusativ	matčina bratra	matčin klobouk	matčinu knihu	matčino auto
Präpositiv	matčině / matčinu bratru/bratrovi	matčině / matčinu klobouku	matčině knize	matčině/matčinu autě/autu
Instrumental	matčiným bratrem	matčiným kloboukem	matčinou knihou	matčiným autem

Plural	Maskulinum belebt	Maskulinum unbelebt	Femininum	Neutrum
Nominativ	matčini bratři	matčiny klobouky	matčiny knihy	matčina auta
Genitiv	matčiných bratrů	matčiných klobouků	matčiných knih	matčiných aut
Dativ	matčiným bratrům	matčiným kloboukům	matčiným knihám	matčiným autům
Akkusativ	matčiny bratry	matčiny klobouky	matčiny knihy	matčina auta
Präpositiv	matčiných bratrech	matčiných kloboucích	matčiných knihách	matčiných autech
Instrumental	matčinými bratry	matčinými klobouky	matčinými knihami	matčinými auty

Personen- und Eigennamen, die auf eine adjektivische Endung auslauten wie z. B. *Palacký* oder *průvodčí* bilden keine Possessivadjektiva aus. In diesem Fall kommt der Possessivgenitiv zur Andwendung, z. B. *Palackého náměstí, z Palackého náměstí, k Palackého náměstí, vidím Palackého náměstí, ...; průvodčího kupé, do průvodčího kupé, ...* . Von dieser Regel sind auch adjektivische Namen anderer slawischer Sprachen betroffen, z. B. *Tolstoj, Gorkij, Słowacki → to jsou Tolstého, Gorkého, Słowackého knihy, ...* .

ZÁJMENA (pokračování) – PRONOMEN (Fortsetzung)

Vztažné zájmeno „jenž, jež, jež" – Das Relativpronomen „jenž, jež, jež"

Das Relativpronomen „jenž, jež, jež" wird im Vergleich zum gleichbedeutenden Pronomen „který, která, které" seltener gebraucht. Es gilt als gehoben, kommt vorwiegend in schriftlichen Texten vor, insbesondere jene Formen, die nach einer Präposition stehen.

Singular	Maskulinum	nach Präposition	Femininum	nach Präposition	Neutrum	nach Präposition
Nominativ	jenž	–	jež	–	jež	–
Genitiv	jehož	něhož	jíž	níž	jehož	něhož
Dativ	jemuž	němuž	jíž	níž	jemuž	němuž
Akkusativ	jehož, jejž	něhož, nějž	již	niž	jež	něž
Präpositiv	–	němž	–	níž	–	němž
Instrumental	jímž	nímž	jíž	níž	jímž	nímž

Plural	Maskulinum	nach Präposition	Femininum	nach Präposition	Neutrum	nach Präposition
Nominativ	již (belebt), jež (unbel.)	–	jež	–	jež	–
Genitiv	jichž	nichž	jichž	nichž	jichž	nichž
Dativ	jimž	nimž	jimž	nimž	jimž	nimž
Akkusativ	jež	něž	jež	něž	jež	něž
Präpositiv	–	nichž	–	nichž	–	nichž
Instrumental	jimiž	nimiž	jimiž	nimiž	jimiž	nimiž

Vztažné přivlastňovací zájmeno – Das Relativ-Possessivpronomen

Wie der Name schon sagt, handelt es sich beim Relativ-Possessivpronomen um ein besitzanzeigendes Pronomen, das einen Nebensatz einleitet. Für Maskulinum und Neutrum Singular gibt es im Bezug auf alle drei Genera (Sg. und Pl.) nur die Form „jehož":

Nom.	muž, jehož bratr zůstal doma		divadlo, jehož vchody byly zavřeny
Gen.	muž, u jehož bratrů jsem byl		divadlo, u jehož vchodu jsem čekal
Dat.	muž, k jehož bratrovi jsem přišel		divadlo, k jehož vchodu jsem se vrátil
Akk.	muž, jehož bratry jsem uviděl		divadlo, jehož vchody jsem nenašel
Präp.	muž, o jehož bratrovi nic nevím		divadlo, o jehož vchodu jsem napsal článek
Instr.	muž, s jehož bratry jsem se hádal		divadlo, s jehož vchody jsem nebyl spokojený

In allen Fällen dekliniert wird hingegen die Form für Femininum Singular „jejíž":

	Maskulinum Sg., Neutrum Sg.	Femininum Sg.	Mask. Pl., Fem. Pl., Neutrum Pl.
Nom.	jejíž bratr, dům, jídlo	jejíž matka	jejíž bratři, domy, matky, jídla
Gen.	u jejího bratra, domu, jídla	u jejíž matky	u jejíchž bratrů, domů, matek, jídel
Dat.	k jejímuž bratrovi, domu, jídlu	k jejíž matce	k jejímž bratrům, domům, matkám, jídlům
Akk.	jejího bratra (belebt); jejíž dům, jídlo	jejíž matku	jejíž bratry, domy, matky, jídla
Präp.	o jejímž bratrovi, domu, jídlu	o jejíž matce	o jejíchž bratrech, domech, matkách, jídlech
Instr.	s jejímž bratrem, domem, jídlem	s jejíž matkou	s jejímiž bratry, domy, matkami, jídly

Für alle drei Genera im Plural gibt es im Bezug auf alle drei Genera (Sg. und Pl.) wieder nur eine Form, nämlich „jejichž":

Nom.	děti, jejichž rodiče zůstali doma		divadla, jejichž okna byla zavřena
Gen.	ženy, u jejichž nohou leží kočky		domy, u jejichž vchodů nikdy nenajdu zvonek
Dat.	moře, k jejichž břehům se rád vracím		růže, k jejichž růstu je nutný dostatek vody
Akk.	kuřata, jejichž maso jím rád		města, jejichž pohlednice doma sbírám
Präp.	učitelé, o jejichž osudu nic nevím		soudkyně, o jejichž vzdělání pochybuji
Instr.	manželé, s jejichž dětmi jsme cestovali		stroje, s jejichž funkcí jsme nebyli spokojeni

SPOJKY PODŘADICÍ A VĚTY PŘÍSLOVEČNÉ –
UNTERORDNENDE KONJUNKTIONEN UND UMSTANDSSÄTZE

Příslovečné věty časové – Temporalsätze:
Počkáme na tebe, dokud nepřijdeš.
Wir werden auf dich warten, bis du kommst.

Jakmile / když jsem ji uviděl, zasmál jsem se.
Sobald / als ich sie sah, lachte ich.

Když jsem přišel, hned odešli.
Als ich kam, gingen sie gleich fort.

Než jsme se odstěhovali, žili jsme ve velmi malém bytě.
Bevor wir übersiedelten, hatten wir in einer sehr kleinen Wohnung gelebt.

Sotvaže vstal, zazvonil telefon.
Kaum war er aufgestanden, läutete das Telefon.

Zatímco spal, ukradli mu auto.
Während er schlief, stahl man ihm das Auto.

Příslovečné věty místní – Lokalsätze:
Šla tam, kam chtěla jít.
Sie ging dorthin, wohin sie gehen wollte.

Nevěděla, kudy se tam dostat.
Sie wusste nicht, wie sie dorthin gelangen sollte.

Žijí, kde lišky dávají dobrou noc.
Sie leben, wo sich Fuchs und Hase „gute Nacht" sagen.

Příslovečné věty podmínkové – Konditionalsätze:
Jestliže se nemýlím, studuje v Moskvě.
Wenn ich mich nicht irre, studiert er in Moskau.

Kdybych přišla k vám, přinesla bych to s sebou.
Wenn ich zu euch käme, brächte ich es mit.

Příslovečné věty příčinné (důvodové) – Kausalsätze:
Půjdu domů, protože / poněvadž lije jako z konve.
Ich werde nach Hause gehen, weil / da (sintemal) es in Strömen regnet / schüttet.

Odešel jsem před koncem, protože / poněvadž jsem se nudil.
Ich ging vor dem Ende weg, weil ich mich langweilte.

Příslovečné věty přípustkové – Konzessivsätze:
Přišel jsem pozdě, ačkoliv / přestože / i když / třebaže jsem velmi spěchal.
Ich kam zu spät, obwohl ich mich sehr beeilte.

Má ji rád, ačkoliv / přestože / i když / třebaže mu není věrná.
Er hat sie gern, obwohl sie ihm nicht treu ist.

Příslovečné věty účelové – Finalsätze:
Přijdou k nám, aby to spravili.
Sie werden zu uns kommen, um es zu reparieren.

Odešla, aby ho již neviděla.
Sie ging fort, damit sie ihn nicht länger sah.

Příslovečné věty účinkové – Konsekutivsätze:
Rádio u nich hrálo tak hlasitě, že si na to všichni sousedé stěžovali.
Das Radio lief bei ihnen so laut, dass sich alle Nachbarn darüber beschwerten.

Byl jsem tak šťasten, že jsem skákal radostí.
Ich war so glücklich, dass ich vor Freude sprang / Freudensprünge machte.

Příslovečné věty způsobové – Modalsätze:
Přišla, aniž jsme ji pozvali.
Sie kam, ohne eingeladen zu sein

Udělala to lépe, než jsme předpokládali.
Sie erledigte es besser, als wir erwarteten.

 ### Slovíčka – Vokabel:

cvičit; *ipf., IV 1*	üben, turnen, schulen, abrichten
dá se (+ *Inf.*); *ipf., V, unpers.*	man kann, es lässt sich
emigrovat; *ipf. + pf., III 2*	emigrieren
hádat se; *ipf., V*	streiten
pohádat se; *pf., Va*	
lesknout se; *ipf., II 1*	glänzen, blitzen
zalesknout se; *pf., II 1a*	
lít; *ipf., III 1, Präs.:* liji/liju, leji/leju,	gießen, schütten
Imp. Sg.: lij/lej, *PPA:* lil, *PPP:* lit	
lpět / lpít (*na + Präp.*); *ipf., IV 1, 3. Pers. Pl.*	kleben, anhaften, hängen
Präs.: lp/ěj/í, *Imp. Sg.:* lpi,	
PPA: lpěl	
mizet; *ipf., IV 2, 3. Pers. Pl. Präs.:* miz/ej/í,	schwinden, verschwinden
Imp. Sg.: miz	
zmizet; *pf., IV 2a*	
nudit (se); *ipf., IV 1*	(sich) langweilen
obléhat; *ipf., V*	belagern, einschließen
oblehnout; *pf., II 1a, PPP:* obležen	

ostřihat/ostříhat; *pf., V*	schneiden (mit der Schere), abschneiden, scheren
pochybovat (*o + Präp.*); *ipf., III 2*	zweifeln an jmdm./etw., bezweifeln
promýšlet; *ipf., IV 3, 3. Pers. Pl.*	durchdenken, überdenken,
Präs.: promýšl/ej/í	überlegen
promyslit/promyslet; *pf., IV 1*	
prosazovat; *ipf., III 2*	durchsetzen
prosadit; *pf., IV 1a*	
předpokládat; *ipf., V*	voraussetzen, annehmen
sbírat; *ipf., V*	sammeln; aufsammeln, aufklauben
sebrat; *pf., I 1a, Futur:* seberu, seberou, *Imp. Sg.:* seber, *PPA:* sebral, *PPP:* sebrán	
spoléhat (se) (*na + Akk.*); *ipf., V*	sich verlassen, vertrauen auf
spolehnout (se); *pf., II 1a,* *PPA:* spolehl se	
spravovat; *ipf., III 2*	reparieren, ausbessern; verwalten
spravit; *pf., IV 1a, PPP:* spraven	
stěžovat si (*na + Akk.*); *ipf., III 2*	sich beklagen, sich beschweren über etw./jmdn.
stmívat se; *ipf., V, unpers.*	dunkel werden
setmět se / setmít se; *pf., IV 2, unpers.,* *PPA:* setmělo se	
stříhat / střihat; *ipf., V*	schneiden (mit der Schere), scheren
střihnout; *pf., II 1a, PPA:* střihl, *PPP:* střižen	
štěkat; *ipf., V*	bellen, kläffen
štěknout; *pf., II 1a*	
trvat (*na + Präp.*); *ipf., V*	bestehen, beharren auf etw.
ukrývat; *ipf., V*	verbergen, verstecken, verdecken
ukrýt; *pf., III 1a*	
vyjadřovat; *ipf., III 2*	ausdrücken, äußern
vyjádřit; *pf., IV 1a, Imp.:* vyjádři, vyjádřete	
vyslechnout; *pf,. II 1a*	(an)hören
vystavovat; *ipf., III 2*	ausstellen
vystavit; *pf., IV 1a*	
zastřelit; *pf., IV 1a*	erschießen
zastřihovat; *ipf., III 2*	zuschneiden, stutzen
zastřihnout; *pf., II 1a* *PPA:* zastřihl, *PPP:* zastřižen	
zpozorovat; *pf., III 2*	merken, bemerken, wahrnehmen

aerobik, -u, *Mask. 1, u.*	**das** Aerobic
agentura, -y, *Fem. 1*	Agentur
alternativa, -y, *Fem. 1*	Alternative
bikiny, bikin, *Fem. 1, Pluraletantum*	**der** Bikini
břeh, -u, *Mask. 1, u. (Präp. Pl.: -zích)*	**das** Ufer
bufet, -u, *Mask. 1, u. / Neutr. indekl.*	**das** Büffet, Buffet
cela, -y, *Fem. 1*	Zelle, Klause
cestovatel, -e, *Mask. 4, b.*	Reisender
citlivost, -i, *Fem. 4*	**das** Gefühlsvermögen, Empfindlichkeit
dostatek, -tku, *Mask. 1, u.*	**die** Genüge, Fülle
droga, -y, *Fem. 1*	Droge
fráze, -e, *Fem. 2*	Phrase
kněz, -e, *Mask. 4, b. (Vok. Sg.: -zi, Pl.: Nom., Gen. -ží, Dat. -žím, Akk. -ze, Präp. -zích, Instr. -žími)*	Priester
konev, -nve, *Fem. 3*	Kanne
krypta, -y, *Fem. 1*	Krypta, Gruft
kupé, *Neutr. indekl.*	Abteil, Coupé, Kupee
kvalita, -y, *Fem. 1*	Qualität
lávka, -y, *Fem. 1*	**der** Brückensteg, Steg, die Laufbrücke
lyže, -e, *Fem. 2*	**der** Schi, Ski
makléř, -e, *Mask. 4, b.*	Makler
manipulace, -e, *Fem. 2*	Manipulation
nábřeží, -í, *Neutr. 3*	Ufer, **der** Kai
nadace, -e, *Fem. 2*	Stiftung
nedostatek, -tku, *Mask. 1, u.*	Mangel, **die** Not
obsazení, -í, *Neutr. 3*	**die** Besetzung
podepsání, -í, *Neutr. 3*	**die** Unterzeichnung, das Unterschreiben
pohled, -u, *Mask. 1, u.*	**die** Ansichtskarte
pohlednice, -e, *Fem. 2*	Ansichtskarte
pracoviště, -ě, *Neutr. 2*	**der** Arbeitsplatz, Arbeitsort
prognóza, -y, *Fem. 1*	Prognose
projekt, -u, *Mask. 1, u.*	**das** Projekt
prostředí, -í, *Neutr. 3*	**die** Umgebung, Umwelt, das Milieu
protokol, -u, *Mask. 1, u.*	**das** Protokoll
představa, -y, *Fem. 1*	Vorstellung, Idee
příhoda, -y, *Fem. 1*	Begebenheit, **das** Geschehnis, Ereignis
reakce, -e, *Fem. 2*	Reaktion
rekonstrukce, -e, *Fem. 2*	Rekonstruktion
reportáž, -e, *Fem. 3*	Reportage
rozepře, -e, *Fem. 2*	**der** Streit, Zwist

rtěnka, -y, *Fem. 1*	**der** Lippenstift
růst, -u, **Mask.** *1, u.*	**das** Wachsen, Wachstum
sjezdovka, -y, *Fem. 1*	Abfahrtsbahn, -strecke, Skipiste
skladba, -y, *Fem. 1*	Komposition
spolehlivost, -i, *Fem. 4*	Verlässlichkeit, Zuverlässigkeit
spoluzakladatel, -e, *Mask. 4, b.*	Mitbegründer
sraz, -u, **Mask.** *1, u.*	**das** Zusammentreffen, Treffen
statečnost, -i, *Fem. 4*	Tapferkeit
stáž, -e, **Fem.** *3*	**der** Studienaufenthalt
stín, -u, *Mask. 1, u.*	Schatten
svědectví, -í, *Neutr. 3*	Zeugnis, **die** Zeugenschaft
šmoula, -y, *Mask. 5, b.*	Schlumpf
taktovka, -y, **Fem.** *1*	**der** Taktstock, Taktierstab
tvář, -e, **Fem.** *3*	**das** Gesicht, Antlitz; die Wange, Backe
upřímnost, -i, *Fem. 4*	Aufrichtigkeit, Offenheit
včela, -y, *Fem. 1*	Biene
věneček, -čku, **Mask.** *1, u.*	**das** Kränzchen
vila, -y, *Fem. 1*	Villa
volejbal, -u, *Mask. 1, u.*	Volleyball
vtip, -u, *Mask. 1, u.*	Witz
zakladatel, -e, *Mask. 4, b.*	Gründer, Begründer, Stifter
zámoří, -í, **Neutr.** *3*	Übersee
zásada, -y, **Fem.** *1*	**der** Grundsatz
zážitek, -tku, **Mask.** *1, u.*	**das** Erlebnis
zvěrolékař, -e, *Mask. 4, b.*	Tierarzt
zvonek, -nku, **Mask.** *1, u.*	**die** Glocke, Klingel
bolavý, *1*	schmerzend, weh, wund
horský, *1*	bergig, Berg-, Gebirgs-
horské kolo	Mountainbike
jedinečný, *1*	einzigartig
nadšený, *1*	begeistert, schwärmerisch
obecní, *2*	Gemeinde-, Kommunal-
přítomný, *1*	anwesend, gegenwärtig, jetzig
rodný, *1*	Vater-, Heimat(s)-, Geburts-
rodný, mateřský jazyk	Muttersprache
Sen noci svatojánské	Sommernachtstraum
světoznámý, *1*	weltbekannt, weltberühmt
vystavovaný, *1*	ausgestellt
zmanipulovaný, *1*	manipuliert
doopravdy, *Adv.*	wahrhaftig, tatsächlich, wirklich
geneticky, *Adv.*	genetisch
hlučně, *Adv.*	laut

určitě, *Adv.*	bestimmt, gewiss
věcně, *Adv.*	sachgemäß, sachlich
zásadně, *Adv.*	grundsätzlich
závodně, *Adv.*	wettkampfmäßig

🔟 Dvacátá osmá lekce

Jestliže bude pršet, přijedeme příští týden.
Mluvil hlučně, takže ho všichni dobře slyšeli.
Když viděl jeho obrazy, byl z nich nadšený.
Nepřišla, ačkoliv nám to slíbila.
Zeptal se ho, jestli spěchá.

Die Stellung J. A. Komenskýs (Comenius') in der tschechischen Literatur
Josef Vintr (aus einem Vortrag aus dem Jahr 1992 zum 400-Jahr-Jubiläum der Geburt von J. A. Comenius)

Je mehr Comenius zu einem Giganten der Wissenschaft und Kultur weltweit wird, umso weniger wird er von seinen Landsleuten als einer der größten Autoren der tschechischen Belletristik angesehen. Und dabei gipfelt just in seinem Werk die jahrhundertelange Entwicklung der älteren tschechischen Literatur. Gerade sein „Labyrinth" ist eines der wenigen in Tschechisch verfassten Werke der Weltliteratur. Auch wir sehen in Comenius vor allem den Pädagogen, Philosophen und Theologen und vergessen, dass er einer der größten tschechischen Wortkünstler war und ist. Er schrieb nämlich nicht nur in Latein, wie uns dies seine bekannten Titel *Didactica magna*, *Orbis pictus* und Dutzende andere suggerieren, sondern ursprünglich ausschließlich in Tschechisch, worauf er selbst klar in einem Brief an seinen holländischen Verleger Montana hinweist: „Es ward nicht meine Absicht in Latein etwas zu verfassen, geschweige denn herauszugeben. Früh in meiner Jugend erfasste mich die Sehnsucht, nur für mein Volk in der Muttersprache einige Bücher zu erstellen und ihm so zu seinem Wohle zu dienen, und diese Sehnsucht hat mich nie verlassen." (1661). Dieser „Mann der Sehnsucht", wie er sich selbst charakterisierte, lebt im Bewusstsein eines gebildeten Europäers mit Universalbildung als „Lehrer der Völker", worunter sich der Großteil einen langweiligen und strengen Lehrmeister vorstellt. Gerade Comenius war aber das echte Gegenteil davon. Dieser Mann der Sehnsucht stellte sich seinen Schicksalschlägen; er verstand es, mit seiner eigenen Unzulänglichkeit zu kämpfen, sich nach einer noch so schweren Enttäuschung immer wieder aufzurichten und erneut schöpferisch tätig zu sein. Und diesen seinen Kämpfen vermochte er nicht nur in seinen wissenschaftlichen Werken Form zu geben und Wege zur Besserung aufzuzeigen, sondern auch in seinen literarischen Werken, die von hohem künstlerischen Wert sind. Von seiner Ausbildung her war er noch ein Humanist des 16. Jahrhunderts, in seinem Schaffen jedoch, vor allem dem literarischen, war er durch und durch ein barocker Mystiker und Rationalist des 17. Jahrhunderts. [...].
Das Problem der Heimat und der Fremde taucht bei Comenius immer wieder auf, insbesondere nach seinem erzwungenen Weggang aus der Heimat, nach dem Jahr 1628. Dieses Jahr, jener schicksalsschwere Punkt, von dem aus ihn das wechselvolle Schicksal in die Fremde verschlug, ist auch eine Trennlinie für sein literarisches Schaffen, dasjenige der Heimat war prosaisch, in der Fremde kam noch die Dichtkunst hinzu. [...].
Comenius' bekanntestes Prosawerk und der Gipfel seines literarischen Schaffens ist sein „Labyrinth der Welt und Paradies des Herzens". Comenius beendete diese fiktive Autobiographie bereits 1623 (zum ersten Mal im Druck erschien sie erst 1631). [...]. Er versah das „Labyrinth" mit einer durchdachten Handlungsstruktur, deren allegorische Funktion es ihm ermöglichte, seine kritische Beziehung zur Welt abzubilden; alles Weltliche ist für ihn, ähnlich wie für Salomon, Eitelkeit der Eitelkeiten. Der Leser wird aber augenblicklich vom plastisch gezeichneten Bild der phantasmagorischen Stadt fasziniert, die wie im Traum aus einem dunklen Zeitraum hervortritt. In die Stadt gelangt man durch das Tor des Lebens, beim Tor des Scheidens bestimmt das Schicksal jedem seinen Beruf. Das Leben, das in den sechs Hauptstraßen der Stadt für die sechs Hauptstände und -gewerbe brodelt wie auch auf dem Hauptplatz, im Palais der Weisheit und der Burg der Fortuna, wird ausgesprochen spannend ausgemalt. Durch diese Stadtwelt schreitet der Pilger, um den geeignetsten Beruf zu wählen.

[...]. Zur Prosa kehrt Comenius erst nach Jahrzehnten wissenschaftlicher Tätigkeit wieder im berühmten „Vermächtnis der sterbenden Mutter der Böhmischen Brüdergemeinde" (1650) zurück. [...]. Die Worte des „Vermächtnisses" wurden oft in den für das tschechische Volk entscheidenden Momenten zitiert, so benutzte sie z. B. auch Václav Havel in seiner ersten Rede zur Nation als Präsident; es handelt sich um jenes bekannte Zitat: „Auch ich vertraue Gott, dass nach dem Durchziehen von Stürmen des Zornes ... die Herrschaft über deine Dinge wieder zu dir zurückkehren werde, oh tschechisches Volk." [...]. Jeder tschechische Schriftsteller hat sich auf irgendeine Art mit Comenius' Werk auseinandergesetzt, wurde von diesem beeinflusst, am meisten vom Motiv des Pilgers. Dieser scheint nicht nur bei Mácha und anderen Größen der klassischen tschechischen Poesie auf, sondern auch in der Prosa des 20. Jahrhunderts; wir wollen hier nur zwei Namen erwähnen: „Hinkender Wanderer" von Josef Čapek und das liebliche Werk von Jakub Deml „Eine Wahlfahrt zum Heiligen Berg".

Comenius' Sehnsucht kam so tatsächlich zur Erfüllung, er gereichte seinem Volk und der ganzen Menschheit mit seinen Büchern zum Wohle, und er wurde für Generationen von tschechischen und anderen Sinnsuchern weltweit zum ständigen Begleiter auf dem Weg aus dem Labyrinth der Welt zum Paradiese des Herzens.

Lösung zu 10): Prosím zastřihnout.

Lösung zu 25): Bei Frauen wird der Familienname durch Anhängen des Suffixes -ová moviert. Man beachte die Vokalquantität beim á. Bei Angabe des Familiennamens kommt das Possessivadjektiv zur Anwendung, z. B. *rodina Richterova*. Man beachte das kurze a.

29. Lektion

Krátké zamyšlení nad vídeňskou slavistikou

Z článku v druhé lekci jsme se dověděli, že císařovna Marie Terezie už v roce 1775 pověřila Josefa Valentina Zlobického jako prvního profesora výukou češtiny. Čeština byla tedy prvním slovanským jazykem vyučovaným na akademické půdě v Evropě a na světě vůbec. Již Zlobický se snažil zprostředkovat svým posluchačům i vědomosti o dalších slovanských jazycích. Trvalo to ale ještě skoro 75 let, než byla dne 30. dubna 1849 ve Vídni zřízena katedra slovanské filologie a tím naše slavistika, jež roku 1999 oslavila 150. výročí své existence.

Původně se vyučovalo v budově tzv. staré univerzity (dnešní sídlo Rakouské akademie věd na Ignaz Seipel-Platzu v prvním obvodě), částečně v Tereziánu, dlouhá léta pak v Liebiggasse 5, a nyní má slavistika své sídlo ve třetím dvoře univerzitního kampusu.

Ke známým osobnostem, které působily v Ústavu slavistiky Vídeňské univerzity, patří slavný slovinský učenec František Miklošič, československý básník Jan Kollár (autor *Slávy dcery*), významná postava vídeňské bohemistiky Alois Vojtěch Šembera, slovanský filolog Vatroslav Jagić, jenž se mj. zasloužil o založení ústavní knihovny (nyní jedna z největších mimo slovanské země), Chorvat Milan Rešetar, bohemista Václav Vondrák a další.

V roce 1922 byl na Ústav slavistiky povolán kníže Nikolaj S. Trubeckoj, světoznámý lingvista.

V posledních desetiletích 20. století tu působil jazykovědec Josip Hamm, literární vědec Günther Wytrzens, mezinárodně uznávaný slavista pocházející z Československa František V. Mareš (znalec téměř všech slovanských jazyků), proslulá rusistka Gerda Hüttl-Folter a jiní. Institut slavistiky Vídeňské univerzity nabízí svým studujícím tradičně celou řadu slovanských jazyků a studijních oborů, směrů a kombinací, a přispívá tak k většímu porozumění rozmanitosti nejen v Evropě.

1) Unterstreichen Sie die Transgressiva und erklären Sie die Konstruktionen:

- My, národ československý, chtějíce upevniti dokonalou jednotu národa, usnesli jsme se na tomto znění zákona. (z roku 1920)
- Vycházejíc z předpokladu mravní zachovalosti svých puritánských zploditelů, vypočítala si, že se narodila v třetím měsíci. (Josef Škvorecký, *Smutek poručíka Borůvky*)
- Federální shromáždění chtějíc však potvrdit svoji vůli, aby k podobným křivdám už nikdy nedocházelo, usneslo se na tomto zákoně. (z roku 1991)
- Bloudě jednoho dne po lese, našel jsem plavky. (Miroslav Horníček: „Používal jsem často přechodníky, protože mi pomáhaly vytvořit ten trochu ironizující nadhled." František Štícha. 1993. 'O jazyce Miroslava Horníčka.' *Naše řeč* 76/4:175)
- Metod a Konstantin přijali pokorně vůli císařovu a rozloučivši se s domovem vydali se na cestu. (Vladislav Vančura, *Metod a Konstantin*)
- Nevěděl, co dřív vyřídit, ubytovací kapacitou počínaje, suvenýry konče.
- ... začal jísti. [Přišel jeho bratr]. Sednuv si na ni [mez], vytáhl z kapsy kousek chleba a začal jíst. (Božena Němcová, *O Jozovi a Jankovi*)

2) Richtig oder falsch?

Dívaje se z okna, kousl ho pes.

3) Übersetzen Sie unter besonderer Berücksichtigung der Transgressiva:

[...]. „Babička už jede!" rozlehlo se po domě; pan Prošek, paní, Bětka nesouc na rukou kojence, děti i dva velicí psové, Sultán a Tyrl, všecko vyběhlo přede dvéře vítat babičku. [...]. Tatínek jí tiskl ruku, maminka ji plačíc objímala, ona pak je plačíc též líbala na obě líce. [...].

Byl tam i veliký kapsář. Jan by byl také rád věděl, co v něm je, ale nejstarší z dětí, Barunka, ho odstrčila, šeptajíc mu: „Počkej já to povím, že chceš sahat babičce do kapsáře!" [...].

Pramen: Božena Němcová, *Babička, Obrazy venkovského života*,
        kreslil Adolf Kašpar, Praha 1964 (Státní nakladatelství dětské knihy).

4) Verbinden Sie die Sätze mit „ačkoliv" (= dt. obwohl) und bilden Sie weitere Beispiele:

Přišel jsem pozdě. Stihl jsem vlak, protože měl zpoždění. → Ačkoliv jsem přišel pozdě, stihl jsem vlak, ...

Zvonil budík. Neslyšel jsem ho, protože jsem tvrdě spal.

5) Ergänzen Sie die fehlenden Konjunktionen:

_____ mi bylo sedm let, začala jsem hrát na klavír. V září jsem se odstěhovala do Vídně, _____ zde chci studovat. _____jsem začala studovat češtinu, změnil se můj život, _____ jsem poznala jinou mentalitu lidí. _____ budu studovat v Praze na Karlově univerzitě _____ ve Varšavě. _____ mi bylo pět let, pomáhal jsem rád rodičům. Před maturitou jsem nemyslel, _____ budu studovat. Líbí se mi tady, _____ bych tu chtěl zůstat. Přijela jsem sem, _____ studovala práva. Studium se mi nelíbilo, _____ tak teď studuju jazyky. Bydlela jsem 20 let v Dolním Rakousku; teď jsem ve Vídni, _____ mohla studovat slavistiku. _____ mi bylo 21 let, vdala jsem se. _____ mi bylo 29 let, narodila se nám první dcera. Nemohl jsem hned studovat, _____ jsem po maturitě musel na vojnu. Jsem už starší, studium není lehké, _____ ostatní studenti a studentky jsou pilní, _____ já se musím hodně učit. Nevím, _____ se vám ten text líbí.

6) Übersetzen Sie:

Entweder borgt es dir jemand oder du kaufst es dir. Entweder warten sie ein wenig oder sie kommen morgen. Du wirst mitkommen oder ich gehe auch nicht. Entweder verstecken wir uns schnell oder sie finden uns. Entweder sie lasen es oder sie hörten davon.

7) Otázky a odpovědi:

Které tři otázky nemáte vůbec rádi?
Proč jsi přišel pozdě? Kdy to konečně uděláš? Proč neposloucháš, co říkám?

Tři otázky, které slyšíte rádi?
Jaká hudba se ti líbí? Co si o tom myslíš, rozhodl jsem se správně? Máš nápad, co budeme dělat?

Nepříjemné otázky:
Proč tak dlouho spíš? Už jsi uvařila? Jak to, že chceš odejít, když není uklizeno?

Příjemné otázky:
Mám dnes převzít vaření? Líbí se ti květiny, které jsem ti přinesl? Na jaký film chceš dnes jít do kina?

O jaké osoby ve výše uvedených otázkách jde? Chtěl byste se s nimi seznámit?

8) Jaké máte vzpomínky na dětství?

Nepříjemné vzpomínky:

chuť	vůně	zvuk
rybí tuk	připálené jídlo	hrom

Příjemné vzpomínky:

chuť	vůně	zvuk
krupičná kaše	lesní jahody	potok

9) Vyprávějte příběhy ze života:

„Nakonec to dobře dopadlo." ☺
☹ Dny, kdy máme pocit, že se nám smůla lepí na paty.

Ačkoliv jsme se opozdili, dobře to dopadlo.

Jeli jsme z Vídně autem do Prahy. Na dálnici mezi Brnem a Prahou došlo k havárii. Kamion dostal smyk, narazil do svodidel, řidič byl jen lehce zraněn, náklad se vysypal. Dálnice byla v obou směrech zablokována. Čekali jsme několik hodin v koloně. Dojeli jsme do hotelu až ve 23 hodin. Měli pro nás ještě pokoj. Tak to nakonec dobře dopadlo.

10) Deklinieren Sie:

třetí žena zleva	rychlé autíčko	moderní město	ten starý hrad
ten nový stroj	ta jarní nálada	naše krásná píseň	jeho bílá kost

11) Popište nějaké známé místo nebo nějakou známou památku (např. orloj na Staroměstském náměstí v Praze). Ostatní hádají, o které místo nebo o kterou památku se jedná.

12) Představte si, že jste pojišťovací agent a prodáváte životní pojistky. Co řeknete?

13) Übersetzen Sie:

Proč jste nešel vole za plentu?
Rakušan, nevěda nic o češtině, jede do Čech a chce se tam naučit česky. Posléze konstatuje: „Hrozné. Sedm pádů, žádné stoprocentní pravidlo, samá výjimka."

PŘECHODNÍKY – DIE FORMEN DES TRANSGRESSIVS

Der Transgressiv ist eine nominale Verbform mit archaischem bzw. buchsprachlichem Charakter, die immer das nominale Genus ausdrückt und unter Einbeziehung der Aspektformen entweder eine gleichzeitige oder vorzeitige Nebenhandlung wiedergibt. Der Transgressiv findet im Tschechischen noch in Redewendungen, geschriebenen Texten und Fachtexten Verwendung, bisweilen aber auch in künstlerischen Texten zur humorvollen Nuancierung. Nur bei gleichem Subjekt können zwei Sätze mit Hilfe des Transgressivs kombiniert und so verkürzt werden. Falls Transgressive als Ergänzung aufgefasst werden, kann im Satz ein Beistrich stehen, muss aber nicht.

Přechodník přítomný – Der Transgressiv des Präsens

Der Transgressiv des Präsens steht bei Gleichzeitigkeit der Handlung zweier Sätze. Seine Formen werden am einfachsten aus der 3. Pers. Plural der Präsensform gebildet. Da es sich beim Transgressiv jedoch um eine archaisierende Verbform handelt, dürfen zu seiner Ableitung auch nur die ursprünglichen Formen der 3. Pers. Plural herangezogen werden:

3. Pers. Pl. -ou	Sing. Mask. -a	Sing. Fem. + Neutr. -ouc	Pl. Mask. + Fem. + Neutr. -ouce
jsou	jsa	jsouc	jsouce
berou	bera	berouc	berouce
nesou	nesa	nesouc	nesouce
pečou	peka	pekouc	pekouce
umřou	umra	umrouc	umrouce
tisknou	tiskna	tisknouc	tisknouce
minou	mina	minouc	minouce
		Ausnahmen:	
vědí	věda	vědouc	vědouce
jedí	jeda	jedouc	jedouce
-í	-e / -ě	-íc	-íce
maží	maže	mažíc	mažíce
kryjí	kryje	kryjíc	kryjíce
kupují	kupuje	kupujíc	kupujíce
prosí	prose	prosíc	prosíce
trpí	trpě	trpíc	trpíce
sázejí	sázeje	sázejíc	sázejíce
dělají	dělaje	dělajíc	dělajíce
chtějí / chtí	chtěje / chtě	chtějíc / chtíc	chtějíce / chtíce

Der Transgressiv Präsens imperfektiver Verben drückt die Gleichzeitigkeit zu allen drei Zeiten (Futur, Präsens oder Präteritum) aus:

Präsens: Pracují a poslouchají rádio.	→ Pracují poslouchajíce rádio.
Präteritum: Pracoval jsem a poslouchal jsem rádio.	→ Pracoval jsem poslouchaje rádio.
Futur: Dívka bude pracovat a poslouchat rádio.	→ Dívka bude pracovat poslouchajíc rádio.

Přechodník minulý – Der Transgressiv des Präteritums

Der Transgressiv des Präteritums drückt die Vorzeitigkeit einer Handlung aus. Seine Formen werden am einfachsten mit Hilfe des Partizips Präteritum Aktiv (l-Form) gebildet.

Part. Prät. Akt. -l nach Konsonant	Sing. Mask. –	Sing. Fem. + Neutr. -ši	Pl. Mask. + Fem. + Neutr. -še
přinesl	přines	přinesši	přinesše
upekl	upek	upekši	upekše
snědl	sněd	snědši	snědše
-l nach Vokal	-v	-vši	-vše
byl	byv	byvši	byvše
nabral	nabrav	nabravši	nabravše
umazal	umazav	umazavši	umazavše
umřel	umřev	umřevši	umřevše
stisknul	stisknuv	stisknuvši	stisknuvše
minul	minuv	minuvši	minuvše
zakryl	zakryv	zakryvši	zakryvše
nakupoval	nakupovav	nakupovavši	nakupovavše
vyprosil	vyprosiv	vyprosivši	vyprosivše
vytrpěl	vytrpěv	vytrpěvši	vytrpěvše
zasázel	zasázev	zasázevši	zasázevše
udělal	udělav	udělavši	udělavše

Der Transgressiv Präteritum perfektiver Verben kann die Vorzeitigkeit zu allen drei Zeiten (Futur, Präsens oder Präteritum) ausdrücken:

Präsens: Udělal zkoušku a šel oslavovat.   → Udělav zkoušku šel oslavovat.
Präteritum: Přinesli knihu a čekají na tebe.   → Přinesše knihu čekají na tebe.
Futur: Dívka zasadí strom a vrátí se domů.   → Zasadivši strom se dívka vrátí domů.

Der passive Transgressiv wird aus den Transgressivformen von „být" und dem Partizip Präteritum Passiv des entsprechenden Verbs gebildet:

Form	Sing. Mask.	Sing. Fem. + Neutr.	Pl. Mask. + Fem. + Neutr.
Transgressiv Präsens	jsa veden	jsouc veden-a / -o	jsouce veden-i / -y / -a
Transgressiv Präteritum	byv zvolen	byvši zvolen-a / -o	byvše zvolen-i / -y / -a

Einige Redewendungen des heutigen Standards gehen eigentlich auf Transgressivformen zurück:

chtě nechtě (= dt. wohl oder übel, nolens volens)

tak říkajíc (= dt. sozusagen)

vida (= dt. siehe da)

vyjma (= dt. mit Ausnahme, ausgenommen)

Im Gegensatz zum seltenen Vorkommen von Transgressivformen sind die von ihnen abgeleiteten Substantiva bzw. Adjektiva in der Standardsprache häufig anzutreffen, z. B.:
studující, cestující, věřící; pracující lid, budoucí čas, byvší student, hořící dům, tonoucí člověk, ...

Übersetzen Sie:

Nesa na rameni těžké břemeno, musel jsem si častěji odpočinout. Jdouc dnes do školy, potkala žákyně svoji nejlepší kamarádku. Píšíce přátelům dopis, vzpomínáme na svoje letošní prázdniny. Zdržím se zde rád ještě několik dní, očekávaje tvůj milý dopis. Loučili jsme se velmi srdečně s přáteli, tisknouce si ruce.

Matka pohladila něžně obě své dítky, posadivši si je na klín. Oba chlapci již nastoupili do zaměstnání, dokončivše vyšší školu. Umyvše se studenou vodou, cítíme se osvěženi. Poděkovav za informaci, pokračoval turista v prohlídce města. Dověděvše se všechny podrobnosti, budete se moci sami rozhodnout.

Jsa veden nejlepším průvodcem, dosáhl jsem včas svého cíle. Nemocná se jistě uzdraví, jsouc pečlivě ošetřována lékařkou. Můžete odmítnout svoji účast, jsouce všemi tak srdečně zváni? Byv zvolen předsedou, převzal jsem tento nový odpovědný úkol. Naše výprava se musela vrátit, byvši překvapena prudkou bouří. Byvše otázáni, sdělujte všechny svoje připomínky.

SPOJKY SOUŘADICÍ – BEIORDNENDE KONJUNKTIONEN

Poměr slučovací – kopulatives Verhältnis:

a, i, jednak – jednak, i – i, ani – ani, jak – jak, ...

Půjčil jsem mu to a věřil jsem, že mi to vrátí.
Ich borgte es ihm und glaubte, er würde es mir wieder zurückgeben.

Jednak je to nebezpečné, jednak je to drahé.
Einerseits ist es gefährlich, andererseits ist es teuer.

Ani nezatelefonovala, ani nám nenapsala.
Weder rief sie uns an, noch schrieb sie uns.

Poměr odporovací – adversatives Verhältnis:

ale, avšak, nýbrž, však, jenže, leč, ...

Přemýšlela jsem o tom, ale rozhodla jsem se jinak.
Ich überlegte es mir, aber ich habe mich anders entschieden.

Hledali jsme ji, avšak nenašli jsme ji včas.
Wir suchten sie, fanden sie jedoch nicht rechtzeitig.

Poměr vylučovací – disjunktives Verhältnis:

nebo, buď – anebo, či, buď – buď, ...

Vymyslel sis to sám, nebo jsi to někde opsal?
Hast du dir das selbst ausgedacht oder hast du das irgendwo abgeschrieben?

Buď půjdeme do kina, anebo pojedeme k vám.
Entweder gehen wir ins Kino oder wir fahren zu euch.

Poměr stupňovací – gradatives Verhältnis:

ba, nejen – ale i, dokonce i, ba i, ...

Nejen jsem jim pomohl, ale i peníze jsem mu půjčil.
Nicht nur geholfen habe ich ihnen, sondern auch Geld habe ich ihm geborgt.

Opustila ho definitivně, dokonce i snubní prsten mu vrátila.
Sie verließ ihn endgültig, sogar den Ehering gab sie ihm zurück.

Poměr příčinný – kausales Verhältnis:

neboť, totiž, vždyť, ...

Nemůžeš vyrazit na vrchol osmitisícovky, vždyť jsi nemocný.
Du kannst nicht zum Gipfel eines Achttausenders aufbrechen, du bist ja krank.

Často ji líbá na šíji, neboť se jí to líbí.
Oft küsst er sie in den Nacken, denn das gefällt ihr.

Poměr důsledkový – konsekutives Verhältnis:

proto, tudíž, tedy, takže, a tak, a proto, a tedy, ...

Již nikdy jsem ji neviděl, takže asi umřela.
Ich sah sie nie mehr wieder, demnach starb sie wahrscheinlich.

Představení začalo v osm hodin, tudíž jsme měli ještě dost času.
Die Vorstellung begann um acht Uhr, somit hatten wir noch genug Zeit.

Postavení příklonek po spojkách souřadicích –
Die Stellung der Enklitika nach beiordnenden Konjunktionen

Unmittelbar nach den beiordnenden Konjunktionen a, ale, avšak, i
stehen keine Enklitika:
Ráda se učí a hraje si. Umyl jsem se a vyčistil jsem si zuby.

Diese Regel gilt jedoch nicht für anders lautende Konjunktionen:
Ráda se učí nebo si hraje. Buď jsem se nejdříve umyl, anebo jsem si
vyčistil zuby.

 Slovíčka – Vokabel:

hladit; *ipf., IV 1*	streicheln
pohladit; *pf., IV 1a, PPP:* pohlazen	
konstatovat; *ipf. + pf., III 2*	konstatieren
lepit; *ipf., IV 1*	kleben
lepit se; *ipf., IV 1*	kleben, kleben bleiben
objímat; *ipf., V*	umarmen, umfassen, umschlingen
obejmout; *pf., Futur:* obejmu,	
obejmou, *Imp.:* obejmi, obejměte,	
PPA: objal / obejmul, *PPP:* objat	
odstrkovat; *ipf., III 2*	abstoßen, wegstoßen, wegschieben
odstrčit; *pf., IV 1a*	
opisovat; *ipf., III 2*	abschreiben
opsat; *pf., Futur:* opíšu/ opíši *(geh.)*,	
opíšou /opíší *(geh.), Imp. Sg.:* opiš,	
PPA: opsal, *PPP:* opsán	
osvěžovat; *ipf., III 2*	erfrischen, auffrischen, beleben
osvěžit; *pf., IV 1a*	
ošetřovat; *ipf., III 2*	pflegen, behandeln
ošetřit; *pf., IV 1a*	

počínat; *ipf., V*	anfangen, beginnen; tun;
počít; *pf., Futur:* počnu, počnou,	empfangen (Kind)
Imp.: počni, počněte,	
PPA: počal, *PPP:* počat	
rozléhat se; *ipf., V*	erschallen, ertönen, widerhallen
rozlehnout se; *pf., II 1a, PPA:* rozlehl se	
sahat; *ipf., V*	(an)greifen, anfassen
sáhnout; *pf., II 1a, PPA:* sáhl	
šeptat; *ipf., V*	flüstern
šeptnout; *pf., II 1a, PPA:* šeptl,	
tázat se (*Gen. na + Akk.*); *ipf., I 3*	sich erkundigen nach / über,
otázat se; *pf., I 3a*	(be)fragen nach
upevňovat; *ipf., III 2*	befestigen, festmachen; konsolidieren
upevnit; *pf., IV 1a*	
usnášet se (*na + Präp.*); *ipf., IV 3*	beschließen etw., Beschluss fassen
3. *Pers. Pl. Präs.:* usnáš/ej/í	
usnést se; *pf., I 2a*	
vybíhat; *ipf., V*	hinauslaufen
vyběhnout; *pf., II 1a, PPA:* vyběhl	
vypočítávat; *ipf., V*	ausrechnen, berechnen; aufzählen
vypočítat; *pf., Va*	
vyrážet; *ipf., IV 3, 3. Pers. Pl.*	aufbrechen; vorstoßen; ausschlagen,
Präs.: vyráž/ej/í,	ausstoßen
vyrazit; *ipf., IV 1a, Imp. Sg.:* vyraz,	
PPP: vyražen	
vysypávat; *ipf., V*	ausschütten, verschütten;
vysypat; *pf., I 3a + V, Futur:* vysypu/	ausstreuen
vysypám, vysypou/vysypají,	
Imp. Sg.: vysyp/vysypej,	
PPA: vysypal, *PPP:* vysypán	
agent, -a, *Mask. 3, b.*	Agent
břemeno, -a/-e, *Neutr. 1* (*Sg.: Dat.* -u/-i,	**die** Last, Bürde, Belastung
Präp. -u/-i/-ě; *Pl. Präp.:* -ech)	
dítko, -a, *Neutr. 1* (*Pl. Fem.: Nom.* dítka,	Kindchen
Gen. -tek, *Dat.* -tkám, *Präp.* -tkách,	
Instr. -tkami)	
havárie, -e, *Fem. 2*	**der** Unfall
hrom, -u, *Mask. 1, u.*	Donner
jahoda, -y, *Fem. 1*	Erdbeere
kapacita, -y, *Fem. 1*	Kapazität
kapsář, -e, *Mask. 2, u. (veraltet)*	vormals Schubsack, große Tasche unter dem Fürtuch

kapsář, -e, *Mask. 4, b.*	Taschendieb
kaše, -e, **Fem.** *2*	**der** Brei, **das** Mus
krupičná kaše	**der** Grießbrei
kojenec, -nce, *Mask. 4, b.*	Säugling
kolona, -y, *Fem. 1*	Kolonne
křivda, -y, *Fem. 1*	Unbill, **das** Unrecht
mez, -e, **Fem.** *3*	**der** Rain; die Grenze
nadhled, -u, **Mask.** *1, u.*	**die** Ansicht von oben; Vogelperspektive
náklad, -u, **Mask.** *1, u.*	**die** Last, Fracht, Ladung; Auflage
orloj, -e, **Mask.** *2, u.*	**die** Turmuhr
osmitisícovka, -y, **Fem.** *1*	**der** Achttausender
pata, -y, *Fem. 1*	Ferse
plenta, -y, *Fem. 1*	Blende, spanische Wand
pocit, -u, **Mask.** *1, u.*	**das** Gefühl, **die** Empfindung
podrobnost, -i, *Fem. 4*	Einzelheit, **das** Detail; die Ausführlichkeit
pojistka, -y, *Fem. 1*	Versicherung, Versicherungs- polizze; Sicherung
poručík, -a, *Mask. 3, b.*	Leutnant
pravidlo, -a, **Neutr.** *1*	**die** (Maß-)Regel, Norm, Maßgabe
předpoklad, -u, **Mask.** *1, u.*	**die** Voraussetzung, Annahme, Vorbedingung
připomínka, -y, *Fem. 1*	Bemerkung, Erinnerung
shromáždění, -í, **Neutr.** *3*	**die** Versammlung
smůla, -y, **Fem.** *1*	**das** Pech, Harz
smůla se mu lepí na paty, má smůlu	er hat Pech
smutek, -tku, **Mask.** *1, u.*	**die** Trauer
smyk, -u, **Mask.** *1, u.*	**das** Schleudern, Gleiten
suvenýr, -u, **Mask.** *1, u.*	**das** Souvenir
svodidlo, -a, **Neutr.** *1*	**die** Leitplanke
tuk, -u, **Mask.** *1, u.*	**das** Fett, der Tran
rybí tuk	Lebertran
věřící, -ího, *Mask.* / -í, *Fem., subst. Adj.*	Gläubige(r)
vojna, -y, *Fem. 1*	**der** Krieg; **das** Militär; **der** Präsenzdienst
na vojnu; na vojně	zum Militär; beim Militär
vrchol, -u, *Mask. 1, u.*	Gipfel
výjimka, -y, *Fem. 1*	Ausnahme
výprava, -y, *Fem. 1*	Expedition
zachovalost, -i, *Fem. 4*	(gute) Erhaltung; Unbescholtenheit, **das** Wohlverhalten

znění, -í, *Neutr. 3*	Tönen, Klingen, Schallen; **der** Wortlaut, **die** Fassung
zploditel, -e, *Mask. 4, b.*	Zeuger
definitivní, *2*	definitiv, endgültig
dokonalý, *1*	vollkommen; vollendet
federální, *2*	föderativ
hořící, *2*	brennend
krupičný, *1*	Grieß-
lesní, *2*	Wald-, Waldes-, Forst-
letošní, *2*	heurig, diesjährig
mravní, *2*	moralisch, sittlich, Sitten-
osvěžený, *1*	erfrischt, erholt
pojišťovací, *2*	Versicherungs-
pokorný, *1*	demütig
prudký, *1*	heftig, ungestüm, gewaltig, wuchtig
připálený, *1*	angebrannt
puritánský, *1*	puritanisch
rybí, *2*	Fisch-
stoprocentní, *2*	hundertprozentig
uklizený, *1*	aufgeräumt, weggeräumt
venkovský, *1*	Land-, ländlich
zablokovaný, *1*	blockiert, gesperrt
zvolený, *1*	gewählt, erwählt
posléze, *Adv.*	endlich, zuletzt
vyjma (+ *Gen.* / + *Akk.*), *Präpos.*	ausgenommen

Kurzer Rückblick auf die Wiener Slawistik

Aus dem Artikel in der zweiten Lektion erfuhren wir, dass Kaiserin Maria Theresia schon im Jahr 1775 Josef Valentin Zlobický als ersten Professor mit dem Tschechischunterricht betraute. Tschechisch war also die erste slawische Sprache, die auf akademischem Boden in Europa und überhaupt weltweit unterrichtet wurde. Bereits Zlobický war bemüht, seinen Hörern auch Kenntnisse anderer slawischer Sprachen zu vermitteln. Es dauerte jedoch noch fast 75 Jahre, bis am 30. April 1849 in Wien ein Lehrstuhl für slawische Philologie und somit unsere Slawistik eingerichtet wurde, die 1999 ihr 150-jähriges Bestandsjubiläum feierte.

Ursprünglich fand der Unterricht im Gebäude der sog. Alten Universität statt (dem heutigen Sitz der Österreichischen Akademie der Wissenschaften auf dem Ignaz Seipel-Platz im ersten Bezirk), teilweise im Theresianum, lange Jahre dann in der Liebiggasse 5, und nun hat die Slawistik ihren Sitz im dritten Hof des Universitätscampus.

Zu den bekannten Persönlichkeiten, die am Institut für Slawistik der Wiener Universität wirkten, zählten der berühmte slowenische Gelehrte Franz Miklosich, der tschechoslowakische Dichter Jan Kollár (Autor der *Slávy dcera*), die bedeutende Gestalt der Wiener Bohemistik Alois Vojtěch Šembera, der slawische Philologe Vatroslav Jagić, dessen Verdienst u. a. die Gründung der Institutsbibliothek war (heute eine der größten außerhalb der slawischen Lande), der Kroate Milan Rešetar, der Bohemist Václav Vondrák u. a. Im Jahr 1922 wurde an das Slawistikinstitut Nikolaj S. Trubetzkoy berufen, ein weltberühmter Linguist.

In den letzten Jahrzehnten des 20. Jahrhunderts wirkten hier der Sprachwissenschafter Josip Hamm, der Literaturwissenschafter Günther Wytrzens, der aus der Tschechoslowakei stammende und weltweit anerkannte Slawist František V. Mareš (ein Kenner fast aller slawischer Sprachen), die berühmte Russistin Gerda Hüttl-Folter u. a. Das Institut für Slawistik der Wiener Universität bietet ihren Studierenden traditionell eine Reihe slawischer Sprachen und Studienfächer, Studienrichtungen und Kombinationen an und trägt so zum größeren Verständnis der Vielfalt nicht nur in Europa bei.

Lösung zu 2): Falsch, da keine Subjektgleichheit.

507

Quellennachweise:

Das folgende Verzeichnis beinhaltet lediglich die Quellennachweise für jene Passagen, deren Herkunft nicht gleich im fortlaufenden Lehrbuchtext ausdrücklich erwähnt wird und die weder von den Autoren noch der Illustratorin dieses Lehrbuchs selbst stammen.

Deckblatt- und Layoutidee: Design Studio Nine s.r.o., Praha

1. Lektion:
S. 20:
* Foto des Hauptgebäudes der Österreichischen Akademie der Wissenschaften, das 1753-1755 von dem französischen Architekten Jean Nicolas Jadot als Universitätsaula erbaut wurde und seit 1857 Sitz der Akademie ist – Österreichische Akademie der Wissenschaften
* Foto der Komenský-Schule – Vl. Čevela, Wien
* Foto von Lesefibeln aus dem Jahr 1926 – Schulrätin Mag. Erika Zilk
* alle übrigen Aufnahmen auf dieser Seite – Tamara Joudová, Fotografin, Praha
S. 21:
* Federzeichnung aus: Jan Amos Komenský, Orbis Pictus, ed. Fr. Borový, Praha 1941
S. 22:
* Inserate in Anlehnung an ähnliche Einschaltungen in den Tageszeitungen Lidové noviny und Mladá fronta DNES

2. Lektion:
S. 37:
* Ankündigung zum Symposium 225 Jahre Bohemistik an der Universität Wien, Plakatentwurf Ao. Univ.-Prof. Dr. Gero Fischer, Institut für Slawistik, Text: Univ.-Ass. Dr. Gertraude Zand, Univ.-Prof. Dr. Josef Vintr
* Foto der Absolventen und des Publikums – Fritz Gotschim, Wien

3. Lektion
S. 38:
* Abbildung von Božena Němcová = Titelblatt aus: Božena Němcová, Babička, Praha 1964, Státní nakladatelství dětské knihy
* Abbildung von Karel Čapek aus: Slovník českých spisovatelů, Red. R. Havel a J. Opelík, Praha 1964
* Foto der Statue von Karel Hynek Mácha auf dem Prager Petřín (Laurenziberg) – Dr. Nelly Zacher, Wien
S. 39:
* Inserate in Anlehnung an ähnliche Einschaltungen in den Tageszeitungen Lidové noviny und Mladá fronta DNES
S. 48:
* Wiener Familie tschechischer Herkunft – Schulrätin Mag. Erika Zilk

5. Lektion:
S. 70:
* Bez jména – Andrea Moliére, Pirne, BRD

6. Lektion:
S. 77:
* Text nach einer Erzählung von Dr. Christiane Thurn-Valsassina, Wien, im Rahmen der Two Wings-Preisverleihung 1999
* Gespräch nach Dialog von N.B., Wien
S. 81:
* Abbildung von T. G. Masaryk – Otto Peters, Praha, 1932

7. Lektion:
S. 87:
* Text „V hospodě" nach Erlebnis von N.B., Wien
S. 88 und S. 95:
* Abbildungen von Josef Lada, „Podzim" und „Zima" – mit freundlicher Genehmigung von Josef Lada (Rechtsnachfolger), Praha
S. 92:
* Abbildung Neujahrswunsch – Tamara Joudová, Fotografin, Praha
S. 94:
* Österreichkarte – Bundeskanzleramt/Bundespressedienst, Dr. Robert Fischer

8. Lektion:
S. 110:
• Einleitungstext aus Jiří Suchý, Povídání, Praha 1991, DNES, S. 79
S. 116:
• Zeichnung nach Übung 18) – Mag. Margarete Raab, Wien

9. Lektion:
S. 131
• Einleitungstext „Monolog nešťastné …" – Mag. Marie Gruscher-Mertl, Schwechat
S. 137:
• Foto des Mausoleums von J. A. Komenský – H.S., Wien
S. 141:
• Foto der Prager Astronomischen Uhr – Gretl Seitz, Wien

10. Lektion:
S. 148:
• Jak jsem si kupoval nové auto, Autor T.F., Wien

11. Lektion:
S. 166:
• Zeichnung nach Übung 11) – Mag. Margarete Raab, Wien

12. Lektion:
S. 185:
• Areal der Prager Burg – http://www.hrad.cz
S. 196:
• Foto Ostern – Tamara Joudová, Fotografin, Praha
S. 202:
• Wohnungsplan – DI Architekt E. Missaghi, Wien

13. Lektion:
S. 204:
• Einleitungstext aus: Zdeněk Svěrák, Tatínku ta se ti povedla, Praha 1991, Albatros, S. 8 und 10, c/o AURAPONT, Praha

15. Lektion:
S. 244:
• Einleitungstext – Jan Werich, Když už člověk jednou je …, Litera bohemica, 1995, S. 52
• Gespräch nach Dialog von J.P., Wien
S. 249:
• Foto „Zur böhmischen Kuchl" – G.F., Wien

16. Lektion:
S. 268:
• Foto von Dorothea Agnes – S.M.N., Wien

17. Lektion:
S. 281:
• Lageplan von Český Krumlov (Krumau) – Informationsbroschüre für Touristen, Hotel Růže
S. 286:
• Foto Hochzeitspaar mit Kind – Familie Huemer, Bad Leonfelden

18. Lektion:
S. 296:
• Ansichtskarte von Znojmo (Znaim) – Archiv Agentury Bravissimo, Foto: Luboš Vitanovský

19. Lektion:
S. 312:
• Übung 22) nach I.S., Wien
S. 313:
• Auszug aus dem Stadtplan von Praha (Prag), Quelle: Internet, Geodézie

20. Lektion:
S. 323:
• Gespräch nach Dialog von G.S., Wolkersdorf
S. 328:
• Siegel der Prager Karlsuniversität – Univerzita Karlova, Praha, A Course of Czech Language II., František Čermák, Jan Holub, Jiří Hronek, Milan Šára, Praha 1984

S. 341:
- Foto des Arbeitszimmers – N.Z., Wien

21. Lektion:
S. 351:
- Foto von Thaddaeus Hieronymus – S.M.N., Wien
S. 353:
- Abbildung „Ich bin eine freundliche Wienerin!" – DIE Vienna International Airport, Wien-Schwechat
- Foto des Tschechischen Zentrums – České centrum, Herrengasse 17, 1010 Wien
S. 363:
- Orel Vídeň III – Emblem und Text: Petr S. Kubát, Wien

24. Lektion:
S. 419:
- Blumenfoto – Quelle: Internet
S. 420:
- Foto Schienenstrang in Herbstlandschaft – Quelle: Internet
- Foto des Grabsteins von M. Z. Polák – ObstdhmfD Dr. Josef Ernst
S. 421:
- Hotel Hubertushof – Kulturverein Josefsstadt, Robert Hamerlin „Geschäftslokale einst und jetzt"
- Foto des Theaterhotels – Cordial Theaterhotel Wien, Josefstädter Straße 22, 1080 Wien
- Foto des Hauseingangs Lerchenfelderstraße 113 – Tamara Joudová, Praha

25. Lektion:
S. 424:
- Gespräch nach A.K., Wien
S. 428:
- Foto der Bibliothek des Instituts für Slawistik – Fachbibliothek für Slawistik der Universität Wien, Universitätscampus AAKH, Hof 3, Spitalgasse 2-4, 1090 Wien

26. Lektion:
S. 454:
- Prager Metro-Plan – Dopravní podnik hlavního města Prahy, a.s., CZ-190 22, Praha 9, Sokolovská 217/42

27. Lektion:
S. 475:
- Foto von Kroměříž (Kremsier) – Mag. Marie Gruscher-Mertl, Schwechat

29. Lektion:
S. 495:
- Einleitungstext nach: Slawistik an der Universität Wien 1849 – 1999, Institut für Slawistik der Universität Wien, 1999
S. 496:
- Illustration aus dem Buch „Babička" – Adolf Kašpar, in: Božena Němcová, Babička. Obrazy venkovského života, Praha 1964, Státní nakladatelství dětské knihy, S. 13
S. 506:
- Festsaal der Österreichischen Akademie der Wissenschaften von Baltasar Wigand, Farblichtdruck nach einem Aquarell Österreichische Akademie der Wissenschaften

Frau Mgr. Helena Vasilenková stellte uns dankenswerterweise die im Lehrbuch abgedruckten Eintritts- und Fahrkarten zur Verfügung.

CD

Cover: Aquarell von Ernst Zacher, Wien
Textaufnahme (Dialoge, etwa 60 Min.): Jiří Matějček, Praha (Prag)

Den genannten Personen und Institutionen – soweit sie erreicht werden konnten – sei für die freundliche Erlaubnis des Abdrucks von Copyright-Material herzlich gedankt. Für evtl. weitere Hinweise sind wir dankbar (sie werden in einer etwaigen Neuauflage gerne berücksichtigt).

Literatur

Akademický slovník cizích slov. 1998. A-Ž. Praha: Academia.

Čechová, Marie et al. 1997. *Stylistika současné češtiny.* Praha: ISV.

Čechová, Marie. 1998. *Komunikační a slohová výchova.* Praha: ISV.

Čechová, Marie et al. ²2000. *Čeština. Řeč a jazyk.* Praha: ISV.

Český národní korpus. http://ucnk.ff.cuni.cz Praha.

Drosdowski Günther (Hg.). ²1999. *Duden. "Das große Wörterbuch der deutschen Sprache".* 8 Bde. Mannheim et al.: Dudenverlag.

Gerngroß, Günter, Wilfried Krenn & Herbert Puchta. 1999. *Grammatik kreativ. Materialien für einen lernerzentrierten Grammatikunterricht.* Berlin: Langenscheidt.

Havránek, Bohuslav & Alois Jedlička. ⁵1986. *Česká mluvnice.* Praha: SPN.

Havránek, Bohuslav & Alois Jedlička. ²⁶1998. *Stručná mluvnice česká.* Praha: Fortuna.

Hrbáček, Josef. 1995. *Úvod do studia českého jazyka.* Praha: Karolinum.

Janko, Josef, Hugo Siebenschein et al. 1936-1948. *Příruční slovník německočeský. Deutsch-tschechisches Handwörterbuch.* 4 Bde. Praha: Státní nakladatelství.

Jazyková poradna ÚJČ AV ČR. http://www.ujc.cas.cz/poradna Praha.

Komenský Jan Amos. 1992. *Obecná porada o nápravě věcí lidských.* 3 Bde. Praha: Svoboda.

Mluvnice češtiny. 1986-1987. *1. Fonetika, fonologie, morfonologie a morfemika, tvoření slov. 2. Tvarosloví. 3. Skladba.* Praha: Academia.

Newerkla, Stefan Michael. ⁵2001. *Cvičení z české mluvnice. Tschechische Grammatik 1+2.* Wien: Skriptum am Institut für Übersetzen und Dolmetschen.

Ottův slovník naučný. 1888-1909. *Encyklopaedie obecných vědomostí.* 28 Bde. Praha: J. Otto. (+ 1930-1943. *Ottův slovník naučný nové doby. Dodatky.* 6 Bde.)

Pala, Karel & Jan Všianský. ²1996. *Slovník českých synonym.* Praha: NLN.

Pravidla českého pravopisu. (Akademie věd ČR). 1993. Praha: Academia.

Pravidla českého pravopisu s graficky naznačeným dělením slov. ²1998. Olomouc: FIN.

Pravidla českého pravopisu. Školní vydání včetně Dodatku. ²1999. Praha: Fortuna.

Příruční mluvnice češtiny. (Autorenkollektiv des Ústav českého jazyka Filozofické fakulty Masarykovy univerzity). ²1996. Praha: NLN.

Příruční slovník jazyka českého. 1935-1957. 8 (9) Bde. Praha: SPN.

Rehder, Peter. ³1998. *Einführung in die slavischen Sprachen.* Darmstadt: Wissenschaftliche Buchgesellschaft.

Schwarz, Jana. 1999. *Die Kategorie der Weiblichkeit im Tschechischen.* Praha: UK.

Siebenschein, Hugo et al. ⁵1997. *Česko-německý slovník.* 2 Bde. Praha: SPN.

Siebenschein, Hugo et al. ⁶1997. *Německo-český slovník.* 2 Bde. Praha: SPN.

Slovník spisovné češtiny pro školu a veřejnost. ²1994. Praha: Academia.

Slovník spisovného jazyka českého. 1960-1971. 4 Bde. Praha: ČSAV.

Sodeyfi, Hana. 1979. *Deutsch-tschechisches Wörterbuch der 500 häufigsten Zeitwörter. Handbuch zur Bestimmung der Aspekte tschechischer Zeitwörter.* Universität Wien: Diplomarbeit.

Sodeyfi, Hana. 1990. *Tschechisch. Čeština.* Wien: Selbstverlag.

Störig, Hans Joachim. ²1997. *Abenteuer Sprache. Ein Streifzug durch die Sprachen der Erde.* München: Humboldt.

Šmilauer, Vladimír. ⁴1979. *Nauka o českém jazyku.* Praha: SPN.

Vintr, Josef. 1994. *Tschechische Grammatik.* Wien: ÖBV Pädagogischer Verlag.

Vintr, Josef. 2001. *Das Tschechische. Hauptzüge seiner Sprachstruktur in Gegenwart und Geschichte.* München: Sagner.

ALPHABETISCHES REGISTER ZUR GRAMMATIK

Die nachgesetzten Zahlen geben jeweils die Lektion an, in der die genannten Erscheinungen erklärt werden (E = Einführung). Zur besseren Orientierung und leichteren Auffindbarkeit befindet sich am Beginn jedes Grammatikteils einer Lektion (ungefähr in deren Mitte) ein farbiger vertikaler Streifen.

REJSTŘÍK ČESKÝ

mizet 489
Mladá Boleslav 260
mládě 381
mladě 445
mládí 441
mladík 459
mladší 339
mladý 16, 47
mlčet 177
mléko 73
mletý 460
mlha 381
mlsat 218
mluvit 142
mluvnice 305
mlýn 104
mnich 239
Mnichov 262
mnoho 105
mobil 144, 340
mobilní 146
mobilní telefon 340
moc 105, 144
moci / moct 122
model 144
modelka 144
moderátor 441
moderátorka 291
moderně 445
moderní 105
modlit se 471
modlitba 180
modrá 27
modřín 420
Mohuč 262
moment 358
mondénní 293
monolog 239
montovat 438
moped 239
Morava 144, 258, 261
Moravan 258
Moravanka 258
Moravské Budějovice 260
Moravské pole 291
moravský 258
Moravský Krumlov 260
morčátko 73
morče 338
morfium 381
moře 15, 60, 222
Moskva 262
most 180, 222
Most 260
motor 45
motorismus 398
motorka 239
motýl 239
moudrost 358
moudrý 47

moucha 180
mouka 104
možná 127
možnost 254
možný 146
mrak 239
mrakodrap 362
mrav 381
mravenec 74
mravní 506
mrazák 459
mraznička 201, 459
mrkací 293
mrkev 108
mrňavý 360
mrtvý 474
mstít se 414
muset / musit 83
můstek 398
mušle 441
muzeum 84, 362
muž 14
mužský 443
mužstvo 398
my 24
myčka na nádobí 201
mýdlo 201, 358, 441
mýlit se 336
mysl 473
myslet / myslit 58
myšlenka 220
mýt 58, 201
mýt nádobí 218
mýt se 58, 201
mýt si 58
mytí 338
mzda 278
mžitka 473

N

na shledanou 26
na slyšenou 340
nabídka 45
nabídnout 197
nabízet 197
náboženský 257
nábřeží 491
nábytek 441
nadace 491
nadhled 505
nádobí 278
nádraží 84
nadřízený 181
nadšeně 474
nadšení 338
nadšený 492
nádvoří 441
nafta 254
náhle 182

role 441
roleta 382
román 125
rostlina 383
rostoucí 385
roura 473
rovně 182
rovnoprávnost 220
rovný 443
rozbíjet 319
rozbít 319
rozbitý 293
rozcestí 441
rozdávat 356
rozdělený 221
rozdíl 25
rozepře 491
rozevřený 474
rozhlasový 181
rozhledna 362
rozhodčí 398
rozhodnout 198
rozhodnout se 198
rozhodnutí 383
rozhodný 257
rozhodovat 198
rozhodovat se 198
rozhodující 474
rozhovor 25
rozjet se 276
rozjíždět se 276
rozléhat se 504
rozlehnout se 504
rozloha 292
rozloučit se 177
rozmyslet si 198
rozpaky 304
rozpočet 278
rozpouštět 458
rozpustit 458
rozřezat 319
rozsah 255
roztomilý 75
rozumět 177
rozumný 443
rozvážet 102
rozvedený 294
rozvézt 102
rozvod 145
rozvoz 397
rtěnka 492
ručička 473
ruční 127
ručník 201
ruch 278
ruka 125
rukavice 199
rum 359
rumba 460
Rumunsko 259

Rusko 259
růst 492
rušit 219, 290
ruština 61
různost 383
různý 181
růže 15, 104, 419
růžová 27
ryba 61, 108
rybář 383
rybářka 383
rybí 506
rybička 74
rybník 104, 222
rychle 85
rychlobruslení 398
rychlost 255
rychlý 443
rýma 85
Rýn 262
rys 359
rytmus 359
rýže 61, 107

Ř

řád 125, 473
řada 125
řádek 278
řadový 385
řadový domek 362
Řecko 259
řeč 320
řečnický 385
řečník 338
ředitel 292, 304
ředitelka 180, 304
řeka 180, 222
řepa 383
řešení 292
řešit 277
řezat 319
Řezno 262
říct 102, 143
řídce 445
řidič 61
řidička 383
řídit 303
řídký 443
říjen 107
říkat 102, 143
Řím 262
říše 383
řízek 25
říznout 319
řvát 356

S

s / se 35

sladký 35
slalom 398
slavistika 441
Slavkov 261
slavnost 255
slavný 62
Slavonice 261
slazený 35
slečna 221
slepec 359
sleva 125
Slezan 258
Slezanka 258
Slezsko 258
slezský 258
slíbit 219
slibovat 219
Slovák 257
Slovan 338
slovanský 200
Slovenka 257
Slovenská republika 258
Slovensko 85, 181, 257
slovenský 257
slovenština 61
slovíčko 278
Slovinsko 259
slovinština 61
slovní 279
slovník 34
slovo 61
složenka 340
složit 472
složitější 418
složitý 418
sluha 320
sluchátko 240, 341
slunce 74
slůně 383
sluneční 200
slunečnice 383
slušný 26
služba 199
služební číslo 340
slyšet 44
slza 473
smát se 178
smažené 108
smažený 26
smažit 458
směr 460
směrem na 146
smetana 460
smetiště 199
smích 278
smíšený les 419
smontovat 438
smrk 420
smůla 419, 505
smutek 505

smutně 445
smutno 418
smutný 321
smyčec 125
smyk 505
smysl 255
snad 64, 257
snadný 443
snaha 359
snacha 47, 240, 294
snášet 458
sňatek 292
snažit se 319
sněhový 360
sněhulák 240
snést 458
sněženka 199, 419
sněžit 102
snídaně 85, 107
snídat 73
sníh 104
sníst 122
snížený 200
snoubenec 292
snoubenka 292
snový 474
snubní 293
sobota 106
socialista 338
sodovka 34
software 26
socha 181, 362
solidní 221
Soluň 262
sosna 420
soucit 292
součástka 441
soud 85, 383
soudce 14, 320
soudit se 303
soudkyně 383
souhlas 383
souhlasit 290
souhlasně 279
soukromé číslo 340
soukromí 221
soukromý 293, 418, 461
souprava 460
sourozenci 48
sourozenec 48
soused 34
sousedka 34
soustružnice 383
sova 221
spací 127
spadnout 178
spaní 359
spát 44, 294
speciální 127
spěchat 277

věšák 304
věta 221
větev 384, 419
většina 256
většinou 105
vévoda 321
vězení 256
vězeňkyně 221
vězet 472
vézt 178
věž 104
věžový dům (věžák ats.) 362
vhodně 386
vchod 126
více 105
Vídeň 262
Vídeňan / Vídeňák 258
vídeňský 127, 258
videokazeta 442
vidět 33
vidlička 108
Vietnamec 384
Vietnamka 384
víkend 26
vila 362, 492
vilová čtvrť 362
Vimperk 261
víno 61, 109
víra 384
viset 415
višeň 420
višně 359
vitamin / vitamín 278
vítaný 461
vítat 34
vítěz 200
vítězit 472
vítr 292
viz 304
vízum 384
vkládat 319
vláda 384
vlak 74
vlas 26
vlast 256
vlastně 27
vlastní 182, 294
vlastnost 256
vlčí mák 419
vlek 240
vlevo 183
vlhce 446
vlhký 444
vliv 221
vlk 74
vlna 222
vloni 76
vložit 319
Vltava 126, 261
vnitro 397

vnoučátko 240
vnouče 240
vnučka 47, 240
vnuk 47, 241
voda 35
vodit 178
vodítko 359
vodka 359
vodopád 222
vodová 338
voják 126
vojna 505
volání 278
Volary 261
volat 34
volby 338
volejbal 398, 492
volit 319
volně 446
volno 339
volný 26
vonět 439
vozidlo 442
vozík 200
vozit 178
vozovka 321
vpravo 183
vpředu 183
vrácený 321
vracet 60
vracet se 44
vrah 241
Vranov 261
vrata 200
vrátit 60
vrátit se 44
vrátná 384
vrátný 384
vrba 384, 420
vrch 339
Vrchlabí 261
vrchní 61
vrchol 505
vrstva 417
vrtulník 292
vřes 419
vstát 123
vstávání 359
vstávat 123
vstoupit 290
vstřelit 123
vstřícnost 384
vstupenka 126, 145
vstupné 200
vstupovat 290
však 146
vše 201
všechen 257
všechna 257
všechno 257

Ž

REJSTŘÍK NĚMECKÝ

Film 34
filtrieren 438
Finanz- 85, 360
finanziell 85, 360
finden 142, 293
Finger 161, 359
Finnland 259
Finsternis 240
Firma 179
Fisch 61, 108
Fisch- 506
Fischchen 74
Fischer 383
Fischerin 383
Fitnessraum 441
flach 443
Flachs 338
Flasche 179
Fleisch 104, 107
Fleiß 255, 386
fleißig 74, 445
Flieder 420
Fliege 180
fliegen 122, 177, 438
Flieger 125
Flieger- 385
fliehen 219
fließen 178
Floh 73
Flöte 303
Flucht 416, 417
flüchten 219
Flüchtling 380
Flug- 385
Flügel 238
Flughafen 199
Flugzeug 160
Fluss 180, 222
Flüssigkeit 160
flüstern 504
Flut 384
föderativ 506
Fohlen 380
Föhre 420
Folge 416
folgend 293
Folgerung 179
Folk 254
fordern 336
fördern 413, 438, 458
Forelle 240
formen 303, 415
Formulierung 277
Forscher 181
Forschung 241
Forst- 506
fortfliegen 379
Fortgang 416, 441
Fortschreiten 416, 441
fortschreiten 177

fortsetzen 177
fortwährend 279, 321
Foto 238, 291
Fotoapparat 238
Fotografie 238
fotografieren 217
Foxtrott 459
Fracht 505
Frage 74, 143
Fragebogen 337
fragen jmdn. nach 59
fraglich 443
Fragment 357
fragwürdig 443
Frain 261
Frankfurter 108
Frankreich 259
Franzensbad 260
Französisch 60
Frau 15, 35
Frauen- 444
Frauenberg 260
Fräulein 221
frech 442
frei 26, 62, 339, 445, 446
Freibad 84
freigebig 443
Freiheit 181
Freiherr 379
freilich 279, 386
freimachen 458
Freisprecheinrichtung 340
Freitag 106
freiwillig 444
Freizeichen 340
fremd 61, 294
Fremde 357, 397
Fremdenführer 359
Fremdenführerin 382
Freude 180
Freude bereiten 336
Freude haben über 276
Freudenthal 260
freudig 105
freudvoll 105
freuen 60, 276
Freund 45, 46
Freundin 45, 278
freundlich 443, 445
Freundschaft 145
freundschaftlich 257, 445
Freundschafts- 257
Friede(n) 220
Friedens- 339
Friedensliebe 254
Friedfertigkeit 254
Friedhof 103
friedlich 339
frisch 278
Friseuse 277

Herrenpilz 238
Herrschaft(en) 358
Herrscher 382
Herrscherin 382
herstellen 415
Herstellung 384
herunterfallen 178
heruntergehen 472
Herz 199
Herzog 321
hetzen 176
heuer 76
heulen 356
heurig 506
heute 76
heutig 74
Hexe 380
hie und da 446
hier 35, 62, 183, 201
hierher 183
hiesig 444
Hilfe 180
Himbeer- 61
Himbeere 179
Himmel 180, 382
Himmelschlüssel 419
Himmelszelt 180
hin und wieder 446
hinabstürzen 178
hinauf 279
hinaus 183
hinauslaufen 415, 504
hinauswerfen 415
Hindernis 417
hinein 183
hineinlegen 319
hineinschießen 123
hingehen 320
hinlegen 177
hinsichtlich 182
hinten 183
Hinter- 360, 444
hintere 360
Hintergrund 359
hinterlassen 356
Hinterteil 161
hinzufügen 237
hinzukommen 458
Hirsch 73
Hirte 199
historisch 384
historische Denkmäler 362
Hitze 240
Hobby 103
hoch 47, 446
Hoch- 446
Hochhaus 362
Hochrechnen 474
Hochschulabsolvent 200
Hochschule 304

Hochschüler 200
Hochschülerin 292
höchst wirksam 181
Hochwald 419
Hochzeit 292
Hochzeits- 385
Hockey- 292
Hockeyspieler 254
Hof 103, 441
hoffen 83
hoffentlich 257
hoffentlicht 64
höflich 444
Höflichkeits- 385
Hofplatz 441
Hofraum 441
Hohenelbe 261
höher 339
holen 102
Holland 259
Hölle 358
Holz 26, 103
hölzern 26
Holzschuh 238
Honig 25
horchen 123
hören 44, 123, 472, 490
Hörer 341
hörer 199, 240
Hörerin 220
Horn 220
Hörnchen 160
Horoskop 84
Hörsaal 255, 305
Hose 73, 241
Hospitation 291
Hotel 84
Hotzenplotz 260
hübsch 61, 321
Hubschrauber 292
Huflattich 419
Hüfte 161
Hügel 34, 222, 339, 358
Huhn 108, 291
Hühner- 126, 474
Hühnerauge 474
Hühnerfleisch 108
Hülsenfrucht 381
Humor 291
Hund 45
Hündchen 383
Hunde- 127
hundeartig 360
Hundeleine 359
hundertprozentig 506
Hunger 25
Hunger- 339
hungrig 339
hüpfen 159
Hussit 338

K

Krampus 238
krank 47
krank werden 397
Kranke 293
Krankenhaus 220
Krankheit 104, 198
Kränzchen 492
Krater 45
Kraut 61, 108, 253
Kräuter 419
Kräuter- 85
Krawall 473
Krawatte 179, 241
kreativ 293
Krebs 473
Krebskrankheit 473
Kreis- 126
Kreisamt 361
kreisen 438
Kreisstadt 361
Kreme 103, 107
Kremsier 260
Kreuzung 381
Kreuzworträtsel 179
kribbeln 439
kriechen 289, 471
Krieg 145, 505
Krieg führen 276
Kriminalität 144
Kriminologe 238
Kriterium 381
kritisieren 378
Kroatien 259
Krönchen 73
Krone 103
Krücke 472
Krug 25
Krumau 260
krümmen 471
Krypta 491
Kü(c)ken 291
Küche 199, 201
Kuchen 73, 103
Küchenherd 199
Kücken 15
Kuckuck 254
Kugel 397
Kügelchen 238
kugeln 471
Kugelschreiber 239
kühl 442, 444
Kühlschrank 125, 201
kühn 443
Kuli 239
Kultur 381
Kultur- 384
Kulturdenkmäler 362
Kummernummer 341
kundmachen 439
künftig 293

Kunst 104, 145
kunsthistorisch 182
Künstler 46
Künstlerin 46
künstlich 64
Kupee 491
Kupplung 292
Kurbel 338
kurieren 83
Kuriosität 441
Kurort 199
Kurs 73
Kurve 200
kurz 26, 445
Kuss 441
küssen 276
Küsten- 360
Kuttenberg 260
Kuvert 45, 340

L

Lächeln 384
lächeln 277
Lachen 278
lachen 178
Lack 238
Lackierarbeit 338
Lackieren 338
laden 218
Ladung 505
Lage 417
Lager 104, 125
Lagerist 46
Laibach 262
Lainsitz 261
Lamm 381
Lampe 201, 220
Land 85, 104, 222, 257, 384
Land- 338, 444, 506
landen 303
Landhaus 473
Landkarte 222
ländlich 506
Landschaft 222, 358
Landskron 260
Landstraße 181
Landwirt 145, 198
lang 26, 61, 201
lange her 444
länger 360
Langlaufski 398
langsam 445
längst 444
längst vergangen 442
langweilen 489
langweilig 443
Lanze 416
Lärche 420
Lärm 179, 473

Motorrad 239
Motorsport 398
müde 47
Mühle 104
Müllhaufen 199
Multiplizieren 474
München 262
Mund 200
mündliche Prüfung 305
Mundwasser 201
munter 279
Murmel 238
mürrisch 279
Mus 505
Muschel 441
Muschelschale 441
Museum 84, 362
Musik 124
Musik- 256
musikalisch 256
müssen 83
Muster 255
Mut 382
mutig 443
Mutter 47, 220, 294
Mutterschaft 160
Mutti 34, 48

N

nach 105, 222
nach Hause 47, 183
nach hinten 183
nach links 183
nach oben 183
nach rechts 183
nach unten 183
nach vorne 183
Nachbar 34
Nachbar- 161
Nachbarin 34
nachdenken 237, 253
Nachkomme 61
Nachlass 125
Nachmittag 75
Nachricht 46, 145
Nachspeise 64
nächste 293
nächstes Jahr 76
Nacht 75
Nacht- 360
Nachtasyl 180
Nachtisch 64, 73
nächtlich 360
nachtrinken 159
Nachwirkung 416
Nadel 473
Nadeln 419
Nadelwald 419
nah 183, 201

nahe 442, 444
nahe an 105
nähen 237
näher 75
Näherin 278
nähern 102, 318
nahezu 279
nähren 472
Nahrung 181
Nahrungsmittel 338
Nähzeug 359
Name 60
Namenstag 26, 144
nämlich 418
Napf- 159
Narkotikum 381
Narr 179, 321
Narzisse 419
naschen 218
Nase 161
National- 200
Nationalausschuss 361
Nationalität 239
Nationalmannschaft 398
Natur 180, 222
Naturgeschichte 125
natürlich 279, 443
Nebel 381
neben 106
Neben- 444
nebensächlich 444
Neffe 47, 240, 294
nehmen 158
Neige 176
neigen 218, 472
nein 27
Neiße 261
Nelke 381, 419, 440
nennen 177
Nerv 338
nervös 47
neu 26, 62, 445
Neu- 445
Neubistritz 260
Neuerer 360
Neugier 256
Neugierde 256
neugierig 161
Neuhaus 260
neulich 361
Neusiedler 241
Neusiedlersee 262
Neutitschein 260
Neuvermählter 459
New Delhi 179, 262
nicht einmal 62
nicht genügend 305
nicht nur 361
Nichte 47, 239, 294
Nichtraucher 293

Rasen 256
rasend 461
Rassel 357
rasseln 413
Rat 320
raten 303, 319
Ratgeber 278
Rathaus 255, 362
Rathaus- 385
Ratschlag 320
Rätsel 277
Ratte 73
Raubtier 359
Rauchen 459
rauchen 83
Raucher 238, 293
Raucher- 474
Rauchfang 103
raufen 458
Raum 199, 292, 460
räumen 458
Raumfähre 382
reagieren 219
Reaktion 417, 491
real 443
Real- 443
realistisch 146
Realität 254
rechnen 158
Rechner 144
Rechnung 278
Rechnungsführung 442
Recht 220
recht 241, 386
recht viel 105
rechts 183
Rechtsanwalt 61
Rechtshänder 292
rechtzeitig 182, 398
Redakteur 46
Redakteurin 46
Redaktion 417
Rede 320, 414
reden 142
redlich 443
Redner 338
rednerisch 385
redselig 360
reduziert 200
reell 443
Regel 304, 416, 505
regelmäßig 83, 85, 304
regelmäßig fahren 83
regelmäßig gehen 83
regeln 303
Regelung 473
Regen 159
regen 438
Regen- 360
Regenmantel 241

Regensburg 262
Regenschauer 397
Regenschirm 179, 201
Regierung 384
Region 382
regnen 276
regnerisch 360
regulär 385
Regulation 473
Regulierung 473
reiben 458
Reich 383
reich 161, 294, 443
Reiche 294
Reichenberg 260
Reichtum 293
Reihe 125, 278, 416
Reihen- 385
Reihenhaus 362
Reims 262
rein 442
reinigen 44, 438
Reis 61, 107
Reise 34
Reise- 126
Reiseführer 359
Reisen 357
reisen 57
Reisende(r) 198
Reisender 491
Reiseroute 460
Reisig 420
reißen 458
reiten 176
Reitschule 254
Reitsport 398
reizend 75, 293
Reklametafel 180
Rekonstruktion 491
Rekord 441
Rekreations- 385
Rektor 74
Relation 304
Religions- 257
religiös 257
Rennen 473
rennen 176
Rentier 143
Rentner 143
Rentnerin 144
reparieren 72, 490
Reportage 491
Repräsentant 338
Republik 34
reservieren 319
reserviert 461
Residenz 125
Respondent 255
Ressort 473
Rest 417

Seminar 255, 305
Seminar- 161
Semmel 108, 198, 442
Semmelschmarren 74
senden 143
Sendung 160
senken 472
Senna 255
September 107
Sequenz 441
Serbien 259
Service- 62
Servierbrett 358
Serviette 108
Sessel 161, 201
setzen 177, 219, 277, 413
Shampoo 201, 383
sich anziehen 59
sich ausziehen 59
sich erinnern 73
sich freuen 60
sich fürchten vor 72
sich kämmen 58
sich machen, ... lassen 489
sich vorstellen 59
sich waschen 58
sich wünschen 59
sicher 442, 445
sichern 379
sicherste 304
sicherstellen 379
Sicherung 505
sichtbar werden 378
Siedlung 362
siegen 472
Sieger 198, 200
sieh(e) 304
signiert 397
Silber 181
Silber- 398
silbern 398
singen 124
sinken 217
Sinn 255, 473
sinnlos 443
Sitte 381
Sitten- 506
sittlich 506
Situation 145
Sitz 125, 143, 199, 240
Sitz- 385
Sitzbank 358
sitzen 44, 472
Sitzungs- 385
Skala 305
Ski 491
Skilanglauf 398
Skilaufen 398
Skiläufer 398
Skipiste 492

Skispringen 398
Skispringer 398
Skisprungschanze 398
Škoda 321
Slalom 398
Slawe 338
slawisch 200
Slawistik 441
Slowake 257
Slowakei 85, 181, 257
Slowakin 257
Slowakisch 61
Slowakische Republik 258
Slowenien 259
Slowenisch 61
so 201, 445
so ein 257
so genannt 443
so sehr 105
so viel 105
Socken 160
sodann 321
Sodawasser 34
soeben 445
sofort 62
Software 26
sogar 75
Sohn 47, 221, 294
solcher 257
Soldat 126
solid 221
sollen 25
Sommer 75, 277
Sommer- 256
Sommersportart 398
Sommerfrische 358
Sommernachtstraum 492
Sommersitz 358
sonderbar 221
Sondermarke 340
Sonne 74
sonnen 379
Sonnen- 200
Sonnenblume 383
Sonnenuntergang 241
Sonntag 106
sonst 279
sonstig 221
Sorge 104
Sorge tragen für 122
sorgen 122
sorgen für 73
Sorte 238
sortieren 158, 159
Soße 107
Souvenir 505
soweit 444
sowieso 257
Sozialist 338
Spanferkel 383

V

Vogelperspektive 505
Vogelwelt 240
Vogerl 382
Vöglein 125, 382
Vokabel 278
Volk 104
Volks- 221
voll 200, 445
vollenden 396
vollendet 506
Volleyball 220, 398, 492
völlig 445
vollkommen 446, 506
vollständig 446
von 106
von – bis 146
von ... weg 106
von Natur aus vermögen 122
von wo 127
vor kurzem 222
Voraus 321
voraussetzen 490
Voraussetzung 505
voraussichtlich 339
Vorbedingung 505
Vorbehalt 441
vorbehalten 461
vorbeifahren 218
vorbeigehen 218
vorbereiten 158
vorbereitet 47
Vorbereitung 239
Vorder- 360
vordere 360
vorfahren 290
Vorfall 181
Vorgang 292, 416
vorgerückt 360
vorgeschritten 360
vorgesetzt 181
vorgestern 76
Vorhang 256
Vorhinein 321
vorher 321
voriges Jahr 76
vorjährig 241
vorkommen 253, 440
Vorkost 441
Vorlage 255
Vorlesung 145, 305
vorletztes Jahr 76
Vormarsch 441
Vormittag 75
vorne 183
Vorrang 180
vorsätzlich 386
Vorschlag 220
vorschlagen 276
Vorsicht 45
vorsichtig 279, 304

Vorsitzende 145
Vorsitzender 14
Vorspeise 107, 441
Vorstadt 362
Vorstand 359
vorstellen 59
Vorstellung 220, 491
vorstoßen 504
Vorteil 304
vorteilhaft 339
vortragen 143
Vorurteil 338
Vorverkauf 359
Vorwahl 145, 341
vorwiegend 386, 444
vorziehen 84
Vorzimmer 201, 239
Vorzug 180
vorzugsweise 461
vulgär 444

W

wach werden 290
Wache 320
Wacholder 420
Wachsen 492
wachsen 158
wachsend 385
Wachstum 492
Waffe 360
Wägelchen 200
Wagen 181, 200
wagen 276, 439
wägen 303
Waggon 160
Wahl 338
Wahl treffen 198
Wahlakt 338
wählen 198, 319
wahr(haft) 339
während 146
wahrhaftig 279, 361, 492
Wahrheit 34
wahrnehmen 490
wahrscheinlich 241, 339
Währung 338
Wal(fisch) 304
Wald 104, 222
Wald- 506
Waldes- 506
Wales 259
Wall 84
Wallern 261
Walzer 460
Wand 201, 473
wanderlustig 257
wandernd 257
Wanderung 145
Wange 492

wann 127
Wanne 384
Ware 105
warm 26
wärmen 470
Warnen 473
Warnung 460, 473
Warschau (Warszawa) 262
warten auf 72
was 27
was auch immer 385
was für ein 27
Wasch- 127
Waschbecken 201, 240
Wäsche 239
Waschen 338
waschen 58, 158, 201
Waschmaschine 144, 201
Wasser 35
Wasserbecken 103
Wasserfall 222
Wassertrompeten 261
Wasserwellen-Frisur 338
WC 201
Web- 221, 241
Wechsel 338
wechseln 319, 396
wechselseitig 257
wecken 378
Wecker 201, 291
weder – noch 62
Weg 222
wegen 182
wegfahren 277
wegfliegen 379
Weggabelung 441
weggehen 72
weggeräumt 506
weglaufen 219
weglegen 318
wegschieben 503
wegstoßen 503
wegtragen 336
wegwerfen 337
Weh 440
weh 492
weh tun 121
wehren 470
weiblich 444
weiblicher Bösewicht 442
weiblicher Häftling 221
weich 443, 445
weich werden 414
Weichsel 420
Weichselbranntwein 357
Weichselkirsche 359
Weide 199, 384, 420
Weidenbaum 384
Weihnachten 104
weihnachtlich 105

Weihnachts- 105
weil 127, 361
Weilchen 320
Weile 397
Weimar 262
Wein 61
weinen 177
Weinkeller 383
Weintrauben 109
Weise 278
weise 47
Weisheit 358
weiß 26
Weißrussland 259
weit 183, 442, 445
Weite 255, 416
weiter 64
Weiter- 360
weitere 360
weiterleiten 414
welche 47
welcher 47
welches 47
Welf 383
Welle 222
Wellensittich 73
Welpe 383
Welt 61, 222
Welt- 293
Weltall 292
weltbekannt 492
weltberühmt 492
Weltmeer 254
Weltraum 292
wenden 378
wenig 105
weniger 105
wenigstens 106
wenn 85, 105, 127, 182, 222, 339
wenn auch 222
wer 27, 47
wer auch immer 385
Werbefläche 180
Werdegang 256
werden 178
werdend 293
Werfen 416
werfen 176
Werk 239
Werk- 47, 127
Werkzeug 303
Wert 144
wert sein 219
Wert- 360
Wertpaket 340
wertvoll 360
Wertzeichen 340
wessen 75
West- 257
Westen 241

WIZCOM SuperPen

Übersetzen: Scannen Sie gesamte Textzeile und übersetzen Sie innerhalb von Sekunden Wort-für-Wort. Wählen Sie für Ihren SuperPen aus 30 auf CD-ROM zur Verfügung stehenden Wörterbüchern Ihre Wunschfremdsprache aus:

Zweisprachige Übersetzungen:

Deutsch <=> Englisch
Deutsch <=> Franzosisch
Deutsch <=> Spanisch
Englisch <=> Französisch
Englisch <=> Italienisch
Englisch <=> Portugiesisch
Englisch <=> Niederländisch
Englisch <=> Spanisch
Englisch <=> Türkisch

Aus dem Englischen in folgende Sprachen:

Russisch, Tschechisch, Polnisch, Slowenisch, Ungarisch, Dänisch, Norwegisch, Schwedisch, Finnisch, Griechisch, Arabisch, Hebräisch, Japanisch, Chinesisch (traditionell und vereinfacht) und Koreanisch.

Hören Sie sich die gesamte Textzeile oder das ausgewählte Wort deutlich ausgesprochen in Englisch an.

Speichern und exportieren:

Scannen Sie die gewünschten gedruckten Informationen aus Büchern, Zeitschriften, etc. und exportieren Sie diese Infos schnell und einfach auf Ihren PC oder PDA.

10% Sonderrabatt für Studierende. Solange der Vorrat reicht und nur bei

www.mec-vienna.at/wizcom
Tel.: 0043 1 585 6 686